新时代
技术
新未来

Introduction and Application
of Statistical Analysis
SPSS+SmartPLS（2nd Edition）

统计分析入门与应用

SPSS+SmartPLS（第2版）

萧文龙　编著

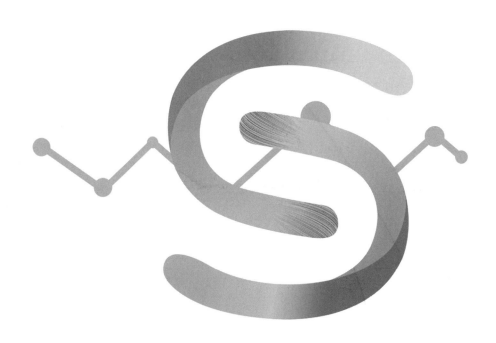

清華大学出版社
北 京

图书在版编目（CIP）数据

统计分析入门与应用：SPSS+SmartPLS：第 2 版 / 萧文龙编著 . —北京：清华大学出版社，2023.10

（新时代·技术新未来）

ISBN 978-7-302-61003-8

Ⅰ.①统… Ⅱ.①萧… Ⅲ.①统计分析—统计程序 Ⅳ.① C819

中国版本图书馆 CIP 数据核字 (2022) 第 097488 号

责任编辑：刘　洋
封面设计：徐　超
版式设计：方加青
责任校对：王荣静
责任印制：宋　林

出版发行：清华大学出版社

网　　　址：http：//www.tup.com.cn，http：//www.wqbook.com

地　　　址：北京清华大学学研大厦 A 座　　　邮　　编：100084

社 总 机：010-83470000　　　邮　　购：010-62786544

投稿与读者服务：010-62776969，c-service@tup.tsinghua.edu.cn

质 量 反 馈：010-62772015，zhiliang@tup.tsinghua.edu.cn

印 装 者：大厂回族自治县彩虹印刷有限公司

经　　销：全国新华书店

开　　本：185mm×260mm　　印　张：40　　字　数：1022 千字

版　　次：2023 年 10 月第 1 版　　印　次：2023 年 10 月第 1 次印刷

定　　价：198.00 元

产品编号：084322-01

致　谢

《统计分析入门与应用：SPSS+ SmartPLS（PLS-SEM）（第2版）》的繁体中文版自2018年上市以来十分受欢迎，已经第二次印刷。作者有幸受邀前往多所大学交流，包括中山大学、浙江大学、南京大学、西安电子科技大学、西安邮电大学、华中师范大学、浙江工商大学、北京航空航天大学、浙江工业大学、宁波诺丁汉大学、合肥工业大学、山东财经大学、武汉纺织大学、中国地质大学（武汉）、南开大学、中国科学院大学、西北大学等。另外，非常感谢如下交流过的学者（朋友）：

中国人民大学：王刊良教授

哈尔滨工业大学：叶强教授

北京航空航天大学：王惠文教授，姚忠教授，欧阳桃花教授

浙江大学：陈熹教授，童昱教授

南京大学：苏新宁教授，朱庆华教授，杨雪教授

西安电子科技大学：杜荣教授，牟健教授

华中师范大学：李玉海教授，池毛毛教授

浙江工商大学：孙元教授

合肥工业大学：王刚教授

中国科学院：顾立平岗位教授

山东财经大学：刘位龙教授

武汉纺织大学：夏火松教授

中国地质大学（武汉）：赵晶教授，朱镇教授

南开大学：王芳教授，肖雪副教授

西安邮电大学：李永红教授，尹丽英老师

宁波诺丁汉大学：Patrick Y.K. Chau教授，Alain Chong教授

浙江工业大学：虞晓芬教授，李正卫教授，吴宝教授，曹柬教授，徐珝靖副教授

中山大学：余译青老师

青岛理工大学：朱文龙教授

西北大学：曹蓉教授，崔旭教授，程慧平教授

　　与众多学者交流后，笔者深刻感受到数据分析的重要和研究者们的需要，这推动了简体中文版的发行。简体中文版的完成，特别感谢浙江工业大学管理学院的大力支持，袁野老师和陈豪老师的大力帮忙，以及清华大学出版社刘洋主任和宋亚敏编辑的协助。希望本书的出版能帮助更多需要做数据分析的人，尤其是做正确的中介和调节分析的研究者们。最后要感谢每一位读者，有你们的支持，才能有更好的书出现。

　　由于笔者水平有限，疏漏之处在所难免，肯请读者批评指正。

萧文龙

浙江工业大学管理学院特聘教授

导　读

本书以统计分析（多变量分析）为主轴，整合了理论的介绍、量化的研究、量表的发展、传统的统计分析、卡方检验、平均数比较、因子分析、回归分析、判别分析和逻辑回归、单因素方差分析、多变量方差分析、典型相关分析、信度和效度分析、联合分析多元标度和聚类分析），第二代统计技术——结构方程模型（SEM），全新改版 SmartPLS 的操作和呈现。新增了 SEM 的演进、PLS-SEM 结构方程模型的学习范例、反映性和形成性指标与模型、二阶和高阶因果关系、SEM 结构方程模型实例、中介和调节变量的应用。新增了形成性的评估、中介因子的 5 种形态、调节效应的 9 种形态、测量恒等性、多组分析（MGA）呈现的范例、被中介的调节（中介式调节）、被调节的中介（调节式中介）和论文结构与研究范例等内容。因此，本书十分适合用于统计分析和多变量分析的课程，也希望有更多学校能够采用，让本书成为一本协助更多人的有用的教科书。

作者在训练课程和演讲中与数百位研究人员（研究生、讲师、教授、研究机构人员）交换意见，交流中发现众多研究人员所遇到的一些问题十分相似，我们整理并提供建议解决方式（Q&A）如下：

■　1. 在研究方法上，PLS-SEM 的最新研究要求是什么？

答：

在研究方法上，长久以来，PLS-SEM 的两大问题是：①缺乏一致性结果；②缺乏模型适配指标（Model Fit）（Henseler et al.，2014）。SmartPLS 3 已经提供初步解决方式，在缺乏一致性问题上，SmartPLS 3 提供了 PLSc 功能（Consistent PLS Algorithm + Consistent PLS Bootstrapping）（Dijkstra and Henseler，2015），可以提供一致性的结果，但只能用在所有构面是反映性的情况；对于缺乏模型适配指标这个问题，SmartPLS 3 提供了 SRMR 模型适配指标（Henseler et al.，2014），但只评估研究模型的适配。

请参考：

- Henseler, J., Dijkstra, T. K., Sarstedt, M., Ringle, C. M., Diamantopoulos, A., Straub, D. W., Ketchen, D. J., Hair, J. F., Hult, G. T. M., and Calantone, R. J. 2014. "Common Beliefs and Reality about Partial Least Squares: Comments on Rönkkö & Evermann（2013），" *Organizational Research Methods*（17:2），pp. 182-209.
- Dijkstra, T. K., and Henseler, J. 2015. "Consistent Partial Least Squares Path Modeling，" *MIS Quarterly*（39:2），pp. 297-316.

■ **2. PLS-SEM（SmartPLS 3）的最新功能有哪些？**

答：

最新功能如下：

- 一致性的 PLS、PLSc（PLS Consistence）
- 形成性调节构面的正确计算
- 重要性——表现力映射分析（IPMA）
- 多组分析（MGA：Multigroup Analysis）
- 异质性（Heterogeneity）FIMIX-PLS 分析
- 异质性（Heterogeneity）PLS-POS 分析
- PLS 验证四价分析（CTA-PLS：Confirmatory Tetrad Analysis PLS）

■ **3. 调节构面是形成性时，交互作用项可以用自变量和调节变量交叉相乘吗？**

答：

不可以，SmartPLS 3 提供"2 stages 交互作用项"功能，以提供调节构面是形成性时的正确计算。

■ **4. 如何验证一个构面是不是形成性？**

答：

SmartPLS 3 提供验证性四价分析，以验证一个构面是否为形成性。

请参考：

- Gudergan，S.，Ringle，C.M.，Wende，S.，and Will，A. 2008. "Confirmatory Tetrad Analysis in PLS Path Modeling，" *Journal of Business Research*（61 :12），pp. 1238-1249.

■ **5. 管理的论文一定要有理论作为基础吗？**

答：

探索性的研究不一定要有理论作为基础，因为尚在探索现象阶段。实证研究就要求有足够的理论基础，因为在管理方面，常以理论为依据，用来说明和解释研究的现象。

请参考：

- 萧文龙（2018）统计分析入门与应用：SPSS 中文版 +SmartPLS 3（PLS-SEM）（第二版），中国台北：基峰，本书第一章关于理论的部分。

■ **6. 量表可以自行发展吗？**

答：

当然可以，只是发展量表有一定的要求和程序，较为困难，一般的研究都会借用成熟的量表。

请参考：

- 萧文龙（2018）统计分析入门与应用：SPSS 中文版 +SmartPLS 3（PLS-SEM）（第二版），中国台北：基峰，本书第三章量表的发展。
- Shiau，W.-L.，Hsu，P.-Y.，and Wang，J.-Z. 2009. "Development of measures to assess the ERP adoption of SMEs，" *Journal of Enterprise Information Management*（22:1/2），pp. 99-118.

■ **7. 一般论文的信效度有哪些要求？**

答：

量表信度部分，主要检验个别项目的信度，以多元相关平方（Squared Multiple Correlations，

SMC）值作为观察标准值。理想的 SMC 值需大于 0.5，表示测量指标具有良好的信度。潜在变量组成信度（Composite Reliability，CR），是指构面内部变量的一致性，一般而言，其值需大于 0.7（Hair et al., 2010）。研究中的潜在变量的组成信度值皆大于 0.9，代表构面具有良好的内部一致性。在收敛效度方面，检验因素负荷量、各个构面的组成信度和平均方差萃取量（Hair et al., 2010；Shiau and Luo, 2013）。因素负荷量需大于 0.7，各测量构面的组成信度的值需大于 0.7（CR>0.7）。当所有构面平均方差萃取量的值均大于建议值阈值 0.5（Hair et al., 2010），则具有收敛效度。区别效度主要是检验测量变量对于不同构面间的区别程度。各构面间平均方差萃取量的平方根值均需大于测量不同构面间之相关系数（Hair et al., 2010; Shiau and Luo, 2013）。

请参考：

- Hair, J.F., Black, W.C., Babin, B.J., and Anderson, R.E. 2010. *Multivariate data analysis: A global perspective*（7th ed.），Upper Saddle River, NJ: Pearson Prentice Hall.
- Shiau, W.-L., and Luo, M.M. 2013."Continuance intention of blog users: the impact of perceived enjoyment, habit, user involvement and blogging time,"*Behaviour & Information Technology*（*BIT*）（32:6），pp.570-583.
- Shiau, W.-L., and Chau, P.Y.K. 2015, Understanding behavioral intention to use a cloud computing classroom: A multiple model comparison approach, Information & Management, Available online 6 November 2015, ISSN 0378-7206, http://dx.doi.org/10.1016/j.im.2015.10.004.

■ **8. 为何要使用 PLS？**

答：

相较于 LISREL 和 AMOS 的 SEM，PLS 方法对于测量标度（Measurement Scales）、样本数大小（Sample Size）和残差分布（Residual Distributions）的要求较低。

Ringle et al. 整理使用 PLS 方法的理由如表 0-1 所示。

表 0-1 使用 PLS 方法的理由

	Number of Studies in *MISQ* Reporting (*N* = 65)	Proportion Reporting (%)	Number of studies in *JM*, *JMR*, and *JAMS* Reporting (*N* = 60)	Proportion Reporting (%)
Total	46	70.77	20	33.33
Specific Reasons:				
Small Sample Size	24	36.92	15	25.00
Non-Normal Data	22	33.85	19	31.67
Formative Measures	20	30.77	19	31.67
Focus on Prediction	10	15.38	14	23.33
Model Complexity	9	13.85	6	10.00
Exploratory Research	7	10.77	1	1.67
Theory Development	6	9.23	0	0.00
Use of Categorical Variables	4	6.15	6	10.00
Convergence ensured	2	3.08	2	3.33
Theory Testing	1	1.54	5	8.33
Interaction Terms	1	1.54	5	8.33

资料来源：Ringle，C.M.，Sarstedt，M.，and Straub，D.W.. 2012. "Editor's Comments: A Critical Look at the Use of PLS-SEM in MIS Quarterly," *MIS Quarterly*（36:1），pp. iii-xiv.

请参考：

- Ringle，C. M.，Sarstedt，M.，and Straub，D.W. 2012."Editor's Comments: A Critical Look at the Use of PLS-SEM in MIS Quarterly，"*MIS Quarterly*（36：1），pp. iii-xiv.

- Shiau，W.-L.，and Luo，M.M. 2012. "Factors Affecting Online Group Buying Intention and Satisfaction: A Social Exchange Theory Perspective，" *Computers in Human Behavior*（28:6），pp.2431-2444.

- Hair，J.F.，Sarstedt，M.，Ringle，C.M.，and Mena，J.A. 2012. "An Assessment of the Use of Partial Least Squares Structural Equation Modeling in Marketing Research，"*Journal of the Academy of Marketing Science*（40:3），pp. 414-433.

- Shiau，W.-L.，and Chau，P.Y.K. 2015."Understanding behavioral intention to use a cloud computing classroom: A multiple model comparison approach，"*Information & Management*，Available online 6 November 2015，ISSN 0378-7206，http://dx.doi.org/10.1016/j.im.2015.10.004.

■ **9. CB-SEM 和 PLS-SEM 有何不同？**

答：

以变量的协方差 Covariance 结构进行分析，称为 Covariance-Base SEM（CB-SEM），常用的软件工具有 LISREL、EQS、AMOS。

以变量的主成分结构进行分析使用做最小平方法（Partial Lease Square，PLS），称为 PLS-SEM，常用的软件工具有 SmartPLS、PLS-Graph、VisualPLS。

请参考：

- 萧文龙（2018）统计分析入门与应用：SPSS 中文版 +SmartPLS 3（PLS-SEM）（第二版），中国台北：碁峰，本书第 15 章。

- Hair，J.F.，Sarstedt，M.，Ringle，C.M.，and Mena，J.A. 2012. "An Assessment of the Use of Partial Least Squares Structural Equation Modeling in Marketing Research，"*Journal of the Academy of Marketing Science*（40:3），pp. 414-433.

- Shiau，W.-L.，and Chau，P.Y.K. 2015."Understanding behavioral intention to use a cloud computing classroom: A multiple model comparison approach，" *Information & Management*，Available online 6 November 2015，ISSN 0378-7206，http://dx.doi.org/10.1016/j.im.2015.10.004.

■ **10. CB-SEM 和 PLS-SEM 的使用适用于哪些场景？最小样本需求如何？**

答：

CB-SEM 技术强调全部的适配，主要是在检测理论的适用性，适合进行理论模型的检测（验证性）。CB-SEM（LISREL、EQS、AMOS）所需要的样本最小值介于 100 ～ 150 之间，最好有题项总数的 10 倍。

PLS-SEM，PLS 的部分，它的设计主要是在解释变异（检测因果关系是否具有显著的关系），适合进行理论模型的建构（探索性），也用来验证所探讨推论的因果关系。PLS 对于样本的需求为：样本数一定要大于所提出的题项总数，最好有题项总数的 10 倍。

请参考：

- 萧文龙（2018）统计分析入门与应用：SPSS 中文版 +SmartPLS 3（PLS-SEM）（第二版），中国台北：基峰，本书第 15 章。
- Gefen, D., Rigdon, E. E., and Straub, D. 2011. "An Update and Extension to SEM Guidelines for Administrative and Social Science Research," *MIS Quarterly*（35 :2），pp. iii-xiv.

■ **11. 一般研究常用的模型比较有哪些？**

答：

在相同的模型中，一般常用的为巢状模型（Nested Model）比较。

在不同的模型中，常用的为成对巢状 *F* 检验（Pairwise Nested *F*-tests）。

请参考：

- Shiau, W.-L., and Chau, P.Y.K. 2012. "Understanding blog continuance: a model comparison approach," *Industrial Management & Data Systems*（112: 4），pp. 663-682.

■ **12. Reflective（反映性）和 Formative（形成性）的观察变量有何不同？**
Reflective（反映性）和 Formative（形成性）的模型有何不同？

答：

测量模型是观察变量对于潜在构面的关联性，主要可以分成两种关系：

- 反映性的观察变量：所观察的变量可以直接反映到潜在变量上，是属于单向的关联性。
- 形成性的观察变量：它是探讨形成潜在构面的原因。

反映性模型的题项会呈现构面，题项改变不会造成构面的改变，而构面改变会造成题项改变。题项是有可换性的，题项有相同或类似的内容，应用在同一个主题之下，删除题项不会改变构面的概念。

形成性模型的题项定义了构面的特征，如果题项改变，构面也会跟着改变。题项不具有互换性，题项没有相同或是类似的内容，删除题项有可能会改变构面的概念。

请参考：

- Ringle, C. M., Wende, S., and Will, A. 2005. *SmartPLS2.0（M3）*, Hamburg: University of Hamburg.（http://www.smartpls.de）
- 萧文龙（2018）统计分析入门与应用：SPSS 中文版 +SmartPLS 3（PLS-SEM）（第二版），中国台北：基峰，本书第 19 章。

■ **13. 一般研究中，二阶的模型有哪些？**

答：

二阶（Second order）的反映性模型与形成性模型是属于阶层式潜在变量模型（Hierarchical latent variable Model）最简单的模型。二阶的反映性与形成性模型与一阶的反映性与形成性模型结合，会形成四种模型：分别是模型一，反映性 - 反映性；模型二，反映性 - 形成性；模型三，形成性 - 反映性；模型四，形成性 - 形成性。

请参考：

- 萧文龙（2018）统计分析入门与应用：SPSS 中文版 +SmartPLS 3（PLS-SEM）（第二版），中国台北：基峰，本书第 19 章。

■ **14. 投稿时，常被要求提供 CMV，什么是 CMV 呢？**

答：

CMV 的全名是共同方法变异（Common Method Variance），又称同源方差，是指收集数据时，同一个方法（来源）可能导致的偏差（Bias），又称为共同方法偏差（Common Method Bias）。目前常用 Harman's Single Factor Test 和 Marker Variable Test 来检测 CMV。

请参考：

- Shiau，W.-L.，and Luo，M.M. 2012. "Factors Affecting Online Group Buying Intention and Satisfaction: A Social Exchange Theory Perspective，"*Computers in Human Behavior*（28:6），pp.2431-2444.

- Avus C.Y. Hou and Wen-Lung Shiau（2019）"Understanding Facebook to Instagram migration: a push-pull migration model perspective"，Information Technology & People，Forthcoming DOI: https://doi.org/10.1108/ITP-06-2017-0198

- Podsakoff，P. M.，MacKenzie，S. B.，Lee，J.-Y.，and Podsakoff，N. P. 2003. "Common Method Biases in Behavioral Research: A Critical Review of the Literature and Recommended Remedies，"*Journal of Applied Psychology*（88:5），pp. 879-903.

- Malhotra，N. K.，Kim，S. S.，and Patil，A. 2006. "Common Method Variance in IS Research: A Comparison of Alternative approaches and a Reanalysis of Past Research，"*Management Science*（52:12），pp. 1865-1883.

- （For PLS-SEM）

Ronkko，M.，Ylitalo，Y.，2011. PLS marker variable approach to diagnosing and controlling for method variance. In: Proceedings of the International Conference on Information Systems（ICIS 2011）. Paper 8.

Chin，Wynne; Thatcher，Jason Bennett; and Wright，Ryan T.. 2012. "Assessing Common Method Bias: Problems with the ULMC Technique，"*MIS Quarterly*，（36: 3）pp.1003-1019.

- （for CB-SEM）

Serrano，C.，and Karahanna，E. 2016. "The compensatory interaction between user capabilities and technology capabilities in influencing task performance: an empirical assessment in telemedicine consultations"*MIS Quarterly*（40:3），pp. 597-622.

■ **15. 什么是无响应偏差（None Response Bias）？**

答：

在收集数据时，没有响应的数据会产生偏误，称为无响应偏差。一般处理的方式是，将回收的数据分成前期和后期的数据作检验，利用 t 或卡方检验前后期响应无显著差异，以显示无响应偏差对本研究的影响并不严重。

请参考：

- Shiau，W.-L.，and Luo，M.M. 2012. "Factors Affecting Online Group Buying Intention and Satisfaction: A Social Exchange Theory Perspective，" *Computers in Human Behavior*（28:6），pp.2431-2444.

■ **16. 收集的数据呈现非正态分布（Non-normal Distribution），或违反基本假设，例如，**

方差齐性和独立性，该如何处理？

答：

1）在一般情况下，多变量分析的书都会建议进行数据的转换，将非正态分布的数据转换成正态的分布。

2）若两组的方差不一样，建议使用 Welch's *t*-test。

3）若是使用 ANOVA 分析，方差齐性有问题时，建议使用 Games-Howell 事后检验。

4）当自变量不是正态分布时，也可以将区间数据转换成顺序数据，使用 Whitney-Manu-Wilcoxon 检验。

5）当自变量不是正态分布时，将区间数据转换成顺序数据。若是多于两组要检验，建议使用 Kruskal-Wallis 替代 ANOVA 检验。

请参考：

- López，X.，Valenzuela，J.，Nussbaum，M.，and Tsai，C.-C. 2015. "Some recommendations for the reporting of quantitative studies，"*Computers & Educat ion*（91），pp.106-110.

- Hair，J.F.，Black，W.C.，Babin，B.J.，and Anderson，R.E. 2010. *Multivariate data analysis: A global perspective*（7th ed.）. Upper Saddle River，NJ: Pearson Prentice Hall.

■ **17. 投稿文章后，收到审查意见"缺乏贡献或贡献不足"时，该如何处理？**

答：

理论是概念（concept）和它们之间关系的叙述，用来说明现象发生的原因和发生的过程，因此，理论上的贡献是增加我们对于概念和它们之间关系的了解（知识）。一篇好的管理（期刊）文章要有对知识的重要贡献。典型的管理（期刊）文章一般都会先讨论理论上的贡献，接着讨论研究和实务上的意涵（Implication for Research and Practice）。实务上的意涵是经过确认而需要说明实务上的问题；研究上的意涵是经过确认而说明未来需要调查的现象。

Ladik and Stewart（2008）对于一篇有所创新（Innovation）的文章，给予不同的贡献程度评分（1 最少，8 最多），按从小到大排列如下：

1）直接复制（先前的研究）（Straight Replication）

2）复制和延伸（Replication and Extension）

3）延伸新的理论 / 将方法运用到新领域（Extension of a New Theory/Method in a New Area）

4）整合性观点（例如汇总分析）[Integrative Review（e.g.，meta-analysis）]

5）发展新理论，以解释旧现象（Develop a New Theory to Explain an Old Phenomenon -Compete One Theory Against Another - Classic Theory Testing）

6）确认新的现象（Identification of a New Phenomenon）

7）发展大的融合，也就是整合（Develop a Grand Synthesis - integration）

8）发展新理论以预测新的现象（Develop a New Theory that Predicts a New Phenomenon）

大部分的研究贡献度都落在评分 2 ～ 5，贡献度评分 6 ～ 8 的研究相对较少，也较不容易完成和发表。

当研究者完成一篇论文，若是因未能写出贡献而被拒绝刊登是很可惜的。研究者不能寄望审查者会自己找出贡献，而是要清楚地写出文章的贡献，可能是在理论、方法或文本上的贡献。理论的贡献（Theoretical Contribution）包含原创性（Originality or Novelty）和效用性（Utility）两方面。关于理论上的贡献，一般需要呈现出原创性和效用性，理论贡献的原创性或新奇性与理论的意涵（Theoretical Implication）息息相关。理论的意涵是基于理论的延伸，是理论贡献中必要且合理的一部分。换句话说，理论的贡献基于存在理论，理论的意涵也就理所当然成为理论贡献的一部分。理论的意涵又常与科学上的有用相关，科学上的有用是理论贡献的最重要部分，所以，需要呈现出理论上的效用（Utility）。

具体的贡献可以写在摘要（Abstract）、绪论（Introduction）、讨论（Discuss）、结论（Conclusion）、理论和实务上的意涵（Implication for Research and Practice）中。例如，在绪论中探讨 A 影响 B 的重要性时，许多文章都会叙述过去的研究而很少探讨 A 影响 B（研究缺口），未讨论 A 影响 B 对哪些人是重要的（Ladik and Stewart 2008），也未讨论 A 影响 B 对于知识（理论上）的贡献。文章在投稿前，务必再次确认已经清楚地写出文章的贡献。

请参考：

- Ladik，D. M.，and Stewart，D. W. 2008. "The contribution continuum，"*Journal of the Academy of Marketing Science*（36:2），pp.157-165.

- Ågerfalk，P. J. 2014. "Insufficient theoretical contribution: a conclusive rationale for rejection?"*European Journal of Information Systems*（23:6），pp.593-599.（Editorial）

■ **18. 投稿时，被要求做 Measurement Invariance，什么是 Measurement Invariance？**

答：

测量不变性（Measurement Invariance）又称为测量恒等性（Measurement Equivalence）。我们通常使用测量恒等性来确认群组间的差异是来自不同群组潜在变量的内含或意义。换句话说，无法确立测量恒等性时，群组间的差异可能是来自测量误差，这会使比较群组的结果失效。当测量恒等性未呈现时，会降低统计检验力，影响估计的精确性，甚至可能会误导结果。总而言之，做多组分析时，若是未能建立测量恒等性，则所有的结果都可能是有问题的，因此，测量恒等性在多组分析中，是必要的检测，也是必须通过的测试。PLS-SEM 是使用复合模型的测量不变性（Measurement Invariance of Composit Models，MICOM）程序来评估的。测量恒等性有设定恒等性（Configurall Invariance）、组成恒等性（Compositional Invariance）与平均值和方差恒等性（Equal Mean Values and Variances）。

请参考：

- Li-Chun Huang and Wen-Lung Shiau. 2017. "Factors affecting creativity in information system development: Insights from a decomposition and PLS–MGA，"*Industrial Management & Data Systems*，Vol. 117 Iss: 3，pp. 442-458.

■ **19. 投稿时，被要求说明是中介因子 5 种形态中的哪一种。什么是中介因子的 5 种形态？**

答：

中介因子的 5 种形态

1）互补的中介 [Complementary（Mediation）]

2）竞争的中介 [Competitive（Mediation）]

3）完全中介 [Indirect-only（Mediation）]

4）只有直接影响（无中介）[Direct-only（Non Mediation）]

5）没有影响（无中介）[No-effect（Non Mediation）]

请参考：

– 本书第 20 章

■ **20. 投稿时，被要求说明调节项的估计计算方式（Caculation Method）。什么是调节项的估计计算方式？**

答：

在 SmartPLS 3.X 中提供 3 种计算方式来处理交互作用项，分别是：

1）乘积指标法（The Product Indicator Approach）

2）二阶法（默认选项）（The Two-stage Approach）

3）正交法（The Orthogonalizing Approach）

使用变量来产生交叉乘项有 3 种选项：

1）非标准化（Unstandardized）

2）均值中心化（Mean Centered）

3）标准化（Standardized）（默认选项）

产生交叉乘项有 3×3 共 9 种组合 Caculation method 计算方式

1）非标准化 + 乘积指标

2）非标准化 + 二阶法

3）非标准化 + 正交法

4）均值中心化 + 乘积指标

5）均值中心化 + 二阶法

6）均值中心化 + 正交法

7）标准 + 乘积指标

8）标准 + 二阶法（默认选项）

9）标准 + 正交法

请参考：

– 本书第 20 章

■ **21. 投期刊论文，经常被要求说明 PLS-SEM 是否是适当的分析方法，我们提供最新说明和最新参考文献如下：**

在过去的几十年中，基于协方差的结构方程模型是分析观测变量和潜在变量之间复杂关系的主要方法。PLS-SEM 方法近年来在营销管理、组织管理、国际管理、人力资源管理、信息系统管理、运营管理、管理会计、战略管理、酒店管理、供应链管理和运营管理等诸多领域都发生了很大的变化，成为重要的多变量分析方法之一。PLS-SEM 放宽了使用 CB-SEM 估计模型的最大可能性方法所需的正态分布假设要求。此外，PLS-SEM 有使用较小样本估计更复杂的模型的能力（Hair et al., 2019; Shiau et al., 2019; Khan et al., 2019；萧文龙，2018）。

与 CB-SEM 相比，PLS-SEM 更适合于一些研究，包括：a. 研究目标为理论发展的探索性研究；b. 分析用于预测；c. 结构模型复杂；d. 结构模型包括一个或多个形成性构面；e. 样本量较小是由于母体较少；f. 分布缺乏正态性；g. 研究需要潜在的分数进行后续分析。（Gefen et al., 2011; Hair et al., 2019; Shiau et al., 2019; Khan et al., 2019；萧文龙，2018）。

请参考：

- Gefen，D; Straub，Detmar W.; and Rigdon，Edward E.. 2011. "An Update and Extension to SEM Guidelines for Admnistrative and Social Science Research，" *MIS Quarterly*，（35：2）pp.iii-xiv.
- Khan G. F.，Sarstedt M.，Shiau W，L.，Hair J. F.，Ringle C. M.，Fritze M. P.，（2019）"Methodological research on partial least squares structural equation modeling（PLS-SEM）：An analysis based on social network approaches"，*Internet Research*，Vol. 29 Issue: 3，pp.407-429.
- Shiau W. L.，Sarstedt M.，Hair J. F.，（2019）"Internet research using partial least squares structural equation modeling（PLS-SEM）"，*Internet Research*，Vol. 29 Issue: 3，pp.398-406.
- Hair J. F.，Risher J. J.，Sarstedt M.，Ringle C. M.，（2019）"When to use and how to report the results of PLS-SEM"，*European Business Review*，Vol. 31 Issue: 1，pp.2-24.
- 萧文龙（2018）统计分析入门与应用：SPSS 中文版 +SmartPLS 3（PLS-SEM）（第二版），中国台北：碁峰。

- **22. 什么是新兴议题？有哪些方向？**

  答：

  每年都会有新兴议题，可以参考最新的调查（例如 Garner Group，Wall Street Journal 等）。例如，信息系统成功模型可以参考 Petter et al.（2013）新议题和新方向。

  以作者为例，电子商务和云计算都有新议题和新方向，也需要了解过去已经建立起来的知识，例如，电子商务（Shiau and Dwivedi 2013）、知识管理（Shiau 2015）、供应链管理（Shiau，Dwivedi，and Tsai2015）、企业信息系统（Shiau 2016）、人机互动（Shiau，Yan，and Kuo 2016）、云计算（Shiau and Chau 2016）、社会网络（Shiau，W.-L. and Dwivedi，Y.K.2017）如表 0-2 所示。

表 0-2 My core knowledge of MIS（digital world）

Supply Chain Management Shiau et al.（2015）	Social Network Shiau & Dwivedi（2017）	Facebook Shiau et al.（2018）
Human Computer Interaction Shiau et al.（2016）	Electronic Commerce Shiau & Dwivedi（2013）	Knowledge Management Shiau（2015）
Enterprise Information System Shiau（2016）	Management Information System Shiau et al.（2015）	Mobile Information System Shiau（2019）

请参考：

- Petter，S.，DeLone，W.D.，and McLean，E.R.2013. "Information Systems Success: The Quest for the Independent Variables，"*Journal of Management Informat ion Systems*（29:4），pp. 7-62.
- Wen-Lung Shiau and Yogesh K. Dwivedi（2013），"Citation and co-citation analysis to identify core and emerging knowledge in electronic commerce research，" Scientometrics，94（3），1317-1337.（SSCI）

- Wen-Lung Shiau, Yogesh K. Dwivedi, and Chia-Han Tsai（2015）, "Supply chain management: exploring the intellectual structure"*Scientometrics* 105（1）, 215-230.（SSCI, 2014 IF= 2.183, 5-year IF is 2.316, Ranks Q1, 10 /85 in Information Science & Library Science.）

- Wen-Lung Shiau, Shu-Yi Chen, and Yu-Cheng Tsai（2015）"Key management information systems issues: Co-citation analysis of journal articles, "*International Journal of Electronic Commerce Studies*, Vol.6, No.1, pp.145-162（EI）.

- Wen-Lung Shiau（2015）"Exploring the intellectual structure of knowledge management: A co-citation analysis", *International Journal of Advancements in Computing Technology*（IJACT）（7:1）, pp.9-16.

- Wen-Lung Shiau（2016）, "The intellectual core of enterprise information systems: A co-citation analysis, "*Enterprise Information Systems*, 2016, 10（8）, 815-844.（SCI, 2015 IF= 2.269.）

- Wen-Lung Shiau, Chang Ming Yan, and Chen-Chao Kuo（2016）, "The Intellectual Structure of Human Computer Interaction Research, "*Journal of Information Science and Engineering*（JISE）, 32（3）, 703-730.（SCI）

- Wen-Lung Shiau and Yogesh K. Dwivedi,（2017）"Co-citation and cluster analyses of extant literature on social networks", *International Journal of Information Management*（37（5）, 390-399.（SSCI）

- Wen-Lung Shiau, Yogesh K. Dwivedi, He-Hong Lai（2018）, "Examining the core knowledge on facebook,"*International Journal of Information Management* 43（December 2018）, Pages 52-63（SSCI, 2017 IF= 4.516, 5-year Impact Factor: 4.810 ）

- Wen-Lung Shiau, Chang-Ming Yan, Bang-Wen Lin（2019）, "Exploration into the Intellectual Structure of Mobile Information Systems, "*International Journal of Information Management* 47（August 2019）, Pages 241-251（SSCI, 2017 IF=4.516, 5-year Impact Factor: 4.810 ）

■ **23. SEM 能做什么研究？顶级期刊还接受 SEM 文章吗？**

答：

请参考顶级期刊中，MISQ，ISR 和 JAIS 部分的 SEM 多用途范例：

MISQ

Experiment+SEM

Johnston, Warkentin, M., and Siponen, M. 2015. "An enhanced fear appeal rhetorical framework: leveraging threats to the human asset through sanctioning rhetoric, "*MIS Quarterly*（39:1）, pp. 113-134.

Surveys

Schmitz, P. W., Teng, J. T. C., and Webb, K. J. 2016. "Capturing the complexity of malleable it use : adaptive structuration theory for individuals, "*Social Science Electronic Publishing*（40:3）, pp. 663-686.

Mixed method Qual+Quan（SEM）

Zhang，X.，and Venkatesh，V. 2017. "A nomological network of knowledge management system use: antecedents and consequences，"*MIS Quarterly*（41:4），pp. 1275-1306.

Mixed method Qual+Quan（SEM）

Srivastava，Shirish C.; Chandra，Shalini 2018. "Social presence in virtual world collaboration: an uncertainty reduction perspective using a mixed methods approach，"*MIS Quarterly*（42:3），pp. 779-803.

ISR

A survey experiment（SEM）

Wang，J.，Li，Y.，& Rao，H. R. 2017. "Coping responses in phishing detection: an investigation of antecedents and consequences，"*Information Systems Research*（28:2），pp. 378-396.

A survey experiment（SEM）

Breward，M.，Hassanein，K.，& Head，M. 2017. "Understanding consumers' attitudes toward controversial information，"*Information Systems Research*（28:4），pp. 760-774.

Qual+Quan（SEM）

Sarker，S.，Ahuja，M.，& Sarker，S. 2018. "Work-Life Conflict of Globally Distributed Software Development Personnel: An Empirical Investigation Using Border Theory，"*Information Systems Research*（29:1），pp. 103-126.

A survey experiment（SEM）

Robert Jr，L. P.，Dennis，A. R.，& Ahuja，M. K. 2018. "Differences are different: Examining the effects of communication media on the impacts of racial and gender diversity in decision-making teams，"*Information Systems Research*（29:3），pp. 525-545.

JAIS

Focus group +SEM

Crossler，R. E.，& Posey，C. 2017. "Robbing Peter to Pay Paul: Surrendering Privacy for Security's Sake in an Identity Ecosystem，" *Journal of the Association for Information Systems*（18:7），pp. 487-515.

Experiment & SEM

You，S.，& Robert，L. 2018. "Emotional attachment，performance，and viability in teams collaborating with embodied physical action（EPA）robots，"*Journal of the Association for Information Systems*（19:5），pp. 377-407.

建议引用参考数据如下：

- Dijkstra，T. K.，and Henseler，J. 2015. "Consistent Partial Least Squares Path Modeling，"*MIS Quarterly*（39: 2），pp. 297-316.
- Gefen，D.，Rigdon，E. E.，and Straub，D. 2011. "An Update and Extension to SEM Guidelines for Administrative and Social Science Research，"*MIS Quarterly*（35 :2），pp. iii-xiv.
- Gudergan，S.，Ringle，C.M.，Wende，S.，and Will，A. 2008. "Confirmatory Tetrad

Analysis in PLS Path Modeling, ” *Journal of Business Research*（61:12）, pp. 1238-1249.

- Hair, J.F., Black, W.C., Babin, B.J., and Anderson, R.E. 2010. *Multivariate data analysis: A global perspective*（7th ed.）. Upper Saddle River, NJ: Pearson Prentice Hall.

- Hair, J.F., Hult, G.T.M., Ringle, C.M., and Sarstedt, M. 2013. *A Primer on Partial Least Squares Structural Equation Modeling*. Thousand Oaks: Sage.

- Hair, J.F., Sarstedt, M., Ringle, C.M., and Mena, J.A. 2012. "An Assessment of the Use of Partial Least Squares Structural Equation Modeling in Marketing Research, ”*Journal of the Academy of Marketing Science*（40:3）, pp. 414-433.

- Henseler, J., Dijkstra, T. K., Sarstedt, M., Ringle, C. M., Diamantopoulos, A., Straub, D.W., Ketchen, D.J., Hair, J.F., H ult, G.T.M., and Calantone, R.J. 2014. " Common Beliefs and Reality about Partial Least Squares: Comments on Rönkkö & Evermann（2013）" *Organizational Research Methods*（17:2）, pp. 182-209.

- Petter, S., DeLone, W.D., andMcLean, E.R.2013. "Information Systems Success: The Quest for the Independent Variables," *Journal of Management Information Systems*（29:4）, pp. 7-62.

- Ringle, C.M., Wende, S., and Will, A. 2005. *SmartPLS2.0*（M3）, Hamburg: University of Hamburg.（http://www.smartpls.de）

- Shiau, W.-L., and Chau, P.Y.K. 2012. "Understanding blog continuance: a model comparison approach, ” *Industrial Management & Data Systems*（112:4）, pp. 663- 682.

- Shiau, W.-L., Hsu, P.-Y., and Wang, J.-Z. 2009. "Development of measures to assess the ERP adoption of SMEs, ”*Journal of Enterprise Information Management*（22:1/2）, pp. 99-118.

- Shiau, W.-L., and Luo, M.M. 2012. "Factors Affecting Online Group Buying Intention and Satisfaction: A Social Exchange Theory Perspective, ” *Computers in Human Behavior*（28:6）, pp.2431-2444.

- Shiau, W.-L., and Luo, M.M. 2013. "Continuance intention of blog users: the impact of perceived enjoyment, habit, user involvement and blogging time, ”*Behaviour & Information Technology*（32:6）, pp.570-583.

- Shiau, W.-L. 2015. "An Evolution, Present, and Future Changes of Cloud Computing Services, ” *Journal of Electronic Science and Technology*（13:1）, pp. 54-59.

- Shiau, W.-L., and Chau, P.Y.K.（2016）"Understanding behavioral intention to use a cloud computing classroom: A multiple model-comparison approach", Information & Management Vol. 53 Iss: 3, pp 355–365（doi:10.1016/j.im.2015.10.004）（SSCI, 2015 IF= 2.163, 5-year Impact Factor: 3.175, Ranks Q1, 25/144 - *Information Science & Library Science*）.

- Wen-Lung Shiau and Yogesh K. Dwivedi（2013）, "Citation and co-citation analysis to identify core and emerging knowledge in electronic commerce research, ” *Scientometrics*, 2013, 94（3）, 1317-1337.（SSCI）

- Wen-Lung Shiau, Yogesh K. Dwivedi, and Chia-Han Tsai（2015）, "Supply chain management: exploring the intellectual structure," Scientometrics 105(1), 215-230.(SSCI, 2014 IF= 2.183, 5-year IF is 2.316, Ranks Q1, 10 /85 in *Information Science & Library Science*.）

- Wen-Lung Shiau, Shu-Yi Chen, and Yu-Cheng Tsai（2015）"Key management information systems issues: Co-citation analysis of journal articles", *International Journal of Electronic Commerce Studies*, Vol.6, No.1, pp.145-162（EI）.

- Wen-Lung Shiau（2015）"Exploring the intellectual structure of knowledge management: A co-citation analysis", *International Journal of Advancements in Computing Technology*（IJACT）（7:1）, pp.9-16.

- Wen-Lung Shiau（2016）, "The intellectual core of enterprise information systems: A co-citation analysis", *Enterprise Information Systems*, 2016, 10（8）, 815-844.（SCI, 2015 IF= 2.269.）

- Wen-Lung Shiau, Chang Ming Yan, and Chen-Chao Kuo（2016）, "The Intellectual Structure of Human Computer Interaction Research", *Journal of Information Science and Engineering*（JISE）, 32（3）, 703-730.（SCI）

- Wen-Lung Shiau and Yogesh K. Dwivedi, （2017）"Co-citation and cluster analyses of extant literature on social networks", *International Journal of Information Management*, 37（5）, 390-399.（SSCI）

- Wen-Lung Shiau, Yogesh K. Dwivedi, He-Hong Lai（2018）, "Examining the core knowledge on facebook", *International Journal of Information Management* 43（December 2018）, Pages 52-63（SSCI, 2017 IF= 4.516, 5-year Impact Factor: 4.810 ）

- Wen-Lung Shiau, Chang-Ming Yan, Bang-Wen Lin（2019）, "Exploration into the Intellectual Structure of Mobile Information Systems", *International Journal of Information Management* 47(August 2019), Pages 241-251(SSCI, 2017 IF= 4.516, 5-year Impact Factor: 4.810 ）

- Huang, L.-C. and Shiau, W.-L.（2017）, "Factors affecting creativity in information system development: Insights from a decomposition and PLS–MGA", *Industrial Management & Data Systems*, Vol. 117 Iss: 3, pp. 442 - 458 -（SCI）

- 萧文龙. 多变量分析最佳入门实用书：SPSS + LISREL（SEM）[M]. 2 版. 中国台北：基峰（硕博士论文的引用次数已经超过 1 200 次）, 2009.

- 萧文龙. 统计分析：SPSS 中文版 +PLS-SEM（SmartPLS）[M] 中国台北：基峰, 2013.

- 萧文龙. 统计分析入门与应用 SPSS（中文版）+ SmartPLS 3（PLS-SEM）[M]. 中国台北：基峰, 2016.

- 萧文龙. 统计分析入门与应用：SPSS 中文版 +SmartPLS 3（PLS-SEM）[M]. 5 版. 中国台北：基峰, 2018.

- 萧文龙 & 陈世智. AMOS 结构方程模式最佳入门实用书 [M]. 中国台北：基峰, 2018.

目　录

第1章 统计分析简介与数量方法的基础

1.1 统计分析简介

在我们的生活中，存在着许许多多待解决的问题，其中有些问题可以使用统计分析的方法来解决。统计分析方法以数学为基础，有严谨的逻辑和标准，需要遵循特定的规范，从确立目的、发展和选用问卷题项、提出假设、进行抽样、收集数据，到分析和解释数据，最终得出结论，提供给决策者帮其作出正确的决定。

在一般的统计课程中都会提到，统计分析可分为描述性统计和推断统计。

描述性统计

描述性统计是将研究中所得的数据加以整理、归类、简化或绘制成图和表，用来描述和归纳数据的特征（例如：人口变量统计），是最基本的统计方法。描述统计主要提供数据的集中趋势、离散程度和相关强度，例如：均值（$\overline{X}$）、标准差（σ）、相关系数（r）等。

推断统计

推断统计是用概率形式来判断数据之间是否存在某种关系，以及用样本统计值来推测总体的统计方法。推断统计包括假设检验和参数估计，最常用的方法有 Z 检验、t 检验、卡方检验等。

描述性统计和推断统计两者息息相关，相辅相成，描述性统计是推断统计的基础，推断统计是描述性统计的进一步运用。在一般的研究中，是采用描述性统计还是推断统计，需要根据研究目的而定。如果研究目的需要描述性统计的数据，则需使用描述性统计；若需要以样本信息来推断总体，则需要用推断统计。在社会科学研究中，常常需要严谨的处理方式，描述性统计和推断统计经常是一起使用的，以解决复杂问题。

在社会科学研究中，待解决的问题通常相当复杂，需要严谨的处理方式（研究流程），一般社会科学的研究流程有：确立研究动机→拟定研究目的→探讨相关文献→建立研究模型与假设→决定研究方法→数据的搜集、分析与讨论→研究结论与建议，我们整理了一般的研究流程，如图1-1所示。

在我们日常生活或工作中找出有意义的问题，形成研究动机，进而拟定研究目的。接着根据研究动机与目的来进行文献探讨，从文献探讨中建立观念性的研究架构，根据此架构决定所应使用的研究方法，包括问卷设计、数据分析工具的选择及分析方法的使用。在问卷回收结束后开始进行数据分析，以提供给研究者进行讨论，

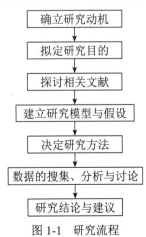

图 1-1 研究流程

最后作出研究结论及建议。

在社会科学研究中，统计分析扮演的角色十分重要，是社会科学研究中的一部分。统计分析前先确定总体的范围，设计出量表（问卷设计），然后就是统计分析的工具选择及分析方法的使用，接着在问卷回收结束后开始做数据分析，呈现出正确的数据分析结果。统计分析的实施步骤如图 1-2 所示。

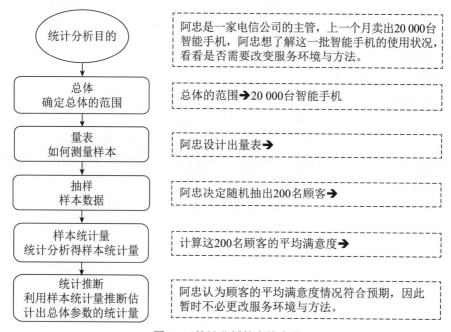

图 1-2　统计分析的实施步骤

在整个社会科学研究中，涉及统计分析的部分相当广泛，包括理论、量表（问卷设计）、抽样（问卷发放和回收）、统计分析的基础统计学和常用的统计分析（多变量分析，或称为数量方法）。因此本章节将分别介绍统计分析简介与数量方法的基础，包括理论简介、量表简介、抽样简介、基础统计学和常用的统计分析（多变量分析，或称为数量方法）。

1.2　理论

在日常生活中，理论是一组叙述或原理，用来解释事实或现象。在社会科学研究中，理论是社会现象的系统观，也可以是一个用来引导行动的信念或原理，帮助人们了解或判断社会现象。在社会科学研究里有实证性研究，实证性研究是以某个理论为基础，对相关现象进行验证，在学术上，可以延伸和扩展理论的应用，在实际中，可以为实际工作者提供可遵循的根据。理论在社会科学的研究流程中常常扮演着主导的角色，从确立研究动机到拟定研究目的，常常会提到以什么观点进行探讨，相当多的研究会使用一个或多个理论观点进行探讨，接着在相关文献探讨中，就必须要整理"理论观点"的相关文献。建立的研究模型也常来自理论，研究结论与建议也需要提到研究议题的理论贡献和学术上的意涵。理论在社会科学的研究中扮演着核心角色，科学研究是通过由理论建构起的系统来理解社会现象。因此，我们更应该深入和广泛地掌握和理解理论。

什么是理论？有关理论的说明是多样的，理论是一组叙述或原理，用来解释事实或现象，特别是可以验证，可以用来预测或是已经被广泛接受的自然现象。理论是社会现象的系统观，也可以是用来引导行动的一个信念或原理，帮助人们了解或判断。理论使用的分类也是多样的，2006 年，格雷戈尔（Gregor）在《管理信息系统季刊》（*MIS Quarterly*）的一篇文章中，将理论的作用分为五类：①理论用来分析（Theory for Analyzing）；②理论用来解释（Theory for Explaining）；③理论用来预测（Theory for Predicting）；④理论用来解释和预测（Theory for Explaining and Predicting）；⑤理论用来设计和行动（Theory for Design and Action）。

理论与研究是什么关系？我们所做的研究可以是研究先于理论（探索性研究）或理论先于研究（实证性研究），探索性研究是对某些尚未了解的现象进行初步探讨，以熟悉此现象，取得的结果可作为后续研究的基础。理论在各个学科，例如：教育学、艺术学、体育学、图书信息学、心理学、法律学、政治学、经济学、社会学、传播学、人类学、管理学（人力资源、组织行为、策略管理、医务管理、生管、交管、营销、资管、数量方法与作业研究应用）等当中，都扮演着相当重要的角色，我们整理常见的理论如下。

1.2.1　印象管理理论

印象管理理论（Theory of Impression Management）是由欧文·高夫曼（Erving Goffma）于 1959 年提出，如图 1-3 所示。印象管理理论解释了复杂人际互动和事实背后的动机，也说明每个人都会配合情境，运用合适的策略呈现自己。

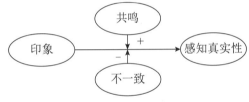

图 1-3　印象管理理论模型

相关资料：

- Dillard, C., Browning, L.D., Sitkin, S.B., and Sutcliffe, K.M. 2000. "Impression Management and the Use of Procedures at the Ritz-Carlton: Moral Standards and Dramaturgical Discipline," *Communication Studies*（51:4），pp. 404-414.
- Giacalone, R.A., and Rosenfeld, P. 1989. *Impression Management in the Organization,* Hillsdale, NJ: Lawrence Erlbaum Associates.
- Giacalone, R.A., and Rosenfeld, P. 1991. *Applied Impression Management*, Newbury Park, CA: Sage.
- Goffman, E. 1959. *The Presentation of Self in Everyday Life,* New York, NY: Doubleday.
- Schlenker, B.R. 1980. *Impression Management: The Self-Concept, Social Identity, and Interpersonal Relations,* Monterey, CA: Brooks/Cole Publishing Co.

1.2.2　交易成本理论

交易成本理论（Transaction Cost Theory）由诺贝尔经济学奖得主科斯（Coase）在 1937 年提出，交易成本是指"当交易行为发生时，所随同产生的各项成本"。然而不同的交易往往涉及不同种类的交易成本，例如：威廉姆森（Williamson）在 1975 年提出的交易成本包含搜寻成本、信息成本、议价成本、决策成本、交易进行的成本、违约成本。使用交易成本理论的研究模型如图 1-4 所示。

图 1-4　交易成本理论模型

资料来源：决策支持系统（梁和黄，1998）

相关资料：

- Coase, R.H. 1937. "The nature of the firm", *Economica, New Series*（4:16），pp. 386-405.
- Liang, T.P., and Huang, J.S. 1998. "An Empirical Study on Consumer Acceptance of Products on Electronic Markets: A Transaction Cost Model", *Decision Support Systems*（24:1），pp. 29-43.
- Oliver, W. 1975. *Markets and hierarchies: Analysis and antitrust implications,* New York, NY: Free Press.

1.2.3　任务技术适配理论

古德休（Goodhue）与汤普森（Thompson）于 1995 年提出任务技术适配理论（Task Technology Fit Theory），如图 1-5 所示。

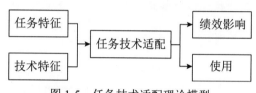

图 1-5　任务技术适配理论模型

任务技术适配理论认为信息技术可以正向地影响使用者个人的绩效，并且可以匹配任务的特征，使得信息技术很容易被使用者所使用。

资料来源：古德休和汤普森（1995）

相关资料：

- Goodhue, D.L. 1995. "Understanding user evaluations of information systems", *Management Science*（41:12），pp. 1827-1844.
- Goodhue, D.L., and Thompson, R.L. 1995 "Task-technology fit and individual performance", *MIS Quarterly*（19:2），pp. 213-236.
- Zigurs, I., and Buckland, B.K. 1998. "A theory of task/technology fit and group support systems effectiveness", *MIS Quarterly*（22:3），pp. 313-334.

1.2.4　长尾理论

2004 年 10 月，《连线》（*Wired*）杂志主编克里斯·安德森次（Chris Anderso）提出长尾理论（The Long Tail），以简单的图表解释了电子商务的利基所在。只要渠道够大，即便商品不是主流，需求量也小，也能够达到主流的、需求量大的商品的销量。在互联网上的实例就是亚马逊和谷歌，因此，长尾理论使得电子商务拥有了一个具说服力的理论基础。

1.2.5　制度理论

制度理论（Institutional Theory）由塞尔兹尼克（Selznick）在 1948 年提出，迪马乔（Dimaggio）和鲍威尔（Powell）在 1983 年倡导。制度理论认为，组织在某种制度环境（Institutional Environments）下采取某一种组织结构设计或某项措施是为了取得所需的资源及组织内部成员和外部社会的支持，期望获得组织生存的合法性（Legitimacy）。

相关资料：

- Selznick, P. 1948. "Foundations of the Theory of Organizations", *American Sociological Review*（13），pp. 25-35.
- DiMaggio, P.J., and Powell, W.W. 1983. "The iron cage revisited: Institutional isomorphism and collective rationality in organizational fields", *American Sociological Review*（48:2），pp. 147-160.

1.2.6　服务质量理论

服务质量理论（Service Quality，SERVQUAL）主要由帕拉苏拉曼（Parasuraman）、贝里（Berry）和蔡特哈姆尔（Zeithaml）于 1985 年提出。服务质量理论用来衡量服务质量，其定义是认知服务质量为顾客的期望与感受之间的差距。帕拉苏拉曼等人在 1988 年提出服务质量的五个构面：①有形性（Tangibles）——硬件设施、设备、员工仪表等。②可靠性（Reliability）——可靠和准确地实施服务的能力。③响应能力（Responsiveness）——帮助和回应客户需求的意愿。④信赖感（Assurance）——员工激发信心和信任的能力。⑤关怀度（Empathy）——提供个性化关怀服务的程度。服务质量理论不仅大量应用于营销领域，而且目前涉及服务的各个领域，大多认同以服务质量理论作为衡量服务质量的标准。

相关资料：

- Parasuraman, A., Berry, L.L., and Zeithaml, V.A. 1985. "A Conceptual Model of Service Quality and Its Implications for Future Research", *Journal of Marketing*（49：4），pp. 41-50.
- Parasuraman, A., Berry, L.L., and Zeithaml, V.A. 1988. "SERVQUAL: A Multiple-Item Scale For Measuring Consumer Perceptions of Service Quality", *Journal of Retailing*（64:1），pp. 12-40.
- Parasuraman, A., Berry, L.L. and Zeithaml, V.A. 1991. "Refinement and Reassessment of the SERVQUAL Scale", *Journal of Retailing*（67:4），pp. 420-450.

1.2.7　技术接受模型

技术接受模型（Technology Acceptance Model，TAM）是戴维斯（Davis）于 1986 年提出的，戴维斯以理性行为理论（Theory of Reasoned Action，TRA）和计划行为理论（Theory of Planned Behavior，TPB）模式为基础，发展出技术接受模型（见图 1-6），用来研究使用者接受信息技术（Information Technology，IT）的影响因素。技术接受模型认为影响使用者行为意愿（Behavioural Intention）的主要有感知有用性（Perceived Usefulness，PU）和感知易用性（Perceived Easy of Use，PEOU），使用意愿会进一步实际地使用信息技术。

图 1-6　技术接受模型

资料来源：戴维斯等（1989），文卡塔斯等（2003）

相关资料：

- Davis, F.D. 1986. "A technology acceptance model for empirically testing new end-user information systems: Theory and results", Doctoral dissertation, Sloan School of Management, Massachusetts Institute of Technology.

■ Davis, F.D. 1989. "Perceived usefulness, perceived ease of use, and user acceptance of information technology", *MIS Quarterly*（13:3），pp. 319-339.

■ Venkatesh, V., Morris, M.G., Davis, G.B., and Davis, F.D. 2003. "User acceptance of information technology: Toward a unified view", *MIS Quarterly*（27:3），pp. 425-478.

1.2.8 计划行为理论

计划行为理论（Theory of Planned Behavior，TPB）为美国心理学家阿耶兹（Ajzen）所倡导，是用来预测行为的重要理论。计划行为理论（阿耶兹，1985，1991）指出"行为意愿（Behavior Intention，BI）是个人从事某项行为（Behavior，B）的意愿，是预测行为最好的指标"。意愿由三个构面所组成：①对该行为所持的态度（Attitude Toward the Behavior，ATB）；②主观规范（Subjective Norm，SN）；③感知行为控制（Perceived Behavioral Control，PBC）。计划行为理论模型如图1-7所示。

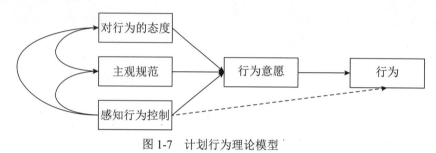

图 1-7　计划行为理论模型

资料来源：阿耶兹（1991）

相关资料：

■ Ajzen, I. 1985. "From intentions to actions: A theory of planned behavior", In *Springer Series in Social Psychology,* J. Kuhl, and J. Beckmann（eds.），Berlin: Springer. pp. 11-39.

■ Ajzen, I. 1991. "The theory of planned behavior", *Organizational Behavior and Human Decision Processes*（50:2），pp. 179-211.

计划行为理论可以分析出行为与心理之间的关系，进而从研究结果中找出可以影响行为的因素。

1.2.9 理性行为理论

理性行为理论（Theory of Reasoned Action，TRA）是由菲什拜因（Fishbein）和阿耶兹（Ajzen）于1967年所提出的预测个人行为态度意向的理论。理性行为理论认为，行为意愿（Behavior Intention）会受到态度及主观性规范的影响。态度是指个人对行为的想法，主观性规范是指社会习俗、他人意见或压力。理性行为理论的模型如图1-8所示。

图 1-8　理性行为理论模型

资料来源：菲什拜因和阿耶兹（1975）

相关资料:

- Ajzen, I., and Fishbein, M. 1973. "Attitudinal and normative variables as predictors of specific behavior", *Journal of Personality and Social Psychology*（27:1）, pp. 41-57.

- Fishbein, M. 1967. "Readings in attitude theory and measurement", in *Attitude and the prediction of behavior*, M. Fishbein（ed.）, New York: Wiley. pp. 477-492.

- Fishbein, M., and Ajzen, I. 1975. *Belief, attitude, intention, and behavior: An introduction to theory and research*, Reading, MA: Addison-Wesley.

1.2.10 期望确认理论

期望确认理论（Expectation Confirmation Theory，ECT）最早由奥利弗（Oliver）在 1977 年和 1980 年提出，是研究消费者满意度的基础模型，其定义为消费者购买前对产品或服务的预期和实际购买后的绩效进行比较，形成正向或负向的差异，最后产生满意度上的差异，如图 1-9 所示。

图 1-9 期望确认理论模型

资料来源:奥利弗（1977，1980）

巴塔克里（Bhattacherjee）修正了期望确认理论，提出"持续使用信息系统意愿模式"，以使其符合信息系统的情境，如图 1-10 所示。

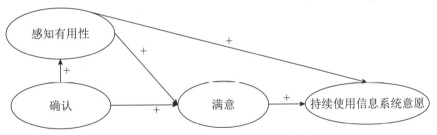

图 1-10 持续使用信息系统意愿模式

资料来源:巴塔克里（2001）

相关资料:

- Oliver R.L. 1977. "Effect of Expectation and Disconfirmation on Post exposure Product Evaluations-an Alternative Interpretation", *Journal of Applied Psychology*（62:4）, pp. 480.

- Oliver R. L. 1980. "A Cognitive Model of the Antecedents and Consequences of Satisfaction Decisions", *Journal of Marketing Research*（17:3）, pp. 460.

- Spreng, R.A., MacKenzie, S.B., and Olshavsky, R.W.1996. "A reexamination of the determinants of consumer satisfaction", *Journal of Marketing*（60:3）, pp. 15.

- Bhattacherjee, A. 2001. "Understanding information systems continuance: An expectation-confirmation model", *MIS Quarterly*（25:3）, pp. 351.

1.2.11 信息系统成功模型

杰洛涅（DeLone）和麦克林（McLean）于 1992 年提出信息系统成功模型（Information Systems Success Model）。信息系统成功模型有六大构面：系统质量（Systems Quality）、信息质量（Information Quality）、使用（Use）、使用者满意（User Satisfaction）、个人的影响（Individual Impact）与组织的影响（Organizational Impact），如图 1-11 所示。

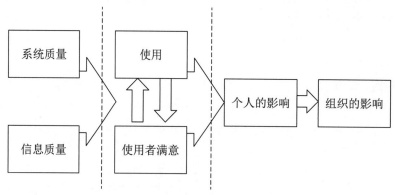

图 1-11 信息系统成功模型

资料来源：信息系统成功模型（杰洛涅和麦克林 1992）

杰洛涅和麦克林（2003）回顾十年（1993 年到 2002 年中期）期刊，研究提出了更新的模型，如图 1-12 所示。

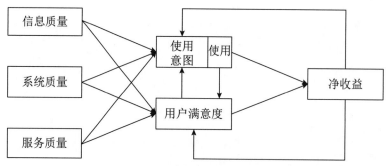

图 1-12 更新的信息系统成功模型

资料来源：更新的信息系统成功模型（杰洛涅和麦克林 2002，2003）

相关资料：

- DeLone, W.H., and McLean, E.R. 1992. "Information Systems Success: The Quest for the Dependent Variable", *Information Systems Research*（3:1），pp. 60-95.
- DeLone, W.H., and McLean, E.R. 2003. "The DeLone and McLean Model of Information Systems Success: A Ten-Year Update", *Journal of Management Information Systems*（19:4），pp. 9-30.

1.2.12 资源依赖理论

资源依赖理论（Resource Dependency Theory，RDT）由普费弗（Pfeffer）和萨兰西克（Salancik）于 1978 年提出。资源依赖理论是指组织在一个开放性的社会系统和不确定性的环境下，无法自给自足，组织为了求生存需要外部资源的供给，并适时提供资源给外部组织，与外部环境不断地互动，组织才能持续生存下去。

相关资料：

■ Pfeffer, J., and Salancik, G. 1978. *The external control of organizations: A resource dependence perspective*, New York: Harper & Row.

■ Ulrich, D., and Barney, J.B. 1984. "Perspectives in organizations: Resource dependence, efficiency, and population", *Academy of Management Review*（9:3），pp. 471.

1.2.13　资源基础理论

资源基础理论（Resource-based Theory）是由潘罗斯（Penrose）、沃纳菲尔特（Wernerfelt）和巴尼（Barney）等学者提出。资源基础理论的先驱是 Penrose（1959），在其《企业的成长理论》（*The Theory of the Growth of the Firm*）一书中，提到企业为获取利润，不仅要拥有优越的资源，更要具备有效利用这些资源的能力，以追求企业成长。沃纳菲尔特（1984）延续潘罗斯的论点，在其《企业的资源基础观点》一书中，首先提出资源基础观（Resource-based View，RBV），以"资源观点"取代"产品观点"来分析企业。巴尼（1986）则延续沃纳菲尔特所提出的观点，认为不同的企业对于不同的策略资源，所产生的价值也不相同，所以企业绩效不只来自产品市场的竞争，也由企业不同的资源产生。因此企业进行策略规划时，应先分析本身所具备的各种具有竞争优势的资源，例如：有价值的资源、稀有性的资源、不可模仿性的资源、不可替代性的资源。对于资源基础理论，不同的学者或许会有不同的见解与看法，但共通的最终目的是探讨企业如何获取最大利益。

相关资料：

■ Barney, J.B. 1986a. "Strategic factor markets: Expectations, luck and business strategy", *Management Science*（32），pp. 1512-1514.

■ Barney, J.B. 1986b. "Organizational culture: Can it be a source of sustained competitive advantage?" *Academy of Management Review*（11），pp. 656-665.

■ Barney, J.B. 1986c. "Types of Competition and the Theory of Strategy: Toward an Integrative Framework", *Academic of Management Review*（11），pp. 791-800.

■ Penrose, E.T. 1959. *The Theory of the Growth of the Firm*, New York: Wiley.

■ Wernerfelt, B. 1984. "A resource-based view of the firm", *Strategic Management Journal*（5），pp. 171-180.

1.2.14　满意度

满意度（Satisfaction）一般是指一个人感觉到愉快或失望的程度。由于对象不同，使用的范围和方式也会有所不同，以顾客对产品的满意度为例，米勒（Miller，1977）认为顾客满意度是由顾客对产品的预期和实际感知两者交互作用所形成的满意程度。科特勒（Kotler,1991）也认为顾客满意度的高低是取决于顾客感知的价值和顾客的期望水平。以顾客对服务的满意度为例子，赫伦（Hernon）等人（1999）认为建立顾客满意度应包含对接待人员的满意度和整体服务满意度两部分。以使用者对信息系统的满意度为例子，柏雷（Bailey）和皮尔森（Pearson）（1983）通过文献研究、专家访问与访问调查等方式，归纳整理出 39 个题项（如正确性、及时性与人员的态度等），根据测量受访者对各题项相对信息需求的认知反应结果与强度，进而从研究结果中找出可以影响信息系统满意度的因素。对于一个组织而言，提供顾客满意的服务，是组织生存的必要条件之一，所以各行各业对于顾客满意度都相当重视。

相关资料：

■ Bailey, J.E., and Pearson, S.W. 1983. "Development of a tool for measuring and analyzing computer user satisfaction", *Management Science*（29），pp. 530-545.

■ Hernon, P.N., Danuta, A, and Altman, E. 1999. "Service Quality and Customer Satisfaction; an assessment and future direction", *The Journal of Academic Librarianship*（25），pp. 9-17.

■ Kotler, P. 1991. *Marketing management: Analysis, planning, implementation, and control*（7th ed.），Englewood Cliffs, NJ: Prentice-Hall, pp. 455-459.

■ Miller, J.A. 1977. "Studying Satisfaction Modifying Models, Eliciting Expectation, Posing Problem, and Meaningful Measurement", in *The Conceptualization of Consumer Satisfaction and Dissatisfaction,* H. Hunt（ed.），Cambridge: Marketing Science Institute.

1.2.15 权变理论

权变理论（Contingency Theory）由菲德勒（Fiedler）于 1964 年提出。一个简化的权变理论模式如图 1-13 所示。

图 1-13 权变理论模型

资料来源：组织研究中权变理论的一个简化模型（菲德勒，1964）

权变理论认为组织效能依赖于组织设计与其所面临情境的适配度，其特别强调情境因素的重要性。

相关资料：

■ Fiedler, F.E. 1964. "A Contingency Model of Leadership Effectiveness", *Advances in Experimental Social Psychology*（1），New York: Academic Press. pp. 149-190.

■ Weill, P., and Olson, M. H. 1989. "An Assessment of the Contingency Theory of Management Information Systems", *Journal of Management Information Systems*（6:1），p. 63.

1.2.16 认知适配理论

维塞（Vessey）于 1991 年提出认知适配论（Cognitive Fit Theory），用来说明任务（Task）与信息呈现格式（Presentation Format）的关系"适配（Fit）"时，会提高个人的任务效能，相反的，当任务（Task）与信息呈现格式（Presentation Format）的关系不"适配（Fit）"时，会降低个人的任务效能。

夏福特（Shaft）和维塞（2006）探讨了在软件的理解和修正之间的关系中认知适配的角色，如图 1-14 所示。夏福特和维塞提出问题范畴的内部表征和外部问题的呈现，以及解决问题的任务会影响解决方案的心理表征，进而影响解决问题的绩效。

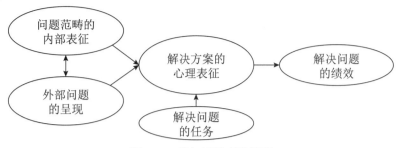

图 1-14　认知适配理论模型

资料来源：夏福特和维塞（2006）

相关资料：

- Vessey, I.（1991）. Cognitive Fit: A Theory-Based Analysis of the Graphs Versus Tables Literature. Decision Sciences 22（2），pp. 219-240.
- Vessey, I. and Galletta, D.（1991）. Cognitive Fit: An Empirical Study of Information Acquisition. Information Systems Research, 2（1），pp. 63-84.
- Shaft, T. M. and Vessey, I.（2006）"The Role of Cognitive Fit in the Relationship between Software Comprehension and Modification", *MIS Quarterly*, 30（1），pp. 29-55.
- Shipp, A. J. and K. J. Jansen（2011）. "Reinterpreting time in fit theory: Crafting and recrafting narratives of fit in mediasres", *Academy of Management Review*, 36（1），pp. 76-101.

1.2.17　双路径模型

双路径模型（Elaboration Likelihood Model，ELM）由佩蒂（Petty）和卡乔波（Cacioppo）于 1986 年提出，用来说明态度改变的说服理论模型，如图 1-15 所示。

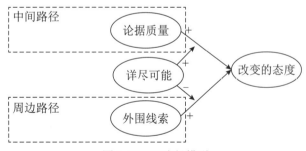

图 1-15　双路径模型

资料来源：佩蒂和卡乔波（1986）

双路径模型认为信息处理有两种方式，分别为中央路径（Central Route）和周边路径（Peripheral Route）。当人们深入思考的可能性或者涉入程度（Involvement）高时，例如有高度的动机和能力，或愿意花精力对信息加以分析，会考虑走中央路径；当人们深入思考的可能性或者涉入程度低时，例如个人的动机与能力相对较弱时或涉入程度低，会考虑走周边路径。

相关资料：

- Petty, R. E., and Cacioppo, J. T.（1986）. "The elaboration likelihood model of persuasion". *Advances in experimental social psychology* p. 125.
- Petty, R.E., and Cacioppo, J.T.（1986）. *Communication and Persuasion: Central and Peripheral Routes to Attitude Change*. New York: Springer-Verlag.

- Angst, C. M., and R. Agarwal（2009）"Adoption of Electronic Health Records in the Presence of Privacy Concerns: The Elaboration Likelihood Model and Individual Persuasion", *MIS Quarterly*,（33）2, pp. 339-370.
- Bhattacherjee, A., and C. Sanford（2006）"Influence Processes for Information Technology Acceptance: An Elaboration Likelihood Model", *MIS Quarterly*,（30）4, pp. 805-825.
- Cheung, C. M.-Y., C.-L. Sia, and K. K. Kuan（2012）"Is This Review Believable? A Study of Factors Affecting the Credibility of Online Consumer Reviews from an ELM Perspective, " *Journal of the Association for Information Systems*,（13）8, pp. 618-635.
- Dinev, T.（2014）"Why Would We Care about Privacy?", *European Journal of Information Systems*,（23）2, pp. 97-102.

信息系统理论参考资料来源：

- The Theories Used in IS Research Wiki（http://is.theorizeit.org/wiki/Main_Page）.

1.3 量表简介

研究人员想使用统计技术来分析数据时，大都需要严谨的量表，但是量表如何测量数据呢？这就需要先了解数据的测量标度，因此，本节将介绍数据的测量标度和量表。

1.3.1 数据的测量标度

社会科学的数据拥有多种性质，因此，我们在测量这些数据时，就需要有不同的标度，测量标度（Scales of Measurement）是对数据赋予适当的代表值，以作为统计运算的基础，一般我们常用的测量标度有名义标度（Nominal Scale）、顺序标度（Ordinal Scale）、区间标度（Interval Scale）和比率标度（Ratio Scale），我们分别介绍如下：

- **名义标度：** 名义标度是用来处理分类的数据的，也称为类别标度（Categorical Scale），在分类的数据中，都会以一个数字来代表一个类别，我们常用的范例如下：
  - 性别：0 代表男性，1 代表女性
  - 婚姻：0 代表未婚，1 代表已婚
  - 企业规模：0 代表中小企业，1 代表大企业
- **顺序标度：** 顺序标度用来处理有前后关系的数据的，以表示高、低，好、坏，等级等，这些数据可以赋予大小不同的值，这些值只代表顺序，不代表差距大小，也不代表有相同的距离，我们常用的例子如下：
  - 教育程度：0 代表小学，1 代表初中，2 代表高中，3 代表本科，4 代表硕士，5 代表博士
  - 职位层级：0 代表实习生，1 代表职员，2 代表部门经理，3 代表总经理，4 代表董事长
- **区间标度：** 区间标度用来处理单位和距离标度相同的标准化的数据，这些数据并无真正的零（无数据），我们常用的例子如下：
  - 温度：有 -5℃、0℃、10℃等
  - 时间：有时、分、秒等

区间标度的大小是有意义的，数值之间的差距也有代表的意义，由于处理的是相同距离标

度的数据，也称为等距标度或间距标度。

■ **比率标度**：比率标度用来处理其有标准化的测量单位和绝对零值的数据，绝对零值的意思是数值为零时，就代表无此数据，我们常用的比率标度例子如下：

- 年龄：1 岁、10 岁、20 岁、40 岁、60 岁、80 岁、100 岁
- 身高：20 厘米、60 厘米、100 厘米、150 厘米、200 厘米
- 体重：20 千克、40 千克、60 千克、80 千克

以上介绍数据的 4 种测量标度，若是以处理数据的范围来看，名义标度（类别）范围最小，接下来是顺序标度、区间标度，范围最大的是比率标度，我们以图 1-16 来表示。

名义（类别）<顺序<区间<比率

处理数据的范围越大 →

图 1-16　标度测量数据的范围

数据处理的范围越小，其处理的程度越不精确，例如：名义标度的数据最不精确，反之，数据处理的范围越广，其处理的程度越精确，例如：比率标度的数据最精确，至于我们该用何种测量标度，则是视研究的数据形态而定，而并非随意指定，读者对此需要多加注意。

数据的分布

数据的各种分布情况代表的是通过测量得到的各种特性，例如：我们调查某一家连锁超市的顾客消费行为，就可以知道顾客消费的大致情况，一般我们最常想了解的数据的分布情况有数据的集中趋势（Measure of Central Tendency）和数据的离散程度（Measures of Dispersion）我们分别介绍如下。

1）数据的集中趋势：是在一组数据中，找出一个值，使得其他数值往它集中，常用的测量指标有众数、中位数、几何平均数、算术平均数和加权算术平均数，我们对其简介如下。

- 众数（Mode）：计算出次数最多的观察值
- 中位数（Median）：计算出位置排列在中央的数值
- 几何平均数（Geometric Mean）：用来处理等比级数的平均值，观察值相乘 n 次就开 n 次根号，我们以几何平均值 G，观察值 X_1，X_2，$\cdots$，X_n 为例，数学式如下：

$$G = \sqrt[n]{X_1 X_2 X_3 \cdots X_n} = \prod_{i=1}^{n}(X_i)^{\frac{1}{n}}$$

- 算术平均值（Arithemetic Mean）：将观察值加总，再除以观察值的个数，我们以算术平均值 $\overline{X}$，观察值 X_1，X_2，$\cdots$，X_n 为例，数学式如下：

$$\overline{X} = \frac{X_1 + X_2 + \cdots + X_n}{n} = \frac{\sum_{i=1}^{n} X_i}{n}$$

- 加权算术平均值（Weighted Arithmetic Mean）：在算术平均值中，每个观察值都是相同的比重，若是遇到观察值的重要程度不一样，我们可以对每个观察值给以权重，再

计算其平均值，我们以加权算术平均值 $\overline{X}_w$、观察值 X_1，X_2，$\cdots$，X_n 为例（X_1 的权重是 W_1，X_2 的权重是 W_2，$\cdots$，X_n 的权重是 W_n），数学式如下：

$$\overline{X_w} = \frac{X_1W_1 + X_2W_2 + \cdots + X_nW_n}{W_1 + W_2 + \cdots + W_n} = \frac{\sum\limits_{i=1}^{n} X_iW_i}{\sum\limits_{i=1}^{n} W_i}$$

2）数据的离散程度：数据的离散程度是用来确认数据的集中趋势（例如：平均值）是否具有代表性，数据的离散程度低时，平均值就具有高的代表性，反之，数据的离散程度高时，平均值就具有低的代表性，常见的数据的离散程度测量有全距、方差和标准差。

● 全距（Range）：一组观察值中最大值与最小值的差，我们以 R 代表

$$R= 最大值 - 最小值$$

$$R 越大，代表离散程度越大$$

$$R 越小，代表离散程度越小$$

● 方差：方差也称为平均平方离差（Mean Squared Deviation） 是观察值与平均值离差（相减）的平方和，除以观察值的个数。我们以总体方差为 σ^2，总体观察值为 X_1，X_2，$\cdots$，X_n，总体平均值为 μ 为例，数学式如下：

$$\sigma^2 = \frac{\sum(x - \mu)^2}{N}$$

当方差的数据来源是样本时，由于样本方差 S^2 失去一个自由度（Degree of Freeden，DF），所以样本方差分母为 $n-1$，X 为观察值，$\overline{X}$ 为平均值，数学式如下：

$$S^2 = \frac{\sum(X - \overline{X})^2}{n-1}$$

● 标准差：用来解释数据分散的情况，由于方差是平方值，不易解释，通过开根号会得到标准差，标准差同样分为总体的标准差和样本的标准差，数学式如下：

σ 总体的标准差：σ^2 为总体方差

$$\sigma = \sqrt{\sigma^2}$$

S 样本的标准差：S^2 为样本的方差

$$S = \sqrt{S^2}$$

（1）标准差会保留方差的所有特性，也易于解释，所以我们一般都用标准差解释。

（2）标准差越大，代表数据越分散；标准差越小，代表数据越集中。

1.3.2　量表

在社会科学中，研究分为质化研究和量化研究，无论是在质化研究，还是量化研究中都可以进行测量，只是测量的标准化程度不同。在质化研究中，研究者尽可能地收集受访者的各种信息，因此，拥有最丰富的信息，但由于题项未经严谨处理，因此，标准化程度低，一般这

样的测量方式是使用非结构化的问卷（Unstructured Questionnaire），非结构化的问卷由于未设定明确的问卷主轴内容，容易导致数据分析时，没有一定的方向可以遵循，因此，许多研究者会先设定问卷的主轴，只在一定范围内收集受访者数据时，进行非结构化的处理，这样的测量方式是使用半结构化的问卷（Semi-structured Questionnaire）。半结构化的题项适用于质化研究，因为使用统计技术分析，仍有相当的难度。研究人员想使用统计技术来分析数据时，大都会先制订一个测量的工具——量表，其具有一定的测量格式，提供给受访者自行填答（Self Reported），我们称这样的测量方式为结构化的问卷（Structured Questionnaire），我们将结构化和非结构化的测量方式整理如下：

在量化研究中，通常我们需要一个量表来进行问卷调查，量表是用一个以上的指标（Indicator）来衡量待测物体或对象的特性，并且可以将此特性数值化，一般常用的量表格式有瑟斯顿量表（Thurstone Scale）、格特曼量表（Guttman Scale）、语意差异量表（Semantic Differential Scale）和李克特量表（Likert Scale），具体表述如下。

■ **瑟斯顿量表**

研究人员在编制瑟斯顿量表时，会先写好要测量的项目，然后交由专家来筛选项目（11个等级的评分方式），我们对每一项计算其平均值和四分差（Q Score），四分差较高的题项代表一致性较差，适合被删除。我们会选出一致性较强的题项，进行后续的工作，由于瑟斯顿量表的编制较复杂，还存在专家主观性过强的问题，因此，现在较少使用，在一般的期刊论文中也较少看到。

■ **格特曼量表**

研究人员在编制格特曼量表时，会先将题项根据一定的方向排列，也就是说，题项的意涵是由强到弱或由弱到强的方式编排，填答者依序作答时，会遇到转折的题项，在转折之前，填答者的回答和题项的意涵一致性的所有回答的分数之和，就代表累积了多少分数，因此，也称格特曼量表为累积量表。

■ **语意差异量表**

研究人员在编制语意差异量表时，主要是使用形容词表现出语意上的差异，这些形容词常常是成对出现，语意经常是正好相反的，例如：快的 - 慢的，好的 - 坏的，重的 - 轻的，强的 - 弱的，忙的 - 闲的，等等。研究人员可以计算每个题项的平均值，还可以使用因素分析所取得的构面进行加总后，再进行后续的工作。

■ **李克特量表**

李克特量表在社会科学研究中，是最常出现的量表，广泛地应用在营销、组织行为、人力资源、教育、财务管理、心理测验等领域，特别适用于感受或态度上的衡量，例如：商业品牌代表着产品的销售好坏，李克特 5 级量表，可以使用数值 1 代表非常不同意，2 代表不同意，3 代表不一定，4 代表同意，5 代表非常同意。李克特 5 级量表的数值与数值之间是等距的，经由因素分析后的构面可以加总，以得到一个加总计分值，形成一个构面可以由一个值代表，因此，李克特量表也是可加总量表的一种。

在量表的使用上，理论一直是很重要的因素，因为理论可以协助我们概念化测量问题，通过理论，我们可以发展或使用具有一致性的、有效的、可应用的量表。

1.4 抽样

为什么我们需要抽样（Sampling）？原因是总体太大，我们无法取得所有总体的数据，或者是因为取得总体数据的成本太高，因此，我们可以通过抽样取得的样本来推断总体，如图1-17所示。

图 1-17 统计推断

抽样的好坏会直接影响推断的结果，也就是说，样本的正确性和准确性是相当重要的影响因素，因此，我们进行抽样的目的是获得具有代表性的样本，这样的样本才能代表总体。然而，总体的类型很多，我们必须针对不同的总体采取不同的抽样方法，这样才能获得代表性的样本，常见的抽样方式有简单随机抽样（Simple Random Sampling）、分层抽样（Stratified Sampling）、整群抽样（Cluster Sampling）和便利抽样（Convenience Sampling），具体描述如下：

- **简单随机抽样**

  在简单随机抽样中，总体的每一个单位被抽中的概率都一样，例如：A 班有 60 位学生，我们要从 A 班抽出 10 位学生参加啦啦队比赛，就可以使用简单随机抽样，常用的方式是使用随机数表（Random Number Table）来辅助选出适当的样本。

  优点：当总体较小时，易取得适当的样本容易执行。

  缺点：当总体较大时，总体的完整名册不易获得，造成抽样时的成本较大，执行起来很困难。

  使用时机：1. 总体有完整的数据，可以进行编号。

  　　　　　2. 总体的抽样单位差异小，才不会抽出有偏误的样本。

- **分层抽样**

  分层抽样是将总体根据某个准则，区分成 N 个不重叠的组，这些组我们称为"层"（Strata），我们先将总体区分成几个不同的层，再从每一层中分别抽取样本，最后将各层抽取的样本集合起来，成为我们所需要的总样本，这就是分层抽样。例如：B 系有博士班、硕士班和本科班，我们可以从这三个不同的层中抽出一定比例人数参加"校长座谈"，这就是分层抽样。

  优点：样本分配较平均，可以提高精确度，并且可以比较各层样本的差异，可以用来进行比较分析。

  缺点：分层的特性若是没有考虑好，则会有抽样不均的情况，反而降低精确度。

  使用时机：1. 总体的抽样单位差异较大时。

  　　　　　2. 总体经分层后，层与层之间的变异较大，层内的变异较小。

- **整群抽样（随机抽样的一种）**

  整群抽样是将总体分成几个群集（例如：部落或市、县、乡、村），随机选取群集后，对选中的群集进行抽样或普查，例如：研究人员想调查高校学生的生活支出时，可以从全国

150 所高校中，先随机抽出 15 所高校，再从这 15 所高校中，每所学校抽出 100 位学生当作样本，这就是整群抽样。

优点：可以大大降低抽样成本，容易实行。

缺点：容易发生抽样偏误，风险较高。

使用时机：群集与群集之间变异小，群集内的变异大时适用，刚好与分层抽样的使用时机相反。

■ **便利抽样（非随机抽样）**

便利抽样从字面上解释，是属于很方便进行抽样的方式，例如：街头访问、信息展的访问等。

优点：成本低，样本容易取得。

缺点：抽样取得的样本缺乏代表性，所以较少使用。

在量化研究的抽样使用上，可以分为预测抽样（Pretest）和实测抽样，预测抽样的目的是验证量表的适用性和构面的正确性，实测抽样则是为了研究的结果所做的抽样，这两种抽样取得的样本，都得根据后续章节介绍的数量方法进行运算，得到我们需要的统计量，这样才能对研究的结果下结论。

1.5　统计分析的基础统计学

本节讨论的是在统计分析（多变量分析或称为数量方法）中会用到的基础统计，方便读者理解统计分析的内涵，并不是讨论或介绍深奥的统计学。

1.5.1　描述性统计数据

基本的统计数据要能描述数据的特性，例如：平均值、中位数、众数、标准差（Std Deviation）、方差（Variance）等，以了解数据的集中趋势（Central Tendency）和离中趋势（Dispersion）。我们整理了常用的一般统计测量。

1. 百分位数值（Percentile Values）

● 四分位数（Quartiles），将数值排序后，分成四等份。

● 自定的几个相等分组（Cut Point for Equal Groups）。

● 百分位数（Percentile），将数值排序后，分成 100 等份，用来观察数据较大值或较小值百分比的分布情况。

2. 集中趋势

● 平均值，将观察值加总，再除以观察值的个数，用来观察数据的平衡点，但是较容易受到极端值的影响。

● 中位数，计算出位置排列在中央的数值，适用于顺序数据或比例数据，较不受到极端值的影响。

- 众数，计算出次数最多的观察值，适用于类别数据，例如民意调查，不受到极端值的影响。
- 总和，将观察值加总。
- 分组的中间点的值。

3. 离中趋势

- 标准差，将方差开根号，回归原始的单位，标准差越大代表数据越分散。
- 方差，将观察值与平均值的差，平方后进行加总，再除以观察值的个数，方差越大代表数据越分散。
- 全距，将观察值中的最大值减去最小值。
- 最小值。
- 最大值。
- 平均值的标准差，标准差越小，数据的可靠性越大。

■ **分布形状**
  - 偏度（Skewness）：数据的分布，以偏度来看，除正态分布外，有可能是左偏或右偏的数据分布。
  - 峰度（Kutorsis），数据的分布，以峰度来看，除正态分布外，有可能是尖峰分布和平峰分布。

1.5.2 概率分布

在社会科学中，我们常听到随机抽样，其表示抽样是随着某个"概率"而产生的，若是我们可以知道某个概率的分布情况，我们便能够推算可能的结果，也就可以从样本推算总体，一般我们知道的概率分布，根据随机变量的不同可以分为"间断的概率分布"和"连续的概率分布"。

■ **间断的概率分布**
  - 二项式概率分布（Binomial Probability Distribution）——常用于每次测试成功或失败各 1/2 的概率分布，例如：掷铜板。
  - 超几何概率分布（Hypergeometric Probability）——常用于抽出的样本不放回总体，计算抽出成功的次数的概率分布的情况，例如：乐透彩。
  - 泊松概率分布（Poisson Probability Distribution）——常用于一段时间内，随机发生的概率分布的情况，例如：1 小时内到某家超市消费的人数。

■ **连续的概率分布**
  - 正态分布（Normal Distribution）——数量方法中使用最多、最重要的分布，稍后介绍。
  - 均匀分布（Uniform Distribution）——用在连续的一段时间内，其事件的分布是平均分布的情况，例如：机械化生产的产品。
  - 指数分布（Exponential Distribution）——用来描述两次事件发生之间的等待时间。

1.5.3 正态分布

正态分布在统计学中是相当重要的分布，其适用于相当多的自然科学和社会科学情境，例如人类的身高和体重，大致上都呈现正态分布，其函数表达式如下：

$$f(X) = \frac{1}{\sqrt{2\pi}\sigma}\, e^{-(x-\mu)^2/2\sigma^2} \quad (-\infty < x < \infty)$$

其中，

π 是指 3.14159；

σ 是指标准差；

e 是指 2.71828；

μ 是指均值；

∞ 是指无限大。

正态分布如图 1-18 所示。

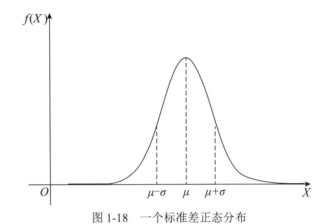

图 1-18　一个标准差正态分布

正态分布的曲线最高点（最大值）是在平均值处，平均值可以是正值、负值，也可以是零，图形以平均值为中心会呈现对称分布，整个正态分布所涵盖的面积总和等于 1，刚好等于正态随机变量的概率。

我们常用几个标准差来代表质量的好坏，其意义是指有多少机会会落在可以控制的范围内，例如 1 个标准差、2 个标准差、3 个标准差，如图 1-19 所示。

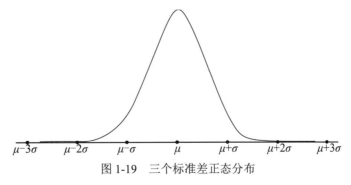

图 1-19　三个标准差正态分布

其中，

μ 是指平均值；

σ 是指标准差。

转换成数值后，如图 1-20 所示。

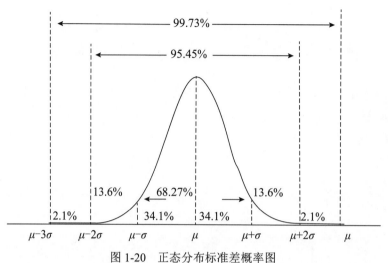

图 1-20　正态分布标准差概率图

1 个标准差：有 68.27% 的概率会落在离平均值 ±1 个标准差的范围内。

2 个标准差：有 95.45% 的概率会落在离平均值 ±2 个标准差的范围内。

3 个标准差：有 99.73% 的概率会落在离平均值 ±3 个标准差的范围内。

我们通常使用正态分布来进行统计推断，由样本来推断总体，这经常必须假设总体为正态分布，我们通过由样本的抽样分布，例如：t 分布、F 分布和卡方分布，才可以进行统计估计和假设检验，以推断结果是否如我们所预期，所以正态分布在统计学中是相当重要的分布。

标准正态分布（Z 值表）

标准正态分布就是将正态分布进行标准化，使平均值 =0，方差 =1，标准差 =1，以得到一个 Z 值的概率分布，如图 1-21 所示。

标准正态分布曲线下方的面积和为 1，也就是概率和为 1，以平均值 0 为中心，呈现对称分配，所以其概率表可以只给一边，也就是左边或右边概率表。

为什么需要标准正态分布呢？因为不同的正态分布，其平均值和标准差也有所不同，会形成不一样的曲线，我们想要得到其区间估计的概率，得使用积分的方式，对于一般人而言，相当烦琐而且也不容易使用，于是研究人员通常会将正态随机变量（例如：A），标准化成标准正态随机变量 Z，经由查标准正态随机分布表（Z 值分配表）求得概率值。

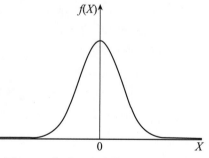

图 1-21　标准正态分布 Z 值的概率分布

1.5.4　决定样本数的大小（使用于总体平均值）

样本数的大小会影响我们估计的准确性，如果样本数较大，误差会较小，准确性会较高，但是调查的成本也会随本数增大而增大；反之，如果样本数较小，误差会较大，准确性会低，成本也较低。因此，在做抽样调查时，通常会考虑所需要的成本，另外，还有一个很重要的考量因素是可容忍的误差，因为误差值直接影响正确性，我们可以借由可容忍的误差值，反推出所需要的样本数，由抽样误差不超过 e 值，演变至估计总体平均值的样本数，如下：

$$抽样误差 \quad \begin{aligned} \overline{X} - \mu \le e \\ Z_{\alpha/2} \frac{\sigma}{\sqrt{n}} \le e \end{aligned}$$

平方后：$(Z_{\alpha/2})^2 \dfrac{\sigma^2}{n} \le e^2$

移项后，样本大小 n，$n \ge \dfrac{(Z_{\alpha/2})^2 \sigma^2}{e^2}$，

当总体方差未知时，使用样本方差 S^2 取代总体方差 σ^2，

总体样本数 $n \ge \dfrac{(Z_{\alpha/2})^2 S^2}{e^2}$。

例如： 有一家机械业的制造商，主要生产钻孔的轴承，目前正在生产一批轴承，品控人员随机抽样 16 个轴承，平均大小为 46 毫米，标准差为 5.7 毫米，在 95% 的置信水平时，我们可以估算轴承可能的范围大小为 42.96 ～ 49.04 毫米，但是顾客要求在 95% 的置信水平时，估计误差不得超过 2 毫米，这时候，我们需要多少样本，才可以达到顾客的要求？

估计误差 ≤ 2，

$\overline{X} - \mu \le 2$，

$Z_{\alpha/2} \dfrac{\sigma}{\sqrt{n}} \le 2$，

平方，移项后 $n \ge \dfrac{(Z_{\alpha/2})^2 \sigma^2}{2^2}$，

$\qquad\qquad n \ge \dfrac{1.96^2 \times 5.7^2}{2^2}$，

（总体方差未知，使用样本方差 S^2 取代，总体方差 σ^2；$S = 5.7$）

$n \ge 31.2$，

$n = 32$。

我们需要抽样达 32 个样本，才能达到顾客提出的在 95% 的置信水平时，估计误差不超过 2 毫米的要求。

1.5.5　中心极限定理

当总体为正态分布时，不论我们的抽样数量是多少，样本平均值的抽样分布都是正态分布。问题是在很多情况下，总体的分布并非正态分布，那怎么办？这时候，就要用到中心极限定理。

中心极限定理：不论总体是否为正态分布，抽样的样本数足够大时，样本平均值的抽样分布会趋近正态分布。

注意：中央极限定理只适用于大样本，至于需要多大才能称为大样本，则决定于总体的分布情况，一般样本 ≥ 30 时，样本平均值会趋近于正态分布。

总体为正态分布和非正态分布时，样本大小的分布如下：

● 总体为正态分布

大样本：样本分布为正态分布；

小样本：样本分布为正态分布。

● 总体为非正态分布

大样本：样本分布接近正态分布（中心极限定理）；

小样本：取决于总体的分布情况。

1.5.6 估计及区间估计

统计推断（Statistical Inference）主要包含两大部分，分别是估计（Estimate）与假设检验（Hypothesis Testing）。估计是用来推估我们感兴趣的参数，包括点估计及区间估计；假设检验则是先建立虚无假设（Null Hypothesis），再利用检验的方式，计算是否有足够的证据来拒绝或接受我们所建立的假设关系。

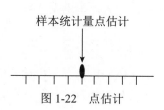

图 1-22　点估计

点估计如图 1-22 所示。

说明：

1. 从总体中抽出的样本观察值，用点估计式计算值作为总体参数的估计值。

2. 提供未知总体参数大小的大概估计，但无法知道多接近总体参数值。

例如：

样本平均 $\overline{X}$ 是一个总体平均值 μ 的点估计式。若 $\overline{X}$=60 美元，则 60 美元是总体平均值 μ 的点估计值。

区间估计如图 1-23 所示。

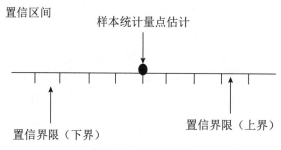

图 1-23　区间估计

说明：

1. 使用样本观察值计算出一个区间的上界与下界，其称为置信界限；使得在重复抽取样本时，未知参数落在计算的置信界限的比例达到需要的准确度，称为置信水平。

2. 当抽取随机样本后，可以根据事先选定的置信水平，如 0.95 或 95%，利用区间估计式计算置信界限，如下界为 45 美元，上界为 75 美元。

3. 对于上面的计算结果，我们的解释为：有 95% 的信心相信未知总体的平均值介于 45 美元与 75 美元之间。

例如： μ 的 95% 置信区间（95% 置信区间，95% CI），表示此区间有 95% 的机会涵盖真实总体平均值。μ 的置信区间公式如下：

点估计 ± 临界值 × 标准差

当 σ（标准差）已知时，μ 的置信区间是

$$\overline{X} \pm Z_{\alpha/2} \frac{\sigma}{\sqrt{n}}$$

其中，

$\overline{X}$ 是指点估计；

$Z_{\alpha/2}$ 是指正态分布下，Z 的 $\alpha/2$ 单尾概率的临界值；

$\sigma / \sqrt{n}$ 是指标准差。

当 σ（标准差）未知时，μ 的置信区间是

$$\overline{X} \pm t_{\alpha/2} \frac{S}{\sqrt{n}}$$

其中，

$\overline{X}$ 是指点估计；

$t_{\alpha/2}$ 是指正态分布下，t 的 $\alpha/2$ 单尾概率的临界值；

$S / \sqrt{n}$ 是指标准差。

区间估计与置信水平

正态分布标准差概率图见图 1-24。

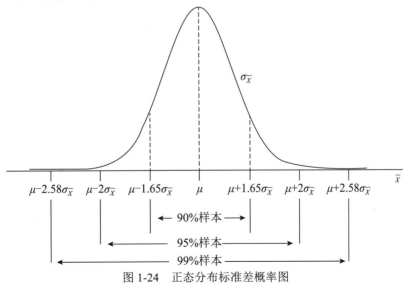

图 1-24　正态分布标准差概率图

置信水平

1. 未知的总体参数位于置信界限以内的概率。

2. 概率 $1-\alpha$ 通常以百分数 $100(1-\alpha)\%$ 表示，α 为未知总体参数不落在置信区间的可能性（换言之即估计错误的概率）。

3. 常用的置信水平为：99%、95%、90%。

置信水平与概率区间的关系

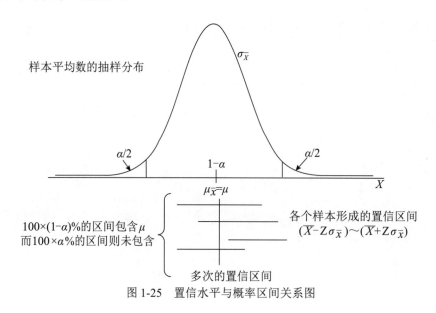

图 1-25　置信水平与概率区间关系图

区间估计的意义

在相同的情境、置信水平与样本数下，不停从总体重复地抽取样本，并利用区间估计式计算置信区间。在这些计算的区间中会有 $100×(1-\alpha)\%$ 的区间包含 μ，而 $100×\alpha\%$ 的区间则不包含 μ。

例如 $\alpha=5\%$ 时，区间中会有 $100×(1-\alpha)\%$ 的区间包含 μ，也就是 95% 的区间包含 μ。而 $100×\alpha\%$ 的区间则不包含 μ，也就是 5% 的区间不包含 μ。

问题：为何使用区间估计？

点估计：从评断的标准所要求的无偏性、有效性、最小变异、无偏性、一致性，可知点估计无法知道估计的准确性。

区间估计：通过从总体中抽取的样本，根据一定的正确度与精确度的要求，构造出适当的区间，以作为总体的分布参数（或参数的函数）的真值所在范围的估计。

因此，常用的正态检验、Z 检验、t 检验、F 检验、回归分析和结构方程模型（SEM）都是使用区间估计。

1.5.7　t 分布

t 分布适用于总体为正态分布，标准差 σ 未知，小样本的情况，我们可以使用 t 分布求出平均值 u 的置信区间，以便作统计推断，所以说，t 分布是适用于总体平均值的分布。

在一般的社会科学中，总体为正态分布，总体的标准差 σ 未知，样本大小的处理方式不同，大样本仍呈现正态分布，小样本则不趋近正态分布，而是呈现自由度 $n-1$ 的 t 分布，估计方式我们整理如下：

$$大样本：使用 Z = \frac{\overline{x} - u}{s / \sqrt{n}} 作估计$$

$$小样本：使用 t = \frac{\overline{x} - u}{s / \sqrt{n}} （以样本标准差 S 代替总体标准差 \sigma）$$

t 分布使用参数为自由度，自由度指的是在统计量中，随机变量可以自由变动的数量，t 分布的自由度为 n-1（n 为样本数）。

t 分布的特性

- t 分布是以平均值 0 为中心，呈现对称分布情况，如图 1-26 所示。
- t 分布下的总面积等于 1。
- 当自由度趋近 ∞ 时，t 分布会近似标准正态分布。
- 在一般情况下，样本数 ≥30 时，我们会以标准正态分布取代 t 分布。

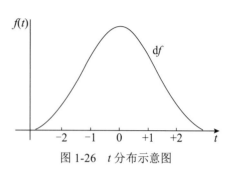

图 1-26　t 分布示意图

1.5.8　卡方分布（X^2 分布）

t 分布适用于总体平均值，而卡方分布则是适用于总体方差。在日常生活中，总体方差或标准差对于生活用品有很大的影响，例如：我们使用的光盘片（听音乐、储存数据、看影片），其中心直径大小的圆圈关系着能否播放，也就是说，光盘片中心孔的方差不可以太大，它代表着光盘片的质量，我们可以利用抽样方式来检验其产品的质量，这时候，总体方差是未知的，我们则可以使用样本方差来进行估计，也就是说，我们使用卡方分布来推断总体方差。

卡方分布的自由度为 n-1，自由度指的是在统计量中，随机方差可以自由变动的数量，从样本方差演变至卡方分布，如下：

$$样本 X_1，X_2，\cdots，X_n，其方差 S^2 = \frac{\sum_{i=1}^{n}(X_i - \overline{X})^2}{n-1}$$

$$S^2(n-1) = \sum_{i=1}^{n}(X_i - \overline{X})^2$$

$$\frac{S^2(n-1)}{\sigma^2} = \frac{\sum_{i=1}^{n}(X_i - \overline{X})^2}{\sigma^2} \sim 趋近 X_{n-1}^2 （卡方分布）$$

卡方分布会呈现大于等于 0 的分布，如图 1-27 所示。

卡方分布的特性

- 卡方分布会随着自由度的增加，呈现对称分布。
- 卡方分布的自由度趋近 ∞ 时，可以由正态分布取代卡方分布。

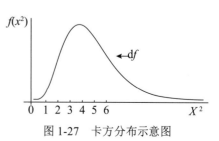

图 1-27　卡方分布示意图

● 卡方分布的平均值等于自由度，方差等于 2 倍的自由度。

1.5.9　F 分布

t 分布适用于总体平均值，卡方分布适用于总体方差，而 F 分布则适用于比较两个总体方差的大小，也就是说，两个总体方差的比较，可以使用 F 分布来作估计和推断，使用的方法是用样本的方差比来推断总体方差是否相等。

F 分布有 2 个自由度，分别是由分子项的自由度决定 F 分布的第 1 个自由度，分母项的自由度决定 F 分布的第 2 个自由度，从样本方差演变至 F 分布如下：

$$样本 A 的方差 \ S_A^2 = \frac{\sum(X_A - \overline{X_A})^2}{n_A - 1}$$

$$样本 B 的方差 \ S_B^2 = \frac{\sum(X_B - \overline{X_B})^2}{n_B - 1}$$

$$\frac{S_A^2 / \sigma_1^2}{S_B^2 / \sigma_2^2} \sim 趋近 F_{nA-1,nB-1} \ (F 分布)$$

F 分布会呈现大于等于 0 的分布，如图 1-28 所示。

F 分布的特性

● F 分布是由 2 个自由度 df_1 和 df_2 所决定。

● F 分布的倒数还是呈现 F 分布。

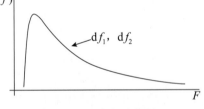

图 1-28　F 分布示意图

1.5.10　统计估计和假设检验

我们在前面章节介绍过，t 分布用来推断总体平均值 u，卡方（X^2）分布用来推断总体方差 σ^2 或标准差 σ，F 分布用来推断两个以上总体方差 σ^2 的比值或标准差 σ 的比值，如表 1-1 所示。

表 1-1　统计分布类型

分　　　布	推　　　断
t	总体平均值 u
X^2	总体方差 σ^2 或标准差 σ
F	两个以上总体方差 σ^2 的比值或标准差 σ 的比值

■　**统计估计**
　统计估计是先设定分布的概率值，再推断总体的数值。
　例如：
　设定 t 分布的概率值，可以推断出总体的平均值 u 的值；
　设定 X^2 分布的概率值，可以推断出总体方差 σ^2 的值或标准差 σ 的值；
　设定 F 分布的概率值，可以推断出总体方差 σ^2 的比值或标准差 σ 的比值。

■　**假设检验**

假设检验是先对总体的特性提出一个假设，再利用抽样取得的样本统计量，来检验总体特性是否符合提出的假设，从而拒绝或接受此假设。

我们推断总体时，都会使用到抽样的样本，利用样本的统计量（平均值、方差、标准差）推断总体可能的数量，抽样时，在概率分布图上是一个个的点，因此，我们称为点估计，点估计随着样本的不同变化颇大，所以点估计的准确度常常存在问题，于是，将点估计的范围加大，形成一个总体会出现的区间，我们称之为区间估计，使用区间估计时，我们将总体可能会出现的区间称为置信区间，以 $1-\alpha$ 表示，也就是接受区，α 代表显著水平，在 α 显著水平内的区域，我们称为拒绝区，如图 1-29 所示。

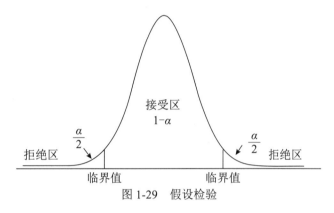

图 1-29　假设检验

图 1-29 的中间为置信区间，也就是接受区，两端为拒绝区，临界值是接受区与拒绝区的分界值，若是只有一端拒绝区，则是使用 α，两端拒绝区时为 $\dfrac{\alpha}{2}$，拒绝区在检验时，我们称为双尾检验（Two-tailed Test），拒绝区只出现在右端时，我们称为右尾检验（Right-tailed Test），拒绝区只出现在左端时，我们称为左尾检验（Left-tailed Test），无论是使用右尾检验，还是左尾检验，我们都称作单尾检验（One-tailed Test）。

在进行检验前，我们必须先对总体设定好两个假设，一个是虚无假设，用 H_0 表示，另一个是对立假设（Alternative Hypothesis），用 H_1 表示，虚无假设是先设定总体的事件为真的，再进行检验，对立假设则是对总体的事件提出不同的假设，而使用样本的统计量作决策时，有 2 种情况，一种是会拒绝 H_0，另一种是不会拒绝 H_0，所以有四种组合（2 个假设和 2 个决策），其中有 2 种组合是正确的判断，另外 2 种组合是错误的判断。

我们使用样本的统计量作决策时，有可能产生判断错误，也就是说，总体 H_0 为真，而样本的决策为拒绝 H_0，我们称其为第一类错误（Type Ⅰ Error），用 α 表示第一类错误的概率，另一个可能产生判断错误的情况，是当总体 H_0 为假（H_1 为真），而样本的决策为不拒绝 H_0，我们称其为第二类错误（Type Ⅱ Error），用 β 表示第二类错误的概率，如表 1-2 所示。

表 1-2　统计决策情形组合

		总体实际情况	
		H_0 为真	H_0 为假（H_1 为真）
样本统计量决策	拒绝 H_0	α	$1-\beta$
	不拒绝 H_0	$1-\alpha$	β

我们希望得到的情况是总体 H_0 为真，样本统计量决策为不拒绝 H_0，其概率用 $1-\alpha$ 表示，另一种情况是总体 H_0 为假（H_1 为真），样本统计量决策为拒绝 H_0，其概率用 $1-\beta$ 表示。但是，在作假设检验时，第一类和第二类的判断错误很难避免，因此，我们只能想办法降低错误的概率，也就是说，α 与 β 越小越好。不幸的是，α 变小时，β 会变大，反之亦然，β 变小时，α 也会变大，因此，我们通常是先固定好 α，决定临界值，再根据假设的情况进行双尾检验、左尾检验或右尾检验。

我们整理假设检验的步骤如下：

1. 设定两个假设（虚无假设和对立假设）。

2. 确认抽样的样本分布（例如：t 分布，χ^2 分布），设定显著水平 α，一般设为 0.05，定出接受区和拒绝区。

3. 确定使用双尾、左尾或右尾检验，根据显著水平 α、样本数、样本标准差进行计算后，查表得到临界值。

4. 比较检验的统计量与临界值的大小，若是落在接受区，则接受虚无假设 H_0，若是落在拒绝区，则拒绝虚无假设 H_0，接受对立假设。

5. 根据检验的结果——对接受虚无假设或拒绝虚无假设（接受对立假设）进行讨论，并得出结论。

1.5.11　两个总体的估计与检验

在前面章节中，我们讨论的是单一总体的统计估计和假设检验，若是要比较两个总体是否有差异，可以使用的方法如下：

- 两个总体平均值差的估计和检验——独立样本
- 两个总体平均值差的估计和检验——成对样本
- 两个总体方差比的估计和检验——F 检验

我们在进行两个总体的估计与检验时，同样地，需要抽出两个样本，以进行统计推断，若是两个样本来自两个不相关的总体，则称为独立样本，若是两个样本来自两个相关的总体，则称为成对样本（相依样本）。

1.5.12　三个（含）以上总体的估计与检验——方差分析

在进行三个（含）以上总体的估计与检验时，我们通常是比较三个（含）以上总体的平均值是否相等，也就是说，比较多个总体平均值之间是否有差异（变异），会使用方差分析（Analysis of Variance），方差分析除用来检验三个（含）以上总体的平均值是否相等外，更常用来检验因子对因变量是否有影响。因此，若是进行单一因素对因变量的影响分析，就称为单因素方差分析（One-way Analysis of Variance），若是分析两个因素对因变量的影响，就称为双因素方差分析（Two-way Analysis of Variance），我们在后面的章节中，会有详细的介绍。

1.6　常用的统计分析（多变量分析或称为数量方法）

常用的统计分析（多变量分析或称为数量方法）：

- 方差分析：也就是平均值比较
- 因素分析（Factor Analysis）
- 多元（复）回归（Multiple Regression）
- 区别分析（Discriminant Analysis）
- 逻辑回归（Logic Regression）
- 单变量方差分析（Univariate Analysis of Variance，ANOVA）
- 多变量方差分析（Multivariate Analysis of Variance，MANOVA）
- 典型相关分析（Canonical Correlation Analysis）
- 联合分析（Conjoint Analysis）
- 结构方程模型（Structure Equation Model）

简介如下（详细内容，请参考后面各章节）。

1.6.1　方差分析

方差分析适用于因变量是计量，自变量是非计量的情况，方差分析可以分为单变量和多变量方差分析，单一因变量（也称为单一准则变量）的计算，我们称为单变量方差分析，如下：

$$Y = X_1 + X_2 + X_3 + \cdots + X_k$$
（计量）　（非计量，例如：名义变量）

多个因变量（也称为多个准则变量）的计算，我们称为多变量方差分析，如下：

$$Y_1 + Y_2 + Y_3 + \cdots + Y_i = X_1 + X_2 + X_3 + \cdots + X_k$$
（计量）　（非计量，例如：名义变量）

方差分析的目的是发掘多个类别的自变量对于单一或多个因变量的影响，检验的方式是比较平均值是否有显著的差异。

1.6.2　因素分析

因素分析包含：

- 主成分分析（Principal Component Analysis）
- 一般因素分析（Common Factor Analysis）

主成分分析是由皮尔逊（Pearson）于 1901 年提出，在 1993 年时由霍特林（Hotelling）加以发展和推广的分析方法。因素分析的目的是压缩原始的较多的变量，形成较少的代表性变量，并且，这些代表性的变量具有最小的信息损失，并保有最多原变量的信息（最大的方差）。简单地说，我们常用因素分析来去除不重要的变量，以形成少数的构面（Dimensions），这些构面可以用来形成研究构面，或形成加总的标度（Summated Scales），以方便后续的统计技术分析。

1.6.3　复回归

复回归也称为多元回归，适用于因变量和自变量都是计量的情况，如下：

$$Y=X_1+X_2+X_3+\cdots+X_k$$
（计量）　　　　　　　（计量）

复回归的目的是预测当自变量 X 改变时，因变量 Y 的改变量是多少，通常使用最小平方法来计算。

1.6.4　区别分析

区别分析：对现有的样本进行分类，建立判别标准（区别函数），以判定新样本应归类于哪一群中。

区别分析适用于因变量是非计量，自变量是计量的情况：

$$Y=X_1+X_2+X_3+\cdots+X_k$$
（非计量，例如：名义变量）（计量）

区别分析的因变量最好是可以分为几组，在单一因变量情况下，可以分为二分法（例如性别：男、女）和多分法（例如工资：高、中、低），区别分析的目的是了解组别的差异和找到区别函数，用来判定单一受测者应该归于哪一个组别或群体。

1.6.5　逻辑回归

逻辑回归适用于因变量为名义二分变量，自变量为连续变量的情况：

$$Y=X_1+X_2+X_3+\cdots$$
（名义为二分变量）（连续变量）

■　**逻辑回归、复回归和区别分析的比较**

逻辑回归和复回归的差别是，复回归要求数据必须符合正态分布，常用普通最小平方法进行估计，而逻辑回归则要求数据必须呈现"S"形的概率分布，也称为逻辑分布，常用最大似然法（Maximum Likelihood Estimate，MLE）进行估计，如图1-30所示。

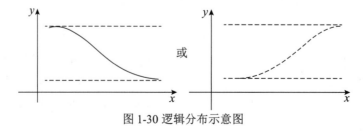

图1-30 逻辑分布示意图

复回归的因变量和自变量都是连续性的变量，逻辑回归的因变量是名义二分变量，自变量是连续变量。逻辑回归和区别分析的差异是，区别分析需要符合方差和协方差相等的条件，而逻辑回归不易受方差和协方差的影响（海尔 Hair，1998），但是逻辑回归需要符合的是"S"型的逻辑分布，逻辑回归和区别分析相同的是，因变量是名义二分变量，自变量是连续变量。

1.6.6　单变量方差分析

因变量只有一个的方差分析，称为单变量方差分析，也就是 $y=x_1+x_2+\cdots$ [x 可以是一个（含）以上，y 只有 1 个]。

单变量方差分析的 2 种设计方式：①独立样本；②相依样本。

1. 独立样本

受测者随机分派至不同组别，各组别的受测者没有任何关系，也称为完全随机化设计。

（1）各组人数相同：HSD 法，纽曼 - 基尔法（Newman-Keals）；

（2）各组人数不同（或每次比较 2 个以上平均值时）：雪费法（Scheffe）。

2. 相依样本：有二种情况

（1）重复测量：同一组受测者，重复接受多次（k）测试以比较其差异；

（2）配对组法：选择一个非实验因素作为分组的条件将受试对象分配到不同组，以比较 k 组受测者在因变量不同时的差异。

方差分析的基本假设条件：

● 正态：样本来自正态分布总体；

● 方差齐性：只有一个因变量时，用莱文检验（Levene）

当有 2 个或 2 个以上因变量时，用博克斯检验（Box's M）

1.6.7　多变量方差分析

多变量方差分析是单变量方差分析的延伸，是用来作多个总体平均值比较的统计方法。

多变量方差分析的基本假设与单变量方差分析相同，都是共变量分析的基本假设：

● 正态：样本来自正态分布总体；

● 方差齐性：只有一个因变量时用莱文检验（Levene）

当有 2 个或 2 个以上因变量时，用博克斯检验（Box's M）

多变量方差分析可以同时对两个或两个以上因变量进行方差和协方差分析（针对单一因变量的方差分析，请使用单变量方差分析），多变量方差分析也可以分别对每个方差进行检验（如同单变量方差分析），问题是分开的个别检验无法处理因变量间的复（多个）共线性问题，必须使用多变量方差分析才能处理。

1.6.8　典型相关

典型相关适用于因变量为计量或非计量，自变量也是计量或非计量的情况：

$$Y_1+Y_2+Y_3+\cdots+Y_j=X_1+X_2+X_3+\cdots+X_k$$
（计量，非计量）　（计量，非计量）

■　**典型相关和回归的不同**

典型相关分析可以视为复回归的延伸，复回归的因变量（Y）只有一个，自变量（X）有多个，典型相关则可以处理多个因变量和多个自变量。

典型相关分析的目的是找出因变量的线性结合和自变量的线性结合，要求这两个线性结合相关最大化。简单地说，就是找出 Y 这一组的线性结合和 X 这一组的线性结合，要求这两个线性结合相关最大化。换句话说，典型相关分析就是要求得一组的权重以最大化因变量和自变量的相关。

■　**典型相关和主成分的不同**

主成分分析是处理一组变量内最大的萃取量，典型相关则是处理两组变量的关系最大化。

适用于典型相关分析的数据是 2 组变量，这二组变量的相关性需要得到理论上的支持，一组为因变量，一组为自变量，通过分析所得到的典型相关，可以用在很多地方，因此，典型相关的目的，可以有下列几项：

● 决定 2 组变量的关系强度。
● 计算出因变量和自变量在线性关系最大化下的权重，另外，线性函数则会最大化剩余相关，并且和前面的线性组合相互独立。
● 用来解释因变量和自变量关系存在的本质。

1.6.9　联合分析

联合分析适用于因变量是计量或顺序，自变量是非计量的情况：

$$Y=X_1+X_2+X_3+\cdots+X_k$$
（计量或顺序）　（非计量，例如：名义变量）

联合分析是分析因子的效果，其目的是将受测者对受测体的整体评价予以分解，通过整体评价求出受测体因子的效用。

联合分析特别适用于了解客户的需求，例如，我们可以将新的产品或服务分解成项组合，如将手机分解成品牌（2 种）、形状（2 种）和价格（3 种），如此一来，总共有 $2×2×3=12$ 种组合，让客户对这 12 种组合评分，最后再根据客户的整体评价求出各个组合的效用，以了解客户对于新产品的喜好。

1.6.10　结构方程模型

结构方程模型是一种统计的方法学，其早期的发展与心理计量学和经济计量学息息相关，之后，逐渐受到社会学的重视，因为结构方程模型除结合了因子分析和路径分析两大统计技术外，更是多用途的多变量分析技术。

在前面章节介绍的多变量分析技术，大都是处理单一关系的因变量和自变量，而结构方程模型则可以处理一组（两个或两个以上）关系的因变量和自变量，数学方程式如下：

$$Y_1 = X_{11} + X_{12} + \cdots + X_{1j}$$
$$Y_2 = X_{21} + X_{22} + \cdots + X_{2j}$$
$$\cdots\cdots$$
$$Y_i = X_{i1} + X_{i2} + \cdots + X_{ij}$$
（计量）（计量，非计量）

结构方程模型常用来具体地呈现和估计各变量的线性关系模型，也常用在因果模式、因果分析、同时间的方程模式、共变结构的分析、潜在变量路径分析和验证性的因素分析。研究中，结构方程模型可以用来处理相关的（可观察到的）变量或实验的变量，在一般情况下，大都使用在相关的变量。结构方程模型在相关的研究设计中，会使用截断面的（Cross-sectional Designs）研究设计和纵向的（Longitudinal Designs）研究设计。截断面的研究设计，简单地说，就是取得一次数据，例如：我们最常使用的方式，就是发一次问卷；而纵向的研究设计至少需要取得三次数据，例如：对于相同的受测者，在不同时间，发放了三次问卷。结构方程模型已经广泛地应用到各种领域，例如：企业管理、信息管理、人力资源管理、健康医疗、社会学、心理学、经济学、宗教的研究、国际营销、消费者行为、渠道的管理、广告、定价策略、满意度的调查。

1.6.11 简易数量方法的记忆

口诀：单变量多变量联合起来去区别典型的复回归和结构方程模型。

整理如表 1-3 所示。

表 1-3 数量方法汇总表

	因变量（y）	自变量（x）
单变量方差分析（ANOVA）	计量	名义
多变量方差分析（MANOVA）	计量	名义
联合分析（Conjoint Analysis）	计量，顺序	名义
区别分析（Discriminate Analysis）	名目	计量
典型相关分析（Canonical Correlation Analysis）	计量	计量
复回归（Multiple Regression）	计量	计量
结构方程模型（Structure Equation Model）	计量	计量，非计量

在整个社会科学研究中，涉及统计分析的内容相当多，本章已经介绍了统计分析简介与数量方法的基础，包括理论简介、量表简介、抽样简介、基础统计学和常用的统计分析（多变量分析或称为数量方法）。

第2章

SPSS 的基本操作

2.1 SPSS 简介

IBM®SPSS®Statistics 是一个整合的统计软件产品系列，SPSS 的全名是 Statistical Program for Social Science，即社会科学统计软件，是一套历史悠久的统计软件包，可以让我们快速查看数据并且轻松做好数据分析。IBM®SPSS®Statistics 支持多国语言，我们可以运用 SPSS 轻松构建图表，分析大量数据，深入探索假设检验，理清变量之间的关系，解释并进行预测，建立群集分析，使公司的数据分析变得更容易且更高级。

随着社会和科学的不断进步，各领域对于统计分析的需求不断增加，功能强大且容易使用的工具可以协助我们快速地作出正确的统计分析，统计软件包在其中扮演着不可或缺的角色。SPSS 经过多年的市场历练和改进，广泛地应用于商业管理、心理、教育、农业、医学、金融等领域。用户可以通过单击和拖曳鼠标，轻松地完成数据的读取、分析，并生成报表。例如，通过市场调查研究产品的接受度，在医学上研究分析病患存活率，在制造业中评估生产流程，等等。IBM®SPSS®Statistics 在国内各大高校的使用率最高，是最受欢迎的统计软件包。目前发行的版本已经到 2X 版，以基础的模块 Base 为主（一定要安装），再搭配其他模块，我们整理了 IBM®SPSS®Statistics 功能模块，简单介绍如下所述（见表 2-1）。

表 2-1　IBM®SPSS®Statistics 功能模块

模　　块	功　　能
基础模块 （Base）	多种数据的计算、转换与管理： ● 描述性统计，例如：平均值（Mean）、中位数（Median）、方差（Variance）…… ● 交叉分析（Crosstabs）、线性回归及曲线估计（Regression & Curve Estimation） ● 独立样本、成对样本的平均值比较，方差分析（ANOVA） ● 多变量分析：判别分析、因素分析、信度分析（Reliability）、聚类分析、多维标度分析（Multidimensional Scaling）（MDS） ● 时间数列图表 ● 非参数检验等
回归模型 （Regression Models）	各种回归模型，功能有： ● 二元和多元回归（Binary & Multinomial Logistic Regression） ● Probit 分析（Probit Analysis） ● 非线性回归（Nonlinear Regression） ● 加权最小二乘估计（Weighted Least Square Estimation） ● 二阶段最小二乘回归（Two-Stage Least-Squares Regression）
进阶的统计模型 （Advanced Models）	进阶的统计模型，功能有： ● 一般线性模型 [GLM-General Linear Models（ANOVA、ANCOVA、MANOVA、Repeated Measures）]

模　　块	功　　能
进阶的统计模型 （Advanced Models）	• 变异成分（Variance Components） • 对数线性模型选择（Model Selection Loglinear Analysis）（Hierarchical） • 一般对数线性分析（General Loglinear Analysis）和顺序回归（Ordinal Regression） • 存活分析（Survival Analysis）/ 生存分析（Life Tables, Kaplan-Meier, Cox Regression） • 线性混合模型（Linear Mixed Models）
表格（Tables）	提供多个变量的表格呈现，功能有： • 产生复杂表格和分析多选题 • 可对多选题执行显著性检验
时间数列分析 （Trends）	提供时间数列分析的模型，功能有： • 整合移动平均自回归模型（ARIMA）、自回归（Autoregression）、指数平滑法（Exponential Smoothing）、季节分解法（Seasonal Decomposition）、光谱分析（Spectral Analysis）
类别数据分析 （Categories）	提供类别数据分析方法，功能有： • 最佳标度回归（Regression with Optimal Scaling）（CATREG） • 类别主成份分析（Categorical Principal Components Analysis）（PRINCALS） • 非线性典型相关分析（Nonlinear Canonical Correlation Analysis）（OVERALS） • 对应分析（Correspondence Analysis） • 多重响应分析（Multiple Correspondence Analysis）（原名 Homogeneity Analysis） • 多维标度（Multidimensional Scaling）（PROXSCAL）
复杂抽样 （Complex Samples）	提供抽样计划的制订、执行（概率抽样）以及参数估计，以评估抽样方法。项目有： • 抽样计划精灵（Sampling Plan Wizard）：协助您建立抽样计划 • 分析准备精灵（Analysis Preparation Wizard）：协助您计划抽样方法与样本大小 • 估计样本频率（Complex Samples Frequencies）：估计样本的频率分布 • 估计样本的描述性统计（Complex Samples Descriptives）：估计样本的描述性统计量，包括平均值、标准差、总和等 • 估计样本的交叉分析（Complex Samples Tabulate）：提供描述性统计量与交叉分析，其中包含统计量的置信区间以及执行假设检验 • 估计样本的比率（Complex Samples Ratios）：提供比率统计量的计算 • 估计样本的线性回归（Complex Samples General Linear Model）：提供所抽出的样本来进行线性回归分析、方差分析及协方差分析 • 估计样本的逻辑回归（Complex Samples Logistic Regression）：提供所抽出的样本来进行（Binary & Multinomial Logistic Regression）
联合分析 （Conjoint）	提供联合分析（Conjoint Analysis），项目有： • 正交设计（Orthoplan），以产生仿真产品组合 • 设计仿真产品的小卡片（Planxard） • 联合分析（Conjoint）：联合分析消费者的偏好，以研究重要的产品属性
分类树 （Classification Trees）	提供建立判定树模型和验证数据，功能有： • 提供常用的卡方自动交互检测法（CHAID）、详尽卡方自动交互检测法（Exhaustive CHAID）、分类回归树（CART）、快速无偏高效统计树（QUEST）四种决策树操作方法
分类树 （Classification Trees）	• 用树形图的方式呈现判定树的分类规则，并可以自定义判定树的条件 • 可以验证数据

续表

模　　块	功　　能
缺失值分析 （Missing Value Analysis）	提供缺失值数据的处理方法，例如：期望最大化算法（EM Algorithm）与回归算法（Regression Algorithm）等方法，可以修正缺失值的问题
数据验证 （Data Validation）	提供数据的验证功能，以辨识异常的数据，再决定是否将这些数据纳入分析
可程式化能力 （Programmability）	支持外部语言 Python——可以直接运行 Python 程序或与 C++、Java 等进行结合，完成统计分析工作
精确检验 （Exact Tests）	在非参数检验与交叉分析表中（传统的统计方法无法检验）提供两种精确的检验方法，包括以超几何分布实际计算检验显著性（Exact Test）和仿真的显著性检验（Monte Carlo）
地图 （Maps）	提供将地理信息与其他数据结合的信息，以六种地理信息地图（柱形图、圆饼图、数值范围、个别值、渐变符号、点密度）的形式显示出来

SPSS 从早期的版本到 2X 窗口版，基本的统计方法也就是基础模块都有提供，本书主要介绍的也是基础模块，再加上多变量分析所需要的常用模块。接下来我们就要介绍 SPSS 软件的基本操作。SPSS 软件的基本操作有数据的输入、数据的分析与输出结果三种。在做任何数据分析之前，一定要先输入数据，常用的数据输入方式有两种，分别是直接在 SPSS 输入和从 Excel 转入数据。在数据的分析与输出结果方面，运行数据分析的方式有两种，分别是操作图标和运行命令语法，我们将在后面分别介绍。

2.2　SPSS 软件的菜单介绍

在操作 SPSS 软件之前，一定要先了解 SPSS 软件的菜单，我们一边操作，一边介绍。

1. 打开 SPSS 软件，出现图 2-1，窗口菜单包括"文件""编辑""查看""数据""转换""分析""图形""实用程序""扩展""窗口""帮助"。

图 2-1　打开软件

2. 单击【文件】，出现图 2-2。

图 2-2　单击"文件"

【文件】菜单包括以下功能："新建""打开""导入数据""关闭""保存""另存为""保存所有数据""导出""将文件标记为只读""还原为所保存的文件""重命名数据集""显示数据文件信息""缓存数据""收集变量信息""停止处理程序""切换服务器""存储库""打印预览""打印""'欢迎'对话框""最近使用的数据""最近使用的文件"。

常用的功能解释如下：

- 新建：可以建立新的 Data（数据）、Syntax（语法）、Output（输出）和 Script（脚本）。
- 打开：可以打开 Data（数据）、Syntax（语法）、Output（输出）和 Script（脚本）。
- 导入数据：可以打开数据库系统中的数据，例如：dBase、Assess、SQL 等。
- 读取文本数据：可以打开文本文档，例如：*. txt。
- 关闭：关闭文件。
- 保存：保存文件。
- 另存为：另存新的文件，可以储存成 *. sav SPSS 文件，*. xls Excel 文件、*.dbf、dBase 文件等。
- 保存所有数据：保存所有使用中的数据。
- 导出数据库：可以导出至其他数据库。
- 将文件标记为只读：将文件标记为只读，防止被更改。

3. 单击【编辑】，出现图 2-3。

图 2-3　单击"编辑"

【编辑】菜单包括以下功能："撤销""重做""剪切""复制""与变量名称一起复制""与

变量标签一起复制""粘贴""粘贴变量""与变量名称一起粘贴""清除""插入变量""插入个案""搜索数据文件""查找""查找下一个""替换""转到个案""转到插补""选项"。

4. 单击【查看】，出现图 2-4。

图 2-4　单击"查看"

【查看】菜单包括以下功能："状态栏""工具栏""菜单编辑器""字体""网格线""值标签""标记归因数据""定制变量视图""变量"。

5. 单击【数据】，出现图 2-5。

图 2-5　单击"数据"

【数据】菜单包括以下功能："定义变量属性""设置测量级别未知的字段的测量级别""复制数据属性""新建定制属性""定义日期和时间""定义多重响应集""验证""标识重复个案""标识异常个案""比较数据集""个案排序""变量排序""转置""跨文件调整字符串宽度""合并文件""重构""倾斜权重""个案控制匹配""倾向得分匹配""汇总""正交设计""复制数据集""拆分文件""选择个案""个案加权"。

6. 单击【转换】，出现图 2-6。

图 2-6　单击"转换"

【转换】菜单包括以下功能："计算变量""可编程性转换""对个案中的值进行计数""变动值""重新编码为相同的变量""重新编码为不同变量""自动重新编码""创建虚变量""可视分箱""最优分箱""准备数据以进行建模""个案排秩""日期和时间向导""创建时间序列""替换缺失值""随机数生成器""运行暂挂的转换"。

7. 单击【分析】，出现图 2-7。

图 2-7　单击"分析"

【分析】菜单包括以下功能："报告""描述统计""贝叶斯统计""表""比较平均值""一般线性模型""广义线性模型""混合模型""相关""回归""对数线性""神经网络""分类""降维""标度""非参数检验""时间序列预测""生存分析""多重响应""缺失值分析""多重插补""复杂抽样""模拟""质量控制""ROC 曲线""空间和时间建模""直销"。

8. 单击【扩展】，出现图 2-8。

图 2-8　单击"扩展"

【扩展】菜单包括以下功能："扩展中心""安装本地扩展束""用于扩展的定制对话框构建程序""实用程序"。

9. 单击【图形】，出现图 2-9。

图 2-9　单击"图形"

【图形】菜单包括以下功能："图表构建器""图形画板模板选择器""比较子组""威布尔图""旧对话框"。

10. 单击【实用程序】，出现图 2-10。

图 2-10　单击"实用程序"

【实用程序】菜单包括以下功能："变量""OMS 控制面板""OMS 标识""评分向导""合并模型""使用透视表进行计算""数据文件注释""定义变量宏""检剔表""使用变量集""显示所有变量""创建文本输出""拼写""处理数据文件""运行脚本""生产设施""地图转换实用程序"。

11. 单击【窗口】，出现图 2-11。

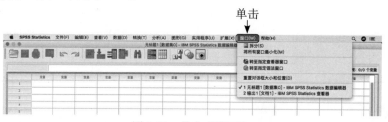

图 2-11　单击"窗口"

【窗口】菜单包括以下功能："拆分""将所有窗口最小化""转至指定查看器窗口""转至指定语法窗口""重置对话框大小和位置"。

12. 单击【帮助】，出现图 2-12。

图 2-12　单击"帮助"

【帮助】菜单包括以下功能："主题""SPSS Support""SPSS 论坛""PDF 格式的文档""命令语法参考""兼容性报告工具""IBM SPSS Predictive Analytics Community"。

2.3　数据的输入

在做任何数据分析之前，一定要先将数据输入。常用的数据输入方式有两种，分别是直接在 SPSS 输入和从 Excel 表格转入数据。我们通过下面的范例，介绍两种输入方式。

范例数据：

我们以大学生为例，抽样调查 12 个大学生的编号（NO）、性别（Sex）（1 男性，2 女性）、学期成绩（Score）、每月花费（Cost）、家庭收入（Income）（1 低收入，2 高收入）、区域（Location）（1 北部，2 中部，3 南部），详细数据如表 2-2 所示。

表 2-2　学生抽样范例数据

编号	性别	学期成绩（分）	花费（元）	家庭收入	区域
1	2	79	8 500	2	2
2	1	88	4 800	1	3
3	1	72	9 200	1	1
4	2	76	12 000	1	1
5	2	85	15 000	2	1
6	1	81	7 200	1	2
7	2	76	6 800	1	2
8	2	72	8 000	2	3
9	2	70	9 500	2	1
10	1	65	5 000	2	3
11	1	75	6 000	1	2
12	1	66	7 000	2	3

注释：本书涉及货币单位为新台币，当前汇率为 1 新台币 =0.2350 人民币，请读者参考自行换算。

2.3.1　在 SPSS 中输入数据

在 SPSS 中输入数据的操作步骤如下。

1. 打开 SPSS 后，出现画面如图 2-13 所示，单击【变量视图】，进行名称的修改。

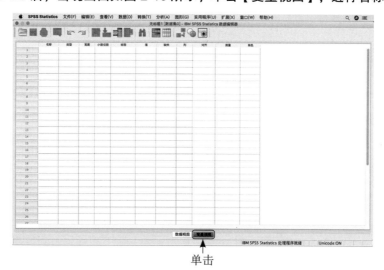

单击

图 2-13　单击"变量视图"

2. 按顺序输入名称，并调整小数点位数，如图 2-14 所示。

	名称	类型	宽度	小数位数	标签	值	缺失	列	对齐	测量	角色
1	NO	数字	8	0		无	无	8	右	标度	输入
2	Sex	数字	8	0		无	无	8	右	未知	输入
3	Score	数字	8	2		无	无	8	右	未知	输入
4	Cost	数字	8	2		无	无	8	右	未知	输入
5	Income	数字	8	0		无	无	8	右	未知	输入
6	Location	数字	8	0		无	无	8	右	未知	输入

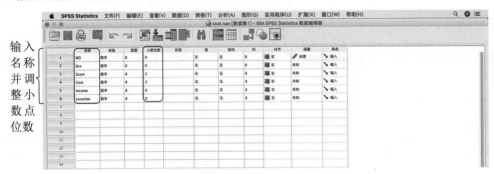

图 2-14　输入名称

3.【数据视图】中名称已因上一步骤而改变，如图 2-15 所示。

图 2-15　单击“数据视图”

4. 按顺序输入数据，结果如图 2-16 所示。

	NO	Sex	Score	Cost	Income	Location
1	1	2	79.00	8500.00	2	2
2	2	1	88.00	4800.00	1	3
3	3	1	72.00	9200.00	1	1
4	4	2	76.00	12000.00	1	1
5	5	2	85.00	15000.00	2	1
6	6	1	81.00	7200.00	1	2
7	7	2	76.00	6800.00	1	2
8	8	2	72.00	8000.00	2	3
9	9	2	70.00	9500.00	2	1
10	10	1	65.00	5000.00	2	3
11	11	1	75.00	6000.00	1	2
12	12	1	66.00	7000.00	2	3

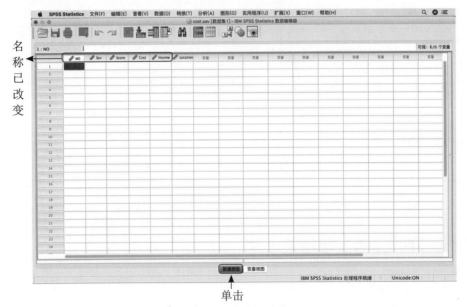

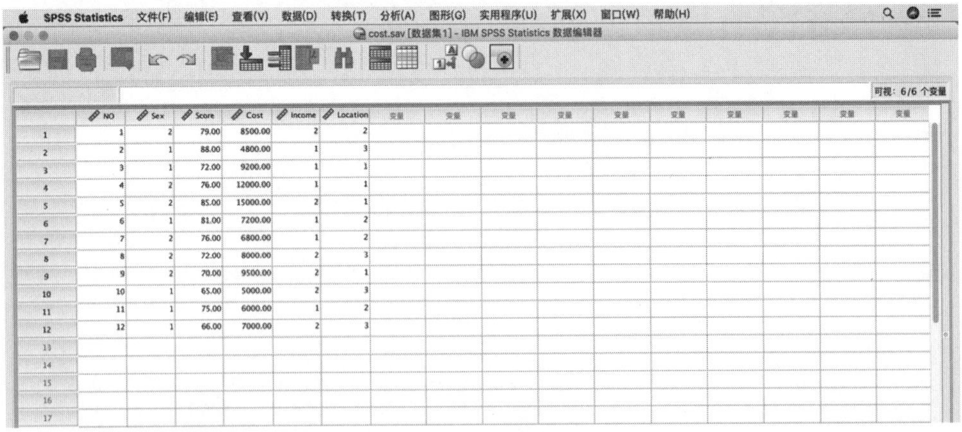

图 2-16　输入数据

5. 单击【文件】-【另存为】，如图 2-17 所示。

图 2-17　文件另存为

6. 在文件名中输入 Cost，单击【保存】，如图 2-18 所示。

图 2-18　保存

保存后，就完成了在 SPSS 中输入数据。

2.3.2　从 Excel 表格转入数据

（请先将范例文件 Ch2 复制到 C:\ ch2）

从 Excel 表格转入数据的操作步骤如下。

1. 单击【文件】-【打开】-【数据】，如图 2-19 所示。

图 2-19　打开数据

2. 文件类型选择"Excel"，再选择文件 cost. xls（在 C:\ ch2），单击【打开】，如图 2-20 所示。

图 2-20　选择数据打开

3. 单击【确定】，如图 2-21 所示。

图 2-21　单击"确定"

4. 文件打开后，数据内容如图 2-22 所示。

图 2-22　数据内容

5. 单击【文件】-【另存为】，如图 2-23 所示。

图 2-23　文件另存为

6. 保存文件名为 Cost.sav，单击【保存】，如图 2-24 所示。

图 2-24　保存文件

这样就完成了从 Excel 表格转入数据。

2.4　数据分析与输出结果

运行数据分析的方式有两种，分别是操作图标和运行命令语法，我们通过下面的范例，说明如何运行数据分析。

范例：

我们以大学生为例，抽样调查 12 个大学生的编号、性别（1 男性，2 女性）、学期成绩、每月花费、家庭收入（1 低收入、2 高收入）、区域（1 北部，2 中部，3 南部）、详细数据，如表 2-3 所示。

表 2-3　学生抽样范例数据

编号	性别	学期成绩（分）	花费（元）	家庭收入	区域
1	2	79	8 500	2	2
2	1	88	4 800	1	3
3	1	72	9 200	1	1

续表

编号	性别	学期成绩（分）	花费（元）	家庭收入	区域
4	2	76	12 000	1	1
5	2	85	15 000	2	1
6	1	81	7 200	1	2
7	2	76	6 800	1	2
8	2	72	8 000	2	3
9	2	70	9 500	2	1
10	1	65	5 000	2	3
11	1	75	6 000	1	2
12	1	66	7 000	2	3

我们想要知道大学生的学期成绩和每月花费的平均值、标准差、最大值和最小值。

2.4.1　操作图标

操作图标的步骤如下。

1. 单击【分析】-【报告】-【个案摘要】，如图 2-25 所示。

图 2-25　打开个案摘要

2. 选择 "Score" 和 "Cost" 到【变量】，如图 2-26 所示。

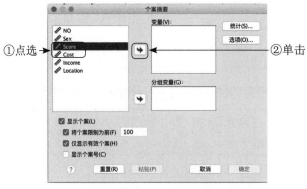

图 2-26　选择变量

3. 单击【统计】，如图 2-27 所示。

图 2-27　单击"统计"

4. 选择"平均值""最小值""最大值"以及"标准差"到【单元格统计】，如图 2-28 所示。

5. 单击【继续】，如图 2-29 所示。

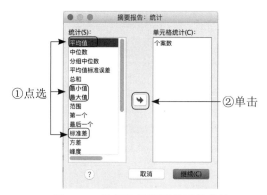

图 2-28　选择统计值到单元格统计

图 2-29　单击"继续"

6. 分析结果，如图 2-30 所示。

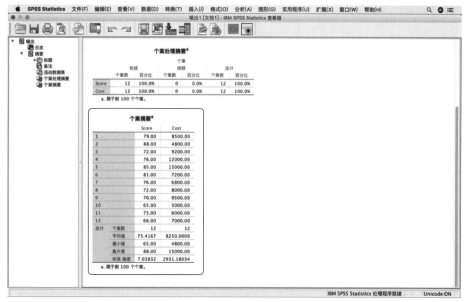

图 2-30　查看分析结果

由表格得知，Score 的平均值为 75.416 7 分，标准差为 7.0383 2 分，最大值为 88 分，最小值为 65 分，而 Cost 的平均值为 8 250 元，标准差为 2 931.180 34 元，最大值为 15 000 元，最小值为 4 800 元。

2.4.2 运行命令语法

我们也可以用运行命令语法的方式来进行数据分析，我们通过下面的范例，说明如何用命令语法方式来进行数据分析。

范例：

我们以大学生为例，抽样调查 12 个大学生的编号、性别（1 男性，2 女性）、学期成绩、每月花费、家庭收入（1 低收入，2 高收入）、区域（1 北部，2 中部，3 南部）、详细数据，如表 2-4 所示。

表 2-4　学生抽样范例数据

编号	性别	学期成绩（分）	花费（元）	家庭收入	区域
1	2	79	8 500	2	2
2	1	88	4 800	1	3
3	1	72	9 200	1	1
4	2	76	12 000	1	1
5	2	85	15 000	2	1
6	1	81	7 200	1	2
7	2	76	6 800	1	2
8	2	72	8 000	2	3
9	2	70	9 500	2	1
10	1	65	5 000	2	3
11	1	75	6 000	1	2
12	1	66	7 000	2	3

我们想要知道大学生的学期成绩和每月花费的平均值、标准差、最大值和最小值。

命令语法如下：

```
SUMMARIZE
  /TABLES=Score Cost
  /FORMAT=VALIDLIST NOCASENUM TOTAL LIMIT=100
  /TITLE='Case Summaries'
  /MISSING=VARIABLE
  /CELLS=COUNT MEAN STDDEV MIN MAX .
```

运行命令语法的操作步骤如下：

1. 单击【文件】-【新建】-【语法】，如图 2-31 所示。

图 2-31　打开语法

2. 输入语法，如图 2-32 所示。

输入语法：

```
SUMMARIZE
  /TABLES=Score Cost
  /FORMAT=VALIDLIST NOCASENUM TOTAL LIMIT=100
  /TITLE=' Case Summaries'
  /MISSING=VARIABLE
  /CELLS=COUNT MEAN STDDEV MIN MAX .
```

图 2-32　输入语法

3. 单击【运行】-【全部】，如图 2-33 所示。

图 2-33　单击"运行"

4. 查看分析结果，如图 2-34 所示。

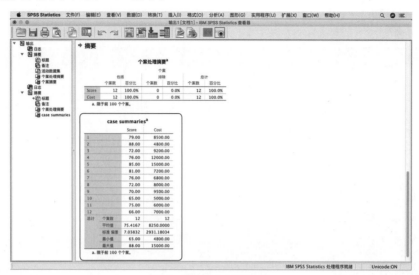

图 2-34　查看分析结果

由表格中得知，Score 的平均值为 75.416 7 分，标准差为 7.038 32 分，最大值为 88 分，最小值为 65 分，而 Cost 的平均值为 8 250 元，标准差为 2 931.180 34 元，最大值为 15 000 元，最小值为 4 800 元。

2.5　实用范例

在 SPSS 的基本操作中，我们将介绍 5 个实用的操作范例，分别是：反向题的处理、变量的计算、函数的使用、饼图的使用和柱形图的使用，实用范例如下。

实用范例：

我们以大学生为例，抽样调查 12 个大学生的性别（Sex）（1 男性，2 女性）、上学期成绩（Score1）、下学期成绩（Score2）、每月花费（Cost）、家庭收入（Income）（1 低收入，2 高收入）、区域（Location）（1 北部，2 中部，3 南部）、成绩的满意度（Sat_Score）（1 非常不满意，2 不满意，3 普通，4 满意，5 非常满意）、自我管理生活费的满意度（Mag_Cost）（1 非常满意，2 满意，3 普通，4 不满意，5 非常不满意）。注意，自我管理生活费的满意度为反向题，数据整理如表 2-5 所示。

（先前已将范例文件 Ch2 复制到 C:\ ch2）：范例文件 example.xls

表 2-5　学生抽样范例数据

性别	上学期成绩（分）	下学期成绩（分）	花费（元）	家庭收入	区域	成绩的满意度	自我管理生活费的满意度
2	79	81	8 500	2	2	4	1
1	88	92	4 800	1	3	4	2
1	72	68	9 200	1	1	3	3
2	76	88	12 000	1	1	5	5
2	85	65	15 000	2	1	5	4

续表

性别	上学期成绩 （分）	下学期成绩 （分）	花费（元）	家庭收入	区域	成绩的满 意度	自我管理生活费 的满意度
1	81	79	7 200	1	2	2	1
2	76	82	6 800	1	2	4	1
2	72	80	8 000	2	3	3	2
2	70	75	9 500	2	1	3	5
1	65	77	5 000	2	3	1	2
1	75	80	6 000	1	2	4	3
1	66	69	7 000	2	3	2	4

2.5.1　反向题的处理

在实用范例中，我们注意到自我管理生活费的满意度（1 非常满意，2 满意，3 普通，4 不满意，5 非常不满意）为反向题，我们需要将反向题修改回（1 非常不满意，2 不满意，3 普通，4 满意，5 非常满意）。注意：反向题是由研究者所设计，并非 1 代表非常满意就是反向题。

反向题处理的操作步骤如下。

1. 打开范例文件 example.xls（在 C:\Ch2），数据内容如图 2-35 所示。

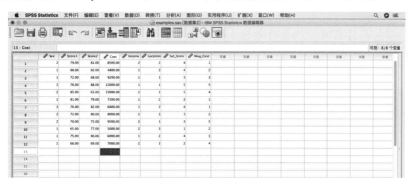

图 2-35　打开文件

2. 单击【转换】-【重新编码为不同变量】，如图 2-36 所示。

图 2-36　单击"重新编码为不同变量"

3. 选择"Mag_Cost"至【输入变量→输出变量】，如图 2-37 所示。

图 2-37　选择变量至输入变量→输出变量

4. 将新变量命名为"Mag_Cost2"，单击【变化量】，如图 2-38 所示。

图 2-38　命名新变量

5. 单击【旧值和新值】，如图 2-39 所示。

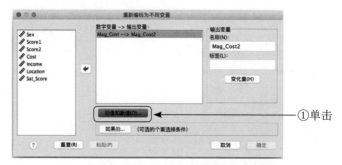

图 2-39　单击"旧值和新值"

6. 按顺序输入旧值"1 ~ 5"和新值"5 ~ 1"，并依次单击【添加】，如图 2-40 所示。

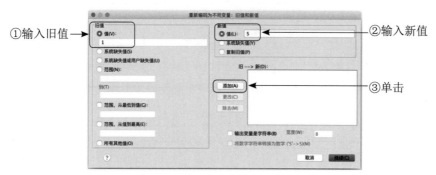

图 2-40　输入旧值和新值并添加

7. 输入数据，单击【继续】，如图 2-41 所示。

图 2-41　单击"继续"

8. 单击【确定】，如图 2-42 所示。

图 2-42　单击"确定"

9. 结果如图 2-43 所示。

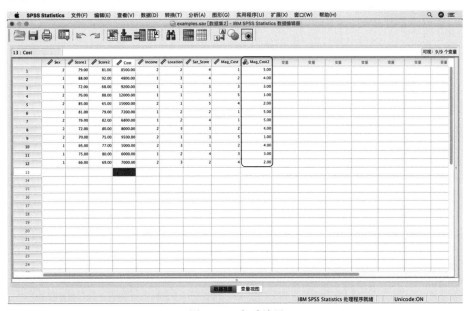

图 2-43　查看结果

Mag_Cost（1 非常满意，2 满意，3 普通，4 不满意，5 非常不满意）已进行反向处理为 Mag_Cost2（1 非常不满意，2 不满意，3 普通，4 满意，5 非常满意）。

2.5.2 变量的计算

当我们需要通过现有变量计算新的变量时，就涉及变量的计算。例如，已知大学生的每月花费，想要计算年度花费。变量计算的操作步骤如下。

1. 单击【转换】-【计算变量】，如图 2-44 所示。

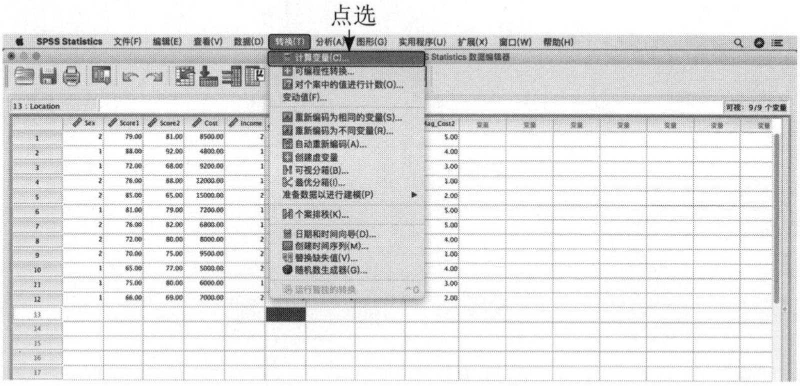

图 2-44 单击"计算变量"

2. 输入目标变量为"Annual_Cost"，选择"Cost"至"数字表达式"，如图 2-45 所示。

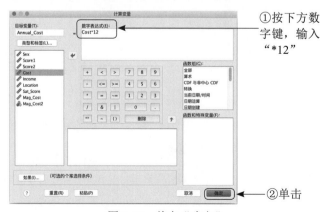

图 2-45 选择变量至数字表达式

3. 将"Cost"乘以 12，单击【确定】，如图 2-46 所示。

图 2-46 单击"确定"

4. 结果如图 2-47 所示。

图 2-47　查看结果

我们已经完成对大学生年度生活花费（Annual Cost）的计算，并将结果列为新变量
Annual_Cost。

2.5.3　函数的使用

我们以计算成绩平均值为例，介绍使用函数计算变量的方法，操作步骤如下。

1. 单击【转换】-【计算变量】，如图 2-48 所示。

图 2-48　单击"计算变量"

2. 输入目标变量"Ave _ Score"，选择函数"Mean"，如图 2-49 所示。

图 2-49　输入目标变量并选择函数

3. 将"Score1"和"Score2"放入【数字表达式】的 MEAN 函数中，单击【确定】，如图 2-50 所示。

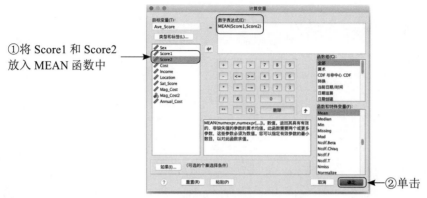

①将 Score1 和 Score2 放入 MEAN 函数中

②单击

图 2-50　单击"确定"

4. 结果如图 2-51 所示。

图 2-51　查看结果

我们已经完成对大学生平均成绩（Ave_Score）的计算，利用 Score1 和 Score2 计算出大学生的平均成绩，并将结果列为新变量 Ave_Score。

2.5.4　饼图的使用

饼图使用的操作步骤如下。

1. 单击【图形】-【旧对话框】-【饼图】，如图 2-52 所示。

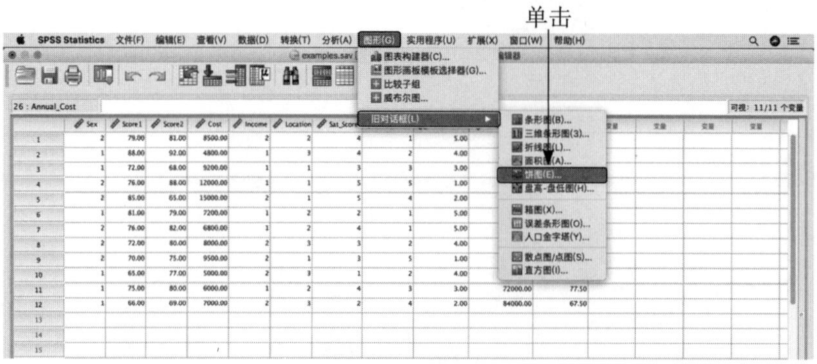

单击

图 2-52　打开饼图

2. 单击【定义】，如图 2-53 所示。

图 2-53　单击"定义"

3. 单击"变量总和"，选择"Cost"至【变量】栏，选择"Location"至【分区定义依据】栏，如图 2-54 所示。

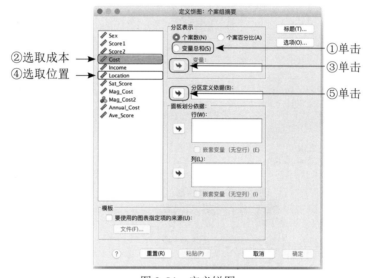

图 2-54　定义饼图

4. 单击【确定】，如图 2-55 所示。

图 2-55　单击"确定"

5. 结果如图 2-56 所示。

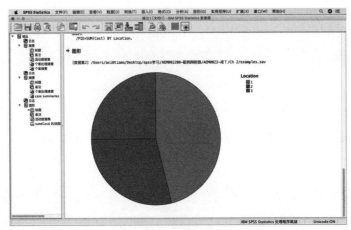

图 2-56　查看分析结果

6. 双击图形，如图 2-57 所示。

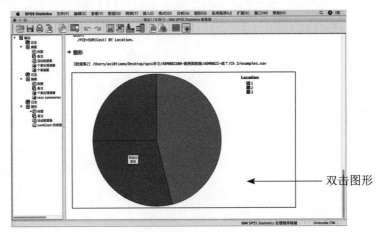

图 2-57　双击图形

7. 单击【数据值标签】，如图 2-58 所示。

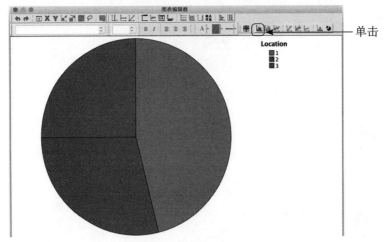

图 2-58　单击数据值标签

8.选择"数据值标签"，选取"总和 Cost"和"百分比"至【显示】栏，选择完毕后单击【应用】，如图 2-59 所示。

9.应用完毕后，单击【关闭】，如图 2-60 所示。

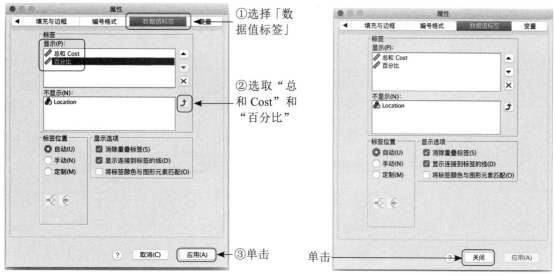

图 2-59　饼图属性　　　　　　　　　　　　　　　　　　图 2-60　单击关闭

10.结果如图 2-61 所示。

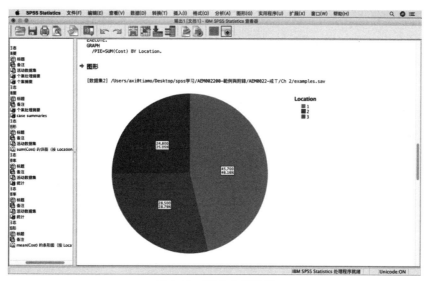

图 2-61　查看分析结果

我们已经完成了饼图，通过饼图可以得知不同区域的大学生每月花费的比例，北部大学生的花费总和为 45 700 元，占 46.16%；中部大学生的花费总和为 28 500 元，占 28.79%；南部大学生的花费总和为 28 400 元，占 25.05%。

2.5.5　柱形图的使用

使用柱形图的操作步骤如下。

1. 单击【图形】-【旧对话框】-【条形图】，如图 2-62 所示。

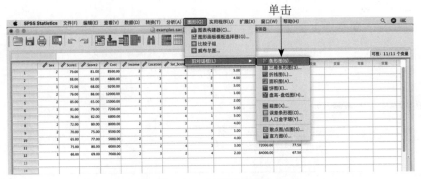

图 2-62　打开条形图

2. 选择【简单】和【个案组摘要】，单击【定义】，如图 2-63 所示。

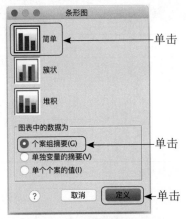

图 2-63　选择条形图

3. 选择【其他统计】，将"Cost"放入【变量】栏，将"Location"放入【类别轴】，单击【更改统计】，如图 2-64 所示。

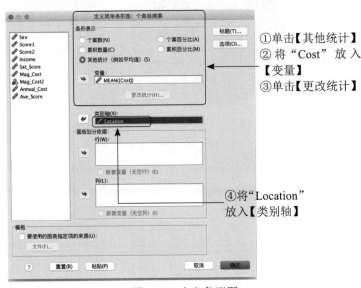

图 2-64　定义条形图

4. 选择【值的平均值】，单击【继续】，如图 2-65 所示。

5. 选择完毕，单击【确定】，如图 2-66 所示。

图 2-65　统计

图 2-66　单击"确定"

6. 如图 2-67 所示，双击图形。

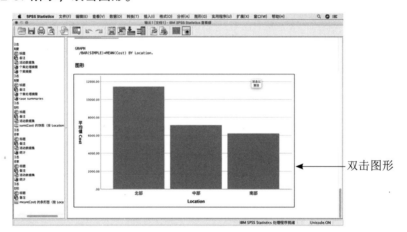

图 2-67　双击图形

7. 单击【显示数据标签】，如图 2-68 所示。

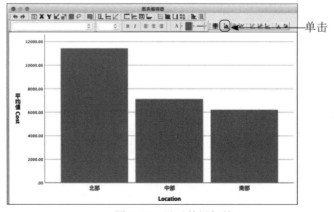

图 2-68　显示数据标签

8. 选择【数据值标签】，选取 "Cost" 及 "百分比" 至【显示】栏，选择完毕后单击【应用】，如图 2-69 所示。

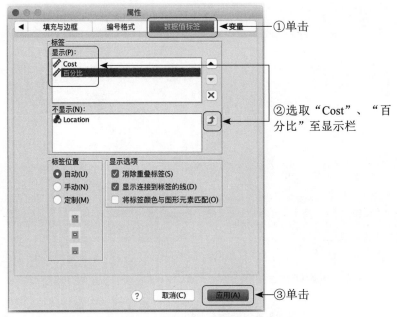

图 2-69　属性

9. 应用完毕后，单击【关闭】，如图 2-70 所示。

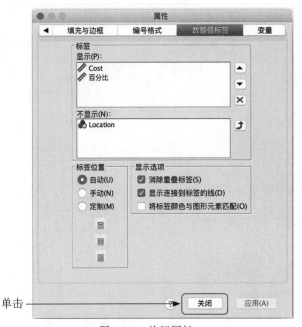

图 2-70　关闭属性

10. 结果如图 2-71 所示。

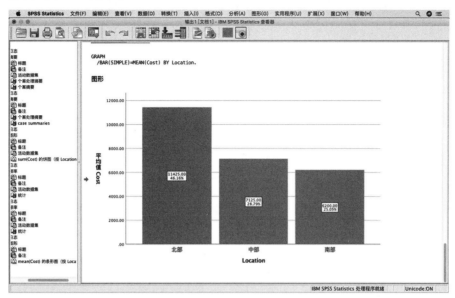

图 2-71　查看分析结果

我们已经完成了对柱形图的使用，通过直方图可知不同区域的大学生每月平均花费的比例，北部大学生的花费平均为 11 425 元，占 46.16%；中部大学生的花费平均为 7 125 元，占 28.79%；南部大学生的花费平均为 6 200 元，占 25.05%。

第3章

量表的编制、信度和效度

3.1 量表的编制

社会科学常常使用多个理论模型来解释小范围的现象或经验，对于研究人员感兴趣的现象，常常无法直接测量，例如情绪的好坏、期望的高低等。对于这些无法直接测量的现象，我们会通过编制一些问项来评价测量，这些问项的集合就可以测量出我们原本无法直接评估的现象，并且加以解释，这些问项也是我们在测量中所使用的工具，我们称之为量表。在量表的编制过程中，理论一直扮演着很重要的角色，因为理论可以协助我们概念化测量的问题，借由理论我们可以发展具有一致性的、有效的可应用的量表。

量表对于社会科学研究中从事量化研究的人员相当重要，少了量表，我们就无法得出量化的结果。从事社会科学研究的人员在进行问卷调查设计时，时常会找不到想要的量表，或是找到了类似的量表，但经过讨论后，觉得并不适用，这时候，唯一的选择就是编制一个适合自己测量的工具——量表。有一些研究人员害怕编制量表，原因是其对于编制有用的测量工具——量表的方法不熟悉，以至于只能依赖别人所编制的量表。编制量表的确不是一件轻松的事，必须经过严谨的处理，才能编制出一份适当的、稳定的量表。关于量表的编制，有一定的步骤可以遵循，下面我们列出三种量表编制的方式：

1. 罗伯特·德维尔利斯（Robert F. De Vellis）编写了 *Scale Development: Theory and Application* 一书，由吴齐殷译的中文版书名为《量表编制：理论与应用》，在 87 ～ 148 页提到编制量表的八大指导原则：

步骤一　清楚地界定什么是你所想要测量的

步骤二　建立题库

步骤三　决定测量的格式

步骤四　请专家检视最初的问题集

步骤五　考虑加入效度评估题项

步骤六　对选定的样本，进行题项测量

步骤七　评估题项

步骤八　选择量表长度

2. 在张绍勋所写的《研究方法》一书第 261 页，提到量表编制的过程，也是八大步骤，如图 3-1 所示。

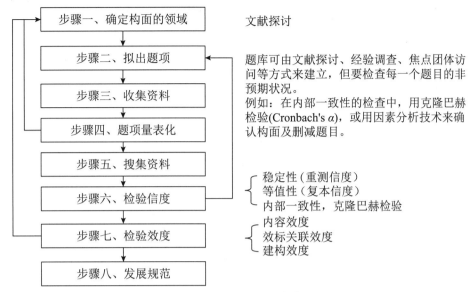

图 3-1　量表编制的八大步骤

3. 丘吉尔（Churchill，1979）的量表编制有八大步骤，如下：

步骤一　确认构面的领域（specify the domain of the construct）

步骤二　建立样本题项（generate a sample of items）

步骤三　收集数据（collect data）

步骤四　净化测量项目 / 删除不适当的题项（purify measures）

步骤五　收集新的数据（collect new data）

步骤六　评估信度（assess reliability）

步骤七　评估效度（assess validity）

步骤八　发展规范（develop norms）

（资料来源：Churchill Jr., G.A. 1979. "A Paradign for Developing Better Measures of Marketing Constructs," *Marketing Research*（16:1），pp. 64-73.）

　　量表的编制近 10 年来有相当大的变化与进展，尤其是形成性（formative）指标与模型受到各学科领域（例如营销、企管、信管、人力资源管理、组织科学、教育等）的重视，麦肯齐（MacKenie）等人（2005）回顾在行为和组织研究中测量模型错误指定的问题，特别整理编制反映性（reflective）和形成性量表的步骤如下：

步骤一　清楚地定义构面领域

步骤二　评估构面概念的维度

步骤三　产生构面的测量题项

步骤四　考虑构面和测量题项之间的关系

步骤五　指定将被检验的测量和结构关系

步骤六　收集数据

步骤七　净化"反映性"测量与净化"形成性"测量如表 3-1 所示。

表 3-1 反映性测量和形成性测量的净化要求

净化反映性测量	净化形成性测量
估计验证性因素分析模型（Confirmatory Factory Analysis，CFA）	估计验证性因素分析模型
评估拟合优度（Goodness of Fit, GOF）（例如：比较拟合指数、标准化残差均方根）	评估拟合优度（例如：比较拟合指数、标准化残差均方根）
评估题项效度（显著性和因子载荷量大小）	评估题项效度（潜在不显著权重）
评估题项信度（题项与总体相关系数，多元相关平方，重测信度）	评估题项信度（重测信度）
删除低的信效度	删除低的信效度
评估构面效度（平均方差萃取）	评估构面效度（与一个有效的标准有相关性，相同构面的测量问项被认可，和 1 或对已知群体进行项度测试）
评估构面信度（克隆巴赫 α 和潜在变量信度）	

步骤八 评估理则学、区别效度和准则有关的效度

- 估计适当的验证性因素分析模型
- 评估构面的相关性以建立区别效度
- 评估构面之间的关系，作为理则学上效度的证据（例如：构面之间的关系达到显著水平，并且实际上是重要的）

（资料来源：MacKenzie, S.B., Podsakoff, P.M., and Jarvis, C.B. 2005. "The Problem of Measurement Model Misspecification in Behavioral and Organizational Research and Some Recommended Solutions," *Journal of Applied Psychology*（90:4），pp. 710-730.）

步骤九 使用新的样本，交互验证量表

2011年，麦肯齐（MacKenie）等人（2011）在信管顶级期刊《管理信息系统季刊》（*MIS Quarterly*）发表《构面的测量和验证步骤》，验证的十个步骤如图 3-2 所示。

（资料来源：Mackenzie, S.B., Podsakoff, P.M., And Podsakoff, N.P. 2011. "Construct Measurement and Validation Procedures in MIS and Behavioral Research：Integrating New and Existing Techniques," *MIS Quarterly*（35:2），pp. 293-334.）

概念化

第一步：概念化

发展一个构面的概念化定义，研究者应该清楚且具体说明构面的性质，并

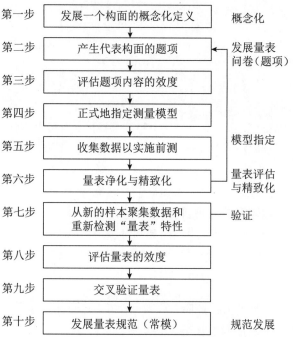

图 3-2 构面的测量和验证步骤

且概念化主题，研究者需要认清 "构面" 概念化呈现的是什么，也要讨论焦点构面与别的构面不同的地方。首先确认研究的焦点构面是否已经被之前的研究定义过，并且去访谈从业人员或专家，确认清楚是否在焦点构面中有多个次构面（子维度），构面是否包含了一个以上的概念或者是次构面（子维度），假如有多个次构面（子维度），那么要将每个次构面（子维度）定义清楚，使每个都聚焦在相同的构面上。多重维度构面的形成需要满足以下两个条件：①次构面（子维度）的共同主题外，还有不同于其他维度的必要特性。②剔除了其中一个维度就会造成构面的意义改变。假如达成了上述①和②的条件，那就是一个多重维度构面。

发展量表问卷（题项）

第二步：产生代表构面的题项

无论构面是单一维度还是多重维度，最后都要产生能够完整地代表该构面的目标题项，而这些题项与构面外的内容相关性越低越好。假如构面是多重维度，那就必须产生每个次构面（子维度）的题项，也能够借此去确认各个维度在构面中的定义。另外，对于题项的用词也应该尽可能简单和精确，如果有多重目的的题项，应该被分化成两个题项，如果不能分化，那么这题项应该被删除。题项有含糊不清或不常见的术语应该给予澄清，有复杂的题项也要简化，这样才能让题项更具体和更简洁。最后，题项的字词也要更精炼或是要剔除明显的偏误。

第三步：评估题项内容的效度

内容效度是指题项能够反映内容的程度。以下有两项条件可以拿来评估内容效度：①个别题项是否能够代表其构面的内容领域；②这些题项合在一起是否能够代表其构面的全部内容。

模型指定

第四步：正式地指定测量模型

正式指定一个测量模型，该模型可以预测题项、构面和次构面（子维度）之间的关系。要建立测量的量表和确保模型的参数是可被辨认的，是一件很复杂的事。

- 具有反应性或形成性指标的一阶构面的测量值，可以通过以下方式来设定：
  ①通过固定潜在构面和它的一个指标在某一非零值；
  或者②通过固定构面的方差在某一非零值。
- 必须设定具有反映性或形成性一阶子维度的二阶构面的测量值，可以通过以下方式来设定：
  ①通过设定二阶构面和它的一个一阶子维度在某一个非零值（通常为 1.0）；
  或者②通过设定二阶构面的方差在某一个非零值（通常为 1.0）。

量表评估与精致化

第五步：收集数据以实施前测

一旦测量模型被确定，要收集其样本的数据去检验量表的心理测验的特性并评估其收敛、区别和理论的效度。在选择样本中，人口比例与样本代表是很重要的，因为测量模型可能会跨不同领域的人；此阶段通常考虑的另外一个因素是样本量，在探索性因素分析中，建议其最小的样本数量为 100 至 500 人。评估收敛效度，选择样本构面的测量应该包含部分数据的聚集程度。评估区别效度，相似构面的测量有可能被混淆。评估理论效度，构面的测量必须获取与焦点构面在理论上相关的构面的测量值。

第六步：量表净化与精致化

评估测量模型的适合度检验，在构面层级上评估题项设定的效度，在构面层级上评估题项设定的信度，评估各个题项的信效度，消除有问题的题项。

验证

第七步：从新的样本聚集数据和重新检测"量表"特性

为了评估量表的心理测量特性的程度，可以根据发展的样本数据的特性和允许一个有效的统计检验去适配测量模型。使用新样本，测量模型可以再次被评估，再次检查它的适配情况，心理测量特性也可以被再次评估。

第八步：评估量表的效度

评估量表的效度可以从多方面着手，例如：构面的实验性操作，已知群组的比较，评估理论部分和相关标准的效度，使用理论部分的网络去评估多重维度构面的效度，评估区别效度。

● 假如量表是焦点构面的有效的指标（题项），评估是否要去回应量表的表现

● 评估焦点构面的题项是否：

①是准确地呈现在构面下（通过实验操作或比较已知在构面上不同的分组）

②充分地捕捉构面的多维特征。

③是有别于其他构面的题项（区别效度）

④与其他构面的测量有关，说明在构面的理论网络或理论效度（Nomological Validity）

第九步：交叉验证量表

假如在量表发展和净化过程的步骤中，模型被修改过，此步骤就很重要。

对于反映性指标，测量的评估建议可以从发展量表的样本中获得，对于具有反应性指标的构面来说，通过发展量表的样本获得的测量估计值需要和验证样本获得的估计值进行对比。

另外建议使用多组分析去比较一系列的潜在模型的心理测量，通过系统的增加组间的等式约束（Equality Constrains）来测试：

①协方差矩阵的相等

②因素构面的结构相等性（Configural Equivalence）

③因子载荷量的量度相等性（Metric Equivalence）

④题项的量尺相等性（Scalar Equivalence）

规范发展

第十步：发展量表规范（常模）

制定规范来帮助解释量表上的得分。

①注意样本的大小，但是其数量要根据研究者所要研究的群体大小而定。

②要认清规范（常模）会随着时间而改变，所以规范（常模）要定期更新，而规范（常模）的时间期限也要说明。

发展量表规范（常模）可以使我们拥有具有一致性的、有效的量表，以应用到社会科学的各个领域。

3.2 量表的信度和效度

量表经由实测（收集实际的数据）后，我们必须检验量表的信度和效度。为什么要检验量表的信度和效度呢？因为量表本身在进行测量时会产生测量误差，若是测量误差大，则会有信度低，甚至没有效度的情况发生。

信度指的是量表的一致性，有三个指标可以使用，我们整理如下：

- 内在信度：是指内部一致性，使用克隆巴赫 α 系数表示。
- 重测信度：是指稳定性，对于相同的样本，在一段时间的前后各测量一次，所取得的信度，称为重测信度。
- 复本信度：是指等值性，也就是对于不同的样本各测量一次，所取得的信度，称为复本信度。

效度指的是量表的正确性，有三个常用的指标一起使用，我们整理如下：

- 内容效度（Content Validity），测量的题项和数量要足以代表测量的概念。
- 收敛效度（Convergent Validity），测量相同构面题项间的相关性要高。
- 区别效度（Discriminate Validity），测量不同构面题项间的相关性要低。

3.3 量表发展实例

量表发展 实例一

我们以期刊文章 Sethi, V. and King, W.R. 1994. "Development of Measures to Assess the Extent to Which an Information Technology Application Provides Competitive Advantage," *Management Science*（40:12），pp. 1601-1627. 为范例，这篇文章以丘吉尔（Churchill，1979）量表发展的八大指导原则为基础，稍做修正，其量表发展的步骤如下：

步骤一 建立信息技术应用带来的竞争优势（CAPITA）构面的领域，有效率（Efficiency）、功能（Functionality）、威胁（Threat）、先用现象（Preemptiveness）和协同（Synergy）五大构面。

步骤二 建立 45 个题项，形成假设模型。

步骤三 收集数据，由 7 位高级信息人员逐一填答。

步骤四 净化测量题项，由填答者提供意见，逐步修改题项，直到最后两位填答者对于题项不再有重大意见为止。

步骤五 收集新数据，样本是①美国前 1 000 大制造业和服务业公司，②战略数据规划研究所的 251 成员（公司数据）。

步骤六 评估效度，在符合每个构面的收敛效度水平下，删除 16 个题项，剩 29 个题项，形成 7 个构面。

步骤七 评估信度，每个构面信度值都要达到 0.5 以上，可接受。

步骤八 建构规范，以结构方程验证信息技术应用带来的竞争优势的完整模型，整体配适度是可接受的，而且相较于假设模型有显著的改善。

量表发展　实例二

我们以期刊文章 Torkzadeh, G. and Doll, W.T. 1999. "The development of a tool for measuring the perceived impact of information technology on work," Omega, *The International Journal of Management Science*（27:3），pp. 327-339. 为范例。

说明其量表发展的步骤：

步骤一　文献回顾：用来确认要测量的构面。

步骤二　建立题库：建立 39 个题项。

步骤三　决定测量的格式：使用李克特 5 级量表。

步骤四　收集数据（Pilot Test）：使用结构化的问卷进行访谈。

步骤五　评估题项：经由探索性因素分析和相关分析评估题项，并经过信度和效度的检验，删除不适的题项后，剩下 12 个题项。

步骤六　题项量表化：将 12 个题项制成量表。

这篇期刊文章的问卷，除自己发展的量表外，还结合了另外三篇发展良好的量表构面，形成完整的量表，再寄出并回收大量问卷，以进行自己发展的量表和其他量表构面的相关分析和比较，结论是自己的量表可以有效地测量信息科技在工作上的冲击。

3.4　探索性和验证性研究的信度和效度

一般社会科学的研究可以分为探索性的研究和验证性的研究，因此在信度和效度的处理上，也分为探索性研究的信度和效度和验证性研究的信度和效度，我们分别介绍如下。

探索性研究的信度和效度

在社会科学研究的探索性因素分析中，最常出现的量表是李克特量表，李克特量表广泛地应用在营销、组织行为、人力资源、科技、教育、财务管理、心理测验等领域，特别适用于感受或态度上的衡量，在李克特量表法中常用的信度检验方法为克隆巴赫 α 系数及折半信度。也就是说在探索性因素分析中，一般都是使用克隆巴赫 α 值来计算信度，克隆巴赫 α 系数是克隆巴赫在 1851 年提出的，用以计算类别变量和区间尺度变量。克隆巴赫 α 系数及折半信度都属于内部一致性信度系数（Internal-consistency Reliability Coefficient），也就是测量一次量表的结果，立即进行估计量表的信度系数，一个量表的信度越高，代表量表越稳定，而克隆巴赫 α 系数值介于 0 与 1 之间，α 值越大表示信度越高，克隆巴赫 α 值理论上至少要大于 0.5，实际中最好大于 0.7 [农纳（Nunnally, 1978）]。

范例：我们设计的研究问卷如下。

问卷调查

1. 企业经营者参加信息相关研讨会的频率？

□很少　□较少　□普通　□较多　□很高

2. 企业经营者在公司使用计算机的频率？

□很少　□较少　□普通　□较多　□很高

3. 企业经营者参加企业 E 化相关研讨会的频率？

□很少　□较少　□普通　□较多　□很高

4. 企业经营者阅读信息相关杂志或书刊的频率？

□很少　□较少　□普通　□较多　□很高

表 3-2　构面量表

以下各项为决定是否导入企业 E 化系统的重要考量	非常不重要	有些不重要	普通	比较重要	非常重要
5. 企业 E 化系统可以增加收益的好处，是否为导入企业 E 化系统的重要考量	□	□	□	□	□
6. 企业 E 化系统可以拥有较好的系统整合，是否为导入企业 E 化系统的重要考量	□	□	□	□	□
7. 企业 E 化系统可以降低存货的好处，是否为导入企业 E 化系统的重要考量	□	□	□	□	□
8. 企业 E 化系统的总费用很高，是否为导入企业 E 化系统的重要考量	□	□	□	□	□
9. 企业 E 化系统的顾问费用占总花费（导入企业 E 化费用）的 50%，是否为导入企业 E 化系统的重要考量	□	□	□	□	□
10. 企业 E 化系统的维护人才相当难找并且维护费用很高，是否为导入企业 E 化系统的重要考量	□	□	□	□	□
11. 企业 E 化系统拥有较好的供应商的技术支援，是否为导入企业 E 化系统的重要考量	□	□	□	□	□
12. 企业 E 化系统拥有流程改善的好处，是否为导入企业 E 化系统的重要考量	□	□	□	□	□
13. 竞争者采用新技术（企业 E 化系统）的压力，是否为导入企业 E 化系统的重要考量	□	□	□	□	□
14. 企业 E 化系统的技术成熟程度，是否为导入企业 E 化系统的重要考量	□	□	□	□	□
15. 以新技术开发的企业 E 化系统取代现有老旧系统（企业 E 化系统的开发技术较现有系统新），是否为导入企业 E 化系统的重要考量	□	□	□	□	□
16. 维护企业 E 化系统需要资源的难度，是否为导入企业 E 化系统的重要考量	□	□	□	□	□
17. 企业 E 化系统功能配合企业运营规模，是否为导入企业 E 化系统的重要考量	□	□	□	□	□
18. 企业 E 化培训课程的费用很高，是否为导入企业 E 化系统的重要考量	□	□	□	□	□
19. 企业 E 化系统一致性的运作的好处，是否为导入企业 E 化系统的重要考量	□	□	□	□	□
20. 竞争者已导入企业 E 化系统，是否为导入企业 E 化系统的重要考量	□	□	□	□	□

本研究问卷共发出 100 份，回收有效问卷 74 份。经编码输入数据后，保存为 Reliability analysis.sav。对于这份量表（问卷），想知道是否具有可靠性或稳定性，也就是测量一致性的程度，俗称信度，经过因素分析后，可以分成首席执行官（CEO）、收益（Benefit）、费用（Cost）和技术（Technology）四个构面，各自的题项如下：

- **首席执行官构面**

  1. 企业经营者参加信息相关研讨会的频率？

  2. 企业经营者在公司使用计算机的频率？

  3. 企业经营者参加企业 E 化相关研讨会的频率？

  4. 企业经营者阅读信息相关杂志或书刊的频率？

- **收益构面**

  5. 企业 E 化系统可以增加收益的好处，是否为导入企业 E 化系统的重要考量？

  6. 企业 E 化系统可以拥有较好的系统整合，是否为导入企业 E 化系统的重要考量？

  7. 企业 E 化系统可以降低存货的好处，是否为导入企业 E 化系统的重要考量？

- **费用构面**

  8. 企业 E 化系统的总费用很高，是否为导入企业 E 化系统的重要考量？

  9. 企业 E 化系统的顾问费用占总花费（导入企业 E 化费用）的 50%，是否为导入企业 E 化系统的重要考量？

  10. 企业 E 化系统的维护人才相当难找并且维护费用很高，是否为导入企业 E 化系统的重要考量？

- **技术构面**

  11. 企业 E 化系统的技术成熟程度，是否为导入企业 E 化系统的重要考量？

  12. 以新技术开发的企业 E 化系统取代现有老旧系统（企业 E 化系统的开发技术较现有系统新），是否为导入企业 E 化系统的重要考量？

  13. 维护企业 E 化系统需要资源的难度，是否为导入企业 E 化系统的重要考量？

在做其他统计分析之前，需先对这些量表（问卷）做各个构面和总构面（所有题项）的信度分析，操作步骤如下：

（请先将范例文件 Ch3 复制到 C:\Ch3）

1. 打开文件 Reliability analysis.sav，单击【分析】-【标度】-【可靠性分析】进行可靠性分析，如图 3-3 所示。

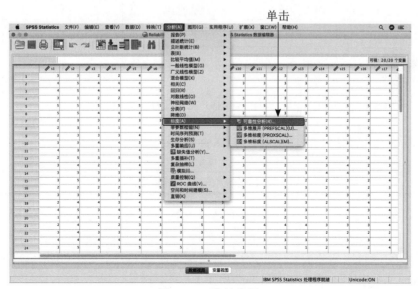

图 3-3　可靠性分析

2. 选取 s1 ～ s4 至【项】，模型选择为【Alpha】值，如图 3-4 所示。

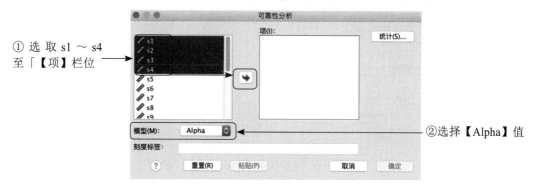

① 选 取 s1 ～ s4
至「【项】栏位

②选择【Alpha】值

图 3-4　Alpha 值

3. 单击【统计】，如图 3-5 所示。

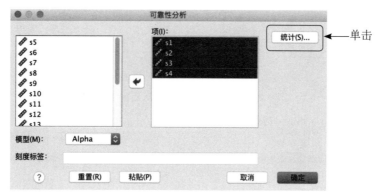

单击

图 3-5　统计

4. 勾选【删除项后的标度】，勾选完毕后，单击【继续】，如图 3-6 所示。
5. 单击【确定】，如图 3-7 所示。

勾选→

单击

图 3-6　删除项后的标度

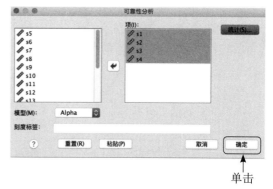

单击

图 3-7　确定

6. 结果如图 3-8 所示。

图 3-8　可靠性分析结果

首席执行官构面克隆巴赫 α 值 0.856>0.7，代表具有良好的信度。

我们也可以在范例文件下，直接运行下列语法：

```
RELIABILITY   /VARIABLES=s1 s2 s3 s4   /FORMAT=NOLABELS   /SCALE(ALPHA)=ALL/
MODEL=ALPHA   /SUMMARY=TOTAL .
```

会得到相同的报告结果。

- **收益构面的信度分析**

收益构面的题项如下：

1）企业 E 化系统可以增加收益的好处，是否为导入企业 E 化系统的重要考量？

2）企业 E 化系统可以拥有较好的系统整合，是否为导入企业 E 化系统的重要考量？

3）企业 E 化系统可以降低存货的好处，是否为导入企业 E 化系统的重要考量？

我们重复信度分析的操作步骤，将题项变量 s5、s6、s7 选入分析，得到报告结果。

我们也可以在范例文件下，直接运行下列语法，会得到相同的报告结果：

```
RELIABILITY   /VARIABLES=s5 s6 s7   /FORMAT=NOLABELS   /SCALE(ALPHA)=ALL/
MODEL=ALPHA   /SUMMARY=TOTAL .
```

报告分析结果如下：

收益构面的信度克隆巴赫 α 值 0.935>0.7，代表具有良好的信度。

- **费用构面的信度分析**

费用构面的题项如下：

1）企业 E 化系统的总费用很高，是否为导入企业 E 化系统的重要考量？

2）企业 E 化系统的顾问费用占总花费（导入企业 E 化费用）的 50%，是否为导入企业 E 化系统的重要考量？

3）企业 E 化系统的维护人才相当难找并且维护费用很高，是否为导入企业 E 化系统的重要考量？

我们重复信度分析的操作步骤，将题项变量 s8、s9、s10 选入分析，得到报告结果。

我们也可以在范例文件下，直接运行下列语法，会得到相同的报告结果：

```
RELIABILITY  /VARIABLES=s8 s9 s10  /FORMAT=NOLABELS  /SCALE(ALPHA)=ALL/
MODEL=ALPHA  /SUMMARY=TOTAL .
```

报告分析结果如下：

费用构面的信度克隆巴赫 α 值 0.839>0.7，代表具有良好的信度。

■ **技术构面的信度分析**

技术构面的题项如下：

1）企业 E 化系统的技术成熟程度，是否为导入企业 E 化系统的重要考量？

2）以新技术开发的企业 E 化系统取代现有老旧系统（企业 E 化系统的开发技术较现有系统新），是否为导入企业 E 化系统的重要考量？

3）维护企业 E 化系统需要资源的难度，是否为导入企业 E 化系统的重要考量？

我们重复信度分析的操作步骤，将题项变量 s14、s15、s16 选入分析，得到报告结果。

我们也可以在范例文件下，直接运行下列语法，会得到相同的报告结果：

```
RELIABILITY  /VARIABLES=s14 s15 s16  /FORMAT=NOLABELS  /SCALE(ALPHA)=ALL/
MODEL=ALPHA  /SUMMARY=TOTAL .
```

报告分析结果如下：

技术构面的信度克隆巴赫 α 值 0.814>0.7，代表具有良好的信度。

■ **总构面（所有题项）的信度分析**

我们重复信度分析的操作步骤，将所有题项变量 s1、s2、s3、s4、s5、s6、s7、s8、s9、s10、s14、s15、s16 选入分析，得到报告结果。我们也可以在范例文件下，直接运行下列语法，会得到相同的报告结果：

```
RELIABILITY  /VARIABLES=s1 s2 s3 s4 s5 s6 s7 s8 s9 s10 s14 s15 s16  /SCALE(ALPHA)
=all  /MODEL=ALPHA  /SUMMARY=TOTAL.
```

报告分析结果如下：

总构面（所有题项）的信度克隆巴赫 α 值 0.883>0.7，代表具有良好的信度。

结果：

我们整理信度分析的结果如表 3-3 所示。

表 3-3　可靠性分析结果

构面	信度（克隆巴赫 α 值）
首席执行官	0.856
收益	0.935
费用	0.839
技术	0.814
总值	0.883

* 克隆巴赫 α 值 >0.7，代表具有良好的信度。

本范例的各个构面和总构面的克隆巴赫 α 值 >0.7，代表具有良好的信度。

■ **验证性研究的信度和效度**

在社会科学研究的验证性因素分析中，最常出现的量表也是李克特量表，李克特量表广泛地应用在营销、组织行为、人力资源、学习科技、教育、财务管理、心理测验等领域，特别适用于感受或态度上的衡量。验证性研究又称实证研究，验证性因素分析的信度和效度指的就是结构方程模型的信度和效度。在结构方程模型的使用情况中，若是研究人员只单独使用测量模型，而没有使用结构模型，则是在检测测量模型的因素结构和测量误差，我们称为验证性因素分析，由于验证性因素分析的测量模型是通过理论建构而来，已经明显地区分各个构面，我们只要取因子载荷量大于 0.5 者，就可以得到各结构之间互相独立的条件。

在探索性因素分析中，我们可以使用克隆巴赫 α 值来计算信度，在结构方程模型的验证性因素分析中，每个构面的信度是由标准化因子载荷量总和的平方，加上测量误差的总和后，除标准化因子载荷量总和的平方，数学式如下：

$$\text{构面信度} = \frac{(\text{标准化因子载荷量的总和})^2}{(\text{标准化因子载荷量的总和})^2 + \text{测量误差的总和}}$$

我们以 CIO 的特质为例，如图 3-9 所示。

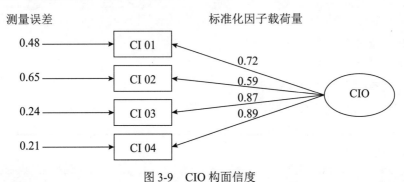

图 3-9　CIO 构面信度

计算方式如下：

标准化因子载荷量的总和 =0.72+0.59+0.87+0.89=3.07

测量误差的总和 = 0.48+0.65+0.24+0.21=1.58

$$\text{构面信度} = \frac{(3.07)^2}{(3.07)^2 + 1.58} = 0.86$$

一般信度的标准为 ≥ 0.7，至少要达到 0.6 的标准

- **结构方程模型的效度**

结构方程模型的效度指的就是验证性因素分析的效度。用来判定效度的方式是方差萃取大于构面的相关系数。方差萃取是代表构面的解释量，构面的方差萃取是由标准化因子载荷量平方后的总和再加上测量误差的总和，再除以标准化因子载荷量平方后的总和，数学式如下：

$$\text{方差萃取} = \frac{\text{标准化因子载荷量平方后的总和}}{\text{标准化因子载荷量平方后的总和} + \text{测量误差的总和}}$$

我们仍然以 CIO 的特质为范例，如图 3-10 所示。

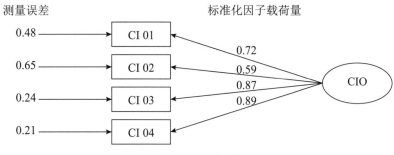

图 3-10 CIO 构面信度

计算方式如下：

标准化因子载荷量平方后的总和 = （0.72）^{2}+（0.59）^{2}+（0.87）^{2}+（0.89）^{2}=2.4155

测量误差的总和 =0.48+0.65+0.24+0.21=1.58

平均的方差萃取 $= \dfrac{2.4155}{2.4155+1.58} = 0.604\ 6$

方差萃取的标准值≥0.5，表示构面被解释大于等于百分之五十。方差萃取大于构面的相关系数就表示各个构面之间有良好的区别效度，我们会在后面章节的范例中加以解释。

3.5 探索性因素分析和验证性因素分析的比较

探索性因素分析用来定义潜在的构面。由于潜在的因子（例如：道德、勇气等）无法直接测量，我们可以借由因素分析来发掘这些概念的结构成分，以定义出结构的各个维度（构面），以及每个维度（构面）包含了哪些变量。

因素分析的使用：

在确认结构成分后，我们经常将因素分析用于汇总和数据缩减，分别介绍如下：

■ **汇总**

所有的变量经由因素分析后，可以得到少数的概念，这些概念等同于汇总所有的变量，经由适当的命名后，就成了我们所谓的构面。

■ **数据缩减**

我们可以通过因素分析，选取具有代表性的变量，这些有代表性的变量仍然具有原有变量的大部分解释量，也保留了原始的结构，因此，通过因素分析我们可以进行数据缩减。

验证性因素分析用来检验理论模型下的因素结构，也可以用来检验测量项目的信度和效度，因此，具有理论检验和因素确认的功能。验证性因素分析可以视为结构方程模型的次模型，可以和结构模型结合，形成结构方程模型的完整模型（Full Model），所以，验证性因素分析和探索性分析的使用有很大的不同，研究人员可以根据需要使用这两种因素分析，但只有清楚使用的目的和方法，才能达到预期的效果。

3.6　研究作业

作业：理论、模型和量表

指导原则：1 个模型、2 个理论、3 个量表

在一般情况下，我们会根据研究问题的需要，寻求理论上的支撑，发展一个模型，以说明研究的架构，再通过发展良好的量表进行测量（问卷调查）。若是我们选择修改既定的模型进行研究，采用的方法如下：

1）从文献中找一个适合研究问题的模型

2）首先，从同一份文献找出支持该模型的理论；然后，新增一个找到的理论，以扩增原始模型

3）从文献找到 1 ～ 3 个量表，可以测量扩增后的模型

■　**理论**：列举如下

- 计划行为理论（The Theory of Planned Behavior）
- 经验理论（Experience Theory）
- 创新理论（Innovation Theory）
- 动态能力理论（Dynamic Capability Theory）
- 信息不对称理论（Information Asymmetry Theory）
- 信任理论（Trust Theory）
- 威慑理论（General Deterrence Theory）
- 伦理推理理论（Ethical Reasoning Theory）
- 战略调整理论（Strategic Alignment Theory）
- 资源基础理论（Resource-Based Theory）
- 创新扩散理论（Innovation Diffusion Theory）
- 任务 / 系统适配理论（Task/System Fit Theory）
- 信息丰富理论（Social Presence Theory/Information Richness Theory）
- 代理理论（Agency Theory）
- 交易成本理论（Transaction Cost Theory）
- 霍夫斯泰德文化理论（Hofstede's Cultural Consequences Theory）
- 孔恩的典范理论（Kuhn's Paradigmatic Theory）

■　**模型**：列举如下

- 战略调整模型（Strategic Alignment Model）
- 技术接受模型（Technology Acceptance Model，TAM）
- 期望概率模型（Expectancy Likelihood Model）

■　**量表**：列举如下

服务量表，技术接受模型量表等。

第4章

检视数据与描述性统计

在一般的研究中，许多研究者忽略了检视数据的重要性，导致在统计分析数据时，常常遇到数据分布有问题和数据无法分析出结果的情况，或即使分析出结果，仍是有问题的结果，以至于接下来的研究讨论和未来的研究方向建议也都有问题。检视数据是在统计分析之前必须要做的事，目的是确保数据分析结果的正确性。许多新手研究者拿到数据后，便急着知道统计分析结果，而忽略检视数据。等到数据分析有了结果之后，才发现有异常的值，还是得重新检视数据，删除不适当的值，才能继续做数据分析。

4.1 检视数据

我们整理检视数据时常见的可以避免或需要处理的问题如下：
- 录入错误
- 缺失值
- 缺失值的处理
- 偏离值（是否要删除）
- 检验多变量分析的基本假设

4.1.1 录入错误

录入错误是很难避免的，只要是有人工输入的数据，就可能出现录入错误。在笔者的经验中，不管是自行输入还是找学生输入数据，都曾经发生过录入错误。例（1）：输入性别，男性为 1，女性为 2，在录入数据时，很容易发生数据输入为 12 和 21 的情况。例（2）：输入李克特（Linkert）5 级量表（非常不满意为 1，非常满意为 5），在录入数据时，很容易发生数据输入为 11，12，23，34，45 等情况。这些时候应如何处理呢？最简单的方式便是利用数值统计中的频率、最小值（Minimum）和最大值（Maximum）来检视数据，一旦发现异常值，马上可以回到数据集进行修正。

检视数据录入错误的实际操作如下。

（请先将范例文件 Ch4 复制到 C:\Ch4）

1. 打开 missing data.sav（在 C:\Ch4），单击【分析】-【描述统计】-【频率】，如图 4-1 所示。

单击

图 4-1　打开文件并单击"频率"

2. 选择"Sex"至【变量】栏，如图 4-2 所示。

统计：各种统计量。

图表：有条形图、饼图和直方图。

格式：输出报告的格式。

3. 单击【统计】，如图 4-3 所示。

图 4-2　选择变量　　　　　　　图 4-3　单击"统计"

4. 勾选【最小值】、【最大值】和【范围】，单击【继续】，如图 4-4 所示。

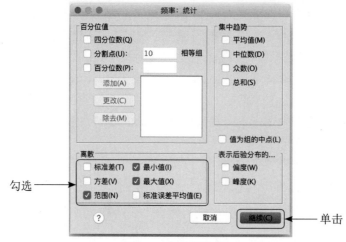

图 4-4　勾选统计值

- **百分位值：**
  四分位数：将数值排序后，分成四等份。
  分割点：自定义几个相等分组。
  百分位数：将数值排序后，分成100等份，用来观察数据较大值或较小值百分比的分布情况。
- **集中趋势：**
  平均值：将观察值求和，再除以观察值的个数，用来观察数据的平衡点，但是容易受到极端值的影响。
  中位数：计算出位置排列在中间的数值，适用于顺序数据或比例数据，不易受到极端值的影响。
  众数：计算出频率最多的观察值，适用于类别数据，例如民意调查，不易受极端值的影响。
  总和：将观察值相加。
- **值为组的中点：** 分组的中间点的值。
- **离散：**
  标准差：将方差开根号，回归原始的单位，标准偏差越大代表数据越分散。
  方差：将观察值与平均值做差，平方后进行相加求和，再除以观察值的个数，方差越大代表数据越分散。
  范围：用观察值中的最大值减去最小值。
  最小值：显示观察值中的最大值。
  最大值：显示观察值中的最小值。
  标准误差平均值：标准误差平均值越小，数据的可靠性越大。
- **表示后验分布的特征：**
  偏度（Skewness）：数据分布的情形，以偏度来看除正态分布外，还有可能是左偏或右偏的数据分布。
  峰度（Kutorsis）：数据的分布，以峰度来看，除正态分布外，还有可能是高狭峰态分布和低阔峰态分布。

5. 选择完毕后单击【确定】，如图 4-5 所示。

图 4-5　单击"确定"

统计：各种统计量。

图表：有条形图、饼图和直方图。

格式：输出报告的格式。

6. 结果如图 4-6 所示。

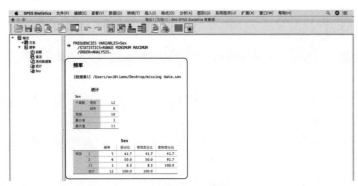

图 4-6　查看分析结果

在调查中性别为男性 =1，女性 =2，从表中可得知最大值为 11，由此可见，有录入错误的情况。

我们也可以在范例数据档下，直接运行下列语法，以检视数据录入错误：

```
FREQUENCIES  VARIABLES=Sex  /STATISTICS=RANGE MINIMUM MAXIMUM  /ORDER=  ANALYSIS.
```

运行检视数据录入错误的命令语法实际操作如下。

1. 输入语法，如图 4-7 所示。

图 4-7　输入语法

2. 单击【运行】-【全部】，如图 4-8 所示。

图 4-8　运行语法

3. 结果如图 4-9 所示。

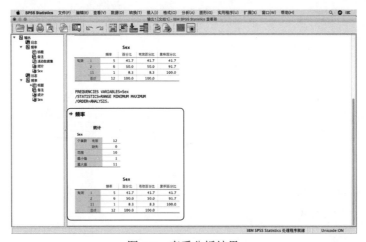

图 4-9　查看分析结果

在调查中性别为男性 =1，女性 =2，从表中可得知最大值为 11，由此可见，有录入错误的情况。研究者需要回到原始数据进行修正。

4.1.2　缺失值

缺失值也一直是在数量方法中常碰到的问题，一般在 E-mail（word 档）和当面填写问卷回收后，都可能发现有漏填，甚至会有大半都未填的情况。这些漏填的数据，可能对结果多多少少产生影响，甚至使相关关系从显著变为不显著，或从不显著变为显著。因此，当缺失值发生时，对于缺失值的处理，我们就必须谨慎小心。

✪ 缺失值的分析

缺失值发生的原因有很多，有可能是未录入，也可能是填答者拒绝回答（隐私的问题等），或者是取样不适当，也就是找来的填答者根本不适合填答我们的问题，这些都有可能导致缺失值的发生。当缺失值发生时，我们就需要做缺失值的分析。

缺失值分析的实际操作如下。

（先前已将范例文件 Ch4 复制到 C:\Ch4）

1. 打开范例文件 missing data.sav（在 C:\Ch4），单击【分析】-【缺失值分析】，如图 4-10 所示。

图 4-10　打开文件并单击"缺失值分析"

2. 选取 "Score" 和 "Cost" 至【定量变量】，如图 4-11 所示。

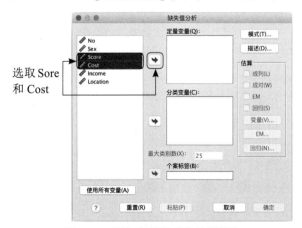

图 4-11　选取变量至"定量变量"

3. 勾选【估算】栏，选择"Sex""Income"和"Location"至【分类变量】，单击【描述】，如图 4-12 所示。

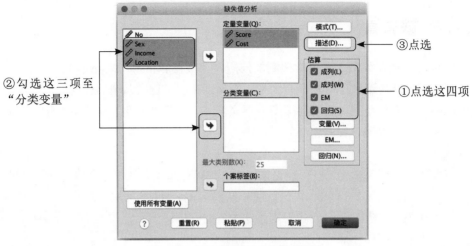

图 4-12　选取变量至"分类变量"

■　**估算：**

成列：有缺失值排除。

成对：成对变量之间的相关值。

EM：期望最大化：使用迭代的方式估计平均值、协方差矩阵和相关系数估计值。

回归：使用多元线性回归来估计缺失值。

4. 勾选下列选项，单击【继续】，如图 4-13 所示。

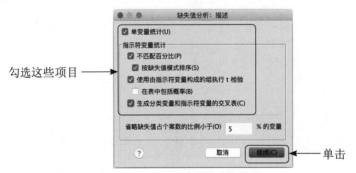

图 4-13　缺失值分析：描述

■　**单变量统计：**

不匹配百分比：显示百分比不符合的变量。

按缺失值模式排序：根据缺失值的模式排序。

使用由指示符变量构成的组执行 t 检验：显示分组的 t 检验。

生成分类变量和指示符变量的交叉表：显示分类变量的交叉表。

5. 单击【变量】，如图 4-14 所示。

6. 勾选【使用所有定量变量】，单击【继续】，如图 4-15 所示。

7. 单击【EM】，如图 4-16 所示。

8. 勾选【正态】，单击【继续】，如图 4-17 所示。

图 4-14　单击"变量"

图 4-15　缺失值分析：EM 的变量以及回归

图 4-16　单击"EM"

图 4-17　缺失值分析：EM

9. 单击【回归】，如图 4-18 所示。

10. 勾选【残差】，单击【继续】，如图 4-19 所示。

图 4-18　单击"回归"

图 4-19　缺失值分析：回归

11. 选择完毕后单击【确定】，如图 4-20 所示。

图 4-20　单击"确定"

12. 结果如图 4-21 所示。

图 4-21　查看分析结果

由上表可知，Score 共有 9 笔，平均值为 75.777 8 分，标准差为 8.151 35 分；Cost 共有 11 笔，平均值为 8 163.636 4 元，标准差为 3 058.193 17 元；Sex，Income，Location 均有 12 笔。

13. 结果如图 4-22 所示。

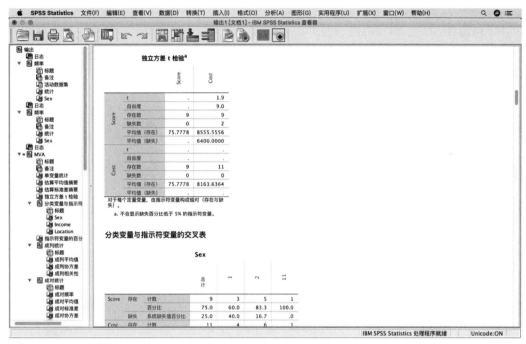

图 4-22　查看分析结果

由估算平均值摘要表得知 Score 和 Cost 分别以四种不同方法估计出的平均值；由估算标准差摘要表得知 Score 及 Cost 分别以四种不同方法估计出的标准偏差。

14. 结果如图 4-23 所示。

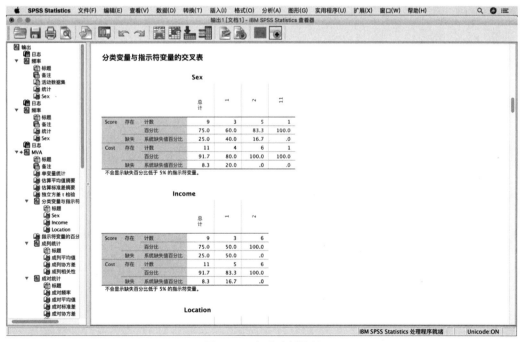

图 4-23　查看分析结果

15. 结果如图 4-24 所示。

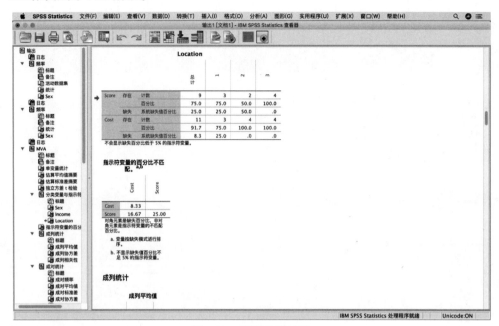

图 4-24　查看分析结果

将分类变量（Sex，Income，Location）与定量变量（Score，Cost）交叉比对进行缺失值分析。

16. 结果如图 4-25 所示。

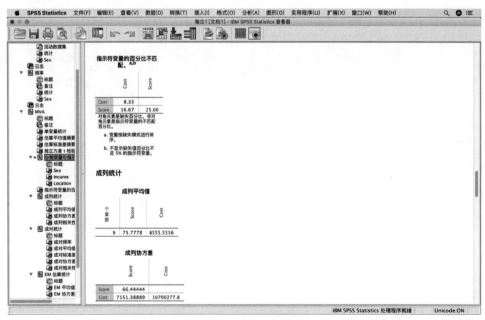

图 4-25　查看分析结果

　　将定量变量（Cost，Score）交叉配对进行缺失值分析，Cost 缺失笔数为 1，相对应的总数应为 12 笔，因此缺失百分比为 8.33（1/12）；Score 缺失笔数为 3，相对应的总数应为 12 笔，因此缺失百分比为 25（3/12）；Cost 与 Score 缺失笔数共为 4，相对应的总数应为 24 笔，因此缺失百分比为 16.67（4/24）。

17. 结果如图 4-26 所示。

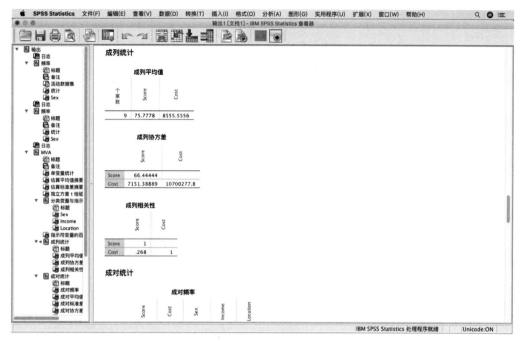

图 4-26　查看分析结果

图 4-26 为定量变量（Score，Cost）进行成列统计后所计算出的平均值、协方差及相关系数。

18. 结果如图 4-27 所示。

图 4-27　查看分析结果

图 4-27 为定量变量（Score，Cost）与分类变量（Sex，Income，Location）进行成对估计后所计算出的频率及平均值。

19. 结果如图 4-28 所示。

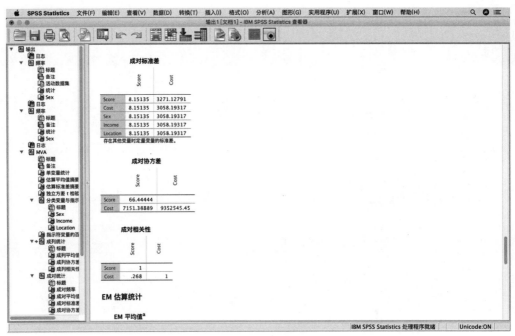

图 4-28　查看分析结果

图 4-28 为定量变量（Score，Cost）与分类变量（Sex，Income，Location）进行成对估计后所计算出的标准差、协方差及相关系数。

20. 结果如图 4-29 所示。

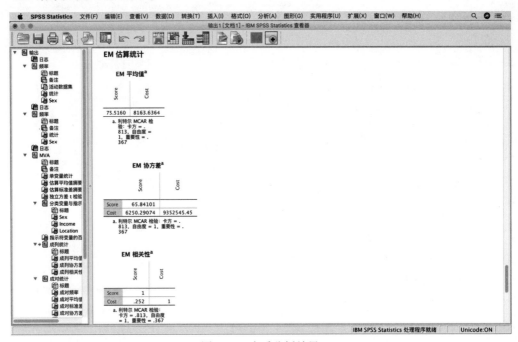

图 4-29　查看分析结果

图 4-29 为定量变量（Score，Cost）进行 EM 估计后所计算出的平均值、协方差及相关系数。

21. 结果如图 4-30 所示。

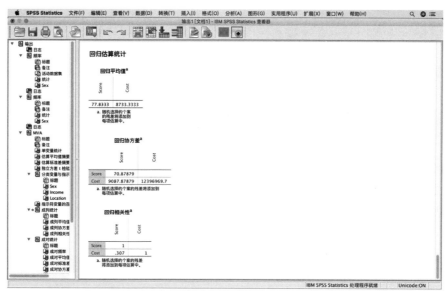

图 4-30　查看分析结果

图 4-30 为定量变量（Score，Cost）进行回归估计后所计算出的平均值、协方差及相关系数。我们也可以在范例数据文件下，直接运行下列语法，会得到相同的报告结果：

```
MVA   Score Cost   Sex Income Location   /MAXCAT = 25   /CATEGORICAL = Sex Income
Location   /TTEST NOPROB PERCENT=5   /CROSSTAB PERCENT=5   /MISMATCH PERCENT=5   /
LISTWISE   /PAIRWISE   /EM( TOLERANCE=0.001 CONVERGENCE=0.0001 ITERATIONS=25 )   /
REGRESSION( TOLERANCE=0.001 FLIMIT=4.0 ADDTYPE=RESIDUAL ) .
```

运行命令语法的实际操作如下。

1. 输入语法，如图 4-31 所示。

图 4-31　输入语法

2. 单击【运行】-【全部】，如图 4-32 所示。

图 4-32　运行语法

3. 结果如图 4-33 所示。

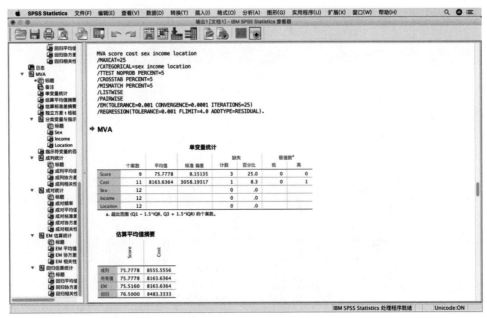

图 4-33　查看分析结果

会得到相同的报告结果。

4.1.3　缺失值的处理

一般处理缺失值的方法有只采用填写完整的数据、删除样本个数或变量、插补法三大类，依次介绍如下。

1. 只采用填写完整的数据

适用于缺失值完全随机分布的情况，缺失值不会对结果有重大的偏差影响，也称为完全随机缺失值（Missing Completely At Random，MCAR），使用只采用填写完整的数据方法时，需要注意的是可能因此排除过多样本数，导致样本数不足，进而影响研究的结果。

2. 删除样本个数或变量

删除样本个数是删除有问题的样本的数量，适用于缺失值非随机分布的情况，在删除样本的个数时，最好是有实证或理论上的根据，并且要有高度相关、可替代的变量，以避免删除样本变量后，影响到研究的结果。

3. 插补法

插补法适用于数值型变量，常用的方法有使用所有的信息和估计取代缺失的数据。

（1）使用所有的信息。使用所有的信息是将所有的变量纳入观察，以计算其相关和其他的信息（方差、协方差矩阵等），使数据得到最大化利用，以避免缺失值删除后带来的问题。然而，即便如此，每次处理缺失的变量，还是会产生部分偏差。例如，通过相关未处理缺失值的变量，在删除一个变量后，所有的相关系数都有可能受到影响，从而产生不一致的情况，这是我们必须考虑的地方。

（2）估计取代缺失的数据。估计取代缺失的数据是使用各种方式来填补缺失值，由于缺失值的情况不同，取代缺失数据的方法也不同，这里介绍常用的方法。

- 个案取代法：适用于变量值完全未填或只有少部分填写的情况，我们会找样本外的接近的个案来取代缺失值。
- 平均值取代法：适用于变量值已经填好大部分的情况，是最常用的方法，将样本数中计算所得的平均值填补缺失值，优点是简单容易使用，缺点是变量的实际分布会被替代值所影响（扭曲）。
- 先前的研究来取代：以先前的研究来取代的方法必须确保用外来的信息取代会比内部产生的替代值更佳，这是较为困难的地方。用先前的研究来取代的优点是简单易用，缺点是变量的分布会被影响。

缺失值处理的实际操作如下。

（先前已将范例文件 Ch4 复制到了 C:\Ch4）

1. 打开 missing data.sav（在 C:\Ch4），单击【转换】-【替换缺失值】，如图 4-34 所示。

图 4-34　打开文件并单击"替换缺失值"

2. 选择 "Score" 至【新变量】栏，方法选择【序列平均值】，如图 4-35 所示。

图 4-35　选取变量并选择方法

替换缺失值的方法如下：

使用序列平均值来代替缺失值。

使用临近点的平均值来代替缺失值。

使用临近点的中位数来代替缺失值。

使用缺失值的前后值的中间值来代替缺失值。

使用线性回归趋势所预测的数值来代替缺失值。

3. 选择"Cost"至【新变量】栏，方法选择【邻近点的线性趋势】，单击【变化量】，如图4-36所示。

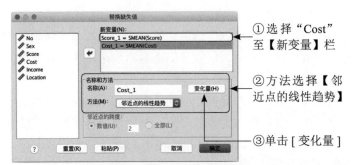

图4-36　选取变量并选择方法

4. 单击【确定】，如图4-37所示。

图4-37　单击"确定"

替换缺失值的方法如下：

序列平均值：使用平均值来代替缺失值。

临近点的平均值：使用临近点的平均值来代替缺失值。

临近点的中间值：使用临近点的中位数来代替缺失值。

线性插值：使用缺失值的前后值的中间值来代替缺失值。

邻近点的线性趋势：使用线性回归所预测的数值来代替缺失值。

5. 结果如图4-38所示。

图4-38　查看分析结果

6. 我们回到数据编辑器，会看到插补的数值以新的变量 Score_1 和 Cost_1 储存，如图 4-39 所示。

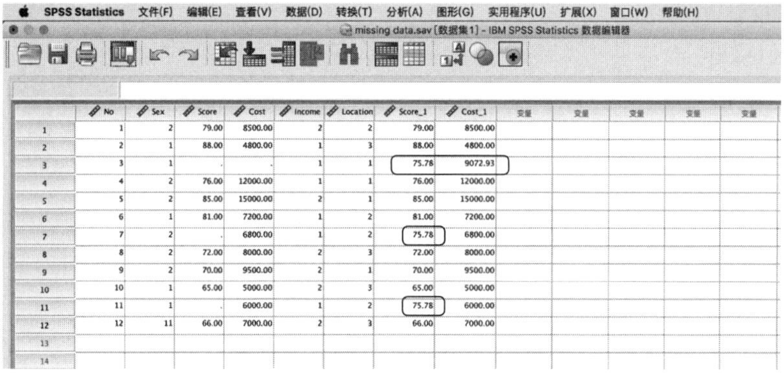

	No	Sex	Score	Cost	Income	Location	Score_1	Cost_1
1	1	2	79.00	8500.00	2	2	79.00	8500.00
2	2	1	88.00	4800.00	1	3	88.00	4800.00
3	3	1	.	.	1	1	75.78	9072.93
4	4	2	76.00	12000.00	1	1	76.00	12000.00
5	5	2	85.00	15000.00	2	1	85.00	15000.00
6	6	1	81.00	7200.00	1	2	81.00	7200.00
7	7	2	.	6800.00	1	2	75.78	6800.00
8	8	2	72.00	8000.00	2	3	72.00	8000.00
9	9	2	70.00	9500.00	2	1	70.00	9500.00
10	10	1	65.00	5000.00	2	3	65.00	5000.00
11	11	1	.	6000.00	1	2	75.78	6000.00
12	12	11	66.00	7000.00	2	3	66.00	7000.00

图 4-39　查看数据

由上图可看到，Score_1 以平均值替代缺失值，Cost_1 以线性回归所预测的数值替代缺失值。

4.1.4　偏离值

偏离值（Outlier）指的是变量的观察值明显与其他值有所不同，我们不能因此就判定偏离值的好与坏，而是要根据变量包含的内容而定。例如，变量代表的是企业的年净利，若是有正的偏离值，其所代表的是企业该年表现得很杰出，赚了很多钱，相反地，调查物品的卖出价格时，若是有多个偏离值，其所代表的是可能售价有异常，需要加以检视，以判定要保留或删除，以避免偏离值影响正常的研究结果。

偏离值发生的原因很多，常见的有输入或编码错误，或异常的事件发生等。若是具有代表性，则保留偏离值，若是不具有代表性，则删除此偏离值。异常事件发生的偏离值，虽然本身是偏离值，但若是与其他变量结合，其有相当的代表含义，则我们仍然需要保留此偏离值。有关偏离值的测量，我们会在检验多变量分析基本假设的实际操作中一并介绍。

4.1.5　检验多变量分析的基本假设

在进行多变量分析之前，我们须先确认收集来的样本符合多变量分析的基本假设，有正态性（Normality）、同方差性（Homoscedasticity，也称为方差相等）和线性（Linearity）。若是变量和变量无法符合多变量分析的基本假设，则可以通过数据转换，以符合多变量分析的基本假设。在一般的量化研究中，若是数据不符合多变量分析的基本假设，并且未经由数据的转换而符合多变量分析的基本假设，那么使用多变量技术进行统计的假设检验结果，无法支持其结果的论述，原因就在于其收集的数据，根本就不适用于多变量分析，而是需要其他量化技术的处理。

✪ 正态性（正态分布）

正态分布在统计学中是相当重要的分布，适用于相当多的自然科学和社会科学环境，其函数数学式如下：

$$f(x)=\frac{1}{\sqrt{2\pi\sigma}}\ \mathrm{e}^{-(x-\mu)^2/2\sigma^2}\ (-\infty < x < \infty)$$

其中，π是指 3.14 159；

σ 为指标准差；

e 为指 2.718 28；

μ 为指平均值；

∞ 为指无限大。

正态分布的图形如图 4-40 所示。

正态分布的曲线最高点（最大值）也是平均值，平均值可以是正值、负值，也可以是零。图形以平均值为中心呈现对称分布，整个为正态分布。

我们通常使用正态分布来进行统计推断。由样本来推断样本总体，通常必须假设样本总体为正态分布，我们经由样本的抽样分布（例如 t 分布、F 分布和卡方分布），才可以进行统计估计和假设检验，以推断结果是否如我们所预期。所以正态分布在我们的统计学中是相当重要的分布。

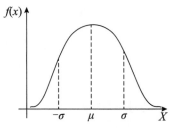

图 4-40　一个标准差正态分布

❂ **标准正态分布（Z 值表）**

标准正态分布就是将正态分布进行标准化，使平均值 =0，方差 =1，标准差 =1，以得到一个 Z score 的概率分布，如图 4-41 所示。

标准正态分布曲线下方的面积和为 1，也就是概率和为 1，以平均值 0 为中心，呈现对称分布，所以其概率表可以只给一边（左边或右边的概率表）。

为什么需要标准正态分布呢？因为不同的正态分布，其平均值和标准偏差也有所不同，会形成不一样的

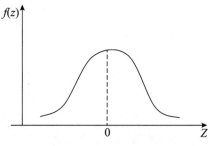

图 4-41　正态分布 Z 值的概率分布

曲线。我们想要得到其区间估计的概率，得使用积分的方式，对于一般人而言，相当烦琐而且也不容易使用。于是，研究人员通常会将正态随机变量（例如 A），标准化成标准正态随机变量 Z，经由查标准正态概率分布表（Z 值分布表）求得概率值。

❂ **中心极限定理**

当样本总体为正态分布时，无论我们的抽样数量是多少，样本平均值的抽样分布均为正态分布。问题是在很多情况下，样本总体的分布并非正态分布，那怎么办？这时候，就要用到中心极限定理。

中心极限定理：无论样本总体是否为正态分布，当抽样的样本数够大时，样本平均值的抽样分布会趋近正态分布。

> **注意：中心极限定理只适用于大样本，至于样本需要多大才能称为大样本，则取决于样本总体的分布情况。一般认为样本容量 ≥30 时，样本平均值会趋近于正态分布。**

我们整理样本总体为正态分布和不是正态分布的情况，样本大小的分布如下。

● 样本总体为正态分布

大样本：样本分布为正态分布

小样本：样本分布为正态分布

- 样本总体不是正态分布

大样本：样本分布接近正态分布（中心极限定理）

小样本：决定于样本总体的分布情况

在一般的社会科学中，样本总体为正态分布，样本总体的标准偏差 σ 未知，样本大小的处理方式不同。大样本仍呈现正态分布，小样本则不趋近正态分布，而是呈现自由度 $n-1$ 的 t 分布。估计方式我们整理如下：

$$大样本：使用\ Z=\frac{\overline{x}-u}{s/\sqrt{n}}\ 作估计$$

$$小样本：使用\ t=\frac{\overline{x}-u}{s/\sqrt{n}}\ (\ 以样本标准差\ S\ 代替样本总体标准差\ \sigma)$$

1. 正态性的检验

正态性的检验有多种，我们介绍常用的方式如下：

- 直方图（Histogram）
- 根叶图（Stem-and-leaf）
- 偏度（Skewness）
- 峰度（Kurtosis）
- K-S 检验（Kolmogorov-Smirnov）
- S-W 检验（Shapiro-Wilk）

■ **直方图**

直方图是简易的判定方式，如图 4-42 所示，其呈现的分布与正态分布的形态相似。

■ **根叶图**

根叶图是另一种简易的判别方式，如图 4-43 所示。

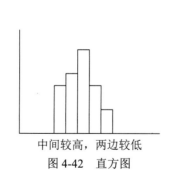

频率	根叶图	
0	6	
2	6	56
3	7	022
4	7	5 669
1	8	1
2	8	58

中间较高，两边较低

图 4-42　直方图　　　　　图 4-43　根叶图

根，是观察的值。叶是频率，是观察值发生的频率。看根叶图时，必须转 90 度看，其也类似于正态分布的形态，中间较高，两边较低。

■ **偏度**

数据分布的情况以偏度来看，除正态分布外，还有可能是左偏或右偏的数据分布，如图 4-44 所示。

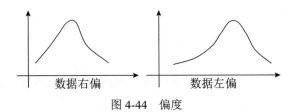

图 4-44　偏度

数据的左偏和右偏的分布，在难以判定时，可以用偏度的统计值 Z 偏度来做统计检验。

$$Z\text{偏度} = \frac{\text{偏度}}{\sqrt{6/N}}$$

其中，N 是指样本数。

我们需要的是 Z 值小于正态分布的临界值，例如，在 95% 的置信区间下，临界值是 ± 1.96，那么 Z 值介于 ± 1.96 时，接受为正态分布；若是在 99% 的置信区间下，临界值是 ± 2.58，那么 Z 值介于 ± 2.58 时，接受为正态分布。

■　**峰度**

数据的分布，以峰度来看，除正态分布外，还有可能是高狭峰态分布和低阔峰态分布，如图 4-45 所示。

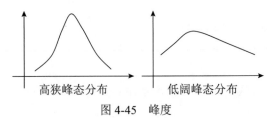

图 4-45　峰度

数据的高狭峰态分布和低阔峰态分布，在难以判定时，可以用峰度的统计值 Z 峰度来做统计检验。

$$Z\text{峰度} = \frac{\text{峰度}}{\sqrt{24/N}}$$

其中，N 是指样本数。

我们需要的是 Z 值小于正态分布的临界值，例如，在 95% 的置信区间下，临界值是 ± 1.96，那么 Z 值介于 ± 1.96 时，接受为正态分布；若是在 99% 的置信区间下，临界值是 ± 2.58，那么 Z 值介于 ± 2.58 时，接受为正态分布。

■　**K-S 检验和 S-W 检验**

K-S 检验和 S-W 检验是正态性检验中最常用的 2 个方法，因为这两种检验都提供了统计检验的显著水平。若是达到显著水平，以 95% 的置信区间为例，Sig.$P \leqslant 0.05$，则会拒绝虚无假设，也就是拒绝了正态性，我们想要的是"不显著"，Sig.$P > 0.05$，代表的是符合正态分布。

2.同方差性

同方差性也称为方差相等，我们检验方差相等的目的是避免因变量只被部分的自变量所解释，特别是在单变量方差分析和多变量方差分析时，都需要做方差相等的检验。一般最常用的方式如下：

- 因变量为一个数值型变量时，可用莱文等同性检验（Levene test），来检测单一变量是否平均分布于不同组别。
- 因变量为两个数值型变量时，可用博克斯 M 检验，来检测方差矩阵或协方差矩阵的相等性。

对于莱文等同性检验和博克斯 M 检验，我们在单变量方差分析和多变量方差分析章节有讲解和实操。

3. 线性

多变量分析中，另一个重要的基本假设就是线性，只要是基于线性结合的多项式关系而进行的多变量分析技术，都需要符合线性的特性。例如，多元回归、逻辑回归和结构方模型。一般用来检验变量是否为线性分布的方法有散点图和简易回归，从散点图可以看出数据呈现的形态是否为线性，从简易回归可以看出非线性部分所呈现的残差，残差会反映出因变量无法解释的部分。若是残差过大，已经影响到线性分布时，就需要通过数据的转换做处理，将非线性分布的变量转换成线性分布。我们整理数据的转换方式如下：

- 变量在偏度为平坦时，可用倒数（例如：$\dfrac{1}{x}$ 或 $\dfrac{1}{y}$）
- 变量在偏度左偏时，可用开根号 $\sqrt{}$
- 变量在偏度右偏时，可用倒数或 log

读者可以根据需要将数据转换成正态分布和线性分布。

检视数据正态性与线性的实际操作如下。

（先前已将范例文件 Ch4 复制到 C:\Ch4）

1. 打开 normal data.sav（在 C:\Ch4），选择【分析】-【描述统计】-【探索】，如图 4-46 所示。

图 4-46　打开文件并单击"探索"

2. 选择 "Score" 和 "Cost" 至【因变量列表】栏，如图 4-47 所示。

图 4-47　选择变量至因变量列表

3. 单击【统计】，如图 4-48 所示。

图 4-48　单击"统计"

4. 勾选【描述】和【离群值】，如图 4-49 所示。

5. 单击【图】，如图 4-50 所示。

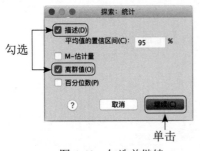

图 4-49　勾选并继续

图 4-50　单击"图"

6. 勾选【茎叶图】、【直方图】和【含检验的正态图】，单击【继续】，如图 4-51 所示。

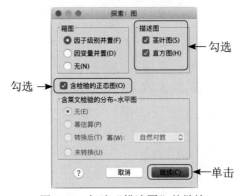

图 4-51　勾选"描述图"并继续

7. 选择完毕后单击【确定】，如图 4-52 所示。

图 4-52 单击"确定"

8. 结果如图 4-53 所示。

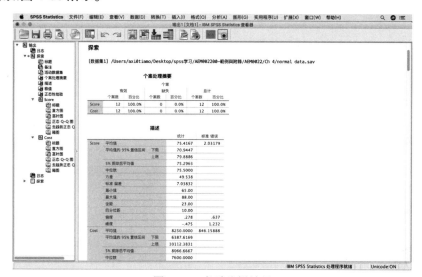

图 4-53 查看分析结果

通过个案处理摘要表可确认是否有缺失值。

9. 结果如图 4-54 所示。

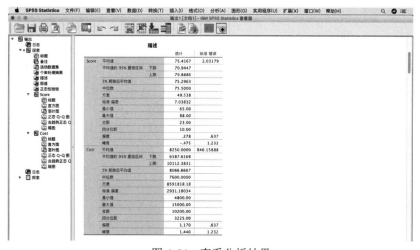

图 4-54 查看分析结果

从描述性统计表中可知此笔数据的基本状况，例如：Cost 的偏度为 1.170，峰度为 1.440，在 95% 的置信区间 95% 下，两者皆在临界值 ±1.96 内，Score 的偏度为 0.278，峰度为 −0.475，在 95% 的置信区间 95% 下，两者皆在临界值 ±1.96 内。由此可知，具有正态性。

10. 结果如图 4-55 所示。

图 4-55　查看分析结果

通过 K-S 和 S-W 检验正态分布，Score 的 K-S 检验的显著值为 0.200、S-W 检验的显著值为 0.921，皆大于 0.05，因此符合正态分布；Cost 的 K-S 检验的显著值为 0.200、S-W 检验的显著值为 0.217，皆大于 0.05，因此符合正态分布。

11. 结果如图 4-56、图 4-57 所示。

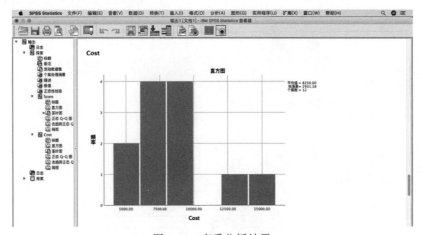

图 4-56　查看分析结果

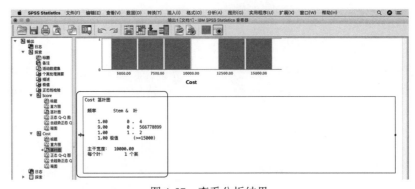

图 4-57　查看分析结果

通过直方图及根叶图检视 Cost 正态性。

12. 结果如图 4-58 所示。

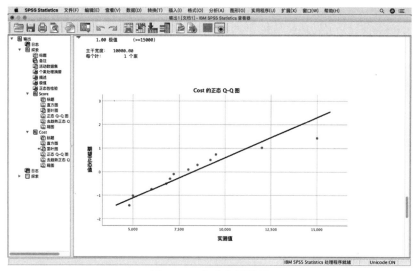

图 4-58　查看分析结果

通过 Q-Q 图检视 Cost 正态性与线性。

13. 结果如图 4-59、图 4-60 所示。

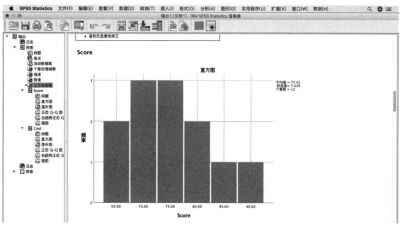

图 4-59　查看分析结果

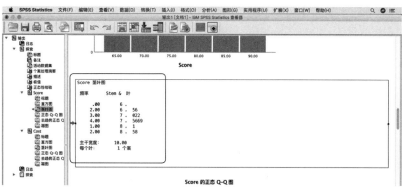

图 4-60　查看分析结果

通过直方图和根叶图检视 Score 正态性。

14. 结果如图 4-61 所示。

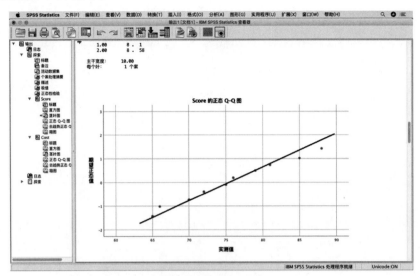

图 4-61　查看分析结果

通过 Q-Q 图检视 Score 正态性与线性。

我们也可以在范例数据档下，直接运行下列语法，会得到相同的报告结果：

```
EXAMINE VARIABLES=Score Cost /PLOT BOXPLOT STEMLEAF HISTOGRAM NPPLOT /COMPARE
GROUP /STATISTICS DESCRIPTIVES EXTREME /CINTERVAL 95 /MISSING LISTWISE /
NOTOTAL.
```

运行检视数据正态性与线性命令语法的实际操作如下。

1. 输入语法，如图 4-62 所示。

图 4-62　输入语法

2. 单击【运行】-【全部】，如图 4-63 所示。

图 4-63　运行语法

3. 结果如图 4-64 所示。

图 4-64　查看分析结果

由此得到相同的报告结果。

4.2　描述性统计分析

描述性统计（Descriptive Statistics）是将收集到的数据，通过各种统计图表和统计量的计算，清楚地呈现统计的结果。利用简单描述统计分析，可以画出饼图、直方图、折线图等，也可以求得各样本各项变动数据的最小值、最大值、平均值、标准差、频率分布、相对频率分布、累积频率分布、百分比分布等项目，以了解样本的基本数据。例如我们将问卷中李克特五级量表的回答，经过编码量化后，计算出频率分布、平均值、百分比以及标准差、频率分布、相对频率分布、累积频率分布、百分比分布等相关数据。利用平均值可以了解对各项问题及构面间看法的一般情况，利用标准差的离差程度来测量数据间差异性。标准差越大说明数据的差异性越大，标准差越小则表示对该指标的看法越一致，主要用于各指标间差异性的测量，以了解单一指标重要性并达到一致性的看法。

范例:

我们设计的研究问卷如表 4-1 所示。

表 4-1　研究问卷

研究问卷
【企业基本数据】
一、如果贵公司目前（曾经）使用 ERP 系统，是哪一种？ □ SAP　□ Oracle　□ 鼎新 Tip-Top　□ 自行开发　□ 其他
二、贵公司的员工人数？ □ 100 人以下　□ 100～499 人　□ 500～999 人　□ 1 000～1 999 人　□ 2 000 人以上
三、贵公司 2004 年资本额（新台币①）？ □ 8 000 万以下　□ 8 000 万～2 亿（不含）　□ 2 亿～10 亿（不含）　□ 10 亿～50 亿（不含） □ 50 亿～100 亿（不含）　□ 100 亿以上

---

① 1新台币=0.230人民币

续表

研究问卷
【企业基本数据】
四、贵公司 2004 年营业额（新台币）？ □ 10 亿以下　□ 10 亿～ 20 亿（不含）　□ 20 亿～ 30 亿（不含）　□ 30 亿～ 50 亿（不含） □ 50 亿～ 100 亿（不含）　□ 100 亿以上
五、贵公司 ERP 项目预算（含计算机软硬件及系统开发）？ □ 1 千万以下　□ 1 千万～ 3 千万（不含）　□ 3 千万～ 5 千万（不含） □ 5 千万～ 1 亿（不含）　□ 1 亿以上
六、贵公司是属于下列哪一种产业？ □消费性电子　□电子及通讯器材　□电机机械　□电器电缆　□纺织纤维 □橡胶、塑料及其制品　□化学材料及其制品　□钢铁工业 □运输工具及其零件业　□水泥 / 建材　□农产品及食品业　□其他

　　本研究问卷共发出 957 份，回收有效问卷 350 份。根据问卷企业基本数据部分的填答内容，得到公司使用的大型信息系统、员工人数、资本总额、营业额、ERP 项目预算、公司产业类别等，经过编码输入数据后，保存为 descriptive.sav。

　　描述性统计的实际操作如下。

　　（先前已将范例文件 Ch4 复制到 C:\Ch4）

　　1. 打开 descriptive.sav（在 C:\Ch4），单击【分析】-【描述统计】-【频率】，如图 4-65 所示。

图 4-65　打开文件并单击"频率"

　　2. 将"ERP""员工人数""资本额""营业额""项目预算""产业类别"与"已调查产业类别"选至【变量】栏，单击【统计】，如图 4-66 所示。

　　3. 勾选"标准差""方差""范围""最小值""最大值"及"标准误差平均值"，单击【继续】，如图 4-67 所示。

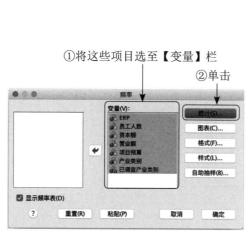

①将这些项目选至【变量】栏

②单击

图 4-66　选择变量

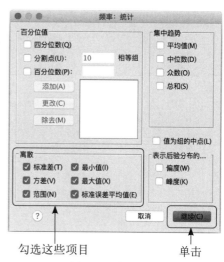

勾选这些项目

单击

图 4-67　勾选统计量

4. 单击【确定】，如图 4-68 所示。

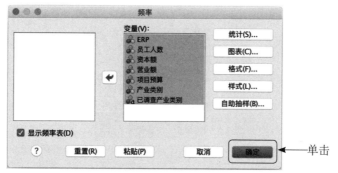

单击

图 4-68　单击"确定"

5. 结果如图 4-69 所示。

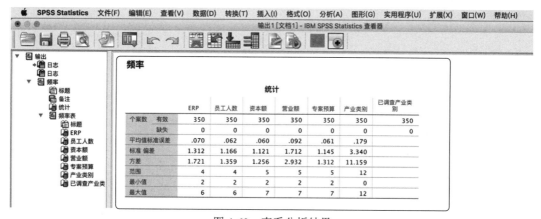

图 4-69　查看分析结果

由图 4-69 可知该变量的描述性统计量。

6. 结果如图 4-70 所示。

图 4-70　查看分析结果

由频率表可知 ERP、员工人数与资本额各数值的频率分布及百分比。

7. 结果如图 4-71 所示。

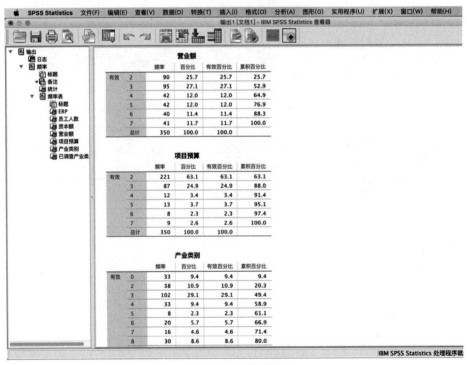

图 4-71　查看分析结果

由频率表可知营业额与项目预算各数值的频率分布及百分比。

8. 结果如图 4-72 所示。

产业类别

		频率	百分比	有效百分比	累积百分比
有效	0	33	9.4	9.4	9.4
	2	38	10.9	10.9	20.3
	3	102	29.1	29.1	49.4
	4	33	9.4	9.4	58.9
	5	8	2.3	2.3	61.1
	6	20	5.7	5.7	66.9
	7	16	4.6	4.6	71.4
	8	30	8.6	8.6	80.0
	9	28	8.0	8.0	88.0
	10	19	5.4	5.4	93.4
	11	9	2.6	2.6	96.0
	12	14	4.0	4.0	100.0
	总计	350	100.0	100.0	

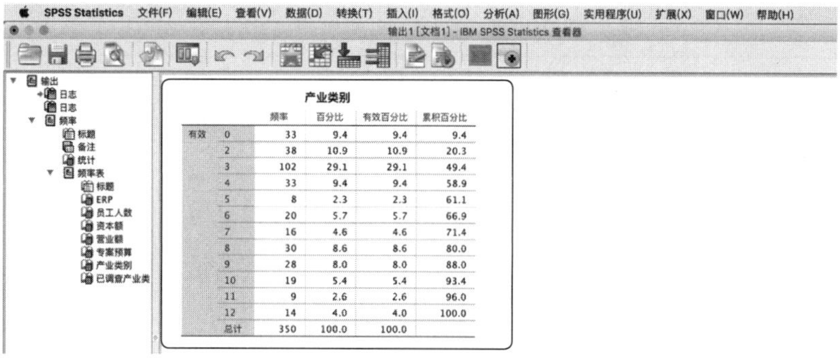

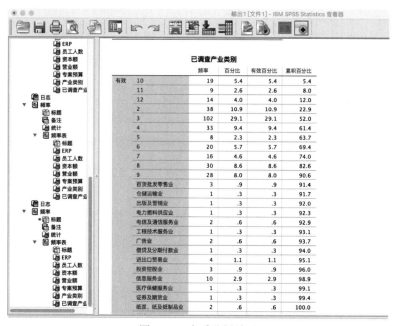

图 4-72　查看分析结果

由频率表可知产业类别各数值的频率分布及百分比。

9. 结果如图 4-73 所示。

已调查产业类别

		频率	百分比	有效百分比	累积百分比
有效	10	19	5.4	5.4	5.4
	11	9	2.6	2.6	8.0
	12	14	4.0	4.0	12.0
	2	38	10.9	10.9	22.9
	3	102	29.1	29.1	52.0
	4	33	9.4	9.4	61.4
	5	8	2.3	2.3	63.7
	6	20	5.7	5.7	69.4
	7	16	4.6	4.6	74.0
	8	30	8.6	8.6	82.6
	9	28	8.0	8.0	90.6
	百货批发零售业	3	.9	.9	91.4
	仓储运输业	1	.3	.3	91.7
	出版及营销业	1	.3	.3	92.0
	电力燃料供应业	1	.3	.3	92.3
	电信及通信服务业	2	.6	.6	92.9
	工程技术服务业	1	.3	.3	93.1
	广告业	2	.6	.6	93.7
	借贷及分期付款业	1	.3	.3	94.0
	进出口贸易业	4	1.1	1.1	95.1
	投资控股业	3	.9	.9	96.0
	信息服务业	10	2.9	2.9	98.9
	医疗保健服务业	1	.3	.3	99.1
	证券及期货业	1	.3	.3	99.4
	纸浆、纸及纸制品业	2	.6	.6	100.0

图 4-73　查看分析结果

由频率表可知已调查产业类别各数值的频率分布及百分比。

我们也可以在范例数据档下，直接运行下列语法，会得到相同的报告结果：

```
FREQUENCIES  VARIABLES=ERP 员工人数 资本额 营业额 项目预算 产业类别 已调查的产业类别  /
STATISTICS=STDDEV VARIANCE RANGE MINIMUM MAXIMUM SEMEAN  /ORDER=  ANALYSIS .
```

✪ 描述性统计结果整理

回收样本数据基本描述

本研究问卷共发出 957 份，回收 372 份，扣除填答不全与胡乱填答的无效问卷 22 份，有效问卷 350 份，有效回收率为 36.57%。根据问卷企业基本数据部分的填答内容，可以了解公司使用的大型信息系统、公司员工总人数、资本额、营业额、ERP 项目预算、公司产业类别等情况。

■　资本额

企业 2004 年资本额，如表 4-2 所示，其中 2 亿～ 10 亿（不含）占样本数最多，共 152 家

（43.4%），其次为 10 亿～ 50 亿（不含），占样本数的 25.1%。2 亿以上的企业共占 79.7%。

表 4-2　样本回收企业 2004 年资本额分布情况

项　　目	量表项目	样本数	百分比 /%
2004 年资本额	8 千万以下	12	3.4
	8 千万～ 2 亿（不含）	59	16.9
	2 亿～ 10 亿（不含）	152	43.4
	10 亿～ 50 亿（不含）	88	25.1
	50 亿～ 100 亿（不含）	15	4.3
	100 亿以上	24	6.9
	合计	350	100.0

- **公司员工总人数**

在公司员工总人数方面，如表 4-3 所示，以 100 ～ 499 人为最多，共有 179 家（51.1%），其次为 100 人以下，占样本的 16.6%，500 ～ 999 人，占样本的 15.1%，1 000 ～ 1 999 人为最少，共 22 家（6.3%）。

表 4-3　样本回收总人数分布情况表

项　　目	量表项目	样本数	百分比 /%
员工人数	100 人以下	58	16.6
	100 ～ 499 人	179	51.1
	500 ～ 999 人	53	15.1
	1 000 ～ 1 999 人	22	6.3
	2 000 人以上	38	10.9
	合计	350	100.0

- **营业额**

企业 2004 年营业额如表 4-4 所示，营业额以 10 亿～ 20 亿（不含）最多，占样本的 27.1%，其次为 10 亿以下，占样本的 25.7%，20 亿～ 30 亿（不含）占样本的 12.0%，30 亿～ 50 亿（不含）占样本的 12.0%，100 亿以上占样本的 11.7%，50 亿～ 100 亿（不含）占样本的 11.4%。

表 4-4　样本回收企业 2004 年营业额分布情况

项　　目	量表项目	样本数	百分比 /%
2004 年营业额	10 亿以下	90	25.7
	10 亿～ 20 亿（不含）	95	27.1
	20 亿～ 30 亿（不含）	42	12.0
	30 亿～ 50 亿（不含）	42	12.0
	50 亿～ 100 亿（不含）	40	11.4
	100 亿以上	41	11.7
	合计	350	100.0

中国台湾地区 ERP 项目构建的方式，主要可以分为项目统包与专业分工两种类型。外商 ERP 软件业者多采取"专业分工"的策略，通过企业管理顾问公司或国际级信息大厂，以专业顾问服务与最佳典范经验满足大型企业流程再造的需求。而所谓"项目统包"指业者同时扮演项目构建与 ERP 软件开发的角色。过去，由于中国台湾地区软件市场规模太小（不及信息硬件的十分之一）（数据源：周树林 2003），造成当地 ERP 业者多采取项目统包的构建策略，并强调软件修改的弹性以满足企业本土化特殊流程的需求，所以大部分的企业 ERP 系统属于定制化的系统，所以回收问卷 40.6% 回复"其他"。

另外，企业对于 ERP 项目资本支出的要求较谨慎，其中 ERP 项目预算低于一千万的高达 63.4%，因为导入 ERP 金额多少是中国台湾地区企业主考虑构建 ERP 系统的关键因素之一，虽然 SAP 及 Oracle 拥有技术领先及软件功能完整的优势，但其高额的导入费用（SAP：1 亿以上，Oracle：1 千万～5 千万）也令中国台湾地区的企业望而却步。故回收样本中，除"其他"之外，有部分企业是优先以企业本身的信息部门来自行开发相关软件，有 24.3% 以"自行开发"为主。

✪ 企业采用 ERP 系统现况

在企业采用 ERP 系统方面，以"其他"所占样本比率最高，为 40.6%，其次为"自行开发"，占样本的 24.3%，"SAP"占样本的 8.9%，"Oracle"占样本的 10.0%，"鼎新 Tip-Top"占样本的 16.3%。

除"其他"和"自行开发"外，中国台湾地区企业电子化（e-Business）软件市场在经过整合后，呈现出大者恒大的态势。本研究调查 ERP 前三大厂商 SAP（8.9%）、Oracle（10.0%）与鼎新（16.3%）合计市占率即高达 35.2%。整体而言，在各项应用软件市场中，除国外大厂 SAP 及 Oracle 等外，鼎新为目前当地最具规模的厂商。ERP 系统采用现况如表 4-5 所示。

表 4-5　ERP 系统采用现况

项　　目	量表项目	样本数	百分比 /%
ERP 系统	SAP	31	8.9
	Oracle	35	10.0
	鼎新 Tip-Top	57	16.3
	自行开发	85	24.3
	其他	142	40.6
	合计	350	100.0

✪ ERP 项目预算（包含软硬件和系统开发）

在项目预算方面，企业对于 ERP 导入的投资费用以 1 千万以下所占比率最高，为 63.1%，其次为 1 千万～3 千万（不含），占样本的 24.9%，3 千万～5 千万（不含）占样本的 3.4%，5 千万～1 亿（不含）占样本的 3.7%，2 亿以上占样本的 2.6%，1 亿～2 亿（不含）占样本的 2.3%，如表 4-6 所示。

表 4-6　ERP 项目预算

项　　目	量表项目	样本数	百分比 /%
ERP 项目预算	1 千万以下	221	63.1
	1 千万～3 千万（不含）	87	24.9
	3 千万～5 千万（不含）	12	3.4
	5 千万～1 亿（不含）	13	3.7
	1 亿～2 亿（不含）	8	2.3
	2 亿以上	9	2.6
	合计	350	100.0

✪ **企业产业类别分布情况**

企业产业类别分布情况，如表 4-7 所示，在企业产业类别中，以电子及通讯器材最多，共 102 家（29.1%），其次为消费型电子，占样本的 10.9%，再次为电机机械与其他，皆占样本的 9.4%。

表 4-7　样本回收　企业产业类别分布情况

项　　目	量表项目	样本数	百分比 /%
产业类别	消费性电子	38	10.9
	电子及通讯器材	102	29.1
	电机机械	33	9.4
	电器电缆	8	2.3
	纺织纤维	20	5.7
	橡、塑料及其制品	16	4.6
	化学材料及其制品	30	8.6
	钢铁工业	28	8.0
	运输工具及其零件业	19	5.4
	水泥、营建	9	2.6
	农产品及食品业	14	4.0
	其他	33	9.4
	合计	350	100.0

问卷回收后，针对填答"其他"的企业，再以电子邮件的方式询问其行业类别，对于仍无回信者，参考中华征信所"2004 年中国台湾地区 TOP 5 000"的行业类别，对回收样本中"其他"部分的数据进行分类，如表 4-8 所示。

表 4-8　样本回收"其他"产业类别分布情况

项　　目	量表项目	样本数	百分比 /%
其他产业类别	工程技术服务业	1	0.3
	出版及营销业	1	0.3
	百货批发零售业	3	0.9
	投资控股业	3	0.9
	仓储运输业	1	0.3
	借贷及分期付款业	1	0.3
	纸浆、纸及纸制品业	2	0.6
	进出口贸易业	4	1.1
	信息服务业	10	2.9
	电力燃料供应业	1	0.3
	电信及通讯服务业	2	0.6
	广告业	2	0.6
	医疗保健服务业	1	0.3
	证券及期货业	1	0.3
	合计	33	9.7

第5章 相关分析

5.1 相关分析

相关分析（Correlation Analysis）常常与因果关系混淆，相关分析不是因果关系，没有谁影响谁的问题。换言之，没有"因"影响"果"的问题，若是需要分析因果关系，请使用回归分析或结构方程模型。

相关分析探讨的是两个变量之间的相关程度，普遍运用在各个学科中。像社会科学中的人文教育和管理学科（企业管理、信管、人力资源、营销等），例如：身高和体重的相关程度，血压和年龄的相关程度，销售量和广告金额的相关程度，信息质量和认知价值的相关程度，薪酬和绩效的相关程度，都是很好的实例。

相关分析使用的是两个变量，例如 A 和 B，这两个变量度量标度有可能是名义（类别）、区间、比率或顺序（数量），简单区分为类别和数量，如表 5-1 所示。

表 5-1 变量度量标度

A \ B	名义（类别）	区间、比率或顺序（数量）
名义（类别）	1	2
区间、比率或顺序（数量）	3	4

在 1、2、3 这三种情况下，我们可以使用列联表表示，可以使用卡方检验。相关分析适用于第 4 种情况下，两个变量，例如 A 和 B，都是区间、比率或顺序的计量变量。在统计上，使用的是两个变量相关程度的统计量，例如，常用的皮尔逊相关分析的皮尔逊相关系数，就是用来表示两个变量之间的相关程度。

相关系数是本章最重要的判断依据，有大小和方向两种特性，分别介绍如下。

- **相关系数的大小**：表示两个变量之间相关程度的强弱。相关系数的绝对值越大，代表相关程度越强；相反地，相关系数的绝对值越小，代表相关程度越弱；若是相关系数的值为 0，代表零相关，也就是没有相关性。

- **相关系数的方向**：表示两个变量之间是正相关，还是负相关。相关系数是正值，代表两个变量中的一个变量增加时，另一个变量也会增加；相关系数是负值，代表两个变量中的一个变量增加时，另一个变量就会减少，反之亦然。

一般常用的相关分析有皮尔逊积差相关系数、ϕ 相关系数、点二系列相关、斯皮尔曼等级相关、偏相关和部分相关（复相关大多使用回归，请参考回归分析），后面我们会分别介绍相关的内容。

5.2 积差相关系数

皮尔逊积差相关系数（Product-Moment Correlation Coefficient）适用于 2 个变量都是连续变量的情况，可以是区间变量（Interval Scale）或比率变量（Ratio Scale），相关系数的计算如下：

$$\rho_{XY} = \frac{\sigma_{XY}}{\sigma_X \sigma_Y} = \frac{\dfrac{1}{N}\sum(X-\mu_X)(Y-\mu_Y)}{\sqrt{\dfrac{1}{N}\sum(X-\mu_X)^2}\sqrt{\dfrac{1}{N}\sum(Y-\mu_Y)^2}}$$

ρ_{XY}：X，Y 变量的相关系数

σ_{XY}：X 与 Y 的共变量

σ_X：X 的标准差

σ_Y：Y 的标准差

μ_X：X 的平均值

μ_Y：Y 的平均值

注意：ρ_{XY} 计算的是 X 和 Y 的总相关，值的大小位于 ± 1 之间。

由于总体的 ρ_{XY} 通常未知，必须用样本来估计，因此，样本的相关系数计算如下：

$$r_{XY}：\frac{S_{XY}}{S_X S_Y} = \frac{\dfrac{\sum(X-\overline{X})(Y-\overline{Y})}{n-1}}{\sqrt{\dfrac{\sum(X-\overline{X})^2}{n-1}}\sqrt{\dfrac{\sum(Y-\overline{Y})^2}{n-1}}}$$

r_{XY}：X，Y 变量的相关系数

S_{XY}：样本共变量

S_X：X 的样本标准差

S_Y：Y 的样本标准差

$\overline{X}$：X 的样本平均值

$\overline{Y}$：Y 的样本平均值

注意：r_{XY} 计算的是 X，Y 的线性相关，非线性则无法估计，r_{XY} 的值位于 ± 1 之间，+1 时，为完全正相关，-1 时，为完全负相关。

✪ r_{XY} 的图示

r_{XY} 样本的相关系数是一次函数，可以用散点图来查看

- r_{XY} 为正相关的图如图 5-1 所示。
- r_{XY} 为负相关的图如图 5-2 所示。

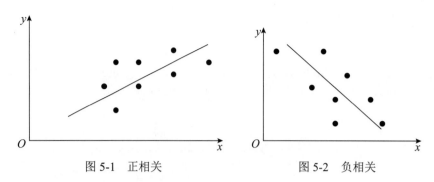

图 5-1　正相关　　　　　　　　　　　图 5-2　负相关

- r_{XY} 值的判别

在判断 r_{XY} 值时，一般常用三级制，绝对值大于等于 0.8 时，为高度相关，大于等于 0.4 时，为中度相关，小于 0.4 时，为低度相关。

研究假设如下：

虚无假设 H_0：$\rho=0$，两个变量之间无关

对立假设 H_1：$\rho\neq0$，两个变量之间相关

范例：

信任（用户信任信息技术产品的程度）及风险（用户感知信息技术产品带来风险的程度）之间是否有相关存在。（题项：Trust、Risk）

假设：H_0：$\rho=0$

　　　H_1：$\rho\neq0$

皮尔逊积差相关系数的操作步骤如下。

（请先将范例文件 Ch5 复制到 C:\Ch5）

1. 打开 correlation.sav，单击【分析】-【相关】-【双变量】，如图 5-3 所示。

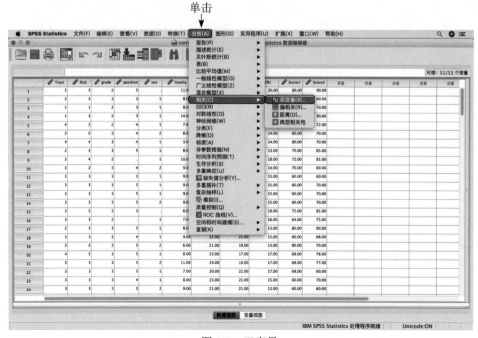

图 5-3　双变量

2. 选择"信任"与"风险"至【变量】栏位，如图 5-4 所示。

3. 勾选【皮尔逊】，选择完毕即单击【确定】，如图 5-5 所示。

选择"信任"与"风险"
至【变量】栏位

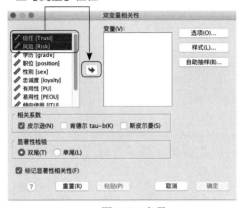

图 5-4　变量　　　　　　　　　图 5-5　皮尔逊相关

- **相关系数：**
  - 相关系数（皮尔逊为预设值）：使用积差相关分析（Product-Moment Correlation Analysis）是最常用的相关分析，输出为对称的相关矩阵，也就是斜对角为 1，上三角和下三角矩阵的内容数值是一样的，一般我们常列举下三角矩阵的内容数值于报告中。
  - 肯德尔 tau-b 相关系数：用来处理等级（有序分类）的相关系数。
  - 斯皮尔曼相关系数：用来处理非正态分布的等级（有序分类）相关系数，也称为非参数的相关分析。

- **显著性检验：**
  双尾检验。
  单尾检验。

- **标记显著性相关：** 在结果中，用星号标记显著性的相关，一般情况下，$P<0.05$ 标记一颗星号（*），$P<0.01$ 标记两颗星号（**）。

4. 结果如图 5-6 所示。

图 5-6　皮尔逊积差相关系数

信任与风险之间的显著性为 0.001，小于 0.05，具有显著相关，其相关系数 =0.278，属于低度相关。

我们也可以在范例数据文件下，直接运行下列语法，会得到相同的报告结果。

```
CORRELATIONS  /VARIABLES=Trust Risk  /PRINT=TWOTAIL NOSIG  /MISSING=PAIRWISE .
```

运行皮尔逊积差相关系数命令语法的操作步骤如下。

1. 单击【文件】-【新建】-【语法】，如图 5-7 所示。

图 5-7　语法

2. 输入语法，如图 5-8 所示。

图 5-8　输入语法

3. 点选【运行】-【全部】，如图 5-9 所示。

图 5-9 运行

4. 结果如图 5-10 所示。

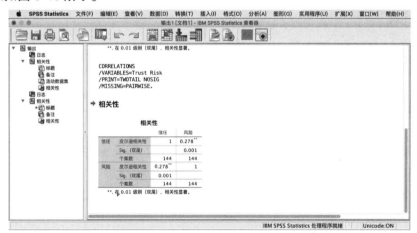

图 5-10 结果

信任与风险之间的显著性为 0.001，小于 0.05，具有显著相关，其相关系数 =0.278，属于低度相关。

5.3 ϕ 相关系数

ϕ 相关系数（Phi Correlation Coefficient）适用于两个变量都是二分名义变量（Nominal-dichotomous Variable），也就是都是二分类的变量的情况。

ϕ 相关系数值为卡方 χ^2 的另一种转换值，由于 χ^2 容易受到样本数大小的影响，于是将 χ^2 转换成 0 ~ 1 之间的数字，0 代表无相关，1 代表高度相关，ϕ 值的计算方式如下：

$$\phi = \sqrt{\frac{\chi^2}{N}}$$

注意：在一般情况下，卡方 χ^2 达到显著时，ϕ 值也会达到显著。

范例：

学历与职位之间有无关系，题项：grade（学历）、position（职位）

说明：

$H_0 : \phi = 0$

$H_1 : \phi \neq 0$

H_0 无关，H_1 有关

ϕ 相关系数的操作步骤如下。

打开 correlation.sav（在 C:\Ch5）

1. 点选【分析】-【描述统计】-【交叉表】，如图 5-11 所示。

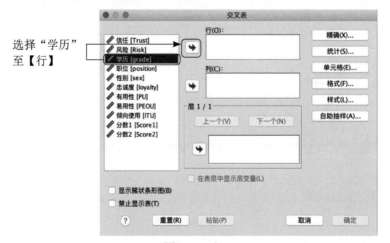

图 5-11　交叉表

2. 选择"学历"至【行】，如图 5-12 所示。

图 5-12　行

3. 选择"职位"至【列】，如图 5-13 所示。

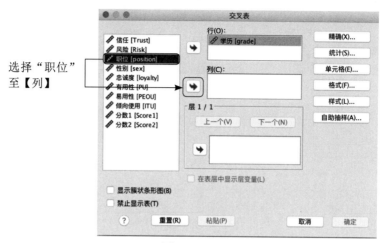

选择"职位"
至【列】

图 5-13　列

4. 选择完毕后，单击【统计】，如图 5-14 所示。

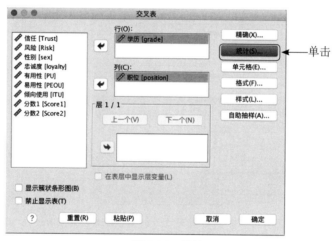

单击

图 5-14　统计

5. 勾选【卡方】及【Phi 和克莱姆 V】，单击【继续】，如图 5-15 所示。

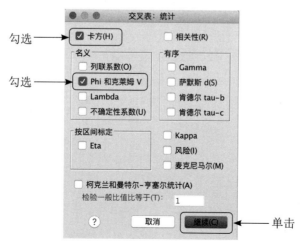

勾选

勾选

单击

图 5-15　卡方

6. 点选【确定】，如图 5-16 所示。

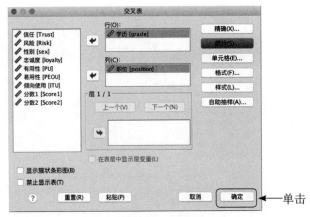

图 5-16　确定

7. 结果 1 如图 5-17 所示。

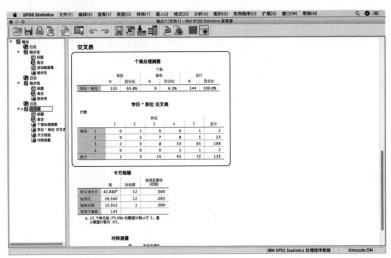

图 5-17　结果 1

8. 结果 2 如图 5-18 所示。

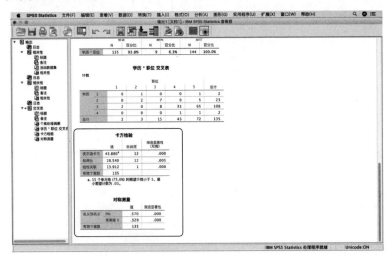

图 5-18　结果 2

H_0：无关，H_1：相关，其显著性为 0.000，小于 0.05，因此拒绝 H_0，结果为显著相关，相关系数为 0.570。

我们也可以在范例数据文件下，直接运行下列语法，会得到相同的报告结果：

```
CROSSTABS  /TABLES=grade  BY position  /FORMAT= AVALUE TABLES  /STATISTIC=CHISQ
PHI  /CELLS= COUNT  /COUNT ROUND CELL .
```

运行 ϕ 相关系数命令语法的操作步骤如下。

1. 输入语法，点选【运行】-【全部】，如图 5-19 所示。

图 5-19　语法

2. 结果如图 5-20 所示。

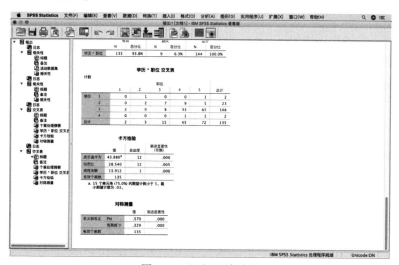

图 5-20　运行语法结果

H_0：无关，H_1：相关，其显著性为 0.000，小于 0.05，因此拒绝 H_0，结果为显著相关，相关系数为 0.570。

5.4　点二系列相关

点二系列相关（Point-biserial Correlation）适用于一个变量为二分名义变量，另一个为连续变量（区间变量或比率变量）的情况，点二系列的相关系数计算如下：

$$r_{pb} = \frac{\bar{X}_p - \bar{X}_q}{S_t} \sqrt{pq}$$

r_{pb}：相关系数值

$\bar{X}_p$：样本的平均值

$\bar{X}_q$：样本的平均值

S_t：全部样本的标准差

p：p 组人数占全部的百分比

q：q 组人数占全部的百分比

> 注意：在 SPSS 软件中，没有处理点二系列相关系数的选项，由于计算点二系列的相关系数值会与皮尔逊相关系数值一样，所以，在处理点二系列相关问题时，都会采用皮尔逊相关系数的步骤来计算。

范例：

品牌忠诚度与性别之间是否有相关性存在，题项：sex（性别）、Loyalty（品牌忠诚度）

说明：

H_0：$r=0$

H_1：$r \neq 0$

H_0 无关，H_1 有关

点二系列相关的操作步骤如下。

打开 correlation.sav（在 C:\Ch5）

1. 点选【分析】-【相关】-【双变量】，如图 5-21 所示。

图 5-21　双变量

2.选择"性别"及"忠诚度"至【变量】栏位,如图 5-22 所示。

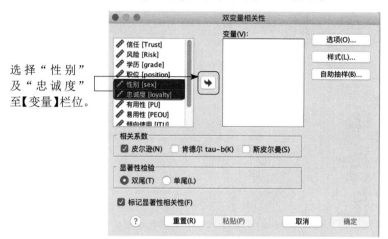

图 5-22　变量

3.勾选【皮尔逊】、【标记显著性相关性】,选择完毕后,点选【确定】,如图 5-23 所示。

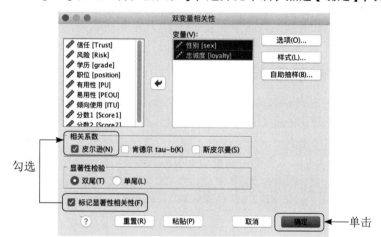

图 5-23　皮尔逊相关

■　**相关系数**:
　　● 相关系数(皮尔逊):使用积差相关分析(是一种常用的相关分析),输出为对称的相关矩阵,也就是斜对角为 1,上三角和下三角矩阵的内容数值是一样的,一般我们常列举下三角矩阵的内容数值于报告中。
　　● 肯德尔 tau-b 相关系数:用来处理等级(有序分类)的相关系数。
　　● 斯皮尔曼相关系数:用来处理非常态分布的等级(有序分类)的相关系数,也称为非参数的相关分析。

■　**显著性检验**:
　　● 双尾检验
　　● 单尾检验

■　**标记显著性相关**:在结果中,用星号标记显著性相关,一般情况下,$P<0.05$ 标记一颗星号(＊),$P<0.01$ 标记两颗星号(＊＊)。

4. 结果如图 5-24 所示。

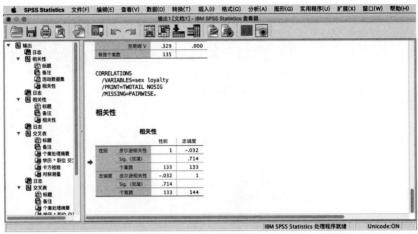

图 5-24　结果

令 H_0 表示无关，H_1 表示有关，性别与忠诚度的显著性 =0.714，大于 0.05，不拒绝 H_0，结果为无显著相关。

5.5　斯皮尔曼等级相关

斯皮尔曼等级相关系数（Rank Order Correlation Coefficient）适用于两个变量皆为顺序标度的情况，其目的是算出两组等级之间一致的程度，例如，可以用在两个人对于 N 台笔记本电脑进行印象分数等级的评定或者是 1 个人对于 N 台笔记本电脑进行前后两次印象分数等级的评定的情况。

斯皮尔曼等级相关系数的计算如下：

$$r_S = 1 - \frac{6\sum D_i^2}{N(N^2 - 1)}$$

r_S：斯皮尔曼等级相关系数

D_i：配对等级的差距值

研究假设：

虚无假设 H_0：r_S=0 两者无关

对立假设 H_1：$r_S \neq 0$ 两者有关

范例：

某单位顾问对于厂商同样的产品，前后加以评分给等级，我们想知道前后两次评分等级之间是否有相关性存在，题项：Score1（分数 1）、Score2（分数 2）。

说明：

H_0：r_S=0

H_1：$r_S \neq 0$

斯皮尔曼等级相关的操作步骤如下。

打开 correlation.sav（在 C:\Ch5）

1. 点选【分析】-【相关】-【双变量】，如图 5-25 所示。

图 5-25　双变量

2. 选择"分数 1"与"分数 2"至【变量】栏位，如图 5-26 所示。

选择"分数 1"
与"分数 2"至
【变量】栏位

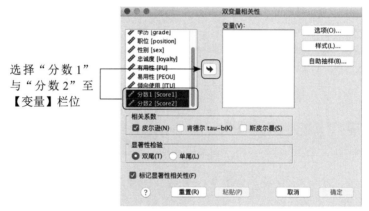

图 5-26　变量

3. 勾选【斯皮尔曼】相关系数，选择完毕后，点选【确定】，如图 5-27 所示。

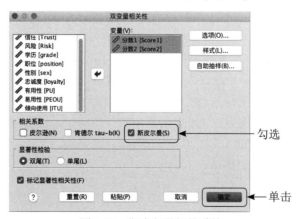

图 5-27　斯皮尔曼相关系数

- **相关系数：**
  - 相关系数（皮尔逊）：使用积差相关分析是最常用的相关分析，输出为对称的相关矩阵，也就是斜对角为 1，上三角和下三角矩阵的内容数值是一样的，一般我们常列举下三角矩阵的内容数值于报告中。
  - 肯德尔 tau-b 相关系数：用来处理等级（有序分类）的相关系数。
  - 斯皮尔曼相关系数：用来处理非常态分布的等级（有序分类）的相关系数，也称为非参数的相关分析。
- **显著性检验：**
  - 双尾检验
  - 单尾检验
- **标记显著性相关：** 在结果中，用星号标记显著性的相关，一般情况下，$P<0.05$ 标记一颗星号（*），$P<0.01$ 标记两颗星号（**）。

4. 结果如图 5-28 所示。

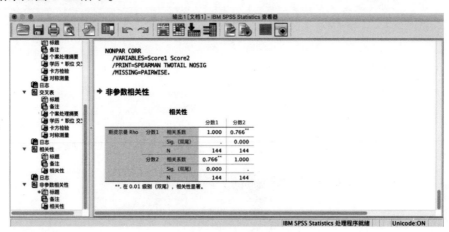

图 5-28　结果

令 H_0 表示无关，H_1 表示有关，分数 1 与分数 2 的显著性为 0.000，小于 0.05，拒绝 H_0，结果为显著相关，相关系数为 0.766。

5.6　偏相关

偏相关（Partial Correlation）又称为净相关，在前面皮尔逊相关系数讨论中，我们是直接讨论两个变量之间的相关程度，但是，如果这两个变量同时与第三个变量有关系，也就是说，这两个变量可能会受到第三个变量的干扰，这时，我们想了解原先两个变量的相关是否是由第三个变量造成的影响，就可以将第三个变量的影响效果控制住，也就是将与第三个变量有关部分排除后，原先两个变量的纯偏相关。

偏相关系数的展示式：例如有 X_1，X_2 两变量，第三变量为 X_3

X_1 和 X_2 相关系数 $=r_{12}$

X_1 和 X_3 相关系数 $=r_{13}$

X_2 和 X_3 相关系数 $=r_{23}$

X_1 和 X_2 相关系数并排除 r_{13} 和 r_{23} 时的偏相关系数 $=r_{12.3}$

$$r_{12.3} = \frac{r_{12} - r_{13}r_{23}}{\sqrt{1-r_{13}^2}\sqrt{1-r_{23}^2}}$$

研究假设：

虚无假设 H_0：$r=0$ 两者无偏相关

对立假设 H_1：$r\neq0$ 两者有偏相关

范例：

易用性与使用意愿均与有用性成正相关，计算易用性与使用意愿的偏相关。（题项：PU、PEOU、ITU）

H_0：$r=0$

H_1：$r\neq0$

H_0 无关，H_1 有关

偏相关的操作步骤如下。

打开 correlation.sav（在 C:\Ch5）

1. 点选【分析】-【相关】-【偏相关】，如图 5-29 所示。

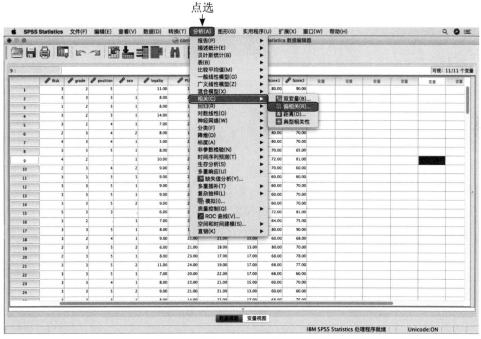

图 5-29　偏相关

2. 选择"易用性"和"倾向使用"至【变量】栏位，选择"有用性"至【控制】栏位，如图 5-30 所示。

3. 点选【选项】，如图 5-31 所示。

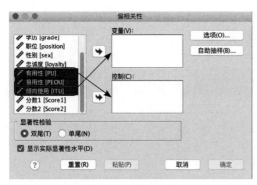
图 5-30　偏相关性

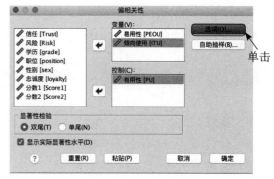
图 5-31　选项

- **显著性检验：**
  - 双尾检验。
  - 单尾检验。
- **显示实际的显著水平：** 在结果中，用星号标记显著性的相关，一般情况下，$P<0.05$ 标记一颗星号（＊），$P<0.01$ 标记两颗星号（＊＊）。

　　4. 勾选【平均值和标准差】和【零阶相关性】，单击【继续】，如图 5-32 所示。

图 5-32　平均值和标准差

- **统计**
  - 平均值和标准差
  - 零阶相关：显示控制变量的零阶相关系数，也就是积差相关系数。
- **缺失值：**
  - 完全排除观察值：有缺失值的样本皆排除不统计。
  - 成对排除个案：有成对缺失值的样本皆排除不统计。

　　5. 单击【确定】，如图 5-33 所示。

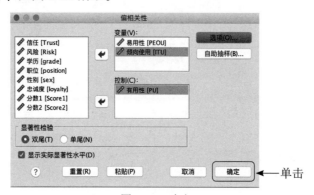
图 5-33　确定

6. 结果如图 5-34 所示。

图 5-34　结果

令 H_0 表示无关，H_1 表示有关，在未对"有用性"进行控制的情况下，"易用性"与"倾向使用"的显著性为 0.000，小于 0.05，拒绝 H_0，结果为显著相关，其相关系数 =0.394；纳入"有用性"作为控制变量后，"易用性"与"倾向使用"的显著性为 0.000，小于 0.05，拒绝 H_0，结果为显著相关，其相关系数 =0.251，由此可知，"易用性"与"倾向使用"两者之间的偏相关值为 0.251。

我们也可以在范例数据文件下，直接运行下列语法，会得到相同的报告结果：

```
PARTIAL CORR   /VARIABLES= PEOU ITU BY PU  /SIGNIFICANCE=TWOTAIL  /
STATISTICS=DESCRIPTIVES CORR  /MISSING=LISTWISE .
```

运行偏相关命令语法的操作步骤如下。

1. 输入语法，如图 5-35 所示。

图 5-35　语法

2. 点选【运行】-【全部】，如图 5-36 所示。

图 5-36　运行语法

3. 结果如图 5-37 所示。

图 5-37　结果

令 H_0 表示无关，H_1 表示有关，在未对"有用性"进行控制的情况下，"易用性"与"倾向使用"的显著性为 0.000，小于 0.05，拒绝 H_0，结果为显著相关，其相关系数 =0.394；纳入"有用性"作为控制变量后，"易用性"与"倾向使用"的显著性为 0.000，小于 0.05，拒绝 H_0，结果为显著相关，其相关系数 =0.251，由此可知，"易用性"与"倾向使用"两者之间的偏相关值为 0.251。

5.7　部分相关

部分相关（Part Correlation）又称为半偏相关（Semipartial Correlation），原因是部分相

关在处理时，是处理偏相关的部分，偏相关是 X_1 和 X_2 变量，排除第三变量 X_3 的影响后，得到 X_1 和 X_2 的偏相关，而部分相关则是在处理排除效果时，仅处理第三变量 X_3 与 X_1 或 X_2 其中一个变量的相关性，得到的结果称为部分相关。

部分相关的表示式：

$$r_{1(2,3)} = \frac{r_{12} - r_{13}r_{23}}{\sqrt{1 - r_{23}^2}}$$

$r_{1(2,3)}$：X_2 中排除 X_3 的影响力

r_{12}：X_1 和 X_2 的相关系数

r_{13}：X_1 和 X_3 的相关系数

r_{23}：X_2 和 X_3 的相关系数

注意： 请比较偏相关和部分相关的表示式，会发现只有分母部分不相同，这意味着，偏相关和部分相关的值不会一样，一般偏相关的绝对值会大于部分相关的绝对值。

范例：

"易用性"与"倾向使用"均与"有用性"成正相关，计算"易用性"与"倾向使用"的部分相关。（题项：PU、PEOU、ITU）

H_0：$r=0$

H_1：$r \neq 0$

H_0 无关，H_1 有关

部分相关的操作步骤如下。

打开 correlation.sav（在 C:\Ch5）

1. 点选【分析】-【回归】-【线性】，如图 5-38 所示。

图 5-38　线性

2.选择"倾向使用"至【因变量】栏位，如图 5-39 所示。

图 5-39　因变量

3.选择"有用性"与"易用性"至【自变量】栏位，如图 5-40 所示。

图 5-40　自变量

4.单击【统计】，如图 5-41 所示。

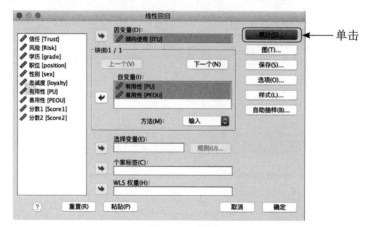

图 5-41　统计

5.勾选【部分相关性和偏相关性】，单击【继续】，如图 5-42 所示。

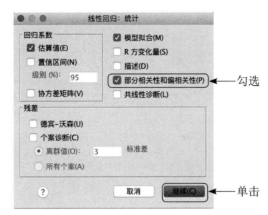

图 5-42 部分相关性和偏相关性

6. 单击【确定】，如图 5-43 所示。

图 5-43 确定

7. 结果如图 5-44 所示。

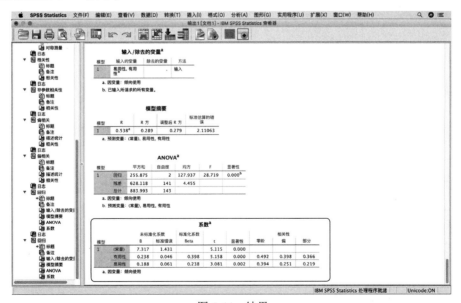

图 5-44 结果

由上表可知，"有用性"与"倾向使用"的偏相关为 0.398，部分相关为 0.366；"易用性"与"倾向使用"的偏相关为 0.251，部分相关为 0.219。

我们也可以在范例数据文件下，直接运行下列语法，会得到相同的报告结果：

```
REGRESSION  /MISSING LISTWISE  /STATISTICS COEFF OUTS R ANOVA ZPP  /CRITERIA=PIN
(.05) POUT(.10)  /NOORIGIN  /DEPENDENT ITU  /METHOD=ENTER PU PEOU  .
```

运行部分相关命令语法的操作步骤如下。

1. 输入语法，如图 5-45 所示。

图 5-45　输入语法

2. 点选【运行】-【全部】，如图 5-46 所示。

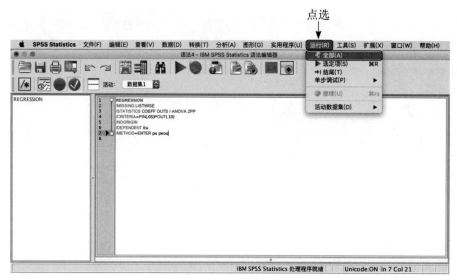

图 5-46　运行语法

3. 结果如图 5-47 所示。

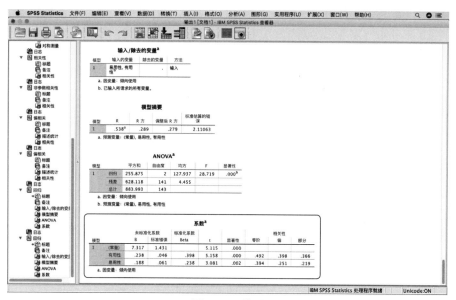

图 5-47 结果

由图 5-47 可知，"有用性"与"倾向使用"的偏相关为 0.398，部分相关为 0.366；"易用性"与"倾向使用"的偏相关为 0.251，部分相关为 0.219。

6.1 卡方检验

卡方检验（χ^2 test）最早由英国的卡尔·皮尔逊（Karl Pearson）在 1900 年提出，适用于类别变量的检验。在一般文献中，当提及卡方检验而没有特别指明类型时，通常是指皮尔逊卡方检验（Pearson's chi-squared test）。卡方检验适用于非连续变量（例如：类别或顺序变量）的差异分析，卡方检验的虚无假设是：一个样本中已发生事件（类别变量）的频率会服从某个理论分布。其中事件必须互斥，并且所有事件概率总和等于 1。卡方可以帮助我们利用样本的方差来推断总体方差，总体方差代表着数据的离散程度。应用领域不同，对数据离散程度的要求也不同，例如：对于获利程度而言，值越大越好，但对于质量管理的方差而言，则是越小越好。卡方检验是利用卡方分布（卡方值）来进行检验，适用于分类变量的分析，若是单一类别的变量，可以得到频率的分布，若是有两个类别，则可以使用交叉表（Cross-tabulation）分析，同时使用卡方来检验。若是多群体类别的变量，可以使用列联表（Contingency Table）分析，也是使用卡方值来检验。卡方检验常用的应用有三大类，分别是适配度检验（Good-of-fit Test）、独立性检验（Test of Independence）和同质性检验（Test of Homogeneity），分别介绍如下。

6.2 适配度检验

当我们想了解某一个变量是否与某个理论或总体分布相符合时，就可以使用卡方检验的应用之一——适配度检验。适配度检验是针对一个变量，因此，也称为单因子分类（One-way Classification）检验。卡方的适配度检验是取样本的观察值和总体的期望值作比较，卡方值越大，代表观察值和期望值差异越大，当卡方值超过某一个临界值时，就会得到显著的统计检验结果。

研究问题的假设如下：

虚无假设 H_0：总体符合某种分布或理论

对立假设 H_1：总体不符合某种分布或理论

若是适配度检验的结果是显著，则会拒绝虚无假设 H_0。

卡方统计量的定义如下：

$$\chi^2 = \sum_{i=1}^{K} \frac{(O_i - E_i)^2}{E_i}$$

其中，O_i 是指样本的观察值；

E_i 是指理论推算的期望值。

范例： 某计算机公司在信息展上，分别售出笔记本电脑白色 50 台，黑色 40 台，灰色 30 台，该计算机公司想知道，消费者对笔记本电脑的颜色偏好是否有差异？

整体销售的数据如表 6-1 所示。

表 6-1 笔记本电脑销售数据

观察值 \ 类别	白色	黑色	灰色
售出数量	50	40	30

虚无假设 H_0：消费者对笔记本电脑颜色的偏好是相同的

对立假设 H_1：消费者对笔记本电脑颜色的偏好是不同的

期望值 = 总人数 * 每种结果的概率

$$=（50+40+30）\times \left(\frac{1}{3}\right)$$

$$=40$$

$$\chi^2 = \sum_{i=1}^{K} \frac{(O_i - E_i)^2}{E_i}$$

$$= \frac{(50-40)^2}{40} + \frac{(40-40)^2}{40} + \frac{(40-30)^2}{40}$$

$$=2.5+0+2.5$$

$$=5$$

自由度 =（3–1）=2

查表：假设显著水平 α 定为 5%，自由度为 2，查卡方分布临界值表 χ^2=5.99

结果：

我们计算卡方统计量为 5，小于卡方分布临界值 5.99，因此，我们接受虚无假设 H_0，消费者对笔记本电脑颜色的偏好是相同的。

卡方适配度检验的实际操作如下。

（请先将范例文件 Ch6 复制到 C:\Ch6）

1. 打开 expected.sav（在 C:\Ch6），点选【数据】-【个案加权】，如图 6-1 所示。

图 6-1 打开文件并单击个案加权

2. 勾选【个案加权系数】，选择"Sale"至【频率变量】栏，如图6-2所示。

3. 选择完毕后，单击【确定】，如图6-3所示。

图 6-2　个案加权

图 6-3　单击"确定"

4. 单击【分析】-【非参数检验】-【旧对话框】-【卡方】，如图6-4所示。

图 6-4　单击"卡方"

5. 选择"Sale"至【检验变量列表】栏，如图6-5所示。

6. 单击【选项】，如图6-6所示。

图 6-5　选择变量

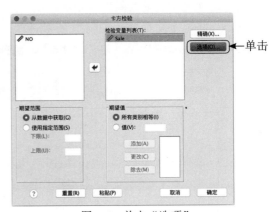

图 6-6　单击"选项"

7. 勾选【描述】，单击【继续】，如图6-7所示。

8. 选择完毕后，单击【确定】，如图6-8所示。

图 6-7 卡方检验：选项

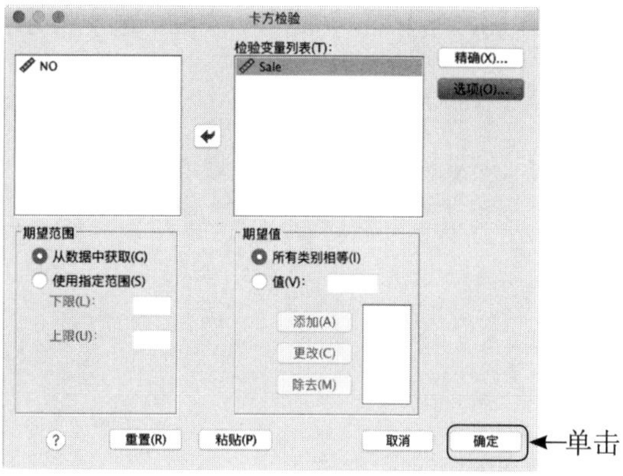

图 6-8 单击"确定"

9. 结果如图 6-9 所示。

图 6-9 查看分析结果

结果：

从图 6-9 中我们可以看到卡方统计量为 5，P 值 0.082 大于 0.05，因此，我们接受虚无假设 H_0，消费者对笔记本电脑颜色的偏好是相同的。

我们也可以在范例数据文件下，直接运行下列语法，会得到相同的报表结果：

```
NPAR TEST  /CHISQUARE=Sale  /EXPECTED=EQUAL  /STATISTICS  DESCRIPTIVES  /MISSING
ANALYSIS.
```

运行卡方检验命令语法的实际操作如下。

1. 输入语法，如图 6-10 所示。

图 6-10 输入语法

2. 单击【运行】-【全部】，如图 6-11 所示。

图 6-11　运行语法

3. 结果如图 6-12 所示。

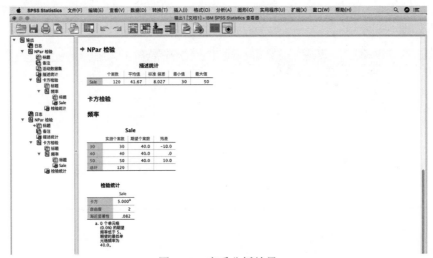

图 6-12　查看分析结果

结果：

从图 6-12 中我们可以看到卡方统计量为 5，P 值 0.082 大于 0.05，因此，我们接受虚无假设 H_0，消费者对笔记本电脑颜色的偏好是相同的。

6.3　独立性检验

独立性检验是用在同一个样本中，对两个变量的关联性的检验，也就是说，在讨论两个类别变量之间是否互为独立，或是有相关的关系存在。独立性检验的结果若是达到显著，则需要查看两个变量的关联性强度，整理如下：

2×2 列连表：查看 ϕ（phi）相关系数

3×3 列连表：查看列联系数（Coefficient of Contingency）

注意：4×4，5×5，6×6：也是查看列联系数。

2×3 列连表：查看克莱姆相关系数（Cramer's V）

注意：（3×2，2×4，3×4，…）：也是查看克莱姆相关系数。

批注： 一般建议不超过 16 个方格，也就是使用小于 4×4 或 3×5 的表格，以免难以解释结果。另外，一般也常用 Lamda（λ）系数来解释两个变量的关系，当以一个变量解释另一个变量时，λ 系数可以削减误差比率，λ 系数越大，代表两个变量的关联性越强。

计算机公司销售笔记本电脑，男性分别购买白色 50 台，黑色 60 台，灰色 50 台，女性分别购买白色 70 台，黑色 30 台，灰色 40 台，我们想了解不同性别（男、女）在购买笔记本电脑时，对于颜色的选择是否有差异？

首先，我们整理男女购买笔记本电脑的观察值，如表 6-2 所示。

表 6-2　男女购买笔记本电脑的观察值　　　　　　　　　　　　　　单位：台

	白色	黑色	灰色	总计（加）
男	50	60	50	160
女	70	30	40	140
（加）总计	120	90	90	300

研究问题的假设如下：

虚无假设 H_0：两个变量相互独立，代表性别与购买笔记本电脑颜色无关

对立假设 H_1：两个变量相互关联（相关），代表性别与购买笔记本电脑颜色有关

$$理论的期望值 = \frac{行总计}{总计} \times \frac{列总计}{总计} \times 总计$$
$$自由度 = (列的数量 -1)(行的数量 -1)$$
$$= (r-1)(j-1)$$

我们计算男女购买笔记本电脑的理论期望值如下：

男性购买白色 $= \frac{160}{300} \times \frac{120}{300} \times 300 = 64$

男性购买黑色 $= \frac{160}{300} \times \frac{90}{300} \times 300 = 48$

男性购买灰色 $= \frac{160}{300} \times \frac{90}{300} \times 300 = 48$

女性购买白色 $= \frac{140}{300} \times \frac{120}{300} \times 300 = 56$

女性购买黑色 $= \frac{140}{300} \times \frac{90}{300} \times 300 = 42$

女性购买灰色 $= \frac{140}{300} \times \frac{90}{300} \times 300 = 42$

我们整理男女购买笔记本电脑的理论期望值如表 6-3 所示。

表 6-3　男女购买笔记本电脑的观察值　　　　　　　　　　　　　　单位：台

	白色	黑色	灰色	（加）总计
男	64	48	48	160
女	56	42	42	140
（加）总计	120	90	90	300

我们整理观察值和理论的期望值如表 6-4 所示。

表 6-4　男女购买笔记本电脑的观察值和理论期望值　　　　单位：台

	白色	黑色	灰色	（加）总计
男	50 （64）	60 （48）	50 （48）	160
女	70 （56）	30 （42）	40 （42）	140
（加）总计	120	90	90	300

注：（数字）代表理论的期望值。

卡方检验统计量：

$$\chi^2 = \sum_{i=1}^{r}\sum_{j=1}^{c}\frac{(O_{ij}-E_{ij})^2}{E_{ij}}$$

其中，O 是指观察次数；

E 是指期望次数。

在显著水平 α 下，若 $\chi^2 > \chi^2(r-1, c-1)$，则拒绝虚无假设 H_0。

$$\chi^2 = \frac{(50-64)^2}{64} + \frac{(60-48)^2}{48} + \frac{(50-48)^2}{48} + \frac{(70-56)^2}{56} + \frac{(30-42)^2}{42} + \frac{(40-42)^2}{42}$$
$$= 13.17$$

查表：

假设显著水平 α 为 5%，自由度 =（3-1）（2-1）=2，查卡方分布临界值表 $\chi^2=5.99$

结果：

我们计算卡方统计量为 13.17，大于卡方分布临界值 5.99，因此，我们拒绝虚无假设 H_0，消费者男女性别与购买笔记型电脑颜色有关。

独立性检验的实际操作如下。

（先前已将范例文件 Ch6 复制到 C:\Ch6）

1. 打开范例 independence.sav（在 C:\Ch6），单击【数据】-【个案加权】，如图 6-13 所示。

图 6-13　打开文件并单击"个案加权"

2. 勾选【个案加权系数】，选择"Sale"至【频率变量】栏，如图 6-14 所示。

3. 选择完毕后，单击【确定】，如图 6-15 所示。

图 6-14　个案加权　　　　　　　　　　　　图 6-15　单击"确定"

4. 单击【分析】-【描述统计】-【交叉表】，如图 6-16 所示。

图 6-16　单击"交叉表"

5. 选择"Sex"至【行】，选择"Color"至【列】，单击【统计量】，如图 6-17 所示。

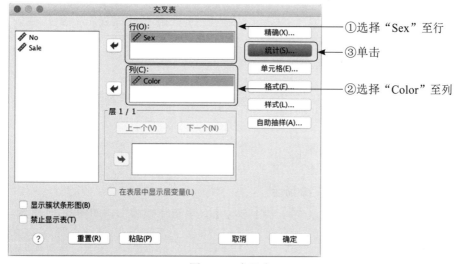

图 6-17　交叉表

6. 勾选【卡方】、【列联系数】、【Phi 和克莱姆 V】与【Lambda】，单击【继续】，如图 6-18 所示。

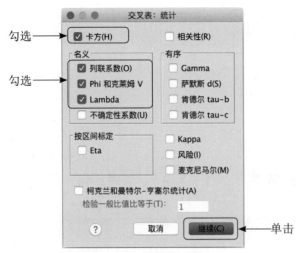

图 6-18　交叉表：统计

- **卡方**：卡方统计量
- **相关性**：相关分析，皮尔逊和斯皮尔曼相关系数
- **名义（Nominal）**：名义标度变量
  - 列联系数：列联系数，介于 0 ～ 1 之间，值越大，关系越强。
  - Phi 和克莱姆 V：Phi 系数和克莱姆相关系数，都是介于 0 ～ 1 之间，值越大，关系越强。
  - Lambda：自变量对因变量的预测能力，值越大，预测能力越强。
  - 不确定性系数：自变量对因变量的不确定影响多少。
- **有序**：顺序标度变量
  - Gamma：变量关系值一致或不一致。
  - 萨默斯 d（S）：变量关系值一致或不一致，由 Gamma 变化而来。
  - 肯德尔 tau-b：变量关系值一致或不一致，由 Gamma 变化而来。
  - 肯德尔 tau-c：变量关系值一致或不一致，由 tau-b 变化而来。
- **按区间标定**：名义变量 vs 等距变量
  - Eta：提供 Eta 值，值越大，代表关联越高。
- **Kappa**：提供内部一致性的检验，介于 0 ～ 1 之间，值越大，一致性越高。
- **风险**：提供风险值。
- **麦克尼马尔**：适用于相同受测者，进行前后两次的测量，以进行配对卡方检验。
- **柯克兰和曼德尔 - 亨塞尔统计**：适用于二分类变量的独立性检验和同质性检验。

7. 单击【单元格】，如图 6-19 所示。

8. 勾选【实测】、【行】、【列】和【总计】，单击【继续】，如图 6-20 所示。

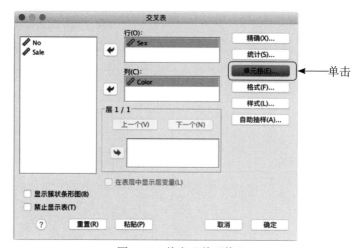

图 6-19　单击"单元格"

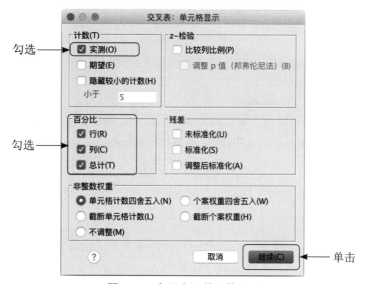

图 6-20　交叉表：单元格显示

9. 单击【确定】，如图 6-21 所示。

图 6-21　单击"确定"

10. 结果如图 6-22 所示。

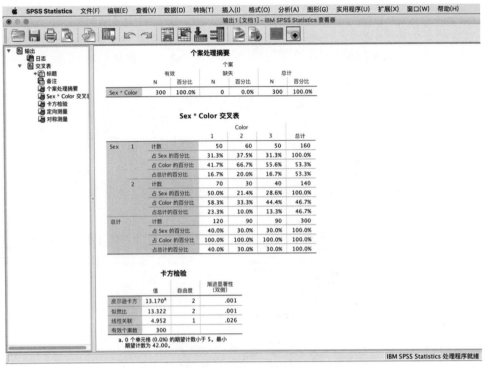

图 6-22　查看分析结果

我们也可以在范例数据文件下，直接运行下列语法，会得到相同的结果：

```
CROSSTABS /TABLES=Sex BY Color /FORMAT= AVALUE TABLES /STATISTIC=CHISQ CC
PHI LAMBDA /CELLS= COUNT ROW COLUMN TOTAL /COUNT ROUND CELL .
```

结果：

我们得到卡方统计量为 13.17，P 值 0.001 小于临界值 0.05，因此，我们拒绝虚无假设 H_0，消费者男女性别与购买笔记本电脑颜色有关。

6.4　同质性检验

同质性检验是用在不同样本（例如：两个样本）中，同一个变量是否为一致的检验，也就是说，用来检测不同总体在同一个变量的响应下，是否有显著差异。

同质性检验的统计量如下：

$$\chi^2 = \sum_{i=1}^{r} \sum_{j=1}^{c} \frac{(O_{ij} - E_{ij})^2}{E_{ij}}, \quad 自由度\ df=(r-1)(c-1)$$

其中，O 是指观察次数；

E 是指期望次数。

在显著水平 α 下，若 $\chi^2 > \chi^2\ (r-1,\ c-1)$，则拒绝虚无假设 H_0。

同质性检验的统计量 $\sum_{i=1}^{r}\sum_{j=1}^{c}\frac{(观察次数_{ij}-期望次数_{ij})^2}{期望次数_{ij}}$ 为皮尔逊卡方统计量，另外，也可以使用似然比卡方统计量来检验。

> **注意：我们使用同质性检验于单元大于 2 时，只能检验出是否有显著差异，至于是哪两组有显著差异，则需要再进一步进行事后比较，才可以得知。**

范例：

我们想了解大学生、大学教师、家长对于研究生购买笔记本电脑的意见是否一致。

我们整理大学生、大学教师、家长对于研究生购买笔记本电脑的意见，赞成或反对的观察值如表 6-5 所示。

表 6-5　大学生、大学教师、家长对于研究生购买笔记本电脑的意见

	赞成	反对
大学生	50	40
大学教师	60	30
家长	50	70

研究问题的假设如下：

- 虚无假设 H_0：对于问题的反应是一致的，代表着大学生、大学教师和家长对于研究生购买笔记本电脑的态度是一致的
- 对立假设 H_1：对于问题的反应是不同的，代表着大学生、大学教师和家长对于研究生购买笔记本电脑的态度是不一致的

我们可以设定身份（ID）：大学生 1，大学教师 2，家长 3

意见（Opinion）：赞成 1，反对 2

赞成或反对的观察值（number）。

输入列联表如表 6-6 所示。

表 6-6　赞成或反对的观察值

身份	意见	赞成或反对的观察值
1	1	50
1	2	40
2	1	60
2	2	30
3	1	50
3	2	70

同质性检验的实际操作如下。

（先前已将范例文件 Ch6 复制到 C:\Ch6）

1. 打开范例 homogeneity.sav（在 C:\Ch6），单击【数据】-【个案加权】，如图 6-23 所示。

单击

图 6-23　单击"个案加权"

2. 勾选【个案加权系数】，选择"number"至【频率变量】栏，如图 6-24 所示。

3. 单击【确定】，如图 6-25 所示。

图 6-24　个案加权　　　　　　　　　　图 6-25　单击"确定"

4. 单击【分析】-【描述统计】-【交叉表】，如图 6-26 所示。

单击

图 6-26　单击"交叉表"

5. 选择"ID"至【行】，选择"opinion"至【列】，单击【统计】，如图 6-27 所示。

6. 勾选【卡方】、【列联系数】、【Phi 和克莱姆 V】与【Lambda】，单击【继续】，如图 6-28 所示。

图 6-27　交叉表

图 6-28　交叉表：统计

- **卡方**：卡方统计量
- **相关性**：相关分析，皮尔逊和斯皮尔曼相关系数
- **名义**：名义标度变量
  - 列联系数：列联系数，介于 0 ～ 1 之间，值越大，关系越强。
  - Phi 和克莱姆 V：Phi 系数和克莱姆相关系数，都是介于 0 ～ 1 之间，值越大，关系越强。
  - Lambda：表示自变量对因变量的预测能力，值越大，预测能力越强。
  - 不确定性系数：自变量对因变量的不确定影响多少。
- **有序**：顺序标度变量
  - Gamma：变量关系值一致或不一致。
  - 萨默斯 d（S）：变量关系值一致或不一致，由 Gamma 变化而来。
  - 肯德尔 tau-b：变量关系值一致或不一致，由 Gamma 变化而来。
  - 肯德尔 tau-c：变量关系值一致或不一致，由 tau-b 变化而来。
- **按区间标定**：名义变量 vs 等距变量
  - Eta：提供 Eta 值，值越大，代表关联越高。
- **Kappa**：提供内部一致性的检验，介于 0 ～ 1 之间，值越大，一致性越高。
- **风险（Risk）**：提供风险值。
- **麦克尼马尔**：适用于相同受测者进行前后两次的测量，以进行配对卡方检验。
- **柯克兰和曼特尔 - 亨塞尔统计**：适用于二分类变量的独立性检验和同质性检验。

7. 单击【单元格】，如图 6-29 所示。

图 6-29　单击"单元格"

8. 勾选【实测】、【期望】、【行】、【列】和【总计】，单击【继续】，如图 6-30 所示。

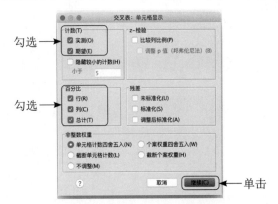

图 6-30　交叉表：单元格显示

9. 选择完毕后，单击【确定】，如图 6-31 所示。

图 6-31　单击"确定"

10. 结果如图 6-32 所示。

图 6-32　查看分析结果

11. 结果如图 6-33 所示。

图 6-33　查看分析结果

我们也可以在范例数据文件下，直接运行下列语法，会得到相同的报表结果：

```
CROSSTABS  /TABLES=ID  BY opinion  /FORMAT= AVALUE TABLES  /STATISTIC=CHISQ CC
PHI LAMBDA  /CELLS= COUNT EXPECTED ROW COLUMN TOTAL  /COUNT ROUND CELL .
```

运行同质性检验命令语法的实际操作如下。

1. 输入语法，如图 6-34 所示。

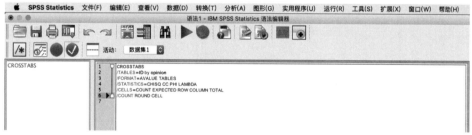

图 6-34　输入语法

2. 单击【运行】-【全部】，如图 6-35 所示。

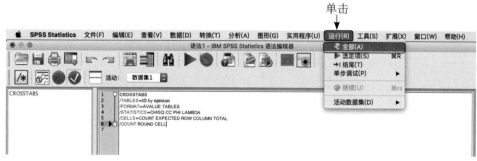

图 6-35　运行语法

3. 结果如图 6-36 所示。

图 6-36　查看分析结果

4. 结果如图 6-37 所示。

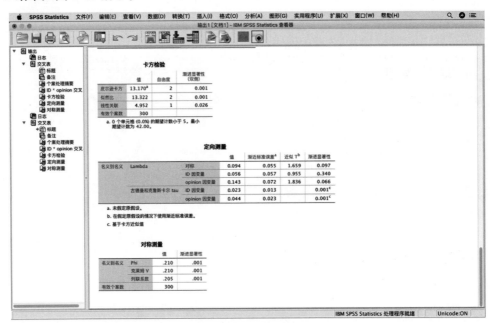

图 6-37　查看分析结果

结果：

我们得到卡方统计量为 13.17，P 值 0.001 小于临界值 0.05，因此，我们拒绝虚无假设 H_0，对于问题的反应不同，代表着大学生、大学教师和家长，对于研究生购买笔记本电脑的态度是不一致的。

第7章 平均值比较 (*t* 检验)

7.1 平均值比较（各种 *t* 检验的应用）

平均值比较是常用的统计分析方法，用来比较两个群体的平均值，也就是各种 *t* 检验的应用。举例如下：范例 1：在学生学习成绩方面，常见的方法是将学生随机分成两组，一组使用原本的教法，称为控制组，另一组使用新的教法，称为处理组。学生学习课程结束后，比较新的教法是否比原本的教法有效。范例 2：同一个群体前后测量比较，在学生学习成绩方面，同一个群体的学生在学习课程前测量一次分数和学习课程结束后再测量一次分数，比较学习课程是否有效。平均值比较（各种 *t* 检验的应用），SPSS 提供五种平均值比较的方法如下：

- 平均值分析（Means）
- 单一样本 *t* 检验（One-Sample t test）
- 独立样本 *t* 检验（Independent-Sample t test）
- 成对样本 *t* 检验（Paired-Samples t test）
- 单因素方差分析（One-Way ANOVA）

不同情况下，一般选择不同的方法，现整理如下：

- 不同类别变量组合下，连续变量在各组的平均值、标准差、频率等：使用平均值
- 单一变量的平均值做检验：单一样本 *t* 检验
- 两组平均值差异的检验（独立样本）：独立样本 *t* 检验
- 两组平均值差异的检验（相依样本）：成对样本 *t* 检验
- 多个总体平均值差异的检验：单因素方差分析（方差分析于第 10 章再详细介绍）

说明：

a. 独立样本：两个平均值来自独立、没有相关性的样本

b. 成对样本：两个平均值来自同一个样本或有关系的样本

7.2 平均值分析

平均值分析是用在不同类别变量组合下，连续变量在各组的统计量，例如：平均值、中位数、标准差、总和、最小值、最大值、范围、峰度、偏度等，也可以勾选分组计算方差分析（Anova Table and Eta），进行单因素方差分析和线性检验。

范例：

我们以大学生为例，抽样调查 12 个大学生的编号（No）、性别（Sex：1 男性，2 女性）、

学期成绩（Score）、每月花费（Cost）、家庭收入（Income：1 低收入，2 高收入）、区域（Location：1 北部，2 中部，3 南部），如表 7-1 所示。

表 7-1　抽样调查样本详情

编号	性别	学期成绩（分）	每月花费（元）	家庭收入	区域
1	2	79.00	8 500.00	2	2
2	1	88.00	4 800.00	1	3
3	1	72.00	9 200.00	1	1
4	2	76.00	12 000.00	1	1
5	2	85.00	15 000.00	2	1
6	1	81.00	7 200.00	1	2
7	2	76.00	6 800.00	1	2
8	2	72.00	8 000.00	2	3
9	2	70.00	9 500.00	2	1
10	1	65.00	5 000.00	2	3
11	1	75.00	6 000.00	1	2
12	1	66.00	7 000.00	2	3

我们在不同类别变量组合下，进行平均值分析。

平均值分析的实际操作如下。

（请先将范例文件 Ch7 复制到 C:\Ch7）

1. 打开 cost.sav 范例文件（在 C:\Ch7），单击【分析】-【比较平均值】-【平均值】，如图 7-1 所示。

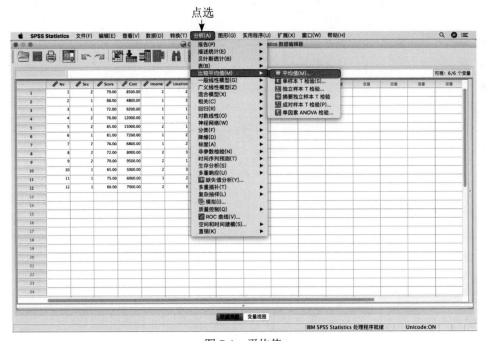

图 7-1　平均值

2. 选取"Score""Cost"到【因变量列表】，如图 7-2 所示。

图 7-2　因变量列表

其中：

No 是指编号；Sex 是指性别（1 男性，2 女性）；Score 是指学期成绩；Cost 是指每月花费；Income 是指家庭收入（1 低收入，2 高收入）；Location 是指区域（1 北部，2 中部，3 南部）。

3. 选择"Sex""Income"和"Location"至【自变量列表】栏位，如图 7-3 所示。

图 7-3　自变量列表

4. 单击【选项】，如图 7-4 所示。

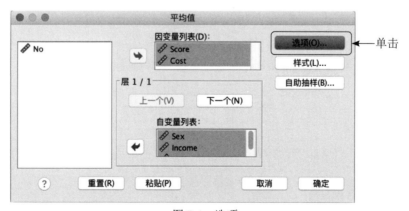

图 7-4　选项

5. 勾选【Anova 表和 Eta】与【线性相关度检验】，单击【继续】，如图 7-5 所示。

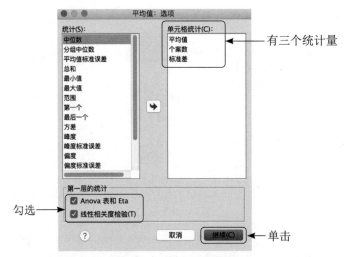

图 7-5　Anova 表和 Eta

6. 选择完毕后，单击【确定】，如图 7-6 所示。

图 7-6　确定

7. 结果 1 如图 7-7 所示。

图 7-7　结果 1

不同类别变量的组合，有"包括样本""排除样本"和"总计"。

8. 结果 2 如图 7-8 所示（继续）。

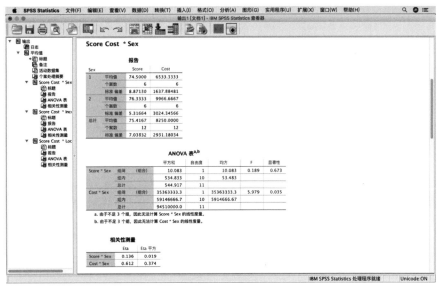

图 7-8　结果 2

按性别（1 男性，2 女性）分组，显示 1 男性、2 女性和总共的三个统计量平均值、样本数和标准差。

在不同性别下，学期成绩的 $P=0.673$ 未达显著水平，在不同性别下，每月花费的 $P=0.035$ 达显著水平。

我们也可以在范例数据文件下，直接运行下列语法，会得到相同的报告结果：

```
MEANS   TABLES=Score Cost  BY Sex Income Location  /CELLS MEAN COUNT STDDEV  /
STATISTICS ANOVA LINEARITY .
```

总结：

平均值分析在一般情况下较为少用，原因是平均值提供的各种统计量，都较其他功能不足，现整理如下：

平均值分析的功能

- 一般描述统计（Descriptives）
- 方差检验：一般用单因素方差分析取代
- 相关性测量：一般用相关分析取代

7.3　单一样本 t 检验

单一样本 t 检验（One-Sample t Test）适用于用单一变量的平均值做检验，也就是说，检验样本数中某一个变量的平均值与总体的平均值是否有显著差异，前提条件是总体的平均值必须为已知，研究假设如下：

虚无假设 H_0：$\mu = \mu_0$（无显著差异）

对立假设 H_1：$\mu \neq \mu_1$（有显著差异）

单一样本 t 检验的统计量：

$$t = \frac{\bar{x} - \mu}{S/\sqrt{N}}$$

式中：

$\bar{x}$ = 样本平均值

μ= 总体的平均值

S= 样本的标准差

N= 样本数

自由度 df=N-1

注意: 在正态分布下，平均值比较中，总体平均值 u 的检验是与总体标准差 σ（已知，未知）和样本数 N（大，小）有关，检验的方式有 Z 值（Z 分布）和 t 值（t 分布）两种，分别如下：

$$Z = \frac{\bar{x} - \mu}{\sigma/\sqrt{N}}, \quad \sigma_{\bar{X}} = \sigma/\sqrt{N}$$

$$t = S_{\bar{X}} = S/\sqrt{N} \ \frac{\bar{x} - \mu}{S/\sqrt{N}},$$

我们整理检验方式中 Z 值与 t 值的适用方式，如下：

● 在总体的标准差已知，小样本的情况下：使用 Z 值
● 在总体的标准差已知，大样本的情况下：使用 Z 值
● 在总体的标准差未知，小样本（$N<30$）的情况下：使用 t 值
● 在总体的标准差未知，大样本的情况下：使用 Z 值

有趣的是，当样本数增大时，t 分布会趋近 Z 分布，也就是可以使用 t 值来替代 Z 值的判定，在实际上，我们大多是用样本推论总体，总体提供 t 检验，而无 Z 检验。

范例：

我们以大学生的生活花费为例，在不考虑租房费用和学业花费的情况下，根据调查，家长给大学生每个月的平均生活花费为 $6 000，我们抽样 12 个大学生每个月的花费，如表 7-2 所示。

表 7-2　大学生每个月的花费

学生数	1	2	3	4	5	6	7	8	9	10	11	12
花费 / 每月	8 500	4 800	9 200	12 000	15 000	7 200	6 800	8 000	9 500	5 000	6 000	7 000

研究假设如下：

虚无假设 H_0：μ=6 000 元，无显著差异

$\qquad$ H_1：$\mu \neq$6 000 元，有显著差异

小样本，总体正态且方差未知，所以，适用 t 分布来检验总体平均值

总花费 =99 000

样本平均值 $\bar{X}$ =99 000/12=8 250

样本方差 $S^2 = \dfrac{1}{n-1} \sum (x_i - \bar{x})^2$

$\qquad\qquad = \dfrac{1}{12-1}$（8 500-8 250）^{2}

$\qquad\qquad = 94\,510\,000/12-1$

$\qquad\qquad = 8\,591\,818$

样本标准差 $S = \sqrt{S^2} = \sqrt{8\,591\,818} = 2\,931$

$$
\begin{array}{ccc}
6\,000 & 7\,000 & 8\,000
\end{array}
$$

$t = \dfrac{\bar{X} - u_0}{S_{\bar{X}}} = \dfrac{\bar{x} - u_0}{s \big/ \sqrt{n}} = \dfrac{8\,250 - 6\,000}{2\,931 \big/ \sqrt{12}} \qquad \dfrac{8\,250 - 7\,000}{846.10} \qquad \dfrac{8\,250 - 8\,000}{846.10}$

$\qquad\qquad = \dfrac{8\,250 - 6\,000}{846.1} \qquad \dfrac{8\,250 - 7\,000}{846.10} \qquad \dfrac{8\,250 - 8\,000}{846.10}$

$\qquad\qquad = 2.659 \qquad\qquad = 1.477 \qquad\qquad = 0.295$

查表：

$t_{n-1,0.25} = t_{11,0.25} = 2.201$

$|t| > t_{n-1,0.025}$

结论：

检验统计量 $t = 2.659$，$|t| > t_{n-1,0.025}$，拒绝虚无假设。

在 $\alpha = 0.05$ 水平下，大学生的花费和家长给的生活费有显著差异，因此，可以认为许多大学生为了生活费不得不外出打工。

单一样本 T 检验的实际操作如下。

（先前已将范例文件 Ch7，复制到 C:\Ch7）

1. 打开范例文件 cost.sav（在 C:\Ch7），单击【分析】-【比较平均值】-【单样本 T 检验】，如图 7-9 所示。

图 7-9　单样本 T 检验

2. 选取"cost"至【检验变量】栏位，如图 7-10 所示。

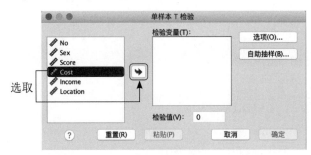

图 7-10　检验变量

3. 检验值设为 6 000，单击【选项】，如图 7-11 所示。

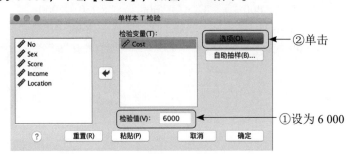

图 7-11　选项

4. 置信区间百分比设为 95%，单击【继续】，如图 7-12 所示。

5. 选择完毕后，单击【确定】，如图 7-13 所示。

图 7-12　置信区间

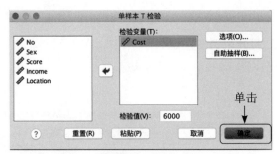

图 7-13　确定

6. 结果如图 7-14 所示。

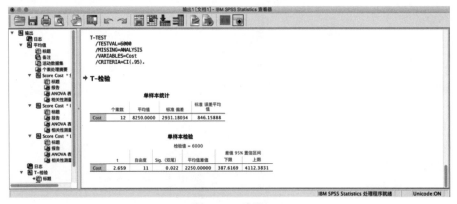

图 7-14　结果

显示每月花费的样本数、平均值、标准差和标准误差平均值。

每月花费：

检验统计量 $t = 2.659$，$P=0.022<0.05$，拒绝虚无假设

在 $\alpha=0.05$ 水平下，大学生平均每月花费 8 250 元和家长给的平均生活费 6 000 元有显著的差异，因此，可以认为许多大学生为了生活费不得不外出打工。

我们也可以在范例数据文件下，直接运行下列语法，会得到相同的报告结果：

```
T-TEST  /TESTVAL = 6000  /MISSING = ANALYSIS  /VARIABLES = Cost  /CRITERIA = CI
(.95).
```

7.4　独立样本 *t* 检验

独立样本 *t* 检验（Independent-Sample t Test），独立样本是受测者随机分配至不同组别，各组别的受测者没有任何关系，也称为完全随机化设计。*t* 检验是用来检验 2 个独立样本的平均值差异是否达到显著的水平。也就是说这 2 个独立样本可以通过分组来达成，计算 *t* 检验时，会需要 2 个变量，我们会将自变量 *x* 分为 2 个组别，检验 2 个独立样本的平均值是否有差异（达显著水平）得考虑从 2 个总体随机抽样后，计算其平均值 μ 差异的各种情况。

研究假设如下：

虚无假设 H_0：$\mu=\mu_0$（无显著差异）

对立假设 H_1：$\mu\neq\mu_0$（有显著差异）

范例：

独立样本 *t* 检验的实际操作如下。

（先前已将范例文件 Ch7 复制到 C:\Ch7）

1. 打开范例文件 cost.sav（在 C:\Ch7），点选【分析】-【比较平均值】-【独立样本 *t* 检验】，如图 7-15 所示。

图 7-15　独立样本 *t* 检验

2.选取"Score"与"Cost"至【检验变量】栏位，如图7-16所示。

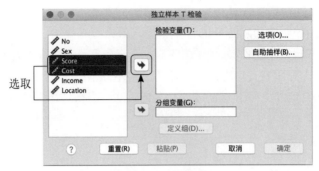

图7-16　检验变量

3.选取"Sex"至【分组变量】栏位，如图7-17所示。

图7-17　分组变量

4.单击【定义组】，如图7-18所示。

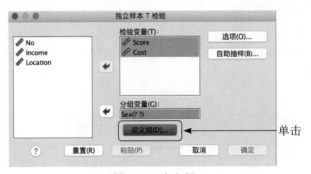

图7-18　定义组

5.定义组值后，选择完毕即单击【继续】，如图7-19所示。

图7-19　定义组值

6. 选择完毕后，单击【确定】，如图 7-20 所示。

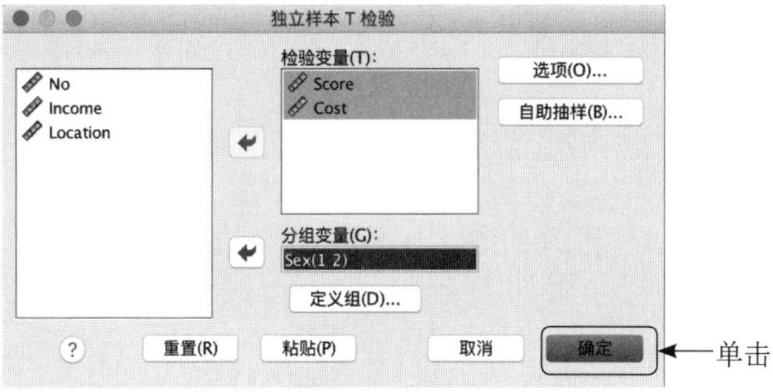

图 7-20　确定

7. 结果如图 7-21 所示。

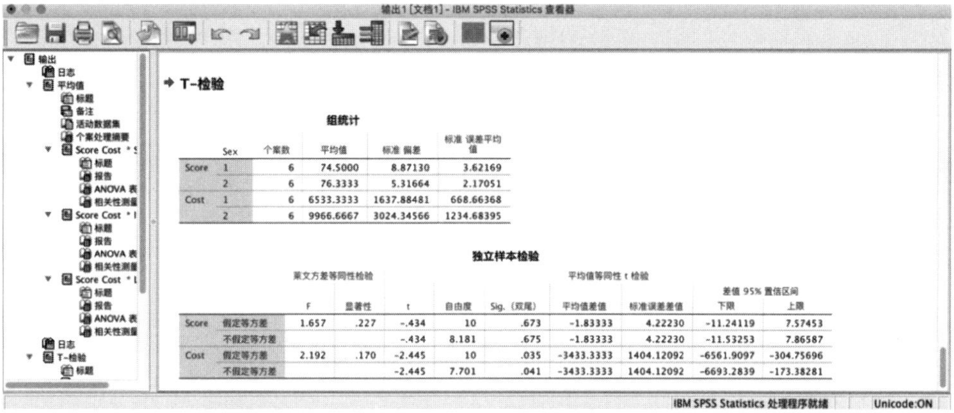

组统计

	Sex	个案数	平均值	标准 偏差	标准 误差平均值
Score	1	6	74.5000	8.87130	3.62169
	2	6	76.3333	5.31664	2.17051
Cost	1	6	6533.3333	1637.88481	668.66368
	2	6	9966.6667	3024.34566	1234.68395

独立样本检验

		莱文方差等同性检验		平均值等同性 t 检验						
									差值 95% 置信区间	
		F	显著性	t	自由度	Sig.（双尾）	平均值差值	标准误差差值	下限	上限
Score	假定等方差	1.657	.227	-.434	10	.673	-1.83333	4.22230	-11.24119	7.57453
	不假定等方差			-.434	8.181	.675	-1.83333	4.22230	-11.53253	7.86587
Cost	假定等方差	2.192	.170	-2.445	10	.035	-3433.3333	1404.12092	-6561.9097	-304.75696
	不假定等方差			-2.445	7.701	.041	-3433.3333	1404.12092	-6693.2839	-173.38281

图 7-21　结果

按性别（1 男性，2 女性）分组，可能显示男性和女性在“学期成绩”和“每月花费”的四个统计量 N 样本数、平均值、标准差和标准误差平均值的结果。

以性别（1 男性，2 女性）做分组，在学期成绩方面，检验统计量 $t=-0.434$，$P=0.673>0.05$，接受虚无假设，在 $\alpha=0.05$ 水平下，男女大学生的学期成绩平均值是一样的，没有显著差异。

在每月花费方面，检验统计量 $t=-2.445$，$P=0.035<0.05$，拒绝虚无假设，在 $\alpha=0.05$ 水平下，男女大学生的每月花费平均值是不一样的，有显著差异，女生平均每月花费 9 966 元，比男生平均每月花费 6 533 元高。

我们也可以在范例数据文件下，直接运行下列语法，会得到相同的报告结果：

```
T-TEST  GROUPS = Sex ( 1  2 )   /MISSING = ANALYSIS   /VARIABLES = Score Cost   /
CRITERIA = CI ( .95 ) .
```

7.5　成对样本 t 检验

成对样本 t 检验（Paired-Sample t Test），成对样本 t 检验最常用在相依样本下的重复量测设计中，也就是同一个样本，前后测量两次，例如，消费者对于使用笔记本电脑前和使用笔记本电脑后，态度是否有差异。

研究假设如下：

虚无假设 H_0： $u_1=u_2$（无显著差异）

对立假设 H_1： $u_1 \neq u_2$（有显著差异）

成对样本 T 检验的统计量：

$$t = \frac{\overline{D} - u_0}{\frac{S_0}{\sqrt{n}}}$$

成对差 D：测量前后的差值 $(X_1 - X_2)$

成对差 D 的平均数 $= \dfrac{\sum D}{n}$

成对差 D 的方差： $S_D = \sqrt{\dfrac{\sum D^2 - n\overline{D}^2}{n-1}}$

自由度 $df = N-1$

范例：

大学生使用某品牌笔记本电脑前和使用后的印象分数如表 7-3 所示。

研究假设： 虚无假设 H_0： $u_D=0$（无显著差异）

对立假设 H_1： $u_D>0$（有显著差异）

表 7-3　大学生使用某品牌笔记本电脑前和使用后的印象分数

大学生代号	使用前 X_1	使用后 X_2	印象分数差 $D=X_1-X_2$	D^2
1	90	80	10	100
2	62	57	5	25
3	61	53	8	64
4	82	68	14	196
5	80	70	10	100
			$\sum D = 47$	$\sum D^2 = 485$

样本成对差 D 的平均值：

$$\overline{D} = \frac{\sum D}{n} = \frac{47}{5} = 9.4$$

样本成对差 D 的方差：

$$S_D = \sqrt{\frac{\sum D^2 - n\overline{D}^2}{n-1}} = \sqrt{\frac{485 - 5 \times 9.4^2}{5-1}} = 3.286$$

$N<30$ 为小样本，成对差总体为正态，方差未知，所以，使用 t 分布

检验标准 $\alpha=0.05$　自由度 $df=n-1=4$

$t_{n-1,0.05} = 2.132$

结论：

$t=6.396$　　　$t_{n-1,0.05} = 2.132$

$t > t_{n-1,0.05}$，拒绝虚无假设

因此，我们可以认为大学生对于某种品牌笔记本电脑使用前和使用后的印象有显著的差异，也就是使用后的印象较使用前的印象差。

成对样本 t 检验的实际操作如下。

（先前已将范例文件 Ch7 复制到 C:\Ch7）

1. 打开范例文件 pair.sav（在 C:\Ch7），点选【分析】-【比较平均值】-【成对样本 T 检验】，如图 7-22 所示。

图 7-22　成对样本 T 检验

其中，No 是指编号；Before 是指使用前的印象分数；After 是指使用后的印象分数。

2. 选取"Before"和"After"至【配对变量】栏位，如图 7-23 所示。

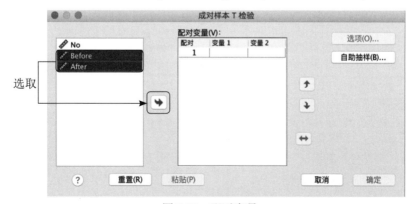

图 7-23　配对变量

3. 单击【选项】，如图 7-24 所示。

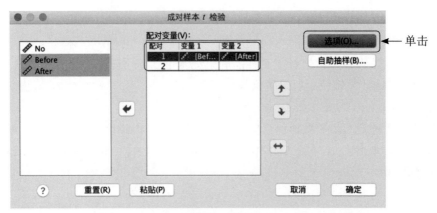

图 7-24　选项

4. 置信区间百分比设为 95%，单击【继续】，如图 7-25 所示。

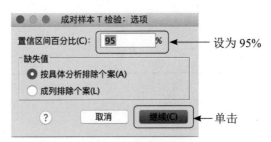

图 7-25　置信区间

5. 选择完毕后，单击【确定】，如图 7-26 所示。

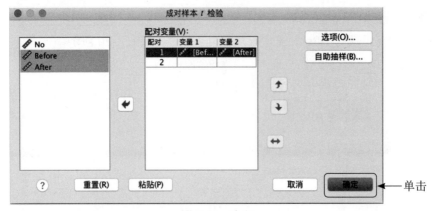

图 7-26　确定

6.结果如图 7-27 所示。

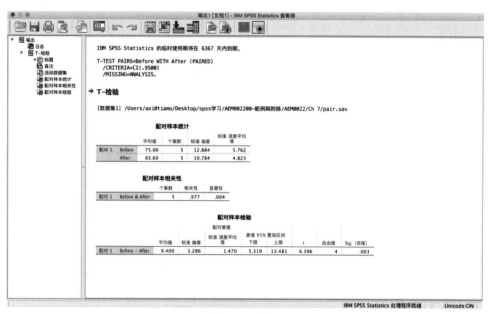

图 7-27　结果

显示使用前的印象分数和使用后印象分数的四个统计量：样本数、平均值、标准差和标准误差平均值。

显示使用前的印象分数和使用后印象分数的相关系数 0.997，*P*=0.003 达显著水平。

从表中，我们可以看出 *t* = 6.396，*P*=0.004 达显著水平，拒绝虚无假设。显示大学生对于某种品牌笔记本电脑使用前和使用后的印象分数不同，因此，我们可以认为大学生对于某种品牌笔记本电脑使用前和使用后的印象有显著的差异，也就是使用后的印象较使用前的印象差。

我们也可以在范例数据文件下，直接运行下列语法，会得到相同的报告结果：

```
T-TEST  PAIRS = Before  WITH After(PAIRED)  /CRITERIA = CI(.95)  /MISSING =
ANALYSIS.
```

运行成对样本 *T* 检验的命令语法。

1.输入语法，如图 7-28 所示。

图 7-28　输入语法

2. 单击【运行】-【全部】，如图 7-29 所示。

图 7-29　运行语法

3. 结果如图 7-30 所示。

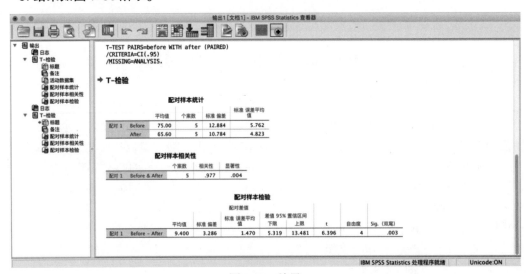

图 7-30　结果

显示使用前的印象分数和使用后印象分数的四个统计量：样本数、平均值、标准差和标准误差平均值。

显示使用前的印象分数和使用后印象分数的相关系数 0.997，$P=0.004$ 达显著水平。

从表中，我们可以看出 $t = 6.396$，$P=0.004$ 达显著水平，拒绝虚无假设。显示大学生对于某种品牌笔记本电脑使用前和使用后的印象分数不同，因此，我们可以认为大学生对于某种品牌笔记本电脑使用前和使用后的印象有显著的差异，也就是使用后的印象较使用前的印象差。

第8章　因子分析

8.1　因子分析

因子分析（Factor Analysis）将所有因子通过分析，以少数几个因子来解释一群相互存在关系的变量，而又能将原来的信息解释得最充分。因此，因子分析并无因变量和自变量之分，而是将所有的变量选取进来，除可以看到每个变量和其他所有变量的关系外，更可以用来形成对所有变量的最大化解释。因子分析的目的是用来定义潜在的构面，虽然潜在的因子（例如道德、勇气等）无法直接测量，但可以通过因子分析来发掘这些概念的结构成分，以定义出结构的各个维度（构面），以及每个维度（构面）包含了哪些变量。

在确认结构成分后，我们经常使用因子分析来进行汇总和数据缩减，分别介绍如下：

- **汇总**

所有的变量通过因子分析后，可以得到少数的概念，这些概念等同于汇总所有的变量，通过适当的命名，就形成了所谓的构面。

- **数据缩减**

我们可以通过因子分析，选取具有代表性的变量，这些有代表性的变量除仍然具有原有变量的大部分解释量外，也保留了原始的结构，因此，通过因子分析我们可以实现数据的缩减。

✪ 因子分析与主成分分析的比较

因子分析与主成分分析（Principal Component Analysis，PCA）是两种不同的分析方法，但目的都是缩减变量数量。许多教科书和统计软件都从数学求解的角度来解释，主成分分析也可看成是因子分析的特例。

我们比较因子分析与主成分分析，如表 8-1 所示。

表 8-1　因子分析与主成分分析对比

	因 子 分 析	主成分分析
分析的数据	协方差：每一变量与其他变量共同享有的方差	方差：所有变量的方差都考虑在内
数据缩减	选取少数因子，尽可能地解释原变量的相关情况	选择一组成分，尽可能地解释原变量的方差
适合性	适合做变量的结构分析	适合做变量的简化
转轴	需要转轴才能对因子命名与解释	不需要转轴就能对因子命名与解释
假设性	假设变量（数据）满足某些结构而得到的结果	对变量（数据）做线性组合，变量（数据）不需要任何假设

因子分析法所分析的数据是所有变量间的协变量，从变量删减、转轴到因子命名的整套过

程。因子分析法可以提供更多的信息，适合做变量的结构分析。主成分分析法所分析的数据是所有变量的方差量，通过"提取"，让变量间的方差最大，使变量在这些成分上呈现最大差异，适合做变量（数据）的简化。

因子分析和其他多变量技术的比较：因子分析是属于依赖技术的一种分析方法，和集群分析一样，都是将所有变量选取进来测试，并无因变量和自变量之分。许多的多变量技术，例如典型相关分析、联合分析、单变量方差分析、多变量方差分析、回归分析等，都有标准变量，也就是有因变量和自变量之分。

8.2　因子分析的基本统计假设

在做因子分析之前，必须检验数据是否符合下列4种基本的统计假设。

（1）线性关系：两组变量的相关系数是基于线性关系，若不是线性关系，则变量需要转换，以达成线性关系。

（2）正态性：虽然典型相关并无绝对严格要求正态性，但正态性会使分配标准化，以允许变量间拥有较高的相关程度，因此，符合正态是较好的做法。由于多变量的正态难以判断，所以正态性的要求大多是针对单一变量。

（3）方差相等：方差若不相等，会降低变量间的相关程度，因此，需要符合方差相等条件。

（4）样本的同质性：有相同性质的样本会产生多元共线性，因子分析正是用来辨识变量之间的关系的，因此，适度的多元共线性是需要的，也就是说，相同构面下的项目应该具有高度的相关性。

8.3　因子分析的检验

当变量之间的相关度太高或太低时，都不适合做因子分析，我们一般都会使用 KMO 和巴特利特球形度检验来判定是否做因子分析。KMO 的全名是 Kaiser-Meyer-Olkin，是使用偏相关矩阵来计算的方法。Kaiser（1974）提出了 KMO 抽样适配度的判定标准，如表 8-2 所示。

表 8-2　KMO 抽样适配度判定标准

0～0.5	0.5～0.59	0.6～0.69	0.7～0.79	0.8～1.0
不可接受的	惨淡的	普通的	中度的	良好的

巴特利特球形度检验是使用相关系数来计算的，在一般情况下，相关矩阵的值必须明显地大于 0。我们使用 SPSS 软件时可以查看巴特利特球形度检验的显著性，作为判定是否适合做因子分析的检验标准之一。

8.4　选取因子的数量

在众多的变量中，我们应该选取多少因子才好呢？基本上，没有统一的标准可以决定，研究人员必须根据实际经验来判断，在一般情况下，我们常用下列 4 种方法来做初始的判定。

（1）特征值（Eigenvalue>1）。特征值大于 1 的含义是，变量能解释的方差若超过 1，就表示很重要，可以保留下来；若是小于 1，就表示不重要，可以舍弃。特征值也称为隐藏根，特别适用于变量的数量介于 20 至 50 之间的情况，若是变量的数量少于 20，会有提取太少的问题，若是变量的数量大于 50，则有提取太多的问题。

（2）碎石图（Scree Test）。碎石图可以用来判定最合适的因子个数，它是用特征值当 y 轴，因子的个数当 x 轴，曲线上的点代表变量可以解释的方差，如图 8-1 所示。

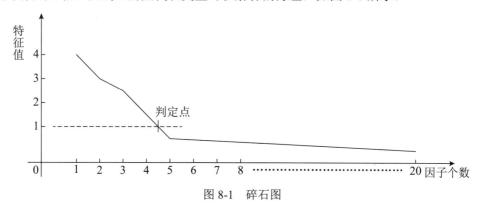

图 8-1　碎石图

碎石图的判定方式是取曲线下降的平坦处为判定点，如上图，我们会选取 5 个因子，若是采用特征值≥1 的方法，则会选取 4 个因子，研究人员到底选取 4 个还是 5 个因子，得根据实际经验来判定了。

（3）理论决定。若研究人员根据过去的文献或理论架构来选取因子，那么在做因子分析前，就已经知道需要选取多少个因子，因子分析是用来验证选取因子的数量。

（4）方差的百分比。提取的因子能解释的方差累积到一定程度就可以了，在社会科学中，一般认为方差累积到 60% 左右就达到标准了，有些研究的选取标可能会再低一些。

8.5　因子的转轴和命名成为构面

在做因子分析时，我们想要从众多变量中提取出几个因子，然而，许多变量可能会在好几个因子中都有影响，我们将这些影响称为因子载荷（Factor Loading）。因子载荷代表变量和因子之间的关系，高的因子载荷代表变量影响因子的代表性较高，如果变量对几个因子都有因子载荷，我们很难解释，这时就需要通过转轴的方式，使变量明确地坐落在某个因子上，才方便对因子命名，从而形成构面，我们以图 8-2 为例来说明。

原始的变量 V_1、V_2、V_3、V_4、V_5、V_6 投影在 X 和 Y 轴时，在 X 轴上的 V_1 和 V_6 距离很近，很难判定其归属哪一方，通过转轴后，投影到 X' 和 Y'，我们可以看到 V_1、V_2

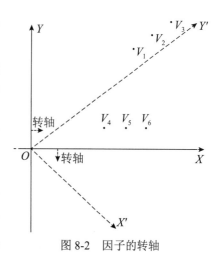

图 8-2　因子的转轴

和 V_3 同属一群，而 V_4、V_5、V_6 则属于另一群，这就是转轴的功能。

✪ 因子载荷显著性的标准

在解释因子之前，我们必须考虑哪些因子的因子载荷是值得考虑的（显著的），一般而言，最低的标准是 ±0.3，大于或等于 ±0.4 时，我们视其为重要的，大于或等于 ±0.5 时，我们视为更重要，是必须要考虑的。为什么会这样呢？因为因子载荷的平方，是因子解释变量的总方差量，我们整理了因子载荷和解释方差量的百分比，如表 8-3 所示。

表 8-3 因子载荷和解释方差量的百分比

因子载荷	解释方差量的百分比
0.3	9%
0.4	16%
0.5	25%
0.6	36%
0.7	49%
0.8	64%
0.9	81%

在统计的显著性上，因子载荷和样本大小有关系，当样本量大时，因子载荷在较小的值，就能达显著；我们根据 Hair（1998）p112 页所整理的样本大小和因子载荷显著性的标准如表 8-4 所示。

表 8-4 样本大小和因子载荷显著性的标准

样本大小	因子载荷达显著
350	0.30
250	0.35
200	0.40
150	0.45
120	0.50
100	0.55
85	0.60
70	0.65
60	0.70
50	0.75

我们在进行研究时，最好采用载荷大于或等于 0.6 以上的因子，以避免做效度分析时出问题。一般而言，采用载荷大于或等于 0.7 的因子，效度分析都没有问题。

因子转轴的方法有许多种，最常用的有直交或称正交转轴法（Orthogonal Rotation Methods）和斜交转轴法（Oblique Rotation Methods），如图 8-3 所示。

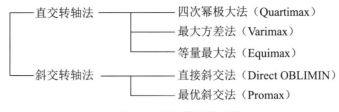

图 8-3　因子转轴的方法

直交转轴法常用的有四次幂极大法、最大方差法和等量最大法。在直交转轴法中，因子与因子之间没有相关性，两者之间呈 90° 的关系。斜交转轴法常用的有直接斜交法和最优斜交法，在斜交转轴法中，因子与因子之间有相关性，两者之间不是呈 90° 的关系。在 SPSS 统计软件中，在一般情况下，我们会选用最大方差法为因子转轴的方法，在必要的情况也可以选择其他方法。

8.6　样本的大小和因子分析的验证

判断样本的大小并没有绝对的标准，样本数量不可少于 50，最好在 100 个以上，因子分析才有一定的可靠性。一般情况下，都会以变量数量作为基准，样本数最少为变量数量的 5 倍，例如：我们有 15 个变量，至少要有 15×5=75 个样本。最好有变量数量的 10 倍，也就是说，若是我们有 15 个变量，最好有 15×10=150 个样本。

因子分析的验证：我们常用分离的样本和分半的样本来验证因子分析，用分离的样本验证因子分析是分别取样两次，将两个样本进行测试，看结果是否一致。用分半的样本验证因子分析是当一次取样的数量够大时，我们可以随机地将此样本分成两半，再将分半的两个样本进行测试，看看结果是否一致，以实现因子分析的验证。

8.7　因子分析在研究上的重要应用

因子分析在我们进行的许多研究中扮演相当重要的角色，它的重要应用有形成构面、建立加总标度、提供信度与提供效度等方面。

（1）形成构面

构面是概念性定义，我们以理论为基础，以定义概念来代表研究的内容，使用量表的项目通过因子分析的转轴后相同概念的项目，通常会在某个因子下，我们将此因子命名，就形成我们要的构面。

（2）建立加总标度

形成构面后，代表单一因子是由多个项目所组成的，因此，我们可以建立加总标度，以单一的值来代表单一因子或构面。

（3）提供信度

评估一个变量通过多次测量后呈现一致性的程度，我们称之为信度。在测量内部的一致性时，我们遵守的标准为项目间的相关系数大于 0.3，项目与构面的相关系数大于 0.5，整个构面的信度大多使用克朗巴哈系数（Cronbach's alpha）值大于或等于 0.7，探索性的研究则允许下降到 0.6。

（4）提供效度

用来确保量表符合我们所给的概念性的定义，符合信度的要求和呈现单一维度的情况。效度包含收敛效度和区别效度，收敛效度指的是构面内的相关程度要高，区别效度指的是构面之间相关的程度要低。

8.8 研究范例

范例：

我们设计的研究问卷如下：

问卷调查

1. 企业经营者参加信息相关研讨会的频率？

□ 很少　□ 较少　□ 普通　□ 较多　□ 很高

2. 企业经营者在公司使用计算机的频率？

□ 很少　□ 较少　□ 普通　□ 较多　□ 很高

3. 企业经营者参加企业 E 化相关研讨会的频率？

□ 很少　□ 较少　□ 普通　□ 较多　□ 很高

4. 企业经营者阅读信息相关杂志或书刊的频率？

□ 很少　□ 较少　□ 普通　□ 较多　□ 很高

以下各项为决定是否导入企业 E 化系统的重要考虑	非常不重要	有些不重要	普通	比较重要	非常重要
5. 企业 E 化系统可以增加收益的好处，是否为导入企业 E 化系统的重要考虑	□	□	□	□	□
6. 企业 E 化系统可以拥有较好的系统整合，是否为导入企业 E 化系统的重要考虑	□	□	□	□	□
7. 企业 E 化系统可以降低存货的好处，是否为导入企业 E 化系统的重要考虑	□	□	□	□	□
8. 企业 E 化系统的总费用很高，是否为导入企业 E 化系统的重要考虑	□	□	□	□	□
9. 企业 E 化系统的顾问费用占总花费（导入企业 E 化费用）的 50%，是否为导入企业 E 化系统的重要考虑	□	□	□	□	□
10. 企业 E 化系统的维护人才相当难找并且维护费用很高，是否为导入企业 E 化系统的重要考虑	□	□	□	□	□
11. 企业 E 化系统拥有较好的供货商的技术支持，是否为导入企业 E 化系统的重要考虑	□	□	□	□	□
12. 企业 E 化系统拥有流程改善的好处，是否为导入企业 E 化系统的重要考虑	□	□	□	□	□
13. 竞争者采用新技术（企业 E 化系统）的压力，是否为导入企业 E 化系统的重要考虑	□	□	□	□	□
14. 企业 E 化系统的技术成熟程度，是否为导入企业 E 化系统的重要考虑	□	□	□	□	□
15. 以新技术开发的企业 E 化系统取代现有老旧系统（企业 E 化系统的开发技术较现有系统新），是否为导入企业 E 化系统的重要考虑	□	□	□	□	□

续表

以下各项为决定是否导入企业 E 化系统的重要考虑	非常不重要	有些不重要	普通	比较重要	非常重要
16. 维护企业 E 化系统需要资源的难度，是否为导入企业 E 化系统的重要考虑	□	□	□	□	□
17. 企业 E 化系统功能配合企业营运规模，是否为导入企业 E 化系统的重要考虑	□	□	□	□	□
18. 企业 E 化训练课程的费用很高，是否为导入企业 E 化系统的重要考虑	□	□	□	□	□
19. 企业 E 化系统一致性的运作带来的好处，是否为导入企业 E 化系统的重要考虑	□	□	□	□	□
20. 竞争者已导入企业 E 化系统，是否为导入企业 E 化系统的重要考虑	□	□	□	□	□

本研究问卷共发出 100 份，回收有效问卷 74 份。经编码输入数据后，存盘成 factor analysis. sav。

因子分析的实际操作如下。

（请先将范例文件 Ch8 复制到 C:\Ch8）

1. 开启 factor anaslysis.sav 范例档（在 C:\Ch8），单击【分析】-【降维】-【因子】，如图 8-4 所示。

图 8-4　打开文件并单击"因子"

2. 选取"s1"～"s20"至【变量】栏，如图 8-5 所示。

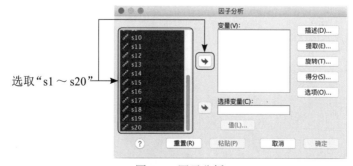

图 8-5　因子分析

3. 单击【描述】，如图8-6所示。

4. 勾选【初始解】与【KMO和巴特利特球形度检验】，选择完毕后，单击【继续】，如图8-7所示。

图8-6 单击"描述"   图8-7 因子分析：描述

- 统计：
● 单变量描述：显示每个变量的平均值和标准差等。
● 初始解：显示尚未转轴前的统计量，例如特征值、解释方差百分比等。
- 相关性矩阵：
● 系数：显示相关性矩阵的系数。
● 显著性水平：显示相关矩阵计算后的显著水平，例如P值。
● 决定因子：显示相关矩阵的行列式值。
● KMO和巴特利特球形度检验：做KMO和巴特利特的球形度检验，以判定是否适合做因子分析。
● 逆：显示相关矩阵的反矩阵值。
● 再生：显示相关矩阵的重制矩阵值。
● 反映像：显示相关矩阵的反映像的共变量和矩阵。

5. 单击【提取】，如图8-8所示。

6. 选择方法为【主成分】，勾选【未旋转因子解】、【碎石图】，单击【继续】，如图8-9所示。

图8-8 单击"提取"   图8-9 因子分析：提取

- 方法
主成分分析

未加权最小平方法

广义最小平方法

最大似然法

主轴因式分解法

Alpha 因式分解法

映像因式分解法

- 方法

● 主成分：主成分分析法。

- 分析

● 相关性矩阵：使用相关矩阵来提取因子。

● 协方差矩阵：使用共变矩阵来提取因子。

- 输出

● 未旋转因子解：显示尚未转轴前的统计量，例如：特征值、解释方差百分比等。

● 碎石图：用图形显示因子个数。

- 提取

● 根据特征值：一般会选特征值 ≥ 1。

● 因子的固定数目：自定义选取几个因子个数。

- 最大收敛迭代次数：收敛的最大迭代次数，默认为 25 次。

7. 单击【旋转】，如图 8-10 所示。

8. 单击【最大方差法】，选择完毕后，单击【继续】，如图 8-11 所示。

图 8-10　单击“旋转”

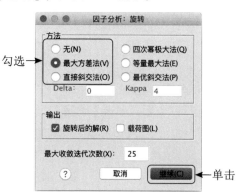

图 8-11　因子分析：旋转

- 方法：因子转轴的方法。

● 无：不转轴。

● 最大方差法

● 直接斜交法

● 四次幂极大法

● 等量最大法

● 最优斜交法

- 输出

● 旋转后的解

● 载荷图

最大收敛迭代次数：收敛的最大迭代次数，默认为 25 次。

9. 单击【选项】，如图 8-12 所示。

10. 单击【成列排除个案】，选择完毕后，单击【继续】，如图 8-13 所示。

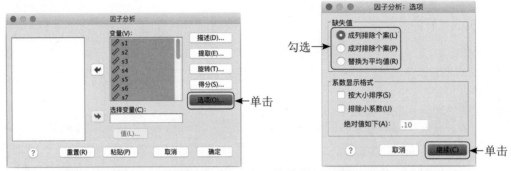

图 8-12　单击"选项"　　　　　图 8-13　因子分析：选项

－　缺失值：

● 成列排除个案：缺失值都排除后，才加以计算。

● 成对排除个案：成对相关方式中，缺失值都排除后，才加以计算。

● 替换为平均值：使用平均值代替缺失值。

－　系数显示格式

● 按大小排列

● 排除小系数

实用说明：

我们常用成列排除个案完全排除缺失值，按因子载荷量大小排列。由于我们想呈现原始顺序给读者，所以才未选用根据因子载荷量排序，是使用原始顺序还是根据因子载荷量排序，由研究者自行判断决定。

11. 选择完毕后，单击【确定】，如图 8-14 所示。

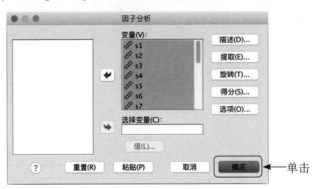

图 8-14　单击"确定"

12. 结果如图 8-15 所示。

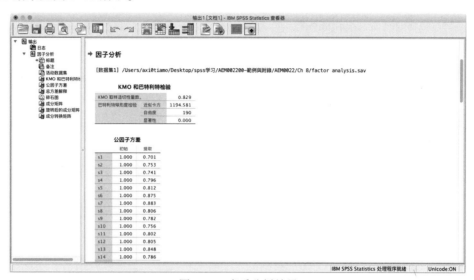

图 8-15　查看分析结果

用 KMO 和巴特利特球形度检验来判定是否做因子分析。Kaiser（1974）提出了 KMO 抽样适配度的判定标准，如表 8-5 所示。

表 8-5　KMO 抽样适配度判定标准

$0 \sim 0.5$	$0.5 \sim 0.59$	$0.6 \sim 0.69$	$0.7 \sim 0.79$	$0.8 \sim 1.0$
不可接受	惨淡的	普通的	中度的	良好的

本范例的 KMO 值 0.829，巴特利特球形度检验的显著性 P 值 0.000 <0.05，适合做因子分析，如图 8-16 所示。

图 8-16　查看分析结果

我们会选用最大方差法为因子转轴的方法，形成五个成分（构面），如图 8-17、图 8-18、图 8-19 所示。

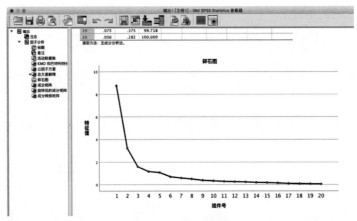

图 8-17　查看分析结果

成分矩阵[a]

	成分				
	1	2	3	4	5
s1	0.637	0.112	-0.496	0.096	0.164
s2	0.586	0.315	-0.434	0.217	0.275
s3	0.693	-0.190	-0.436	-0.016	0.187
s4	0.697	-0.083	-0.475	-0.204	0.191
s5	0.544	0.618	0.308	0.093	0.177
s6	0.489	0.695	0.329	0.191	0.086
s7	0.475	0.730	0.291	0.168	0.107
s8	0.656	-0.342	0.173	-0.031	0.476
s9	0.610	-0.331	0.319	-0.198	0.401
s10	0.727	-0.353	0.321	0.002	-0.005
s11	0.800	-0.288	0.246	0.000	-0.132
s12	0.741	-0.462	0.163	-0.123	-0.042
s13	0.765	-0.436	0.258	-0.065	-0.027
s14	0.673	-0.384	-0.075	0.295	-0.304
s15	0.644	0.103	-0.077	0.542	-0.083
s16	0.614	-0.414	-0.079	0.416	-0.317
s17	0.711	0.460	0.053	-0.089	-0.233
s18	0.682	0.283	-0.009	-0.327	-0.353
s19	0.696	0.419	-0.191	-0.308	-0.167
s20	0.688	0.195	-0.102	-0.408	-0.200

提取方法：主成分分析法。
a. 提取了 5 个成分。

图 8-18　查看分析结果

旋转后的成分矩阵[a]

	成分				
	1	2	3	4	5
s1	0.110	0.168	0.751	0.221	0.219
s2	0.018	0.388	0.754	0.107	0.151
s3	0.361	-0.045	0.708	0.218	0.244
s4	0.334	-0.040	0.734	0.370	0.090
s5	0.171	0.847	0.128	0.219	-0.021
s6	0.053	0.909	0.061	0.200	0.048
s7	0.023	0.911	0.094	0.211	0.006
s8	0.815	0.132	0.340	-0.059	0.071
s9	0.860	0.116	0.159	0.055	-0.025
s10	0.741	0.127	0.043	0.198	0.388
s11	0.666	0.146	0.080	0.330	0.471
s12	0.747	-0.062	0.136	0.294	0.373
s13	0.784	0.027	0.087	0.256	0.400
s14	0.363	-0.042	0.215	0.190	0.755
s15	0.117	0.434	0.357	0.027	0.634
s16	0.311	-0.051	0.195	0.085	0.827
s17	0.117	0.545	0.189	0.623	0.217
s18	0.175	0.277	0.138	0.788	0.173
s19	0.092	0.350	0.379	0.736	0.055
s20	0.257	0.177	0.269	0.744	0.068

提取方法：主成分分析法。
旋转方法：凯撒正态化最大方差法。
a. 旋转在 9 次迭代后已收敛。

图 8-19　查看分析结果

我们将因子分析的结果依题项语意分成五个构面，分别为 CEO、Benefit、Cost、Technology 和无法命名的 Unknown 构面。整理出结果如表 8-6 所示。

表 8-6　第一次因子分析结果

	Factor[a]				
	1 CEO	2 Benefit	3 Cost	4 Technology	5 Unknown
S1	0.751				
S2	0.754				
S3	0.708				
S4	0.734				
S5		0.847			
S6		0.909			
S7		0.911			
S8			0.815		
S9			0.860		
S10			0.741		
S11	0.666			0.471	
S12	0.747	−0.062			
S13	0.784			0.400	
S14				0.755	
S15				0.634	
S16				0.827	
S17		0.545			0.623
S18			0.138		0.788
S19		0.350			0.736
S20				0.068	0.744
Total variance explained 79.057%					

我们根据题意，将各个因子归类和命名，如表 8-7 所示。

表 8-7　第一次因子分析结果

	Factor[a]				
	1 CEO	2 Benefit	3 Cost	4 Technology	5 Unknown
CEO 1	0.751				
CEO 2	0.754				
CEO 3	0.708				
CEO 4	0.734				

	Factor[a]				
	1 CEO	2 Benefit	3 Cost	4 Technology	5 Unknown
Benefit 1		0.847			
Benefit 2		0.909			
Benefit 3		0.911			
Cost 1			0.815		
Cost 2			0.860		
Cost 3			0.741		
Technology 1	0.666			0.471	
Benefit 4	0.747	−0.062			
Technology 2	0.784			0.400	
Technology 3				0.755	
Technology 4				0.634	
Technology 5				0.827	
Benefit 5		0.545			0.623
Cost4			0.138		0.788
Benefit 6		0.350			0.736
Technology 6				0.068	0.744
Total variance explained 79.057%					

删除不适用的题项，包括跨构面题项和形成的构面无法命名的题项，如 Technology 1，Benefit 4，Technology 2，Benefit 5，Cost4，Benefit 6，Technology 6。由于删除题项后，题项和构面可能会有变化，因此，需要再次做因子分析以确认题项和构面。我们整理报告输出结果如表 8-8 所示。

表 8-8　第二次因子分析结果

	Factor			
	CEO	Benefit	Cost	Technology
CEO 1	0.824			
CEO 2	0.713			
CEO 3	0.756			
CEO 4	0.827			
Benefit 1		0.879		
Benefit 2		0.946		
Benefit 3		0.934		

Factor			
CEO	Benefit	Cost	Technology
Cost 1			0.816	
Cost 2			0.905	
Cost 3			0.667	
Technology 3				0.813
Technology 4				0.626
Technology 5				0.891
Total variance explained 79. 416				

最后我们确认将因子分析的结果分成四个构面，分别为 CEO、Benefit、Cost 和 Technology 构面，总方差解释达 79.416。

我们也可以在范例数据文件下，直接执行下列语法：

```
FACTOR  /VARIABLES s1 s2 s3 s4 s5 s6 s7 s8 s9 s10 s11 s12 s13 s14 s15 s16 s17
s18 s19 s20  /MISSING LISTWISE /ANALYSIS s1 s2 s3 s4  s5 s6 s7 s8 s9 s10 s11 s12
s13 s14 s15 s16 s17 s18 s19 s20  /PRINT INITIAL KMO EXTRACTION ROTATION  /PLOT
EIGEN  /CRITERIA MINEIGEN(1) ITERATE(25)  /EXTRACTION PC  /CRITERIA ITERATE(25)
/ROTATION VARIMAX  /METHOD=CORRELATION .
```

会得到相同的报告结果。

第9章 回归分析

9.1 回归分析

许多人会将回归分析（Regression Analysis）与相关分析混淆，相关分析可以用来描述两个连续变量的线性关系，若要进一步确认两个变量之间的因果关系，则可以使用回归分析。回归分析可以分为简单回归和多元回归（复回归），简单回归用来讨论 1 个因变量和 1 个自变量的关系，多元回归用来讨论 1 个因变量和多个自变量的关系，我们整理简单回归和多元回归的表达式如下。

简单回归表达式：

$$Y = \beta_0 + \beta_1 X_1 + \varepsilon$$
β_0 为常数，β_1 为回归系数，ε 为误差

多元回归表达式：

$$Y = \beta_0 + \beta_1 X_1 + \beta_2 X_2 + \cdots + \beta_n X_n + \varepsilon$$
β_0 为常数，$\beta_1 \cdots \beta_n$ 为回归系数，ε 为误差

多元回归使用的变量都是计量的，也就是说，因变量与自变量两者都是计量的，表达式如下：

$$Y = X_1 + X_2 + \cdots + X_n$$
（计量） 计量

✪ **回归分析的两大应用方向**

回归分析经常用于解释和预测两大方面。有关解释方面，我们可以通过取得的样本计算出回归的方程，再通过回归的方程得知每个自变量对因变量的影响力（贡献）。当然也可以找出最大的影响变量，以解释结果在统计上和管理上的意义。有关预测方面，由于回归方程是线性关系，我们可以估算自变量的变动会带给因变量多大的改变。因此，我们使用回归分析来预测未来的变动。

9.2 回归分析的基本统计假设

在使用回归分析前，必须确认数据是否符合回归分析的基本统计假设，当数据违反回归分

186

析的基本统计假设时，会导致统计推断偏差。

回归分析的基本统计假设有下列 4 项：

■ **线性关系**

因变量和自变量之间的关系必须是线性关系，也就是说，因变量与自变量存在着相当固定比率的关系。若因变量与自变量呈非线性关系，可以通过转换呈线性关系，再进行回归分析。

■ **正态性**

若是数据呈正态分布，则误差项也会呈同样的分布。当样本数够大时，检查的方式是使用简单的直方图，若是样本数较小，检查的方式是使用正态概率图。

■ **误差项的独立性**

自变量的误差项之间应该是独立的，也就是误差项与误差项之间没有关系，否则，在估计回归参数时，会降低统计的检验力，我们可以通过残差的图形分析来检查，与时间序列和事件相关的数据需要特别小心地处理。

■ **误差项的方差相等**

自变量的误差项除需要呈正态分布外，其方差也需要相等，异方差会导致自变量无法有效地估计因变量，例如：在残差分布分析时，会呈现三角形分布和钻石分布这样的分布情况。在SPSS 软件中，我们可以使用莱文检验来检测方差的一致性，若方差不相等，我们可以把方差转换成相等后，再进行回归分析。

9.3　找出最佳的回归模型

在进行回归分析时，大多数情况下，选择变量进入的方式（以得到最佳的回归模型）是回归方程中可以使用的。有多个自变量的情况下，我们想要找的是以较少的自变量就足以解释整个回归模型最大量，存在的问题是我们应该选取多少个自变量，又应如何选择呢？我们整理了选择自变量进入回归模型的方式如下：

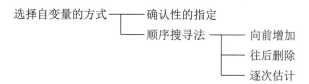

■ **确认性的指定**

以理论或文献为基础，研究人员可以指定哪些变量能够被纳入回归方程中，但必须注意的是，研究人员要能确认选定的变量可以在简洁的模型下，达到最大量的解释力。

■ **顺序搜寻法**

顺序搜寻法（Sequential Search Methods）是根据因变量解释力的大小，选择变量进入回归方程，常见的有向前增加（Forward Addition）、往后删除（Backward Elimination）、逐次估计（Stepwise Estimation）三种，我们分别介绍如下。

● 向前增加：自变量的选取的标准是所选取的变量刚好达到统计显著，根据解释力的大小，依次选取进入回归方程中，以逐步增加的方式，完成选取的动作。

● 往后删除：先将所有变量纳入回归方程中求出一个回归模型，接着，逐步将最小解释力的变量删除，直到所有未达显著的自变量都删除为止。

● 逐次估计：逐次估计是结合向前增加法和往后删除法的方式。首先，逐步估计会选取自变量中与因变量相关系数最大的自变量，接着，选取剩下的自变量与因变量相关系数最大的自变量（解释力最大者），每新增一个自变量，就利用往后删除法检验回归方程中是否有需要删除的变量，通过向前增加选取变量，往后删除进行检验，直到所有选取的变量都达显著水平为止，就会得到回归的最佳模型。

9.4　检验回归模型的统计显著性

回归模型的显著性检验，一般都使用 F 检验，F 检验将所有自变量计算进来，看因变量 Y 和所有自变量 X_n 是否有统计的显著性。

F 检验的虚无假设如下：

H_0：$\beta_1=\beta_2=\cdots=\beta_n=0$

H_1：Not all $\beta_i=0$（$i=1$，2，$\cdots$，n）

我们会将计算所得到的 F 值与查表所得的 $F_{临界值}$ 比较：

若 $F>F_{临界值}$：显著性存在，推翻虚无假设，需要做进一步的检验或解释。

若 $F\leqslant F_{临界值}$：显著性不存在，接受虚无假设，研究者不需要做进一步的检验，但仍需要作出解释。

F 值的计算公式如下：

$$F=\frac{SSE_{回归}/\mathrm{d}f_{回归}}{SSE_{总}/\mathrm{d}f_{残差}}$$

其中，$SSE_{回归}$ 为回归误差方差，$\mathrm{d}f_{回归}$ 为回归自由度，$SSE_{总}$ 为总方差，$\mathrm{d}f_{残差}$ 为残差自由度。

回归自由度 $=(k-1)$，k 为估计总体的数量

残差自由度 $=n-k$，k 为估计总体的数量，n 为样本数

$F_{临界值}=F_{(k-1,n-k)}$，查表可得 F 值

❂ 决定系数 R^2

决定系数（Coefficient of Determination）R^2 用来解释线性回归的适配度（Goodness of Fit），$R^2=0$ 时，代表因变量（Y）与自变量（X_n）没有线性关系；$R^2\neq0$ 时，代表因变量（Y）被自变量（X_n）所解释的比率，计算公式如下：

$$R^2=1-\frac{SSE}{SST}$$

其中，SSE 为误差方差，SST 为总方差

R^2 是回归可解释的方差，来自因变量 Y 的总方差，等于回归测量的方差＋误差方差，关系式如下：

$SST=SSR+SSE$

$1=\dfrac{SSR}{SST}+\dfrac{SSE}{SST}$

总方差 = 回归可解释的方差 + 误差方差

回归可解释的方差 $\dfrac{SSR}{SST} = 1 - \dfrac{SSE}{SST}$

其中，SSR 为回归方差。

在回归模型中，R^2 会用来说明整个模型的解释力，但是 R^2 会受到样本大小的影响，从而出现高估现象，样本越小，越容易出现问题（高估），因此，大多数的学者都采用调整后的 R^2，也就是将误差方差和因变量（Y）的总方差都除以自由度（degree of freedom, df）

$$\text{Adjusted } R^2 = 1 - \dfrac{\dfrac{SSE}{\mathrm{d}f_{\text{误差}}}}{\dfrac{SST}{\mathrm{d}f_{\text{总}}}}$$

其中，Adjusted R^2 为调整后的 R^2。

经过自由度的处理，我们就可以避免因样本太小而导致高估整个回归模型解释力的问题。

✪ 解释回归的变量

在回归模型具有统计显著性后，我们想要看看在回归方程中，哪些自变量（X_n）对因变量（Y）有较大的影响力。在原始的数据中，若是衡量尺度不一致，例如：体重的公斤、公克，身高的公尺、公分，在解释回归变量都会产生问题。因此，我们必须使用标准化系数，也就是对原始的自变量（X_n）予以标准化，标准化后的变量不会受到衡量尺度不同的影响，由标准化的自变量所计算而得到的回归系数，我们称为 β 系数，拥有 β 系数越高的自变量（X_n），对因变量（Y）的影响力越大。

9.5　共线性问题

当自变量（X_n）之间有共线性的问题时，代表多个自变量（X_n）有共同解释因变量部分，无法确认单个自变量（X），对因变量（Y）有多大的影响，那我们如何判断自变量（X_n）之间是否有共线性的问题呢？下列两个步骤可以判断共线性的问题：

步骤 1：查看相关系数，超过 0.8 就已经太高了，可能有共线性问题。

步骤 2：查看容忍度（Tolerance），容忍度 =（1– 自变量被其他自变量所解释的方差），容忍度（0 ～ 1 之间）越大越好，容忍度越大，越没有共线性问题，容忍度的倒数 = 方差膨胀因子（Variance Inflation Faction，VIF），方差膨胀因子的值越小越好，方差膨胀因子越小，代表越没有共线性问题。

当发生共线性问题时，我们可以采用的解决方式有：①忽略高度相关的变量；②只做预测，不解释回归系数；③只用来了解自变量和因变量的关系；④使用其他回归分析方法，来处理共线性的问题。

9.6　验证结果

验证结果的目的是确认回归模型是否可以代表总体，我们想要验证回归模型时，可以使用

2 个独立的样本，或将同一个样本分割成 2 个样本，进行回归分析后，若是 2 个样本没有显著差异，就代表样本有一致性，表示我们得到的回归模型经过验证后，可以代表总体。

9.7 研究范例

我们设计的研究问卷范例如表 9-1 所示。

表 9-1 ERP 使用者满意度量表

【ERP 项目团队的运作】					
A. 他们（她们）在参与项目时，您觉得：	非常不同意	有些不同意	一般	比较同意	非常同意
1. 对 ERP 系统开发给予明确的规范	☐	☐	☐	☐	☐
2. 参与 ERP 系统开发与建置团队人选的指派	☐	☐	☐	☐	☐
3. 制定新 ERP 系统做与不做的标准	☐	☐	☐	☐	☐
B. 团队合作方面，项目小组的成员					
4. 对于合作的程度是满意	☐	☐	☐	☐	☐
5. 对项目是支持的	☐	☐	☐	☐	☐
6. 对跨部门的合作是很有意愿	☐	☐	☐	☐	☐
【大型 ERP 系统的开发 / 使用】					
C. 对于系统的质量，您觉得	非常不同意	有些不同意	一般	比较同意	非常同意
7. ERP 系统可以有效地整合来自不同部门系统的数据	☐	☐	☐	☐	☐
8. ERP 系统的数据在很多方面是适用的	☐	☐	☐	☐	☐
9. ERP 系统可以有效地整合组织内各种型态的数据	☐	☐	☐	☐	☐
D. 对于信息的质量，您觉得					
10. 提供精确的信息	☐	☐	☐	☐	☐
11. 为作业提供足够的信息	☐	☐	☐	☐	☐
E. 对于信息部门的服务，您觉得					
12. 会在所承诺的时间内提供服务	☐	☐	☐	☐	☐
13. 坚持做到零缺点服务	☐	☐	☐	☐	☐
14. 总是愿意协助使用者	☐	☐	☐	☐	☐
F. 就使用者满意而言，您觉得					
15. 满意 ERP 系统输出信息内容的完整性	☐	☐	☐	☐	☐
16. ERP 系统是容易使用的	☐	☐	☐	☐	☐
17. ERP 系统的文件是有用的	☐	☐	☐	☐	☐

以中国台湾地区排名前 2 000 的企业为研究对象，本研究问卷共发出 957 份，回收有效问

卷 350 份，有效回收率为 36.57%。

我们建立的研究模型如图 9-1 所示。

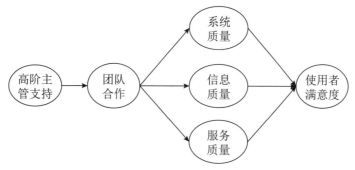

图 9-1　研究模型

编码代号：高阶主管支持（MI）、团队合作（CO）、系统质量（SQ）、信息质量（IQ）、服务质量（SV）、使用者满意度（US）。

根据研究构面的因果关系，我们需要处理四次简单回归和一次多元回归，四次简单回归分别是高阶主管支持（MI）→团队合作（CO）、团队合作（CO）→系统质量（SQ）、团队合作（CO）→信息质量（IQ）、团队合作（CO）→服务质量（SV）；一次多元回归的因变量是使用者满意度（US），自变量是系统质量（SQ）、信息质量（IQ）和服务质量（SV）。

说明： 简单回归是用来讨论 1 个因变量和 1 个自变量的关系。

多元回归是用来讨论 1 个因变量和多个自变量的关系。

实际操作如下。

（请先将范例文件 Ch9 复制到 C:\Ch9）

1. 打开范例文件 Regression.sav（在 C:\Ch9），点选【分析】-【回归】-【线性】，如图 9-2 所示。

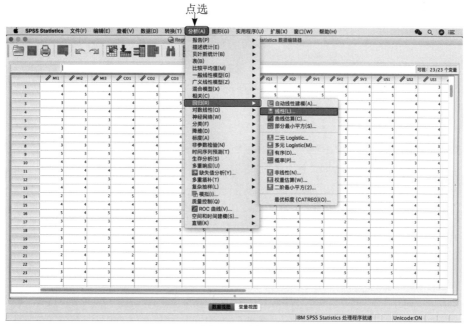

图 9-2　线性

2. 选取 "CO" 至【因变量】栏位，如图 9-3 所示。

图 9-3　因变量

3. 选取 "MI" 至【自变量】栏位，如图 9-4 所示。

图 9-4　自变量

4. 选择方法为【输入】，单击【统计】，如图 9-5 所示。

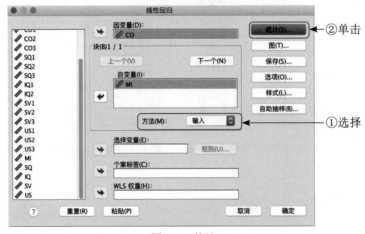

图 9-5　统计

- **因变量**
- **自变量**
- **方法：**
  - 输入：所有变量同时进入回归方程。
  - 步进：逐步估计是结合向前增加法和往后删除法的方式，首先，逐步估计会选取自变量中与因变量相关最大者，接着，选取剩下的自变量中，部分相关系数与因变量较高者（解释力较大者），每新增一个自变量，就利用往后删除法检验回归方程中是否有需要删除的变量，通过向前增加选取变量，往后删除进行检验，直到所有选取的变量都达显著水平，就会得到回归的最佳模型。
  - 除去：可以强制移除某些变量，使之不进入回归方程
  - 后退：先将所有变量纳入回归方程中求出一个回归模型，接着，逐步将最小解释力的变量删除，直到所有未达显著的自变量都删除为止。
- **个案标签：** 设定某个变量作为标签。
- **WLS 权重：** 以加权最小平方和来建立回归的模型。

5. 勾选【估算值】、【置信区间】、【协方差矩阵】、【模型拟合】、【R 方变化量】、【描述】、【部分相关性和偏相关性】、【共线性诊断】，单击［继续］，如图 9-6 所示。

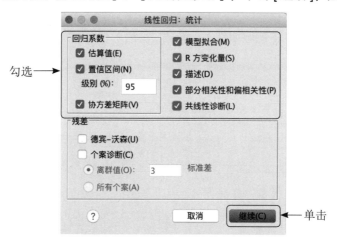

图 9-6　回归系数

- **回归系数：**
  - 估算值：在报表输出回归系数的相关值，例如：回归系数的估计值、标准差、t 值、P 值和标准化的回归系数值。
  - 置信区间：在报表输出 95% 的置信区间值。
  - 协方差矩阵：输出协方差矩阵值。
  - 模型拟合：用来显示模型拟合度，相关参考值有：复相关系数 R、判定系数 R^2、调整后的 R^2 和标准差。
  - R 方变化量：显示模型适合度时，R^2、F 值的改变量越大，代表预测能力越强。
  - 描述：显示变量的平均数、标准差、有效的样本数和相关矩阵。
  - 部分相关与偏相关性：显示部分与偏相关的系数。
  - 共线性诊断：显示共线性诊断统计量，例如：方差膨胀因子和交乘积矩阵的特征值。

■ 残差：

● 德宾 - 沃森：显示德宾 - 沃森（Durbin-Watson）检验量，也就是相邻误差项的相关程度大小。

● 个案诊断：每个观察值的诊断。

6. 单击【图】，如图 9-7 所示。

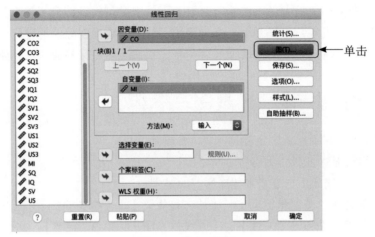

图 9-7　单击"图"

7. 勾选【直方图】和【正态概率图】，单击 [继续]，如图 9-8 所示。

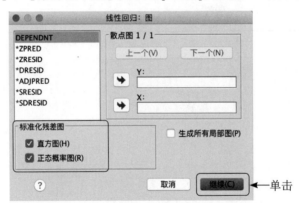

图 9-8　标准化残差图

其中，DEPENDNT 是指因变量；*ZPRED 是指标准化预测值；

*ZRESID 是指标准化残差值；*DRESID 是指删除后标准化残差值；

*ADJPRED 是指调整后的预测值；*SRESID 是指残差值；* SDRESID 是指删除后的残差值。

■ 散点图 1/1：选取变量的残差散点图，须要选取一个变量为 X 轴，另一个变量为 Y 轴。

■ 标准化残差图

● 直方图

● 正态概率图

■ 产生所有局部图：输出每个自变量与因变量的残差散点图。

8. 单击【选项】，如图 9-9 所示。

9. 勾选【使用 F 的概率】，单击【继续】，如图 9-10 所示。

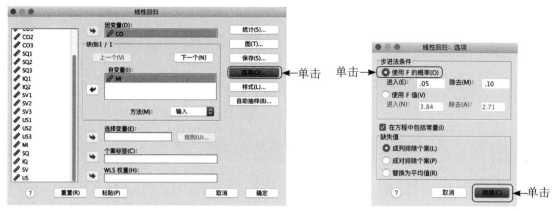

图 9-9　选项　　　　　　　　　　　　　图 9-10　使用 F 的概率

■　**步进法条件**

使用 F 的概率。

- 进入 0.05：（预设）自变量选入回归方程的概率值。
- 除去 0.10：回归方程计算后，变量大于回归参数的显著机率值会被移除。
- 使用 F 值：改为 F 值作为选取变量与删除变量的标准。

方程中含有常数项

■　**缺失值**

- 成列排除个案
- 成对排除个案
- 替换为平均值

10. 结果如图 9-11 所示。

图 9-11　结果 1

描述统计：显示团队合作 CO、高阶主管支持 MI 的平均值和标准差。

相关性：显示团队合作 CO、高阶主管支持 MI 的相关系数是显著的，$P=0.000$，相关系数的值是 0.314。

模型中进入的因变量是 CO，自变量是 MI。

模型摘要中，有复相关系数 $R=0.314$，$R^2=0.098$，调整后的 $R^2=0.096$，估计的标准误差 $=2.24$，R^2 变化量 $=0.098$，F 值的变化量 $=37.948$，分子自由度 $=1$，分母自由度 $=348$，显著性 F 变化量 $=0.000$，如图 9-12 所示。

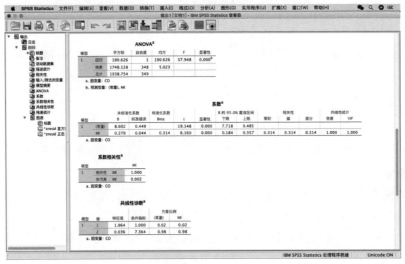

图 9-12　结果 2

方差分析摘要表，有回归测量方差 $=190.626$，误差方差 $=1\,748.128$，总方差 $=1\,938.754$，回归测量方差 + 误差方差 = 总方差，F 值等于 37.948（$F=$ 回归均方误 / 残差均方误 $=190.626 \div 5.023=37.948$），$P=0.000<0.05$，达显著水平。

✪ 系数表：

回归分析的各系数值，常数项等于 8.602，未标准化的回归系数高阶主管支持（MI）$=0.270$，标准化的回归系数 $=0.314$，t 值 $=6.160$，$P=0.000<0.05$，达到显著水平。

系数相关性：自变量的相关系数 $=1.000$，协方差系数 $=0.002$。

共线性诊断：方差膨胀因子的值越小越好，越小代表越没有共线性问题，此外也可以看维的特征值和条件指标的值，一般条件指标的值大于 30 时，就可能有共线性问题，如图 9-13 和图 9-14 所示。

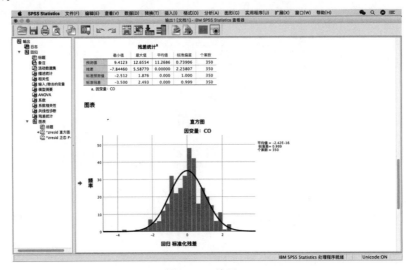

图 9-13　结果 3

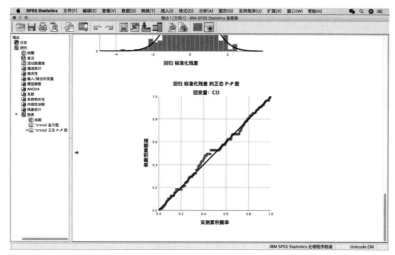

图 9-14 结果 4

残差统计：残差值的描述统计量有预测值、残差、标准预测值和标准残差，

例如：最小残差值 =-7.844 6，最大残差值 =5.587 7，标准差 =2.238 07。

我们也可以在范例数据文件下，直接执行下列语法，会得到相同的报表结果：

```
REGRESSION  /DESCRIPTIVES MEAN STDDEV CORR SIG N  /MISSING LISTWISE  /STATISTICS
COEFF OUTS CI BCOV R ANOVA COLLIN TOL CHANGE ZPP  /CRITERIA=PIN（.05）POUT（.10）
/NOORIGIN  /DEPENDENT CO  /METHOD=ENTER MI  /RESIDUALS HIST（ZRESID） NORM
（ZRESID）.
```

执行命令语法的实际操作如下。

1. 输入语法，如图 9-15 所示。

图 9-15 输入语法

2. 单击【运行】-【全部】，如图 9-16 所示。

图 9-16 运行语法

3. 结果如图 9-17 所示。

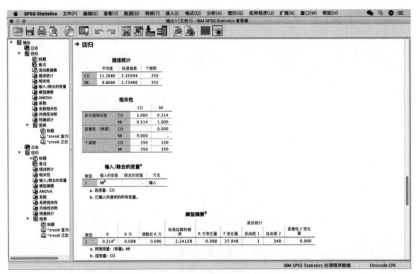

图 9-17 结果

我们需要的值是在模型摘要表（见表 9-2）和系数表（见表 9-3）。

表 9-2　模型摘要表

模型	R	R^2	调整后 R^2	标准估算的误差	更改统计				
					R^2 变化量	F 变化量	自由度 1	自由度 2	显著性 F 变化量
1	0.314（a）	**0.098**	0.096	2.241 28	0.098	37.948	1	348	**0.000**

表 9-3　系数表

模型		未标准化系数		标准化系数	t	显著性	B 的 95% 置信区间		相关性			共线性统计	
		B	标准误差	Beta			下限	上限	零阶	偏	部分	容差	方差膨胀因子
1	（常量）	8.602	0.449		19.148	0.000	7.718	9.485					
	MI	0.270	0.044	0.314	6.160	**0.000**	0.184	0.357	0.314	0.314	0.314	1.000	1.000

我们从模型摘要表和系数表中得到高阶主管支持（MI）对团队合作（CO）的变量解释力 =0.098，显著性 P=0.000，路径系数 =0.314，如图 9-18 所示。

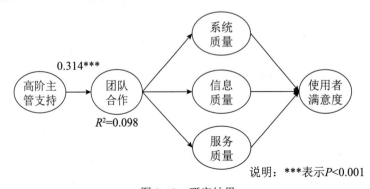

说明：***表示 $P<0.001$

图 9-18　研究结果

　　高阶主管支持（MI）、团队合作（CO）、系统质量（SQ）、信息质量（IQ）、服务质量
（SV）、使用者满意度（US）。

　　我们处理好高阶主管支持（MI）对团队合作（CO）的影响后，接着要处理的是团队合作
（CO）→系统质量（SQ）的影响，由于都是使用线性回归，我们可以重复高阶主管支持（MI）
对团队合作（CO）的操作步骤，也可以使用快捷方式"重新呼叫对话"进行操作，使用重新
呼叫对话框的方式可以不必重复设定前一次已经设定好的参数值，只要更改变量或更改部分参
数就可以执行我们所需要的统计功能。接下来我们使用重新呼叫对话框的方式处理团队合作
（CO）→系统质量（SQ）的影响，实际操作如下。

　　1. 单击【呼叫最近使用的对话】-【线性回归】，如图 9-19 所示。

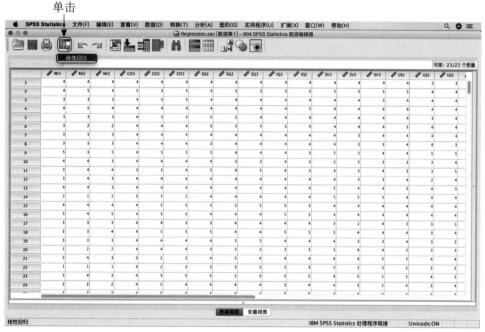

图 9-19　线性回归

　　**2. 选取 "SQ" 至【因变量】栏位，选取 "CO" 至【自变量】栏位，单击【确定】，如图 9-20
所示。**

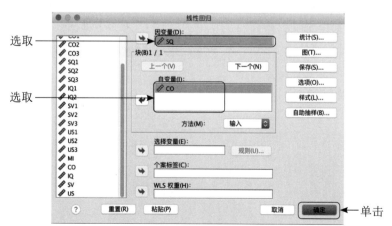

图 9-20　选取变量

3. 结果如图 9-21 所示。

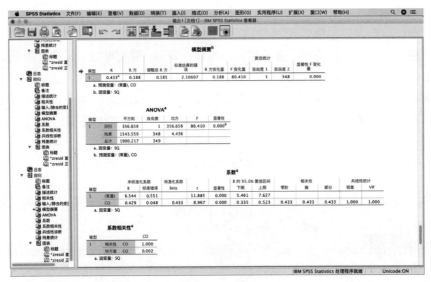

图 9-21　结果

我们需要的值是在模型摘要表（见表 9-4）和系数表（见表 9-5）。

表 9-4　模型摘要表

模型	R	R^2	调整后 R^2	标准估算的误差	R^2 变化量	F 变化量	自由度 1	自由度 2	显著性 F 变化量
					\multicolumn{5}{c|}{更改统计}
1	0.433（a）	**0.188**	0.185	2.10607	0.188	80.410	1	348	**0.000**

表 9-5　系数表

模型		未标准化系数		标准化系数	t	显著性	B 的 95% 置信区间		相关性			共线性统计	
		B	标准误差	Beta			下限	上限	零阶	偏	部分	容差	方差膨胀因子
1	（常量）	6.544	0.551		11.885	0.000	5.461	7.627					
	CO	0.429	0.048	**0.433**	8.967	**0.000**	0.335	0.523	0.433	0.433	0.433	1.000	1.000

我们从模型摘要表和系数表中得到团队合作（CO）对系统质量（SQ）的变量解释力 = 0.188，显著性 P=0.000，路径系数 =0.433，如图 9-22 所示。

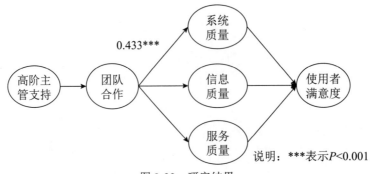

说明：***表示P<0.001

图 9-22　研究结果

　　高阶主管支持（MI）、团队合作（CO）、系统质量（SQ）、信息质量（IQ）、服务质量（SV）、使用者满意度（US）。

　　我们处理好团队合作（CO）→系统质量（SQ）的影响后，接着要处理的是团队合作（CO）→信息质量（IQ）的影响，由于都是使用线性回归，我们可以重复高阶主管支持（MI）对团队合作（CO）的操作步骤，也可以使用重新呼叫对话框的方式进行操作，使用重新呼叫对话框的方式可以不必重新设定前次已经设定好的参数值，只要更改变量或更改部分参数就可以执行我们所需要的统计了。接下来我们使用重新呼叫对话框的方式处理团队合作（CO）→信息质量（IQ）的影响，实际操作如下。

1. 单击【呼叫最近使用的对话】-【线性回归】，如图 9-23 所示。

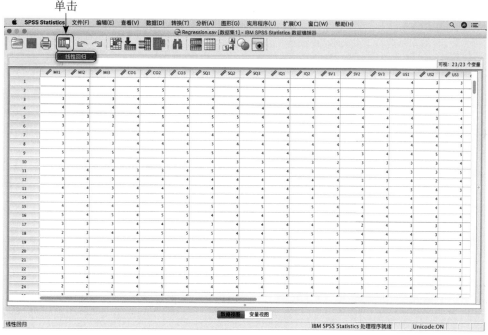

图 9-23　线性回归

2. 选取 "IQ" 至【因变量】栏位，选取 "CO" 至【自变量】栏位，如图 9-24 所示。

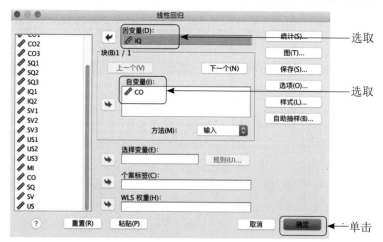

图 9-24　选取变量

3. 结果如图 9-25 所示。

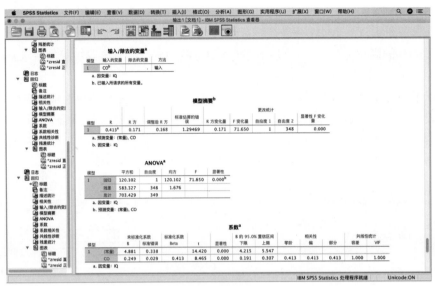

图 9-25　结果

我们需要的值是在模型摘要表和系数表，如表 9-6 和表 9-7 所示。

表 9-6　模型摘要表

模型	R	R^2	调整后 R^2	标准估算的误差	更改统计				
					R^2 变化量	F 变化量	自由度 1	自由度 2	显著性 F 变化量
1	0.413（a）	**0.171**	0.168	1.294 69	0.171	71.650	1	348	**0.000**

表 9-7　系数表

模型		未标准化系数		标准化系数	t	显著性	B 的 95% 置信区间		相关性			共线性统计	
		B	标准误差	Beta			下限	上限	零阶	偏	部分	容差	方差膨胀因子
1	（常量）	4.881	0.338		14.420	0.000	4.215	5.547					
	CO	0.249	0.029	**0.413**	8.465	**0.000**	0.191	0.307	0.413	0.413	0.413	1.000	1.000

我们从模型摘要表和系数表中整理团队合作（CO）对信息质量（IQ）的变量解释力 = 0.171，$P=0.000$ 和路径系数 =0.413，如图 9-26 所示。

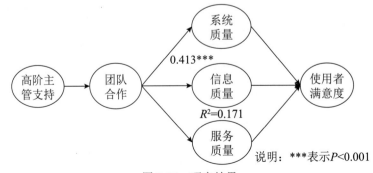

图 9-26　研究结果

高阶主管支持（MI）、团队合作（CO）、系统质量（SQ）、信息质量（IQ）、服务质量（SV）、使用者满意度（US）。

我们处理好团队合作（CO）→信息质量（IQ）的影响后，接着要处理的是团队合作（CO）→服务质量（SV）的影响，由于都是使用线性回归，我们可以重复高阶主管支持（MI）对团队合作（CO）的操作步骤，也可以使用重新呼叫对话框的方式进行操作，使用重新呼叫对话框的方式可以不必重新设定前次已经设定好的参数值，只要更改变量或更改部分参数就可以执行我们所需要的统计了。接下来我们使用重新呼叫对话框的方式处理团队合作（CO）→服务质量（SV）的影响，实际操作如下。

1. 单击【呼叫最近使用的对话】-【线性回归】，如图 9-27 所示。

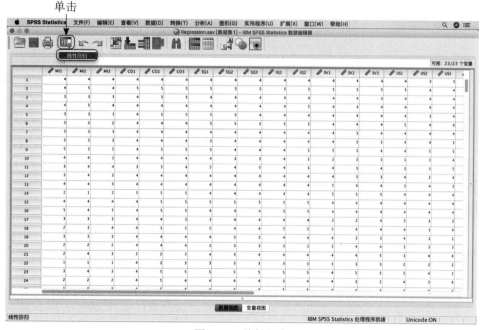

图 9-27　线性回归

2. 选取"SV"至【因变量】栏位，选取"CO"至【自变量】栏位，单击【确定】，如图 9-28 所示。

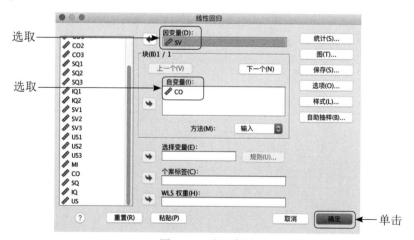

图 9-28　选取变量

3. 结果如图 9-29 所示。

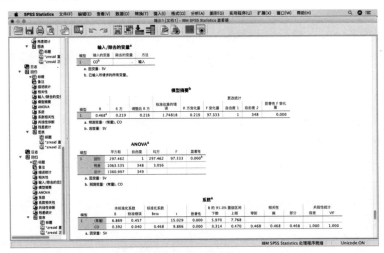

图 9-29　结果

我们需要的值是在模型摘要表和系数表，如表 9-8 和表 9-9 所示。

表 9-8　模型摘要表

模型	R	R^2	调整后 R^2	标准估算的误差	R^2 变化量	F 变化量	自由度 1	自由度 2	显著性 F 变化量
					更改统计				
1	0.468（a）	**0.219**	0.216	1.748 18	0.219	97.333	1	348	**0.000**

a 预测变量：（常量），CO

b 因变量：SV

表 9-9　系数表

模型		未标准化系数		标准化系数	t	显著性	B 的 95% 置信区间		相关性			共线性统计	
		B	标准误差	Beta			下限	上限	零阶	偏	部分	容差	方差膨胀因子
1	（常量）	6.869	0.457		15.029	0.000	5.970	7.768					
	CO	0.392	0.040	**0.468**	9.866	**0.000**	0.314	0.470	0.468	0.468	0.468	1.000	1.000

a 因变量：SV

我们从模型摘要表和系数表中得出团队合作（CO）对服务质量（SV）的变量解释力 = 0.219，显著性 P=0.000，路径系数 =0.468，如图 9-30 所示。

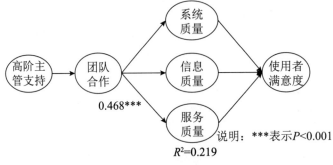

图 9-30　研究结果

高阶主管支持（MI）、团队合作（CO）、系统质量（SQ）、信息质量（IQ）、服务质量（SV）、使用者满意度（US）。

我们处理好团队合作（CO）→服务质量（SV）的影响后，接着要处理的是系统质量（SQ）、信息质量（IQ）和服务质量（SV）三者对使用者满意度（US）的影响，由于都是使用线性回归，我们可以重复高阶主管支持（MI）对团队合作（CO）的操作步骤，也可以使用重新呼叫对话框的方式进行操作，使用重新呼叫对话框的方式可以不必重新设定前次已经设定好的参数值，只要更改变量或更改部分参数就可以执行我们所需要的统计了。接下来我们使用重新呼叫对话框的方式处理系统质量（SQ）、信息质量（IQ）和服务质量（SV）三者对使用者满意度（US）的影响，实际操作如下。

1. 单击【呼叫最近使用的对话】-【线性回归】，如图 9-31 所示。

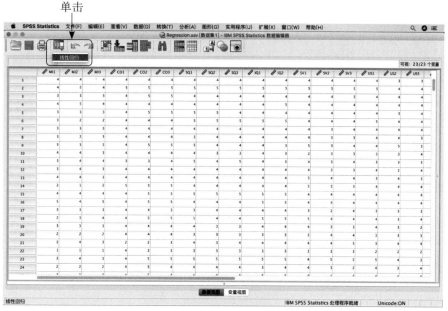

图 9-31　线性回归

2. 选取 "US" 至【因变量】栏位，选取 "SV" "IQ" "SQ" 至【自变量】栏位，单击【确定】，如图 9-32 所示。

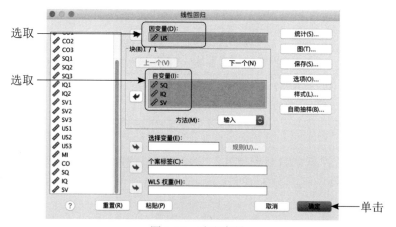

图 9-32　选取变量

3. 结果如图 9-33 所示。

图 9-33　结果

我们需要的值是在模型摘要表和系数表，如表 9-10 和表 9-11 所示。

表 9-10　模型摘要表

模型	R	R^2	调整后 R^2	标准估算的误差	更改统计			
					R^2 变化量	F 变化量	自由度 1	自由度 2	显著性 F 变化量
1	0.694（a）	**0.481**	0.477	1.495 51	0.481	107.005	3	346	**0.000**

a 预测变量：（常量），SV，SQ，IQ

b 因变量：US

表 9-11　系数表

模型		未标准化系数		标准化系数	t	显著性	B 的 95% 置信区间		相关性			共线性统计	
		B	标准误差	Beta			下限	上限	零阶	偏	部分	容差	方差膨胀因子
1	（常量）	1.237	0.541		2.289	0.023	0.174	2.301					
	SQ	0.208	0.047	**0.235**	4.461	**0.000**	0.116	0.300	0.562	0.233	0.173	0.541	1.847
	IQ	0.410	0.077	**0.282**	5.354	**0.000**	0.260	0.561	0.578	0.277	0.207	0.541	1.848
	SV	0.353	0.046	**0.337**	7.720	**0.000**	0.263	.443	0.554	0.383	0.299	0.787	1.270

a 因变量：US

我们从模型摘要表和系数表中得出团队合作（CO）对服务质量（SV）的变量解释力 = 0.481，P=0.000 和路径系数 SQ → US=0.235 显著，IQ → US=0.282 显著，SV → US=0.337 显著，如图 9-34 所示。

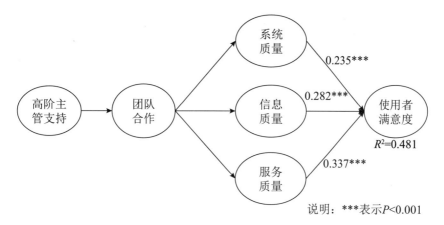

图 9-34　研究结果

高阶主管支持（MI）、团队合作（CO）、系统质量（SQ）、信息质量（IQ）、服务质量（SV）、使用者满意度（US）。

经过多次的简单回归和多元回归后，得到最终的研究结果如图 9-35 所示。

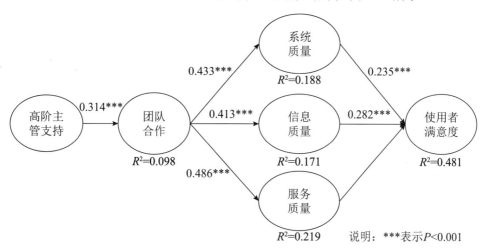

图 9-35　研究结果

高阶主管支持（MI）、团队合作（CO）、系统质量（SQ）、信息质量（IQ）、服务质量（SV）、使用者满意度（US）。

说明： *代表显著，构面之间为路径系数，R^2 代表解释力。*

第10章 判别分析与逻辑回归

10.1 判别分析

判别分析（Discriminant Analysis）又称区别分析或鉴别分析。

10.1.1 判别分析介绍

判别分析是根据已知的样本分类，建立判别标准（判别函数），以判定新样本应归属于哪一种类的分析。换句话说，判别分析主要是用来了解群体的差异，先利用判别变量建立判别标准（判别函数），再根据判别标准对个体进行分类，以预测受测者属于哪一个组别或群体的概率。

判别分析适用于因变量是非计量，自变量是计量的情况，如下：

$$Y=X_1+X_2+X_3+\cdots+X_k$$
（非计量，例如：名义）（计量）

判别分析的因变量最好可以分为几组，在单一因变量下，可以利用两分法（人的性别分为男性和女性），或多分法（人的薪资分为高、中和低收入）。判别分析的目的是了解组别的差异和找到判别函数，用来判定单一受测者应该归于哪一个组别或群体。

✪ **判别函数**

判别分析是两个或两个以上自变量的线性组合，这个线性组合对于先前定义好的群组，具有最佳的判别能力。判别能力可以通过设定每个变量的权重，使组间方差和组内方差的比率最大。判别能力最大的线性组合，就是我们要的判别函数（Discriminant Function），其形式如下：

判别函数（Hair et al., 1998，p244）

$$Z_{jk}=a+W_1X_{1k}+W_2X_{2k}+\cdots+W_nX_{nk}$$

其中，Z_{jk} 是指判别函数 j 对对象 k 的判别 Z 分数；

　　　a 是指截距，也称为常数；

　　　W_i 是指对每个变量 i 的判别权重；

　　　X_{jk} 是指自变量 i，对于对象（样本）k。

我们以几何图形解释，如图 10-1 所示。

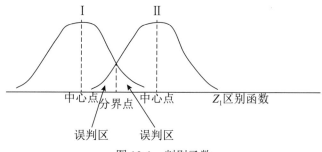

图 10-1　判别函数

我们有两组数据 Ⅰ 和 Ⅱ，其数据分布如图 10-1，分别映像到 Z 轴，Z_1 为判别函数的分数（称为 Z score），其分界点为两组平均值的中心，此处可达最佳的判别效果，也就是我们需要的判别函数。Ⅱ组落入Ⅰ组（阴暗处）误判数量和Ⅰ组落入Ⅱ组误判数量都较低。

若是分界点落在别处，如图 10-2 所示。

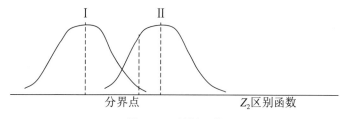

图 10-2　判别函数

Ⅱ组落入Ⅰ组和Ⅰ组落入Ⅱ组的误判数量都会增加，最好的情况，则会与两组平均值的中心相同，不会更好。

我们再以两个变量，X_1 和 X_2 为例，Ⅰ 和 Ⅱ 代表两个群体，两个群体为正态分布，如图 10-3 所示。

我们可以将群体Ⅰ和Ⅱ投射到 y 轴面，以得到判别最大Ⅰ组和Ⅱ组的函数，（$y=b'x$），这就是我们要的判别函数。

我们也可以用另外两个变量 X_3 和 X_4 为例，Ⅰ 和 Ⅱ 代表两个正态分布的群体，如图 10-4 所示。

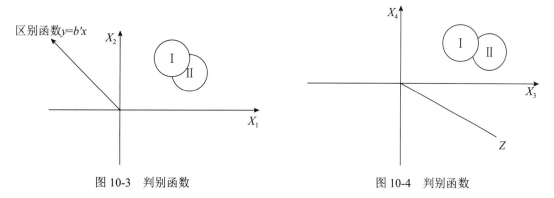

图 10-3　判别函数　　　　　　　　　　　　图 10-4　判别函数

判别函数 $Z_{ji}=a+W_1X_{1k}+\cdots+W_nX_{nk}$

我们可以将群体Ⅰ和Ⅱ投射到 Z 轴，以得到判别最大Ⅰ组和Ⅱ组的函数，这就是我们要的判别函数。

（研究问题） 判别分析的应用：

（1）利用身高、体重来区分性别

（2）利用客户的性别、收入、教育程度来判断客户是否会购买产品

（3）利用客户的职业、收入、资产、负债等数据来判断客户是否有还款能力

（4）动植物分类

（5）商品等级分类

（6）政治：利用年龄、教育程度、议题立场、政党倾向等，对已表态的选民做判别分析，来对未表态者的投票意向进行预测

（7）风险评估：通过公司的财务数据、企业主的个人资料等，通过判别分析建立信用评估模型，来判定未来企业申请贷款者的标准。

10.1.2　判别分析范例

我们想了解某顾问公司提供技术（变量 Tech）、服务（变量 Serv）和管理（变量 Manage），分别在客户满意度（变量 satis）（高满意度、中满意度和低满意度）中的判别情况，除可以预测新客户的满意度外，还可以为顾问公司的改善方向提供依据。

实际操作如下。

（请先将范例文件 Ch10 复制到 C:\Ch10）

1. 打开范例 discriminate.sav（在 C:\Ch10），单击【分析】-【分类】-【判别式】，如图 10-5 所示。

单击

图 10-5　打开文件并单击"判别式"

2. 选取"satis"至【分组变量】栏，如图 10-6 所示。

3. 单击【定义范围】，如图 10-7 所示。

图 10-6　判别分析

图 10-7　单击"定义范围"

4. 输入最小值与最大值，输入完毕后，单击【继续】，如图 10-8 所示。

由于 satis 变量的值，最小为 1，最大为 3，所以在最小值输入 1，最大值输入 3，请根据实际操作案例，自行判断自己变量的最小和最大的值，再输入。

5. 选取"Tech""Serv"和"Manage"至【自变量】栏，如图 10-9 所示。

图 10-8　判别分析：定义范围

图 10-9　选取自变量

6. 单击【统计】，如图 10-10 所示。

7. 全部勾选，勾选完毕后，单击【继续】，如图 10-11 所示。

图 10-10　单击"统计"

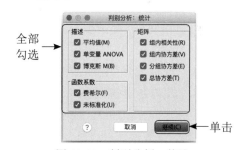

图 10-11　判别分析：统计

■　**描述**

●　平均值

●　单变量 ANOVA：单变量的方差分析。

●　博克斯 M：这是博克斯协方差矩阵相等性检验，会列出决定因子的秩和自然对数值。

■　**矩阵**

●　组内相关性：利用组内的相关矩阵，将样本的值加以分类。

●　组内协方差：利用组内的协方差矩阵，将样本的值加以分类。

●　分组协方差：利用各组的协方差，将样本的值加以分类。

●　总协方差：显示所有的协方差。

- **函数系数**
  - 费希尔：费希尔的函数系数，是使用线性判别方式来计算费希尔的函数系数。
  - 未标准化：计算非标准化的判别系数。

8. 单击【分类】，如图 10-12 所示。

9. 勾选【摘要表】和【留一分类】，勾选完毕后，单击【继续】，如图 10-13 所示。

图 10-12　单击"分类"

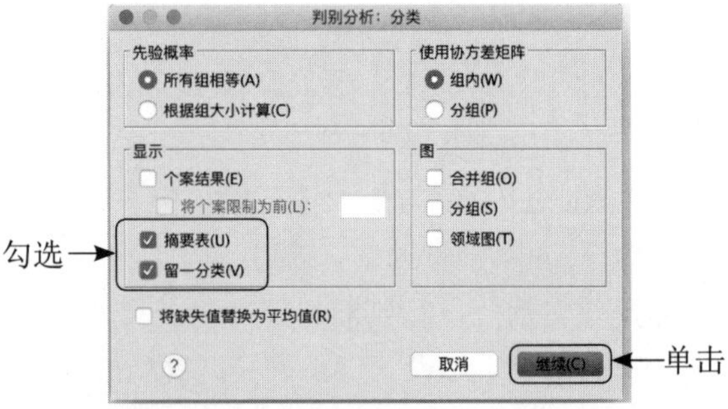

图 10-13　判别分析：分类

- **先验概率**
  - 所有组相等：利用所有组别的概率相等进行计算（默认值）
  - 根据组大小计算：按照组别的大小来决定各组的先验概率
- **使用协方差矩阵**
  - 组内：组内的协方差矩阵
  - 分组
- **显示**
  - 个案结果：显示每个样本值的预测组别、后验概率和判别的值
  - 摘要表
  - 留一分类：显示每个样本值的分类情况
- **图**
  - 合并组：合并的组别图，有柱形图和散点图
  - 分组：各组的组别图
  - 领域图：领域图，显示出重心和边界
- **将缺失值替换为平均值**：用平均值取代缺失值

10. 单击【确定】，如图 10-14 所示。

图 10-14　单击"确定"

11. 结果如图 10-15 所示。

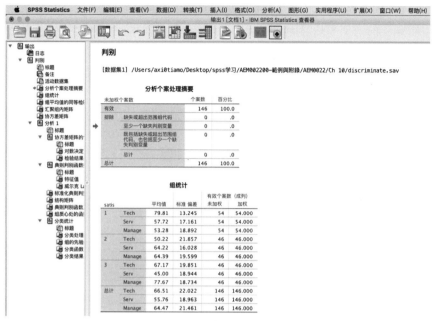

图 10-15　查看分析结果

表 10-15 是有关样本 N 的处理摘要表，有效样本数为 146，排除的缺失或超出范围组代码数为 0，至少一个缺失判别变量为 0，上述两种情况的值为 0，排除的总数为 0，所有的总数为 146。

组统计：组统计为各个组别的描述性统计量，包括整体满意度 [低（1），中（2），高（3）]，在 Tech（技术）、Serv（服务）和 Manage（管理）等三个变量的平均值、标准偏差和有效个案数，如图 10-16 所示。

图 10-16　查看分析结果

组平均值的同等检验，也就是利用单变量方差进行分析，F 值越大，威尔克 Lambda 值会越小，代表平均值的方差越大，从上表可知不同的整体满意度在 Tech（技术）、Serv（服务）和 Manage（管理）的 F 值都达显著 sig：P=0.000，分别是技术 =32.104，服务 =14.564，管理 = 20.330。

图 10-17 是协方差矩阵的博克斯等同性检验，列出对数决定因子的秩和自然对数值。

协方差矩阵的博克斯等同性检验结果是非常重要的判定指标。如果 P 值 >0.05，未达显著，可确认各组的组内方差矩阵相等，符合判别分析的假设前提，从图 10-17 得知：

博克斯 M=20.227

F=1.634

Sig：P=0.075

代表未达显著，接受虚无假设，表示各组的组内方差矩阵是相等的，可以继续进行判别分析。

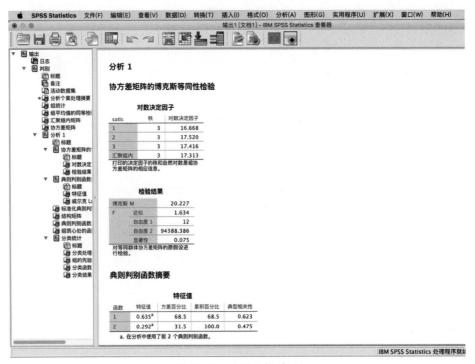

图 10-17　查看分析结果

如图 10-18 所示，典则判别函数摘要，函数为判别函数，有 1 和 2，以第一个判别函数为例，特征值 =0.635，方差百分比 = 68.5，累积百分比 =68.5，典型相关性 = 0.623，判别函数的特征值越大，代表函数越有判别力。

威尔克 Lambda 中函数检验 1 直至 2 代表函数 1 和函数 2 在三个组别的差异程度，卡方（χ^2）=106.196，P=0.000 达显著水平，2 代表排除函数 1 后，单独函数 2 在三个组别的差异程度，χ^2 =36.369，P=0.000 达显著水平。综合上述结果，有两个判别方程可以有效地解释整体满意度（因变量）的方差量。

图 10-18 查看分析结果

标准化典则判别函数系数，代表自变量对因变量的贡献程度，系数值越大，代表影响力越大，根据图 10-19 中的值，我们可以整理出两个标准化典型判别函数如下：

第一个判别函数 F1=0.879 × 技术 ＋ 0.207 × 服务 － 0.629 × 管理

第二个判别函数 F2=0.366 × 技术 － 0.653 × 服务 ＋ 0.410 × 管理

结构矩阵的结果与标准化典型判别函数的结果相同,结构矩阵中的值越大,代表影响力也越大。

图 10-19 查看分析结果

如图 10-20 分类处理摘要，处理的有 146 个，其他缺失值 0 个，输出为 146 个。

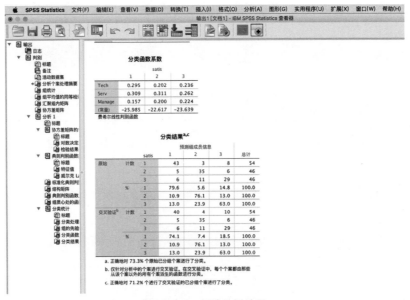

图 10-20　查看分析结果

在组的先验概率中，我们之前选用所有组相等选项，所以，每个组别的先验概率相同，均为 0.333，若是选用根据组大小计算，则会以各组样本占总样本的比率进行计算。

分类函数系数是用来判定收集的样本属于哪一组，我们整理分类函数如下：

分类函数 CF1=0.295× 技术 ＋ 0.309× 服务 ＋ 0.157× 管理 － 25.985

分类函数 CF2=0.202× 技术 ＋ 0.311× 服务 ＋ 0.200× 管理 － 22.617

分类函数 CF3=0.236× 技术 ＋ 0.262× 服务 ＋ 0.224× 管理 － 23.639

我们将收集样本的值代入分类函数 CF1，CF2 和 CF3，在哪一组计算得到最大值，就归属于哪一组，形成分类结果。

由分类结果，可以看出：

原始为 1 的，分类到第 1 组的有 43，正确率为 79.6%；

原始为 2 的，分类到第 2 组的有 35，正确率为 76.1%；

原始为 3 的，分类到第 3 组的有 29，正确率为 63%。

原始组别可以正确分类的有 73.3%，交叉验证可以正确分类的有 71.2%。

判别分析结果整理：

判别分析：根据已知的样本分类，建立判别标准（判别函数），以判定新样本应归属于哪一种类。在本范例中，我们找到分类函数结果如下：

分类函数 CF1=0.295× 技术 ＋ 0.309× 服务 ＋ 0.157× 管理 － 25.985

分类函数 CF2=0.202× 技术 ＋ 0.311× 服务 ＋ 0.200× 管理 － 22.617

分类函数 CF3=0.236× 技术 ＋ 0.262× 服务 ＋ 0.224× 管理 － 23.639

分类结果：

原始为 1 的，分类到第 1 组的有 43，正确率为 79.6%；

原始为 2 的，分类到第 2 组的有 35，正确率为 76.1%；

原始为 3 的，分类到第 3 组的有 29，正确率为 63%。

原始组别可以正确分类的有 73.3%，交叉验证可以正确分类的有 71.2%。

我们也可以在范例文件下，直接运行下列语法：

```
DISCRIMINANT  /GROUPS=satis ( 1 3 )  /VARIABLES=Tech Serv Manage  /ANALYSIS ALL  /
PRIORS  EQUAL  /STATISTICS=MEAN STDDEV UNIVF BOXM COEFF RAW CORR COV GCOV TCOV
TABLE CROSSVALID  /CLASSIFY=NONMISSING POOLED .
```

会得到相同的报告结果。

10.2　逻辑回归

10.2.1　逻辑回归介绍

回归分析主要可用来做因果分析和预测分析，一般我们常用线性回归。线性回归的因变量是连续变量，如果因变量不是连续变量，而是二分变量（Dichotomous Variable，例如：男或女、是否通过考试）等情况，就必须使用逻辑回归（Logistic Regression）了。一般线性回归的回归系数（Regression Coefficient）被解释为"当自变量增加一个单位，因变量会增加多少单位"，但是在逻辑回归中的回归系数被解释为"当自变量增加一个单位，因变量 1 相对因变量 0 的概率会增加几倍"，换句话说，一件事情发生的概率（因变量 1）与一件事情没发生的概率（因变量 0）的比值，这个比值就是比值比。一般线性回归和逻辑回归的分析是相似的，但是对于回归系数的解释是不相同的。

逻辑回归适用于因变量为名义二分变量，自变量为连续变量的情况，如下：

$$Y=X_1+X_2+X_3+\cdots$$
（名义二分变量）（连续变量）

✪ 逻辑回归、多元回归和判别分析的比较

逻辑回归和多元回归的差别是多元回归的数据必须符合正态分布，常用普通最小二乘法（Ordinary Least Square, OLS）进行估计，而逻辑回归则是数据必须呈现 S 型的概率分布，也称为 Logic 分布，常用最大似然法进行估计，如图 10-21 所示。

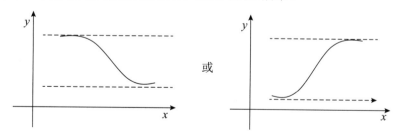

图 10-21　逻辑回归

多元回归的因变量和自变量都是连续性的变量，逻辑回归的因变量是名义二分变量，自变量是连续变量。

逻辑回归和判别分析的差异是，判别分析需要方差、协方差相等，而逻辑回归不太受方差、协方差影响（Hair，1998），但是逻辑回归需要符合的是 S 型的 Logic 分布。逻辑回归和判别分析相同的是因变量都是名义二分变量，自变量都是连续变量。

■ 逻辑回归的检验

我们在 SPSS 软件输出报告中可以查看 χ^2：卡方值和霍斯默 - 莱梅肖检验，在模型系数的 Omnibus 检验报告中的卡方值达显著（$P \leqslant 0.05$）时，代表至少有一个自变量可以有效地解释因变量。而霍斯默 - 莱梅肖检验卡方值达不显著，（$P > 0.05$）代表模型的适配度良好，另外，我们也可以查看模型摘要的考克斯 - 斯奈尔 R^2 值，值越高代表有越好的模型适配度（Hair，1998）。

> 注意：我们需要的霍斯默－莱梅肖检验和 Omnibus 检验的显著性判定值正好相反。

10.2.2 逻辑回归范例

政府对中小企业提供的服务项目如下：

C23：经营管理

C24：计算机化管理指导

C25：策略联盟

C26：免费信息系统诊断

C27：人才培训

C28：法律咨询

C29：软件种类查询

C30：政府法规咨询

C31：融资贷款

C32：经费补助

在使用政府提供的服务后，对政府服务的内容满意度调查，0 代表 80 分以下，1 代表 80 分（含）以上。我们想知道中小企业对于政府提供服务的内容，哪些是影响高满意度的项目。

逻辑回归实际操作如下。

（先前已将范例文件 Ch10 复制到 C:\Ch10）

1. 打开范例文件 logic.sav（在 C:\Ch10），单击【分析】-【回归】-【二元 Logistic】，如图 10-22 所示。

图 10-22 打开文件并单击"二元 Logistic"

2. 选取"A2"至【因变量】栏，如图 10-23 所示。

图 10-23　Logistic 回归

因变量 A2 为名义标度，0 代表 80 分以下，1 代表 80 分（含）以上。

3. 选取"c23"～"c32"至【协变量】栏，如图 10-24 所示。

4. 单击【选项】，如图 10-25 所示。

图 10-24　选取协变量　　　　　　　图 10-25　单击"选项"

这里的协变量就是自变量，有政府对中小企业提供的服务项目如下：

C23：经营管理

C24：计算机化管理指导

C25：策略联盟

C26：免费信息系统诊断

C27：人才培训

C28：法律咨询

C29：软件种类查询

C30：政府法规咨询

C31：融资贷款

C32：经费补助

我们想要建立的是政府提供服务后，中小企业对于政府服务内容满意度的逻辑回归模型。

■　**方法：选取变量进入逻辑回归模型的方式如下。**

● 输入。强制进入，无论变量是否有显著关系，选取全部变量进入逻辑回归模型。

● 向前。有条件：根据条件估计，逐步向前选择显著的自变量。

● 向前。LR：根据似然比估计，逐步向前选择显著的自变量。

● 向前。瓦尔德：根据瓦尔德法估计，逐步向前选择显著的自变量。

● 向后。有条件：根据条件估计，逐步删除不显著的自变量。

● 向后。LR：根据似然比估计，逐步删除不显著的自变量。

● 向后。瓦尔德（Backward：Wald）：根据瓦尔德法估计，逐步删除不显著的自变量。

我们使用默认值进入：强制进入。

5. 勾选【分类图】、【霍斯默 - 莱梅肖拟合优度】、【估计值的相关性】和【迭代历史记录】，勾选完毕后，单击【继续】，如图 10-26 所示。

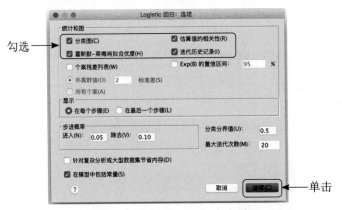

图 10-26　Logistic 回归：选项

■ **统计和图**：统计和图形，常用的有下列四项。

● 分类图：画出分类统计图。

● 霍斯默 - 莱梅肖拟合优度：提供霍斯默 - 莱梅肖拟合优度值。

● 估计值的相关性：提供相关的估计值。

● 迭代历史记录：迭代的历史记录。

■ **显示**：有下列两项。

● 在每个步骤：每一个步骤都显示统计量（默认）。

● 在最后一个步骤：最后一个步骤才显示统计量。

■ **步进概率**：有下列两项。

● 进入：进入的概率值，默认为 0.05。

● 除去：删除的概率值，默认为 0.10。

■ **分类分界值**：分类分界值，默认为 0.5。

● 最大迭代次数：最大迭代次数，默认为 20 次。

以上的这些值，可以按照需要进行修改。

6. 单击【确定】，如图 10-27 所示。

图 10-27　单击"确定"

7. 结果如图 10-28 所示。

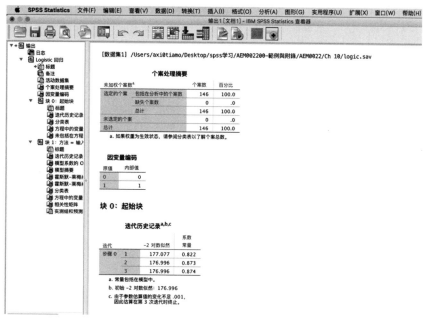

图 10-28　查看分析结果

这是有关样本 N 的个案处理摘要，选定的个案中，包括在分析中的个案数为 146，缺失值个案数为 0，总计 146；未选定的个案数为 0，样本数总计 146。

因变量编码，由于我们的原始编码和内部值未变化，所以不变。

图 10-29 是运算的迭代过程，共计 3 次，计算参数估计值变化小于 0.01 时，就会终止迭代。

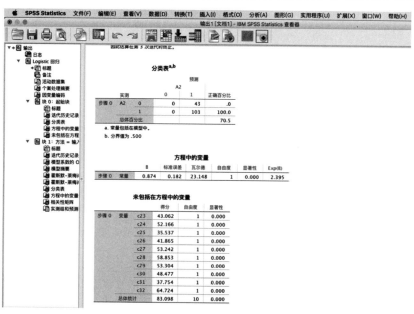

图 10-29　查看分析结果

表中的 0 为低满意度，1 为高满意度，分类表中，低满意度重新分配为高满意度，高满意度重新分配还是高满意度，分类正确百分比为 70.5。

变量在此方程的系数 B=0.874，标准误差 0.182，瓦尔德值为 23.148。

未包括在方程中的变量，由于是初步逻辑回归分析，进行运算前的检验得分，结果都是显著，我们选择强制进入法，代表所有变量都会纳入逻辑回归分析。若是采用非强制方式，则需要有显著的变量，才会纳入逻辑回归。

图 10-30 中，共迭代 9 次才终止，参数估计量变化小于 0.01，才会迭代终止。

块 1：方法 = 输入

迭代历史记录[a,b,c,d]

迭代		-2 对数似然	系数 常量	c23	c24	c25	c26	c27	c28	c29	c30	c31	c32
步骤 1	1	92.300	-6.358	-0.212	0.658	0.028	-0.071	-0.030	0.886	0.143	-0.222	-0.248	0.908
	2	60.968	-12.716	-0.206	1.164	0.018	-0.138	0.071	1.524	0.425	-0.393	-0.159	1.340
	3	46.927	-19.760	-0.142	1.727	0.009	-0.355	0.152	2.171	0.942	-0.725	0.030	1.855
	4	41.908	-26.361	-0.091	2.441	-0.035	-0.645	0.181	2.814	1.460	-1.165	0.210	2.402
	5	40.547	-31.515	-0.171	3.190	-0.048	-0.936	0.199	3.341	1.897	-1.576	0.340	2.835
	6	40.338	-34.308	-0.316	3.700	-0.029	-1.125	0.201	3.606	2.183	-1.808	0.400	3.076
	7	40.330	-34.995	-0.368	3.840	-0.021	-1.176	0.199	3.665	2.261	-1.863	0.412	3.139
	8	40.330	-35.028	-0.370	3.847	-0.021	-1.178	0.199	3.668	2.265	-1.866	0.413	3.142
	9	40.330	-35.029	-0.370	3.847	-0.021	-1.178	0.199	3.668	2.265	-1.866	0.413	3.142

a. 方法：输入

b. 常量包括在模型中。

c. 初始 -2 对数似然：176.996

d. 由于参数估算值的变化不足 .001，因此估算在第 9 次迭代时终止。

模型系数的 Omnibus 检验

		卡方	自由度	显著性
步骤 1	步骤	136.666	10	0.000
	块	136.666	10	0.000
	模型	136.666	10	0.000

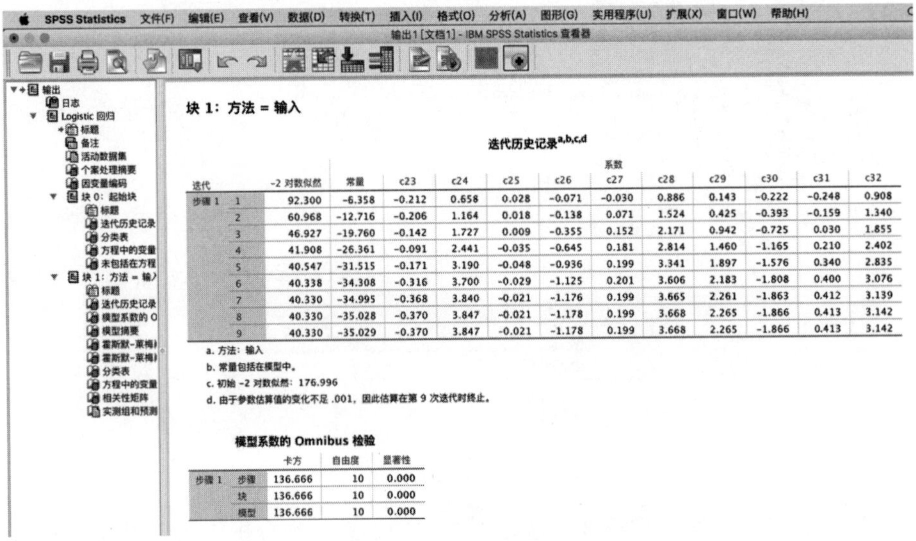

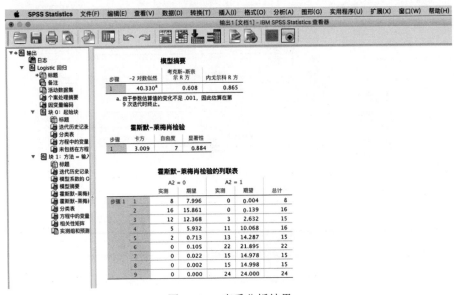

图 10-30　查看分析结果

如图 10-31 所示，模型摘要考克斯 - 斯奈尔 R^2（Cox&Snell R square） = 0.608，内戈尔科 R^2= 0.865 都表示因变量和自变量具有高度相关性，由于逻辑回归的因变量并非连续变量，所以不代表解释力。

模型摘要

步骤	-2 对数似然	考克斯－斯奈尔 R 方	内戈尔科 R 方
1	40.330[a]	0.608	0.865

a. 由于参数估算值的变化不足 .001，因此估算在第 9 次迭代时终止。

霍斯默－莱梅肖检验

步骤	卡方	自由度	显著性
1	3.009	7	0.884

霍斯默－莱梅肖检验的列联表

		A2 = 0 实测	A2 = 0 期望	A2 = 1 实测	A2 = 1 期望	总计
步骤 1	1	8	7.996	0	0.004	8
	2	16	15.861	0	0.139	16
	3	12	12.368	3	2.632	15
	4	5	5.932	11	10.068	16
	5	2	0.713	13	14.287	15
	6	0	0.105	22	21.895	22
	7	0	0.022	15	14.978	15
	8	0	0.002	15	14.998	15
	9	0	0.000	24	24.000	24

图 10-31　查看分析结果

整体适配度采用霍斯默 - 莱梅肖检验，P=0.884>0.05 为不显著，代表模型适配度良好，因变量可以被自变量有效地预测。

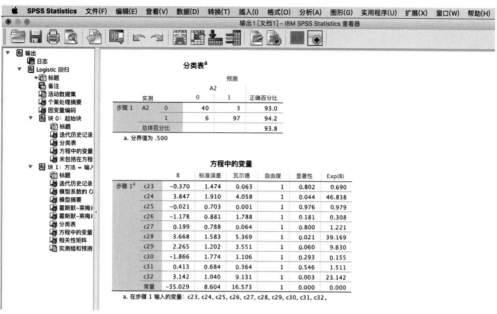

图 10-32　查看分析结果

如图 10-32 所示分类表中，0 代表低满意度，1 代表高满意度。表中低满意度被有效地预测有 40 位，正确率达 93%，高满意度被有效地预测有 97 位，正确率达 94.2%，整体的预测正确率达 93.8%。

方程中的变量，其中只有

C24= 计算机化管理指导

C28= 法律咨询

C32= 经费补助

达显著水平（$P \leqslant 0.05$），因此，计算机化管理指导（C24）、法律咨询（C28）和经费补助（C32）可以有效地预测中小企业有意愿采用信息系统。结果如图 10-33、图 10-34 所示。

图 10-33　查看分析结果

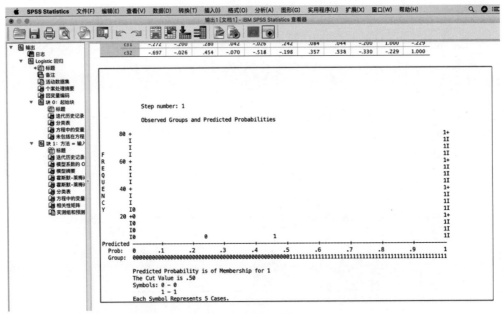

图 10-34　查看分析结果

根据上表中变量参数估计的相关矩阵，我们整理逻辑回归分析的结果如下：

政府对于中小企业提供的服务项目有

C23：经营管理

C24：计算机化管理指导

C25：策略联盟

C26：免费信息系统诊断

C27：人才培训

C28：法律咨询

C29：软件种类查询

C30：政府法规咨询

C31：融资贷款

C32：经费补助

在中小企业使用政府提供的服务后，对于政府提供服务的内容，其中 C24 计算机化管理的辅导、C18 法律咨询、C32 经费补助是影响高满意度的项目，这些项目也使得中小企业有意愿采用信息系统。

我们也可以在范例数据档下，直接运行下列语法：

```
LOGISTIC REGRESSION  A2  /METHOD = ENTER c23 c24 c25 c26 c27 c28 c29 c30 c31 c32
/CLASSPLOT   /PRINT = GOODFIT CORR ITER(1)   /CRITERIA = PIN(.05) POUT(.10)
ITERATE(20) CUT(.5)  .
```

会得到相同的报告结果。

第11章

单变量方差分析

11.1　单变量方差分析简介

　　单变量方差分析（Univariate Analysis of Variance，ANOVA）是由费希尔（Fisher）所提出的统计方法，也是平均值比较统计分析的一种。前面章节介绍的平均值比较统计分析有：单一样本 t 检验、独立样本 t 检验、成对样本 t 检验、单因素方差分析。除单因素方差分析外，上述的 t 检验都是用来检验两个样本的平均值是否相同，若是要检验三个或三个以上样本，则需要两两比较，如此则非常耗时且过程相当复杂。因此费希尔所提出的单变量方差分析，是用于三个或三个以上的样本平均值的差异显著性检验工具。

　　✪ **方差分析**

　　方差分析（Analysis of Variance）按照因变量的个数多少一般分为两大类，分别是单变量方差分析和多变量方差分析（Multivariate Analysis of Variance，MANOVA），简介如下。

　　单变量方差分析，只有一个因变量（计量），有一个或多个自变量（非计量，名义），可写成如下数学式：

$$Y_1 = X_1 + X_2 + X_3 + \cdots + X_n$$
$$（计量）\qquad（非计量）$$

　　多变量方差分析有多个因变量（计量），有一个或多个自变量（非计量），可写成如下数学式：

$$Y_1 + Y_2 + Y_3 + \cdots + Y_n = X_1 + X_2 + X_3 + \cdots + X_n$$
$$（计量）\qquad（非计量，例如：名义）$$

11.2　单因素方差分析的设计

　　自变量只有一个的方差分析，称为单因素方差分析，也就是 $Y_1 + Y_2 + Y_3 + \cdots + Y_n = X$ [Y 可以是一个（含）以上，X 只有 1 个]。单因素方差分析的两种设计方式：（1）独立样本；（2）相依样本。

1. 独立样本

受测者被随机分派至不同组别，各组别的受测者没有任何关系，也称为完全随机化设计。

（1）各组人数相同：HSD 法，纽曼 - 基尔法。

（2）各组人数不同（或每次比较 2 个以上平均值时）：费雪法。

2. 相依样本

有两种情况：

（1）重复测量：同一组受测者，重复接受多次（k）测试以比较其间的差异。

（2）配对组法：根据受测者的某些特征或条件进行配对，以比较 k 组受测者在因变量上的差异。

11.3　方差分析的基本假设条件

方差分析的基本假设条件有正态、线性、方差齐性（同质性），介绍如下。

- 正态：样本来自正态分布总体；
- 方差齐性：只有一个因变量时，用莱文检验；当有 2 个或 2 个以上因变量时，用博克斯检验。

11.4　单变量方差分析

单变量方差分析主要是分析因变量（Y）只有一个的情况，当我们在比较平均值的不同时，若是通过自变量（X）将因变量（Y）分成两组来比较，称为 t 检验，分成三组（含以上）来比较，称为单变量方差分析，t 检验也是单变量方差分析的一种，分别介绍如下。

✪ t 检验

t 检验是用来检验两个独立样本的平均值差异是否达到显著的水平。

这两个独立样本可以通过分组来达成，计算 t 检验时，需要两个变量，因变量（Y）为观察值，自变量 X 为分组的组别，其数据的排序如表 11-1 所示。

表 11-1　t 检验样本

序号	因变量（Y 的值）	自变量（X 分 2 组）
1	Y_{11}	1
2	Y_{12}	1
3	Y_{13}	1
4	Y_{21}	2
5	Y_{22}	2
6	Y_{23}	2
	$\tilde{Y}_1$	1
	$\tilde{Y}_2$	2

$\tilde{Y}_1 = (Y_{11}+Y_{12}+Y_{13})/3$

$\tilde{Y}_2 = (Y_{21}+Y_{22}+Y_{23})/3$

检验两个独立样本的平均值是否有差异（达显著水平）得考虑从两个总体随机抽样后，其平均值 u 和方差 σ 的各种情况，分别有平均值 u 相同而方差平方相同或不同的情况，平均值 u 不同而方差平方相同或不同的情况，如表 11-2 所示。

表 11-2 t 检验类型

	σ 方差平方相同	σ 方差平方不同
u 平均值相同	a	b
u 平均值不同	c	d

● a 的示意图如图 11-1 所示。

$u_1 = u_2$

$\sigma_1^2 = \sigma_2^2$

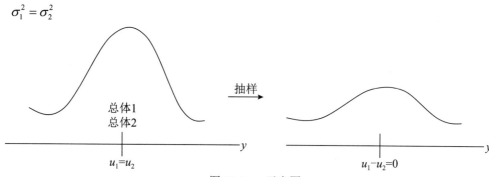

图 11-1 a 示意图

● b 的示意图如图 11-2 所示。

$u_1 = u_2$

$\sigma_1^2 \neq \sigma_2^2$

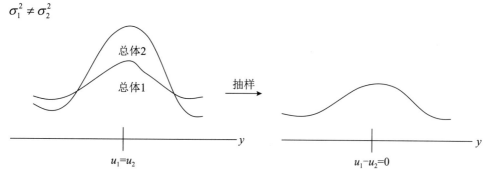

图 11-2 b 示意图

● c 的示意图如图 11-3 所示。

$u_1 \neq u_2$

$\sigma_1^2 = \sigma_2^2$

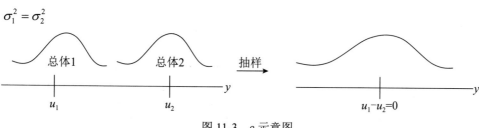

图 11-3 c 示意图

● d 的示意图如下：

$u_1 \neq u_2$

$\sigma_1^2 \neq \sigma_2^2$

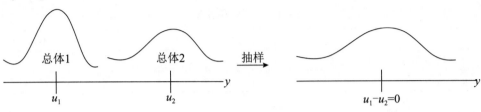

图 11-4 d 示意图

在计算两个总体的平均值有无差异时，若是总体的方差为已知，则使用 z 检验。不过，一般很少用 z 检验，在一般情况下，总体的方差通常为未知，我们会使用独立样本的 t 检验，若是样本小，总体不是正态分布，则会使用非参数检验，我们整理 t 检验与 2 个独立总体平均值的比较时，使用时机如下：

大样本（$n \geqslant 30$）

　　方差 σ 已知——使用 z 检验

　　方差 σ 未知——使用 t 检验

小样本（$n < 30$），总体正态分布

　　方差 σ 已知——使用 z 检验

　　方差 σ 未知——使用 t 检验

小样本（$n < 30$），总体非正态分布

　　无论方差是否已知—使用非参数检验

❂ **t 检验的程序**

我们进行 t 检验的目的是拒绝或无法拒绝先前建立的虚无假设，我们整理 t 检验的程序如下：

■ 计算 t 值

t 值 =[u_1（平均值）-u_2（平均值）]/ 组的平均值标准差

u_1 是第一组的平均值

u_2 是第二组的平均值

■ 查 $t_{临界值}$标准值

研究者可指定接受 t 分布型态 I 的错误概率 α（例如：0.05 或 0.01）

样本 1 和样本 2 的自由度 =（$N_1 + N_2$）-2

我们可以通过查表，得到 $t_{临界值}$。

■ 比较 t 值和 $t_{临界值}$

当 t 值 >$t_{临界值}$值时，会拒绝虚无假设（$u_1 = u_2$），也就是 $u_1 \neq u_2$，两群有显著差异，接着，我们就可以检验平均值的大小或高低，来解释管理上的意义。

当 t 值 <$t_{临界值}$值时，不会拒绝（有些研究者视为接受）虚无假设，也就是 $u_1 = u_2$，两群无显著差异，我们就可以解释管理上的意义。

✪ **F 检验**

除 t 检验外，我们也常用 F 值来检验单变量多组平均值差异是否显著。

11.5　单变量方差分析范例

我们想了解不同年龄层（A 组 20 ～ 29 岁，B 组 30 ～ 39 岁，C 组 40 ～ 49 岁）对笔记本电脑的喜好程度是否有差异，随机抽取年龄层各 5 个人，以 1 ～ 10 的分数请他们评分，如表 11-3 所示。

表 11-3　抽样评分

序号	组员	评价
1	A1	8
2	B1	8
3	C1	4
4	A2	4
5	B2	5
6	C2	4
7	A3	5
8	B3	9
9	C3	6
10	A4	5
11	B4	7
12	C4	6
13	A5	4
14	B5	9
15	C5	5

三种不同年龄层对笔记本电脑的喜好情况如表 11-4 所示。

表 11-4　评分分组

A 组	分数	B 组	分数	C 组	分数
A1	8	B1	8	C1	4
A2	4	B2	5	C2	4
A3	5	B3	9	C3	6
A4	5	B4	7	C4	6
A5	4	B5	9	C5	5
平均 $\tilde{A}$=5.2		平均 $\tilde{B}$=7.6		平均 $\tilde{C}$=5	
总平均 =5.9					

残差平方和 $=5（5.2-5.9）^2+5（7.6-5.9）^2+5（5-5.9）^2$

$\quad\quad\quad\quad\quad =2.45+14.45+4.05$

$\quad\quad\quad\quad\quad =20.95$

回归平方和 $=（8-5.2）^2+（4-5.2）^2+（5-5.2）^2+（5-5.2）^2+（4-5.2）^2+$

$\quad\quad\quad\quad （8-7.6）^2+（5-7.6）^2+（9-7.6）^2+（7-7.6）^2+（9-7.6）^2+$

$\quad\quad\quad\quad （4-5）^2+（4-5）^2+（6-5）^2+（6-5）^2+（5-5）^2$

$\quad\quad\quad =7.84+1.44+0.04+0.04+1.44+$

$\quad\quad\quad 0.16+6.76+1.96+0.36+1.96+$

$\quad\quad\quad 1+1+1+1+0$

$\quad\quad\quad =26$

总离差平方和 = 残差平方和 + 回归平方和 $=20.95+26=46.95$

表 11-5　F 检验值

变异来源	平方和	自由度	均方	F 值
组间	20.95	2	10.48	4.83
组内	26	12	2.17	
合计	46.95	14		

查表 $F_{临界值}=F_{0.05,2,12}=3.89$

本范例 F 值 $=4.83$

$F>F_{临界值}$，所以在 5% 水平下显著，拒绝接受 H_0

表示三个阶层年龄的人对于笔记本电脑的喜好有显著不同，这时候，需要进一步地做事后检验。单变量方差分析的实际操作如下。

（请先将范例文件 Ch11 复制到 C:\Ch11）

1. 打开范例 ANOVA.sav，单击【分析】-【一般线性模型】-【单变量】，如图 11-5 所示。

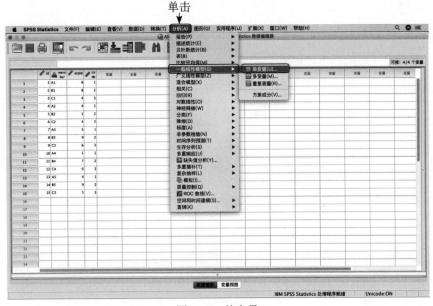

图 11-5　单变量

2. **选取"score"至【因变量】栏位，如图 11-6 所示。**

在单变量视窗中，因变量只能选取一个，固定因子可以点选一个或多个变量，如果固定因子中选取 2 个自变量，则为双因素方差分析，如果固定因子选取 2 个以上，就成为多因素方差分析。协变量可以选取一个或一个以上变量，以进行协方差分析。

3. **选取"code"至【固定因子】栏位，如图 11-7 所示。**

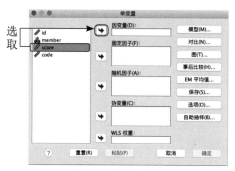
图 11-6　因变量

图 11-7　固定因子

4. **点选【模型】，如图 11-8 所示。**

5. **选择【全因子】，选择完毕后，单击【继续】，如图 11-9 所示。**

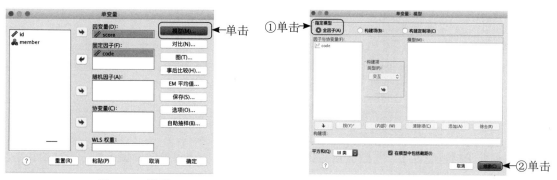

图 11-8　模型

图 11-9　全因子

指定模型有两项分析模型：

- 全因子：全因子模型分析包含所有因子和协变量的效果，但不包含协方差的交互作用。
- 构建定制项：构建定制项，用来构建变量和协变量的分析模型。

6. **单击【对比】，如图 11-10 所示。**

7. **选择对比为【无】，单击【继续】，如图 11-11 所示。**

图 11-10　对比

图 11-11　更改对比

8. 单击【事后比较】，如图 11-12 所示。

9. 选取 "code" 至【下列各项的事后检验】，如图 11-13 所示。

图 11-12　事后比较　　　　　　　　　　图 11-13　下列各项的事后检验

10. 勾选【雪费】、【图基】和【邓肯】，勾选完毕后，单击【继续】，如图 11-14 所示。

11. 单击【选项】，如图 11-15 所示。

图 11-14　假定等方差　　　　　　　　　　图 11-15　选项

12. 勾选【描述统计】、【效应量估算】、【实测幂】、【参数估计值】和【齐性检验】，勾选完毕后，单击【继续】，如图 11-16 所示。

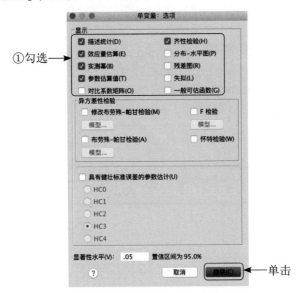

图 11-16　显示

描述统计：描述性统计包含平均值、标准差及个数。

效应量估算：关联强度估计值。

实测幂：统计检验力。

参数估算值：包含参数估计、标准误、t 检验、质性区间等。

齐性检验：方差齐性检验。

显著性水平 0.05：代表 95% 信心水平。

13. 单击【确定】，如图 11-17 所示。

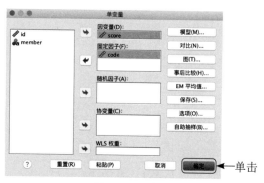

图 11-17　确定

14. 结果如图 11-18 所示。

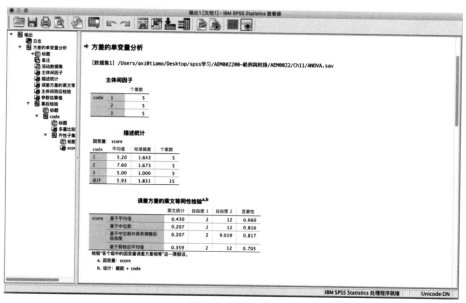

图 11-18　结果 1

各组的有效样本数，分别是第一组有 5 人，第二组有 5 人，第三组有 5 人。

"描述统计"表上包含了因变量（评价，score）的平均值、标准差和样本数。

误差方差的莱文等同性检验是用来判断方差齐次的检定，我们需要检定的结果为不显著，才不会违反方差齐性的条件。

我们查看报告结果，F 值 =0.43，显著的 P 值 =0.66>0.05 不显著，代表方差齐性，可以继续查看结果，如图 11-19 所示。

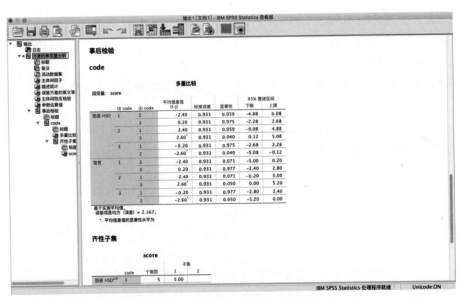

图 11-19　结果 2

组间效果的检验，因变量为评价，如图 11-20 所示。

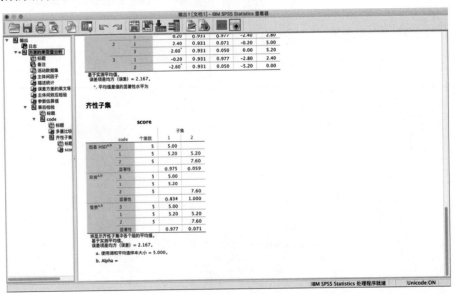

图 11-20　结果 3

事后检验，从多重比较的表中可以看出图基和雪费的检验结果是一样的，都是（I） code 2 和（J） code 3，此时（I-J）达正向显著，反之，code 3-code 2 时会呈现负向显著，代表着 code 2：30 ～ 39 岁和 code 3：40 ～ 49 岁，对笔记本电脑的喜好有显著差异，30 ～ 39 岁对于笔记本电脑喜好程度的平均值高于 40 ～ 49 岁。

我们整理了单变量方差分析，分析的结果如下：

莱文检验的结果为不显著，代表方差是齐性，通过多重比较后得到 30 ～ 39 岁和 40 ～ 49 岁对笔记本电脑的喜好有显著的差异，最后再通过描述统计分析结果判断出 30 ～ 39 岁对于笔记本电脑喜好程度的平均值高于 40 ～ 49 岁。

我们也可以在范例数据档中，直接运行下列语法：

```
UNIANOVA   score  BY code  /METHOD = SSTYPE ( 3 )  /INTERCEPT = INCLUDE  /POSTHOC
= code ( TUKEY DUNCAN SCHEFFE )  /PRINT = DESCRIPTIVE ETASQ OPOWER PARAMETER
HOMOGENEITY  /CRITERIA = ALPHA ( .05 )  /DESIGN = code .
```

会得到相同的报告结果。

11.6   单因素方差分析范例

我们在电脑展中，访问了 27 位人员，他们参观电脑展后，我们想了解根据适用性（fit）而购买不同类型品牌电脑的程度是否有差异？

类型 1 国内品牌，类型 2 组装电脑，类型 3 国外品牌

根据适用性购买国内品牌、组装电脑或国外品牌电脑的数据，如表 11-6 所示。

表 11-6   样本适用性评分

编号	类　型	适用性评分
1	国内品牌电脑 1	4
2	国内品牌电脑 1	2
3	国内品牌电脑 1	3
4	组装电脑 2	4
5	组装电脑 2	4
6	组装电脑 2	5
7	国外品牌电脑 3	5
8	国外品牌电脑 3	6
9	国外品牌电脑 3	5
10	国内品牌电脑 1	5
11	国内品牌电脑 1	6
12	国内品牌电脑 1	6
13	组装电脑 2	6
14	组装电脑 2	6
15	组装电脑 2	7
16	国外品牌电脑 3	7
17	国外品牌电脑 3	8
18	国外品牌电脑 3	8
19	国内品牌电脑 1	7
20	国内品牌电脑 1	6
21	国内品牌电脑 1	7
22	组装电脑 2	9
23	组装电脑 2	8

续表

编　号	类　　型	适用性评分
24	组装电脑 2	8
25	国外品牌电脑 3	8
26	国外品牌电脑 3	9
27	国外品牌电脑 3	9

我们将购买国内品牌、组装电脑和国外品牌的评分数据输入 SPSS，如表 11-7 所示。

表 11-7　SPSS 输入适用性评分

编号	类型	适用性评分
1	1	4
2	1	2
3	1	3
4	2	4
5	2	4
6	2	5
7	3	5
8	3	6
9	3	5
10	1	5
11	1	6
12	1	6
13	2	6
14	2	6
15	2	7
16	3	7
17	3	8
18	3	8
19	1	7
20	1	6
21	1	7
22	2	9
23	2	8
24	2	8
25	3	8
26	3	9
27	3	9

单因素方差分析实际操作如下。

（先前已将范例文件 Ch11 复制到 C:\Ch11）

1. 打开 ANOVA1.sav，单击【分析】-【比较平均值】-【单因素 ANOVA 检验】，如图 11-21 所示。

图 11-21　单因素 ANOVA 检验

2. 选取"fit"至【因变量列表】栏位，如图 11-22 所示。

3. 选取"Category"至"因子"栏位，如图 11-23 所示。

图 11-22　因变量列表

图 11-23　因子

4. 单击【事后比较】，如图 11-24 所示。

5. 勾选【雪费】和【图基】，勾选完毕后，单击【继续】，如图 11-25 所示。

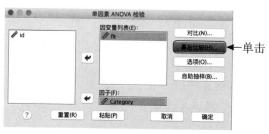

图 11-24　事后比较

图 11-25　假定等方差

6. 单击【选项】，如图 11-26 所示。

7. 勾选【描述】和【方差齐性检验】，勾选完毕后，单击【继续】，如图 11-27 所示。

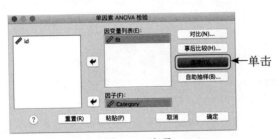

图 11-26 选项

图 11-27 统计

8. 单击【确定】，如图 11-28 所示。

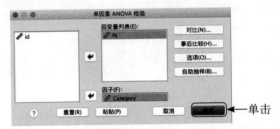

图 11-28 确定

9. 结果如图 11-29 所示。

图 11-29 结果

其中，1 是指国内品牌；2 是指组装电脑；3 是指国外品牌。

描述，由表中可知，以因变量适用性而言，全部的观察值为 27 位，总平均值为 6.22，标准差为 1.867，平均值的估计标准错误为 0.359。三组的描述统计量分别为：

1 国内品牌的平均值 =5.11，标准差 =1.764。

2 组装电脑的平均值 =6.33，标准差 =1.803。

3 国外品牌的平均值 =7.22，标准差 =1.563。

✪ 方差齐性检验

方差齐性检验，莱文统计量的 F 值 =0.102，P=0.904>0.05，未达显著水平，也就是未违反方差齐性，因此接受虚无假设，表示三组样本的方差没有差异。

方差分析摘要表有组间、组内及全体三部分。

组间的平方和 =20.222，自由度 =2，均方 =10.111，F 值 =3.445，显著性值 P=0.048。

组内的平方和 =70.444，自由度 =24，均方 =10.111，F 值 =2.935。

全体的平方和 =90.667，自由度 =26。

对因变量适用性而言，F 达到显著水平（F=3.445，P=0.048<0.05）。因此拒绝虚无假设，接受对立假设，表示不同产品（1 国内品牌，2 组装电脑，3 国外品牌）的适用性有显著差异存在，而那些配对组别的差异达到显著，需要进行事后比较。

✪ 事后检验（Post Hoc）

1 国内品牌，2 组装电脑，3 国外品牌

如图 11-30 所示，"多重比较"的结果是采用两两配对组别比较的方式来呈现的。从雪费方法做事后比较可以看出以适用性而言，国外品牌显著高于国内品牌，国外品牌与组装电脑没有显著差异，国内品牌与组装电脑没有显著差异。

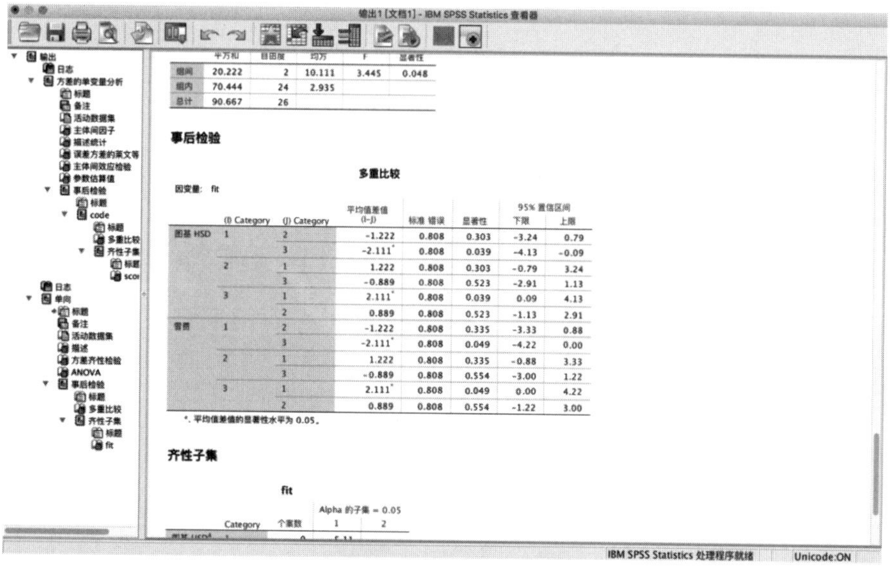

图 11-30 事后比较

将范例结果进行整理，如表 11-8 和表 11-9 所示。

表 11-8 描述统计量

	平均值	标准差	样本数
国内品牌	5.11	1.764	9
组装电脑	6.33	1.803	9
国外品牌	7.22	1.563	9

表 11-9　方差分析统计表

	平方和	自由度	平均值	F 值	事后比较
组间	20.222	2	10.111	3.445*	国外品牌 > 国内品牌
组内	70.444	24	2.935		
全体	90.667	26			

*$P<0.05$

多重比较：

多重比较的结果是，以适用性而言，国外品牌显著高于国内品牌，国外品牌与组装电脑没有显著差异，国内品牌与组装电脑没有显著差异。

11.7　重复测量

同一组受测者，重复接受多次（k）测量以比较其间的差异。

重复测量范例：

我们想知道学习统计分析的学生在学习前、学习中和学习后的评价情况，分别请 15 位学生在学习前、学习中和学习后给予评分，如表 11-10 所示。

表 11-10　学生学习前中后的评价

编号	成员	编码	评价 1	评价 2	评价 3
1	A1	1	8	7	8
2	B1	2	8	9	8
3	C1	3	4	6	8
4	A2	1	4	6	9
5	B2	2	5	5	7
6	C2	3	4	6	6
7	A3	1	5	5	7
8	B3	2	9	7	6
9	C3	3	6	7	8
10	A4	1	5	6	7
11	B4	2	7	6	7
12	C4	3	6	6	5
13	A5	1	4	8	6
14	B5	2	9	7	9
15	C5	3	5	7	9

其中，评价 1 是指学习前评价；评价 2 是指学习中评价；评价 3 是指学习后评价。

重复测量的实际操作如下。

（先前已将范例文件 Ch11 复制到 C:\Ch11）

1. 打开 ANOVA2.sav，单击【分析】-【一般线性模型】-【重复测量】，如图 11-31 所示。

图 11-31　重复测量

2. 输入级别数为 "3"，输入完毕后，单击【添加】，如图 11-32 所示。

3. 单击【定义】，如图 11-33 所示。

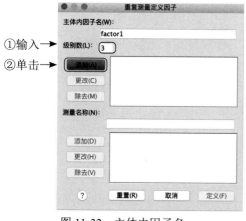

图 11-32　主体内因子名

图 11-33　定义

4. 选取 "score1" "score2" 和 "score3" 至【主体内变量】栏位，如图 11-34 所示。

5. 单击【EM 平均值】，如图 11-35 所示。

6. 选取 "factor1" 至【显示下列各项的平均值】栏位，如图 11-36 所示。

7. 勾选【比较主效应】，勾选完毕后，单击【继续】，如图 11-37 所示。

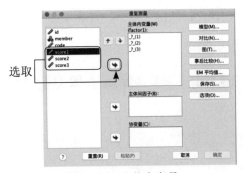

图 11-34　主体内变量

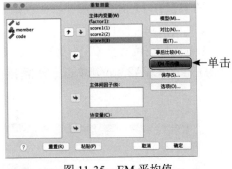

图 11-35　EM 平均值

图 11-36　显示下列各项的平均值

图 11-37　比较主效应

8. 单击【选项】，如图 11-38 所示。

9. 勾选【描述统计】，勾选完毕后，单击【继续】，如图 11-39 所示。

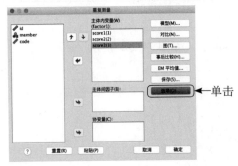

图 11-38　选项

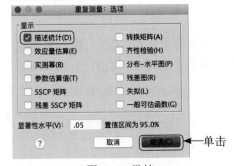

图 11-39 继续

10. 单击【确定】，如图 11-40 所示。

图 11-40　确定

11. 结果如图 11-41 所示。

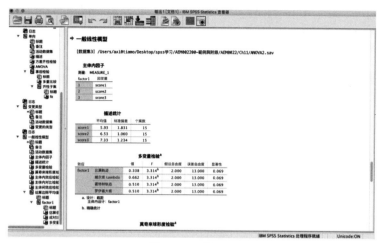

图 11-41　结果 1

描述统计

学习前的平均值 =5.93，标准差 =1.831。

学习中的平均值 =6.53，标准差 =1.060。

学习后的平均值 =7.33，标准差 = 1.234。

在单因素相依样本方差分析中，无解释意义，"多变量检验"部分的结果可以省略。

莫奇来球形度检验：检验问卷填答的分数，两两成对相减而得到差异值的方差是否相等，莫奇来（Mauchly's）W 值需大于 0.75，格林豪斯 - 盖斯勒（Greenhouse-Geisser）值需大于 0.75，辛 - 费德特（Huynh-Feldt）值需大于 0.75，未达显著水平，表示未违反方差分析的球形度检验，代表问卷填答的分数，两两成对相减而得到差异值的方差相等。

如图 11-42 所示，本范例的莫奇来球形度检验，莫奇来 W 值为 0.822，卡方值为 2.550，df=2，显著性 P=0.279>0.05，未达显著水平，应接受虚无假设，表示未违反方差分析之球形度检验。

由于球形度检验结果并未违反假设，直接看主体内效应检验中假设球形度（Sphericity Assumed）的横向数据，Ⅲ 类平方和 =14.8，自由度 =2，均方 =7.4，F=4.723，显著性 P=0.017<0.05，达到显著水平，表示自变量的效果显著。

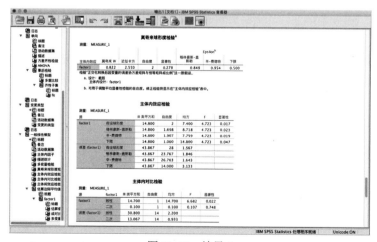

图 11-42　结果 2

主体间效应检验：即相依样本中，区块（Block）间的差异，包括 III 类平方和 =40.133，自由度 =14，均方 =2.867，如图 11-43 所示。

图 11-43　结果 3

估算边际平均值，其内容包括各水平的平均值、标准误差、平均值 95% 的置信区间。

相依样本的成对比较：

由图 11-44 我们可以发现：学习后的评价（平均值 =7.333）显著高于学习前的评价（平均值 =5.933），学习后的评价与学习中的评价没有显著差异，学习中的评价与学习前的评价没有显著差异。

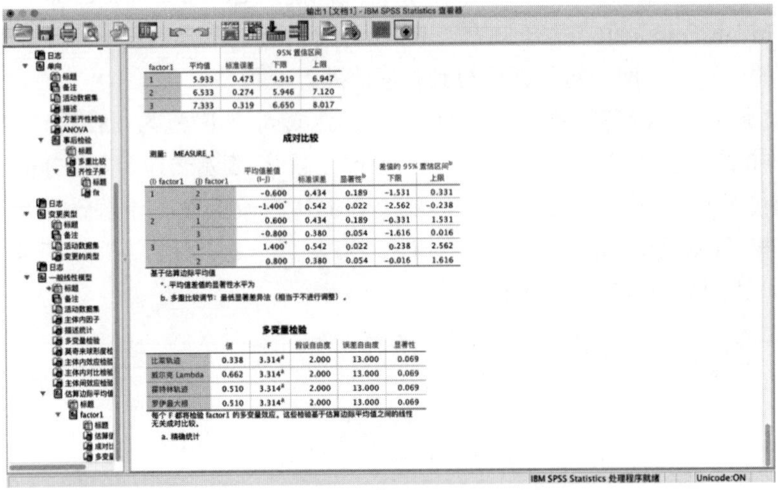

图 11-44　结果 4

* 代表平均值差值达到 0.05 显著水平。

范例结果整理如表 11-11 和表 11-12 所示。

表 11-11　描述统计量

	平均值	标准差	样本数
学习前评价	5.93	1.831	15

	平均值	标准差	样本数
学习中评价	6.53	1.060	15
学习后评价	7.33	1.234	15

表 11-12 方差分析统计表

变异来源	平方和	自由度	均方	F 值	事后比较
组间	14.8	2	7.4	4.723	Factor3 学习后的评价＞ Factor1 学习前的评价
组内（误差）					
区块（组）间	40.133	14	2.867		
残差	43.867	28	1.567		
全体	98.8	44	11.834		

相依样本的事后比较：

由表 11-12 我们可以发现：学习后的评价（平均值 =7.333）显著高于学习前的评价 （平均值 =5.933），学习后的评价与学习中的评价没有显著差异，学习中的评价与学习前的评价没有显著差异。

11.8 单变量协方差分析——控制变量

协方差分析（Covariance Analysis）是将自变量、因变量和控制变量（协方差）共同纳入的分析。首先，计算控制变量和因变量的协方差，再计算协变量对因变量的影响比率，扣除此解释比率，即完全是自变量的影响，也就是排除控制变量的影响，就可以得到自变量对因变量的单纯影响量。

协方差分析可以分为单变量协方差分析和多变量协方差分析，本小节主要谈单变量协方差分析。

单变量协方差分析也称单因素协方差分析，是单变量方差分析（Univariate ANOVA）的延伸，例如，我们想要讨论不同年龄层（自变量）对笔记本电脑喜好（因变量）的影响，其中可能影响笔记本电脑喜好的体验时间是控制变量，也就是我们想要排除体验时间对笔记本电脑喜好的影响，以得到真正不同年龄层（自变量）对于笔记本电脑喜好（因变量）的影响。

我们收集不同年龄层（A 组 20 ～ 29 岁，B 组 30 ～ 39 岁，C 组 40 ～ 49 岁）对笔记本电脑喜好程度的差异，每个年龄层随机抽取 5 个人，体验笔记本电脑若干时间（分钟），以 1 ～ 10 的分数请他们评分，如表 11-13 所示。

表 11-13 样本电脑偏好

编号	成员	分数	时间	编码
1	A1	8	3	1
2	B1	8	4	2

续表

编号	成员	分数	时间	编码
3	C1	4	5	3
4	A2	4	4	1
5	B2	5	5	2
6	C2	4	3	3
7	A3	5	5	1
8	B3	9	3	2
9	C3	6	4	3
10	A4	5	3	1
11	B4	7	5	2
12	C4	6	4	3
13	A5	4	3	1
14	B5	9	5	2
15	C5	5	4	3

操作步骤如下。

1. 打开 ANCOVA.sav，单击【分析】-【一般线性模型】-【单变量】，如图 11-45 所示。

图 11-45　单变量

2. 选取"score"至【因变量】栏位，选取"code"至【固定因子】栏位，选取"time"至【协变量】栏位，如图 11-46 所示。

3. 单击【EM 平均值】，如图 11-47 所示。

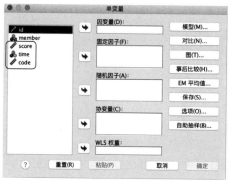

图 11-46　变量选取

图 11-47　EM 平均值

4. 选取 "code" 至【显示下列各项的平均值】栏位，如图 11-48 所示。

5. 勾选【比较主效应】，勾选完毕后，单击【继续】，如图 11-49 所示。

图 11-48　显示下列各项的平均值

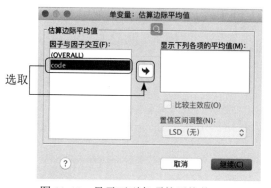

图 11-49　比较主效应

6. 单击【选项】，如图 11-50 所示。

7. 勾选【描述统计】和【齐性检验】，勾选完毕后，单击【继续】，如图 11-51 所示。

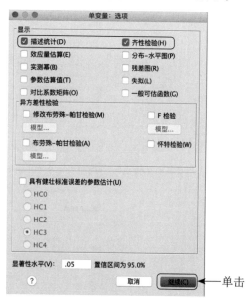

图 11-50　选项

图 11-51　显示

8. 单击【确定】，如图 11-52 所示。

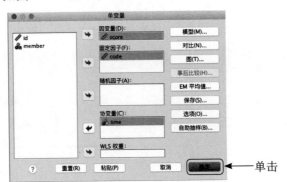

图 11-52　确定

9. 结果如图 11-53、图 11-54 和图 11-55 所示。

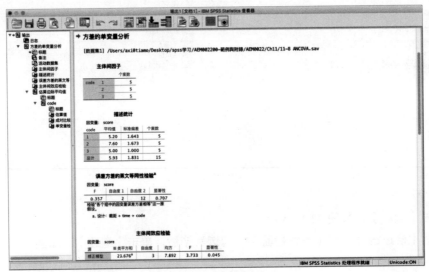

图 11-53　结果 1

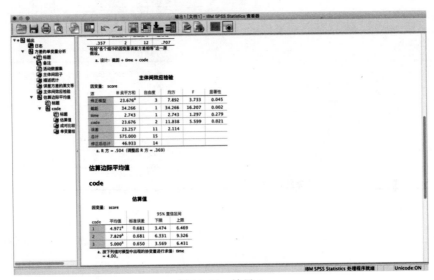

图 11-54　结果 2

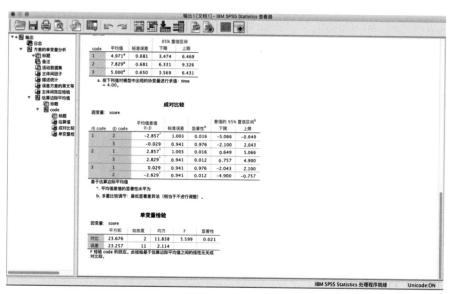

图 11-55　结果 3

我们整理了输出结果，如表 11-14 所示。

表 11-14　主体间因子

		样本数
	1	5
编码	2	5
	3	5

组间各组的有效样本数，分别是编码第一组有 5 人，第二组有 5 人，第三组有 5 人。

"描述统计"表格中的，因变量为评价编码分组的平均值、标准差和样本数，如表 11-15 所示。

表 11-15　描述统计数据

编码	平均值	标准差	样本数
1	5.20	1.643	5
2	7.60	1.673	5
3	5.00	1.000	5
总计	5.93	1.831	15

误差方差的莱文等同性检验（Levene's Test）是用来判断"方差齐性"的检验，如表 11-16 所示，我们需要的是不显著，这样才不会违反方差齐性的条件。

表 11-16　误差方差的莱文等同性检验

F	df1	df2	显著性
0.357	2	12	0.707
检验因变量的错误共变异在群组内相等的空假设。			

我们查看报告结果，F 值 =0.357，P 值 =0.707>0.05 是不显著，代表方差齐性，可以继续查看结果。

修正的模型：由显著值 0.045 可知用回归模型的全模型去预测因变量达显著。调整后 R^2 0.369 显示模型具有解释力，如表 11-17 所示。

- 控制变量：时间显著性 0.279，未达显著。
- 组间效果：编码显著性 0.021，达显著。

表 11-17　主体间效应检验

来源	第 III 类平方和	df	平均值平方	F	显著性
修正的模型	23.676[a]	3	7.892	3.733	0.045
截距	34.266	1	34.266	16.207	0.002
time	2.743	1	2.743	1.297	0.279
code	23.676	2	11.838	5.599	0.021
错误	23.257	11	2.114		
总计	575.000	15			
校正后总数	46.933	14			
a. $R^2 = 0.504$　（调整的 R^2 =0.369）					

从表 11-18 中，可以看出（I）编码 2 和（J）编码 1 以及（I）编码 2 和（J）编码 3，此时（I-J）达正向显著，反之，编码 3- 编码 2 以及编码 3- 编码 2 时会呈现负向显著，代表着编码 2：30 ～ 39 岁和编码 1：20 ～ 29 岁，对笔记本电脑的喜好有显著差异，30 ～ 39 岁对于笔记本电脑的喜好程度的平均值高于 20 ～ 29 岁。

表 11-18　编码成对比较

（I）编码	（J）编码	平均差异（I-J）	标准错误	显著性[b]	95% 差异的置信区间[b]	
					下限	上限
1	2	−2.857*	1.003	0.016	−5.066	−0.649
	3	−0.029	0.941	0.976	−2.100	2.043
2	1	2.857*	1.003	0.016	0.649	5.066
	3	2.829*	0.941	0.012	0.757	4.900
3	1	0.029	0.941	0.976	−2.043	2.100
	2	−2.829*	0.941	0.012	−4.900	−0.757
根据估计的边际平均值						
*. 平均值差异在 0.05 层级显著。						

另外，编码 2：30 ～ 39 岁和编码 3：40 ～ 49 岁的人，对笔记本电脑的喜好有显著差异，30 ～ 39 岁对于笔记本电脑的喜好程度的平均值高于 40 ～ 49 岁。

我们整理协方差分析的结果如下：

- 我们通过莱文等同性检验，结果为不显著，代表方差是齐性。
- 在控制变量 time 体验时间后结果为不显著。

通过成对比较后得到结论：30 ～ 39 岁和 20 ～ 29 岁的人对笔记本电脑的喜好程度有显著差异，最后再通过描述统计分析结果判断出 30 ～ 39 岁的人对于笔记本电脑的喜好程度的平均值高于 20 ～ 29 岁。

并且 30 ～ 39 岁和 40 ～ 49 岁的人对笔记本电脑的喜好有显著的差异，最后再通过描述统计分析结果判断出 30 ～ 39 岁的人对笔记本电脑的喜好程度的平均值高于 40 ～ 49 岁。

11.9　单变量协方差分析——前后测设计

单变量协方差分析（ANCOVA）经常应用于实验设计中的单组前后测设计。单组前后测设计是指同一个组别内，实验前先测得一个分数，进行实验，例如，经过不同的分组、教学方式，或不同的刺激后，再测得实验后的分数，以进行分析。在统计分析中，我们使用的是单变量协方差分析，自变量是不同的方式，因变量是实验后测得的分数，协方差是实验前测得的分数。

例如，我们想要讨论播放影片、销售人员口述、销售人员操作说明 3 种销售方式，对客户的笔记本电脑喜好程度的影响，实验方式步骤如下：在实验前，我们先测得客户对某种笔记本电脑的喜好分数，通过 3 种不同的解说后，再测得客户对笔记本电脑的喜好分数，我们收集到的数据如表 11-19 所示。

表 11-19　样本销售方式评分

销售方式	实验前喜好分数	实验后喜好分数
1	5	4
1	4	5
1	5	6
1	4	7
1	4	5
2	6	6
2	5	6
2	3	7
2	4	8
2	5	9
3	6	7
3	6	7
3	4	8
3	5	9
3	5	10

操作步骤如下。

1. 打开文件 11-9 销售方式 .sav，单击【分析】-【一般线性模型】-【单变量】，如图 11-56 所示。

单击

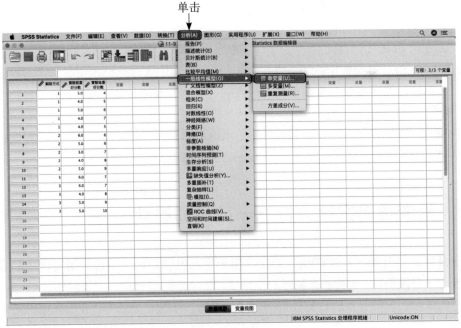

图 11-56　单变量

2. 选取"实验后喜好分数"至【因变量】栏位，选取"销售方式"至【固定因子】栏位，选取"实验前喜好分数"至【协变量】栏位，如图 11-57 所示。

3. 单击【EM 平均值】，如图 11-58 所示。

图 11-57　变量选取

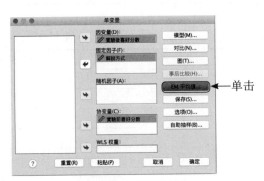

单击

图 11-58　EM 平均值

4. 选取"销售方式"至【显示下列各项的平均值】栏位，如图 11-59 所示。

5. 勾选【比较主效应】，勾选完毕后，单击【继续】，如图 11-60 所示。

图 11-59　显示下列各项的平均值

单击

图 11-60　比较主效应

6. 单击【选项】，如图 11-61 所示。

7. 勾选【描述统计】、【效应量估算】和【齐性检验】，勾选完毕后，单击【继续】，如图 11-62 所示。

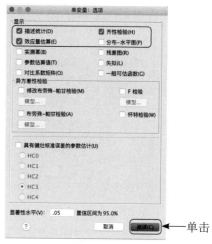

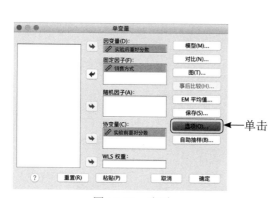

图 11-61 选项

图 11-62 显示

8. 单击【确定】，如图 11-63 所示。

图 11-63 确定

9. 结果如图 11-64、图 11-65 和图 11-66 所示。

图 11-64 结果 1

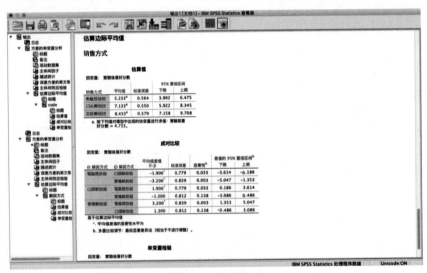

图 11-65　结果 2

图 11-66　结果 3

我们整理了输出结果，如表 11-20 所示。

表 11-20　主体间因子

		值标签	样本数
销售方式	1	电脑播放组	5
	2	口头解说组	5
	3	实物解说组	5

组间各组的有效样本数，分别是编码 1 电脑播放组有 5 人，编码 2 口头解说组有 5 人，编码 3 实物解说组有 5 人。

描述统计，因变量为实验后喜好分数，包含编码分组的平均值、标准差和样本数，如表 11-21 所示。

表 11-21　描述统计数据

销售方式	平均值	标准差	样本数
电脑播放组	5.40	1.140	5
口头解说组	7.20	1.304	5
实物解说组	8.20	1.304	5
总计	6.93	1.668	15

如表 11-22 所示，误差方差的莱文等同性检验是用来判断"方差齐性"的检验，我们需要的是不显著，这样才不会违反方差齐性的条件。

表 11-22　误差方差的莱文等同性检验

实验后喜好分数			
F	自由度 1	自由度 2	显著性
0.036	2	12	0.965
检验因变量的错误共变异在群组内相等的空假设。			

我们查看报告结果，F 值 = 0.036，显著性的 P 值 = 0.965 > 0.05 是不显著，代表方差是齐性，可以继续查看结果。

修正的模型：由显著值 0.020 可知以回归模型之全模型去预测因变量达显著。调整后 R^2 为 0.461 显示模型具有解释力，如表 11-23 所示。

- 协变量实验前喜好分数 F 值 1.533，显著性 0.241，未达显著。
- 组间效果销售方式 F 值 7.461，显著性 0.009，达显著。

表 11-23　主体间效应检验

源	III 类平方和	自由度	均方	F	显著性	偏 Eta 平方
修正的模型	22.433[a]	3	7.478	4.985	0.020	0.576
截距	34.569	1	34.569	23.046	0.001	0.677
实验前喜好分数	2.300	1	2.300	1.533	0.241	0.122
销售方式	22.384	2	11.192	7.461	0.009	0.576
错误	16.500	11	1.500			
总计	760.000	15				
校正后总数	38.933	14				
a. $R^2 = 0.576$ （调整后 $R^2 = 0.461$）						

表 11-24 先显示了三种销售方式的平均效果，再对三种销售方式进行对比，从成对比较的表 11-25 中，可以看出 （I）口头解说组和 （J）电脑播放组以及 （I）实物解说组和 （J）电脑播放组，此时 （I-J）达正向显著，反之，（I）电脑播放组 - （J）口头解说组以及 （I）电脑播放组 - （J）实物解说组时会呈现负向显著。

表 11-24　销售方式估算值

销售方式	平均值	标准错误	95% 信赖区间	
			下限	上限
电脑播放组	5.233a	0.564	3.992	6.475
口头解说组	7.133a	0.550	5.922	8.345
实物解说组	8.433a	0.579	7.158	9.708
a. 按下列值对模型中出现的协变量进行求值：实验前喜好分数 = 4.733。				

表 11-25　销售方式成对比较

（I）销售方式	（J）销售方式	平均差异（I-J）	标准错误	显著性[b]	95% 差异的信赖区间[b]	
					下限	上限
电脑播放组	口头解说组	−1.900*	0.779	0.033	−3.614	−0.186
	实物解说组	−3.200*	0.839	0.003	−5.047	−1.353
口头解说组	电脑播放组	1.900*	0.779	0.033	0.186	3.614
	实物解说组	−1.300	0.812	0.138	−3.086	0.486
实物解说组	电脑播放组	3.200*	0.839	0.003	1.353	5.047
	口头解说组	1.300	0.812	0.138	−0.486	3.086
根据估计的边际平均值						
*. 平均值差值的显著水平为 .05。						

分析结果代表着口头解说组和电脑播放组，客户对笔记本电脑的喜好程度有显著差异，口头解说组的客户对于笔记本电脑的喜好程度的平均值高于电脑播放组客户。

另外，实物解说组和电脑播放组，客户对笔记本电脑的喜好程度有显著差异，实物解说组客户对笔记本电脑的喜好程度的平均值高于电脑播放组。

我们整理单变量协方差分析的结果如下：

- 我们通过误差方差的莱文等同性检验，结果为不显著，代表方差齐性。
- 在协变量实验前喜好分数的结果为不显著。

通过成对比较后得到口头解说组和电脑播放组，客户对笔记本电脑的喜好有显著差异，最后再通过描述统计分析结果可知，口头解说组的客户对笔记本电脑的喜好程度高于电脑播放组。

并且实物解说组和电脑播放组客户对笔记本电脑的喜好程度有显著差异，最后再通过描述统计分析结果可知，实物解说组客户对笔记本电脑的喜好程度高于电脑播放组。

第12章 变量方差分析

12.1 多变量方差分析

方差分析（Analysis of Variance）一般分为两大类，单变量方差分析（Univariate Analysis of Variance，ANOVA）和多变量方差分析（Multivariate Analysis of Variance，MANOVA）。单变量方差分析只有一个因变量（计量），有一个或多个自变量（非计量，名义）。多变量方差分析是单变量方差分析的延伸使用，是用来处理多个总体平均值比较的统计方法。多变量方差分析有多个因变量（计量），一个或多个自变量（非计量），写成数学式如下：

$$Y_1+Y_2+Y_3+\cdots+Y_n=X_1+X_2+X_3+\cdots+X_n$$
（计量）　　　（非计量，例如：名义）

也就是说，多变量方差分析可以指定两个或两个以上因变量的方差和共变量分析（针对单一因变量的方差分析，请使用单变量方差分析），多变量方差分析也可以分别对每个因变量进行检验（如同单变量方差分析），问题是分开的个别检验无法处理因变量间的多重共线性问题，必须使用多变量方差分析才能处理。

12.2 多变量方差分析的基本假设

多变量方差分析的三个基本假设与单变量方差分析相同，都是协方差分析的基本假设。
- 正态性：可以通过直方图、偏度和峰度以及其他统计检验方法来确定样本数据是否服从正态分布。如果是非正态分布数据，可以通过数据转型来进行改正。
- 线性：可以根据变量的分布图，利用简单回归和残差检验进行线性检验。
- 方差齐性：一个因变量时，可以用莱文等同性检验方差齐性；两个或两个以上因变量时，可以用博克斯 M 检验方差齐性。

12.3 多变量方差分析和判别分析的比较

多变量方差分析和判别分析的相似之处是，两者都是使用相同的形式来计算分组间的统计显著性，也就是求得判别函数使 F 值最大。不同之处是多变量方差分析使用多个因变量来计算判别函数，判别分析则是使用多个自变量来计算判别函数，现说明如下：

多变量方差分析

$Y_1+Y_2+Y_3+\cdots+Y_n=X_1+X_2+X_3+\cdots+X_n$

计算判别函数

判别分析

$Y=X_1+X_2+X_3+\cdots+X_n$

计算判别函数

12.4 多变量方差分析与单变量方差分析的比较

多变量方差分析除用于多个因变量的情况外，更重要的是，多变量方差分析将多重共线性考虑进来，单变量无法察觉的线性组合上的差异，多变量方差分析也可以计算出来。在控制实验的错误率上，以 3 个因变量为例，若是我们将多变量方差分析拆成多个单变量来运行，在 0.05 的错误率下，在三个因变量都相关的情况下，多个单变量分析的错误率最小 0.05，当三个因变量都独立的情况下，多个单变量分析的错误率最大，为 0.143。

表示这种方式的错误率会介于 0.05 ~ 0.143 之间，这种方式将大幅地提高错误率，因此，我们不可以把多变量方差分析拆成多个单变量方差分析来运行，因为会影响检验的效力。

12.5 样本大小的考虑

多变量方差分析为了有较大的检验能力，需要较多的样本。最少的样本数是每组都必须大于因变量的个数，最好是每一组都有至少 20 倍的样本数。我们以调查两种客户对两种产品的喜好为例，共有 2×2=4 种组合。

最少的样本数：每组都必须大于因变量的个数，因变量为 2，所以是 3。

3×4 组 =12 样本数

建议的样本数：每组至少 20 个样本，我们有 2×2=4 组

4×20=80 样本数

12.6 多变量方差的检验

多变量方差的检验是要检验多个变量的平均值向量是否相等，也就是组间和组内的对比。多变量方差分析和单变量方差分析的计算存在差异，单变量方差分析使用的是均方和，而多

变量方差分析是将均方和换成平方和与交叉乘积矩阵（SSCP 矩阵），SSCP 矩阵的全名是 Matrix of Sum of Square and Cross-products。

多变量方差的检验方式有许多种，最常用的有 4 种，分别是：威尔克 Lambda（Wilks Lambda）、罗伊最大根（Roy's Greatest Root）、霍特林轨迹（Hotelling-Lawley）与比莱轨迹（Trace Pillai's Trace）。我们先介绍威尔克 Lambda 计算方式，再介绍其他三种算法。

$$\text{Wilks Lambda} = |W|/|B+W|$$

其中，B 是指组间的 SSCP 矩阵，也就是实验处理部分；

　　　　W 是指组内的 SSCP 矩阵，也就是误差部分；

　　　　$B+W=T$ 是指总样本的 SSCP 矩阵。

将威尔克 Lambda 转成 F 值

$$F=[(1-\sqrt{\Lambda})/\sqrt{\Lambda}]\times[(\sum_{J=1}^{g}nj)-g-1]/(g-1)$$

其中，n 是指单元数；

　　　　Y 是指组别。

若 F 值 $>F$ crit 则达显著，若 F 值 $<F$ crit，则是不显著。

在计算罗伊最大根、霍特林轨迹和比莱轨迹之前，我们需要先计算 $W^{1}B$ 的值（W^{1} 为 W 的反矩阵），以取得特征值 λ_1，λ_2，…，罗伊最大根是取特征值中最大的值。

霍特林轨迹则是加总特征值 $\lambda_1+\lambda_2+\cdots$ 的值。

比莱轨迹是计算 $\sum_{i=1}^{n}\dfrac{\lambda_n}{1+\lambda_n}$ 的加总值，其中，n 是指特征值的数量。

12.7　双因子交互作用下的处理方式

在多变量方差分析中，最常见的是双因子方差分析，也就是自变量有两个因子，因变量则可以是两个或多个。由于是双因子方差分析，需要考虑两个因子之间是否有交互作用，双因子交互作用显著或不显著，有不同的处理方式，如图 12-1 所示。

双因子交互作用显著时，我们需要处理的是"单纯主要效果：单元平均值比较"，双因子交互作用不显著时，我们需要处理的是"主要效果：边际平均值比较"。单元平均值比较和边际平均值比较的解释如下。

单元平均值：里面的单元，如表 12-1 所示。

边际平均值：外面边际的格子，如表 12-2 所示。

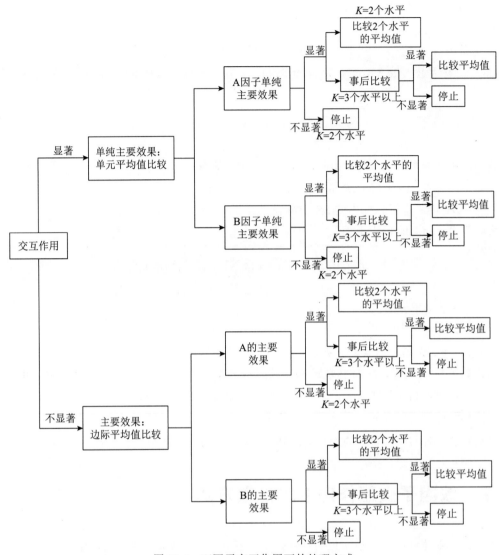

图 12-1 双因子交互作用下的处理方式

表 12-1 单元平均值：里面的单元

B 因子 / A 因子	b_1	b_2	b_3	边际平均值
a_1	a_1b_1	a_1b_2	a_1b_3	$a_1b_1+a_1b_2+a_1b_3$ 的平均值
a_2	a_2b_1	a_2b_2	a_2b_3	$a_2b_1+a_2b_2+a_2b_3$ 的平均值
a_3	a_3b_1	a_3b_2	a_3b_3	$a_3b_1+a_3b_2+a_3b_3$ 的平均值
边际平均值	$a_2b_2+a_2b_2+a_3b_1$ 的平均值	$a_1b_2+a_2b_2+a_3b_2$ 的平均值	$a_1b_3+a_2b_3+a_3b_3$ 的平均值	总平均值

表 12-2 单元平均值：里面的单元

A 因子 ＼ B 因子	b_1	b_2	b_3	边际平均值
a_1	a_1b_1	a_1b_2	a_1b_3	$a_1b_1+a_1b_1+a_1b_3$ 的平均值
a_2	a_2b_1	a_2b_2	a_2b_3	$a_2b_1+a_2b_2+a_2b_3$ 的平均值
a_3	a_3b_1	a_3b_2	a_3b_3	$a_3b_1+a_3b_2+a_3b_3$ 的平均值
边际平均值	$a_1b_1+a_2b_1+a_3b_1$ 的平均值	$a_1b_2+a_2b_2+a_3b_2$ 的平均值	$a_1b_3+a_2b_3+a_3b_3$ 的平均值	总平均值

双因子交互作用显著时，我们需要处理的是"单纯主要效果：单元平均值比较"，有 A 因子单纯主要效果检验（限定 B 因子）和 B 因子单纯主要效果检验（限定 A 因子），解释如下。

A 因子单纯主要效果检验（限定 B 因子，以 b_1 为例）：单元平均值比较，如表 12-3 所示。

表 12-3 单元平均值比较

A 因子 ＼ B 因子	b_1	b_2	b_3
a_1	a_1b_1	a_1b_2	a_1b_3
a_2	a_2b_1	a_2b_2	a_2b_3
a_3	a_3b_1	a_3b_2	a_3b_3

B 因子单纯主要效果检验（限定 A 因子，以 a_1 为例）：单元平均值比较，如表 12-4 所示。

表 12-4 单元平均值比较

A 因子 ＼ B 因子	b_1	b_2	b_3
a_1	a_1b_1	a_1b_2	a_1b_3
a_2	a_2b_1	a_2b_2	a_2b_3
a_3	a_3b_1	a_3b_2	a_3b_3

双因子交互作用不显著时，我们需要处理的是"主要效果：边际平均值比较"，有 A 因子的主要效果和 B 因子的主要效果，解释如下。

A 因子的主要效果：检验不同的 A 因子，边际平均值的差异，如表 12-5 所示。

表 12-5 边际平均值的差异

A 因子 ＼ B 因子	b_1	b_2	b_3	边际平均值
a_1	a_1b_1	a_1b_2	a_1b_3	
a_2	a_2b_1	a_1b_2	a_1b_3	
a_3	a_2b_1	a_1b_2	a_3b_3	
边际平均值				

B 因子的主要效果：检验不同的 B 因子，边际平均值的差异，如表 12-6 所示。

表 12-6 边际平均值的差异

A 因子＼B 因子	b1	b2	b3	边际平均值
a_1	a_1b_1	a_1b_2	a_1b_3	
a_2	a_2b_1	a_2b_2	a_2b_3	
a_3	a_3b_1	a_3b_2	a_3b_3	
边际平均值				

接下来我们分别介绍多变量方差分析中，常用的双因子交互作用显著和不显著时的范例。

12.8　多变量方差分析范例：双因子交互作用显著

在双因子方差分析结果中，交互作用项达显著时，请比较单元平均值的差异，如图 12-2 所示。

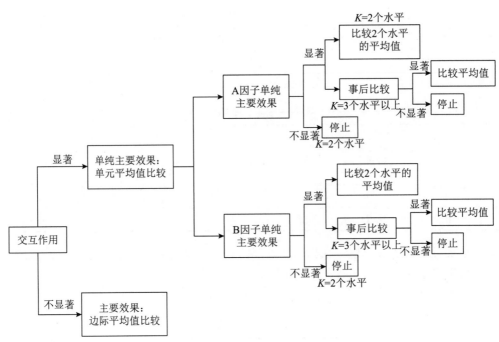

图 12-2　双因子交互作用显著下的处理方式

我们在信息展中，随机访问学生、上班族和退休人员，三组共 18 位，参观信息展后，我们想了解学生组、上班组、退休组，根据外观（Appearance）或适用性（Fit）而购买品牌或组装电脑的程度是否有差异？

我们整理了会根据外观购买品牌或组装电脑的数据，如表 12-7 所示。

表 12-7　会根据外观购买品牌或组装电脑统计

		该组第一位得分	该组第二位得分	该组第三位得分
学生组	品牌电脑	5	6	4
	组装电脑	10	8	9
上班组	品牌电脑	6	7	8
	组装电脑	9	8	9
退休组	品牌电脑	9	9	9
	组装电脑	3	2	4

我们整理了会根据适用性购买品牌或组装电脑的数据，如表 12-8 所示。

表 12-8　会根据适用性购买品牌或组装电脑统计

		该组第一位得分	该组第二位得分	该组第三位得分
学生组	品牌电脑	4	5	5
	组装电脑	10	9	10
上班组	品牌电脑	5	7	8
	组装电脑	8	7	6
退休组	品牌电脑	10	10	10
	组装电脑	4	3	3

我们整合购买品牌或组装电脑的数据，共有三组，18 位受访者，会根据外观、适用性购买品牌或组装电脑的数据，如表 12-9 所示。

表 12-9　会根据外观、适用性购买品牌或组装电脑统计

编号	分组	分类	外观	适用性
1	1	1	5	4
2	1	1	6	5
3	1	1	4	5
4	1	2	10	10
5	1	2	8	9
6	1	2	9	10
7	2	1	6	5
8	2	1	7	7
9	2	1	8	8
10	2	2	9	8
11	2	2	8	7
12	2	2	9	6
13	3	1	9	10
14	3	1	9	10

续表

编号	分组	分类	外观	适用性
15	3	1	9	10
16	3	2	3	4
17	3	2	2	3
18	3	2	4	3

多变量方差分析的实际操作如下。

（请先将范例文件 Ch12 复制到 C:\Ch12）

1. 打开范例文件MANOVA.sav（在 C:\Ch12），单击【分析】-【一般线性模型】-【多变量】，如图 12-3 所示。

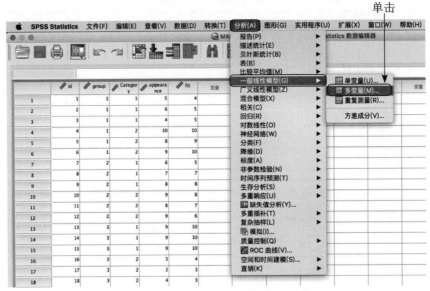

图 12-3　打开文件并单击"多变量"

2. 选取"appearance"和"fit"至【因变量】栏，如图 12-4 所示。

3. 选取"group"和"Category"至【固定因子】栏，如图 12-5 所示。

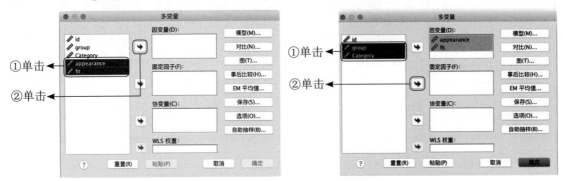

图 12-4　多变量　　　　　　　　　　　图 12-5　选取固定因子

4. 单击【模型】，如图 12-6 所示。

5. 单击【全因子】，单击【继续】，如图 12-7 所示。

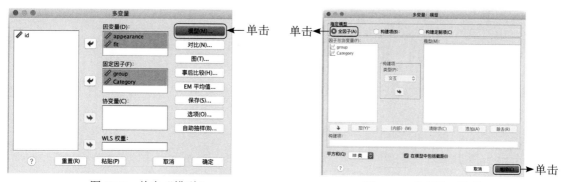

图 12-6　单击"模型"

图 12-7　多变量：模型

6. 单击【图】，如图 12-8 所示。
7. 选取"group"至【水平轴】栏，如图 12-9 所示。

图 12-8　单击"图"

图 12-9　多变量：轮廓图

8. 选取"Category"至【单独的线条】栏，如图 12-10 所示。
9. 单击【添加】，如图 12-11 所示。

图 12-10　选取因子

图 12-11　单击"添加"

10. 产生"group*Category"，单击【继续】，如图 12-12 所示。

图：group*Category 画双因子交互作用图。

11. 单击【事后比较】，如图 12-13 所示。

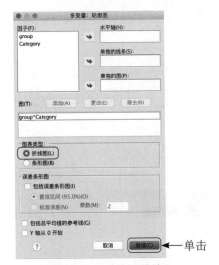

图 12-12　单击"继续"

图 12-13　单击"事后比较"

12. 选取"group"和"Category"至【下列各项的事后检验】栏，如图 12-14 所示。

13. 勾选【雪费】，单击【继续】，如图 12-15 所示。

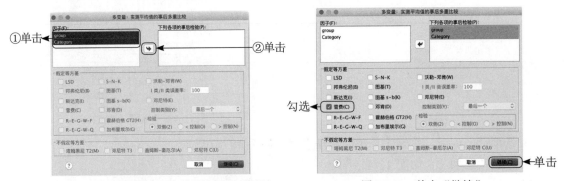

图 12-14　多变量：实测平均值的事后多重比较　　　图 12-15　单击"继续"

14. 单击【EM 平均值】，如图 12-16 所示。

15. 选取"group""Category"和"group*Category"至【显示下列各项的平均值】栏，选择完毕后，单击【继续】，如图 12-17 所示。

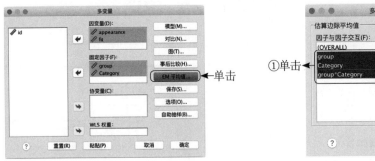

图 12-16　单击"EM 平均值"

图 12-17　多变量：估算边际平均值

16. 单击【选项】，如图 12-18 所示。

17. 勾选【描述统计】、【效应量估算】、【实测幂】、【参数估算值】、【SSCP 矩阵】及【齐性检验】，勾选完毕后，单击【继续】，如图 12-19 所示。

图 12-18　单击"选项"

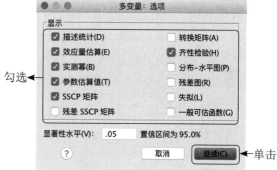

图 12-19　多变量：选项

- 描述统计：描述性统计，包含平均值、标准差及个案数。
- 效应量估算：关联强度估计值，包含效果项目和所有参数估计的偏相关的 Eta 平方值。
- 实测幂：统计检验力。
- 参数估算值：参数估计，包含参数估计、标准误、t 检验、信赖区间等。
- SSCP 矩阵：显示 SSCP 矩阵值。
- 齐性检验：方差齐性检验。
- 显著性水平 0.05：代表 95% 置信水平。

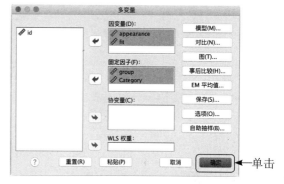

图 12-20　单击"确定"

18. 单击【确定】，如图 12-20 所示。

19. 结果如图 12-21 所示。

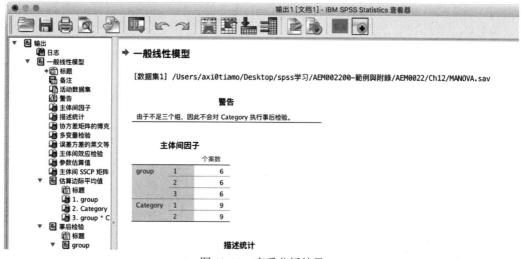

图 12-21　查看分析结果

各组的有效样本数，group 1 为学生组，group 2 为上班组，group 3 为退休组，Category 1 为品牌电脑，Category 2 为组装电脑。

描述统计，包含各分组的平均值、标准差和有效个案数，如图 12-22 所示。

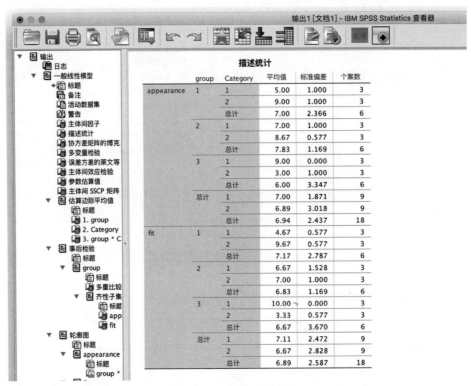

图 12-22　查看分析结果

■　**协方差矩阵的博克斯等同性检验**

博克斯检验，用来判断是否违反方差齐性的检验，我们需要的结果是不显著，才不会违反方差齐性的检验，如图 12-23 所示。

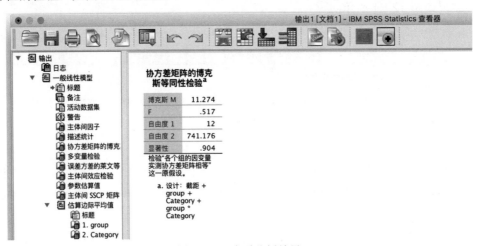

图 12-23　查看分析结果

我们查看报告的结果，F 值为 0.517，P 值 = 0.904>0.05，不显著，代表符合方差齐性。

■　**多变量的检验**

我们可以从图 12-24 中发现分组（学生组、上班组和退休组）整体达显著结果，威尔克 Lambda Sig P 值 = 0.029，分类（品牌电脑、组装电脑）整体未达显著，威尔克 Lambda Sig P 值 = 0.568

Group*Category 交互作用达显著，威尔克 Lambda Sig P 值 = 0.000

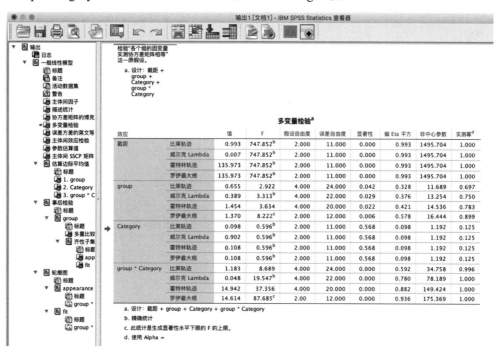

图 12-24　查看分析结果

■　**误差方差的莱文等同性检验**

电脑外观的 F 值为 0.951，Sig P 值为 0.484；

电脑适用性的 F 值为 2.560，Sig P 值为 0.085，如图 12-25 所示。

电脑的外观和适用性两者的方差齐性检验都未达显著水平，代表都符合方差的齐性。

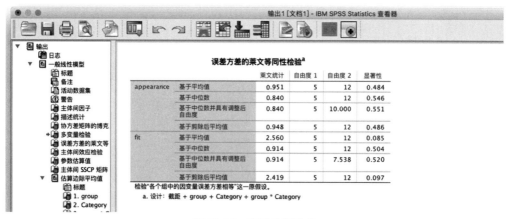

图 12-25　查看分析结果

主体间效应检验：主体间效应检验是用来处理因变量的单变量显著性的检验，我们查看报告得知：

分组 （学生组、上班组、退休组）单变量显著性检验结果为电脑外观 Sig. P 为 0.010，达显著，电脑适用的 Sig. P 值为 0.597，未达显著，如图 12-26 所示。

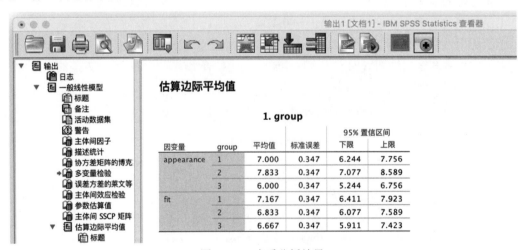

图 12-26　查看分析结果

Group*Category 交互作用在电脑外观和电脑适用性的 Sig. P 值为 0.000，达显著，需要再做单纯主要效果检验。

■　**估算边际平均值**

图 12-27 是在做各因变量的边际平均值比较，由于分组有三个比较水平，在前面单变量检验达显著，须进行事后比较。

估算边际平均值

1. group

因变量	group	平均值	标准误差	95% 置信区间 下限	95% 置信区间 上限
appearance	1	7.000	0.347	6.244	7.756
	2	7.833	0.347	7.077	8.589
	3	6.000	0.347	5.244	6.756
fit	1	7.167	0.347	6.411	7.923
	2	6.833	0.347	6.077	7.589
	3	6.667	0.347	5.911	7.423

图 12-27　查看分析结果

在前面分类的检验中，整体未达显著，所以不用再查看边际平均值的比较，如图 12-28 所示。

2. Category

因变量	Category	平均值	标准误差	95% 置信区间 下限	95% 置信区间 上限
appearance	1	7.000	0.283	6.383	7.617
	2	6.889	0.283	6.272	7.506
fit	1	7.111	0.283	6.494	7.728
	2	6.667	0.283	6.049	7.284

3. group * Category

因变量	group	Category	平均值	标准误差	95% 置信区间 下限	95% 置信区间 上限
appearance	1	1	5.000	0.491	3.931	6.069
		2	9.000	0.491	7.931	10.069
	2	1	7.000	0.491	5.931	8.069
		2	8.667	0.491	7.598	9.736
	3	1	9.000	0.491	7.931	10.069
		2	3.000	0.491	1.931	4.069
fit	1	1	4.667	0.491	3.598	5.736
		2	9.667	0.491	8.598	10.736
	2	1	6.667	0.491	5.598	7.736
		2	7.000	0.491	5.931	8.069
	3	1	10.000	0.491	8.931	11.069
		2	3.333	0.491	2.264	4.402

图 12-28　查看分析结果

■　**多重比较**

如图 12-29 所示，在多重比较中可以看到雪费（Scheffe）的检验结果，在因变量为外观时，只有上班组对退休组有显著性差异（正向的），Sig. P 值为 0.010<0.05，表示上班组对于电脑外观的喜好程度高于退休组对于电脑外观的喜好程度。

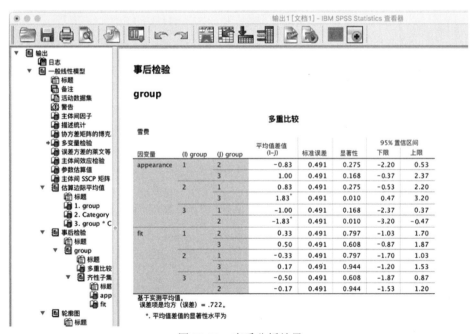

图 12-29　查看分析结果

从图 12-29 中也可以看出不同的电脑族群（学生、上班族、退休人员）对于品牌电脑的适用性，都没有显著的差异。

在电脑外观上，分组（学生组、上班组、退休组）和分类（购买品牌或组装电脑）有交互作用如图 12-30、图 12-31 所示。

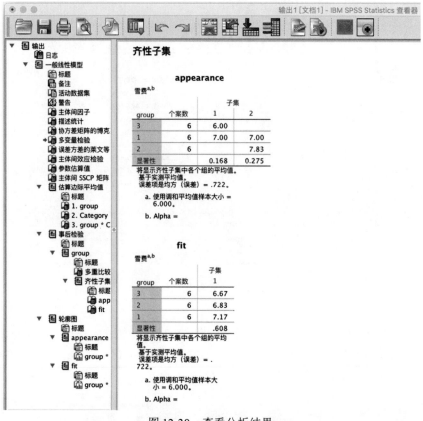

图 12-30　查看分析结果

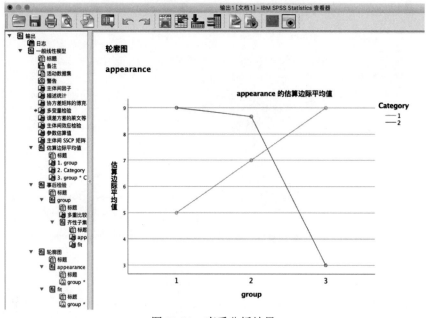

图 12-31　查看分析结果

　　另外在电脑适用性上，分组（学生组、上班组、退休组）和分类（购买品牌或组装电脑）有交互作用，如图 12-32 所示。

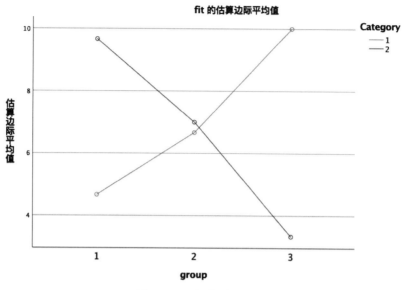

图 12-32　查看分析结果

结果：

Group*Category 交互作用在电脑外观和电脑适用性的 Sig. P 值为 0.000，达显著，都需要再做**单纯主要效果检验**。

　　我们也可以在范例数据文件下，直接运行下列语法：

```
GLM   appearance fit   BY group Category  /METHOD = SSTYPE(3)  /INTERCEPT =
INCLUDE  /POSTHOC = group Category ( SCHEFFE )  /EMMEANS = TABLES(group)  /
EMMEANS = TABLES(Category)  /EMMEANS = TABLES(group*Category)  /PRINT =
DESCRIPTIVE ETASQ OPOWER PARAMETER TEST(SSCP) HOMOGENEITY  /CRITERIA = ALPHA(.05)
/DESIGN = group Category group*Category .
```

　　会得到相同的报告结果。

　　✪ **单纯主要效果检验**

　　双因子交互作用达显著，表示品牌或组装电脑的电脑外观分数的高低会因为不同组别（学生组、上班组、退休组）而呈现不同结果。相同的，品牌或组装电脑的电脑适用性（Fit）分数的高低会因为不同组别（学生组、上班组、退休组）而呈现不同结果。

　　双因子单纯主要效果检验（以 A 因子和 B 因子为例）

　　A 因子单纯主要效果检验（限定 B 因子 b_1）：单元平均值比较，如表 12-10 所示。

表 12-10　A 因子单纯主要效果检验

A 因子 ＼ B 因子	b_1	b_2	b_3
a_1	a_1b_1	a_1b_2	a_1b_3
a_2	a_2b_1	a_2b_2	a_2b_3
a_3	a_3b_1	a_3b_2	a_3b_3

B 因子单纯主要效果检验（限定 A 因子 a_1）：单元平均值比较，如表 12-11 所示。

表 12-11　B 因子单纯主要效果检验

A 因子 ＼ B 因子	b_1	b_2	b_3
a_1	a_1b_1	a_1b_2	a_1b_3
a_2	a_2b_1	a_2b_2	a_2b_3
a_3	a_3b_1	a_3b_2	a_3b_3

A 因子：分组 （学生组、上班组、退休组）

B 因子：分类 （品牌或组装电脑）

A 因子单纯主要效果检验（限定 B 因子 b_1）：单元平均值比较，如表 12-12 所示。

表 12-12　A 因子单纯主要效果检验

A 因子 ＼ B 因子	b_1 品牌	b_2 组装电脑
a_1 学生组	a_1b_1	a_1b_2
a_2 上班组	a_2b_1	a_2b_2
a_3 退休组	a_3b_1	a_3b_2

A 因子单纯主要效果检验（限定 B 因子 b_2）：单元平均值比较，如表 12-13 所示。

表 12-13　A 因子单纯主要效果检验

A 因子 ＼ B 因子	b_1 品牌	b_2 组装电脑
a_1 学生组	a_1b_1	a_1b_2
a_2 上班组	a_2b_1	a_2b_2
a_3 退休组	a_3b_1	a_3b_2

实际操作顺序如下。

（1）将 B 因子：分类 （品牌或组装电脑）拆分文件。

（2）电脑外观 A 因子分组 （学生组、上班组、退休组）单纯主要效果检验。

（3）电脑适用性 A 因子分组（学生组、上班组、退休组）单纯主要效果检验。

实际操作如下。

1. 打开范例文件 MANOVA. SAV （在 C:\Ch12），选择单击【数据】-【拆分文件】，如图 12-33 所示。

图 12-33　打开文件并单击"拆分文件"

2. 单击【按组来组织输出】，选取"Category"至【分组依据】栏，如图 12-34 所示。

3. 单击【确定】，如图 12-35 所示。

图 12-34　拆分文件

图 12-35　单击"确定"

4. 单击【分析】-【比较平均值】-【单因素 ANOVA 检验】，如图 12-36 所示。

图 12-36　单击"单因素 ANOVA 检验"

5. 选取"appearance"至【因变量列表】栏，如图 12-37 所示。

6. 选取"group"至【因子】栏，如图 12-38 所示。

图 12-37　选取因变量　　　　　　　图 12-38　选取因子

7. 单击【事后比较】，如图 12-39 所示。

8. 勾选【雪费】、【图基】，单击【继续】，如图 12-40 所示。

图 12-39　单击"事后比较"　　　　图 12-40　单因素 ANOVA 检验：事后多重比较

9. 单击【选项】，如图 12-41 所示。

10. 勾选【描述】及【固定和随机效应】，单击【继续】，如图 12-42 所示。

图 12-41　单击"选项"　　　　　　图 12-42　单因素 ANOVA 检验：选项

11. 单击【确定】，如图 12-43 所示。

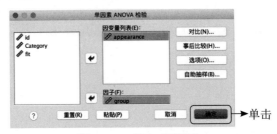

图 12-43　单击"确定"

12. 结果如图 12-44 所示。

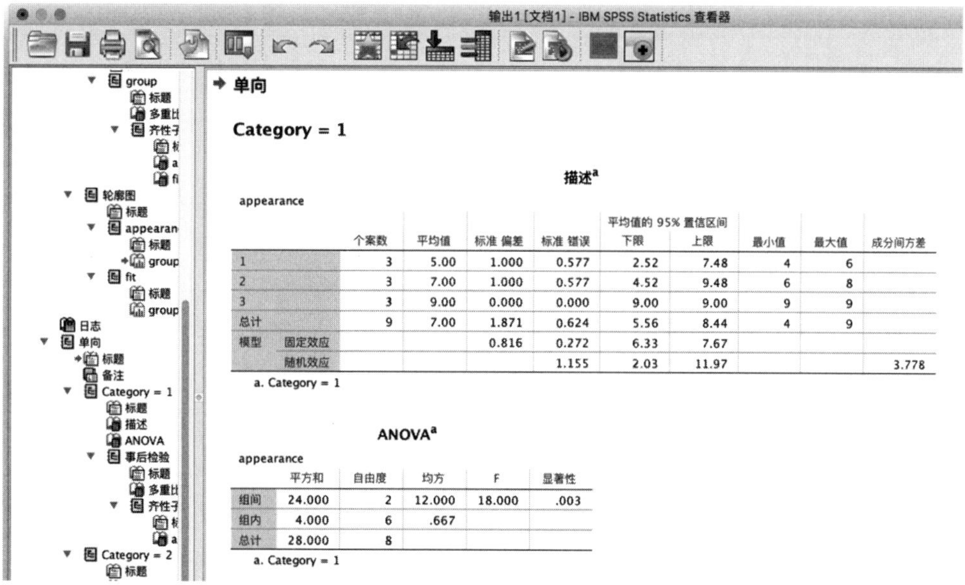

描述[a]

appearance

		个案数	平均值	标准 偏差	标准 错误	平均值的 95% 置信区间 下限	上限	最小值	最大值	成分间方差
1		3	5.00	1.000	0.577	2.52	7.48	4	6	
2		3	7.00	1.000	0.577	4.52	9.48	6	8	
3		3	9.00	0.000	0.000	9.00	9.00	9	9	
总计		9	7.00	1.871	0.624	5.56	8.44	4	9	
模型	固定效应			0.816	0.272	6.33	7.67			
	随机效应				1.155	2.03	11.97			3.778

a. Category = 1

ANOVA[a]

appearance

	平方和	自由度	均方	F	显著性
组间	24.000	2	12.000	18.000	.003
组内	4.000	6	.667		
总计	28.000	8			

a. Category = 1

图 12-44　查看分析结果

注释：SPSS 软件将 standard error 翻译为标准错误，统计中一般称其为标准误差。

Category =1 （品牌）

A 因子单纯主要效果检验（限定 B 因子 b_1 品牌）：单元平均值比较，如表 12-14 所示。

表 12-14　A 因子单纯主要效果检验

A 因子 \ B 因子	b_1 品牌	b_2 组装电脑
a_1 学生组	a_1b_1=5	a_1b_2
a_2 上班组	a_2b_1=7	a_2b_2
a_3 退休组	a_3b_1=9	a_3b_2

在品牌的外观上，学生组的平均值 =5，标准误差 =0.577，上班组的平均值 =7，标准误差 = 0.577，退休组的平均值 =9，标准误差 =0。

单纯主要效果检验之方差分析摘要表，F 检验值 =18.000，显著性 P 值 =0.003 <0.05，达显著，显示在品牌的外观上，学生组、上班组和退休组有显著差异。由于有学生组、上班组和退休组三个比较水平，因此可以通过查看事后比较来了解两两比较结果。

Category = 1 （品牌）　学生组 =1，上班组 =2，退休组 =3

如图 12-46 所示，事后检验多重比较结果显示，在品牌的外观上，退休组比学生组有显著的喜好，退休组和上班组没有喜好上的显著差异，上班组和学生组也没有喜好上的显著差异。

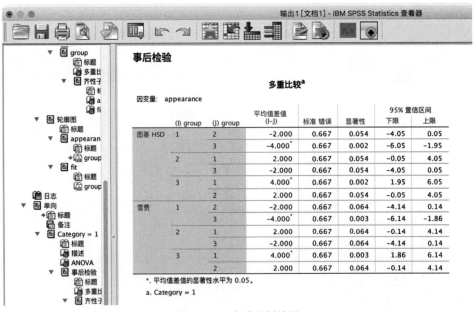

图 12-45　查看分析结果

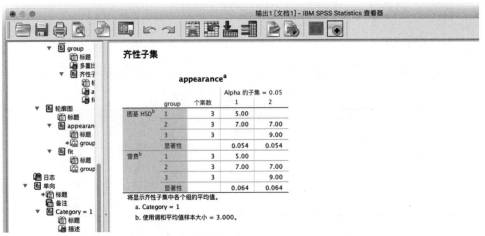

图 12-46　查看分析结果

Category=2（组装电脑）

A 因子单纯主要效果检验（限定 B 因子 b_2 品牌）：单元平均值比较，如表 12-15 所示。

表 12-15　A 因子单纯主要效果检验

A 因子　＼　B 因子	b_1 品牌	b_2 组装电脑
a_1 学生组	$a^1 b^1$	$a_1 b_2 = 9.00$
a_2 上班组	$a^2 b^1$	$a_2 b_2 = 8.67$
a_3 退休组	$a^3 b^1$	$a_3 b_2 = 3.00$

如图 12-47 所示，在组装电脑的外观上，学生组的平均值 =9，标准误差 =0.577，上班组的平均值 =8.67，标准误差 =0.333，退休组的平均值 =3，标准误差 =0.577。

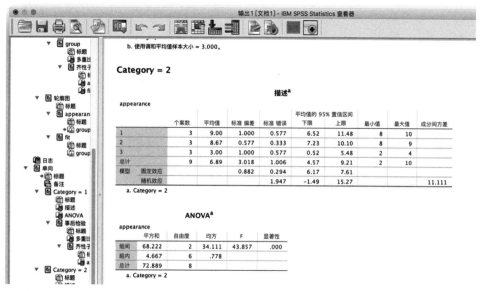

图 12-47　查看分析结果

Category=2 组装电脑

单纯主要效果检验之方差分析摘要表，F 检验值 =43.857，显著性 P 值 =0.000 <0.05，达显著，说明在组装电脑的外观上，学生组、上班组和退休组有显著差异，由于有学生组、上班组和退休组三个比较水平，因此可以通过查看事后比较来了解两两比较的结果，如图 12-48 所示。

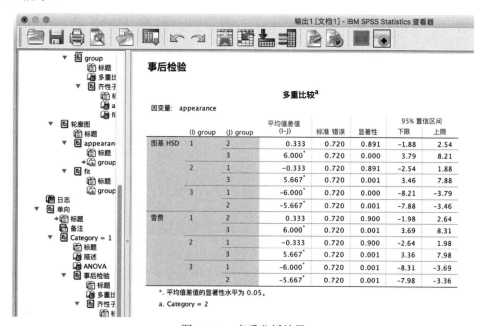

图 12-48　查看分析结果

Category = 2 组装电脑

事后比较结果显示，在组装电脑的外观上，学生组的喜好比退休组更显著，上班组与退休组有喜好上的显著差异，而学生组和上班组没有喜好上的显著差异，如图 12-49 所示。

齐性子集

appearance[a]

	group	个案数	Alpha 的子集 = 0.05	
			1	2
图基 HSD[b]	3	3	3.00	
	2	3		8.67
	1	3		9.00
	显著性		1.000	0.891
雪费[b]	3	3	3.00	
	2	3		8.67
	1	3		9.00
	显著性		1.000	0.900

将显示齐性子集中各个组的平均值。

a. Category = 2

b. 使用调和平均值样本大小 = 3.000。

图 12-49　查看分析结果

电脑适用性为因变量

以电脑适用性为因变量，A 因子分组（学生组、上班组、退休组）单纯主要效果检验（限定 B 因子）如下。

13. 单击【重新调用最近使用的对话框】，选择【单因素 ANOVA 检验】，如图 12-50 所示。

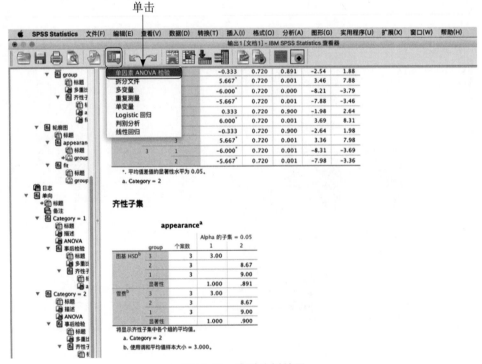

图 12-50　查看分析结果

14. 选取 "appearance" 回左列，并选取 "fit" 至【因变量列表】栏，如图 12-51 所示。

15. 单击【确定】，如图 12-52 所示。

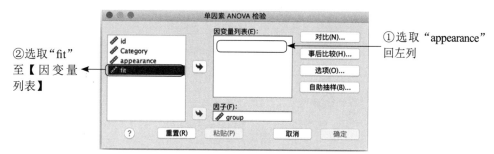

图 12-51　单因素 ANOVA 检验

图 12-52　单击"确定"

16. 结果如图 12-53 所示。

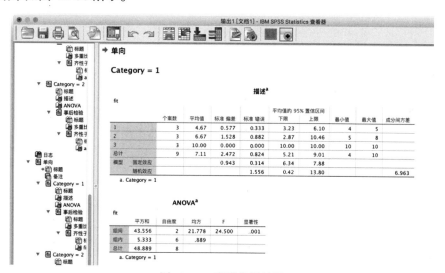

图 12-53　查看分析结果

Category = 1 （品牌）

A 因子单纯主要效果检验（限定 B 因子 b_1 品牌）：单元平均值比较，如表 12-16 所示。

表 12-16　A 因子单纯主要效果检验

A 因子 ＼ B 因子	b_1 品牌	b_2 组装电脑
a_1 学生组	$a_1 b_1 = 4.67$	$a_1 b_2$
a_2 上班组	$a_2 b_1 = 6.67$	$a_2 b_2$
a_3 退休组	$a_3 b_1 = 10$	$a_3 b_2$

在品牌的外观上，学生组的平均值 =4.67，标准误差 =0.333，上班组的平均值 =6.67，标准误差 =0.882，退休组的平均值 =10，标准误差 =0。

单变量方差分析

单纯主要效果检验之方差分析摘要表，F 检验值 =24.5，显著性 P 值 =0.001 <0.05，达显著，说明在品牌的适用性上，学生组、上班组和退休组有显著差异，由于有学生组、上班组和退休组三个比较水平，因此可以通过查看事后比较来了解两两比较的结果，如图 12-54 所示。

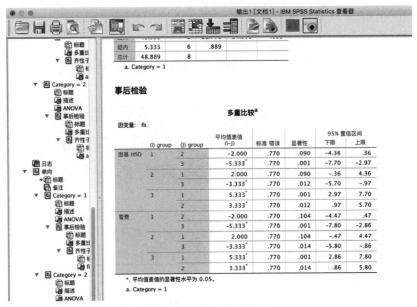

图 12-54　查看分析结果

Category = 1 （品牌）　　　学生组 =1、上班组 =2、退休组 =3

事后比较结果显示，在品牌的适用性上，退休组的喜好比学生组更显著，退休组和上班组有喜好上的显著差异，上班组和学生组没有喜好上的显著差异，如图 12-55 所示。

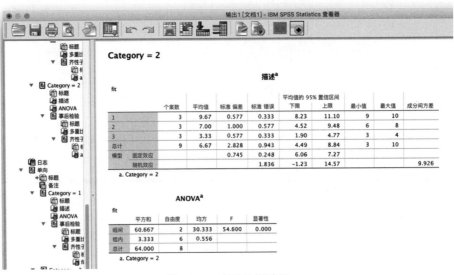

图 12-55　查看分析结果

Category = 2 组装电脑

A 因子单纯主要效果检验（限定 B 因子 b_2 组装电脑）：单元平均值比较，如表 12-17 所示。

表 12-17　A 因子单纯主要效果检验

A 因子 ╲ B 因子	b_1 品牌	b_2 组装电脑
a_1 学生组	$a_1 b_1$	$a_1 b_2 = 9.67$
a_2 上班组	$a_2 b_1$	$a_2 b_2 = 7$
a_3 退休组	$a_3 b_1$	$a_3 b_2 = 3.33$

在组装电脑的适用性上，学生组的平均值 =9.67，标准误差 =0.333，上班组的平均值 =8.67，标准误差 =0.577，退休组的平均值 =3.33，标准误差 =0.333。

单变量方差分析

Category = 2 组装电脑

单纯主要效果检验之方差分析摘要表，F 检验值 =54.6，显著性 P 值 =0.000<0.05，达显著，说明在组装电脑的适用性上，学生组、上班组和退休组有显著差异，由于有学生组、上班组和退休组三个比较水平，因此可以通过查看事后比较来了解两两比较的结果，如图 12-56 所示。

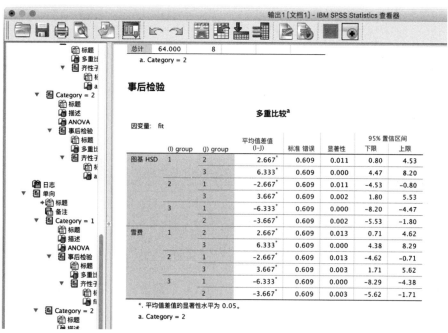

图 12-56　查看分析结果

Category = 2 组装电脑　学生组 =1、上班组 =2、退休组 =3

事后比较结果显示，在组装电脑的适用性上，学生组和上班组有喜好上的显著差异，学生组的喜好比退休组更显著，学生组和上班组也有喜好上的显著差异，学生组 > 上班组 > 退休组，如图 12-57 所示。

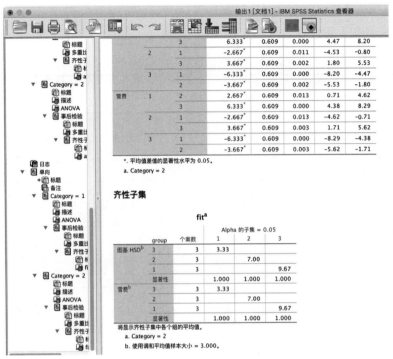

图 12-57　查看分析结果

我们整理了 A 因子单纯主要效果检验分析的结果，如表 12-18 所示。

外观

表 12-18　A 因子（购买组别）单纯主要效果检验的方差分析摘要表

	平方和	自由度	均方	F	显著性
组间	24.000	2	12.000	18.000	0.003
组内	4.000	6	0.667		
总计	28.000	8			

在单纯主要效果检验之方差分析摘要表中，F 检验值 =18.000，显著性 P 值 =0.003 <0.05，达显著，说明在品牌的外观上，学生组、上班组和退休组有显著差异，由于有学生组、上班组和退休组三个比较水平，因此可以通过查看事后比较来了解两两比较的结果。

事后比较结果显示，在品牌的外观上，退休组的喜好比学生组更显著，退休组和上班组没有喜好上的显著差异，上班组和学生组也没有喜好上的显著差异。

A 因子（购买组别）单纯主要效果检验之方差分析摘要表，如表 12-19 所示。

外观

表 12-19　A 因子（购买组别）单纯主要效果检验之方差分析摘要表

	平方和	自由度	均方	F	显著性
组间	68.222	2	34.111	43.857	0.000
组内	4.667	6	0.778		
总计	72.889	8			

a　Category = 2 组装电脑

单纯主要效果检验之方差分析摘要表，F 检验值 =43.857，显著性 P 值 =0.000 <0.05，达显著，说明在组装电脑的外观上，学生组、上班组和退休组有显著差异，由于有学生组、上班组和退休组三个比较水平，因此可以通过查看事后比较来了解两两比较的结果。

事后比较结果显示，在组装电脑的外观上，学生组的喜好比退休组更显著差异，上班组和退休组有喜好上的显著差异，学生组和上班组没有喜好上的显著差异。

A 因子（购买组别）单纯主要效果检验之方差分析摘要表，如表 12-20 所示。

适用性

表 12-20　A 因子（购买组别）单纯主要效果检验之方差分析摘要表

	平方和	自由度	均方	F	显著性
组间	43.556	2	21.778	24.500	0.001
组内	5.333	6	0.889		
总计	48.889	8			

a　Category = 1 （品牌）

单纯主要效果检验之方差分析摘要表，F 检验值 =24.5，显著性 P 值 =0.001 <0.05，达显著，说明在品牌的适用性上，学生组、上班组和退休组有显著差异，由于有学生组、上班组和退休组三个比较水平，因此可以通过查看事后比较来了解两两比较的结果。

事后比较结果显示，在品牌的适用性上，退休组的喜好比学生组更显著，退休组和上班组有喜好上的显著差异，上班组和学生组没有喜好上的显著差异。

A 因子（购买组别）单纯主要效果检验之方差分析摘要表，如表 12-21 所示。

适用性

表 12-21　A 因子（购买组别）单纯主要效果检验之方差分析摘要表

	平方和	自由度	均方	F	显著性
组间	60.667	2	30.333	54.600	0.000
组内	3.333	6	0.556		
总计	64.000	8			

a　Category = 2 组装电脑

在单纯主要效果检验之方差分析摘要表中，F 检验值 =54.6，显著性 P 值 =0.000 <0.05，达显著，说明在组装电脑的适用性上，学生组、上班组和退休组有显著差异，由于有学生组、上班组和退休组三个比较水平，因此需要查看事后比较。

事后比较结果显示，在组装电脑的适用性上，学生组和上班组有喜好上的显著差异，学生组的喜好比退休组更显著，学生组和上班组也有喜好上的显著差异。在组装电脑的适用性上，学生组 > 上班组 > 退休组。

B 因子单纯主要效果检验

B 因子单纯主要效果检验有限定 A 因子 a_1，限定 A 因子 a_2 和限定 A 因子 a_3，分析如下。

B 因子单纯主要效果检验（限定 A 因子 a_1）：单元平均值检验，如表 12-22 所示。

表 12-22　B 因子单纯主要效果检验

A 因子　　　　B 因子	b_1 品牌	b_2 组装电脑
a_1 学生组	a_1b_1	a_1b_2
a_2 上班组	a_2b_1	a_2b_2
a_3 退休组	a_3b_1	a_3b_2

B 因子单纯主要效果检验（限定 A 因子 a_2）：单元平均值检验，如表 12-23 所示。

表 12-23　B 因子单纯主要效果检验

A 因子　　　　B 因子	b_2 品牌	b_2 组装电脑
a_1 学生组	a_1b_1	a_1b_2
a_2 上班组	a_2b_1	a_2b_2
a_3 退休组	a_3b_1	a_3b_2

B 因子单纯主要效果检验（限定 A 因子 a_3）：单元平均值检验，如表 12-24 所示。

表 12-24　B 因子单纯主要效果检验

A 因子　　　　B 因子	b_1 品牌	b_2 组装电脑
a_1 学生组	a_1b_1	a_1b_2
a_2 上班组	a_2b_1	a_2b_2
a_3 退休组	a_3b_1	a_3b_2

B 因子单纯主要效果检验的主要处理顺序如下：

（1）将 A 因子分组 （学生组、上班组、退休组）拆分文件。

（2）电脑外观 B 因子分类 （品牌或组装电脑）单纯主要效果检验。

（3）电脑适用性 B 因子分类 （品牌或组装电脑）单纯主要效果检验。

B 因子单纯主要效果检验的步骤和 A 因子单纯主要效果检验的步骤是一样的，主要是单击的变量不同，我们不重复介绍。B 因子单纯主要效果检验的报告结果整理和 A 因子单纯主要效果检验的报告结果整理是一样的，读者有需要，请根据 A 因子单纯主要效果检验的报告结果整理步骤进行整理。

12.9　多变量方差分析范例：双因子交互作用不显著

在双因子方差分析结果中，交互作用项未达显著时，请比较边际平均值的差异，如图 12-58 所示。

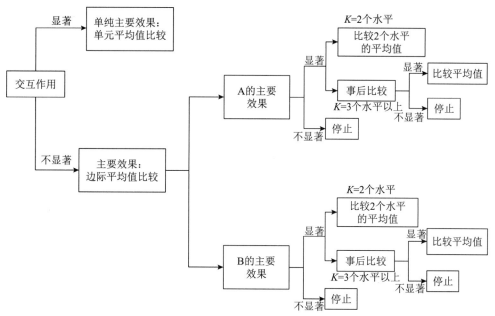

图 12-58 双因子交互作用不显著的处理方式

我们在电脑展中，随机访问了学生、上班和退休人员三组共 27 位人员，经过参观信息展后，我们想了解学生组、上班组、退休组，根据外观或适用性而购买品牌或组装电脑的程度是否有差异？

Group1 学生组

Group2 上班组

Group3 退休组

Category 1 国内品牌

Category 2 组装电脑

Category 3 国外品牌

我们整理了会根据外观购买国内品牌、组装电脑或国外品牌电脑的数据，如表 12-25 所示。

表 12-25　根据外观购买国内品牌、组装电脑或国外品牌的电脑数据

		该组第一位得分	该组第二位得分	该组第三位得分
学生组	国内品牌电脑	2	3	4
	组装电脑	5	4	4
	国外品牌电脑	5	6	6
上班组	国内品牌电脑	6	4	5
	组装电脑	7	6	6
	国外品牌电脑	7	8	8
退休组	国内品牌电脑	8	9	7
	组装电脑	8	8	9
	国外品牌电脑	9	8	9

我们整理了会根据适用性购买国内品牌、组装电脑或国外品牌电脑的数据，如表 12-26 所示。

表 12-26 　根据适用性购买国内品牌、组装电脑或国外品牌电脑数据

		该组第一位得分	该组第二位得分	该组第三位得分
学生组	国内品牌电脑	4	2	3
	组装电脑	4	4	5
	国外品牌电脑	5	6	5
上班组	国内品牌电脑	5	6	6
	组装电脑	6	6	7
	国外品牌电脑	7	8	8
退休组	国内品牌电脑	7	6	7
	组装电脑	9	8	8
	国外品牌电脑	8	9	9

我们整合购买品牌或组装电脑的数据，共三组 27 位受访者，根据外观、适用性购买国内品牌、组装电脑和国外品牌的评分数据，如表 12-27 所示。

表 12-27 　根据外观、适用性购买国内品牌、组装电脑和国外品牌的评分数据

编号	分组	分类	外观	适用性
1	1	1	2	4
2	1	1	3	2
3	1	1	4	3
4	1	2	5	4
5	1	2	4	4
6	1	2	4	5
7	1	3	5	5
8	1	3	6	6
9	1	3	6	5
10	2	1	6	5
11	2	1	4	6
12	2	1	5	6
13	2	2	7	6
14	2	2	6	6
15	2	2	6	7
16	2	3	7	7
17	2	3	8	8
18	2	3	8	8
19	3	1	8	7

续表

编号	分组	分类	外观	适用性
20	3	1	9	6
21	3	1	7	7
22	3	2	8	9
23	3	2	8	8
24	3	2	9	8
25	3	3	9	8
26	3	3	8	9
27	3	3	9	9

双因子交互作用不显著的实际操作如下。

（先前已将范例文件 Ch12 复制到 C:\Ch12）t

1. **打开范例文件 MANOVA2. SAV（在 C:\Ch12），单击【分析】-【一般线性模型】-【多变量】，如图 12-59 所示。**

图 12-59　打开文件并单击"多变量"

2. **选择 "appearance" 和 "fit" 至【因变量】栏，如图 12-60 所示。**

3. **选取 "group" 和 "Category" 至【固定因子】栏，如图 12-61 所示。**

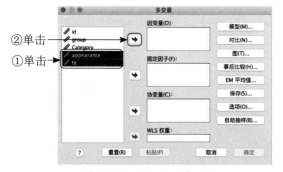

图 12-60　选取"因变量"

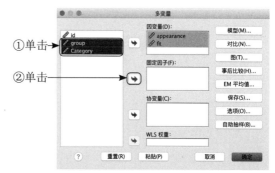

图 12-61　选取"固定因子"

4. 单击【图】，如图 12-62 所示。

图 12-62　单击"图"

5. 选取"group"至【水平轴】栏，选取"Category"至【单独的线条】栏，单击【添加】，如图 12-63 所示。

6. 产生"group*Category"，单击【继续】，如图 12-64 所示。

图 12-63　多变量：轮廓图

图 12-64　单击"继续"

注图：group*Category 画双因子交互作用图

7. 单击【事后比较】，如图 12-65 所示。

8. 选取"group"和"Category"至【下列各项的事后检验】栏，如图 12-66 所示。

图 12-65　单击"事后比较"　　　　　　　图 12-66　多变量：实测平均值的事后多重比较

9. 勾选【雪费】及【图基】，单击【继续】，如图 12-67 所示。

10. 单击【EM 平均值】，如图 12-68 所示。

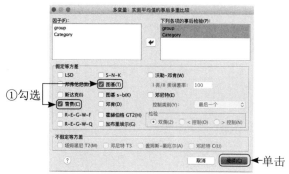

图 12-67　单击"继续"

图 12-68　单击"EM 平均值"

11. 选取 "group" "Category" 及 "group*Category" 至【显示下列各项的平均值】栏，如图 12-69 所示。

12. 单击【继续】，如图 12-70 所示。

图 12-69　多变量：估算边际平均值

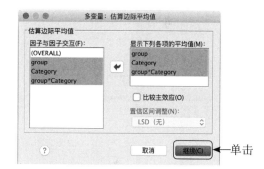

图 12-70　单击"继续"

13. 单击【选项】，如图 12-71 所示。

14. 勾选【描述统计】和【效应量估算】，单击【继续】，如图 12-72 所示。

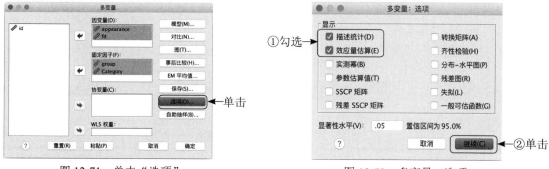

图 12-71　单击"选项"　　　　　　　　　　图 12-72　多变量：选项

- 描述性统计：描述性统计包含平均值、标准差及个案数。

- 效应量估算：关联强度估计值，包含效果项目和所有参数估计的偏相关的 Eta 平方值。

15. 单击【确定】，如图 12-73 所示。

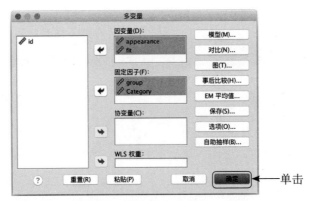

图 12-73　单击"确定"

16. 结果如图 12-74 所示。

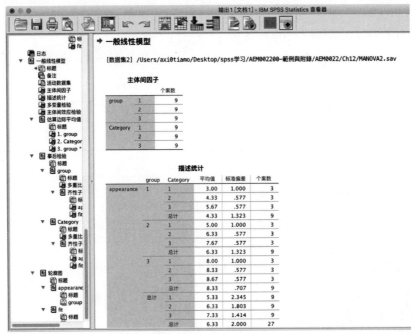

图 12-74　查看分析结果

我们将描述性统计中根据外观来购买电脑的情况整理成单元平均值和边际平均值，如表 12-28 所示。

表 12-28　根据外观的数据整理

A 因子 ＼ B 因子	国内品牌	组装电脑	国外品牌	边际平均值
学生组	3	4.33	5.67	4.33
上班组	5	6.33	7.67	6.33
退休组	8	8.33	8.67	8.33
边际平均值	5.33	6.33	7.33	6.33

我们将描述性统计中根据适用性来购买电脑的情况整理成单元平均值和边际平均值，如表 12-29 所示。

表 12-29 根据适用性来购买电脑的情况的数据整理

A 因子 ＼ B 因子	国内品牌	组装电脑	国外品牌	边际平均值
学生组	3	4.33	5.33	4.22
上班组	5.67	6.33	7.67	6.56
退休组	6.67	8.33	8.67	7.89
边际平均值	5.11	6.33	7.22	6.22

多变量检验（图 12-75）

Group 达显著

Category 达显著

group*Category 交互作用未达显著

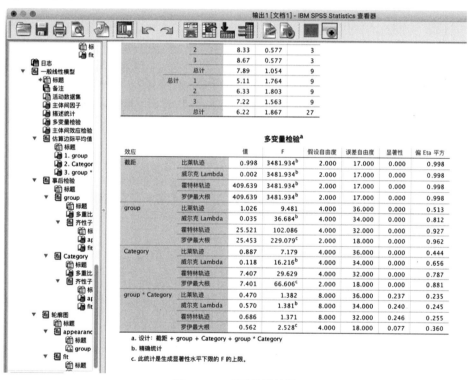

图 12-75 查看分析结果

检验：

双因子方差分析摘要表，从输出报告图 12-76 中可以看出，在外观上购买组别和产品类别（group*Category）的交互作用未达显著，F 值为 1.8，P 值为 0.173>0.05，未达显著水平 0.05，表示购买组别（学生组、上班组、退休组）根据外观喜好来购买电脑，不受产品类别（国内品牌、组装电脑、国外品牌）的影响；相对地，购买产品类别（国内品牌、组装电脑、国外品牌）根据外观喜好来购买电脑，不受购买组别（学生组、上班组、退休组）的影响。

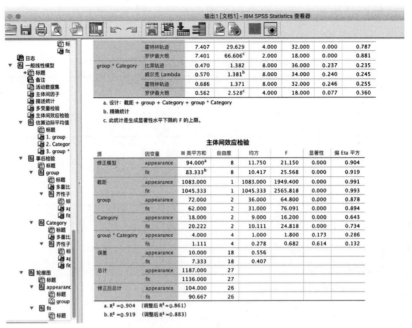

图 12-76　查看分析结果

再从输出报告（见图 12-77）中可以看出，在适用性上购买组别和产品类别（group*Category）的交互作用未达显著，F 值为 0.682，P 值为 0.614>0.05，未达显著水平 0.05，表示购买组别（学生组、上班组、退休组）根据适用性喜好来购买电脑，不受产品类别（国内品牌、组装电脑、国外品牌）的影响；相对地，购买产品类别（国内品牌、组装电脑、国外品牌）根据适用性喜好购买电脑，不受购买组别（学生组、上班组、退休组）的影响。

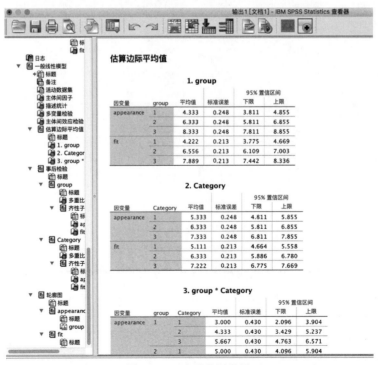

图 12-77　查看分析结果

根据分析如图 12-77、图 12-78，我们整理了有关外观的边际平均值，如表 12-30 所示。

表 12-30　有关外观的边际平均值

A 因子＼B 因子	国内品牌	组装电脑	国外品牌	边际平均值
学生组	3	4.33	5.67	4.33
上班组	5	6.33	7.67	6.33
退休组	8	8.33	8.67	8.33
边际平均值	5.33	6.33	7.33	6.33

根据分析结果图 12-77、图 12-78，我们整理了有关适用性的边际平均值，如表 12-31 所示。

表 12-31　有关适用性的边际平均值

A 因子＼B 因子	国内品牌	组装电脑	国外品牌	边际平均值
学生组	3	4.33	5.33	4.22
上班组	5.67	6.33	7.67	6.56
退休组	6.67	8.33	8.67	7.89
边际平均值	5.11	6.33	7.22	6.22

3. group * Category

因变量	group	Category	平均值	标准误差	95% 置信区间 下限	95% 置信区间 上限
appearance	1	1	3.000	0.430	2.096	3.904
		2	4.333	0.430	3.429	5.237
		3	5.667	0.430	4.763	6.571
	2	1	5.000	0.430	4.096	5.904
		2	6.333	0.430	5.429	7.237
		3	7.667	0.430	6.763	8.571
	3	1	8.000	0.430	7.096	8.904
		2	8.333	0.430	7.429	9.237
		3	8.667	0.430	7.763	9.571
fit	1	1	3.000	0.369	2.226	3.774
		2	4.333	0.369	3.559	5.108
		3	5.333	0.369	4.559	6.108
	2	1	5.667	0.369	4.892	6.441
		2	6.333	0.369	5.559	7.108
		3	7.667	0.369	6.892	8.441
	3	1	6.667	0.369	5.892	7.441
		2	8.333	0.369	7.559	9.108
		3	8.667	0.369	7.892	9.441

双击以激活

图 12-78　查看分析结果

购买组别（学生组、上班组、退休组）的多重比较，在外观和适用性中，如图 12-79 所示，以图基 HSD 和雪费法比较都呈显著，$P \leqslant 0.001$。在外观的注重上，退休组＞上班组＞学生组。在适用性的注重上，退休组＞上班组＞学生组。

group

多重比较

因变量		(I) group	(J) group	平均值差值 (I-J)	标准误差	显著性	95% 置信区间 下限	上限
appearance	图基 HSD	1	2	-2.00*	0.351	0.000	-2.90	-1.10
			3	-4.00*	0.351	0.000	-4.90	-3.10
		2	1	2.00*	0.351	0.000	1.10	2.90
			3	-2.00*	0.351	0.000	-2.90	-1.10
		3	1	4.00*	0.351	0.000	3.10	4.90
			2	2.00*	0.351	0.000	1.10	2.90
	雪费	1	2	-2.00*	0.351	0.000	-2.94	-1.06
			3	-4.00*	0.351	0.000	-4.94	-3.06
		2	1	2.00*	0.351	0.000	1.06	2.94
			3	-2.00*	0.351	0.000	-2.94	-1.06
		3	1	4.00*	0.351	0.000	3.06	4.94
			2	2.00*	0.351	0.000	1.06	2.94
fit	图基 HSD	1	2	-2.33*	0.301	0.000	-3.10	-1.57
			3	-3.67*	0.301	0.000	-4.43	-2.90
		2	1	2.33*	0.301	0.000	1.57	3.10
			3	-1.33*	0.301	0.001	-2.10	-0.57
		3	1	3.67*	0.301	0.000	2.90	4.43
			2	1.33*	0.301	0.001	0.57	2.10
	雪费	1	2	-2.33*	0.301	0.000	-3.14	-1.53
			3	-3.67*	0.301	0.000	-4.47	-2.86
		2	1	2.33*	0.301	0.000	1.53	3.14
			3	-1.33*	0.301	0.001	-2.14	-0.53
		3	1	3.67*	0.301	0.000	2.86	4.47
			2	1.33*	0.301	0.001	0.53	2.14

图 12-79　查看分析结果

　　产品类别（国内品牌、组装电脑、国外品牌）的多重比较，在外观和适用性中，如图 12-80、图 12-81 所示，以图基 HSD 和雪费法比较都呈显著，$P<0.05$。在外观的注重上，国外品牌 > 组装电脑 > 国内品牌。在适用性的注重上，国外品牌 > 组装电脑 > 国内品牌（见图 12-82）。

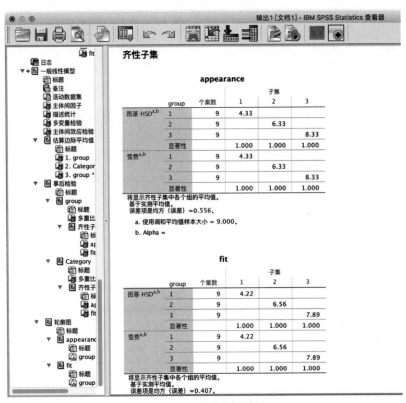

图 12-80　查看分析结果

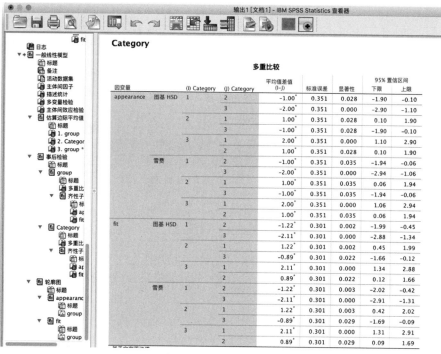

图 12-81　查看分析结果

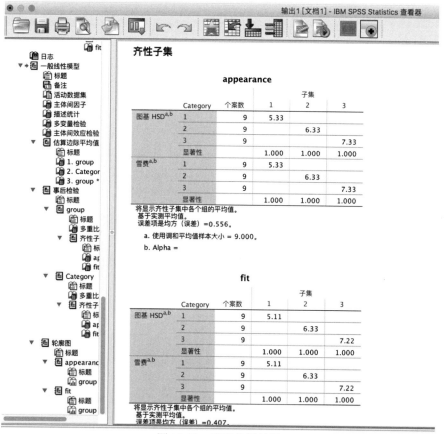

图 12-82　查看分析结果

✪ 外观

购买组：学生组、上班组、退休组

产品类别：国内品牌、组装电脑、国外品牌

两个自变量（购买组：Group 和产品类别：Category）在外观的平均值趋势图（见图 12-83），三条线未有交叉，呈现平行关系，在外观的平均值上，退休组 > 上班组 > 学生组。国外品牌 > 组装电脑 > 国内品牌。

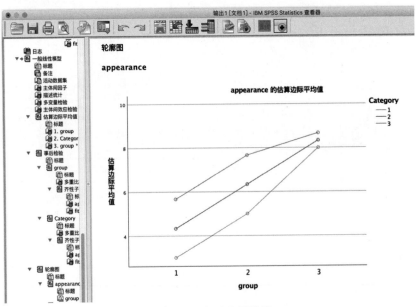

图 12-83　查看分析结果

另外：

我们也可以得到适用结果，如图 12-84 所示。

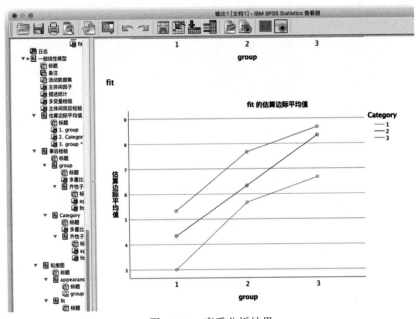

图 12-84　查看分析结果

购买组：学生组、上班组、退休组

产品类别：国内品牌、组装电脑、国外品牌

两个自变量（购买组：Group 和产品类别：Category）在适用的平均值趋势图中，三条线未有交叉，呈现平行关系，在适用的平均值上，退休组 > 上班组 > 学生组。国外品牌 > 组装电脑 > 国内品牌。

结果：

我们整理不同购买组别（学生组、上班组、退休组）与不同产品类别（国内品牌、组装电脑、国外品牌）对于外观的购买喜好的双因子方差分析摘要表，如表 12-32 所示。

外观

表 12-32　双因子方差分析摘要表

变异来源	Ⅲ 类 平方和 （ SS ）	自由度 （ df ）	均方 （ MS ）	F	事后比较	偏 Eta 平方 （ 净 η^2 ）
A 因子 Group	72	2	36	64.8 ***	Group3 > Group2 > Group1	0.878
B 因子 Category	18	2	9	16.2 ***	Category 3 > Category 2 > Category 1	0.643
group * Category	4	4	1	1.8 n.s.		0.286
误差	10	18	0.556			
总计	104	26				

注：n.s. $P>0.05$　　**$P<0.01$　　***$P<0.001$

学生组、上班组、退休组

国内品牌、组装电脑、国外品牌

购买组别和产品类别（group*Category）的交互作用未达显著，F 值为 1.8，P 值为 0.173 >0.05，未达显著水平 0.05。

购买组别对外观的主要效果达显著，F 值为 64.8，P 值为 0.000。购买组别变项可以解释外观变项 87.8% 的变异量。经过事后比较发现在对外观的注重上，退休组明显大于上班组，上班组明显大于学生组。

产品类别对于外观的主要效果达显著，F 值为 16.2，P 值为 0.000。

产品类别变量可以解释外观变量 64.3% 的变异量，经过事后比较发现在对外观的注重上，国外品牌明显大于组装电脑，组装电脑明显大于国内品牌。

我们整理了不同购买组别（学生组、上班组、退休组）与不同产品类别（国内品牌、组装电脑、国外品牌）对于适用性的购买喜好的双因子方差分析摘要表，如表 12-33 所示。

适用性

表 12-33　双因子方差分析摘要表

变异来源	III 类平方和（SS）	自由度（df）	均方（MS）	F	事后比较	偏 Eta 平方（净 η^2）
A 因子 Group	62	2	31	76.091	Group 3 > Group 2 > Group 1	.894
B 因子 Category	20.222	2	10.111	24.818	Category 3 > Category 2 > Category 1	.734
group * Category	1.111	4	.278	.682 n.s.		.132
误差	7.333	18	.407			
总计	90.667	26				

注：n.s. $P>0.05$　**$P<0.01$　***$P<0.001$
学生组、上班组、退休组
国内品牌、组装电脑、国外品牌

购买组别和产品类别（group*Category）的交互作用未达显著，F 值为 0.682，P 值为 0.614 >0.05，未达显著水平 0.05。

购买组别对适用性的主要效果达显著，F 值为 76.091，P 值为 0.000。购买组别变量可以解释外观变量 89.4% 的变异量。经过事后比较发现：在对适用性的注重上，退休组明显大于上班组，上班组明显大于学生组。

产品类别对于适用性的主要效果达显著，F 值为 24.818，P 值为 0.000。

产品类别变量可以解释外观变量的 73.4% 变异量，经过事后比较发现：在对适用性的注重上，国外品牌明显大于组装电脑，组装电脑明显大于国内品牌。

第13章 典型相关

13.1 典型相关

典型相关是一种统计分析技术，也是一种属于多变量统计（Multivariate Statistics）的分析方法。典型相关分析的目的是分析两组变量之间关系的强度，换句话说，是用来解释一组自变量（两个以上的 X 变量）与另一组因变量（两个以上的 Y 变量）之间的关系的分析方法。例如：游客的环境态度对环境行为的相关性分析，休闲动机对休闲满意度的典型相关研究，期望及满意度的典型相关研究。

典型相关（Canonical Correlation），典型相关适用于因变量为计量或非计量，自变量也是计量或非计量的情况，公式如下：

$$Y_1 + Y_2 + Y_3 + \cdots + Y_j = X_1 + X_2 + X_3 + \cdots + X_k$$
（计量、非计量）　　　（计量、非计量）

适用于典型相关分析的数据有两组变量，这两组变量的相关性需要得到理论上的支持，一组为因变量，一组为自变量，通过分析所得到的典型相关，可以应用在很多地方。因此，典型相关的目的可以有下列几项：

- 决定两组变量的关系强度；
- 计算出因变量和自变量在线性相关关系最大化下的权重，在线性函数最大化的情况下，剩余相关（或残余相关）和前面的线性组合相互独立；
- 用来解释因变量和自变量关系存在的本质。

13.2 典型相关分析的基本假设

在做典型相关分析之前，必须检验数据是否符合下列 4 种基本的统计假设。

1. 线性关系：两组变量的相关系数是基于线性关系，若不是线性关系，则变量需要转换，以达成线性关系。

2. 正态性：虽然典型相关并无最严格要求的正态性，但正态性会使分布标准化以允许变量间拥有较高的相关性，因此，符合正态性是较好的做法。由于多变量的正态性难以判断，所以大多都是针对单一变量要求正态性。

3. 方差相等：若不相等，会降低变量间的相关性，因此，需要符合方差相等。

4. 多重共线性问题：若是变量间有多重共线性问题，则无法说明任何一个变量的影响，从而导致解释的结果并不可靠，因此，需要变量无多重共线性问题。

13.3 典型函数的估计

我们使用典型相关分析的初始结果，就是要得到一个或多个典型函数，每一个典型函数是由2个典型变量组成，这2个典型变量中的一个是因变量的线性组合，另一个是自变量的线性组合。典型相关分析会得到多少个典型函数呢？这是由因变量和自变量中较少的个数决定的。例如：因变量有3个变量，自变量有6个变量，通过典型相关分析后，会得到3个典型函数。第一个提取出来的典型函数是用来解释两组变量的最大关联，第二个提取出来的典型函数，是在第一个典型函数未解释的变量中，取得两组变量的最大关联，依此类推，直到所有的因子都被提取出来，因此，后面的典型相关会越来越小。典型相关的系数代表着两组典型变量的关系，系数的大小代表着关系的强弱，典型相关系数的平方等于两个典型变量的共享方差，也就是一个典型变量可以被另一个典型变量所解释的大小，这个数值就称为典型根或特征值。

13.4 典型函数的选择

典型函数的选择主要用在挑选哪些函数来解释才有意义。在一般情况下，我们都会挑选典型相关系数达 a=0.1 或 0.05 水平的加以解释，Hair 等（1998）建议不要使用单一标准 （统计的显著性），而是使用统计显著的程度、典型相关系数的大小和冗余指数等 3 个标准，分别简单介绍如下。

● 统计显著的程度：典型相关统计显著的程度最少须达 $a = 0.1$ 或 0.05 水平。
● 典型相关系数的大小：没有一定大小的典型相关系数代表需要去解释，而是能理解研究问题被解释了多少，特别是方差被解释了多少。

13.5 冗余指数

共享方差可以由典型相关系数的平方（特征值或典型根）代表，但典型相关系数的来源是共享变量并非方差萃取，在解释的时候会有偏差，于是有人提出冗余指数（Redundancy Index）的概念。

$$冗余指数 = 平均载荷平方 \times 典型 R^2$$

我们会先计算每个典型载荷（Canonical Loading）的平方，再将典型载荷的平方加总后平均起来，取得平均载荷平方（Average Loading Squared），最后再乘以典型 R^2（Canonical R^2） 以得到冗余指数的值。这个值代表因变量被自变量解释了多少，类似于多元回归所谈的 R^2 统计值。

13.6   解释典型变量

在典型相关已经有显著性，并且典型根的大小和冗余指数都没问题的情况下，我们就可以进行典型变量的解释。解释典型变量就是检验典型函数在典型相关中，每个原始变量的相对重要性，这个检验的方法有典型权重（Canonical Weight）、典型载荷量（Canonical Loading）、典型交叉载荷量（Canonical Cross-Loading）三种，分别简介如下。

- **典型权重**：典型权重代表该变量的重要性，权重较大代表变量对典型变量的影响较大，正负号代表关系的正负方向，由于不同样本的典型权重变动性较大，这个指标不稳定，所以建议少使用。
- **典型载荷量**：典型载荷量既计算原始因变量中的观察变量和因变量典型变量的相关性，也计算原始自变量中观察变量和自变量典型变量的相关性，就像因子载荷量（Factor Loading），相关系数越大代表越重要。由于不同样本仍有相当的变动性，所以仍有指标不稳定的情况，但是比典型权重好。
- **典型交叉载荷量**：建议采用典型交叉载荷量，该指标较稳定。它计算了原始因变量中的观察变量和自变量典型变量的相关性，也计算了原始自变量中的观察变量和因变量典型变量的相关性，由于是交叉计算因变量和自变量，计算出来的结果称为典型交叉载荷量。

13.7   验证结果

若是样本较少，至少要做敏感度分析，也就是每次移除一个变量后，测试其典型权重和典型载荷是否一样稳定。若是样本够多，则可分成两个样本进行分析，最后比较两个样本的典型权重：典型载荷量等，若是出现不一致的情况，则无法从样本推断总体。验证结果是相当重要的一个步骤，使用时需要特别谨慎、小心，以避免错误地使用典型相关和出现解释上的错误。

13.8   典型相关与其他多变量计数的比较和应用

典型相关和回归的不同：

典型相关分析可以视为多元回归的延伸使用，多元回归的因变量（Y）只有一个，自变量（X）有多个，典型相关分析则可以处理多个因变量和多个自变量。

典型相关分析就是求得一组的权重使得因变量和自变量的相关关系最大化，简单地说，就是找出 Y 这一组的线性结合，X 这一组的线性结合，这两个线性结合的最大化即求得一组的权重以最大化因变量和自变量的相关。

典型相关分析和主成分分析的不同：

主成分分析是提取尽量少的一组新变量，最大程度地保留原有变量的信息，而典型相关分析则是使得两组变量的相关关系最大化。

典型相关的应用广泛，例如：测量大学生毕业时的成绩和入学时成绩的相关性、就业者员工职位和工作满意度的相关性、员工的领导能力和情绪智力的相关性、组织内创新能力和知识管理的相关性、亲子界限和家庭暴力的相关性、医院医疗费用和医疗质量的相关性、厂商的特质和经营绩效的相关性。

13.9 典型相关的范例

在实际上，SPSS 并没有提供典型相关图形化的操作，而是需要直接输入命令语法，早期会使用多变量方差分析命令语法，后来则提供典型相关命令语法（解释较完整），我们分别进行实际操作如下。

范例：

我们想了解界面复杂度（C14）、新技术（C15）、专业训练（C16）、系统功能（C17）、训练课程（C19）的相关性，把它们分成两组 Set1 = c14 c15 c16，Set2 = c17 c19，通过典型相关分析来求得一组的权重（Weight），以最大化因变量和自变量之间的相关关系。

13.9.1 典型相关使用 MANOVA 命令语法

SPSS 典型相关 MANOVA 命令语法实际操作如下。

（请先将范例文件 Ch13 复制到 C:\Ch13）

1. 打开范例 Canonical.sav（在 C:\Ch13），单击【文件】-【新建】-【语法】，如图 13-1 所示。

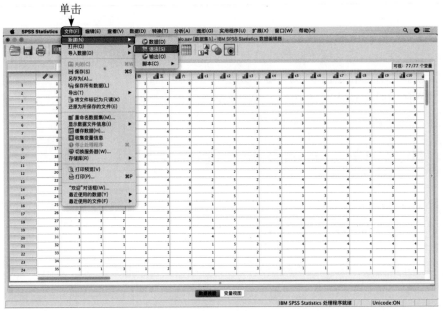

图 13-1 语法

2. 输入语法。

```
MANOVA
  c14 To c16 WITH c17 c19
  /DISCRIM RAW STAN CORR  ALPHA(0.1)
  /PRINT SIGNIF(EIGN DIMENR)
  /DESIGN
```

结果如图 13-2 所示。

图 13-2　　输入语法

3. 单击【运行】-【全部】，如图 13-3 所示。

图 13-3　运行语法

4. 结果如图 13-4 所示。

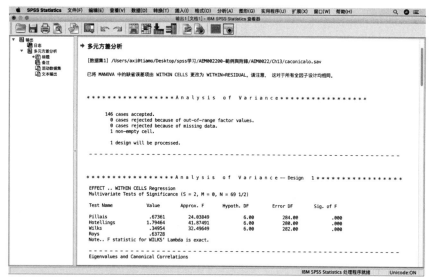

图 13-4　结果 1

重要的报告分析，如图 13-5 所示。

```
* * * * * * * * * * * * * * * * * * * *A n a l y s i s   o f   V a r i a n c e* * * * * * * * * * * * * * * * * * *

        146 cases accepted.
          0 cases rejected because of out-of-range factor values.
          0 cases rejected because of missing data.
          1 non-empty cell.

          1 design will be processed.

-  -  -  -  -  -  -  -  -  -  -  -  -  -  -  -  -  -  -  -  -  -  -  -  -  -  -  -  -  -  -  -  -  -  -  -  -  -  -  -  -
```

图 13-5　结果 2

对 146 个样本进行方差分析，如图 13-6 所示。

```
* * * * * * * * * * * * * * A n a l y s i s   o f   V a r i a n c e — Design   1 * * * * * * * * * * * * * * * *

EFFECT .. WITHIN CELLS Regression
Multivariate Tests of Significance (S = 2, M = 0, N = 69 1/2)

Test Name        Value        Approx. F      Hypoth. DF       Error DF        Sig. of F

Pillais          0.67361      24.03849       6.00             284.00          0.000
Hotellings       1.79464      41.87491       6.00             280.00          0.000
Wilks            0.34954      32.49649       6.00             282.00          0.000
Roys             0.63728
Note.. F statistic for WILKS' Lambda is exact.
```

图 13-6　结果 3

图 13-6 显示多变量显著性检验的结果，一般我们常看威尔克斯 λ（WILKS' Lambda）的 P 值，这里所有检验的 P 值都是 $0.000 < 0.05$，都呈现显著水平，如图 13-7 所示。

图 13-7 显示第一组特征根（Eigenvalue）的值为 1.757，典型相关系数为 0.798，说明两组变量有高度相关性。

第二组特征根的值为 0.038，典型相关系数为 0.191，比第一组的值小很多。

```
-  -  -  -  -  -  -  -  -  -  -  -  -  -  -  -  -  -  -  -  -  -  -  -  -  -  -  -  -  -  -  -  -  -  -  -  -  -  -  -  -
Eigenvalues and Canonical Correlations

Root No.     Eigenvalue        Pct.        Cum. Pct.       Canon Cor.      Sq. Cor

    1        1.75693         97.89904      97.89904        0.79830         0.63728
    2        0.03770          2.10096     100.00000        0.19062         0.03633
```

图 13-7　结果 4

我们画出关系图，如图 13-8 所示。

$$\lambda_1 \;\underset{}{\overline{\rule{0pt}{0pt}\quad 0.798 \quad}}\; \eta_1$$

$$\lambda_2 \;\underset{}{\overline{\rule{0pt}{0pt}\quad 0.191 \quad}}\; \eta_2$$

图 13-8　关系图

图 13-9 显示维度递减分析的结果，每次递减前一行的维度，以进行典型相关的分析，1 TO 2 维度递减分析的 P 值 $0.000<0.05$，达显著水平，2 TO 2 维度递减分析的 P 值 $0.072>0.05$，未达显著水平，所以只需要考虑第一组的典型相关即可。

```
-  -  -  -  -  -  -  -  -  -  -  -  -  -  -  -  -  -  -  -  -  -  -  -  -  -  -  -  -  -  -  -  -  -  -  -  -  -  -  -  -
Dimension Reduction Analysis

Roots         Wilks L.            F        Hypoth. DF       Error DF        Sig. of F

1 TO 2        0.34954        32.49649      6.00             282.00          0.000
2 TO 2        0.96367         2.67703      2.00             142.00          0.072
```

图 13-9　结果 5

图 13-10 显示单变量 F 值检验的结果，变量 C14，C15，C16 的 P 值 0.000（小于 0.05），达显著水平。

```
- - - - - - - - - - - - - - - - - - - - - - - - - - - - - - - - - - - - - - - - - - - - - - - -
EFFECT .. WITHIN CELLS Regression (Cont.)
Univariate F-tests with (2

Variable    Sq. Mul. R    Adj. R-sq.    Hypoth. MS    Error MS          F    Sig. of F
c14         0.37363       0.36487       24.36933      0.57137    42.65037      0.000
c15         0.45900       0.45143       33.60299      0.55393    60.66299      0.000
c16         0.51675       0.50999       35.66998      0.46654    76.45687      0.000
```

图 13-10　结果 6

图 13-11 显示因变量原始典型相关系数，一般很少用。

```
- - - - - - - - - - - - - - - - - - - - - - - - - - - - - - - - - - - - - - - - - - - - - - - -
Raw canonical coefficients for DEPENDENT variables
        Function No.

Variable           1            2
c14         -0.22820       0.92754
c15         -0.39789       0.33898
c16         -0.57052      -1.09054
```

图 13-11　结果 7

图 13-12 显示因变量标准化典型相关系数，

第一组的值 c14 =-0.216　c15= -0.400　c16=-0.557。

第二组的值 c14 =0.880　　c15= 0.341　　c16=-1.064。

```
- - - - - - - - - - - - - - - - - - - - - - - - - - - - - - - - - - - - - - - - - - - - - - - -
Standardized canonical coefficients for DEPENDENT variables
        Function No.

Variable           1            2
c14         -0.21644       0.87976
c15         -0.39983       0.34063
c16         -0.55668      -1.06410
```

图 13-12　结果 8

我们画出关系图，如图 13-13 所示。

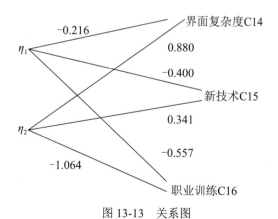

图 13-13　关系图

图 13-14 显示变量原始典型相关系数，一般很少用。

```
-----------------------------------------------------------------------
Raw canonical coefficients for COVARIATES
        Function No.

COVARIATE           1               2

c17             -0.80912        -0.95084
c19             -0.35322         1.33083
```

图 13-14　结果 9

图 13-15 显示标准化典型相关系数，我们画出关系图，如图 13-16 所示。

```
-----------------------------------------------------------------------
Standardized canonical coefficients for COVARIATES
            CAN. VAR.

COVARIATE           1               2

c17             -0.78865        -0.92677
c19             -0.31217         1.17619
```

图 13-15　结果 10

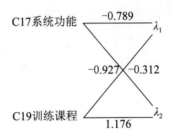

图 13-16　标准化典型相关系数关系图

我们画出整体关系图，如图 13-17 所示。

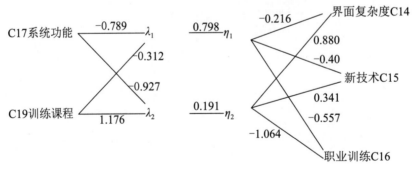

图 13-17　整体关系图

13.9.2　典型相关使用 Cancorr 命令语法

相同范例：

把界面复杂度（C14）、新技术（C15）、专业训练（C16）、系统功能（C17）、训练课程（C19）分成两组（即 Set1 = c14 c15 c16，Set2 = c17 c19），通过典型相关分析以求得一组的权重（Weight）以最大化因变量和自变量的相关关系。

SPSS 典型相关命令语法实际操作如下。

1. 开启 Canonical.sav，单击【文件】-【新建】-【语法】，如图 13-18 所示。

图 13-18　语法

2. 输入语法：

```
Include file 'C:\Program
Files\IBM\SPSS\Statistics\19\Samples\English\Canonical correlation.sps'
cancorr Set1=c14 c15 c16
        /Set2=c17 c19
```

如图 13-19 所示。

图 13-19　输入语法

注意：Include file 是用来导入 Canonical correlation.sps 文件的，此文件为 MACRO 命令，一般是安装在 SPSS 的根目录下，请自行确认文件路径后，再导入 Canonical correlation.sps 文件。

3. 单击【运行】-【全部】，如图 13-20 所示。

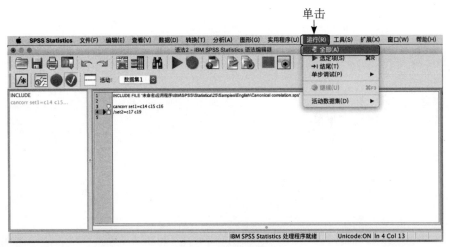

图 13-20　运行语法

4. 结果如图 13-21 所示。

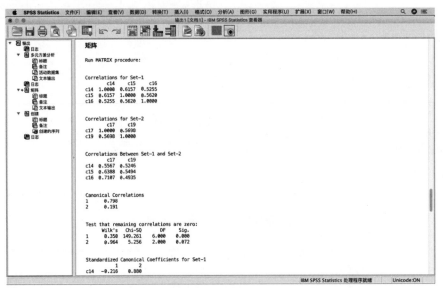

图 13-21　结果 1

报告结果分析如图 13-22 所示。

第一组变量的相关分析如图 12-23 所示。

```
Run MATRIX procedure:


Correlations for Set-1
        c14     c15     c16
c14  1.0000  0.6157  0.5255
c15  0.6157  1.0000  0.5620
c16  0.5255  0.5620  1.0000
```

图 13-22　结果 2

```
Correlations for Set-2
        c17     c19
c17  1.0000  0.5698
c19  0.5698  1.0000
```

图 13-23　结果 3

第二组变量的相关分析如图 12-24 所示。

第一组和第二变量的相关分析如图 12-25 所示。

```
Correlations Between Set-1 and Set-2
         c17     c19
c14    0.5567   0.5246
c15    0.6388   0.5494
c16    0.7107   0.4935
```

图 13-24　结果 4

```
Canonical Correlations
1    0.798
2    0.191
```

图 13-25　结果 5

- **典型相关系数**

典型相关会先求最大的典型相关系数，并且会依次排列顺序，相关系数越小，排序越靠后，第一组典型相关系数 0.798，代表两组变量有高度相关性。第二组典型相关系数 0.191，比第一组的值小很多。

我们画出关系图，如图 13-26 所示。

$$\lambda_1 \ \underline{\qquad 0.798 \qquad} \ \eta_1$$

$$\lambda_2 \ \underline{\qquad 0.191 \qquad} \ \eta_2$$

图 13-26　关系图

图 13-27 显示典型相关分析的检验结果。

```
Test that remaining correlations are zero:
       Wilk's    Chi-SQ     DF      Sig.
1      0.350    149.261   6.000    0.000
2      0.964      5.256   2.000    0.072
```

图 13-27　结果 6

- **典型相关分析的检验**

典型相关分析的检验结果是，第一组典型相关系数检验的 P 值 $0.000 < 0.05$，达显著水平，第二组典型相关系数检验的 P 值 $0.072 > 0.05$，未达显著水平，如图 13-28 所示。

```
Standardized Canonical Coefficients for Set-1
           1         2
c14     -0.216    0.880
c15     -0.400    0.341
c16     -0.557   -1.064
```

图 13-28　结果 7

- **第一组标准化典型系数**

标准化典型系数相当于回归的系数，代表变量的影响力大小，如图 13-29 所示。

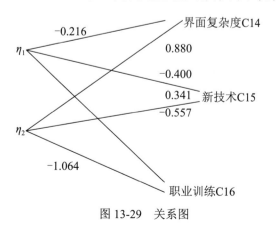

图 13-29　关系图

图 13-30 显示原始典型系数，原始典型系数是将原始变量转换成典型变量的权数，需要通过标准化（如图 13-31 所示），才能一起比较和使用。

```
Raw Canonical Coefficients for Set-1
           1        2
c14     -0.228    0.928
c15     -0.398    0.339
c16     -0.571   -1.091
```

图 13-30　结果 8

■　**第一组原始典型系数**

原始典型系数是将原始变量转换成典型变量的权数，需要标准化后，才能一起比较和使用，如图 13-31 所示。

```
Standardized Canonical Coefficients for Set-2
           1        2
c17     -0.789   -0.927
c19     -0.312    1.176
```

图 13-31　结果 9

■　**第二组标准化典型系数**

标准化典型系数相当于回归系数，代表变量的影响力大小，如图 13-32 所示，结果如图 13-33。

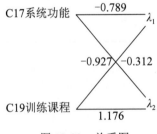

图 13-32　关系图

```
Raw Canonical Coefficients for Set-2
           1        2
c17     -0.809   -0.951
c19     -0.353    1.331
```

图 13-33　结果 10

■　**第二组原始典型系数**

原始典型系数是将原始变量转换成典型变量的权数，通过标准化后，才能一起比较和使用，如图 13-34 所示。

```
Canonical Loadings for Set-1
           1        2
c14     -0.755    0.530
c15     -0.846    0.284
c16     -0.895   -0.410
```

图 13-34　结果 11

第一组典型载荷系数是第一组变量与典型变量的简单相关系数，如图 13-35 所示。

```
Cross Loadings for Set-1
           1        2
c14     -0.603    0.101
c15     -0.675    0.054
c16     -0.715   -0.078
```

图 13-35 结果 12

第一组交叉载荷系数是典型变量与另一组的简单相关系数，如图 13-36 所示。

```
Canonical Loadings for Set-2
           1        2
c17     -0.967   -0.257
c19     -0.762    0.648
```

图 13-36 结果 13

第二组典型载荷系数是第二组变量与典型变量的简单相关系数，如图 13-37 所示。

```
Cross Loadings for Set-2
           1        2
c17     -0.772   -0.049
c19     -0.608    0.124
```

图 13-37 结果 14

第二组交叉载荷系数是典型变量与另一组的简单相关系数。

Redundancy Analysis：

重复分析是在解释因果关系时使用的，特别是用来分析自变量对于因变量的解释能力，如图 13-38 所示。

```
Proportion of Variance of Set-1 Explained by Its Own Can. Var.
              Prop Var
CV1-1          0.696
CV1-2          0.177
```

图 13-38 结果 15

第一组的组内解释比率，如图 13-39 所示。

```
Proportion of Variance of Set-1 Explained by Opposite Can.Var.
              Prop Var
CV2-1          0.443
CV2-2          0.006
```

图 13-39 结果 16

第一组变量由第二组变量解释的比率，如图 13-40 所示。

```
Proportion of Variance of Set-2 Explained by Its Own Can. Var.
              Prop Var
CV2-1          0.757
CV2-2          0.243
```

图 13-40 结果 17

第二组的组内解释比率，如图 13-41 所示。

```
Proportion of Variance of Set-2 Explained by Opposite Can. Var.
              Prop Var
CV1-1          0.482
CV1-2          0.009
------ END MATRIX ------
```

图 13-41 结果 18

第二组变量由第一组变量解释的比率，如图 13-42 所示。

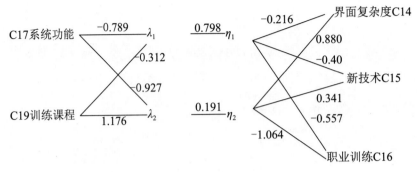

图 13-42　整体关系图

■　**结果分析注意事项**

一般在论文中，只需要列出典型相关系数，威尔克斯 λ 值与 P 值（显著值）即可以进行讨论和说明，特别要注意的是，若是有因果关系假设，则会特别集中讨论单方向的影响，若是没有因果关系假设，则需要进行双向影响的讨论和说明。

第14章

联合分析、多维标度方法
和聚类分析

14.1 联合分析

14.1.1 联合分析介绍

联合分析（Conjoint Analysis）适用于因变量是计量或顺序，自变量是非计量的情况，如下：

$$Y=X_1+X_2+X_3+\cdots+X_k$$

（计量或非计量） （非计量，例如：名义）

联合分析是分析因子的效用，其目的是将受测者对受测体的整体评价予以分解，通过整体评价求出受测体因子的效用。联合分析是分析因子的效果，其目的是将受测者对受测体的整体评价予以分解，我们可以将新的产品或服务分解成各项组合，例如：将手机分解成品牌（2种）、形状（2种）和价格（3种），这样总共有 2×2×3=12 种组合，请客户对这 12 种组合评分，最后根据客户的整体评价求出各个组合的效用，以了解客户对于新产品的喜好。

研究人员必须要有能力描述产品和服务的属性或特性（称为 factor），也要能确认属性或特性的层级（称为 level），并将属性和层级组合成给受测者填答的组合（由属性和层级组合而成，我们称之为 treatment 或 stimulus），受测者评价物体（组合）的价值，包括有形的（例如手机功能）和无形的（例如品牌），称为效用（Utility），也就是衡量整体喜好的程度。整体喜好的程度称为产品的总价值（Total Worth），而产品的总价值是由部分价值（Part-worth）加总而成。

例如：

Total Worth =（Part-worth 1）+（Part-worth 2）+ …

也等于

Utility =（Part-worth 1）+（Part-worth 2）+ …

14.1.2 联合分析的统计假设

联合分析使用结构化的实验设计和自然化的模型，一般的统计假设条件，例如正态性（Normality）、方差齐性（Homoscedasticity）、独立性（Independence）和线性关系等，都不适用于联合分析。简单来说，联合分析不需要在那些统计假设下执行，并且具有一定的统计力。

虽然，联合分析不需要一般的统计假设条件，但相对的，研究人员必须要有能力以理论来推估其研究的设计，并且能够指定模型的一般形式 [加法模型（Additive Model）或互动模型

（Interactive Model）]，而做到这些都需要研究人员花更多的心思，才能得到较好的解释与结果。

14.1.3 联合分析的设计

联合分析的设计要先选择联合分析的方法，联合分析的方法取决于对象属性的多少，我们整理如下：

- 对象属性小于或等于 6 个··········适用基于选择的联合分析（Choice_Based）
- 对象属性小于或等于 9 个··········适用传统的联合分析（Traditional）
- 对象属性小于或等于 30 个··········适用适应的联合分析（Adaptive）

我们分别介绍基于选择的联合分析、传统的联合分析、适应的联合分析如下：

■ **基于选择的联合分析**

适用于属性小于或等于 6 个的情况，受测组合（属性和层级的组合）以单一的形式出现，以加法（Additive）和交互作用效果（Interaction Effects）的模型形式，用整体的（Aggregate）分析的层次。

■ **传统的联合分析**

适用于属性小于或等于 9 个的情况，受测组合（属性和层级的组合）以组合形式出现，以加法的模型形式，用个别的（Individual）分析层次，传统的联合分析是使用最久、最常用的方法。

■ **适应的联合分析**

适应的联合分析的方法特别适用于对象属性多的情况，但也不可以超过 30 个。模型是用加法的模型，分析的层次是用个别的，在一般情况下，当传统的联合分析方法不适用时，我们就会先考虑使用适应的联合分析的方法。

14.1.4 选择属性和层级

属性因子的数量除了会决定联合分析方法的选择，更会影响统计结果的检验力。若是对象属性和值的数量很少，我们就会采用全部组合方式来收集，若是对象属性和值的数量增加，我们无法收集全部的数据，就必须采用因子设计（Factorial Design）方法。

对于研究者而言，选择属性因子和层级数量时，必须要知道至少要产生多少个受测组合（属性和层级的组合），也就是至少需要回收多少份问卷，才能代表原来的对象。

我们以传统的联合分析和适应的联合分析的方法为基准，最少需要的受测组合数量以如下方式计算：

$$受测组合最少的数量 = 属性因子和层级的总组合数 - 属性数 + 1$$

范例：

我们有 8 个属性因子，每个属性因子有 4 个层级

受测组合最少的数量 $= 8 \times 4 - 8 + 1$

$$= 25$$

属性因子的共线性问题：

当属性因子出现共线性的问题时，说明存在重复测量的问题。解决的方法是将有共线性的属性因子整合成 1 个，或者是删去影响力较少的属性。

层级的数量和值的问题：

在考虑属性的重要性时，我们会发现，因子的层级较多时，重要性会偏高。因此，研究人员应该要平衡属性的层级数，至于层级的值，应尽可能设定为实际值。若是要预测，也以实际值的 ±20% 为佳，不可以设得太离谱，以至于估计和判断出现错误。

✪ **对象的呈现方法**

我们想要收集到优质的有代表性的数据，就必须考虑设计对象的呈现方法，以最真实的方式展示出来。一般情况下，我们是以文字描述的方式进行，当然，也可以以图像或实际模型来代表。重点还是呈现的方法可以尽可能地表示出对象最真实的情况。我们常用的对象呈现方法有三种，分别是整体描述（Full-profile）、交换法（Trade-off）和成对比较（Pairwise comparison）。分别介绍如下：

■ **整体描述**

整体描述是最受欢迎的方式，因为这个方式能最清楚地描述真实的对象，填答者较容易回答所问的问题。我们以手机为例，整体描述的方式如下。

品牌：BenQ

价格：7 200 美元

尺寸：80.5×44×21 mm

重量：90 g

通话时间：150 ～ 200 分钟

颜色：珍珠白、气质银

整体描述的缺点在于，整体描述包含了所有重要的因子，当因子数目增加时，会导致填答者无法填答或必须舍去部分因子。另外，受测因子排列的顺序也需要考虑，必要时，请旋转因子，以避免因子顺序影响填答的效果。

■ **交换法**

交换法的优点在于管理容易，填答者也易于回答。其缺点在于每次只有两种属性呈现，无法看到真实完整的情况，只能以文字描述，无法以图像呈现，使用的是非计量的方式。我们以手机为例，交换法的呈现方式如表 14-1 所示。

表 14-1　交换法呈现范例

		价格		
		简单型 4 000 美元	照相功能 6 000 美元	上网功能 8 000 美元
品牌	Motorola			
	Nokia			
	Errison			
	BenQ			

由于交换法的限制较多，目前的研究倾向于使用成对比较来取代交换法。

■ 成对比较

成对比较是结合前面两种方式的方法，以整体描述两种对象，让填答者回答哪一个对象较佳或较受喜爱。以手机为例，成对比较的呈现方式如下：

品牌：BenQ 价格：7 200 美元 尺寸：80.5×44×21 mm 重量：90 g	V.S.	品牌：Motorola 价格：9 700 美元 尺寸：109×53.8×20.5 mm 重量：133 g

14.1.5　评估模型的适切性

联合分析的评估模型可以分为个别的 （Individual）和总体的（Dggregate），现介绍如下。

● 个别的：个别的评估模型可以用来预测个别的正确性。

● 总体的：总体的评估模型不适用于个别的预测，而是看整体的表现，例如市占率的多少。

若是使用非计量的方式，请使用 superman's rho 评估其相关性，若是使用计量的方式，请使用皮尔森相关（Pearson Correlation）评估其相关性。

研究人员可以使用保留样本（holdout sample）来评估预测的正确性，也可以用其验证模型的适用性。

14.1.6　结果的解释和验证

联合分析结果的解释与评估模型一样，分为个别的解释和总体的解释。个别的解释常用于估计部分效用值后，解释哪些属性对整体的影响较大。总体的解释视个别的结果的分布情况而定，若是总体内部的同质性高，总体可以预测个别的结果，若是同质性低，则无法预测个别的结果，但仍然可以预测整体的结果。例如：政党的代表比例、产品的市场占有率等。联合分析结果的验证可以分为内部验证（Internal Validation）和外部验证（External Validation），现分别介绍如下。

■ 内部验证：

包含验证加法的（Additive）和互动的（Interactive）模型，看哪一个较适合，同时，使用验证用的样本，计算个别或整体的正确性。

■ 外部验证：

需要特别注意样本的代表性问题，外部验证指的是联合分析用来预测实际选择的能力，目前，较少有研究做外部验证。

14.1.7　联合分析的应用

我们整理联合分析的应用如下：

● 航运公司品牌权益的评估

● 消费者对于网站购物接口的研究

● 顾客对于各种基金形态的偏好

- 客户对于各类保险的喜好
- 顾客对于 3C 产品的偏好分析
- 消费者对于移动通讯——手机偏好的研究
- 顾客对于宽带网络服务偏好的研究
- 顾客对于自行车喜好的研究
- 民众对于医院偏好的研究

14.2　多维标度方法

14.2.1　多维标度方法介绍

多维标度（Multidimensional Scaling，MDS），是一种可以用图形（多维度）来表示数据的统计方法，我们只要收集相似的数据、距离的数据或偏好的数据，通过多维标度的统计方法，可以将数据转换成易于理解的图形，这种图形我们称为感知图（Perceptual Map，也称知觉图或认知图）。

感知图的建立，可以使用多种统计技术，Churchill（1995）的文章是使用"属性"来区分。建立感知图的方式，如图 14-1 所示。

图 14-1　感知图的建立方式

属性的方法是先找出各个相关的属性，常用李克特 5 级或 7 级标度来衡量受测者对各属性上的反应，进而使用因素分析或判别分析，将数据归类出来。非属性的方法是先找出受测者对整体事物的偏好或相似的数据，再使用多维标度方法将数据的隐藏结构，用图标的方式将偏好度或相似度归类后，呈现出来。

多维标度方法可以处理的数据分为计量（Metric）和非计量（Nonmetric）两种类型。计量部分是使用计算出的距离作为输入的数据，非计量部分则是使用顺序（次序）作为输入的数据。经过多维标度方法的处理，都能提供计量的输出结果，如图 14-2 所示。

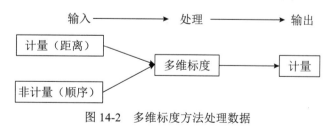

图 14-2　多维标度方法处理数据

14.2.2　多维标度分析的假设

多维标度分析并不像许多的统计分析技术需要各种基本假设，研究者需要了解感知上的基本要求：

- 由于我们让受测者填答的是对整体的认知，因此，不同受测者的反应不一定针对相同的维度。至于维度的选择和制定，则是通过多维标度分析后才加以选定的。
- 受测者的反应不代表对单一维度有相同的重要程度，由于我们让受测者填答的是相对的重要性，因此，不同的受测者对于单一维度的反应，并不一定会有相同的重视程度，通过多维标度的分析，我们才能检验潜在的关系。

14.2.3 导出感知图

导出感知图有两大方法，分别是以偏好（Preference）为基础的方法和以相似（Similarity）为基础的方法。

- 以偏好为基础的方法是要找出理想点（Ideal Points），偏好的程度由物体所在的位置与理想点的位置计算而得。分析时，可分为内部分析（Internal Analysis）和外部分析（External Analysis）。内部分析是从偏好数据中估算得到感知图和理想点，再计算偏好程度，使用的工具有多维标度测量（MDSCAL）和多维偏好分析（MDPREF）。外部分析则是先估计以相似为基础的感知图，使用 PREMAP 算出理想点的位置，再计算偏好的程度。
- 以相似（Similarity）为基础的方法，不需要找出理想点，而是以感知构面上物体的相对位置来反映出相似的程度，使用的工具有 KYST 和 AISCAL。我们整理导出感知图的方法如图 14-3 所示。

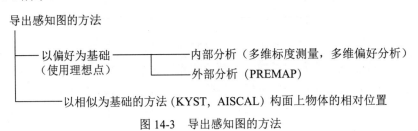

图 14-3　导出感知图的方法

14.2.4 确认构面数

在评估多维标度模型的适配度之前，我们必须先从感知图中选出适当的维度、构面，一般最常用的方式是使用主观评估（Subjective Evaluation）和压力测量（Stress measure），我们分别解释如下。

- **主观评估**：由研究人员通过感知图的分布，主观地判断构面的数量看起来合不合理，可不可以加以适当的解释。
- **压力测量**：用来表示未被多维标度模型所解释，变量不均等的比率，根据 Kruskal's 的定义如下：

$$压力测量 = \sqrt{\frac{(D_{ij} - \widehat{D}_{ij})^2}{(D_{ij} - \overline{D})^2}}$$

其中，D_{ij} 是指受测者原始数据的距离；

　　　　$\hat{D}_{ij}$ 是指从相似数据计算得到的距离；

　　　　$\overline{D}_{ij}$ 是指感知图的平均距离。

从压力测量的公式中，我们可以看出当相似数据 $\hat{D}_{ij}$ 越接近原始数据 D_{ij} 时，压力测量的值越小，当压力测量之值等于零时，代表相似数据等于原始数据。

我们通过由构面和压力测量值所形成的碎石图，可以较轻易地决定所需要构面的数量，如图 14-4 所示。

当压力测量值和构面数量连成线的斜度下降至平滑时，就是我们要的判定值了。如图 14-4，构面数量增加到 3 时，压力测量值下降很快，构面数量增加到 4 时，连线的斜度就平滑些了。因此，我们可以将构面数量定为 3 个或 4 个，再看后续的解释合不合理。

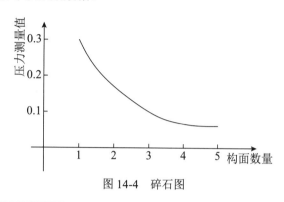

图 14-4　碎石图

> **注意：多维标度的构面数决定和因素分析碎石图的构面数决定方式十分相似，但是意义不同，读者可以自行比较。**

14.2.5　评估多维标度模型的适配度

评估多维标度模型的适配度常用 R^2，它用来表示原始数据符合多维标度模型的程度，R^2 值越高代表适配度越好，一般的标准是，达 0.6 就表示达到可以接受的程度了。

14.2.6　构面的命名与解释

在认为多维标度模型可以接受的情况下，我们开始进行构面的命名与解释。一般常用的方式有主观的（Subjective）和客观的（Objective）两种，我们分别解释如下。

- 主观的：由反应者观看感知图，主观地解释构面，或由专家们来查看感知图，以确认可以解释的构面。

- 客观的：客观的方式是对每个物体收集其属性（Attribute），以发现哪些属性最符合感知图上的位置，这时就可以用这些属性的结合形成构面。也就是说，构面可以涵盖（代表）这些属性，若是研究人员无法找出具有代表性的属性，则需要依靠研究人员的经验和专业来为构面命名。

14.2.7　验证感知图

验证感知图也就是要验证我们分析所得到的结果，常用的方式是收集两个独立样本或将样本分割为两个样本，分别对两个样本进行多维标度分析，比较两个样本的结果（感知图）是否有一致性，若是有一致性，就得到了验证分析的结果。

14.2.8 多维标度方法的应用

我们整理在学术上或实际上，多维标度的应用如下。

- 规划产品的定位：通过多维标度的空间定位图，可以清楚地表示出产品的归属（定位），只有了解产品的定位，才能制定出产品的推广方式和价格。
- 中医疗效评估的参考：以鼻炎为例，以语义差异量表方式收集数据，进行多维标度方法的分析，相关的结果可以作为疗效评估的参考。
- 调查游客的喜好：以游乐区为例，使用多维标度分析游客对游乐设施的偏好情况。
- 顾客的印象：以酒店为例，通过多维标度分析法，可以了解住宿设施在顾客心中的印象，以提供改善的方向。

14.2.9 多维标度的实际操作

本范例是以文献之间的相似度（距离）来进行多维标度的分析，距离矩阵需要选变量之间进行计算，若是用户输入原始数据，则可以选观察值之间进行计算。

多维标度的实际操作步骤如下。

（请先将范例文件 Ch14 复制到 C:\Ch14）

1. 单击【文件】-【打开】-【数据】，如图 14-5 所示。

图 14-5　单击"数据"

2. 在【文件类型】中单击要的类型，选取数据，单击【打开】，如图 14-6 所示。

因为本数据是 Excel 文件（在 C:\Ch14），所以要选取【所有文件】或者【Excel】。

图 14-6　单击"Excel"

3. 在【工作表】选取【对角取代矩阵】，勾选【从第一行数据中读取变量名称】，如图 14-7 所示。

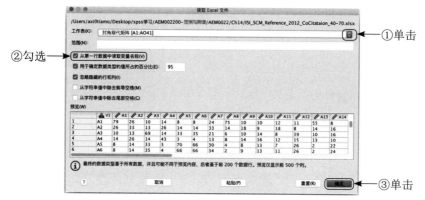

图 14-7　读取 Excel 文件

4. 选取【分析】-【标度】-【多维标度】，如图 14-8 所示。

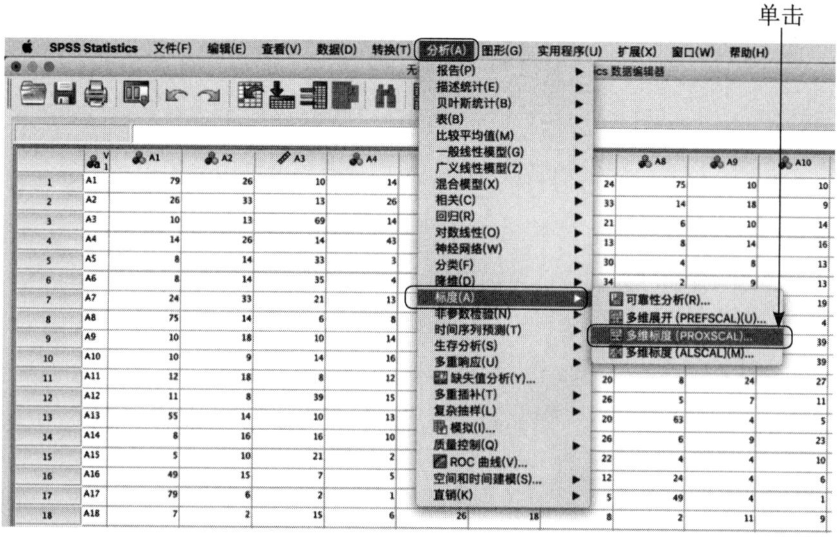

单击

| SPSS Statistics | 文件(F) | 编辑(E) | 查看(V) | 数据(D) | 转换(T) | 分析(A) | 图形(G) | 实用程序(U) | 扩展(X) | 窗口(W) | 帮助(H) |

图 14-8　单击"多维标度"

5. 在【数据格式】中勾选【根据数据创建近似值】，在【源的数目】中勾选【一个矩阵源】，单击【定义】，如图 14-9 所示。

6. 选取要使用的变量，放入【变量】栏，如图 14-10 所示。

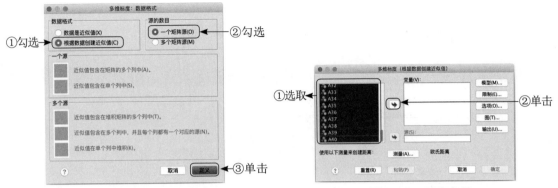

图 14-9　多维标度：数据格式　　　　　　　　图 14-10　选取变量

7. 左侧所有变量被送入【变量】栏，单击【测量】，如图 14-11 所示。

8. 单击【区间】下拉菜单，选择区间下拉选取【平方欧式距离】，在【标准化】下拉菜单中选取【Z 得分】，如图 14-12 所示。

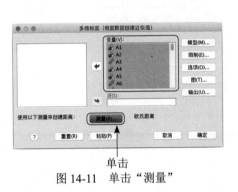

单击

图 14-11　单击"测量"

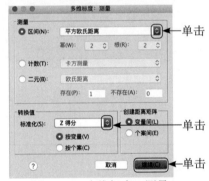

图 14-12　多维标度：测量

- **欧氏距离（Euclidean Distance）**：欧氏距离是将坐标轴相减后的平方和再开根号，Euclidean Distance $(X,Y) = \sqrt{\sum_i (X_i - Y_i)^2}$。

- **平方欧式距离（Squared Euclidean Distance）**：欧氏距离平方是将坐标轴相减后再平方，Squared Euclidean Distance $(X,Y) = \sum_i (X_i - Y_i)^2$，不开根号则称为平方欧式距离。若是对象的变量衡量单位不同（例如：米和厘米），则需要进行标准化，以避免衡量尺度造成的影响。

- **切比雪夫（Chebychev）距离**：衡量观察值之间的最大绝对差异，Chebychev $(X,Y) = \text{MAX}_i |X_i - Y_i|$。

- **块（Block）距离**：Block $(X,Y) = \sum_i |X_i - Y_i|$，可称为 Manhattan 距离，也称为城市街道距离（City-block Distance）。块的算法最简单，相减后取绝对值的和。使用城市街道距离是有条件的，就是变量间不能有相关性，若是变量间有相关性，则使用马氏距离。马氏距离（Mahalanobis Distance D^2）是平方欧式距离的延伸，它不仅标准化数据，还加总组内协方差矩阵，以调整变量间的相互关系，特别适用于变量有相关性的情况。

- **闵可夫斯基（Minkowski）距离**：Minkowski $(X,Y) = \left[\sum_i |X_i - Y_i|^n \right]^{\frac{1}{n}}$，在观察值之间，绝对差异的第 n 次方和的第 n 次方根。

■ **定制（Customized）距离：** $Customized\ (X,Y) = \left[\sum_i \left|X_i - Y_i\right|^n\right]^{\frac{1}{r}}$，在观察值之间，绝对差

异和第 n 次方的和的第 r 次方根。

本范例是以文献之间的相似度（距离）来进行多维标度的分析，距离矩阵的计算方式需要选变量之间。

> **注意：** 在一般原始数据文件中，行（Row）为准备分析的个体（Cases）、列（Column）为变量，进行分析时会以观察值为个体点，需要选观察值之间。

9. 单击【确定】，如图 14-13 所示。

10. 结果如图 14-14 所示。

压力系数：

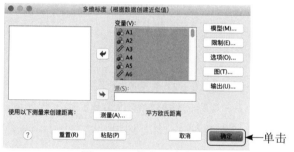

图 14-13 单击"确定"

图 14-14 查看分析结果

在认为多维标度模型可以接受的情况下，我们开始进行供应链感知图（如图 14-15 所示）的解释如下：

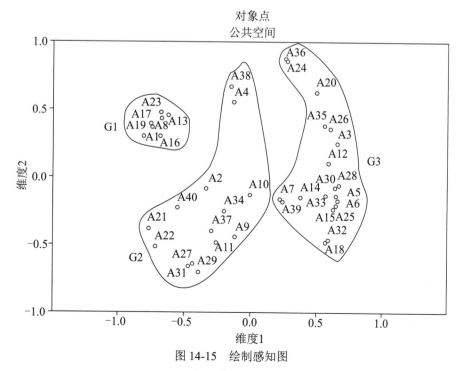

图 14-15 绘制感知图

- G1 包含信息分享的价值、预测的影响、存货的管理价值。
- G2 包含供应链构建和管理、绩效的测量、存货的管理、绿能的供应链管理、供应链的设计与分析。
- G3 包含供应链的整合、客户服务、绩效、研究方法和测量方式、策略。

14.3 聚类分析

14.3.1 聚类分析介绍

聚类分析（Cluster Analysis）无因变量、自变量之分，同因素分析一样，会将所有的变量纳入计算。聚类分析的目的是基于实体的相似性，将一整组的样本分成多个互斥的小群组。

14.3.2 聚类分析的统计假设

许多数量方法都是在做统计推断的工作，也就是说，想通过样本推断至总体。然而，聚类分析则完全不同，聚类分析不做统计推断的工作，而是将观察值的结构予以量化，也因为如此，适用于一般数量方法的统计假设，例如线性、正态性和方差齐性，都不适用于聚类分析，虽然如此，聚类分析的统计假设还须考虑下列 2 点。

- **样本的代表性：** 由于聚类分析无法通过样本推断至总体，因此研究人员必须确定取得的样本是足以代表总体的。
- **共线性的问题：** 共线性问题出现时，具有共线性的变量会有加权的情况发生，这会影响计算结果。解决共线性问题，可以减少变量至相同的数量或使用 Mahalanobis 方法计算距离，以避免共线性的影响。

14.3.3 衡量相似性

衡量相似性就是测量对象与对象之间的相似性，以此作为分群的基础，聚类分析将对象间相似性高的集合在一起，形成一个个群体。

测量对象间相似程度的方法有很多种，常用的有相关衡量（Correlational Measures）、距离衡量（Distance Measures）和关联衡量（Association Measures），各衡量方法的具体情况如图 14-16 所示。

图 14-16　衡量相似性的方法

- **相关系数**

相关衡量是将代表对象的变量，用矩阵方式计算出其相关系数。相关系数代表两两变量的关系，相关系数高代表有高的相似性。以表 14-2 为例进行说明。

表 14-2　变量之间的相关系数

变量	1	2	3	4
1	1			
2	−0.42	1		
3	0.75	−0.039	1	
4	−0.51	0.84	−0.10	1

从表 14-2 中我们可以看出变量 1 和变量 3 有较高的相似性，变量 2 和变量 4 有较高的相似性。

- **距离衡量**

距离衡量有欧氏、块和马氏距离三种，我们简单介绍如下。

- ● 欧氏距离

欧氏距离是将坐标轴相减后的平方和再开根号，以

图 14-17 为例，两点之间的距离为 $\sqrt{(x_2 - x_1)^2 + (y_2 - y_1)^2}$ 。

若是不开根号则称为平方欧氏距离，若是对象的变量衡量单位不同（例如：米和厘米），则需要进行标准化，以避免因衡量尺度不同造成的影响。

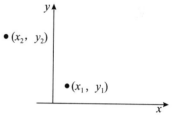

图 14-17　欧式距离

- ● 块距离

块距离的算法最简单，相减后取绝对值。使用块距离是有条件的，就是变量间不能有相关性，若是变量间有相关性，则使用马氏距离。

- ● 马氏距离

马氏距离是平方欧氏距离的延伸，它不仅标准化数据，还加总组内协方差矩阵，以调整变量间的相互关系，特别适合变量有相关性时使用。

- **关联衡量**

关联衡量适用于非量化的变量，例如：名义尺度或顺序尺度。常用的方式是以回答的百分比来计算，统计软件较少看到使用关联衡量的情况。

14.3.4　聚类分析的方法

聚类分析的方法主要有三大类，阶层式、非阶层式和二阶段法。我们将这几种分析方法进行具体情况整理，如图 14-18 所示。

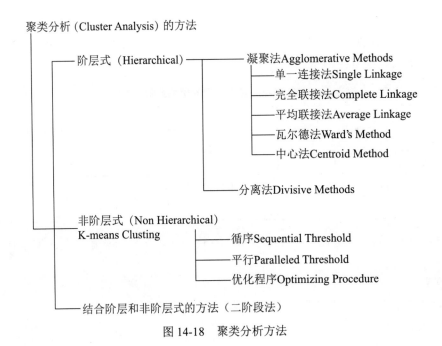

图 14-18　聚类分析方法

1. 阶层式的集群程序

　　阶层式的集群程序就像是建立树状的结构程序，主要有两种方式——凝聚法和分离法。凝聚法是从对象自己开始，找到邻近的对象形成一个群体，两个临近的群体会结合成一个群体，最后会形成一个树状大群体，如图 14-19 所示。

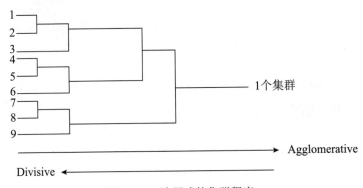

图 14-19　阶层式的集群程序

　　分离法刚好与凝聚法相反，它是由一个已经建构好的群体开始，分割成两个或多个群体，直到每个群体都只有一个项目为止。

■　**凝聚法**

　　凝聚法最常用来发展集群，常用的有五种方法，分别是单一连接法、完全联接法、平均联接法、瓦尔德法和中心法，我们分别介绍如下。

●　单一连接法

　　单一连接法是以最小距离为基础，将距离最短的两个群体，连接成一个群体，也常称为最近邻居（Nearest-neighbor）法，如图 14-20 所示。

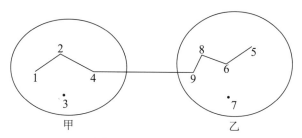

图 14-20　单一连接法

我们有甲群体和乙群体，距离最短的是 4 到 9，将 4 和 9 连在一起，就形成了一个大群体。

● 完全连接法

完全连接法是每个集群在最小半径中包含的所有对象，在群体间以最大距离为基准，将两个群体连接成一个群体，所有对象在各自群体间的相似性最小，因为距离最远，如图 14-21 所示。

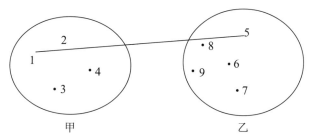

图 14-21　完全联接法

我们有甲群体和乙群体，最远距离是 1 到 5，将 1 和 5 连在一起，形成一个大群体。

● 平均连接法

平均联接法开始的时候和单一或完全联接法相同，不同的是，集群间距离的选择是以群体间所有对象的平均距离（Average Distance）为基准，如图 14-22 所示。

平均距离 =（D13+D14+D23+D24）/ 4

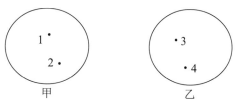

图 14-22　平均连接法

● 瓦尔德法

瓦尔德法是以最小方差为合并的基准，以使组内平方和最小，表示群组内的相似性很高。

● 中心法

中心法是先计算各集群的中心值，也就是所有变量的平均值，再计算群体间的平方欧氏距离。中心法的优点是取平均值，可以避免偏离值产生的影响。

2. 非阶层式的集群程序

非阶层式的集群程序不是在处理树状的结构，而是将选择对象放到预先指定好的集群中心（Cluster Seed）里，处理的方式通常称为 K 平均数法。K 平均数法会使用三种方法来指定对象至其中的一个群体，这三种方法分别是循序基准值、平行基准值和优化程序，我们介绍如下：

■ 循序基准值

循序基准值会先选一个集群种子，以集群种子为中心，在指定值的范围内，将对象都选进来，形成一个集群。接着，再选另一个集群种子，重复前面动作，以形成另一个集群。被选用过的集群种子不可以重复被选用。

■ **平行基准值**

平行基准值会先同时选取多个集群种子，在指定值的范围内，将对象配置给最近的集群种子。我们可以调整基准值，使一个集群包含较多或较少的对象。

■ **优化程序**

优化程序类似循序基准值和平行基准值，差别是优化程序可以重新配置对象给集群，以达到优化的效果。

3. 二阶段法（结合阶层式和非阶层式）

阶层式和非阶层式都各有优缺点，于是 Milligan（1980）提出结合这两种方法以得到最好的方式。首先，使用阶层式瓦尔德法或平均联接法来决定集群数、集群的中心和辨识偏离值，再用非阶层式进行对象的集群处理。

14.3.5 决定集群数量

到目前为止，没有绝对的标准可以决定集群的数量。集群数量增加，集群内的对象的相似性也会增加，解读数据结构的能力会下降。相反的，集群数量减少，集群内对象的相似性会减少，解读数据的能力会提升。因此，集群数量的决定一般看研究者的取舍。

虽然没有一定的标准可以决定集群的数量，但至少我们可以遵循一些方针，现整理如下。

● 理论上的支持：根据理论来确定集群数量。
● 实际上的考虑：为了解决某些问题，必须决定集群的数量才能说明实际的现象，有时候在实际中会先决定集群数的范围，再逐一评估最佳的集群数。
● 集群距离突增时：使用阶层式和非阶层式的集群程序时，发现集群突然增加很多，说明群体间有较大的差异，表示可以决定集群数量了。

14.3.6 解释和验证集群

我们解释集群的目的之一是找出正确代表该集群的名称，以说明该集群代表的意义。一般情况下，我们会查看集群的平均值和重心，以描述该集群的特征，再通过理论或实际上的经验，找出合理的解释，也可以和其他文献进行比较，以判断集群的分布情况是否合理。

聚类分析的验证是要确保集群解可以代表着总体，直接的方式是收集分离的样本进行分析，以比较其结果的一致性。另一种较务实的方式则是将样本分成两群，各自分析再比较结果的一致性。 还有一种方式则是将样本分成两群，使用一群来建立集群的重心，并应用到另一集群，反之亦然，以起到交叉验证的作用。

14.3.7 聚类分析与判别分析的比较

聚类分析与判别分析相同之处在于都将观察值分类或分组，不同之处在于研究者在做聚类分析时并不知道要将观察值分几组以及分组特征，而判别分析在做分析之前就已经知道要将观察值分成几组 。

14.3.8　聚类分析与因素分析的比较

聚类分析与因素分析最大不同的是，聚类分析经常用在"观察值个体"的分类或分组，而因素分析则是针对"变量"进行分类或分组。

聚类分析将观察值个体分组后，各组内的事物（特性）有高度的同质性，各组间的事物（特性）有高度的异质性。而因素分析将变量分组后，形成几个构面，以少量的因子，就可以代表多数的变量。

14.3.9　聚类分析的应用

聚类分析的应用非常广，我们整理如下。

医学：疾病的分类和疾病治疗的分群。

经济学：多个国家经济指标的分析。

生物学：多种鱼类营养含量的分析。

营销学：家电产品的市场细分分析。

由此可见，聚类分析的方法可以广泛地应用在各个领域。

14.3.10　聚类分析的应用范例

本范例是以文献之间的相似度（距离）来进行聚类分析，转换值的标准化可以选择因变量，若是用户输入原始数据，则可以选"根据观察值"，进行后续的计算。

聚类分析的实际操作步骤如下。

（先前已将范例文件 Ch14 复制到 C:\Ch14）

打开 ISI_SCM_Reference_2012_CoCitataion_40-70.xls （在 C:\Ch14）

1. 单击【分析】-【分类】-【系统聚类】，如图 14-23 所示。

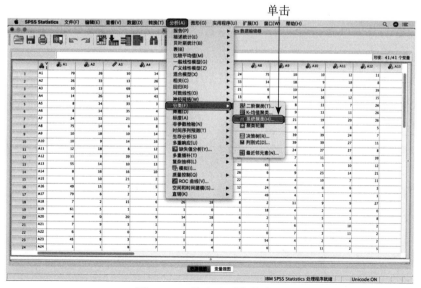

图 14-23　单击"系统聚类"

2.选择除了"V1"以外的所有变量，送入【变量】栏，如图 14-24 所示。

3.在【聚类】栏中单击【变量】，出现图 14-25。

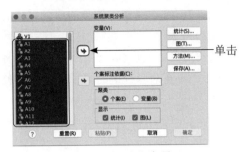

图 14-24 选取变量

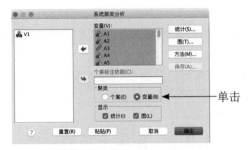

图 14-25 单击"变量"

本范例是以文献之间的相似度（距离）来进行多维标度的分析，距离矩阵的计算方式需要选"变量"。

> 注意：在一般原始数据档中，行是将要分析的个体、列是变量，进行分析时会以观察值为个体点，需要选"观察值"。

4.单击【图】，如图 14-26 所示。

5.勾选【谱系图】，然后单击【继续】，如图 14-27 所示。

图 14-26 单击"图"

图 14-27 系统聚类分析：图

6.先勾选【统计】和【图】，再单击【方法】，如图 14-28 所示。

7.在【聚类方法】栏下拉菜单，选择【瓦尔德法】，如图 14-29 所示。

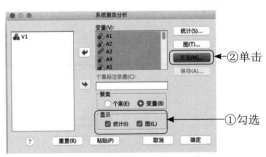

图 14-28 单击"方法"

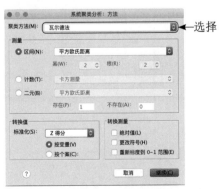

图 14-29 系统聚类分析：方法

- 组间连接：Between-group Linkage，计算两组间观察值间平均值的距离（默认）。
- 组内连接：Within-group Linkage，计算两组间所有观察值之间的距离。
- 最近邻元素：也叫单一连接法，是以最小距离为基础，将最短距离的两个群体，连接成一群，也常称为最近邻居法。
- 最远邻元素：也叫完全连接法，是每个集群在最小半径中已经包含所有对象，在群体间以最大距离为基准，将两个群体连接成一个群体，所有对象在各自群体间相似性最小，因为距离最远。
- 质心聚类：中心法（Centroid Method）：是先计算各群的中心值，也就是所有变量的平均值，再计算群体间的平方欧氏距离。中心法的优点是取平均值，可以避免偏离值的影响。
- 中位数聚类：（Median Clustering）是先计算各组的中位数，再用两组的中位数计算两组之间的距离。
- 瓦尔德法（Ward's Method）：瓦尔德法是以最小方差为合并的准则，以使组内平方和最小；表示群组内的相似度较高。

8. 在【区间】栏选择【平方欧氏距离】，如图 14-30 所示。

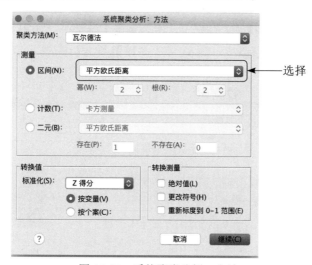

图 14-30 系统聚类分析：方法

- 欧氏距离：欧氏距离将以坐标轴相减后的平方和再开根号，Euclidean Distance $(X,Y) = \sqrt{\sum_i (X_i - Y_i)^2}$。

- 平方欧氏距离：平方欧氏距离是将坐标轴相减后的平方，Squared Euclidean Distance $(X,Y) = \sum_i (X_i - Y_i)^2$，不开根号则称为平方欧氏距离。若是遇到对象的变量衡量单位不同的情况（例如：米和厘米），则需要进行标准化，以避免因衡量尺度不同造成的影响。

- 余弦（Cosine）：项目的相似性度量，Cosine $(x,y) = \dfrac{\sum X_i Y_i}{\sqrt{\sum X_i^2 \sum Y_i^2}}$。

- 皮尔逊相关性：衡量观察值之间的相似程度，Pearson $(X,Y) = \dfrac{\sum (Z_{x_i} Z_{Y_i})}{N-1}$。

- 切比雪夫距离：衡量观察值之间的最大绝对差异，Chebychev Distance $(X,Y) = \text{MAX}_i |X_i - Y_i|$。

- 块距离：Block Distance $(X,Y) = \sum_i |X_i - Y_i|$，可称为 Manhattan 距离，也称为城市街道距离（City-block Distance）。块的算法最简单，相减后取绝对值的和，使用城市街道距离是有条件的，就是变量间不能有相关性，若是变量间有相关性，则使用马氏距离。马氏距离是平方欧氏距离的延伸，它不仅标准化数据，还加总组内协方差矩阵，以调整变量间的相互关系，特别适用于变量有相关性时使用。

- 闵可夫斯基距离：Minkowski Distance $(X,Y) = \left[\sum_i |X_i - Y_i|^n \right]^{\frac{1}{n}}$，在观察值之间，绝对差异的第 n 次方的和的第 n 次方根。

- 定制距离：Customized Distance $(X,Y) = \left[\sum_i |X_i - Y_i|^n \right]^{\frac{1}{r}}$，在观察值之间，绝对差异的第 n 次方的和的第 r 次方根。

9. 在【标准化】栏下拉选择【Z 得分】，然后单击【继续】，如图 14-31 所示。

本范例是以文献之间的相似度（距离）来进行聚类分析，转换值的标准化可以"选因变量"。

10. 单击【确定】，如图 14-32 所示。

图 14-31　系统聚类分析：方法

图 14-32　单击"确定"

11. 结果如图 14-33 所示。

决定供应链集群数：为了解决某些问题，在实际中必须决定集群的数量才能说明某些现象，有时在实际中会决定集群数的范围，再逐一评估最佳的集群数，我们通过逐一评估最佳集群数，决定集群数为 3，来解释供应链中的现象。详细说明如下：

- C1 包含信息分享的价值、预测的影响、存货的管理价值。

- C2 包含供应链构建和管理、绩效的测量、存货的管理、绿色供应链管理、供应链的设计与分析。

- C3 包含供应链的整合、客户服务、绩效、研究方法和测量方式、策略。

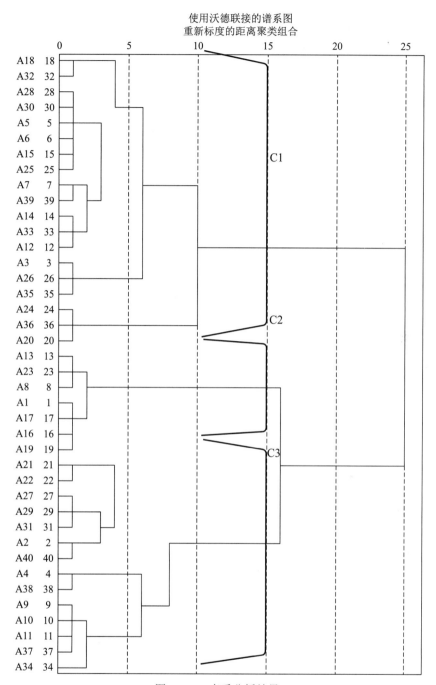

图 14-33 查看分析结果

第15章 结构方程模型之偏最小二乘法

15.1 结构方程模型

结构方程模型（Structural Equation Modeling，SEM）是在社会科学领域中相当盛行的统计方法，包含两大主流技术，分别是协方差形式结构方程模型（Covariance-based SEM）和方差形式结构方程模型（Variance-based SEM）：

（1）协方差形式结构方程模型：以变量的协方差结构进行分析，通过定义一个因素结构来解释变量的共变关系，称为协方差形式结构方程模型。协方差形式结构方程模型于20世纪70年代由约雷斯科·卡尔（Joreskog，Karl）提出。之后再开发出线性结构关系（Linear structural Relation，LISREL）统计软件，成为管理、教育与心理领域结构方程模型重要的分析工具。

（2）方差形式结构方程模型：以变量的线性整合定义出一个方差结构后，再利用回归原理来解释检验方差间的预测与解释关系，称为方差形式结构方程模型，使用的技术是偏最小二乘法（Partial Least Squares，PLS）。偏最小二乘法是由沃尔德（Wold）于1960年发展出来并应用于计量经济的技术。沃尔德·H（1975）提出偏最小二乘法路径模型，在经济计量分析和化学计量领域获得重视与普及，目前在信管、营销、商学领域盛行。

资料来源：

Joreskog, K. G. 1973. "A General Method for Estimating a Linear Structural Equation System," in *Structural Equation Models in the Social Sciences:A.S. Goldberger and O.D. Duncan, eds*., New York:Seminar, pp. 85-112.

Wold, H. （1966）. "Estimation of principal components and related models by iterative least squares". In *Krishnaiaah, P.R. Multivariate Analysis*. New York：Academic Press. pp. 391-420.

Wold, H. （1975）. Path Models with Latent Variables：The NIPALS Approach," in *Quantitative Sociology: International Perspectives on Mathematical and Statistical Modeling*, H. M. Blalock, A. Aganbegian, F. M. Borodkin, R. Boudon, and V. Cappecchi eds., Academic Press, New York, 307-357.

结构方程模型不是一次就成型的，而是无数专家和学者们努力完善的结果，结构方程模型的发展和演变如图 15-1 所示 ①，我们在后面分别说明。

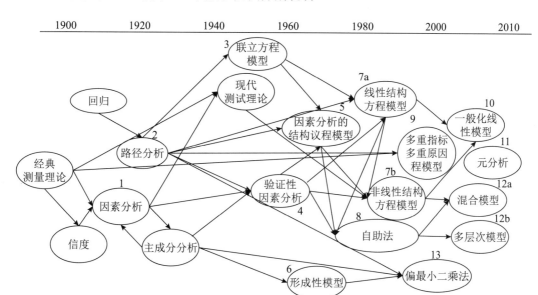

图 15-1　结构方程模型结构的一些发展的伪路径

资料来源：Karimi, L. and Meyer, D.（2014）. Structural Equation Modeling in Psychology: The History, Development and Current Challenges. *International Journal of Psychological Studies,* 6（4），123-133.

（1）因素分析。20 世纪初以古典的测验理论（Classical Test Theory）和信度为基础发展出了因素分析（Factor Analysis）。因素分析常用在社会科学的探索性因素分析（Exploratory Factor Analysis），由斯皮尔曼（Spearman）于 1904 提出，在多个认知能力（cognitive performance）变量的相关性测量中，找出它们之间的关系。瑟斯通（Thurstone）于 1947 年提出中心点方法的因素分析，在 20 世纪 60 年代受到认同，到 20 世纪 80 年代广受欢迎，因素分析结合古典测验理论造就了现代测验理论（Modern Test Theory）。霍特林（Hotelling）于

---

① 结构方程模型的发展和演变英文图解

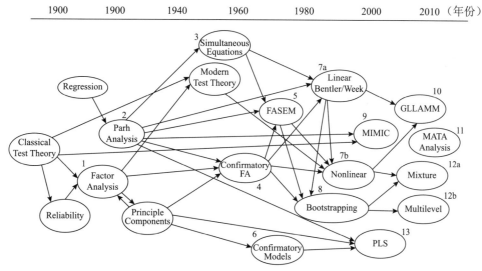

Pseudo path diagram of some developments in SEM model structures

1933 年提出了主成分分析，也成为偏最小二乘法一派主要的基础。

（2）路径分析（Path Analysis）源自回归分析，最早由莱特（Wright）于 1920 年所提出，应用于医学领域，用来决定因果的结构分析。

（3）联立方程模型。联立方程模型（Simultaneous Equation Models）主要应用于经济领域，弗里希（Frisch）于 1934 年发展了经济计量和结构方程模型的辨识方式，哈维莫（Haavelmo, 1943）接下来解决了结构方程模型的估计辨识和检验的问题，对于结构方程模型的贡献很大。

（4）验证性因素分析。哈维莫（Tuker）于 1955 年提出验证性因素分析（Confirmatory Factor Analysis，CFA），接着，最大似然法（Maximum Likelihood，ML）也应用到因素分析，直到 1969 年约雷斯科（Jöreskog）开发出计算机软件，使用最大似然法来估计验证性因素分析，从而使验证性因素分析广受欢迎，也成为后来 LISREL 软件发展重要的基础。

（5）因素分析的结构方程模型。因素分析的结构方程模型（Factor Analysis SEM，FASEM）发展于 1970—1980 年，1973 年结构方程模型会议后，因素分析的结构方程模型和线性结构关系是主要的成果，联立方程模型方法主要用于因素分析的结构方程模型，路径分析方法主要用于线性结构关系。Bentler 于 1986 年第一次应用因素分析的结构方程模型的连续变量于结构方程模型。

（6）形成性模型。形成性模型最早可回溯至 20 世纪 50 年代，由柏格森（Berkson）提出 [卡里米（Karimi）和迈耶（Meyer），2014]，当时盛行古典测验理论（CTT）主张：观察分数 = 真实分数 + 测量误差，柏格森主张：真实分数 = 观察分数 + 测量误差 [卡罗尔（Carroll）等，2006]，形成性模型长久以来未受到重视，一直到近代，由于营销领域的贾维斯（Javis）等（2003）和信管领域的彼得（Petter）等（2007）的大力推行，再加上偏最小二乘法软件盛行，形成性模型逐渐受到重视。

（7）线性 / 非线性结构方程模型 （Linear and Nonlinear SEM）。20 世纪 70 年代和 20 世纪 80 年代是线性与非线性结构方程模型快速发展时期，特别是另一个软件 EQS 结构方程模型软件的崛起，使得结构方程模型的应用更加广泛，典型的推手有本特勒（Bentler，1986），另外，分类数据处理有密斯乐维（Mislevy，1984）和穆坦（Muthén，1984）。非线性结构方程模型对于分类数据的处理至今还是热门的议题。

（8）自助法 （拔靴法）。自助法（Bootstrapping）是非参数估计方法，不需要遵循正态分布的要求，自助法是从原始数据中，随机抽出设定 （e.g. 500）的子样本来进行估计。建议正式估计时随机抽出 5 000 的子样本。

（9）多重指标多重原因模型。多重指标多重原因模型（ Multiple-Indication Multiple-Causes Model, MIMIC Model）是在 20 世纪 70 代由约雷斯科（Jöreskog）和戈德伯格（Goldberger）提出，卡里米（Karimi）和迈耶（Meyer，2014）将最大似然法应用在过度辨识（Over-identified）多重指标多重原因模型。多重指标多重原因模型也可以用来检测收敛效度和区别效度，另外，在 LISREL 软件中，可以使用多重指标多重原因模型来估计和辨识形成性模型。

（10）一般化线性模型。拉比赫克特（Rabe-Hesketh）、斯克龙达尔（Skrondal）和皮克尔斯（Pickles）于 2004 年提出一般化线性模型（Generalized Linear Model，GLLAMM）。一般化线性模型使用 3 种功能：①一个广义的线性模型，②潜在变量的结构方程模型，③潜在变量的分布假设，用来解决多层次结构方程模型只能用在特定模型的限制，一般化线性模型能处理所有形态的数据，包括二分类数据——连续和非连续数据，在软件部分 Stata 和 MPlus 都支持一般化线性模型分析方法。

（11）结构方程模型元分析。使用结构方程模型做元分析 / 荟萃分析（Meta-Analysis）是张（Cheung）于 2008 年所提出，用来整合结构方程模型不同的研究结果，以得到长时间稳定的、复杂的因果关系。

（12）多层次和混合模型。使用结构方程模型处理多层次问题时，需要分成组内和组间共方差组别，应用多组别分析来同时估计这两个层次的混合模型。

（13）偏最小二乘法。偏最小二乘法（Partial Least Square，PLS）使用于结构方程模型，称为偏最小二乘结构方程模型，最早是由 Wold 于 1974 年提出，其中结合了主成分分析、路径分析和形成性模型技术，对于理论尚未完整的复杂模型，提供适当的估计，特别适用于预测模型（Predictive Model）。在最早发展时期，约雷斯科（Jöreskog）（LISREL 发展者）和沃尔德（Wold）于 1982 年共同讨论最大似然法和偏最小二乘法在潜在变量的发展和比较（约雷斯科和沃尔德，1982），迪杰斯特拉（Dijkstra）于 1983 年对于最大似然估计和偏最小二乘法技术也提出了一些比较和评论。这时期，最特别的一位是简 - 本德·洛莫勒（Jan-Bend Lohmoller），他于 1984 年发展出潜在变量偏最小二乘法 Latent Variable PLS, LVPLS），并且完成了第一本最完整的偏最小二乘结构方程模型统计教科书，由于是用公式翻译程式语言（FORTRAN）程序写的，当时公式翻译程式语言程序并不普及，因此，这本偏最小二乘结构方程模型统计教科书并未受到广泛的认同，也因此沉寂了下来。一直到 1998 年，偏最小二乘法重要的学者也是最大的推手魏恩·W. 钦（Wynne W. Chin）提供图形化用户界面的 PLS Graph，并且清楚地说明如何使用偏最小二乘法，例如，如何运行偏最小二乘法，如何评价和解释结果，因此，PLS Graph 在社会科学中受到广泛的支持和使用。具体内容如图 15-2 所示。

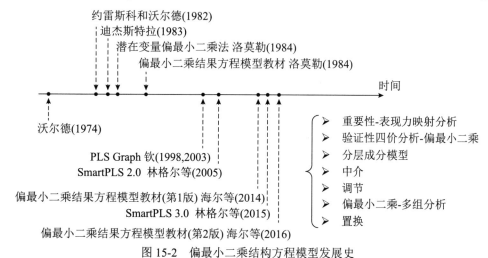

图 15-2　偏最小二乘结构方程模型发展史

资料来源：Hair, J. F., Sarstedt, M., Henseler, J. and Ringle, C. M.（2014）. PLS-SEM：Looking Back and Moving Forward. *Journal of Long Range Planning*, 47（3）, pp. 132-137.

在近期的发展中，林格尔（Ringle）、温德（Wende）和威尔（Will,2005）发表了 SmartPLS 2.0，由于容易操作使用，方便运行出结果，能快速注册取得使用权，且能免费下载使用，深受全球研究者的喜爱，推动了偏最小二乘结构方程模型在全世界的使用。在 2014 年海尔（Hair）、霍特（Hult）、林格尔（Ringle）和扎尔施泰特（Sarstedt）共同发表了第一本以 SmartPLS 软件应用为主的教科书，奠定了 SmartPLS 在偏最小二乘结构方程模型众多软件中霸主的地位，在 2015 年林格尔等人开发出 SmarPLS 3.0 软件，改善了 SmartPLS2.0 的缺点，并且增加了许多新功能。在 2016 年海尔等人出版了以 SmarPLS3.0 软件应用为主的教科书，该教科书立即吸引了全球 PLS 爱好者，使用 SmartPLS3.0 的用户快速增加，而成为偏最小二乘结构方程模型不可或缺的重量级教科书。在中文方面，萧文龙在 2013 年出版了《统计分析入门与应用：SPSS 中文版 + PLS-SEM（SmartPLS）》教科书，该教科书立即吸引了中国台湾的偏最小二乘法爱好者，SmartPLS 2.0 的用户在中国台湾快速增加，接着萧文龙在 2016 年出版了《统计分析入门与应用——SPSS 中文版 +SmartPLS 3（PLS_SEM）》一书，使得 SmartPLS 3 在华人结构方程模型研究中受到更广泛的欢迎与喜爱。

针对偏最小二乘结构方程模型方法有几期特刊（Special Issue），包括《管理信息系统季刊》[马尔库里季斯（Marcoulides）等，2009]、《市场营销理论与实践杂志》（海尔等，2011）和《长期规划》（战略管理领域）[海尔等，2012，2013；罗宾斯（Robins），2012]，这对于偏最小二乘法的应用研究有很大的帮助。我们也整理了偏最小二乘结构方程模型应用在社会科学的各种领域的文献综述类论文。

会计：Lee, L., Petter, S., Fayard, D., and Robinson, S. 2011. On the Use of Partial Least Squares Path Modeling in Accounting Research. *International Journal of Accounting Information Systems*, 12（4），305-328.

家族企业：Sarstedt, M., Ringle, C. M., Smith, D., Reams, R., and Hair, J. F. 2014. Partial Least Squares Structural Equation Modeling （PLS-SEM）：A Useful Tool for Family Business Researcher. *Journal of Family Business Strategy*, 5（1），105-115.

国际商务：Richter, N. F., Sinkovic, R. R., Ringle, C. M., and Schlägel, C. 2016. A Critical Look at the Use of SEM in International Business Research. *International Marketing Review*, 33（3），376-404.

国际市场营销：Henseler, J., Ringle, C. M., and Sinkovics, R. R. 2009. The Use of Partial Least Squares Path Modeling in International Marketing. *Advances in International Marketing*. Bingley：Emerald, 277-320.

管理信息系统：Ringle, C. M., Sarstedt, M., and Straub, D. W. 2012. A Critical Look at the Use of PLS-SEM in MIS Quarterly, *MIS Quarterly*, 36（1），iii-xiv.

市场营销：Hair, J. F., Sarstedt, M., Ringle, C. M., and Mena, J. A. 2012. An Assessment of the Use of Partial Least Squares Structural Equation Modeling in Marketing Research, *Journal of the Academy of Marketing Science*, 40（3），414-433.

运营管理：Peng, D. X. and Lai, F. 2012. Using Partial Least Squares in Operations Management Research：A Practical Guideline and Summary of Past Research. *Journal of Operations Management*, 30（6），467-480.

心理学：Willaby, H., Costa, D., Burns, B., MacCann, C., Roberts, R. 2015. Testing Complex Models with Small Sample Sizes：A Historical Overview and Empirical Demonstration of What Partial Least Squares（PLS）Can Offer Differential Psychology. *Personality and Individual Differences*, 84, 73-78.

战略管理：Hair, J. F., Sarstedt, M., Pieper, T., and Ringle, C. M. 2012. The Use of Partial Least Squares Structural Equation Modeling in Strategic Management Research：A Review of Past Practices and Recommendations for Future Applications. *Long Range Planning*, 45（5-6），320-340.

旅游：do Valle, P. O., and Assaker, G. 2015. Using Partial Least Squares Structural Equation Modeling in Tourism Research：A Review of Past Research and Recommendations for Future Applications. *Journal of Travel Research, forthcoming*.

使用偏最小二乘法作为计量方法的理由一般有：较小样本、非正态分布、形成性测量、聚焦于预测、复杂的模型、探索性的研究、发展理论、类别变量、确保收敛、理论验证和交互作用项。相较于 LISREL 和 AMOS 的结构方程模型，偏最小二乘法对于测量标度、样本数大小和残差分布的要求较低（林格尔等，2012）。

资料来源：Ringle, C.M., Sarstedt, M., and Straub, D.W.（2012）. Editor's Comments：A Critical Look at the Use of PLS-SEM in MIS Quarterly. *MIS Quarterly,* 36（1），iii-xiv.

在结构方程模型的演变中，偏最小二乘法逐渐形成一个重要的分支，和以协方差为基础的结构方程模型（例如 LISREL 和 AMOS）相辅相成，进而对于社会科学中各种现象的研究有所贡献，利用该方法也可以得到更好的研究结果。

参考文献：

- Bentler, P. M. 1986. "Structural modeling and psychometrika：An historical perspective on growth and achievements," *Psychometrika*（51:1），pp. 35-51.
- Carroll, R. J., Ruppert, D., Stefanski, L. A., and Crainiceanu, C. M. 2006. *Measurement Error in Nonlinear Models: A Modern Perspective*（2nd ed.）. Chapman and Hall/CRC Press：Boca Raton.
- Cheung, M. W. 2008. "A Model for Integrating Fixed-, Random-, and Mixed-Effects Meta-Analyses Into Structural Equation Modeling," *Psychological Methods*（13:3），pp. 182-202.
- Chin, W.W., 1998. "The partial least squares approach to structural equation modeling," In：Marcoulides, G.A.（Ed.），*Modern Methods for Business Research.* Erlbaum, Mahwah.
- Dijkstra, T.K., 1983. "Some comments on maximum likelihood and partial least squares methods," *Journal of Econometrics*（22 :1/2），pp. 67-90.
- Frisch, R. 1934. *Statistical confluence analysis by means of complete regression systems.* Oslo：Osto University.
- Haavelmo, T. 1943. "The Statistical Implications of a System of Simultaneous Equations," *Econometrica*（11），pp. 1-12.
- Hair, J. F., Hult, G. T. M., Ringle, C. M., and Sarstedt, M. 2014. *A Primer on Partial Least Squares（PLS）Structural Equation Modeling.* Los Angeles：Sage.
- Hair, J. F., Hult, G. T. M., Ringle, C. M., and Sarstedt, M. 2016. *A Primer on Partial Least Squares Structural Equation Modeling.*（Second edition），Thousand Oaks：Sage.
- Hair, J.F., Ringle, C.M., and Sarstedt, M., 2011. "The use of partial least squares（PLS）to address marketing management topics：from the special issue guest editors," *Journal of Marketing Theory and Practice*（19:2），pp. 135-138.
- Hair, J.F., Ringle, C.M., and Sarstedt, M., 2012. "Partial least squares：the better approach to structural equation modeling?" *Long Range Planning*（45:5-6），pp. 312-319.
- Hair, J.F., Ringle, C.M., and Sarstedt, M., 2013. "Partial least squares structural equation modeling：rigorous applications, better results and higher acceptance," *Long Range Planning*（46:1-2），pp. 1-12.
- Hair, J. F., Sarstedt, M., Henseler, J., and Ringle, C. M. 2014. "PLS-SEM：Looking Back and Moving Forward," *Journal of Long Range Planning*（47:3），pp. 132-137.
- Hotelling, H. 1933. "Analysis of a Complex of Statistical Variables into Principal Components," *Journal of Educational Psychology*（24），pp. 498-520.
- Jarvis, C., MacKenzie, S., and Podsakoff, P. A. 2003. "Critical Review of Construct Indicators and Measurement Model Misspecification in Marketing and Consumer Research," *Journal of Consumer Research*（30:2），pp. 199-218.
- Jöreskog, K. G. 1969. "A general approach to confirmatory maximum likelihood factor analysis," *Psychometrika*（34），pp. 183-202.
- Jöreskog, K.G., and Wold, H., 1982. "The ML and PLS techniques for modeling with latent variables：historical and comparative aspects," In：Wold, H., Jöreskog, K.G.（Eds.），*Systems Under Indirect Observation, Part I.* North-Holland, Amsterdam.
- Karimi, L., and Meyer, D. 2014. "Structural Equation Modeling in Psychology：The History, Development and Current Challenges," *International Journal of Psychological Studies*（6:4），pp. 123-133.
- Lohmöller, J.-B., 1984. *LVPLS 1.6.* Lohmöller, Cologne.
- Marcoulides, G.A., Chin, W.W., and Saunders, C., 2009. "Foreword：a critical look at partial least squares modeling," *MIS Quarterly*（33:1），pp. 171-175.
- Mislevy, R. J. 1984. "Estimating latent distributions," *Psychometrika*（49），pp. 359-381.
- Muthén, B. 1984. "A General Structural Equation Model with Dichotomous, Ordered Categorical, and Continuous Latent Variable Indicators," *Psychometrika*（49），pp. 115-132.
- Petter, S., Straub, D., and Rai, A. 2007. "Specifying Formative Constructs in Information Systems Research," *MIS Quarterly*（31:4），pp. 623-656.

- Rabe-Hesketh, S, Skrondal, A., and Pickles, A. 2004. "Generalized Multilevel Structural Equation Modeling," *Psychometrika*（69），pp. 167-190.
- Rigdon, E.E., 2012. "Rethinking partial least squares path modeling：in praise of simple methods," *Long Range Planning*（45:5-6），pp. 341-358.
- Ringle, C.M., Sarstedt, M., and Straub, D.W. 2012. "Editor's Comments：A Critical Look at the Use of PLS-SEM in MIS Quarterly," *MIS Quarterly*（36:1），pp. iii-xiv.
- Ringle, C. M., Wende, S., and Becker, J.-M. 2015. SmartPLS 3. Bönningstedt：SmartPLS. Retrieved from http://www.smartpls.com.
- Ringle, C.M., Wende, S., and Will, A., 2005. *SmartPLS 2.0.* Hamburg.
- Spearman, C. 1904. "General Intelligence, Objectively Determined and Measured," *American Journal of Psychology*（15），pp. 201-293.
- Thurstone, L. L. 1947. *Multiple factor analysis*. Chicago：Chicago University Press.
- Tucker, R. 1955. "The Objective Definition of Simple Structure in Linear Factor Analysis," *Psychometrika*（20），pp. 209-225.
- Wold, H., 1974. "Causal flows with latent variables：partings of ways in the light of NIPALS modelling," *European Economic Review*（5:1），pp. 67-86.
- Wright, S. 1920. "The relative importance of heredity and environment in determining the piebald pattern of guinea-pigs," *Proceedings of the National Academy of Sciences*（6），pp. 320-332.
- 萧文龙. 统计分析入门与应用：SPSS 中文版 + PLS-SEM（SmartPLS）[M]. 中国台北：碁峰，2013.
- 萧文龙. 统计分析入门与应用 --SPSS 中文版 +*SmartPLS 3*（*PLS_SEM*）[M]. 中国台北：碁峰，2016.

15.2　偏最小二乘法

偏最小二乘法是结构方程模型的一种计算方法，目前在越来越多领域受到重视与普及，据乌尔巴赫（Urbach）和阿赫勒曼（Ahlemann, 2010）统计，在信管顶级期刊管理信息系统季刊和信息系统研究中，使用偏最小二乘法计算方法的论文数越来越多，呈现正成长趋势，如图 15-3 所示。

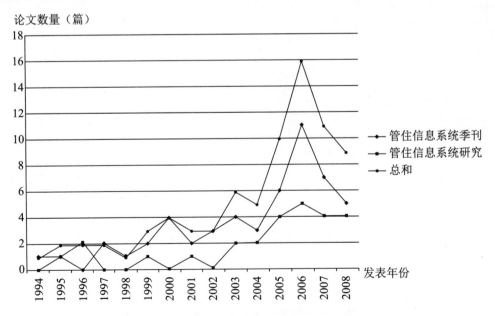

图 15-3　偏最小二乘法计算方法的论文数量

资料来源：Urbach, N. and Ahlemann, F.（2010）"Structural Equation Modeling in Information Systems Research Using Partial Least Squares," *Journal of Information Technology Theory and Application*（*JITTA*）：Vol. 11：Iss. 2, Article 2.

　　并且在信管顶级期刊《管理信息系季刊》和《信息系统研究》中，比较使用协方差形式结构方程模型和方差形式结构方程模型的偏最小二乘法的论文数量后发现，使用偏最小二乘法计算方法的论文数呈现大幅增长趋势，如图 15-4 所示。

　　林格尔、扎尔施泰特（Sarstedt）和斯特劳布（Straub, 2012）单独对《管理信息系统季刊》进行统计，同样发现使用偏最小二乘法计算方法的论文数呈大幅增长趋势，如图 15-5 所示。

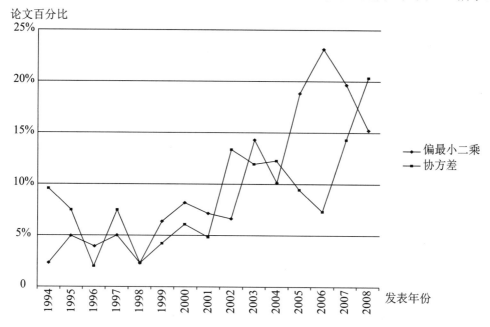

图 15-4　使用偏最小二乘和协方差结构方程模型论文相对数量

资料来源：Urbach, N. and Ahlemann, F.（2010）"Structural Equation Modeling in Information Systems Research Using Partial Least Squares," *Journal of Information Technology Theory and Application*（*JITTA*）：Vol. 11：Iss. 2, Article 2.

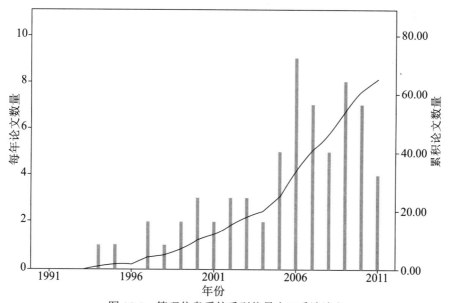

图 15-5　管理信息系统季刊偏最小二乘法论文

资料来源：Ringle et al.（2012）"A Critical Look at the Use of PLS-SEM in MIS Quarterly，"*MIS Quarterly* Vol. 36 No. 1 pp. iii-xiv.

由此发现 偏最小二乘法在顶级期刊中越来越受到重视，接下来更是会影响一般期刊的走向，我们可以说方差形式结构方程模型的偏最小二乘法的时代来临了。

15.3 结构方程模型

结构方程模型是可以处理一组（两个或两个以上）关系的因变量和自变量，数学方程式如下：

$$Y_1 = X_{11} + X_{12} + \cdots + X_{1j}$$
$$Y_2 = X_{21} + X_{22} + \cdots + X_{2j}$$
$$\cdots\cdots$$
$$Y_i = X_{i1} + X_{i2} + \cdots + X_{ij}$$

（计量）　　（计量，非计量）

结构方程模型在研究中可以用来处理相关的（可观察到的）变量或实验的变量，在一般情况下，大多是用来处理相关的变量，结构方程模型中的变量，一般可以分为潜在变量（Latent Variables,LV）和测量变量（Measured Variables,MV）[或可称为外显变量（Manifest Variables）]。潜在变量是假设性的变量，通常是由多个测量变量测量而得，测量变量是可观察的变量，也就是外显的变量，可以作为潜在变量的指标，通常是由问卷或量表的题项获得测量值。

结构方程模型的符号

一般表示结构方程模型的符号有许多希腊字母，如图 15-6 所示。

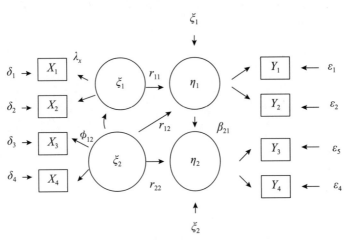

图 15-6　结构方程模型对应符号

一般软件（LISREL）表示结构方程模型符号的意义如下：

x 是指测量的自变量；

y 是指测量的因变量；

ξ（ksi）是指被 x 变量所解释的潜在外生构面；

η（eta）是指 被 y 变量所解释的潜在内生构面；

δ（delta）是指 x 变量的误差项；

ε（epislon）是指 y 变量的误差项；

λ（lambda）是指 测量的变量们和所有潜在构面们的相关性，有 λx 和 λy；

γ（gamma）是指潜在外生构面 ξ（exogenous）和潜在内生构面 η（endogenous）的相关性；

ϕ（phi）是指潜在外生构面们 ξ 的相关；

β（beta）是指潜在内生构面们 η 的相关；

ζ（zeta）是指内生构面们的估计误差。

符号　　　　　　　　　　　　　　　　　　说明

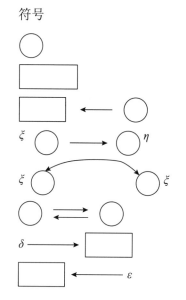

- 潜在构面 (ξ 或 η)
- 测量的变量 (x 或 y)
- 从潜在构面到测量变量的回归路径
- 外生构面 ξ(因) 指向内生构面 η(果)
- 两个潜在外生构面 ξ 有关联
- 潜在构面之间互为因果
- 测量的误差项指向外生构面的变量 x
- 测量的误差项指向内生构面的变量 y

➢ 结构方程模型的模型

结构方程模型的理论架构是由两部分的模型所构成，即结构模型（Structural Model）与测量模型（Measurement Model）。结构方程模型主要是对潜在自变量与潜在因变量间提出一个假设性的因果关系式，其结构方程式如下：

$$\eta = \gamma \xi + \beta \eta + \zeta$$

由于潜在变量无法直接测量，必须通过观察变量间接推测得知。而测量模型主要用来说明潜在变量与观察变量之间的关系，其分为两个方程式来描述，一个方程式说明潜在因变量与观察因变量之间的关系；另一个方程式则是说明潜在自变量与观察自变量之间的关系。

对因变量而言，其测量方程式如下：

$$Y = \Lambda y \, \eta + \varepsilon$$

对自变量而言，其测量方程式如下：

$$X = \Lambda x \, \xi + \delta$$

结构方程模型中的结构模型在广泛的定义如下：

- 是一个假设的模型，在一组潜在变量和测量变量中，包含了直接的（因果的）和非直接线性的（相关的）关系。

- 包含了测量模型和结构模型。

测量模型检验了潜在变量和测量变量之间的关系。

结构模型检验了潜变量之间直接的影响，也就是因果的关系。

结构方程模型完整模型（Full Model）= 测量模型 + 结构模型，如图 15-7 所示。

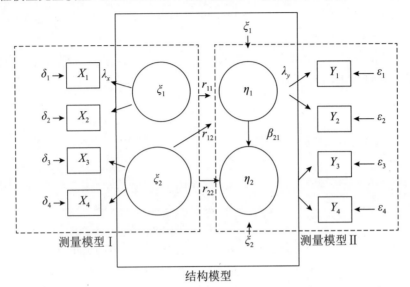

图 15-7　结构方程模型完整模型

测量模型（包含 I 和 II）是在探讨实际测量变量和潜在构面的关系，例如：X_1 和 ξ_1，和 Y_1 和 ε_1，而结构模型则是在探讨潜在构面和潜在构面之间的关系，例如：ξ_1 和 η_1，η_1 和 η_2。

在图 15-7 中，测量变量 X_1、X_2、X_3 和 X_4 都有自己的误差项 δ，X_1 和 X_2 受到潜在构面 ξ_1 的影响，X_3 和 X_4 受到潜在构面 ξ_2 的影响，X_1、X_2、X_3、X_4、ξ_1 和 ξ_2 共同构成了测量模型 I。

测量变量 Y_1、Y_2、Y_3 和 Y_4 都有自己的误差项 ε，Y_1 和 Y_2 受到潜在构面 η_1 的影响，Y_3 和 Y_4 受到潜在构面 η_2 的影响，Y_1、Y_2、Y_3、Y_4、η_1 和 η_2 共同构成了测量模型 II。

潜在构面和潜在构面之间，形成了因果关系，以箭头方向来显示因果关系，η_1 受到 ξ_1 和 ξ_2 的影响，ξ_1 和 ξ_2 不能解释 η_1 方差那部分，就是干扰项 ζ_1，η_2 受到 ξ_2 和 η_1 的影响，ξ_2 和 η_1 不能解释方差那部分 η_2，就是干扰项 ζ_2，ξ_1、ξ_2、η_1、ζ_1、η_2 和 ζ_2 共同形成了结构模型。

15.4　偏最小二乘法的结构方程模型

偏最小二乘法的结构方程模型是由两部分的模型所构成，即外模型（Outer Model）与内模型（Inner Model），如图 15-8 所示。

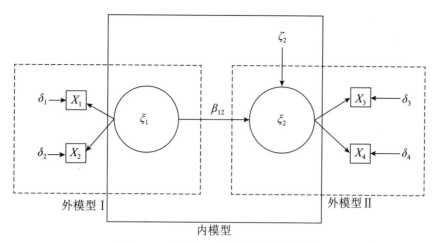

图 15-8　偏最小二乘法的结构方程模型

偏最小二乘法软件表示结构方程模型符号的意义如下：

X 是指测量的自变量；

ξ_1（ksi）是指被 x 变量所解释的潜在内、外生构面；

δ（delta）是指 x 变量的误差项；

λ（lambda）是指测量的所有变量和所有潜在构面之间的相关性，有 λx；

β（beta）是指各个潜在内生构面 ξ 之间的相关；

ζ（zeta）是指内生构面们 ξ 的估计误差。

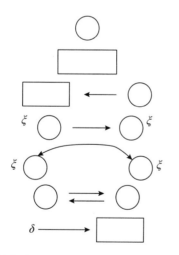

- 潜在构面 (ξ)
- 测量的变量 (x)
- 从潜在构面到测量变量的回归路径
- 外生构面 ξ(因) 指向内生构面 ξ(果)
- 两个潜在外生构面 ξ 有关联
- 潜在构面们互为因果
- 测量的误差项指向外生构面的变量 x

由于潜在变量无法直接测量，必须通过观察变量间接推测得知。而测量模型主要用来说明潜在变量与观察变量之间的关系，它由两个方程式描述，一个方程式说明潜在因变量与观察因变量之间的关系，另一个方程式则说明潜在自变量与观察自变量之间的关系。

对自变量而言，其测量方程式（外模型Ⅰ）如下：

$$X = \lambda x\,\xi_1 + \delta$$

其中，λx（lamdba）是权重（因素负荷量）；δ 是 X 变量的误差项。

对因变量而言，其测量方程式（外模型Ⅱ）如下：

$$X = \lambda x\,\xi_2 + \delta$$

其中，λx 是权重（因素负荷量）；δ 是 X 变量的误差项。

结构方程式模型主要是对潜在自变量与潜在因变量间提出一个假设性的因果关系式，其结构方程式（内模型）如下：

$$\xi_2 = \beta_{12}\xi_1 + \zeta_2$$

其中，β_{12} 是回归系数；ζ_2（zeta）是内生构面 ξ_2 的估计误差。

结构方程模型中的结构模型定义如下：

- 是一个假设的模型，在一组潜在变量和测量变量中，包含了直接的（因果的）和非直接线性的（相关的）关系。
- 包含了外模型（Outer Model）与内模型（Inner Model）。

外模型（Outer Model）检验了潜在变量和测量变量之间的关系。

内模型（Inner Model）检验了潜变量之间直接的影响，也就是因果关系。

结构方程模型完整模型 = 外模型 + 内模型，如图 15-9 所示。

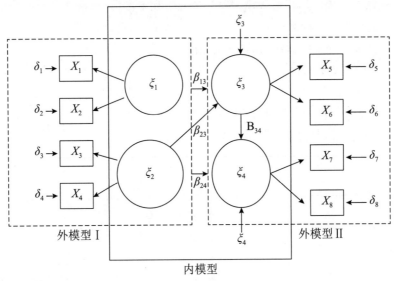

图 15-9　结构方程模型完整模型

外模型（包含 Ⅰ 和 Ⅱ）是在探讨实际测量变量和潜在构面的关系，例如：X_1 和 ξ_1，X_1 和 ξ_3，而内模型则是在探讨潜在构面和潜在构面之间的关系，例如：ξ_1 和 ξ_3，ξ_2 和 ξ_4。

在图 15-9 中，测量变量 X_1、X_2、X_3 和 X_4 都有自己的误差项 δ，X_1 和 X_2 受到潜在构面 ξ_1 的影响，X_3 和 X_4 受到潜在构面 ξ_2 的影响，X_1、X_2、X_3、X_4、ξ_1 和 ξ_2 共同构成了外模型 Ⅰ。

测量变量 X_5、X_6、X_7 和 X_8 都有自己的误差项 δ，X_5 和 X_6 受到潜在构面 ξ_3 的影响，X_7 和 X_8 受到潜在构面 ξ_4 的影响，X_5、X_6、X_7、X_8、ξ_3 和 ξ_4 共同构成了外模型 Ⅱ。

潜在构面和潜在构面之间，形成了因果关系，以箭头方向来显示因果关系，ξ_3 受到 ξ_1 和 ξ_2 的影响，ξ_3 是不能被 ξ_1 和 ξ_2 解释的部分，就是干扰部分 ζ_3，ξ_4 受到 ξ_2 和 ξ_3 的影响，ξ_4 是不能被 ξ_2 和 ξ_3 所解释的部分，就是干扰项 ζ_4，ξ_1、ξ_2、ξ_3、ξ_4、ζ_3 和 ζ_4 共同形成了内模型。

偏最小二乘结构方程模型计算方式（算法）

偏最小二乘法的计算方式有两个阶段，分别是重复估计潜在构面分数和最终估计系数，我们以图 15-10 为例，整理其细部估计步骤如下：

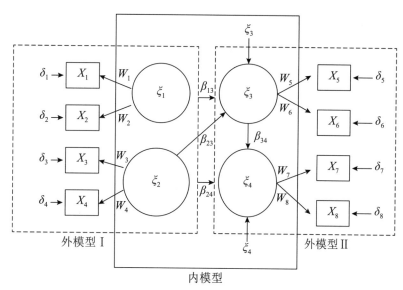

图 15-10 偏最小二乘结构方程模型

算法：

阶段一．重复估计潜在构面分数

步骤 1. 外模型趋近估计潜在构面分数，如图 15-10 中的 ξ_1、ξ_2、ξ_3、ξ_4，是由 X_1、X_2、X_3、X_4、X_5、X_6、X_7、X_8 和步骤 4 外模型系数计算得到的。

步骤 2. 估计潜在构面关系的代理值，如图 15-10 中的 β_{13}、β_{23}、β_{24} 和 β_{34}。

步骤 3. 内模型趋近估计潜在构面分数，是使用步骤 1 的 ξ_1、ξ_2、ξ_3、ξ_4 和步骤 2 结构模型关系代理值 β_{13}、β_{23}、β_{24} 和 β_{34} 计算得到的。

步骤 4. 估计测量模型（外模型）系数的代理值，是由变量们和步骤 3 潜在构面分数计算得到的，如图 15-10 的 W_1、W_2、…、W_8。

阶段二．最终估计系数，包含有外模型的权重和载荷量以及结构模型（内模型）的关系，是使用一般最小平方方法得到的。

资料来源：Hair, J. F., Ringle, C. M., and Sarstedt, M. （2011）. "PLS-SEM: Indeed a Silver Bullet," *Journal of Marketing Theory and Practice* （19:2）, pp. 139-151.

15.5 协方差形式结构方程模型和方差形式结构方程模型的比较

结构方程模型有两大主流技术：协方差形式结构方程模型（Covariance-based SEM） 和方差形式结构方程模型（Variance-based SEM）。一般因果关系情况下，两种分析方法所显示的结果都很相似，但这种情况不一定每次都会出现，在统计的测量工具上，没有哪一项工具完全适合处理所有的现象，接下来讨论一下何种情况下协方差形式结构方程模型 （LISREL or AMOS 为代表）或方差形式结构方程模型（ PLS 为代表）统计技术是适合的。

统计技术

结构方程模型的统计技术分析上主要可分成两种。

- 协方差形式结构方程模型：以变量的协方差结构进行分析，通过定义一个因素结构来解释变量的共变关系，称为协方差形式结构方程模型。
- 方差形式结构方程模型：以变量的线性整合定义出一个方差结构后，再利用回归原理来解释检验方差间的预测与解释关系，称为方差形式结构方程模型，使用的技术是偏最小二乘法。

分析目的不同

- 协方差形式结构方程模型技术强调对于全部的观测协方差矩阵和假说的协方差模型的整体适配，主要是在检测理论的适用性，适合进行理论模型的检测（验证性）。
- 方差形式结构方程模型，偏最小二乘法的部分，它的设计主要是在解释方差（检测因果关系是否具有显著的关系），适合进行理论模型的构建（探索性），也可以用来验证所推断的因果关系。

正态分布

协方差形式结构方程模型（LISREL、EQS、AMOS）是在正态概率模型下以最大似然估计法进行估计求解，会受到多元正态分布的假设限制，当数据是非正态分布时，会估计得到偏误解。

方差形式结构方程模型（PLS：SmartPLS、PLS-Graph、VisualPLS）是在自由分布，也称为非参数分布（distribution-free）下以回归分析技术进行估计求解，在小样本时也可以获得不错的估计求解。当数据为非正态分布时，偏最小二乘法仍需要一定的样本数才能获得理想的估计解。

共线性

- 协方差形式结构方程模型（LISREL、EQS、AMOS）建立在正态概率模型下，共线性问题威胁低。
- 方差形式结构方程模型（SmartPLS、PLS-Graph、VisualPLS）是在自由分布概率模型下，回归分析不会受到传统的多元共线性问题的影响。但测量变量之间具有高度相关性时，形成性模型中共线性问题威胁高。

样本数

- 协方差形式结构方程模型（LISREL、EQS、AMOS）所需要的样本最小值介于100～150之间。
- 方差形式结构方程模型（SmartPLS、PLS-Graph、VisualPLS），偏最小二乘法对于样本的需求为：样本数一定要大于问卷的题项总数，最好达10倍。

测量模型

- 协方差形式结构方程模型（LISREL、EQS、AMOS），以反映性为主，形成性为辅。
- 方差形式结构方程模型（SmartPLS、PLS-Graph、VisualPLS）反映性和形成性都可以。

模型评价

- 协方差形式结构方程模型（LISREL、EQS、AMOS）的评价指标包括：模型适配度评价、组合信度、平均方差萃取量、解释力 R 方。

- 方差形式结构方程模型（SmartPLS、PLS-Graph、VisualPLS）的评价指标包括：路径系数、解释力 R 方、拟合优度指数。

使用的工具软件

协方差形式结构方程模型所使用的软件有 LISREL、AMOS，EQS 方差形式结构方程模型所使用的偏最小二乘法软件有 PLS graph 3.0、SmartPLS、Visual PLS。

资料来源：Gefen, D., Straub, D.W., and Boudreau, M.C.（2000）. "Structural Equation Modeling Techniques and Regression：Guidelines For Research Practice," *Communications of AIS*, Volume 4, Article 7.

我们整理协方差形式结构方程模型和方差形式结构方程模型的主要差异比较如表 15-1 所示。

表 15-1　协方差形式和方差形式结构方程模型的主要差异

项　　目	协方差形式结构方程模型（LISREL、EQS、AMOS）	方差形式结构方程模型（SmartPLS、PLS-Graph、VisualPLS）
统计技术	以变量的协方差结构进行分析，通过定义一个因素结构来解释变量的共变关系，称为协方差形式结构方程模型	以变量的线性整合定义出一个方差结构后，再利用回归原理来解释检验方差间的预测与解释关系，称为方差形式结构方程模型，使用的技术是偏最小二乘法
分析目的不同	协方差形式结构方程模型技术强调全部的观测协方差矩阵完全适配假设的协方差模型，主要是在检测理论的适用性，适合进行理论模型的检测（验证性）	方差形式结构方程模型，偏最小二乘法部分的设计主要是在解释方差（检测因果关系是否具有显著的关系），适合进行理论模型的构建（探索性），也可以用来验证所探讨推断的因果关系
正态分布	协方差形式结构方程模型（LISREL、EQS、AMOS）是在正态概率模型下以最大似然估计法进行估计求解，会受到多元正态分布的假设限制，当数据为非正态分布时，会估计得到偏误解	方差形式结构方程模型（SmartPLS、PLS-Graph、VisualPLS）是在无分配下以回归分析技术进行估计求解，在小样本时也可以获得不错的估计求解。当数据为非正态分布时，偏最小二乘法仍需要一定的样本数才能获得理想的估计解
共线性	协方差形式结构方程模型（LISREL、EQS、AMOS）建立在正态概率模型下，共线性问题威胁低	方差形式结构方程模型（SmartPLS、PLS-Graph、VisualPLS）是在无分配概率模型下，回归分析不会受到传统的多元共线性问题的影响。但测量变量之间具有高度相关性时，形成性模型中共线性问题威胁高
样本数	协方差形式结构方程模型（LISREL、EQS、AMOS）所需要的样本最小值介于 100～150 之间	方差形式结构方程模型（SmartPLS、PLS-Graph、VisualPLS），偏最小二乘法对于样本的需求为：样本数为一定要大于问卷的题项总数，最好达 10 倍
测量模型	协方差形式结构方程模型（LISREL、EQS、AMOS），以反映性为主，形成性为辅	方差形式结构方程模型（SmartPLS、PLS-Graph、VisualPLS）反映性和形成性都可以
模型评价	协方差形式结构方程模型（LISREL、EQS、AMOS）的评价指标包括：模型适配度评价、组合信度、平均方差萃取量、解释力 R^2	方差形式结构方程模型（SmartPLS、PLS-Graph、VisualPLS）路径系数，解释力 R^2，拟合优度指数
使用的工具软件	协方差形式结构方程模型所使用的软件有 LISREL、AMOS、EQS	方差形式结构方程模型所使用的偏最小二乘法软件有 PLS graph 3.0、SmartPLS、Visual PLS

15.6 当代结构方程模型研究（论文）需要呈现的内容

社会科学和商管领域中，越来越多的研究使用结构方程模型，而结构方程模型有两大主流技术，分别是协方差形式结构方程模型（Covariance-based SEM）和方差形式结构方程模型（Variance-based SEM）。结构方程模型的优点是可以"克服线性回归造成的测量错误"和"可以估计多个因变量"。但是由于两大主流技术的计算方式不同，呈现结构方程模型的内容也有所不同，我们整理了由格芬（Gefen）、里格登（Rigdon） 和斯特劳布（Straub，2011）所提出的当代关于结构方程模型研究至少应该具备的要素，论文应该呈现的协方差形式结构方程模型和方差形式结构方程模型的基本内容，以使研究者与阅读者能有一套清单和准则来了解结构方程模型研究需要报告什么样的内容，详见表 15-2。

资料来源：Gefen, D., Rigdon, E. E., and Straub, D. （2011） "An Update and Extension to SEM Guidelines for Administrative and Social Science Research," *MIS Quarterly* （35:2），pp iii-A7.

表 15-2　结构方程模型研究（论文） 需要呈现的内容

方差形式结构方程模型研究论文需具备的内容 —（PLS：SmartPLS、PLS-Graph、VisualPLS）	协方差形式结构方程模型研究论文需具备的内容 —（LISREL、EQS、AMOS）
• 研究论文中的内容： 1. 为何本研究要使用偏最小二乘法 2. 解释题项被删除的原因 3. 比较饱和模型（Saturated Model） • 表格或附件必须呈现的内容： 平均数、标准差、相关系数、组合信度、平均方差萃取、效度、解释力、*T* 值 • 建议补充的内容 1. 共同方法偏差分析，也称为同源误差分析（Common Method Bias Analysis） 2. 无回应偏差（Non-response bias analysis） 3. 选用一阶或二阶构面的原因 4. 交互效果的验证 5. 共线性	• 研究论文中的内容： 1. 解释估计方法的选用原因 2. 适配指数 • 表格或附件必须呈现的内容： 1. 平均数、标准差、信度、效度 2. 解释力、多元相关系数平方（SMC） 3. 相关系数矩阵 4. 解释题项被删除的原因 • 建议补充的内容： 1. 共同方法偏差分析，也称为同源误差分析 2. 平均方差萃取 3. 选用一阶或二阶的原因 4. 无回应偏差 5. 共线性

以上就是当代结构方程模型研究（论文）需要呈现的内容。

第16章 SmartPLS 统计分析软件介绍

16.1 SmartPLS 统计分析软件的基本介绍

SmartPLS（http：//www.smartpls.de/）是德国汉堡大学（University of Hamburg）Ringle、Wende 和 Will 开发团队在 2005 年基于偏最小二乘法（Partial Least-Squares，PLS）设计的统计分析软件，这几年在组织管理、营销管理、人力资源管理、信息管理、企业管理、教育等领域越来越受欢迎。SmartPLS 官网（http：//www.smartpls.de/forum/）提供 SmartPLS 软件的下载和安装。具体步骤如下。

步骤 1. 到 http：//www.smartpls.de/ 下载适用的软件版本，例如 32 位或 64 位，Windows 版或 Mac 版。

步骤 2. 安装 Smartpls 软件，输入软件授权序号。

学生免费版（free）（Use SmartPLS Student）：最多只能运行 100 份问卷。

专业免费版（free）（Request a 30-day trial）：只能使用 30 天。

输入购买的合法软件授权序号（Enter a license key）。

SmartPLS 3 的功能简介

SmartPLS 3 的功能可以简单区分为基本模型和进阶主题，如图 16-1 所示。

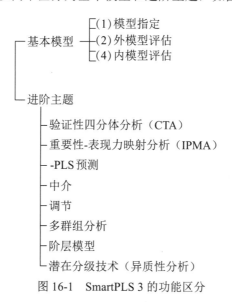

图 16-1　SmartPLS 3 的功能区分

基本模型有：

（1）模型指定

（2）外模型评估

（3）内模型评估

进阶主题有：

（1）验证性四分体分析（CTA）

（2）重要性 - 表现力映射分析（IPMA）

（3）PLS 预测

（4）中介

（5）调节

（6）多组分析

（7）阶层模型

（8）潜在分级技术（异质性分析）

打开 SmartPLS，可以看到两大部分：菜单和项目。

菜单主要的功能有文件（File）、编辑（Edit）、视图（View）、主题（Themes）、计算（Calculate）、信息（Info）、语言（Language）。打开项目（project）后，输入项目名称，输入数据源（csv 或 txt）。项目内呈现 a. 项目名称 b. 数据 c. 路径模型。路径绘图可以建立多个模型，因此可以有多个路径绘图文件。数据是我们导入的数据，非数字数据一般建议删除。提醒：中文文件名容易出问题（小心）。

路径模型（Path Model）菜单中有计算，其下拉菜单中有经常用到的 PLS 算法（PLS Algorithm），PLS 算法可以得到路径系数和解释力（R-square），下拉菜单中有自助法（Bootstrapping），可以得到 t 值。我们可以通过 HTML 研究报告找到需要的分析结果：路径系数（Factor Loading）、信效度：组合信度（CR：阈值标准为 0.7）、平均抽取变异量（AVE：阈值为 0.5）（区别效度为 AVE 值大于构面间相关系数）、Cronbach alpha（阈值为 0.7）、研究模型的结果包含路径系数和解释力。

16.2　将 Excel（.xls）转成 csv 文件（.csv）

SmartPLS 识别的数据源为 csv 或 txt，所以我们需要将常用的数据文件 Excel（.xls）转成 csv 文件（.csv），操作步骤如下 。

（请先将范例文件 Ch16\SEM 复制到 C：\SEM）

1. 打开要转换格式的 Excel 文件 PLSSEM，如图 16-2（在 C\SEM）所示。

2. 单击【文件】-【另存为】，如图 16-3 所示。

3. 在文件格式中，选择 CSV 文件，即可转换成 CSV 文件，如图 16-4、图 16-5 所示。

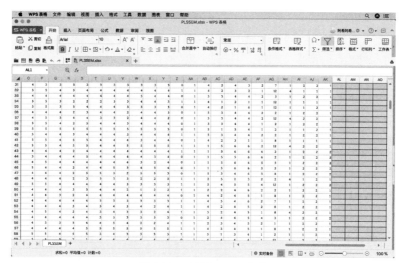

图 16-2　打开 Excel 文件

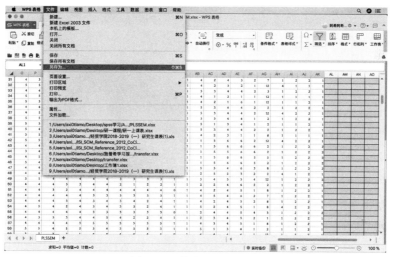

图 16-3　单击"另存为"

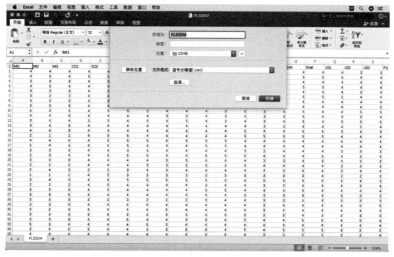

图 16-4　选择文件格式

PLSSEM.csv

图 16-5　转换后的文件

16.3　基本功能介绍

SmartPLS 打开项目主要分为两大部分：菜单和项目。

菜单主要的功能有文件（File）、编辑（Edit）、视图（View）、主题（Themes）、计算（Calculate）、信息（Info）、语言（Language）。打开项目（project）后，输入项目名称和数据源（csv 或 txt）。项目内呈现 a. 项目名称、b. 数据、c. 路径模型。路径模型可以绘图建立多个模型。

1. 单击菜单的 File（文件），如图 16-6 所示。

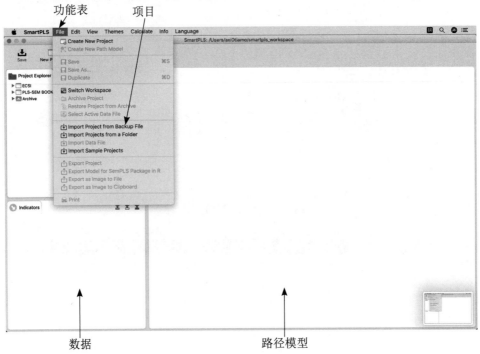

图 16-6　单击"File（文件）"

- Create new project：创建新项目
- Create new path model：创建新路径模型
- Save：保存
- Save as ... ：另存为……
- Duplicate：复制
- Switch workspace：切换工作区

- Archive project：存档项目
- Restore project from archive：从存档中还原项目
- Select active data file：选择数据文件（正在运行的数据文件）
- Import project from backup file：从备份文件中导入项目
- Import projects from a folder：从文件夹中导入项目
- Import data file：导入数据文件
- Import sample projects：导入示例项目
- Export project：导出项目
- Export Model For SemPLS package in R：为 R 软件的 SemPLS 包导出模型
- Export as image to file：导出图像至文件
- Export as image to clipboard：导出图像至剪贴板
- Print：打印

2. 单击菜单的 Edit（编辑），如图 16-7 所示。

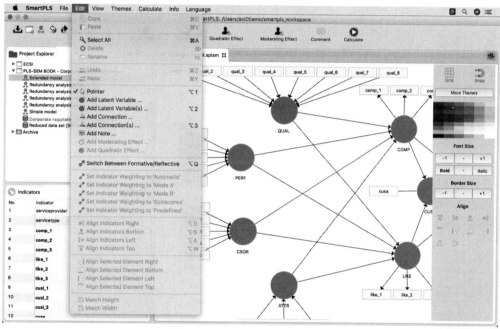

图 16-7　单击"Edit（编辑）"

- Copy：复制
- Paste：粘贴
- Select All：全选
- Delete：删除
- Rename：重命名
- Undo：撤销
- Redo：重做
- Pointer：光标
- Add Latent Variable ... ：添加潜变量……

- Add Latent Variable（s）...：添加（多个）潜变量……
- Add Connection ... ：添加连接…
- Add Connection（s）...：添加（多个）连接……
- Add Note ... ：添加注释……
- Add moderating effect ... ：添加调节效应……
- Add Quadratic Effect ... ：添加二次效应……
- Switch Between Formative/Reflective：形成性 / 反映性模型切换
- Set Indicator Weighting To 'Automatic'：设置指标权重为'自动'
- Set Indicator Weighting To 'Mode A'：设置指标权重为'模式 A'
- Set Indicator Weighting To 'Mode B'：设置指标权重为'模式 B'
- Set Indicator Weighting To 'Sumscores'：设置指标权重为'求和'
- Set Indicator Weighting To 'Predefined'：设置指标权重为'预设'
- Align Indicators Right：指标右对齐
- Align Indicators Bottom：指标底端对齐
- Align Indicators Left：指标左对齐
- Align Indicators Top：指标顶端对齐
- Align Selected Element Right：选定元素右对齐
- Align Selected Element Bottom：选定元素底端对齐
- Align Selected Element Left：选定元素左对齐
- Align Selected Element Top：选定元素顶端对齐
- Match Height：适合高度
- Match Width：适合宽度

3. 单击菜单的 View（视图），如图 16-8 所示。

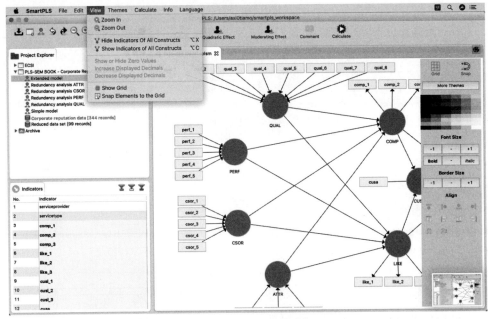

图 16-8 单击"View（视图）"

- Zoom In：放大
- Zoom Out：缩小
- Hide Indication Of All Constructs：隐藏全部结构的指标
- Show Indication Of All Constructs：显示全部结构的指标
- Show or hide zero values：显示 / 隐藏零值
- Increase displayed decimals：增加显示的小数位数
- Decrease displayed decimals：减少显示的小数位数
- Show Grid：显示网格
- Snap elements to the grid：元素与网格对齐

4. 单击菜单的 Themes（主题），如图 16-9 所示。

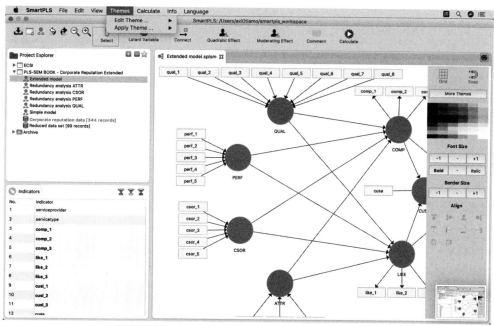

图 16-9　单击"Themes（主题）"

- Edit Themes ...：编辑主题……
- Apply Themes ... ：应用主题……

5. 单击菜单的 Calculate（计算），如图 16-10 所示。

- PLS Algorithm：PLS 算法
- Consistent PLS Algorithm：一致性 PLS 算法
- Bootstrapping：自助法
- Consistent PLS Bootstrapping：一致性 PLS 自助法
- Blindfolding：Blindfolding 算法
- Confirmatory Tetrad Analyses （CTA）：验证性 Tetrad 分析（CTA）
- Importance-Performance Matrix Analysis （IPMA）：重要性 - 表现力映射分析（IPMA）
- PLS Predict 预测
- Finite Mixture （FIMIX） Segmentation：有限混合型（FIMIX）细分

- Prediction-Oriented Segmentation （POS）：预测导向型细分（POS）
- Multi-Group Analysis （MGA）：多组分析（MGA）
- Permutation：置换

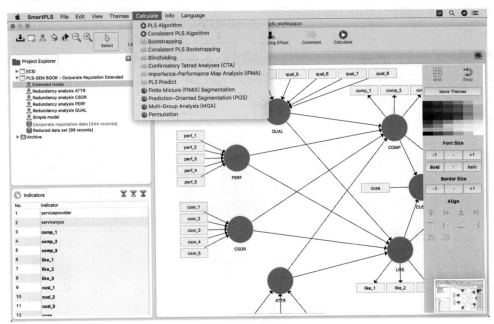

图 16-10 单击"Calculate（计算）"

6. 单击菜单的 Info（信息），如图 16-11 所示。

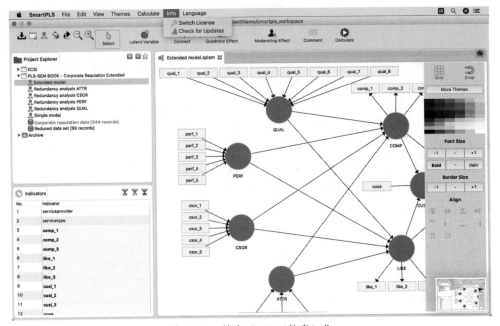

图 16-11 单击"Info（信息）"

- Switch License：更改许可文件
- Check for Updates：检查更新

7. 单击菜单的 Language（语言），出现图 16-12。

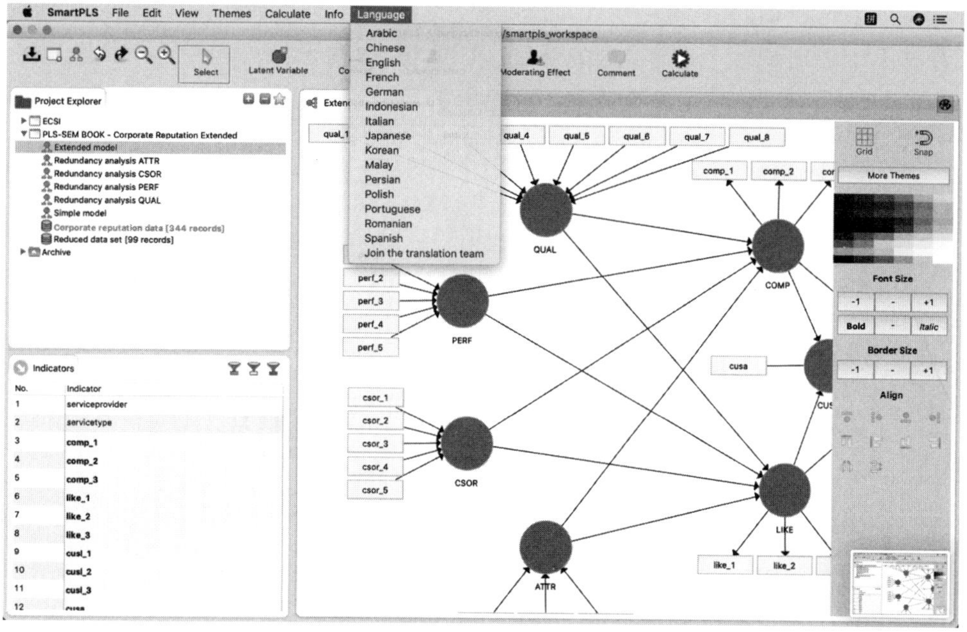

图 16-12　单击"Language（语言）"

- Arabic：阿拉伯语
- Chinese：中文
- English：英语
- French：法语
- German：德语
- Indonesian：印度尼西亚语
- Italian：意大利语
- Japanese：日语
- Korean：韩语
- Malay：马来语
- Persian：波斯语
- Polish：波兰语
- Portuguese：葡萄牙语
- Romanian：罗马尼亚
- Spanish：西班牙语
- Join the translation team：加入翻译团队

16.4　基本功能实际操作

　　基本功能实际操作包括建立新的项目、导入数据和编辑路径模式窗口。我们需要路径系数和解释力 R^2，单击【Calculate】，选择【PLS Algorithm】。我们需要统计检验值，如：t 值、

P value，单击【Calculate】，选择【Bootstrapping】。把结果输出，查看报告，整理结果。

实际操作如下。（请先将范例文件 Ch16\SEM 复制到 C：\SEM）

1. 单击【New Project】来建立新的项目，如图 16-13 所示。

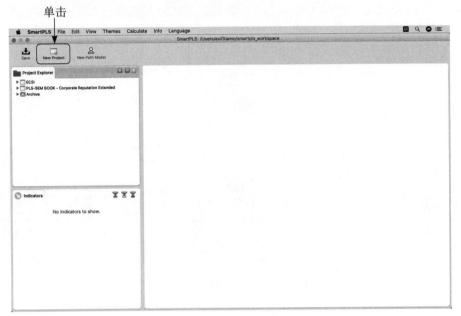

图 16-13　建立新项目

2. 输入项目名称（以 PLSSEM 为例），输入完按【OK】，如图 16-14 所示。

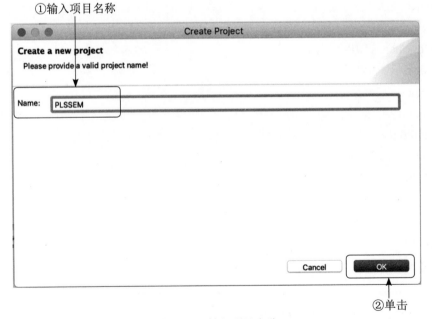

图 16-14　输入项目名称

3. 用鼠标双击图中的选项来导入数据，如图 16-15 所示。

4. 找到范例文件，如图 16-16 所示。

5. 出现输入数据文件画面，如图 16-17 所示。

鼠标双击

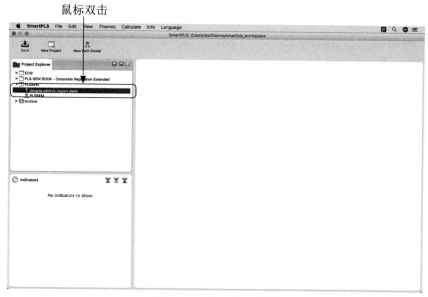

图 16-15　双击导入数据

选取文件

单击

图 16-16　打开文件

输入 PLSSEM

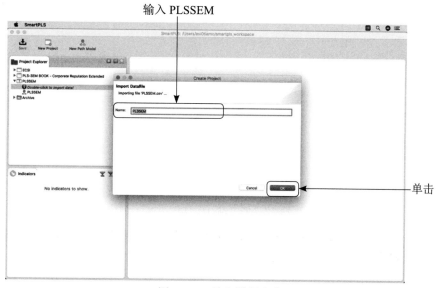

单击

图 16-17　输入数据名称

6. 导入完成后，显示数据内容画面如图 16-18 所示。

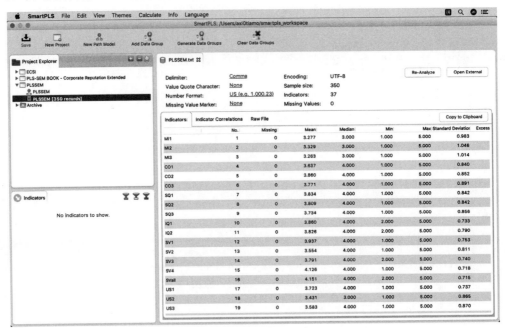

图 16-18　数据内容显示

7. 用鼠标双击 Path Model 选项，右半部窗口会出现编辑 Path Model 窗口，如图 16-19 所示。

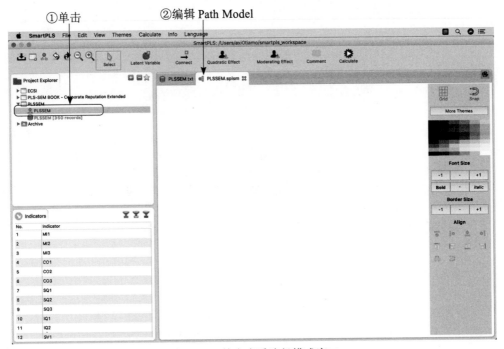

图 16-19　单击查看路径模式窗口

8. 在 Path Model 编辑窗口中，单击 Latent Variable 后，在 Path Model 编辑窗口中单击一下，建立一个构面，如图 16-20 所示。

①单击

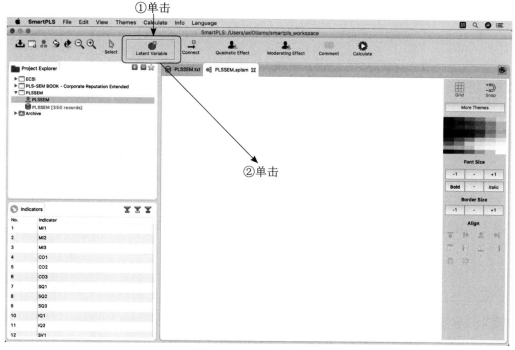

②单击

图 16-20　建立一个构面

9. 完成建立一个构面的画面如图 16-21 所示。

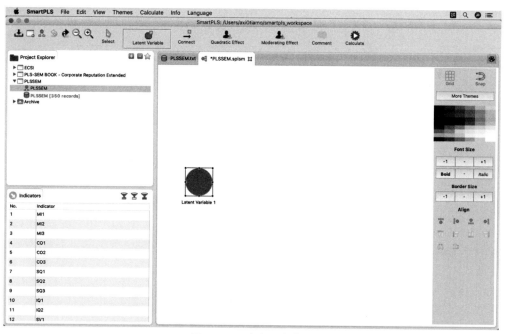

图 16-21　建立一个构面

10. 请重复前一个操作，建立第二个构面，对构面单击右键，选择【Rename】，如图 16-22 所示。

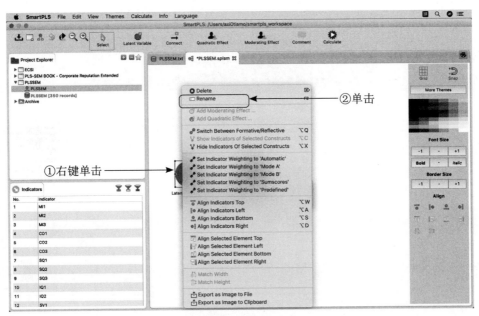

图 16-22　重命名构面

11. 重新命名，请输入构面名称 MI，然后单击【OK】，如图 16-23 所示。

图 16-23　输入构面名称

请重复上述命名步骤，将第二个构面命名为 CO。

12. 选取好数据后，拖曳到右边的构面上，重复动作完成第二个构面。将 MI1、MI2、MI3 同时选取，拖曳到右边的 MI 构面，将 CO1、CO2、CO3 同时选取，拖曳到右边的 CO 构面，如图 16-24 所示。

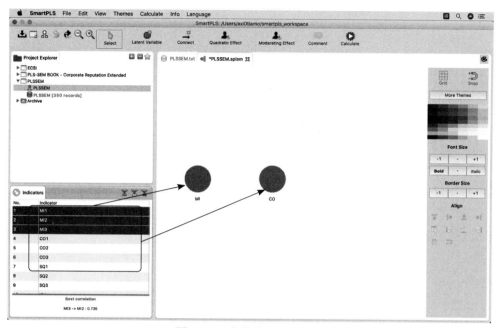

图 16-24　拖拽数据至构面上

13. 完成给构面指派题项，如图 16-25 所示。

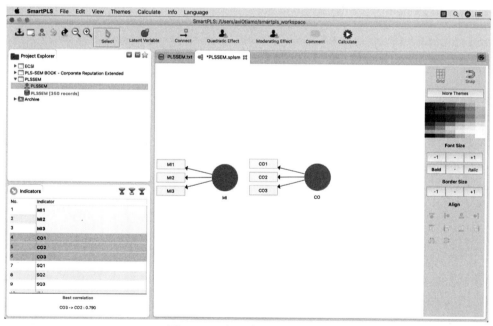

图 16-25　完成给构面指派题项

14. 用鼠标右键单击 CO 构面→选取 Align Indicator Right，将画面调整至最适当的位置，如图 16-26 所示。

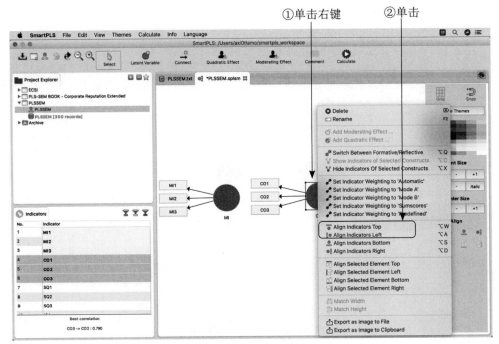

图 16-26　将画面调整适当

15. 单击【Connect】，如图 16-27 所示。

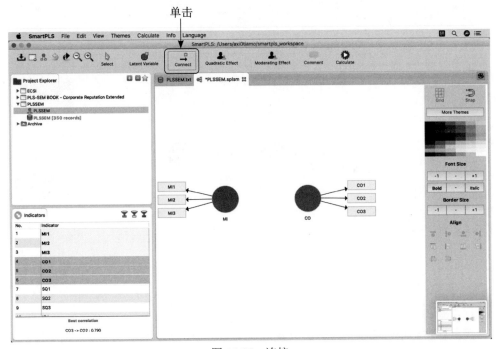

图 16-27　连接

16. 单击 MI 后拖曳，再单击到 CO，完成 Connect，如图 16-28 所示。

※ 注意：构面会从红变为蓝，蓝色代表可运行。

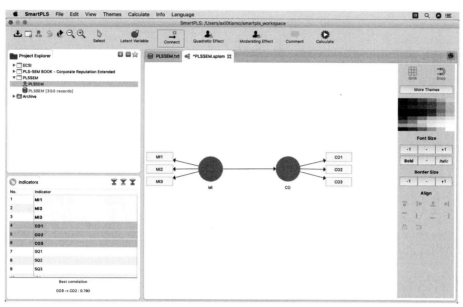

图 16-28　拖拽连接构面

17. 单击【Calculate】，我们需要路径系数和解释力 R^2，选择【PLS Algorithm】，如图 16-29 所示。

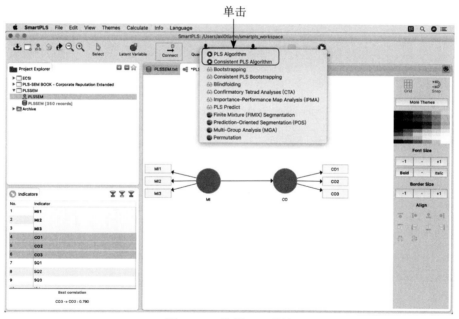

图 16-29　选择 PLS 算法

- PLS Algorithm：PLS 算法
- Consistent PLS Algorithm：一致性 PLS 算法
- Bootstrapping：自助法
- Consistent PLS Bootstrapping：一致性 PLS 自助法
- Blindfolding：Blindfolding 算法
- Confirmatory Tetrad Analyses（CTA）：验证性 Tetrad 分析（CTA）

- Importance-Performance Matrix Analysis （IPMA）：重要性 - 表现力映射分析（IPMA）
- PLS Predict 预测
- Finite Mixture （FIMIX） Segmentation：有限混合型（FIMIX）细分
- Prediction-Oriented Segmentation （POS）：预测导向型细分（POS）
- Multi-Group Analysis （MGA）：多组分析（MGA）
- Permutation：置换

18. 单击【Start Calculation】，如图 16-30 所示。

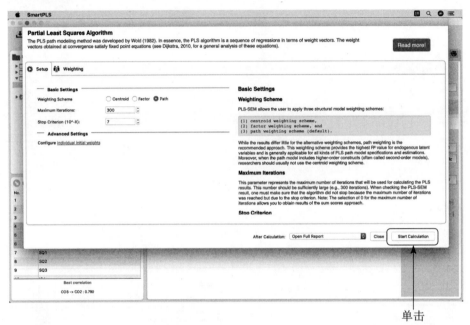

图 16-30　单击 "Start Calculation"

19. 计算完成后画面如图 16-31 所示。

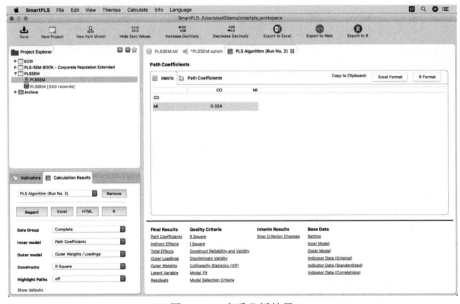

图 16-31　查看分析结果

20. 单击 PLSSEM 图标，可以看到图 16-32。

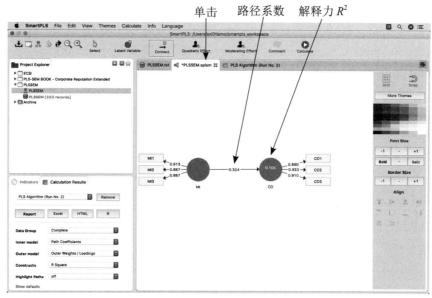

图 16-32　单击路径模式图标

21. 单击【Calculate】，我们需要统计检验值，如：t 值、P value，选择【Bootstrapping】，如图 16-33 所示。

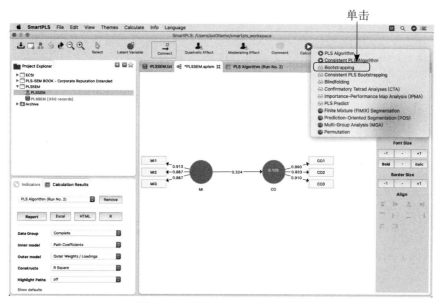

图 16-33　单击"Bootstrapping"

- PLS Algorithm：PLS 算法
- Consistent PLS Algorithm：一致性 PLS 算法
- Bootstrapping：自助法
- Consistent PLS Bootstrapping：一致性 PLS 自助法
- Blindfolding：Blindfolding 算法
- Confirmatory Tetrad Analyses（CTA）：验证性 Tetrad 分析（CTA）

- Importance-Performance Matrix Analysis（IPMA）：重要性 - 表现力映射分析（IPMA）
- PLS Predict 预测
- Finite Mixture（FIMIX）Segmentation：有限混合型（FIMIX）细分
- Prediction-Oriented Segmentation（POS）：预测导向型细分（POS）
- Multi-Group Analysis（MGA）：多组分析（MGA）
- Permutation：置换

22. 记得将 Amount of Results 改成 Basic Bootstrapping，再单击【Start Calculation】，如图 16-34 所示。

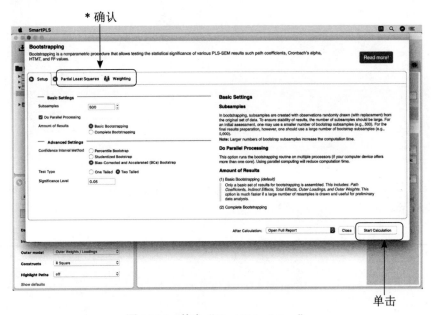

图 16-34　单击"Start Calculation"

23. 计算完成后，画面如图 16-35 所示。

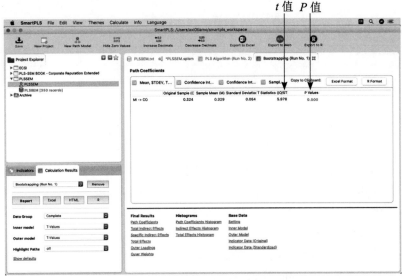

图 16-35　查看分析结果

24. 单击 PLSSEM，画面如图 16-36 所示。

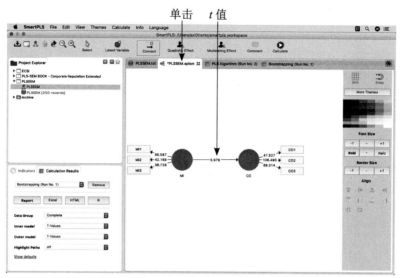

图 16-36　单击路径模式图标

25. 单击【HTML】，把结果输出，如图 16-37 所示。

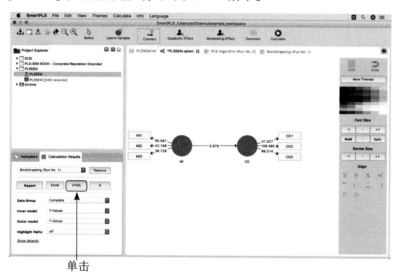

图 16-37　单击"HTML"

26. 输入文件名后，单击保存，如图 16-38 所示。

图 16-38　输入文件名

27. HTML 文件打开结果，如图 16-39 所示。

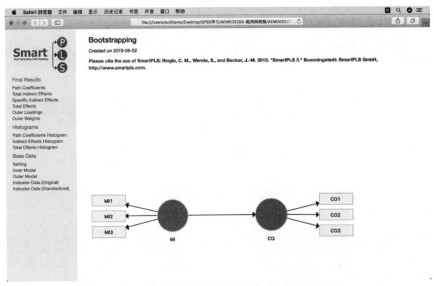

图 16-39　打开 HTML 文件查看结果

我们已经完成基本功能实际操作，包括：建立新的项目、导入数据和编辑 Path Model 窗口。我们需要路径系数，解释力 R^2，单击【Calculate】，选择【PLS Algorithm】，我们需要统计检验值，如：t 值、P value，单击【Calculate】，选择【Bootstrapping】，输出结果，查看报告，我们整理出需要的报告如表 16-1～表 16-6 所示，结构模型如图 16-40 所示。

表 16-1　模型适配

Fit Summary	Saturated Model	Estimated Model
SRMR	0.057	0.057
d_ULS	0.068	0.068
d_G	0.081	0.081

表 16-2　因子载荷量

构面	题项	因子载荷量	*T-value*
MI	MI1	0.913	62.089
	MI2	0.887	41.888
	MI3	0.887	42.567
CO	CO1	0.890	50.004
	CO2	0.933	96.494
	CO3	0.910	70.889

表 16-3　信度分析

	Cronbach's Alpha	rho_A	*Composite Reliability*	*Average Variance Extracted（AVE）*
CO	0.898	0.903	0.936	0.830
MI	0.879	0.915	0.924	0.802

表 16-4　因子载荷量和信度分析

构面	题项	因子载荷量	*t-value*	*CR*	*AVE*	*Cronbach's Alpha*
MI	MI1	0.913	62.089	0.924	0.802	0.879
	MI2	0.887	41.888			
	MI3	0.887	42.567			
CO	CO1	0.890	50.004	0.936	0.830	0.898
	CO2	0.933	96.494			
	CO3	0.910	70.889			

表 16-5　区别效度

Cross Loadings	CO	MI
CO1	0.890	0.281
CO2	0.933	0.319
CO3	0.910	0.284
MI1	0.349	0.913
MI2	0.246	0.887
MI3	0.255	0.887

表 16-6　HTMT

Heterotrait-Monotrait Ratio（HTMT）	CO	MI
CO		
MI	0.355	

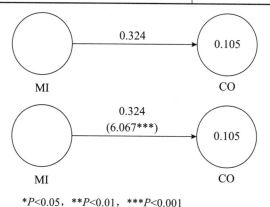

*P<0.05，**P<0.01，***P<0.001

（*t=1.96，**t=2.58，***t=3.29）

图 16-40　结构模型

路径系数 0.324，显著，解释力 R^2=0.105

我们将 HTML 输出文件和上面的结果图整理出需要的数据，如表 16-7、图 16-41 所示。

表 16-7　数据分析

构面	题项	因子负荷量	t-value	CR	AVE	Cronbachs Alpha
MI	MI1	0.913	66.791	0.924	0.802	0.879
	MI2	0.887	43.950			
	MI3	0.887	40.295			
CO	CO1	0.890	47.104	0.936	0.830	0.898
	CO2	0.933	100.148			
	CO3	0.910	63.940			

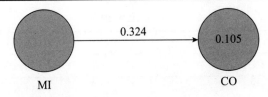

图 16-41　分析结果

我们已经完成一因一果的实际操作了。

第17章 偏最小二乘结构方程模型的学习范例

在偏最小二乘结构方程模型的学习范例中，为了让读者循序渐进地学习 SmartPLS，我们将范例进行了由浅入深的安排。

范例1：一因三果的模型

范例2：三因一果的模型

范例3：单一间接路径

范例4：多重间接路径的模型

范例5：多重直接和间接路径的模型

在因果模型（范例1和范例2）和中介模型（范例3和范例4）中，我们都介绍问卷在 SmartPLS 3 运行后，抽取结果报告中的信度、效度和因果关系。在范例5多重直接和间接（路径）模型，我们详细介绍操作 SmartPLS 3 的内容，下面分别介绍各个范例。

（请先将范例文件 ch17\SEM 复制到 C：\SEM）

17.1 一因三果的模型

一因三果的研究模型中的 CO 构面是由 3 个因素（CO1，CO2，CO3）组成的，SQ 构面是由 3 个因素（SQ1，SQ2，SQ3）组成的，IQ 构面是由 2 个因素（IQ1，IQ2）组成的，SV 构面是由 4 个因素（SV1，SV2，SV3，SV4）组成的，如图 17-1 所示。

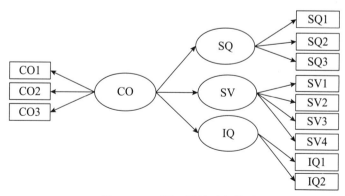

图 17-1　一因三果的研究模型

运行研究模型的操作步骤如下。

（请先将范例文件 Ch17\SEM 复制到 C:\SEM）

1. 点选【New Project】来建立新的项目，如图 17-2 所示。

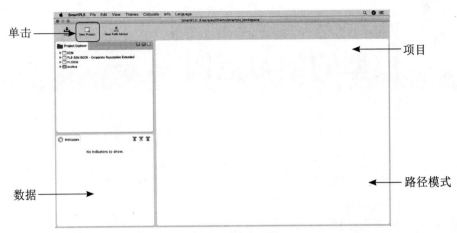

图 17-2　建立新项目

其中，"项目"是指项目名称；"数据"是指题项数据；"路径模型"是指可以在上面建立多个模型。

2. 输入项目名称（以 PLSSEM1to3 为例），输入完按下【OK】，如图 17-3 所示。

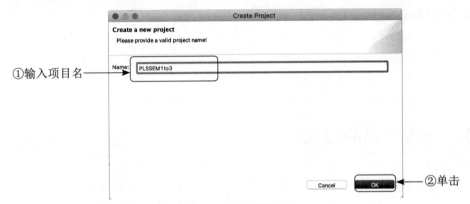

图 17-3　输入项目名称

3. 双击图中的选项来导入数据，如图 17-4 所示。

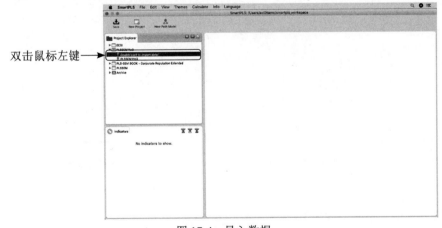

图 17-4　导入数据

4. 找到范例文件（在 C：\SEM），如图 17-5 所示。

图 17-5　选取数据

5. 出现输入数据文件画面，如图 17-6 所示。

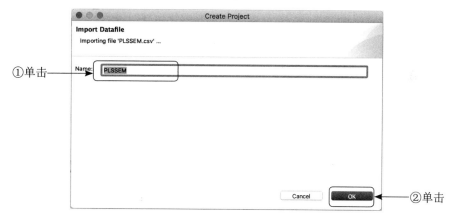

图 17-6　确认导入数据

6. 导入完成后，显示数据内容画面如图 17-7 所示。

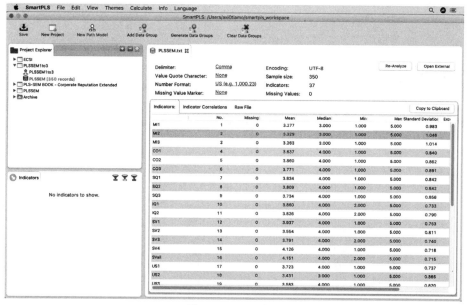

图 17-7　显示数据

7. 用鼠标双击【Path Model】选项，右半部视窗会出现编辑【Path Model】视窗，如图 17-8 所示。

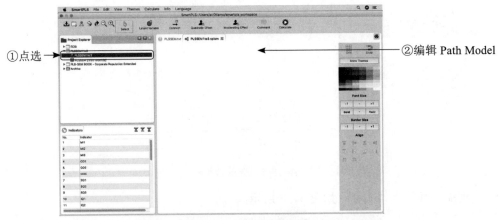

图 17-8　编辑路径模型

8. 建立 CO、SQ、SV、IQ 构面，并选入其题项，如图 17-9 所示。

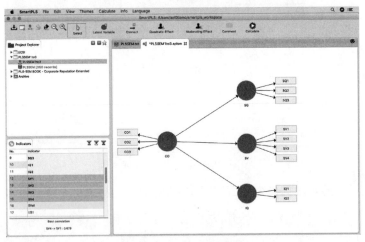

图 17-9　建立构面

9. 点选【Calculate】，我们需要路径系数、解释力 R^2，选择【PLS Algorithm】，如图 17-10 所示。

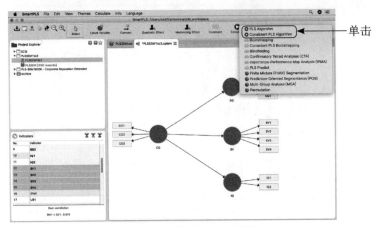

图 17-10　偏最小二乘算法

10. 单击【Start Calculation】，如图 17-11 所示。

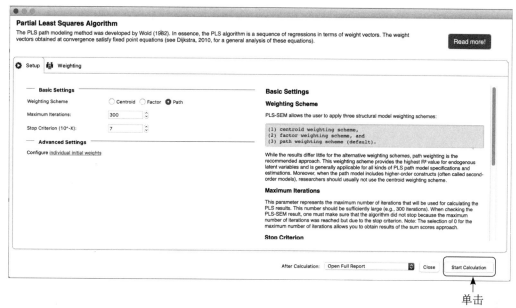

图 17-11　开始计算

■　**基本设定**

●　加权机制（Weighting Scheme）

PLS-SEM 提供三种结构模型的加权机制：

（1）重心加权机制（Centroid Weighting Scheme）

（2）因子加权机制（Factor Weighting Scheme）

（3）路径加权机制（Path Weighting Scheme）（Default）

不同的加权机制会使结果有些许不同，建议使用路径加权机制（默认），因为路径加权机制可以得到最高的解释力 R^2，也适用于各种 PLS 路径模型的指定与估计，若是有 2 阶（Second-order）模型（含以上），则不可以使用重心加权机制。

●　最大迭代（Maximum Iterations）

PLS 计算时可以使用最大的迭代次数，基本上需要设定到足够大的迭代次数，例如：300（默认）或 1 000 次，若是迭代次数设为 0，则执行加总分数（Sum Score）估计，研究者使用时，需要注意 PLS 计算终止时，是因为达到停止标准（Stop Criterion），而不是达到最大迭代次数。

●　停止标准

PLS 演算停止是计算前后两次外生权重（Outer Weight）的改变小于设定的停止标准，因此，研究者需要设定足够小的值，例如：10^{-5} 或 10^{-7}（默认）。

■　**进阶设定**

初始权重（Initial Weight）：也就是初始外生权重（Outer Weight），系统默认 +1，系统提供下列 2 项可以使用的设定：

－ Lohmoller 设定：Lohmoller 建议使用所有初始外生权重为 +1，除了最后一个为 -1，以加速收敛。

－ 各自设定：研究者可以根据需要为每个题项定义初始外生权重。

11. 计算完成后，结果如图 17-12 所示。

Final Results	Quality Criteria	Interim Results	Base Data
Path Coefficients	R Square	Stop Criterion Changes	Setting
Indirect Effects	f Square		Inner Model
Total Effects	Construct Reliability and Validity		Outer Model
Outer Loadings	Discriminant Validity		Indicator Data (Original)
Outer Weights	Collinearity Statistics (VIF)		Indicator Data (Standardized)
Latent Variable	Model_Fit		Indicator Data (Correlations)
Residuals	Model Selection Criteria		

图 17-12　结果

（1）请点选【Model_Fit】，可以找到模型适配度值，如表 17-1 所示。

表 17-1　模型适配度

拟合值	饱和模型	估计模型
SRMR	0.049	0.157
d_ULS	0.190	1.912
d_G	0.195	0.320

（2）请点选【Outer Loadings】，可以找到因素负荷量，如表 17-2 所示。

表 17-2　因素负荷量

	原样本（O）	样本均值（M）	标准差（STDEV）	T 统计量（|O/STDEV|）	P 值
CO1 <- CO	0.896	0.895	0.014	62.369	0.000
CO2 <- CO	0.928	0.927	0.008	110.237	0.000
CO3 <- CO	0.909	0.909	0.012	77.144	0.000
IQ1 <- IQ	0.925	0.925	0.014	64.685	0.000
IQ2 <- IQ	0.936	0.936	0.009	106.703	0.000
SQ1 <- SQ	0.926	0.925	0.012	77.876	0.000
SQ2 <- SQ	0.924	0.923	0.011	83.623	0.000
SQ3 <- SQ	0.902	0.900	0.023	38.905	0.000
SV1 <- SV	0.863	0.862	0.017	50.808	0.000
SV2 <- SV	0.833	0.832	0.020	42.362	0.000
SV3 <- SV	0.815	0.815	0.024	34.534	0.000
SV4 <- SV	0.803	0.803	0.025	32.158	0.000

（3）请点选【Discriminant Validity】区别效度，可以找到 Fornell-Larcker 区别效度如表 17-3 所示。

表 17-3　Fornell-Larcker 区别效度

	CO	IQ	SQ	SV
CO	0.911			
IQ	0.414	0.931		
SQ	0.436	0.661	0.917	
SV	0.473	0.445	0.448	0.829

（4）请点选【Discriminant Validity】区别效度，可以找到 Heterotrait-Monotrait Ratio（HTMT）区别效度如表 17-4 所示。

表 17-4　Heterotrait-Monotrait Ratio（HTMT）区别效度

	CO	IQ	SQ	SV
CO				
IQ	0.474			
SQ	0.481	0.753		
SV	0.537	0.530	0.514	

（5）请选择【Composite Reliability（CR）】、【Average Variance Extracted（AVE）】、【Cronbachs Alpha】，可以找到需要的值，如表 17-5 所示。

表 17-5　信效度指标

	克伦巴赫 α	rho_A	组成信度	平均方差萃取（AVE）
CO	0.898	0.898	0.936	0.830
IQ	0.846	0.849	0.928	0.866
SQ	0.906	0.911	0.941	0.841
SV	0.848	0.856	0.898	0.687

12. 点选【Path Model】视窗标签，画面如图 17-13 所示。

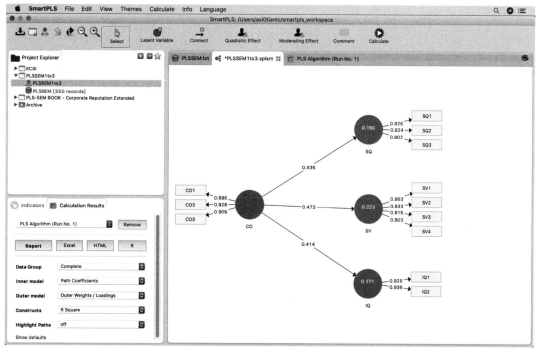

图 17-13　路径模型

路径系数和解释力 R^2 如图 17-14 所示。

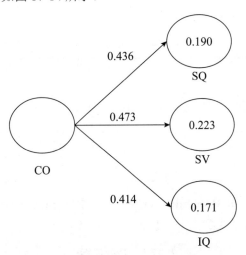

图 17-14　路径系数

13. 点选【Calculate】，我们需要检验统计量，如：t 值、P 值，选择【Bootstrapping】，如图 17-15 所示。

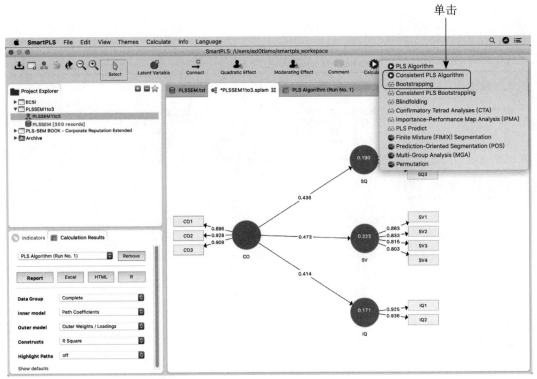

图 17-15　拔靴法

14. 记得将【Amount of Results】改成【Basic Bootstrapping】，再单击【Start Calculation】，如图 17-16 所示。

确认

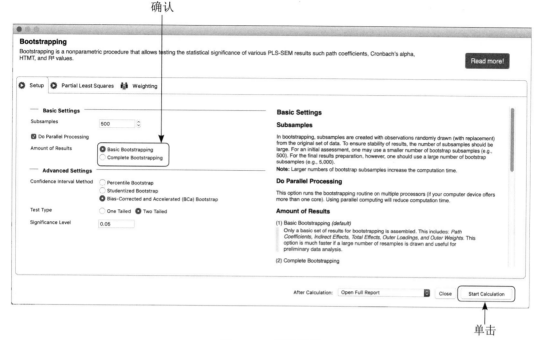

图 17-16　开始计算

■　**自助法**

子样本（Subsamples）：在原始数据集中，随机取样以计算结果，多次抽取的子样本可以确保结果的稳定性，也需要较长的软件运算时间，研究者初始估计时，建议使用 500 次随机子样本来进行估计，以节省时间，但是最终估计建议设定 5 000 次随机抽取子样本。

执行平行处理（Do Parallel Processing）：若是计算机提供双核心以上的处理器，可以选用执行平行处理，这样每个子样本可以各自处理，同时在不同的处理器运算处理，以节省时间。

符号的改变（Sign Changes）：在自助法的重复估计时，可以选择是否改变符号，下面详细介绍。

－　没有符号改变（默认）（No Sign Change）（Default）

子样本计算结果的符号改变时，会被忽略，并且继续估计，这是最保守的估计方法，缺点是标准差较大时，会有较低的 t 值。

－　**构面层级改变**（Construct Level Changes）

子样本一组系数的符号（例如构面、潜在变量的所有外生负荷量）与原始 PLS 路径模型估计值比较。若是大部分的符号需要反向才能符合原始样本估计值，则所有的符号在自助法执行时都反向处理。若是大部分的符号不需要反向就能符合原始样本估计值，则都不改变符号。

－　**个别改变**（Individual Changes）

每次自助法取样估计与原始样本比较，若是符号不同，则改变符号，以确保每次自助法取样的测量模型和结构模型的结果与原始样本符号一致。

特别注意：测试时，子样本用 500，取用正式结果时，建议设成 5 000 次。

15. 计算完成后，画面如图 17-17 所示。

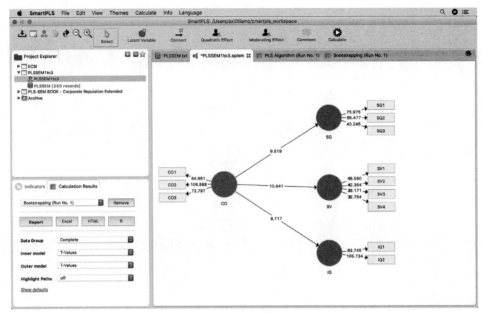

图 17-17　检验统计量

得到检验统计量，如：路径系数的 t 值、P 值，结果如图 17-18 所示。

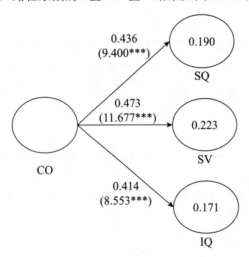

图 17-18　结果

说明： *** 表示 $P<0.001$

我们整理需要的报告结果如下。

模型适配度 Model_Fit 的值如表 17-6 所示。

表 17-6　模型适配度

拟合值	饱和模型	估计模型
SRMR	0.049	0.157
d_ULS	0.190	1.912
d_G	0.195	0.320

信效度

因素负荷量、组成信度（CR）、平均方差萃取（AVE）、克伦巴赫 α，汇整后如表 17-7 所示。

表 17-7 信效度

构面	题项	因素负荷量	t 值	组成信度	平均方差萃取	克伦巴赫 α
CO	CO1	0.896	62.369	0.936	0.830	0.898
	CO2	0.928	110.237			
	CO3	0.909	77.144			
IQ	IQ1	0.925	64.685	0.928	0.866	0.846
	IQ2	0.936	106.703			
SQ	SQ1	0.926	77.876	0.941	0.841	0.906
	SQ2	0.924	83.623			
	SQ3	0.902	38.905			
SV	SV1	0.863	50.808	0.898	0.687	0.848
	SV2	0.833	42.362			
	SV3	0.815	34.534			
	SV4	0.803	32.158			

Fornell-Larcker 区别效度如表 17-8 所示。

表 17-8 Fornell-Larcker 区别效度

	CO	IQ	SQ	SV
CO	0.911			
IQ	0.414	0.931		
SQ	0.436	0.661	0.917	
SV	0.473	0.445	0.448	0.829

Heterotrait-Monotrait Ratio （HTMT） 区别效度如表 17-9 所示。

表 17-9 Heterotrait-Monotrait Ratio 区别效度

	CO	IQ	SQ	SV
CO				
IQ	0.474			
SQ	0.481	0.753		
SV	0.537	0.530	0.514	

结构方程模型的结果如图 17-19 所示。

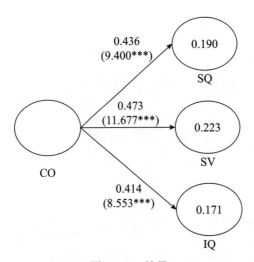

图 17-19　结果

其中，CO 是指团队合作；SQ 是指系统质量；SV 是指服务质量；IQ 是指信息质量；* 是指 $P<0.05$；** 是指 $P<0.01$；*** 是指 $P<0.001$。（*t=1.96，**t=2.58，***t=3.29）

以模型解释力而言，团队合作潜在变量对系统质量、服务质量和信息质量三个潜在变量的解释度分别为 19%、22.3% 和 17.1%，说明模型解释潜在变量程度偏低。

17.2　三因一果的模型

三因一果的结构研究模型中，SQ 构面由 3 个因素（SQ1，SQ2，SQ3）组成，IQ 构面由 2 个因素（IQ1，IQ2）组成，SV 构面由 4 个因素（SV1，SV2，SV3，SV4）组成，US 构面由 3 个因素（US1，US2，US3）组成，如图 17-20 所示。

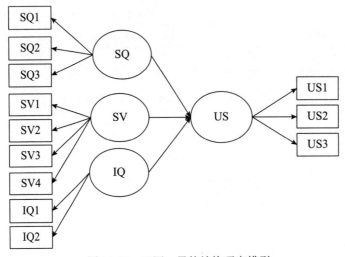

图 17-20　三因一果的结构研究模型

1. 点击【New Project】来建立新的项目，如图 17-21 所示。

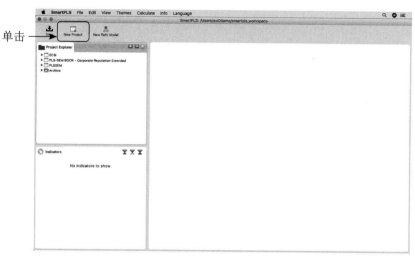

图 17-21　建立新项目

2. 输入项目名称（以 PLSSEM3to1 为例），输入完按下【OK】，如图 17-22 所示。

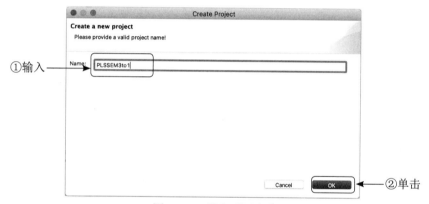

图 17-22　输入项目名称

3. 双击图 17-23 中的选项来导入数据。

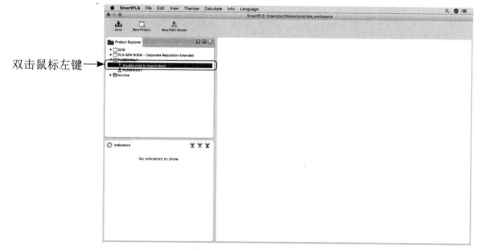

图 17-23　导入数据

4. 找到范例文件，如图 17-24 所示。

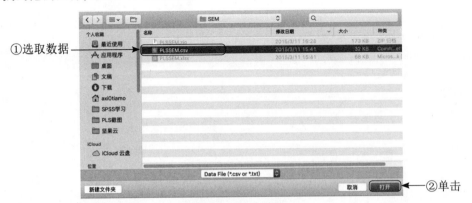

图 17-24　选取数据

5. 出现输入数据文件画面，如图 17-25 所示。

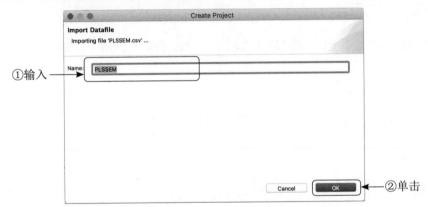

图 17-25　确认数据

6. 用鼠标双击【Path Model】选项，右半部视窗会出现编辑 Path Model 视窗，如图 17-26 所示。

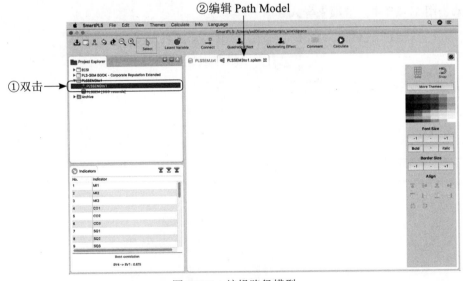

图 17-26　编辑路径模型

7. 建立 SQ、SV、IQ、US 构面，并选入其值，如图 17-27 所示。

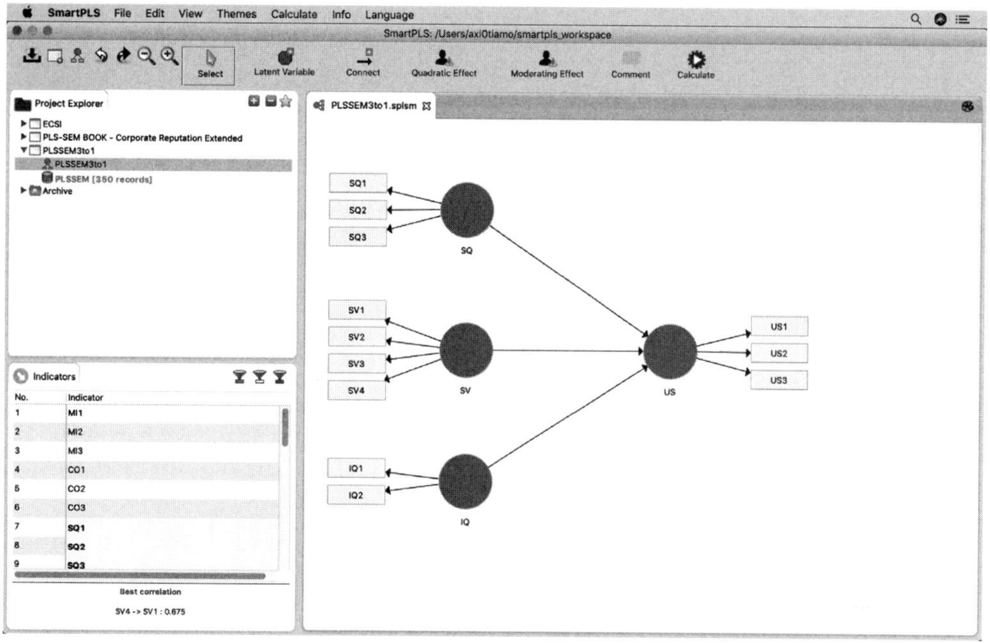

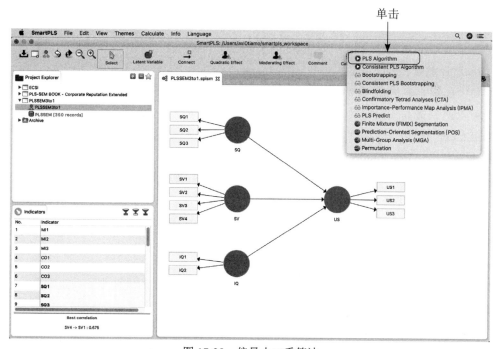

图 17-27 建立构面

8. 点选【Calculate】，我们需要路径系数、解释力 R^2，选择【PLS Algorithm】，如图 17-28 所示。

图 17-28 偏最小二乘算法

9. 单击【Start Calculation】，如图 17-29 所示。

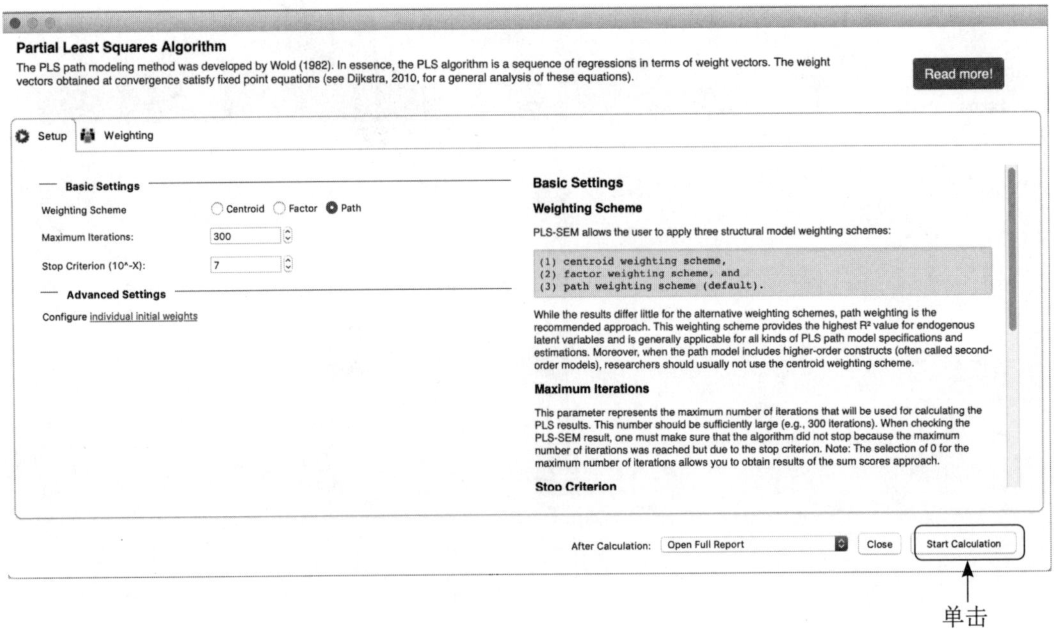

图 17-29　开始运算

■　**基本设定**

● 加权机制（Weighting Scheme）

PLS-SEM 提供三种结构模型的加权机制：

（4）重心加权机制（Centroid Weighting Scheme）

（5）因子加权机制（Factor Weighting Scheme）

（6）路径加权机制（Path Weighting Scheme）（Default）

不同的加权机制会使结果有些许不同，建议使用路径加权机制（默认），因为路径加权机制可以得到最高的解释力 R^2，也适用于各种 PLS 路径模型的指定与估计，若是有 2 阶（Second-order）模型（含以上），则不可以使用重心加权机制。

● 最大迭代（Maximum Iterations）

PLS 计算时可以使用最大的迭代次数，基本上需要设定到足够大的迭代次数，例如：300（默认）或 1 000 次，若是迭代次数设为 0，则执行加总分数（Sum Score）估计，研究者使用时，需要注意 PLS 计算终止时，是因为达到停止标准（Stop Criterion），而不是达到最大迭代次数。

● 停止标准（Stop Criterion）

PLS 演算停止是因为计算前后两次外生权重（Outer Weight）的改变小于设定的停止标准，因此，研究者需要设定足够小的值，例如：10^{-5} 或 10^{-7}（默认）。

■　**进阶设定**

初始权重（Initial Weight）：也就是初始外生权重（Outer Weight），系统默认 +1，系统提供下列 2 项可以使用的设定：

- Lohmoller 设定：Lohmoller 建议使用所有初始外生权重为 +1，除了最后一个为 -1，以加速收敛。

- 各自设定：研究者可以根据需要为每个题项定义初始外生权重。

10. 计算完成后画面如图 17-30 所示。

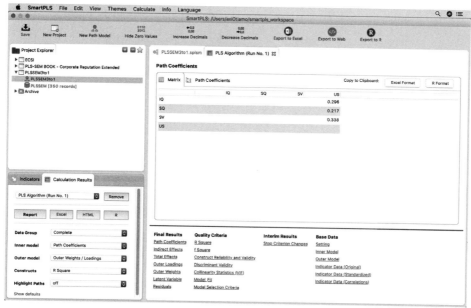

图 17-30 计算结果

（1）请点选【Model_Fit】，可以找到模型适配度值，如表 17-10 所示。

表 17-10 模型适配度

拟合值	饱和模型	估计模型
SRMR	0.055	0.055
d_ULS	0.239	0.239
d_G	0.180	0.180

（2）请点选【Outer Loadings】，可以找到因素负荷量，如表 17-11 所示。

表 17-11 因素负荷量

	原样本（O）	样本均值（M）	标准差($STDEV$)	T 统计量（|O/STDEV|）	P 值
IQ1 <- IQ	0.943	0.944	0.007	132.430	0.000
IQ2 <- IQ	0.917	0.916	0.013	69.303	0.000
SQ1 <- SQ	0.922	0.921	0.012	76.274	0.000
SQ2 <- SQ	0.924	0.925	0.011	86.602	0.000
SQ3 <- SQ	0.905	0.905	0.020	45.909	0.000
SV1 <- SV	0.874	0.874	0.013	68.223	0.000
SV2 <- SV	0.810	0.809	0.023	35.884	0.000
SV3 <- SV	0.817	0.816	0.024	34.345	0.000

续表

	原样本（O）	样本均值（M）	标准差（$STDEV$）	T 统计量（|O/STDEV|）	P 值
SV4 <- SV	0.815	0.815	0.022	36.737	0.000
US1 <- US	0.846	0.846	0.018	46.958	0.000
US2 <- US	0.813	0.813	0.027	30.620	0.000
US3 <- US	0.844	0.844	0.021	40.684	0.000

（3）请点选【Discriminant Validity】区别效度，可以找到【Fornell-Larcker Criterion】区别效度，如表 17-12 所示。

表 17-12　Fornell-Larcker 区别效度

	IQ	SQ	SV	US
IQ	0.930			
SQ	0.660	0.917		
SV	0.450	0.450	0.829	
US	0.591	0.564	0.568	0.834

（4）请点选【Discriminant Validity】区别效度，可以找到【Heterotrait-Monotrait Ratio（HTMT）】区别效度，如表 17-13 所示。

表 17-13　Heterotrait-Monotrait Ratio 区别效度

	IQ	SQ	SV	US
IQ				
SQ	0.753			
SV	0.530	0.514		
US	0.718	0.669	0.696	

（5）请选择【Composite Reliability（CR）】、【Average Variance Extracted（AVE）】、【Cronbachs Alpha】，可以找到需要的值，如表 17-14 所示。

表 17-14　信效度

	克伦巴赫 α	rho_A	组成信度	平均方差萃取（AVE）
IQ	0.846	0.867	0.928	0.865
SQ	0.906	0.908	0.941	0.841
SV	0.848	0.852	0.898	0.688
US	0.782	0.785	0.873	0.696

11. 点选【Path Model】视窗标签，画面如图 17-31 所示。

路径系数和解释力 R^2 如 17-32 所示。

12. 点选【Calculate】，我们需要检验统计量，如 t 值、P 值，选择【Bootstrapping】，如图 17-33 所示。

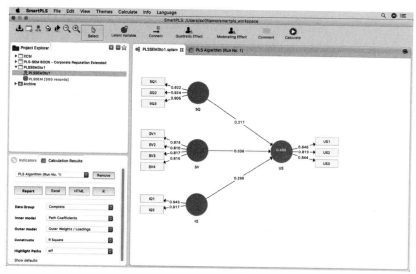

图 17-31　路径模型

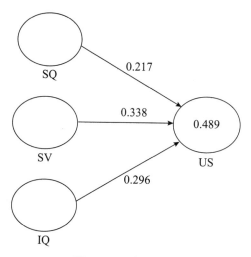

图 17-32　路径系数

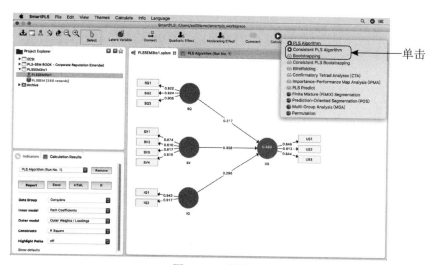

图 17-33　拔靴法

13. 记得将【Amount of Results 】改成【Basic Bootstrapping 】，再单击【Start Calculation 】，如图 17-34 所示。

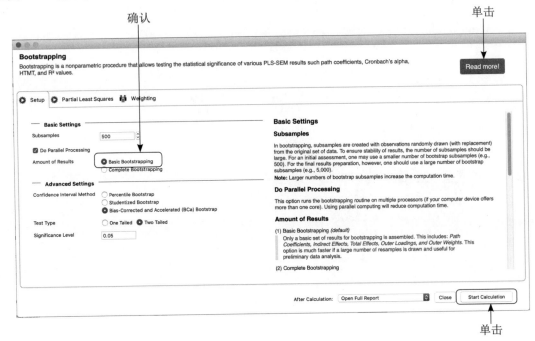

图 17-34　开始计算

■　**自助法**

子样本（Subsamples）：　在原始数据集中，随机取样以计算结果，较多次的子样本，可以确保结果的稳定，也会使用较多的运算时间，研究者初始估计时，建议使用 500 次随机子样本估计，以节省时间，但是最终估计建议设定 5 000 次随机子样本。

执行平行处理（Do Parallel Processing）：若是计算机提供双核心以上的处理器，执行平行处理时，可以使每个子样本同时在不同的处理器运算处理，以达到节省时间的效果。

符号的改变（Sign Changes）：在自助法的重复估计时，可以选择符号改变时的处理方法，下面详细介绍。

－　没有符号改变（默认）（No Sign Change）（Default）

子样本计算结果的符号改变时，会被忽略，并且继续估计，这是最保守的估计方法，缺点是标准差较大时，会有较低的 t 值。

－　构面层级改变（Construct Level Changes）

子样本一组系数的符号（例如构面、潜在变量的所有外生负荷量）与原始 PLS 路径模型估计值比较。若是大部分的符号需要反向才能符合原始样本估计值，则所有的符号在自助法执行时都反向处理。若是大部分的符号不需要反向就能符合原始样本估计值，则都不改变符号。

－　个别改变（Individual Changes）

每次自助法取样估计与原始样本比较，若是符号不同，则改变符号，以确保每次自助法取样的测量模型和结构模型的结果与原始样本符号一致。

特别注意：测试时，子样本用 500，取用正式结果时，建议设成 5 000 次。

14. 计算完成后，画面如图 17-35 所示。

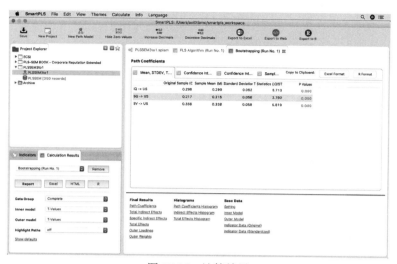

图 17-35　计算结果

15. 点选【Path Model】视窗标签，画面如图 17-36 所示。

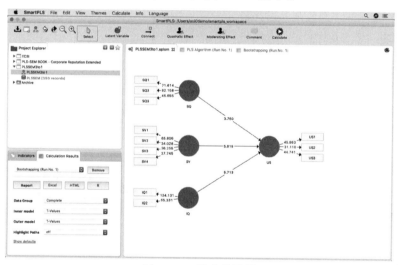

图 17-36　检验统计量

得到检验统计量，如：路径系数的 t 值、P 值，结果如图 17-37 所示。

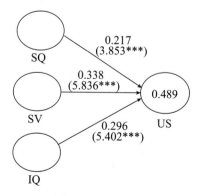

图 17-37　路径系数

我们整理了报告结果，如表 17-15 所示。

信效度

因素负荷量、组成信度（CR）、平均方差萃取（AVE）、克伦巴赫 α，汇整后如表 17-15 所示。

表 17-15　信效度

构面	题项	因素负荷量	T 值	组成信度	平均方差萃取	克伦巴赫 α	rho_A
IQ	IQ1	0.943	132.430	0.928	0.865	0.846	0.867
	IQ2	0.917	69.303				
SQ	SQ1	0.922	76.274	0.941	0.841	0.906	0.908
	SQ2	0.924	86.602				
	SQ3	0.905	45.909				
SV	SV1	0.874	68.223	0.898	0.688	0.848	0.852
	SV2	0.810	35.884				
	SV3	0.817	34.345				
	SV4	0.815	36.737				
US	US1	0.846	46.958	0.873	0.696	0.782	0.785
	US2	0.813	30.620				
	US3	0.844	40.684				

Fornell-Larcker 区别效度如表 17-16 所示。

表 17-16　Fornell-Larcker 区别效度

	IQ	SQ	SV	US
IQ	0.930			
SQ	0.660	0.917		
SV	0.450	0.450	0.829	
US	0.591	0.564	0.568	0.834

Heterotrait-Monotrait Ratio（HTMT）区别效度如表 17-17 所示。

表 17-17　Heterotrait-Monotrait Ratio 区别效度

	IQ	SQ	SV	US
IQ				
SQ	0.753			
SV	0.530	0.514		
US	0.718	0.669	0.696	

结构方程模型的结果如图 17-38 所示。

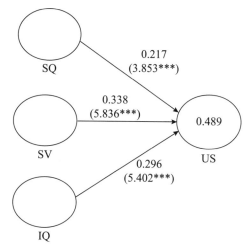

图 17-38　结构方程模型结果

其中，SQ 是指系统质量；SV 是指服务质量；IQ 是指信息质量；US 是指使用者满意度；* 是指 $P<0.05$ ；** 是指 $P<0.01$ ；*** 是指 $P<0.001$。（*t=1.96，**t=2.58，***t=3.29）

以模型解释力而言，系统质量、服务质量和信息质量对使用者满意度的解释力达 48.9%，说明模型解释力良好。

17.3　单一间接路径的模型

单一间接路径的结构研究模型为，MI 构面由 3 个因素（MI1，MI2，MI3）组成，CO 构面由 3 个因素（CO1，CO2，CO3）组成，SQ 构面由 3 个因素（SQ1，SQ2，SQ3）组成，如图 17-39 所示。

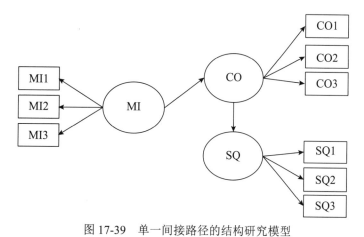

图 17-39　单一间接路径的结构研究模型

1. 点击【New Project】来建立新的项目，如图 17-40 所示。

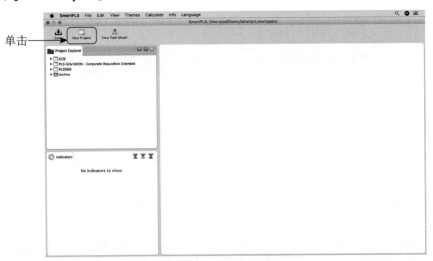

图 17-40　建立新项目

2. 输入项目名称（以 PLSSEM1M 为例），输入完按下【OK】，如图 17-41 所示。

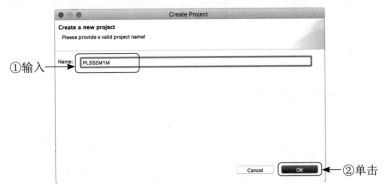

图 17-41　输入项目名称

3. 双击图 17-42 中的选项来导入数据，如图 17-42 所示。

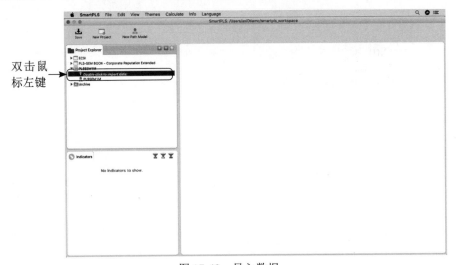

图 17-42　导入数据

4. 找到范例文件，如图 17-43 所示。

①选取数据

②单击

图 17-43　选取数据

5. 出现输入数据文件画面，如图 17-44 所示。

①输入

②单击

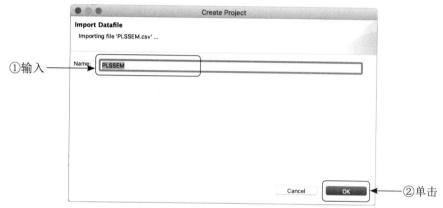

图 17-44　确认数据

6. 双击【Path Model】选项，右半部视窗会出现编辑 Path Model 视窗，如图 17-45 所示。

双击鼠标左键　　　　　编辑 Path Model

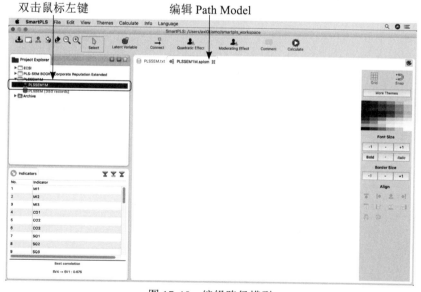

图 17-45　编辑路径模型

7. 建立 MI、CO、SQ 构面，并选入其值，如图 17-46 所示。

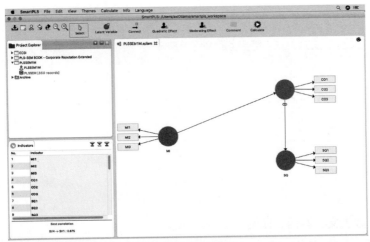

图 17-46　建立构面

8. 点选【Calculate】，我们需要路径系数，解释力 R^2，选择【PLS Algorithm】，如图 17-47 所示。

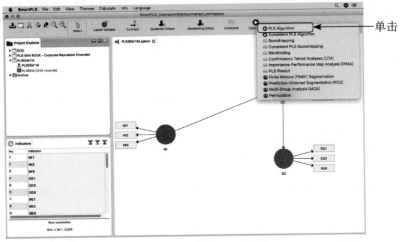

图 17-47　偏最小二乘算法

9. 单击【Start Calculation】，如图 17-48 所示。

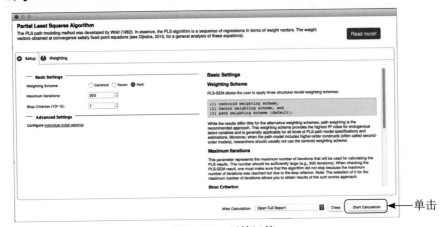

图 17-48　开始运算

> **自助法**

子样本（Subsamples）： 在原始数据集中，随机取样以计算结果，较多次的子样本，可以确保结果的稳定，也会使用较多的运算时间，研究者初始估计时，建议可以使用 500 次随机子样本估计，以节省时间，但是最终估计建议设定 5 000 次随机子样本。

执行平行处理（Do Parallel Processing）： 若是计算机提供双核心以上的处理器，可以选用执行平行处理，这样每个子样本可以各自处理，同时在不同的处理器运算处理，以节省时间。

符号的改变（Sign Changes）：在自助法的重复估计时，可以选择符号改变时的处理方法，下面详细介绍。

– 没有符号改变（默认）（No Sign Change）（Default）

子样本计算结果的符号改变时，会被忽略，并且继续估计，这是最保守的估计方法，缺点是标准差较大时，会有较低的 t 值。

– 构面层级改变（Construct Level Changes）

子样本一组系数的符号（例如构面，即潜在变量的所有外生负荷量）与原始 PLS 路径模型估计值比较。若是大部分的符号需要反向才能符合原始样本估计值，则所有的符号在自助法执行时都反向处理。若是大部分的符号不需要反向就能符合原始样本估计值，则都不改变符号。

– 个别改变（Individual Changes）

每次自助法取样估计与原始样本比较，若是符号不同，则改变符号，以确保每次自助法取样的测量模型和结构模型的结果与原始样本符号一致。

特别注意：测试时，子样本用 500，取用正式结果时，建议设成 5 000 次。

10. 计算完成后画面如图 17-49 所示。

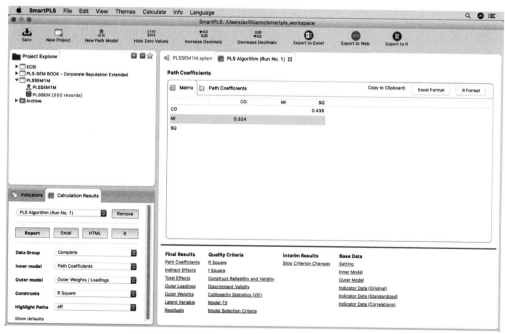

图 17-49　计算结果

（1）请点选【Model_Fit】，可以找到模型适配度值，如表 17-18 所示。

表 17-18　模型适配度

拟合值	饱和模型	估计模型
SRMR	0.049	0.059
d_ULS	0.109	0.156
d_G	0.142	0.144

SRMR <= 0.08 具有良好的适配度。

（2）请点选【Outer Loadings】，可以找到因素负荷量，如表 17-19 所示。

表 17-19　因素负荷量

	原样本（ O ）	样本均值（ M ）	标准差（ $STDEV$ ）	T 统计量（ |O/STDEV| ）	P 值
CO1 <- CO	0.894	0.894	0.016	56.138	0.000
CO2 <- CO	0.930	0.930	0.008	109.458	0.000
CO3 <- CO	0.909	0.909	0.013	69.464	0.000
MI1 <- MI	0.913	0.914	0.013	67.695	0.000
MI2 <- MI	0.887	0.886	0.020	45.322	0.000
MI3 <- MI	0.887	0.886	0.021	41.612	0.000
SQ1 <- SQ	0.926	0.925	0.013	73.797	0.000
SQ2 <- SQ	0.924	0.924	0.012	80.260	0.000
SQ3 <- SQ	0.902	0.901	0.021	42.302	0.000

（3）请点选【Discriminant Validity】区别效度，可以找到 Fornell-Larcker 区别效度，如表 17-20 所示。

表 17-20　Fornell-Larcker 区别效度

	CO	MI	SQ
CO	0.911		
MI	0.324	0.896	
SQ	0.435	0.231	0.917

（4）请点选【Discriminant Validity】区别效度，可以找到【Heterotrait-Monotrait Ratio（HTMT）】区别效度，如表 17-21 所示。

表 17-21　Heterotrait-Monotrait Ratio 区别效度

	CO	MI	SQ
CO			
MI	0.355		
SQ	0.481	0.257	

（5）请点选【Composite Reliability（CR）】、【Average Variance Extracted（AVE）】、【Cronbachs Alpha】，可以找到需要的值，我们汇整后如表 17-22 所示。

表 17-22　信效度

	克伦巴赫 α	rho_A	组成信度	平均方差萃取（AVE）
CO	0.898	0.899	0.936	0.830
MI	0.879	0.915	0.924	0.802
SQ	0.906	0.911	0.941	0.841

11. 点选【Path Model】视窗标签，画面如图 17-50 所示。

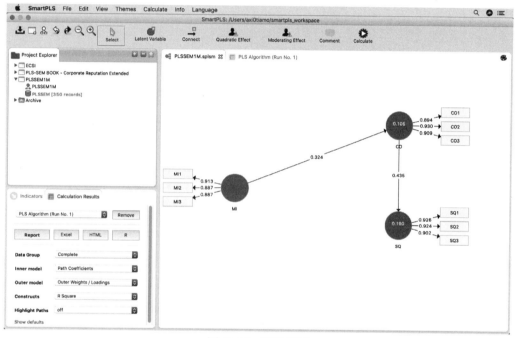

图 17-50　路径模型

路径系数和解释力 R^2 如图 17-51 所示。

12. 点选【Calculate】，我们需要检验统计量，如：t 值、P 值，选择【Bootstrapping】，如图 17-52 所示。

13. 记得将【Amount of Results】改成【Basic Bootstrapping】，再单击【Start Calculation】，如图 17-53 所示。

14. 计算完成后，画面如图 17-54 所示。

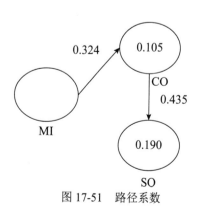

图 17-51　路径系数

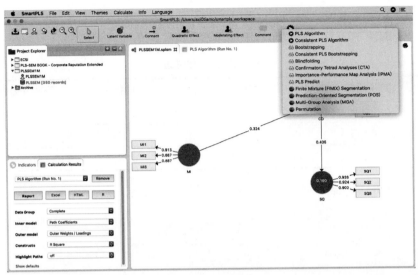

图 17-52　拔靴法

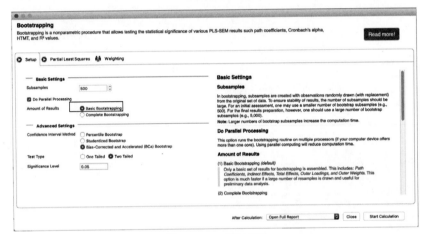

图 17-53　开始计算

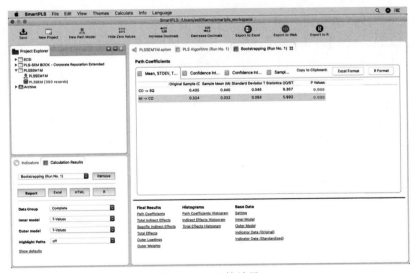

图 17-54　计算结果

15. 点选【Path Model】视窗标签，画面如图 17-55 所示。

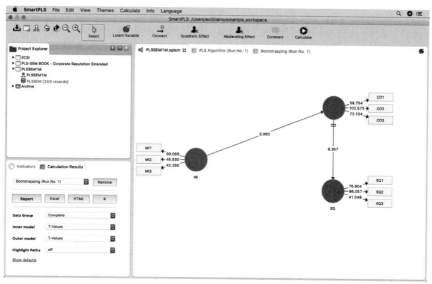

图 17-55　检验统计量

得到检验统计量，如：路径系数的 t 值、P 值，整理结果如图 17-56 所示。

我们整理需要的报告结果如下：

模型适配度值如表 17-23 所示。

表 17-23　模型适配度

拟合值	饱和模型	估计模型
SRMR	0.049	0.059

SRMR <= 0.08 具有良好的适配度。

信效度

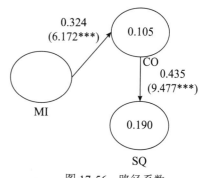

图 17-56　路径系数

因素负荷量、组成信度（CR）、平均方差萃取（AVE）、克伦巴赫 α，汇整后如表 17-24 所示。

表 17-24　信效度

构面	题项	因素负荷量	T 值	组成信度	平均方差萃取	克伦巴赫 α	rho_A
CO	CO1	0.894	56.138	0.936	0.830	0.898	0.899
	CO2	0.930	109.458				
	CO3	0.909	69.464				
MI	MI1	0.913	67.695	0.924	0.802	0.879	0.915
	MI2	0.887	45.322				
	MI3	0.887	41.612				
SQ	SQ1	0.926	73.797	0.941	0.841	0.906	0.911
	SQ2	0.924	80.260				
	SQ3	0.902	42.302				

Fornell-Larcker 区别效度如表 17-25 所示。

表 17-25　Fornell-Larcker 区别效度

	CO	MI	SQ
CO	0.911		
MI	0.324	0.896	
SQ	0.435	0.231	0.917

Heterotrait-Monotrait Ratio （HTMT）区别效度如表 17-26 所示。

表 17-26　Heterotrait-Monotrait Ratio 区别效度

	CO	MI	SQ
CO			
MI	0.355		
SQ	0.481	0.257	

直接效果、间接效果、总效果如表 17-27 所示。

表 17-27　直接效果、间接效果、总效果

潜在变量	CO	SQ		
	直接	直接	间接	总效果
MI	0.324	—	0.141	0.141
CO	—	0.435	—	0.435
解释力	0.105	0.19		

结构方程模型的结果如图 17-57 所示。

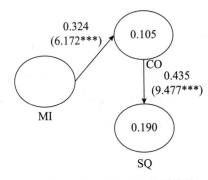

图 17-57　结构方程模型结果

其中，CO 是指团队合作；MI 是指高阶主管支持；SQ 是指系统质量；* 是指 $P<0.05$ ；** 是指 $P<0.01$ ；*** 是指 $P<0.001$。（*t=1.96，**t=2.58，***t=3.29）

以模型解释力而言，高阶主管支持对团队合作的解释力为 10.5%，团队合作对系统质量的解释力为 19%，说明模型解释力偏低。

17.4　多重间接路径的模型

在多重间接路径（中介）的结构研究模型中，MI 构面由 3 个因素（MI1，MI2，MI3）组成，CO 构面由 3 个因素（CO1，CO2，CO3）组成，SQ 构面由 3 个因素（SQ1，SQ2，SQ3）组成，IQ 构面由 2 个因素（IQ1，IQ2）组成，SV 构面由 4 个因素（SV1，SV2，SV3，SV4）组成，US 构面由 3 个因素（US1，US2，US3）组成，如图 17-58 所示。

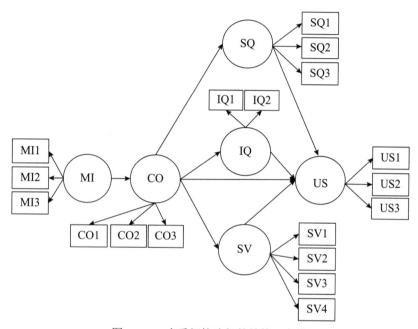

图 17-58　多重间接路径的结构研究模型

1. 点击【New Project】来建立新的项目，如图 17-59 所示。

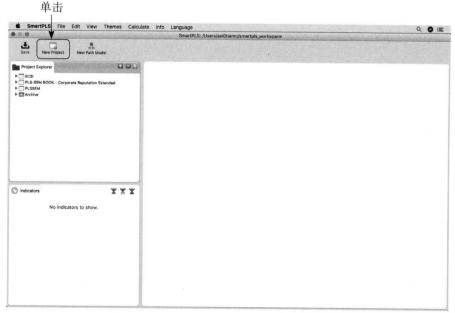

图 17-59　建立新项目

2. 输入项目名称（以 PLSSEMMM 为例），输入完按下【OK】，如图 17-60 所示。

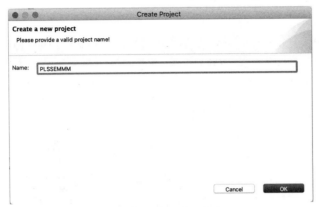

图 17-60　输入项目名称

3. 双击图 17-61 中的选项来导入数据，如图 17-61 所示。

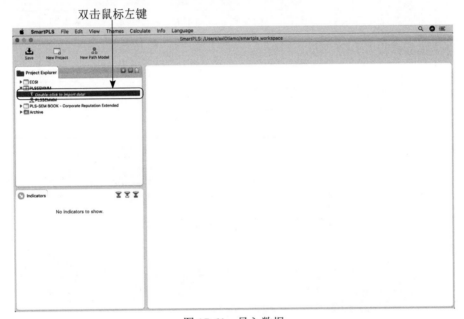

图 17-61　导入数据

4. 找到范例文件，如图 17-62 所示。

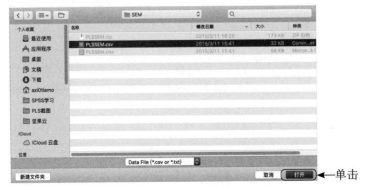

图 17-62　选取数据

5. 出现输入数据文件画面，如图 17-63 所示。

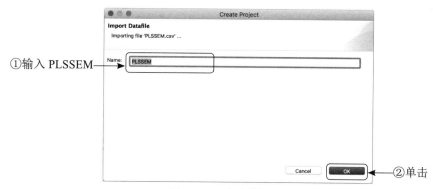

①输入 PLSSEM

②单击

图 17-63　确认数据

6. 双击【Path Model】选项，右半部视窗会出现编辑 Path Model 视窗，如图 17-64 所示。

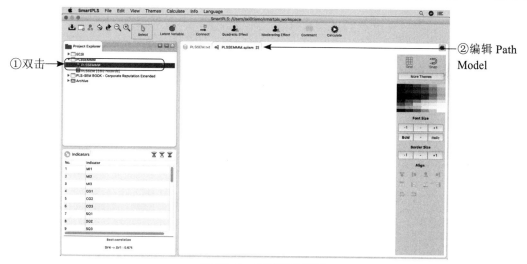

①双击

②编辑 Path
Model

图 17-64　编辑路径模型

7. 建立 MI、CO、SQ、IQ、SV、US 构面，并选入其值，如图 17-65 所示。

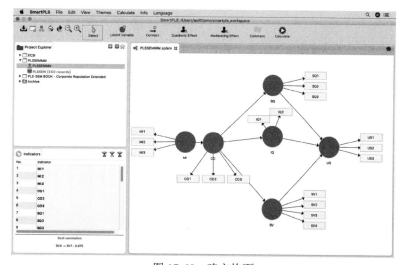

图 17-65　建立构面

8. 点选【Calculate】，我们需要路径系数、解释力 R^2，选择【PLS Algorithm】，如图 17-66 所示。

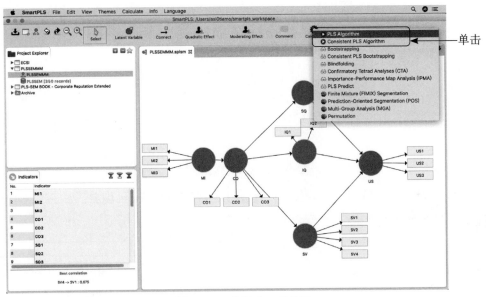

图 17-66　偏最小二乘算法

9. 单击【Start Calculation】，如图 17-67 所示。

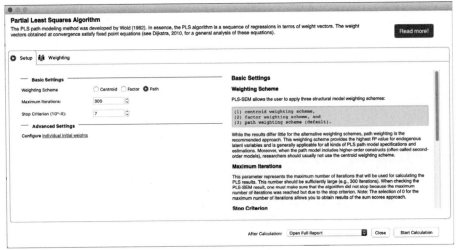

图 17-67　开始运算

■　基本设定

●　加权机制（Weighting Scheme）

PLS-SEM 提供三种结构模型的加权机制：

（1）重心加权机制（Centroid Weighting Scheme）

（2）因子加权机制（Factor Weighting Scheme）

（3）路径加权机制（Path Weighting Scheme）（Default）

不同的加权机制会使结果有些许不同，建议使用路径加权机制（默认），因为路径加权机制可以得到最高的解释力 R^2，也适用于各种 PLS 路径模型的指定与估计，若是有 2 阶

（Second-order）模型（含以上），则不可以使用重心加权机制。

- 最大迭代（Maximum Iterations）

PLS 计算时可以使用最大的迭代次数，基本上需要设定到足够大的迭代次数，例如： 300（默认）或 1 000 次，若是迭代次数设为 0，则执行加总分数（Sum Score）估计，研究者使用时，需要注意 PLS 计算终止时，是因为达到停止标准（Stop Criterion），而不是达到最大迭代次数。

- 停止标准（Stop Criterion）

PLS 演算停止是计算前后两次外生权重（Outer Weight）的改变小于设定的停止标准，因此，研究者需要设定到足够小的值，例如： 10^{-5} 或 10^{-7}（默认）。

■ 进阶设定

初始权重（Initial Weight）：也就是初始外生权重（Outer Weight），系统默认 +1，系统提供下列 2 项可以使用的设定：

- Lohmoller 设定： Lohmoller 建议使用所有初始外生权重为 +1，除了最后一个为 -1，以加速收敛。
- 各自设定：研究者可以根据需要为每个题项定义初始外生权重。

10. 计算完成后的画面如图 17-68 所示。

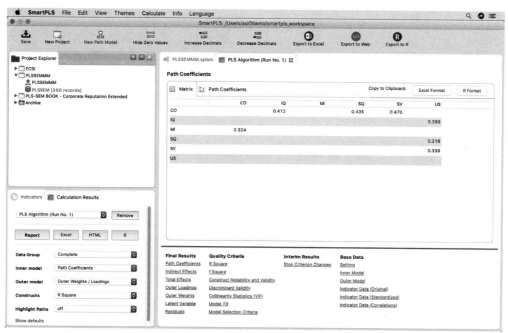

图 17-68 计算结果

（1）请点选【Model_Fit】，可以找到模型适配度值，如表 17-28 所示。

表 17-28 模型适配度

拟合值	饱和模型	估计模型
SRMR	0.049	0.124
d_ULS	0.409	2.645
d_G	0.382	0.505

（2）请点选【Outer Loadings】，可以找到因素负荷量，如表 17-29 所示。

表 17-29　因素负荷量

	原样本（O）	样本均值（M）	标准差（$STDEV$）	T 统计量（|O/STDEV|）	P 值
CO1 <- CO	0.895	0.896	0.014	65.868	0.000
CO2 <- CO	0.929	0.929	0.008	111.717	0.000
CO3 <- CO	0.909	0.909	0.012	77.621	0.000
IQ1 <- IQ	0.938	0.937	0.009	102.095	0.000
IQ2 <- IQ	0.923	0.923	0.012	77.505	0.000
MI1 <- MI	0.913	0.914	0.014	65.600	0.000
MI2 <- MI	0.887	0.886	0.020	44.776	0.000
MI3 <- MI	0.887	0.884	0.022	41.069	0.000
SQ1 <- SQ	0.923	0.924	0.012	76.315	0.000
SQ2 <- SQ	0.924	0.925	0.011	81.986	0.000
SQ3 <- SQ	0.904	0.903	0.020	44.260	0.000
SV1 <- SV	0.870	0.870	0.014	62.316	0.000
SV2 <- SV	0.819	0.819	0.021	38.359	0.000
SV3 <- SV	0.816	0.816	0.023	35.628	0.000
SV4 <- SV	0.810	0.813	0.023	36.004	0.000
US1 <- US	0.840	0.840	0.021	40.768	0.000
US2 <- US	0.821	0.820	0.024	33.623	0.000
US3 <- US	0.842	0.841	0.020	41.752	0.000

（3）请点选【Discriminant Validity】区别效度，可以找到 Fornell-Larcker 区别效度，如表 17-30 所示。

表 17-30　Fornell-Larcker 区别效度

	CO	IQ	MI	SQ	SV	US
CO	0.911					
IQ	0.412	0.931				
MI	0.324	0.218	0.896			
SQ	0.435	0.661	0.231	0.917		
SV	0.470	0.448	0.274	0.449	0.829	
US	0.518	0.588	0.240	0.564	0.568	0.834

（4）请点选 Discriminant Validity 区别效度，可以找到（Heterotrait-Monotrait Ratio，HTMT）区别效度，如表 17-31 所示。

表 17-31　Heterotrait-Monotrait Ratio 区别效度

	CO	IQ	MI	SQ	SV	US
CO						
IQ	0.474					
MI	0.355	0.252				
SQ	0.481	0.753	0.257			
SV	0.537	0.530	0.318	0.514		
US	0.619	0.718	0.285	0.669	0.696	

（5）请选择【Composite Reliability（CR）】、【Average Variance Extracted（AVE）】、【Cronbachs Alpha】，可以找到需要的值，如表 17-32 所示。

表 17-32　信效度

	克伦巴赫 α	rho_A	组成信度	平均方差萃取（AVE）
CO	0.898	0.899	0.936	0.830
IQ	0.846	0.852	0.928	0.866
MI	0.879	0.915	0.924	0.802
SQ	0.906	0.909	0.941	0.841
SV	0.848	0.851	0.898	0.688
US	0.782	0.783	0.873	0.696

11. 点选【Path Model】视窗标签，画面如图 17-69 所示。

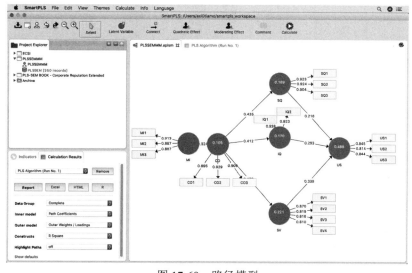

图 17-69　路径模型

路径系数和解释力 R^2 如图 17-70 所示。

12. 点选【Calculate】，我们需要检验统计量，如：t 值、P 值，选择【Bootstrapping】，如图 17-71 所示。

13. 记得将【Amount of Results】改成【Basic Bootstrapping】，再点选【Start Calculation】，如图 17-72 所示。

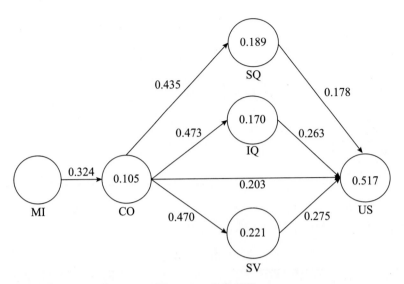

图 17-70　路径系数

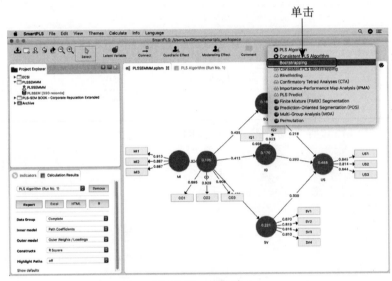

图 17-71　拔靴法

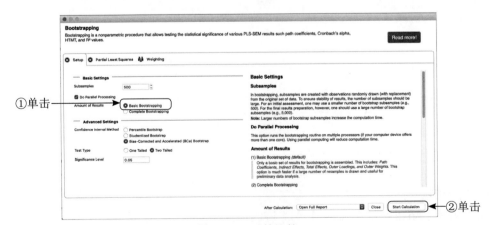

图 17-72　开始计算

➢ **自助法**

子样本（Subsamples）：在原始数据集中，随机取样以计算结果，较多次的子样本，可以确保结果的稳定，也会使用较多的运算时间，研究者初始估计时，建议使用 500 次随机子样本估计，以节省时间，但是最终估计建议设定 5 000 次随机子样本。

执行平行处理（Do Parallel Processing）：若是计算机提供双核心以上的处理器，可以选用执行平行处理，这样每个子样本可以各自处理，同时在不同的处理器运算处理，以节省时间。

符号的改变（Sign Changes）：在自助法的重复估计时，可以选择符号改变时的处理方法，下面详细介绍。

– 没有符号改变（默认）（No Sign Change）（Default）

子样本计算结果的符号改变时，会被忽略，并且继续估计，这是最保守的估计方法，缺点是标准差较大时，会有较低的 t 值。

– 构面层级改变（Construct Level Changes）

子样本一组系数的符号（例如构面，即潜在变量的所有外生负荷量）与原始 PLS 路径模型估计值比较。若是大部分的符号需要反向才能符合原始样本估计值，则所有的符号在自助法执行时都反向处理。若是大部分的符号不需要反向就能符合原始样本估计值，则都不改变符号。

– 个别改变（Individual Changes）

每次自助法取样估计与原始样本比较，若是符号不同，则改变符号，以确保每次自助法取样的测量模型和结构模型的结果与原始样本符号一致。

特别注意：测试时，子样本用 500，取用正式结果时，建议设成 5 000 次。

14. 计算完成后，画面如图 17-73 所示。

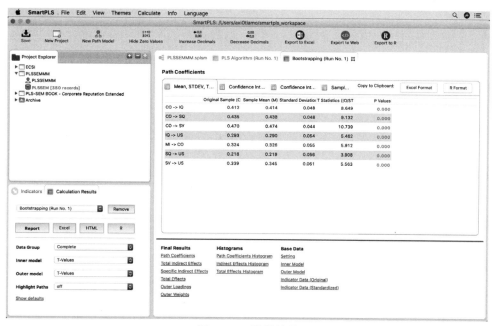

图 17-73　计算结果

15. 点选【Path Model】视窗标签，画面如图 17-74 所示。

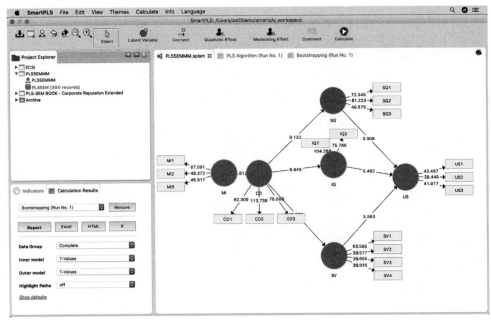

图 17-74　检验统计量

得到检验统计量，如：路径系数的 t 值、P 值，结果如图 17-75 所示。

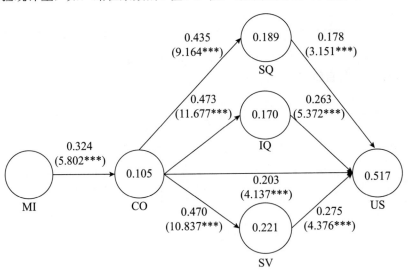

图 17-75 路径系数

交叉载荷（Cross Loadings）如表 17-33 所示。

表 17-33　交叉载荷

	CO	IQ	MI	SQ	SV	US
CO1	0.895	0.389	0.281	0.398	0.427	0.473
CO2	0.929	0.379	0.319	0.406	0.437	0.486
CO3	0.909	0.359	0.284	0.385	0.420	0.457

	CO	IQ	MI	SQ	SV	US
IQ1	0.370	0.938	0.223	0.617	0.437	0.596
IQ2	0.399	0.923	0.181	0.613	0.395	0.494
MI1	0.349	0.193	0.913	0.240	0.242	0.248
MI2	0.245	0.209	0.887	0.207	0.248	0.206
MI3	0.255	0.185	0.887	0.164	0.251	0.181
SQ1	0.418	0.626	0.188	0.923	0.408	0.516
SQ2	0.415	0.631	0.192	0.924	0.433	0.544
SQ3	0.361	0.556	0.262	0.904	0.393	0.489
SV1	0.392	0.386	0.192	0.358	0.870	0.516
SV2	0.449	0.328	0.291	0.341	0.819	0.462
SV3	0.355	0.372	0.231	0.381	0.816	0.448
SV4	0.357	0.406	0.194	0.417	0.810	0.456
US1	0.401	0.547	0.219	0.479	0.496	0.840
US2	0.497	0.438	0.152	0.458	0.469	0.821
US3	0.400	0.484	0.231	0.475	0.457	0.842

Heterotrait-Monotrait Ratio （HTMT）如表 17-34 所示。

表 17-34　Heterotrait-Monotrait Ratio 区别效度

	CO	IQ	MI	SQ	SV	US
CO						
IQ	0.474					
MI	0.355	0.252				
SQ	0.481	0.753	0.257			
SV	0.537	0.530	0.318	0.514		
US	0.619	0.718	0.285	0.669	0.696	

模型适配度（Model_Fit）如表 17-35 所示。

表 17-35　模型适配度

拟合值	饱和模型	估计模型
SRMR	0.049	0.124
d_ULS	0.409	2.645
d_G	0.382	0.505
Chi-Square	644.076	784.454
NFI	0.836	0.800
rms Theta	0.186	

区别效度（Discriminant Validity） 如表 17-36、表 17-37、表 17-38 和表 17-39 所示。

表 17-36　Fornell-Larcker Criterion 区别效度

	CO	IQ	MI	SQ	SV	US
CO	0.911					
IQ	0.412	0.931				
MI	0.324	0.218	0.896			
SQ	0.435	0.661	0.231	0.917		
SV	0.470	0.448	0.274	0.449	0.829	
US	0.518	0.588	0.240	0.564	0.568	0.834

表 17-37　构面信效度

	克伦巴赫 α	rho_A	组成信度	平均方差萃取（AVE）
CO	0.898	0.899	0.936	0.830
IQ	0.846	0.852	0.928	0.866
MI	0.879	0.915	0.924	0.802
SQ	0.906	0.909	0.941	0.841
SV	0.848	0.851	0.898	0.688
US	0.782	0.783	0.873	0.696

表 17-38　因素负荷量

	原样本（O）	样本均值（M）	标准差（$STDEV$）	T 统计量（|O/STDEV|）	P 值
CO1 <- CO	0.895	0.896	0.014	65.868	0.000
CO2 <- CO	0.929	0.929	0.008	111.717	0.000
CO3 <- CO	0.909	0.909	0.012	77.621	0.000
IQ1 <- IQ	0.938	0.937	0.009	102.095	0.000
IQ2 <- IQ	0.923	0.923	0.012	77.505	0.000
MI1 <- MI	0.913	0.914	0.014	65.600	0.000
MI2 <- MI	0.887	0.886	0.020	44.776	0.000
MI3 <- MI	0.887	0.884	0.022	41.069	0.000
SQ1 <- SQ	0.923	0.924	0.012	76.315	0.000
SQ2 <- SQ	0.924	0.925	0.011	81.986	0.000
SQ3 <- SQ	0.904	0.903	0.020	44.260	0.000
SV1 <- SV	0.870	0.870	0.014	62.316	0.000
SV2 <- SV	0.819	0.819	0.021	38.359	0.000
SV3 <- SV	0.816	0.816	0.023	35.628	0.000
SV4 <- SV	0.810	0.813	0.023	36.004	0.000
US1 <- US	0.840	0.840	0.021	40.768	0.000
US2 <- US	0.821	0.820	0.024	33.623	0.000
US3 <- US	0.842	0.841	0.020	41.752	0.000

表 17-39　信效度

构面	题项	因素负荷量	t 值	组成信度	平均方差萃取	克伦巴赫 α
CO	CO1	0.895	65.868	0.936	0.830	0.898
	CO2	0.929	111.717			
	CO3	0.909	77.621			
IQ	IQ1	0.938	102.095	0.928	0.866	0.846
	IQ2	0.923	77.505			
MI	MI1	0.913	65.600	0.924	0.802	0.879
	MI2	0.887	44.776			
	MI3	0.887	41.069			
SQ	SQ1	0.923	76.315	0.941	0.841	0.906
	SQ2	0.924	81.986			
	SQ3	0.904	44.260			
SV	SV1	0.870	62.316	0.898	0.688	0.848
	SV2	0.819	38.359			
	SV3	0.816	35.628			
	SV4	0.810	36.004			
US	US1	0.840	40.768	0.873	0.696	0.782
	US2	0.821	33.623			
	US3	0.842	41.752			

区别效度（Discriminant Validity）如表 17-40 所示。

表 17-40　Fornell-Larcker 区别效度

	CO	IQ	MI	SQ	SV	US
CO	0.911					
IQ	0.412	0.931				
MI	0.324	0.218	0.896			
SQ	0.435	0.661	0.231	0.917		
SV	0.470	0.448	0.274	0.449	0.829	
US	0.518	0.588	0.240	0.564	0.568	0.834

其中，* 是指 $P<0.05$ ；** 是指 $P<0.01$ ；*** 是指 $P<0.001$ 。（*t=1.96，**t=2.58，***t=3.29）

我们整理需要的报告结果如下：

模型适配度值如表 17-41 所示。

表 17-41　模型适配度

拟合值	饱和模型	估计模型
SRMR	0.049	0.124
d_ULS	0.409	2.645
d_G	0.382	0.505

信效度

因素负荷量、组成信度（CR）、平均方差萃取（AVE）、克伦巴赫 α，我们汇整后如表 17-42 ～表 17-44 所示。

表 17-42　信效度 1

构面	题项	因素负荷量	t 值	组成信度	平均方差萃取	克伦巴赫 α	rho_A
CO	CO1	0.895	65.868	0.936	0.830	0.898	0.899
	CO2	0.929	111.717				
	CO3	0.909	77.621				
IQ	IQ1	0.938	102.095	0.928	0.866	0.846	0.852
	IQ2	0.923	77.505				
MI	MI1	0.913	65.600	0.924	0.802	0.879	0.915
	MI2	0.887	44.776				
	MI3	0.887	41.069				
SQ	SQ1	0.923	76.315	0.941	0.841	0.906	0.909
	SQ2	0.924	81.986				
	SQ3	0.904	44.260				
SV	SV1	0.870	62.316	0.898	0.688	0.848	0.851
	SV2	0.819	38.359				
	SV3	0.816	35.628				
	SV4	0.810	36.004				
US	US1	0.840	40.768	0.873	0.696	0.782	0.783
	US2	0.821	33.623				
	US3	0.842	41.752				

表 17-43　信效度 2

	克伦巴赫 α	rho_A	组成信度	平均方差萃取
CO	0.898	0.899	0.936	0.830
IQ	0.846	0.852	0.928	0.866
MI	0.879	0.915	0.924	0.802
SQ	0.906	0.909	0.941	0.841
SV	0.848	0.851	0.898	0.688
US	0.782	0.783	0.873	0.696

表 17-44　信效度 3

	原样本（O）	样本均值（M）	标准差（STDEV）	T 统计量（|O/STDEV|）	P 值
CO1 <- CO	0.895	0.896	0.014	65.868	0.000
CO2 <- CO	0.929	0.929	0.008	111.717	0.000
CO3 <- CO	0.909	0.909	0.012	77.621	0.000
IQ1 <- IQ	0.938	0.937	0.009	102.095	0.000

续表

	原样本（O）	样本均值(M)	标准差(STDEV)	T 统计量（|O/STDEV|）	P 值
IQ2 <- IQ	0.923	0.923	0.012	77.505	0.000
MI1 <- MI	0.913	0.914	0.014	65.600	0.000
MI2 <- MI	0.887	0.886	0.020	44.776	0.000
MI3 <- MI	0.887	0.884	0.022	41.069	0.000
SQ1 <- SQ	0.923	0.924	0.012	76.315	0.000
SQ2 <- SQ	0.924	0.925	0.011	81.986	0.000
SQ3 <- SQ	0.904	0.903	0.020	44.260	0.000
SV1 <- SV	0.870	0.870	0.014	62.316	0.000
SV2 <- SV	0.819	0.819	0.021	38.359	0.000
SV3 <- SV	0.816	0.816	0.023	35.628	0.000
SV4 <- SV	0.810	0.813	0.023	36.004	0.000
US1 <- US	0.840	0.840	0.021	40.768	0.000
US2 <- US	0.821	0.820	0.024	33.623	0.000
US3 <- US	0.842	0.841	0.020	41.752	0.000

Fornell-Larcker 区别效度如表 17-45 所示。

表 17-45　Fornell-Larcker 区别效度

	CO	IQ	MI	SQ	SV	US
CO	0.911					
IQ	0.412	0.931				
MI	0.324	0.218	0.896			
SQ	0.435	0.661	0.231	0.917		
SV	0.470	0.448	0.274	0.449	0.829	
US	0.518	0.588	0.240	0.564	0.568	0.834

Heterotrait-Monotrait Ratio （HTMT） 区别效度如表 17-46 所示。

表 17-46　Heterotrait-Monotrait Ratio 区别效度

	CO	IQ	MI	SQ	SV	US
CO						
IQ	0.474					
MI	0.355	0.252				
SQ	0.481	0.753	0.257			
SV	0.537	0.530	0.318	0.514		
US	0.619	0.718	0.285	0.669	0.696	

结构方程模型的结果如图 17-76 所示。

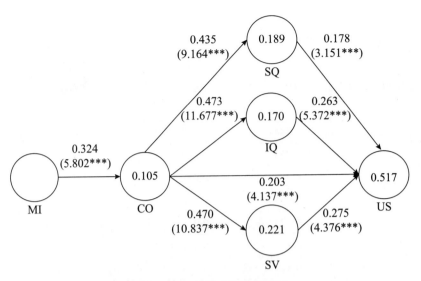

图 17-76　结构方程模型结果

其中，CO 是指团队合作；MI 是指高阶主管支持；SQ 是指系统质量；SV 是指服务质量；IQ 是指信息质量；US 是指使用者满意度；* 是指 $P<0.05$；** 是指 $P<0.01$；*** 是指 $P<0.001$。（*t=1.96，**t=2.58，***t=3.29）

以模型解释力而言，团队合作潜在变量对系统质量、服务质量和信息质量三个潜在变量的解释度分别为 19%、22.3% 和 17.1%，说明模型解释潜在变量程度偏低。

17.5　多重直接和间接路径的模型

在多重直接和间接路径（中介）的结构研究模型中，MI 构面由 3 个因素（MI1，MI2，MI3）组成，CO 构面由 3 个因素（CO1，CO2，CO3）组成，SQ 构面由 3 个因素（SQ1，SQ2，SQ3）组成，IQ 构面由 2 个因素（IQ1，IQ2）组成，US 构面由 3 个因素（US1，US2，US3）组成，如图 17-77 所示。

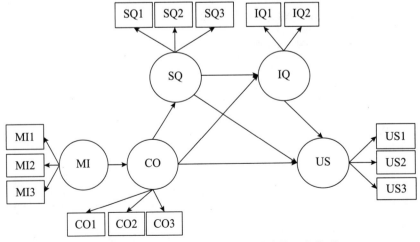

图 17-77　多重直接和间接路径的结构研究模型

1. 点击【New Project】来建立新的项目，如图 17-78 所示。

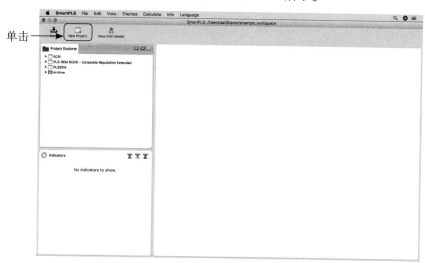

图 17-78　建立新项目

2. 输入项目名称（以 PLSSEMRM 为例），输入完按下【OK】，如图 17-79 所示。

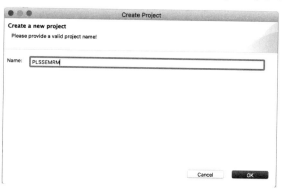

图 17-79　输入项目名称

3. 双击图 17-80 中的选项来导入数据。

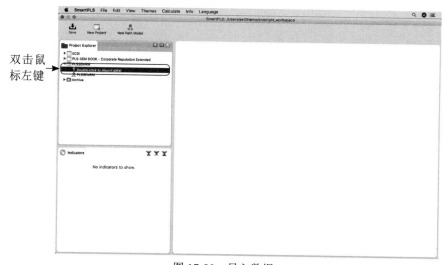

图 17-80　导入数据

4. 找到范例文件，如图 17-81 所示。

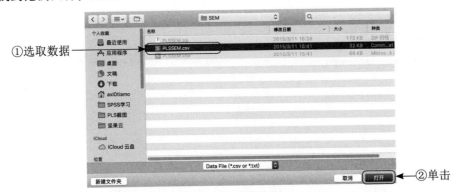

图 17-81　选取数据

5. 出现输入数据文件画面，如图 17-82 所示。

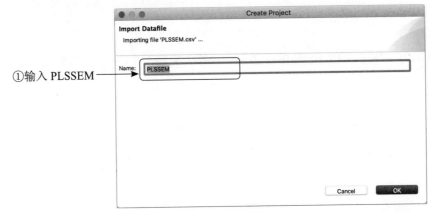

图 17-82　确认数据

6. 双击【Path Model】选项，右半部视窗会出现编辑 Path Model 视窗，如图 17-83 所示。

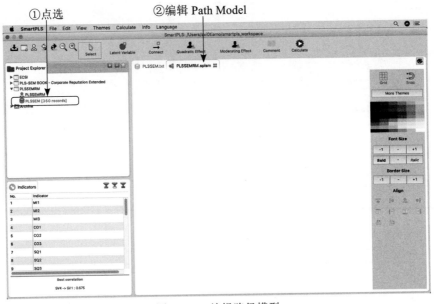

图 17-83　编辑路径模型

7. 建立 MI、CO、SQ、IQ、US 构面，并选入其值，如图 17-84 所示。

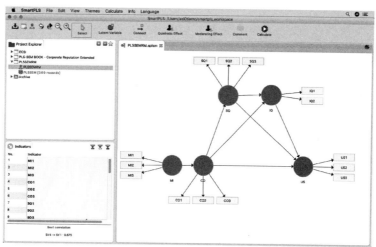

图 17-84　建立构面

8. 点选【Calculate】，我们需要路径系数、解释力 R^2，选择【PLS Algorithm】，如图 17-85 所示。

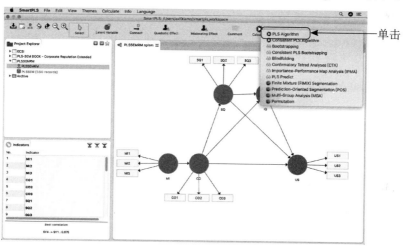

图 17-85　偏最小二乘算法

9. 单击【Start Calculation】，如图 17-86 所示。

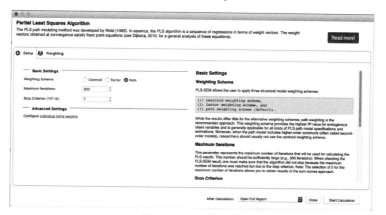

图 17-86　开始运算

> 基本设定

● 加权机制（Weighting Scheme）

PLS-SEM 提供三种结构模型的加权机制：

（1）重心加权机制（Centroid Weighting Scheme）

（2）因子加权机制（Factor Weighting Scheme）

（3）路径加权机制（Path Weighting Scheme）（Default）

不同的加权机制会使结果有些许不同，建议使用路径加权机制（默认），因为路径加权机制可以得到最高的解释力 R^2，也适用于各种 PLS 路径模型的指定与估计，若是有 2 阶（Second-order）模型（含以上），则不可以使用重心加权机制。

● 最大迭代（Maximum Iterations）

PLS 计算时可以使用最大的迭代次数，基本上需要设定到足够大的迭代次数，例如：300（默认）或 1 000 次，若是迭代次数设为 0，则执行加总分数（Sum Score）估计，研究者使用时，需要注意 PLS 计算终止时，是因为达到停止标准（Stop Criterion），而不是达到最大迭代次数。

● 停止标准（Stop Criterion）

PLS 演算停止是计算前后两次外生权重（Outer Weight）的改变小于设定的停止标准，因此，研究者需要设定到足够小的值，例如：10^{-5} 或 10^{-7}（默认）。

> 进阶设定

初始权重（Initial Weight）：也就是初始外生权重，系统默认 +1，系统提供下列 2 项可以使用的设定：

– Lohmoller 设定：Lohmoller 建议使用所有初始外生权重为 +1，除了最后一个为 –1，以加速收敛。

– 单独设定：研究者可以根据需要为每个题项定义初始外生权重。

10. 计算完成后画面如图 17-87 所示。

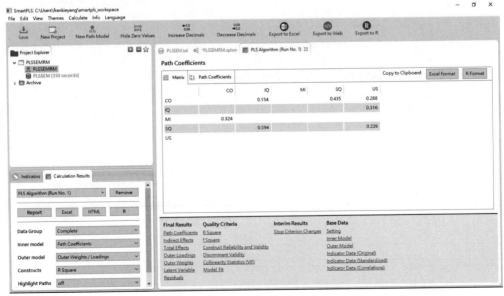

图 17-87　计算结果

（1）请点选【Model_Fit】，可以找到模型适配度值，如表 17-47 所示。

表 17-47　模型适配度

拟合值	饱和模型	估计模型
SRMR	0.050	0.059
d_ULS	0.265	0.366
d_G	0.301	0.304

（2）请点选【Outer Loadings】，可以找到因素负荷量，如表 17-48 所示。

表 17-48　因素负荷量

	原样本（O）	样本均值（M）	标准差（STDEV）	T 统计量（|O/STDEV|）	P 值
CO1 <- CO	0.896	0.895	0.015	60.993	0.000
CO2 <- CO	0.929	0.929	0.008	116.133	0.000
CO3 <- CO	0.909	0.908	0.012	76.117	0.000
IQ1 <- IQ	0.936	0.936	0.009	109.930	0.000
IQ2 <- IQ	0.925	0.924	0.011	84.523	0.000
MI1 <- MI	0.913	0.913	0.014	65.250	0.000
MI2 <- MI	0.887	0.886	0.019	46.695	0.000
MI3 <- MI	0.887	0.882	0.023	38.819	0.000
SQ1 <- SQ	0.924	0.924	0.012	75.182	0.000
SQ2 <- SQ	0.924	0.923	0.012	80.188	0.000
SQ3 <- SQ	0.904	0.903	0.022	41.618	0.000
US1 <- US	0.839	0.837	0.022	38.269	0.000
US2 <- US	0.823	0.823	0.023	35.561	0.000
US3 <- US	0.842	0.841	0.019	43.344	0.000

（3）请点选【Discriminant Validity】区别效度，可以找到 Fornell-Larcker 区别效度，如表 17-49 所示。

表 17-49　Fornell-Larcker 区别效度

	CO	IQ	MI	SQ	US
CO	0.911				
IQ	0.413	0.931			
MI	0.324	0.218	0.896		
SQ	0.435	0.661	0.231	0.917	
US	0.519	0.587	0.240	0.564	0.835

（4）请点选【Discriminant Validity】区别效度，可以找到 Heterotrait-Monotrait Ratio（HTMT）区别效度，如表 17-50 所示。

表 17-50　Heterotrait-Monotrait Ratio 区别效度

	CO	IQ	MI	SQ	US
CO					
IQ	0.474				
MI	0.355	0.252			
SQ	0.481	0.753	0.257		
US	0.619	0.718	0.285	0.669	

（5）请选择【Composite Reliability（CR）】、【Average Variance Extracted（AVE）】、【Cronbachs Alpha】，可以找到需要的值，我们汇整后如表 17-51 所示。

表 17-51　信效度

	克伦巴赫 α	*rho_A*	组成信度	平均方差萃取
CO	0.898	0.899	0.936	0.830
IQ	0.846	0.849	0.928	0.866
MI	0.879	0.915	0.924	0.802
SQ	0.906	0.909	0.941	0.841
US	0.782	0.782	0.873	0.696

11. 点选【Path Model】视窗标签，画面如图 17-88 所示。

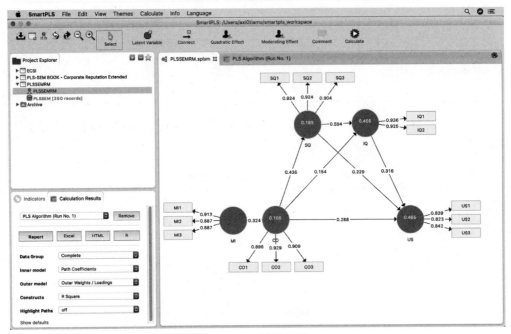

图 17-88　路径模型

我们整理需要的路径系数和解释力 R^2，如图 17-89 所示。

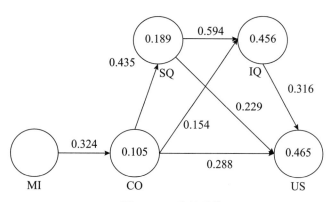

图 17-89　路径系数

12. 点选【Calculate】，我们需要检验统计量，如：t 值、P 值，选择【Bootstrapping】，如图 17-90 所示。

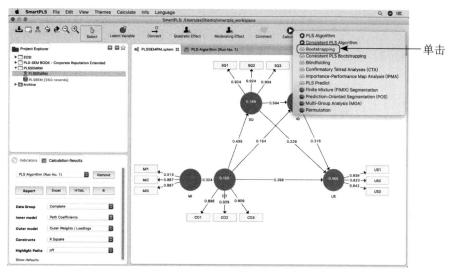

图 17-90　拔靴法

13. 记得将【Amount of Results】改成【Basic Bootstrapping】，再点选【Start Calculation】，如图 17-91 所示。

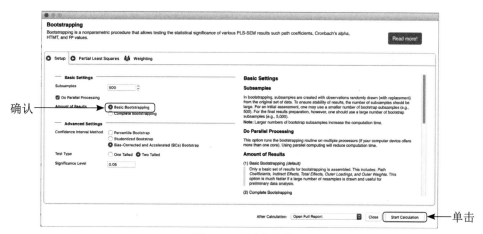

图 17-91　开始计算

■ **自助法**

子样本（Subsamples）：在原始数据集中，随机取样以计算结果，较多次的子样本，可以确保结果的稳定，也会使用较多的运算时间，研究者初始估计时，建议可以使用500次随机子样本估计，以节省时间，但是最终估计建议设定5 000次随机子样本。

执行平行处理（Do Parallel Processing）：若是计算机提供双核心以上的处理器，可以选用执行平行处理，这样每个子样本可以各自处理，同时在不同的处理器运算处理，以节省时间。

符号的改变（Sign Changes）：在自助法的重复估计时，可以选择符号改变时的处理方法，下面详细介绍。

– 没有符号改变（默认）（No Sign Change）（Default）

子样本计算结果的符号改变时，会被忽略，并且继续估计，这是最保守的估计方法，缺点是标准差较大时，会有较低的t值。

– 构面层级改变（Construct Level Changes）

子样本一组系数的符号（例如构面，潜在变量的所有外生负荷量）与原始PLS路径模型估计值比较。若是大部分的符号需要反向才能符合原始样本估计值，则所有的符号在自助法执行时都反向处理。若是大部分的符号不需要反向就能符合原始样本估计值，则都不改变符号。

– 个别改变（Individual Changes）

每次自助法取样估计与原始样本比较，若是符号不同，则改变符号，以确保每次自助法取样的测量模型和结构模型的结果与原始样本符号一致。

特别注意：测试时，子样本用500，取用正式结果时，建议设成5 000次。

14. 计算完成后，画面如图17-92所示。

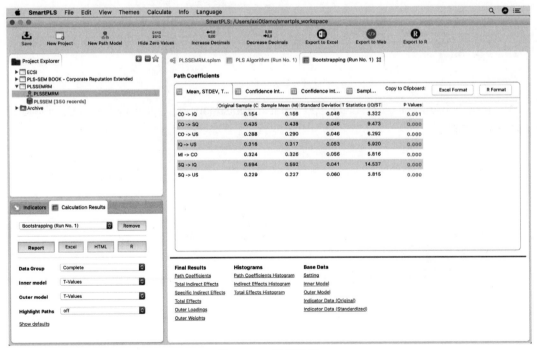

图17-92　计算结果

15. 点选【Path Model】视窗标签，画面如图 17-93 所示。

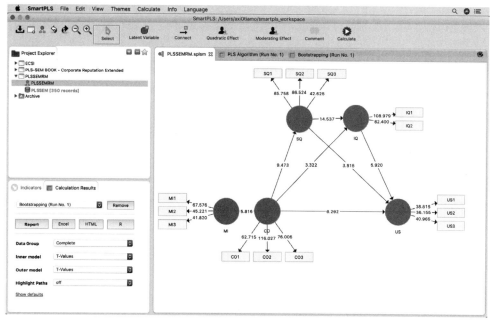

图 17-93　路径模型

得到检验统计量，如：路径系数的 t 值、P 值，结果如图 17-94 所示。

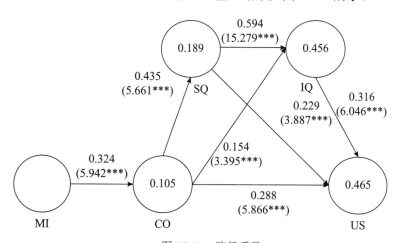

图 17-94　路径系数

我们整理需要的报告结果如下。

模型适配度值如表 17-52 所示。

表 17-52　模型适配度

拟合值	饱和模型	估计模型
SRMR	0.050	0.059

SRMR <= 0.08，显示模型适配度良好。

信效度

因素负荷量、组成信度（*CR*）、平均方差萃取（*AVE*）、克伦巴赫 α，我们汇整后如表 17-53 所示。

表 17-53　信效度

构面	题项	因素负荷量	*t* 值	组成信度	平均方差萃取	克伦巴赫 α	*rho_A*
CO	CO1	0.896	60.993	0.936	0.830	0.898	0.899
	CO2	0.929	116.133				
	CO3	0.909	76.117				
IQ	IQ1	0.936	109.930	0.928	0.866	0.846	0.849
	IQ2	0.925	84.523				
MI	MI1	0.913	65.250	0.924	0.802	0.879	0.915
	MI2	0.887	46.695				
	MI3	0.887	38.819				
SQ	SQ1	0.924	75.182	0.941	0.841	0.906	0.909
	SQ2	0.924	80.188				
	SQ3	0.904	41.618				
US	US1	0.839	38.269	0.873	0.696	0.782	0.782
	US2	0.823	35.561				
	US3	0.842	43.344				

Fornell-Larcker 区别效度如表 17-54 所示。

表 17-54　Fornell-Larcker 区别效度

	CO	IQ	MI	SQ	US
CO	0.911				
IQ	0.413	0.931			
MI	0.324	0.218	0.896		
SQ	0.435	0.661	0.231	0.917	
US	0.519	0.587	0.240	0.564	0.835

Heterotrait-Monotrait Ratio （HTMT）区别效度如表 17-55 所示。

表 17-55　Heterotrait-Monotrait Ratio 区别效度

	CO	IQ	MI	SQ	US
CO					
IQ	0.474				
MI	0.355	0.252			
SQ	0.481	0.753	0.257		
US	0.619	0.718	0.285	0.669	

结构方程模型的结果如图 17-95 所示。

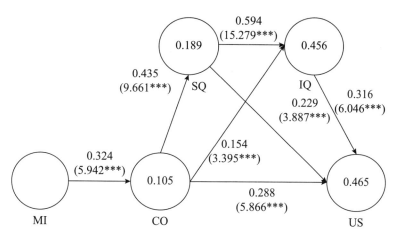

图 17-95　结构方程模型结果

其中，CO 是指团队合作；MI 是指高阶主管支持；SQ 是指系统质量；SV 是指服务质量；IQ 是指信息质量；US 是指使用者满意度；* 是指 $P<0.05$；** 是指 $P<0.01$；*** 是指 $P<0.001$。（$*t=1.96$，$**t=2.58$，$***t=3.29$）

由研究模型的因果关系图可知，高阶主管支持对团队合作潜在的解释能力为 10.5%，团队合作对系统质量的解释能力为 18.9%，团队合作和系统质量对信息质量的解释能力为 45.6%，团队合作、系统质量和信息质量对使用者满意度的整体解释能力为 46.5%，说明模型解释力良好。

第18章 结构方程模型的反映性模型实例

18.1 PLS-SEM 结构方程模型的各种标准

在讨论 PLS-SEM 结构方程模型实例之前，我们需要了解 PLS-SEM 结构方程模型的各种标准，以便正确地使用和引用，数据源如下。

数据来源：

1. Hair，Joseph F.，Marko Sarstedt，Christian M. Ringle，and Jeannette A. Mena.（2012）. "An Assessment of the Use of Partial Least Squares Structural Equation Modeling in Marketing Research."*Journal of the Academy of Marketing Science* 40（3），pp.414-433.

2. Vincenzo Esposito Vinzi，Wynne W. Chin，Jörg Henseler，and Huiwen Wang.（2010）. Handbook of Partial Least Squares：Concepts，Methods and Applications：Springer Publishing Company，Incorporated.

我们整理了标准、建议或标准和参考数据源，如表 18-1 所示。

表 18-1 PLS-SEM 的使用标准和建议

标　　准	建议或标准	参考数据源
PLS-SEM 演算设定（Algorithm Settings）与软件使用		
软件使用	介绍软件的版本，来展示默认的设定值	Ringle et al. 2005
潜在变量分数起始运算值	外部权重的起始计算值设为 1	Henseler 2010
权重机制（Weighting Scheme）	使用路径权重 （Path Weighting）机制	Henseler 2010；Henseler et al. 2009
停止迭代标准	外权重两次迭代的差异值加总 $<10^{-5}$	Wold 1982
最大迭代次数	300 次	Ringle et al. 2005
参数设定（Parameter Settings）用来评估自助（Bootstrapping）结果		Efron 1981
符号改变选项（Sign Change option）	用于个别符号的改变（Individual Sign Changes）	Henseler et al. 2009
自助法取样次数（Number of Bootstrap Samples）	5 000；必须大于有效的样本数	Hair et al. 2011
自助案例数（Number of Bootstrap Cases）	等于有效的样本数	Hair et al. 2011
Blindfolding	Cross-validated Redundancy （用于交互验证冗余数）	Chin 1998；Geisser 1974；Stone 1974
遗漏距离 d（Omission Distance d）	样本数 $/d$ 不可以是整数；选用 $5 \leqslant d \leqslant 10$	Chin 1998

标　　准	建议或标准	参考数据源
验证性 Tetrad 分析（CTA-PLS Confirmatory）	用来实证测量模型是反映性（Reflective）还是形成性（Formative），通过 5 000 次自助法抽样，若非冗余四元体（Non-redundant Vanishing Tetrad）是显著的不等于 0，就拒绝为反映性测量（Reflective Measurement）方式	Coltman et al. 2008；Gudergan et al. 2008
多个组别的比较（Multigroup Comparison）	使用自由分布（Distribution-free）方式来比较多个组别	Sarstedt et al. 2011b
有限混合的偏最小平方（FIMIX-PLS）	异质性分析，常应用于市场区分	Hahn et al. 2002；Sarstedt et al. 2011a
停止标准	ln（L）变动 $<10^{-15}$	Ringle et al. 2010a
最大迭代次数段的数量（Maximum Number of Iterations）	15 000 次	Ringle et al. 2010a
区隔（Number of Segments）	联合使用 AIC3 和 CAIC；也考虑 EN	Sarstedt et al. 2011a
数据特性（Data Characteristics）		
基本的描述（General Description of The Sample）	遵循 "10 倍题项法则"，样本大小至少是题项数量的 10 倍	Barclay et al. 1995
样本的分布（Distribution of The Sample）	展示峰度与偏度（Skewness and Kurtosis）正态分布指标值	Cassel et al. 1999，Reinartz et al. 2009
使用持有的样本（Use of Holdout Sample）	30% 的原始样本	Hair et al. 2010
数据提供	提供相关 / 协方差矩阵（Correlation / Covariance Matrix）或在线提供原始数据	Hair et al. 2010
测量标度的使用	建议：不要使用类别变量于内生构面	Hair et al. 2010
模型特性（Model Characteristics）		Hair et al. 2010
结构模型 / 内模型的描述	使用图形来展示内模型关系	Hair et al. 2010
测量模型 / 外模型的描述	在附录附上完整的题项	Hair et al. 2010
潜在变量的测量模型	使用 CTA-PLS 证实测量模型	Diamantopoulos et al. 2008；Gudergan et al. 2008；Jarvis et al. 2003
外模型评估：反映性（Outer Model Evaluation: Reflective）		
题项信度（Indicator Reliability）	标准代因子载荷量 $\geqslant 0.70$，探索性研究的标准化因子载荷量 $\geqslant 0.40$	Hulland 1999
内部一致性（Internal Consistency Reliability）	不要使用科隆巴赫 alpha（Cronbach's alpha）；请使用组合信度（CR: Composite Reliability）$\geqslant 0.70$（探索性研究的标准 CR $\geqslant 0.60$）	Bagozzi and Yi 1988
收敛效度（Convergent Validity）	AVE $\geqslant 0.50$	Bagozzi and Yi 1988

续表

标　　准	建议或标准	参考数据源
区别效度 （Discriminant Validity）	使用 Fornell-Larcker 标准或交叉负荷量 （Cross Loadings）	
Fornell-Larcker 标准（Criterion）	每个构面的 $\sqrt{AVE}$ 必须大于它与其他构面的相关系数	Fornell and Larcker 1981
交叉负荷量（Cross Loadings）	每个题项最高的载荷量应该在研究中想测量的构面上	Chin 1998；Gregoire and Fisher 2006
外模型评估：形成性（Outer Model Evaluation：Formative）		
题项对构面的代表	展示题项的权重（Indicator Weights）	Hair et al. 2011
权重的显著性 （Significance of Weights）	展示 T-values，P-values 或 标准误差（Standard Errors）	Hair et al. 2011
多重共线性 （Multicollinearity）	方差膨胀因子（VIF）< 5 或 容忍度（Tolerance）> 0.20；条件指标（Condition Index）<30	Hair et al. 2011
内模型评估 （Inner model Evaluation）		
解释力（R^2）	根据研究的主题内容而定	Hair et al. 2010
效用值（Effect Size）F^2	0.02，0.15，0.35 是弱的、中度的、强的效用	Cohen 1988
路径系数估计 （Path Coefficient Estimates）	使用自助法评估显著性；提供置信区间	Chin 1998；Henseler et al. 2009
预测相关性 （Predictive Relevance）Q^2 and q^2	使用 Blindfolding，Q^2 >0 显示有预测相关性；q^2：0.02，0.15，0.35 为弱的、中度的和强的预测相关性	Chin 1998；Henseler et al. 2009
观测和无法观测的异质性 （Observed and Unobserved Heterogeneity）	考虑使用类别或连续的调节变量，使用先验信息或 FIMIX-PLS（有限混合的偏最小平方法）	Henseler and Chin 2010；Rigdon et al. 2010；Sarstedt et al. 2011a，b
质量指标（Quality Indexes）		Vinzi et. al. 2010
Communality Index（共同性指标）	平均共同性指标用来测量整个测量模型的质量 $\overline{Com}$	Vinzi et. al. 2010
冗余指数（Redundancy Index）	用平均冗余指数（Average Redundancy Index）测量一整个结构模型的质量	Vinzi et. al. 2010
适配度	适配度是用来测量模型的整体适配度 模型适配度检测（Test of Model Fit）[估计模型（Estimated Model）] SRMR <95% bootstrap quantile（HI95 of SRMR） dUL <95% bootstrap quantile（HI95 of dULS） dG <95% bootstrap quantile（HI95 of dG） 近似模型适配（Approximate Model Fit）[估计模型（Rstimated Model）]SRMR <0.08 近似模型适配（Approximate Model Fit）（饱和模型（Saturated Model）） SRMR <0.08	Henseler，J.，Hubona，G.，& Rai，A.（2016）

效用值 f^2：计算某一个构面的效用值（使用 R^2 解释力的影响），例如：态度对意愿的效用值。

$$f^2_{态度\rightarrow意愿}=\frac{R^2_{包含}-R^2_{排除}}{1-R^2_{包含}}$$

其中，$f^2_{态度\rightarrow意愿}$ 为态度对意愿的效用值；$R^2_{包含}$ 为包含意愿的解释力；$R^2_{排除}$ 为排除态度的解释力。

例如：我们想计算态度对意愿的效用值 f^2

（1）计算包含意愿的 R^2（如果意愿 R^2=0.5）

（2）计算排除态度的 R^2（如果意愿 R^2=0.4）

态度对意愿的效用值 $f^2_{态度\rightarrow意愿}=\dfrac{0.5-0.4}{1-0.5}=0.2$

Blindfolding 用来预测相关性：将数据矩阵分隔成 G 群，估计 G 次，一次省略一组的数据不纳入分析，再使用模型估计预测省略的部分，Blindfolding 是使用 Q^2 计算来预测相关性 q^2 效用值。

预测相关性效用值 q^2：计算某一个构面预测相关性的效用值（使用 Q^2），例如：态度对意愿的效用值

$$q^2_{态度\rightarrow意愿}=\frac{Q^2_{包含}-Q^2_{排除}}{1-Q^2_{包含}}$$

其中，$q^2_{态度\rightarrow意愿}$ 为态度对意愿的预测相关性效用值；$Q^2_{包含}$ 为包含意愿的预测相关性效用值；$Q^2_{排除}$ 为排除态度的预测相关性效用值。

例如：我们想计算态度对意愿预测相关性的效用值 q^2

（1）计算包含意愿的 Q^2（如果意愿 =0.4）Q^2

（2）计算排除态度的 Q^2（如果意愿 =0.2）Q^2

态度对意愿的预测相关性的效用值

$$q^2_{态度\rightarrow意愿}=\frac{Q^2_{包含}-Q^2_{排除}}{1-Q^2_{包含}}=\frac{0.6-0.4}{1-0.6}=0.5$$

质量指标（Quality Indexes）：

PLS-SEM 提供了三种质量指标来验证研究模型，分别是共同性指标（Communality Lndex），冗余指数（Redundancy Index）和标准化均方根残差适配度指标 [Standardized Root Mean Square Residual （SRMR） index]。

● 共同性指标

共同性指标是测量一个区块内（Block）变量的变异被潜在变量分数解释了多少，也就是平均相关系数的平方，也可以是标准化因子载荷量的平方。

$$Com_q=\frac{1}{P_q}\sum_{p=1}^{P_q}cor^2(X_{pq},\xi_q)\forall_q:P_q>1$$

$$\overline{Com}=\frac{1}{\sum_{q:Pq>1}Pq}\sum_{q:Pq>1}P_qCom_q$$

其中，P_q 为测量变量；

q 为模型的区块；

cor 为指相关系数。

$\overline{Com}$ 用来测量整个测量模型的质量

● 冗余指数

冗余指数计算第 j 个内生区块的变量变异被潜在变量直接连接到的区块解释了多少，换句话说，测量模型对结构模型中一个构面的预测效用。

$$\text{Red}_j = \text{com}_j \cdot XR^2(\xi_j, \xi_q : \xi_q \to \xi_j)$$

整个结构模型的质量测量可以用平均冗余指数（Average Redundancy Index）来测量，公式如下：

$$\overline{\text{Red}} = \frac{1}{J} \sum_{j=1}^{J} \text{Red}_j$$

其中，j 是指内生潜在变量的总数。

标准化均方根残差适配度指标符合下列指标 Henseler，J.，Hubona，G.，&Rai，A.（2016）：

模型适配度（Test of model fit）[估计模型 （estimated model）]

SRMR <95% bootstrap quantile （HI95 of SRMR）

dUL <95% bootstrap quantile （HI95 of dULS）

dG <95% bootstrap quantile （HI95 of dG）

近似模型适配（Approximate Model Fit）[估计模型（Estimated Model）] SRMR <0.08

近似模型适配（Approximate Model Fit）[饱和模型（Saturated Model）] SRMR <0.08

参考文献：

■ Bagozzi，R. P.，& Yi，Y.（1988）. On the evaluation of structural equation models. *Journal of the Academy of Marketing Science*，16（1），74-94.

■ Barclay，D. W.，Higgins，C. A.，& Thompson，R.（1995）. The partial least squares approach to causal modeling: personal computer adoption and use as illustration. *Technology Studies*，2（2），285-309.

■ Cassel，C.，Hackl，P.，& Westlund，A. H.（1999）. Robustness of partial least-squares method for estimating latent variable quality structures. *Journal of Applied Statistics*，26（4），435-446.

■ Chin，W. W.（1998）. The partial least squares approach to structural equation modeling. In G. A. Marcoulides （Ed.），Modern methods for business research （pp. 295-336）. Mahwah，New Jersey: Lawrence Erlbaum Associates.

■ Cohen，J.（1988）. Statistical power analysis for the behavioral sciences. Hillsdale，New Jersey: Lawrence Erlbaum Associates.

■ Coltman，T.，Devinney，T. M.，Midgley，D. F.，& Venaik，S.（2008）. Formative versus reflective measurement models: two applications of formative measurement. *Journal of Business Research*，61（12），1250-1262.

■ Diamantopoulos，A.，Riefler，P.，& Roth，K. P.（2008）. Advancing formative measurement models. *Journal of Business Research*，61（12），1203-1218.

■ Efron，B.（1981）. Nonparametric estimates of standard error: the jackknife，the bootstrap and other methods. *Biometrika*，68（3），589-599.

■ Fornell，C. G.，& Larcker，D. F.（1981）. Evaluating structural equation models with unobservable variables and measurement error. *Journal of Marketing Research*，18（1），39-50.

■ Geisser，S.（1974）. A predictive approach to the random effects model. *Biometrika*，61（1），101-107.

■ Gregoire，Y.，& Fisher，R. J.（2006）. The effects of relationship quality on customer retaliation. *Marketing Letters*，17（1），31-46.

■ Gudergan，S. P.，Ringle，C. M.，Wende，S.，& Will，A.（2008）. Confirmatory tetrad analysis in PLS path modeling. *Journal of Business Research*，61（12），1238-1249.

■ Hahn，C.，Johnson，M. D.，Herrmann，A.，& Huber，F.（2002）. Capturing customer heterogeneity using a finite mixture PLS approach. *Schmalenbach Business Review*，54（3），243-269.

■ Hair，J. F.，Black，W. C.，Babin，B. J.，& Anderson，R. E.（2010）. Multivariate data analysis （7th ed.）.

Englewood Cliffs：Prentice Hall.

- Hair，J. F.，Ringle，C. M.，& Sarstedt，M.（2011）. PLS-SEM： indeed a silver bullet. *Journal of Marketing Theory and Practice*，19（2），139-151.
- Henseler，J.（2010）. On the convergence of the partial least squares path modeling algorithm. *Computational Statistics*，25（1），107-120.
- Henseler，J.，& Chin，W. W.（2010）. A comparison of approaches for the analysis of interaction effects between latent variables using partial least squares path modeling. *Structural Equation Modeling: A Multidisciplinary Journal*，17（1），82-109.
- Henseler，J.，Hubona，G.，& Rai，A.（2016）"Using PLS path modeling in new technology research： updated guidelines ，" Industrial Management & Data Systems，Vol. 116 Issue： 1，pp.2-20.
- Henseler，J.，Ringle，C. M.，& Sinkovics，R. R.（2009）. The use of partial least squares path modeling in international marketing. *Advances in international marketing*，20，277-319.
- Hulland，J.（1999）. Use of partial least squares（PLS）in strategic management research： a review of four recent studies. *Strategic Management Journal*，20（2），195-204.
- Jarvis，C. B.，MacKenzie，S. B.，& Podsakoff，P. M.（2003）. A critical review of construct indicators and measurement model misspecification in marketing and consumer research. *Journal of Consumer Research*，30（2），199-218.
- Rigdon，E. E.，Ringle，C. M.，& Sarstedt，M.（2010）. Structural modeling of heterogeneous data with partial least squares. In N. K. Malhotra（Ed.），*Review of Marketing Research*. Armonk： Sharpe，7，255-296.
- Ringle，C. M.，Sarstedt，M.，& Mooi，E. A.（2010a）. Response-based segmentation using finite mixture partial least squares： theoretical foundations and an application to American Customer Satisfaction Index data. *Annals of Information Systems*，8，19-49.
- Ringle，C.，Wende，S.，& Will，A.（2005）. SmartPLS 2.0（Beta）. Hamburg，（www.smartpls.de）.
- Sarstedt，M.，& Ringle，C. M.（2010）. Treating unobserved heterogeneity in PLS path modeling： a comparison of FIMIX-PLS with different data analysis strategies. *Journal of Applied Statistics*，37（7-8），1299-1318.
- Sarstedt，M.，Becker，J.-M.，Ringle，C. M.，& Schwaiger，M.（2011a）. Uncovering and treating unobserved heterogeneity with FIMIXPLS： which model selection criterion provides an appropriate nu mber of segments? *Schmalenbach Business Review*，63（1），34-62.
- Sarstedt，M.，Henseler，J.，& Ringle，C. M.（2011b）. Multigroup Analysis in Partial Least Squares（PLS）Path Modeling: Alternative Methods and Empirical Results. Advances in International Marketing, Vol. 22, 195-218.
- Stone，M.（1974）. Cross-validatory choice and assessment of statistical predictions. *Journal of the Royal Statistical Society*，36（2），111-147.
- Vinzi，V. E.，Chin，W.W.，Henseler，J.，and Wang，H.（2010）. Handbook of Partial Least Squares： Concepts，Methods and Applications： Springer Publishing Company，Incorporated.
- Wetzels，M.，Odekerken-Schroder，G.，and van Oppen，C.（2009）. "Using PLS Path Modeling for Assessing Hierarchical Construct Models： Guidelines and Empirical Illustration，" *MIS Quarterly*，（33： 1）pp.177-195.
- Wold，H.（1982）. Soft modeling： The basic design and some extensions. In K. G. Joreskog & H. Wold（Eds.），Systems under indirect observations： Part II（pp. 1-54）. Amsterdam： North- Holland.

18.2　PLS-SEM 研究（论文）需要展示的内容

我们整理由 Gefen，Rigdon，and Straub（2011）和 Ringle，Sarstedt，and Straub（2012）所提供的关于方差形式结构方程模型（Variance-based SEM： PLS-SEM）的基本内容，使研究者与阅读者能有一套标准来了解 SEM 研究需要什么样的内容，如表 18-2 所示。

来源1：Gefen，D.，Rigdon，E. E.，and Straub，D.（2011）. An Update and Extension to SEM Guidelines for Administrative and Social Science Research，*MIS Quarterly*（35：2），pp.iii-A7.

来源2：Ringle，C.M.，Sarstedt，M.，and Straub，D.W.（2012）. Editor's comments： a critical look at the use of PLS-SEM in MIS quarterly.*MIS Q.*,36（1），pp.iii-xiv.

表 18-2　PLS-SEM 研究论文须具备的内容

方差形式结构方程模型（Varianced-based SEM： PLS-SEM）研究论文须具备的内容（PLS： SmartPLS、PLS-Graph、VisualPLS）
• 研究论文中的内容： 1. 为何本研究要使用 PLS 2. 解释题项被删除的原因 3. 比较饱和模型（Saturated Model） • 表格或附件必须展示的内容： 平均值、标准差、相关系数、组合信度、平均变异萃取、效度、解释力、T-value • 建议补充内容 1. 同源误差分析（Common Method Bias Analysis） 2. 无响应偏差（Non-response Bias Analysis） 3. 选用一阶或二阶构面的原因 4. 交互效果的验证 5. 共线性

反映性和形成性测量/外模型需要展示的内容如下。

反映性测量/外模型展示的内容：

因子载荷量（Indicator Loading）

内部一致性（Internal Consistency）： Composite Reliability and/or Cronbach's Alpha

收敛效度（Convergent Validity）： AVE

区别效度（Discriminant Validity）： Fornell-Larcker Criterion and/or Cross-loading and/or HTMT

形成性测量/外模型需要展示的内容：

因素权重（Indicator Weights）

权重的显著性（Significance of Weight）（包含显著水平 *T*-Value/ *P*-value）

共线性（Multicollinearity）： VIF/Tolearance（建议）

内部一致性（Internal Consistency）： Composite Reliability and/or Cronbach's Alpha

区别效度（Discriminant Validity）： Fornell-Larcker Criterion and/or Cross-loading and/or HTMT

结构模型（Structural Model）/内模型需要展示的内容如下。

路径系数（Path Coefficients）

路径系数的显著性（Significance of Path Coefficients）：包含显著水平 *T*-Value/ *P*-value

总效果（Total Effects）：直接效果＋间接效果

解释力（Coefficient of Determination）

18.3　PLS-SEM 实例——量表的设计与问卷的回收

本研究的目的是探讨高阶主管支持、团队合作、ERP 系统质量与用户满意度的关联性以及各因素间的因果关系。通过相关文献的理论探讨，建立初步的研究模型，再经过实证分析与研究，获得本研究最后的整体架构关系路径图结果。

SEM 的全名是 Structural Equation Modeling（结构方程模型），是一种统计的方法学，早期的发展与心理计量学和经济计量学息息相关，之后，逐渐受到社会学的重视，是多用途的多变量分析技术。在使用结构方程模型时，需要有测量的工具——量表。量表对于社会科学研究中从事量化研究的人员而言，是相当重要的一环，少了量表，我们就无法取得量化的效果。从事社会科学研究的人常常在进行问卷调查设计时发现，自行发展量表并不是一件容易的事，因为必须经过严谨的处理，才能发展出一份适当的、稳定的量表。因此，我们可以借用发展成熟的量表来进行测量，我们整理了问卷发展的步骤，如图 18-1 所示。

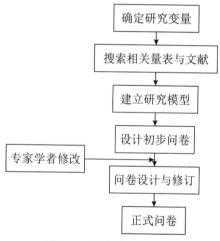

图 18-1　问卷发展的步骤

问卷结构分为六个部分，以李克特五级法（Likert Scale）将程度分为五级衡量。在数据编码上，根据答卷者勾选的程度强弱用由 1~5 进行编码，例如非常不同意编码为 1，非常同意编码为 5。综上所述，本研究的题项问卷结构以及操作化参考来源，如表 18-3 所示。

表 18-3 本研究问卷结构以及参考来源

构　面	题项参考来源	问卷对应选项
高阶主管支持	McDonald & Eastlack（1971）	ERP 项目团队的运作 -A 部分
团队合作	Lee & Choi（2003）	ERP 项目团队的运作 -B 部分
系统质量	Wixom & Waston（2001）	大型 ERP 系统的开发 / 使用 -A 部分
信息质量	Rai et al.（2002）	大型 ERP 系统的开发 / 使用 -B 部分
服务质量	Pitt et al.（1995）	大型 ERP 系统的开发 / 使用 -C 部分
用户满意度	Bailey & Pearson（1983）	大型 ERP 系统的开发 / 使用 -D 部分

我们发展的问卷内容如表 18-4 所示。

表 18-4　问卷内容

【ERP 项目团队的运作】					
A. 他们（她们）在参与项目时，您觉得：	非常 不同意	有些 不同意	普通	比较 同意	非常 同意
1. 对 ERP 系统开发给予明确的规范	☐	☐	☐	☐	☐
2. 参与 ERP 系统开发与构建团队人选的指派	☐	☐	☐	☐	☐
3. 制定新 ERP 系统做与不做的标准	☐	☐	☐	☐	☐
B. 团队合作方面，项目小组的成员					
4. 对于合作的程度是满意的	☐	☐	☐	☐	☐
5. 对项目是支持的	☐	☐	☐	☐	☐
6. 对跨部门的合作很有意愿	☐	☐	☐	☐	☐
【大型 ERP 系统的开发 / 使用】					
C. 对于系统的质量，您觉得	非常 不同意	有些 不同意	普通	比较 同意	非常 同意
7. ERP 系统可以有效地整合来自不同部门系统的数据	☐	☐	☐	☐	☐
8. ERP 系统的数据在很多方面是适用的	☐	☐	☐	☐	☐
9. ERP 系统可以有效地整合组织内各种形态的数据	☐	☐	☐	☐	☐
D. 对于信息的质量，您觉得					
10. 提供精确的信息	☐	☐	☐	☐	☐
11. 提供作业上足够的信息	☐	☐	☐	☐	☐
E. 对于信息部门的服务，您觉得					
12. 会在所承诺的时间内提供服务	☐	☐	☐	☐	☐
13. 坚持做到零缺点服务	☐	☐	☐	☐	☐
14. 员工将会给用户实时的服务	☐	☐	☐	☐	☐
15. 总是愿意协助用户	☐	☐	☐	☐	☐
16. 整体而言，信息部门的服务良好	☐	☐	☐	☐	☐
F. 就用户满意而言，您觉得					
17. 满意 ERP 系统输出信息内容的完整性	☐	☐	☐	☐	☐
18. ERP 系统容易使用	☐	☐	☐	☐	☐
19. ERP 系统的文件是有用的	☐	☐	☐	☐	☐

本研究问卷共发出 957 份，回收 372 份，扣除填答不全与胡乱填答的无效问卷 22 份，得到有效问卷 350 份，有效回收率为 36.57%。

18.4　结构方程模型之反映性模型范例

在我们的研究模型中【高阶主管支持】与强化 ERP 项目团队的【团队合作】有正向关系，【团队合作】对【系统质量】、【信息质量】和【服务质量】有正向的直接影响，【系统质量】、【信息质量】和【服务质量】对【用户满意度】有正向的直接影响，研究模型如图 18-2 所示。

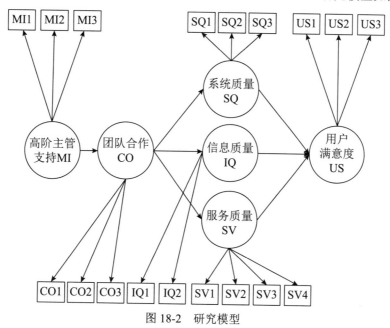

图 18-2　研究模型

请先将范例文件 Ch18\SEM 复制到 C:\SEM，反映性（Reflective）范例，实际操作步骤如下。

1. 单击【New Project】建立新的项目，如图 18-3 所示。

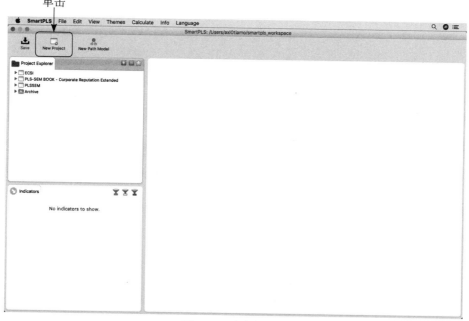

图 18-3　建立新项目

2. 输入项目名称（以 PLSRSEM 为例），输入完按下【OK】，如图 18-4 所示。

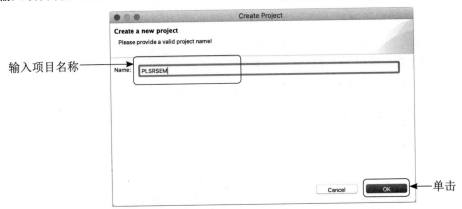

图 18-4　输入项目名称

3. 双击图中的选项来导入数据，如图 18-5 所示。

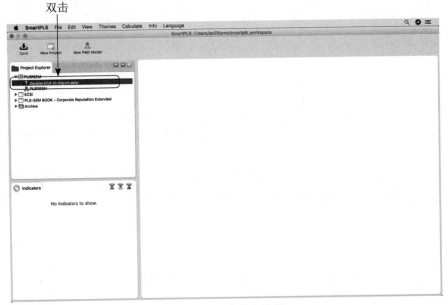

图 18-5　双击导入数据

4. 找到范例文件后，选中并打开，如图 18-6 所示。

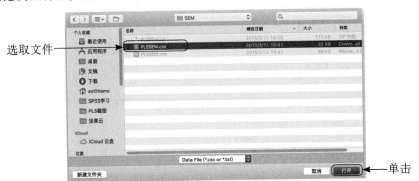

图 18-6　选中文件

5. 出现建立项目画面，如图 18-7 所示。

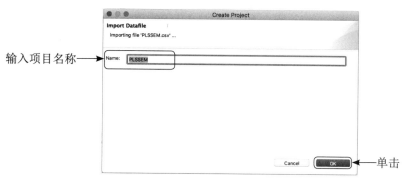

图 18-7　建立项目

6. 双击 PLSRSEM 选项，右半部窗口会出现编辑 Path Model 窗口，如图 18-8 所示。

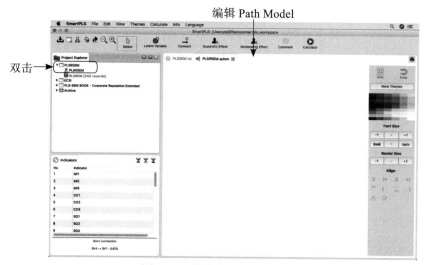

图 18-8　单击路径模式窗口

7. 建立 MI、CO、SQ、IQ、SV、US 构面，并选入相应值，如图 18-9 所示。

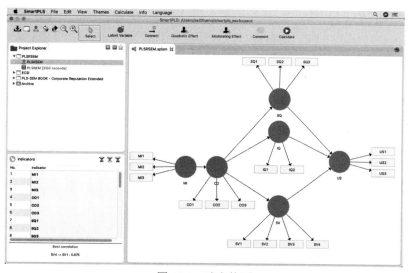

图 18-9　建立构面

8. 单击【Calculate】，我们需要路径系数，解释力，选择【PLS Algorithm】，如图 18-10 所示。

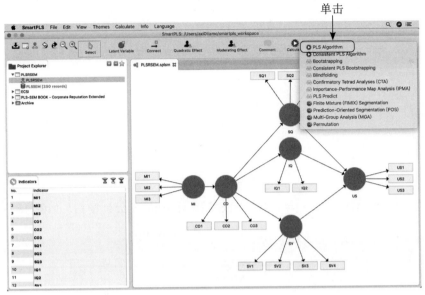

图 18-10　PLS 运算

9. 单击【Start Calculation】，如图 18-11 所示。

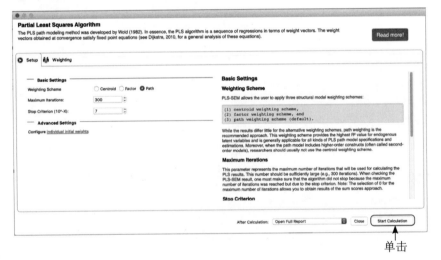

图 18-11　开始

■　**基本设定**

● 加权机制（Weighting Scheme）

PLS-SEM 提供三种结构模型的加权机制：

（1）重心加权机制（Centroid Weighting Scheme）

（2）因子加权机制（Factor Weighting Scheme）

（3）路径加权机制（Path Weighting Scheme）（Default）

不同的加权机制会使结果有些许不同，建议使用路径加权机制（默认），因为路径加权机制可以得到最高的解释力 R^2，也适用在各种 PLS 路径模型的指定与估计。若是有二阶（Second-order）模型（含以上），不可以使用重心加权机制。

● 最大迭代（Maximum Iterations）

PLS 计算时可以使用最大的迭代次数，基本上需要设定足够大的迭代次数，例如：300（默认）或 1 000 次，若是迭代次数设为 0，则执行加总分数（Sum Score）估计。研究者使用时，需要注意 PLS 计算终止时，是因为达到停止标准（Stop Criterion），而不是达到最大迭代次数。

● 停止标准（Stop Criterion）

PLS 演算停止是计算前后两次外生权重的改变小于设定的停止标准，因此，研究者需要设定足够小的值，例如：10^{-5} 或 10^{-7}（默认）。

■ Advanced Settings 进阶设定

初始权重也就是初始外生权重，系统默认 +1，系统提供下列两项可以使用的设定：

– Lohmoller 设定：Lohmoller 建议使用所有初始外生权重为 +1，最后一个为 -1，以加速收敛。

– 各自设定：研究者可以根据需要为每个题项定义初始外生权重。

10. 计算完成后画面如图 18-12 所示。

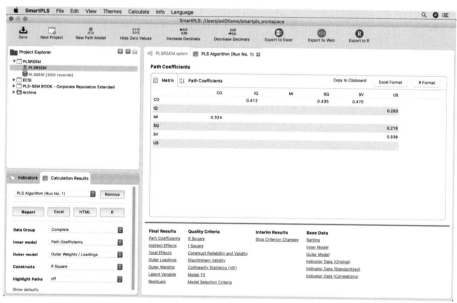

图 18-12　查看分析结果

请单击"*Model_Fit*"，可以找到 *Model_Fit* 值，如表 18-5 所示。

表 18-5　模型适配度

Fit Summary	Saturated Model	Estimated Model
SRMR	0.049	0.131
d_ULS	0.409	2.915
d_G	0.293	0.407

标准化均方根残差适配度指标 [Standardized Root Mean Square Residual（SRMR）index] 小于 0.08 为符合适配度指标 Henseler，J.，Hubona，G.，& Rai，A.（2016）：

模型适配度检验 （估计模型）

SRMR <95% bootstrap quantile （HI95 of SRMR）

dUL <95% bootstrap quantile （HI95 of dULS）

dG ＜95% bootstrap quantile （HI95 of dG）

符合适配度指标 Henseler，J.，Hubona，G.，& Rai，A.（2016）

近似模型适配度 （估计模型） SRMR ＞ 0.08

未符合适配度指标 Henseler，J.，Hubona，G.，& Rai，A.（2016）

近似模型适配度 （饱和模型） SRMR ＜0.08

符合适配度指标 Henseler，J.，Hubona，G.，& Rai，A.（2016）

请单击"Outer Loadings"，可以找到 Outer Loadings 因子载荷量，如表 18-6 所示。

表 18-6 因子载荷量

	Original Sample (O)	Sample Mean (M)	Standard Deviation (STDEV)	T Statistics (|O/STDEV|)	P Values
CO1 <- CO	0.895	0.895	0.014	63.739	0.000
CO2 <- CO	0.929	0.928	0.008	111.766	0.000
CO3 <- CO	0.909	0.908	0.012	73.266	0.000
IQ1 <- IQ	0.938	0.938	0.009	102.028	0.000
IQ2 <- IQ	0.923	0.923	0.011	80.616	0.000
MI1 <- MI	0.913	0.914	0.013	68.758	0.000
MI2 <- MI	0.887	0.883	0.021	41.346	0.000
MI3 <- MI	0.887	0.885	0.021	42.792	0.000
SQ1 <- SQ	0.923	0.923	0.012	75.737	0.000
SQ2 <- SQ	0.924	0.924	0.011	83.259	0.000
SQ3 <- SQ	0.904	0.905	0.019	47.174	0.000
SV1 <- SV	0.870	0.870	0.015	59.124	0.000
SV2 <- SV	0.819	0.816	0.022	37.486	0.000
SV3 <- SV	0.816	0.816	0.022	36.366	0.000
SV4 <- SV	0.810	0.810	0.022	36.464	0.000
US1 <- US	0.845	0.844	0.019	45.037	0.000
US2 <- US	0.814	0.812	0.026	31.421	0.000
US3 <- US	0.844	0.843	0.020	42.787	0.000

请单击 "Discriminant Validity" 区别效度，可以找到 Fornell-Larcker Criterion 区别效度，如表 18-7 所示。

表 18-7 Fornell-Larcker Criterion 区别效度

	CO	IQ	MI	SQ	SV	US
CO	0.911					
IQ	0.412	0.931				
MI	0.324	0.218	0.896			
SQ	0.435	0.661	0.231	0.917		
SV	0.470	0.448	0.274	0.449	0.829	
US	0.517	0.589	0.241	0.564	0.568	0.834

请单击"Discriminant Validity"区别效度，可以找到 Heterotrait-Monotrait Ratio（HTMT）区别效度，如表 18-8 所示。

表 18-8　Heterotrait-Monotrait Ratio（HTMT）区别效度

	CO	IQ	MI	SQ	SV	US
CO						
IQ	0.474					
MI	0.355	0.252				
SQ	0.481	0.753	0.257			
SV	0.537	0.530	0.318	0.514		
US	0.619	0.718	0.285	0.669	0.696	

请单击"Composite Reliability（CR）""Average Variance Extracted（AVE）""Cronbachs Alpha"，可以找到需要的值，我们汇总整理出表 18-9。

表 18-9　组合信度、平均变异萃取、Cronbachs Alpha

	Cronbach's Alpha	rho_A	Composite Reliability	Average Variance Extracted（AVE）
CO	0.898	0.899	0.936	0.830
IQ	0.846	0.852	0.928	0.866
MI	0.879	0.915	0.924	0.802
SQ	0.906	0.909	0.941	0.841
SV	0.848	0.851	0.898	0.688
US	0.782	0.784	0.873	0.696

11. 单击 Path Model 窗口标签，画面如图 18-13 所示。

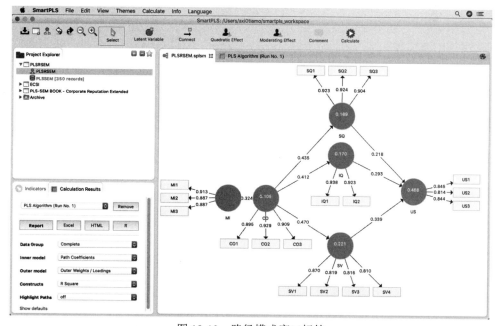

图 18-13　路径模式窗口标签

我们整理需要的路径系数和解释力 R^2，如图 18-14 所示。

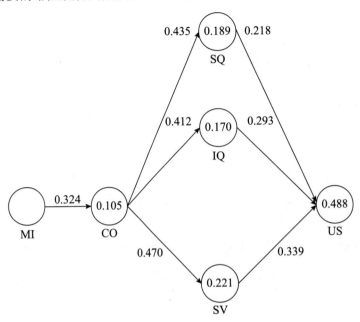

图 18-14　路径系数和解释力

12. 单击【Calculate】，我们需要统计检验值，如：t 值、P value，选择【Bootstrapping】，如图 18-15 所示。

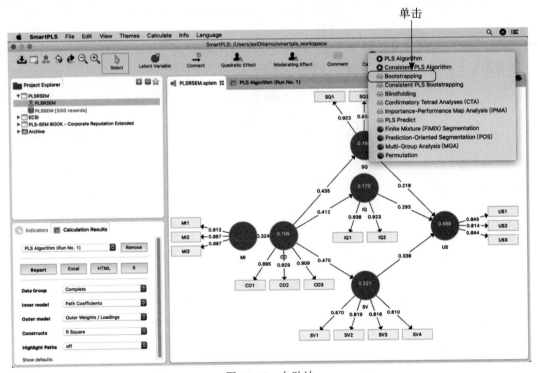

图 18-15　自助法

13. 记得将 Amount of Results 改成 Basic Bootstrapping，再单击【Start Calculation】，如图 18-16 所示。

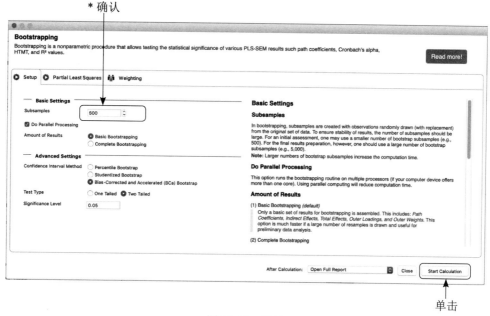

图 18-16　开始

■　**自助法**

子样本（Subsamples）：在原始数据集中，随机取样以计算结果，较多次的子样本可以确保结果的稳定，但也会花费较多的运算时间。研究者初始估计时，建议使用 500 次随机子样本估计，以节省时间，但是最终估计建议设定 5 000 次随机子样本。

执行平行处理（Do Parallel Processing）：若是计算机具备双核以上的处理器，可以选择执行平行处理，这样每个子样本可以同时在不同的处理器各自处理，以节省时间。

符号的改变（Sign Changes）：在自助法重复估计时，可以选择符号改变时的处理方法，下面详细介绍。

– 没有符号改变（默认）（No Sign Change）（Default）

子样本计算结果的符号改变时，忽略并且继续估计，这是最保守的估计方法，缺点是标准差较大时，会有较低的 t 值。

– 构面层级改变（Construct Level Changes）

子样本一系列系数的符号（例如：构面、潜在变量的所有外生载荷量）与原始 PLS 路径模型估计值比较。若是大部分的符号需要反向，才能符合原始样本估计值，则所有的符号在自助法执行时都做反向处理。若是大部分的符号不需要反向，就能符合原始样本估计值，则都不改变符号。

– 独自改变（Individual Changes）

每次自助法取样估计与原始样本比较，若是符号不同，则改变符号，以确保每次自助法取样的测量模型和结构模型的结果与原始样本符号一致。

特别注意：测试时，子样本用 500 次，取用正式结果时，建议设成 5 000 次。

14. 计算完成后，画面如图 18-17 所示。

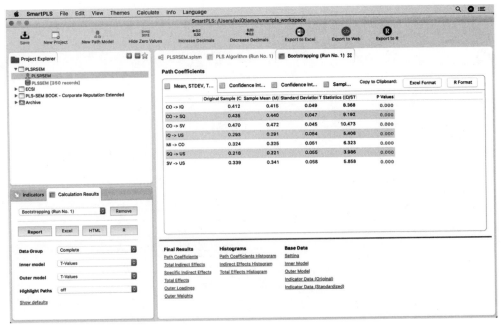

图 18-17　查看分析结果

15. 单击 Path Model 窗口标签，画面如图 18-18 所示。

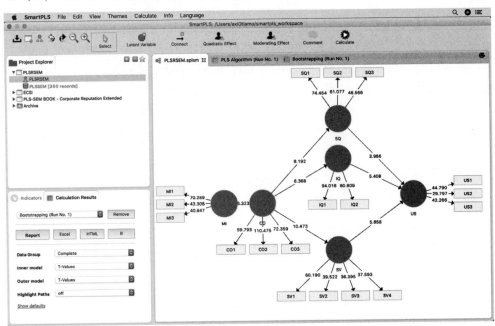

图 18-18　路径模式

我们整理 t 值、P 值、路径系数和解释力 R^2，如图 18-19 所示。

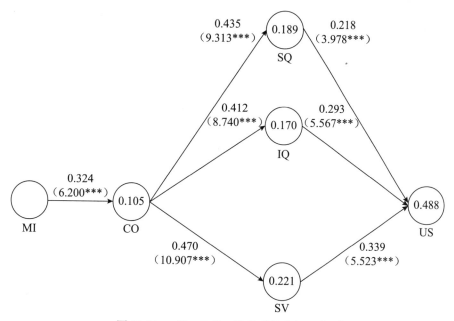

图 18-19　t 值、P 值、路径系数和解释力 R^2

报告整理结果如下：

本研究有高阶主管支持、团队合作、系统质量、信息质量、服务质量和用户满意度等 6 个潜在变量，我们整理输出报告结果，如表 18-10 所示。

表 18-10　测量模型的标度特性

构面	题项	因子载荷量	*t-value*	*CR*	*AVE*	*Cronbachs Alpha*	*rho_A*
MI	MI1	0.913	68.758	0.924	0.802	0.879	0.915
	MI2	0.887	41.346				
	MI3	0.887	42.792				
CO	CO1	0.895	63.739	0.936	0.830	0.898	0.899
	CO2	0.929	111.766				
	CO3	0.909	73.266				
SQ	SQ1	0.923	75.737	0.941	0.841	0.906	0.909
	SQ2	0.924	83.259				
	SQ3	0.904	47.174				
IQ	IQ1	0.938	102.028	0.928	0.866	0.846	0.852
	IQ2	0.923	80.616				
SV	SV1	0.870	59.124	0.898	0.688	0.848	0.851
	SV2	0.819	37.486				
	SV3	0.816	36.366				
	SV4	0.810	36.464				
US	US1	0.845	45.037	0.873	0.696	0.782	0.784
	US2	0.814	31.421				
	US3	0.844	42.787				

信效度分析

内容效度（Content Validity）是指测量工具内容的适切性。若测量内容涵盖本研究所要探讨的架构及内容，就可说是具有优良的内容效度（Babbie 1992）。然而，内容效度的检测相当主观，如果题项内容能以理论为基础，并参考学者类似研究所使用的问卷加以修订，并且与实务从业人员或学术专家讨论过，即可认定具有相当的内容效度。本研究的问卷参考来源全部引用国外学者曾使用过的衡量项目并根据本研究需求加以修改，并与专家讨论，经过学者对其内容审慎检视。因此，根据上述标准，本研究使用的测量工具应符合内容效度的要求。

本研究针对各测量模型的参数进行估计，检验各个变量与构面的信度及效度。在收敛效度方面，Hair et al.（1998）提出必须考虑个别项目的信度、潜在变量组成信度与潜在变量的平均变异萃取等三项指标，若此三项指标均符合，才能表示本研究具收敛效度。

（1）个别项目的信度（Individual Item Reliability）：考虑每个项目的信度，也就是说每个观测变量能被潜在变量所解释的程度，Hair et al.（1992）建议因素负荷应该都在 0.5 以上。本研究所有观察变量的因素负荷值皆大于 0.5，表示本研究的测量指标具有良好信度。

（2）潜在变量组成信度（Composite Reliability，CR）：指构面内部变量的一致性，潜在变量的 CR 值越高，越说明其测量变量高度互相关，越表示他们都在衡量相同的潜在变量，就越能测出该潜在变量。一般而言，其值须大于 0.7（Hair et al.，1998），本研究中的潜在变量的组成信度值皆大于 0.8，rho_A 皆大于 0.7（Henseler，J.，Hubona，G.，& Rai，A. 2016），表示本研究的构面具有良好的内部一致性。

（3）平均变异萃取（Average Variance Extracted，AVE）：测量模型分析是基于检验模型中两种重要的建构效度：收敛效度（Convergent Validity）及区别效度（Discriminant Validity）。平均变异萃取表示观测变量能测得潜在变量值多少百分比，不仅可用以评估信度，也代表收敛效度。Fornell & Larcker（1981）建议 0.5 为临界标准，大于 0.5 表示具有收敛效度。由平均变异萃取值可看出，本研究的 AVE 介于 0.688~0.866 之间，六个构面的平均变异萃取皆大于 0.5，表示具有收敛效度。

区别效度 Discriminant Validity：

Fornell-Larcker Criterion 区别效度，如表 18-11 所示。

表 18-11　Fornell-Larcker Criterion 区别效度

	CO	IQ	MI	SQ	SV	US
CO	0.911					
IQ	0.412	0.931				
MI	0.324	0.218	0.896			
SQ	0.435	0.661	0.231	0.917		
SV	0.470	0.448	0.274	0.449	0.829	
US	0.517	0.589	0.241	0.564	0.568	0.834

* 说明：对角线是 AVE 的开根号值，非对角线为各构面间的相关系数。此值若大于水平行或垂直列的相关系数值，则代表具备区别效度。

由表 18-11 可看出各构面 AVE 值皆大于构面间共享变异值，表示本研究构面潜在变量的平均变异萃取量的平方根大于相关系数，表示各构面应为不同的构面，具有区别效度。

Heterotrait-Monotrait Ratio （HTMT）区别效度如表 18-12 所示。

表 18-12　Heterotrait-Monotrait Ratio （HTMT）区别效度

	CO	IQ	MI	SQ	SV	US
CO						
IQ	0.474					
MI	0.355	0.252				
SQ	0.481	0.753	0.257			
SV	0.537	0.530	0.318	0.514		
US	0.619	0.718	0.285	0.669	0.696	

由表 18-12 可知 HTMT 值皆小于 0.85，具有良好的区别效度（Henseler，J.，Hubona，G.，& Rai，A. 2016）。

我们将总效果、路径系数和解释力进行整理，如表 18-13 所示。

表 18-13　总效果

	CO	IQ	MI	SQ	SV	US
CO		0.412		0.435	0.470	0.375
IQ						0.293
MI	0.324	0.134		0.141	0.152	0.121
SQ						0.218
SV						0.339

路径系数和解释力的因果关系图如图 18-20 所示。

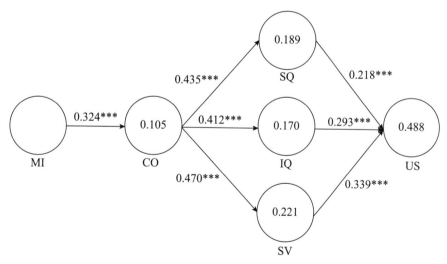

图 18-20　路径系数和解释力的因果关系

在 PLS-SEM 模型中，t 值＞1.96，表示已达到 α 值为 0.05 的显著水平，以 * 表示；t 值＞2.58，以 ** 表示，表示已达到 α 值为 0.01 的显著水平；t 值＞3.29，则表示已达到 α 值为 0.001 的显著水平，以 *** 表示。

　　由研究模型的因果关系图可知，高阶主管支持影响 ERP 项目团队合作，显著水平为 0.001 以上，其估计值为 0.324；团队合作影响 ERP 系统、信息和服务质量，显著水平为 0.001 以上，其估计值分别为 0.435、0.412 和 0.470，团队合作与系统质量、信息质量和服务质量这三者间的关系正相关；影响用户满意的因素为系统、信息和服务质量，显著水平皆为 0.001 以上，其估计值为 0.218、 0.293 和 0.339，其中影响用户满意度的最主要因素为信息质量。

　　由研究模型的因果关系图可知，高阶主管支持对团队合作的解释能力为 10.5%，团队合作对系统质量的解释能力为 18.9%，团队合作对信息质量的解释能力为 17%，团队合作对服务质量的解释能力为 22.1%，系统质量、信息质量和服务质量三个潜在变量对用户满意度潜在变量的整体解释能力为 48.8%，说明模型解释潜在变量程度良好。

第19章 结构方程模型之形成性模型

19.1 反映性与形成性模型的比较

结构方程模型（Structural Equation Modeling，SEM）有两大主流技术，分别是协方差形式结构方程模型（Covariance-based SEM）和方差形式结构方程模型（Variance-based SEM）。测量模型是观察变量对于潜在构面的关联性，主要可以分成两种关系：

（1）反映性的观察变量：所观察的变量可以直接反映到潜在变量上，是属于单向的关联性。

（2）形成性的观察变量：所观察的变量会形成潜在构面，是讨论导致潜在构面形成的动机（某种原因）。

在测量模型中，协方差形式结构方程模型以反映性为主，形成性为辅。方差形式结构方程模型反映性和形成性都可以。我们整理协方差形式结构方程模型和方差形式结构方程模型在测量模型中的主要差异如表 19-1 所示。

表 19-1　协方差形式和方差形式在测量模型中的主要差异

项目	协方差形式结构方程模型（LISREL、EQS、AMOS）	方差形式结构方程模型（PLS：SmartPLS、PLS-Graph、VisualPLS、）
测量模型	以反映性为主，形成性为辅	反映性和形成性都可以

1. 反映性模型

潜在变量 ξ_1 决定测量变量 Y 变异的反映性下，在图中箭头由潜在变量 ξ_1（因）指向测量变量 Y（果），如图 19-1 所示。

$$Y_i = \lambda_{i1}\xi_1 + \varepsilon_i$$

式中，Y_i 为测量变量；λ_{i1} 为潜在变量在测量变量的系数；ξ_1 为潜在变量；ε_i 为测量误差项。

2. 形成性模型

潜在变量 ξ_1 变异的形成是由测量变量 X 决定的，在图中是以测量变量 X（因）指向潜在变量 ξ_1（果），如图 19-2 所示。

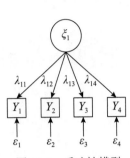

图 19-1　反映性模型

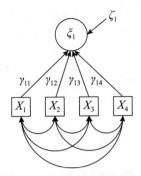

图 19-2　形成性模型

其中，$\xi_1 = \gamma_{11}X_1 + \gamma_{12}X_2 + \gamma_{13}X_3 + \gamma_{14}X_4 + \xi_1$；$X_i$ 为测量变量；γ_{1i} 为测量变量对潜在变量的期望效果（系数）；ξ_1 是指潜在变量；ξ_1 为误差。

3. 另一种表现方式

读者在期刊的论文或偏最小二乘法专业书籍中可以常看到 η（eta）符号取代 ξ（ksi）潜在构面，如图 19-3 所示。

$$Y_i = \beta_{i1}\eta + \varepsilon_i$$

其中，Y_i 为测量变量；β_{i1} 为潜在变量在测量变量的系数；

η 为潜在构面；ε_i 为测量误差项。

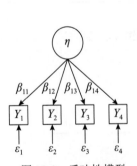

图 19-3　反映性模型

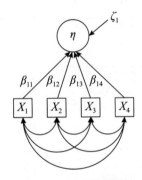

图 19-4　形成性模型

其中，η 为 $\beta_{11}X_1 + \beta_{12}X_2 + \beta_{13}X_3 + \beta_{14}X_4 + \xi_1$；$X_i$ 为测量变量。

β_{1i} 为测量变量对潜在变量的期望效果（系数）；η 为潜在构面；ξ_1 为误差。

η（eta）和 ξ（ksi）都可以是代表的符号，读者都需要了解，才能读懂期刊的论文或 PLS 书籍的内容。

传统的协方差形式结构方程模型也可以处理形成性模型 [约雷斯科格（Jöreskog）和索布姆（Sörbom，2006）]，但常会遇到设定问题，因为个别外显变量都是影响潜在变量的单一指标变量。在方差形式结构方程模型偏最小二乘中，潜在变量可以设定为影响测量变量的变异来源（反映性模型），也可以设定成潜在变量的变异是由测量变量决定的（形成性模型）。

19.2 反映性和形成性的模型设定错误

模型设定错误的意思是应该设定成反映性模型时，研究者却设定成形成性模型。或是应该设定成形成性模型时，研究者却设定成反映性模型。一般的研究应该设定成反映性模型还是形成性模型？研究者需要多了解反映性模型和形成性模型的差异，并且可从理论视角来决定测量模式的类型（巴戈齐，Bagozzi，1984）。当反映性和形成性的模型设定错误（Model Misspecification）时，常常会影响研究的正确结果。即使是顶尖的研究者都有可能将模型设定错误，例如贾维斯（Jarvis）等（2003）整理顶尖的营销类期刊 *Journal of Consumer Research*（*JCR*），*Journal of Marketing*（*JM*），*Journal of Marketing Research*（*JMR*），and *Marketing Science*（*MS*）发现，从 1977 年到 2000 年（1982—2000 for *MS*）有高达 28% 的模型存在设定错误的问题，如表 19-2 所示。

表 19-2 期刊构面设定正误百分比

TABLE 2

PERCENTAGE OF CORRECTLY AND INCORRECTLY SPECIFIED CONSTRUCTS BY JOURNAL

	Overall			JMR			JM		
	Should be reflective	Should be formative	Total	Should be reflective	Should be formative	Total	Should be reflective	Should be formative	Total
Modeled as reflective	810 (68)	336 (28)	1,146 (96)	319 (70)	120 (26)	439 (96)	368 (63)	187 (32)	555 (95)
Modeled as formative	17[a] (1)	29[b] (3)	46 (4)	7[a] (2)	10[b] (2)	17 (4)	10[a] (2)	18[b] (3)	28 (5)
Total	827 (69)	365 (31)	1,192 (100)	326 (72)	130 (28)	456 (100)	378 (65)	205 (35)	583 (100)

	JCR			MS		
	Should be reflective	Should be formative	Total	Should be reflective	Should be formative	Total
Modeled as reflective	107 (82)	22 (17)	129 (99)	16 (70)	7 (30)	23 (100)
Modeled as formative	0[a] (0)	1[b] (1)	1 (1)	0[a] (0)	0[b] (0)	0 (0)
Total	107 (82)	23 (18)	130 (100)	16 (70)	7 (30)	23 (100)

NOTE.—JMR = Journal of Marketing Research, JM = Journal of Marketing, JCR = Journal of Consumer Research, and MS = Marketing Science. Items shown in parentheses are percentages.

[a]Indicates that although authors correctly identified the construct as reflective, they modeled it using partial least squares (PLS), which assumes a formative measurement model.

[b]Indicates that although authors correctly identified the construct as formative, they modeled it using PLS or scale scores—neither of which estimate construct-level measurement error.

在表 19-2 中，应该设定成反映性模型时，研究者却设定成形成性模型的达 1%，而应该设定成形成性模型，研究者却设定成反映性模型的达 28%。

资料来源：Jarvis，Cheryl，Scott B. MacKenzie，and Philip M. Podsakoff（2003），"A Critical Review of Construct Indicators and Measurement Model Misspecification in Marketing and Consumer Research，" *Journal of Consumer Research*，Vol. 30，No. 2，pp. 199-218.

在信管顶级期刊《管理信息系统季刊》（*MIS Quarterly*）和《信息系统研究》（ISR，Information Systems Research）中，Stacie Petter，Detmar Straub and Arun Rai 对 2003 年到 2005 年的信息进行了统计，有高达 30% 的模型存在设定错误的问题，如表 19-3 所示。

表 19-3　信管期刊模型设定错误结果

Table 2. Results of Coding of IS Literature Model Misspecification	Overall			
	Should be Reflective	Should be Formative	Mixed	Total
Modeled as Reflective	180* (57%)	95 (30%)	34 (11%)	309 (98%)
Modeled as Formative	0 (0%)	7 (2%)	0 (0%)	7 (2%)
Total	80 (57%)	102 (32%)	34 (11%)	307 (100%)

*Cell values represent number of constructs reported in articles assessed.

资料来源：Stacie Petter，Detmar Straub and Arun Rai（2007）"Specifying Formative Constructs in Information Systems Research" *MIS Quarterly* Vol. 31，No. 4，pp. 623-656。

在表 19-3 中，应该设定成反映性模型时，研究者却设定成形成性模型的为 0%，而应该设定成形成性模型时，研究者却设定成反映性模型的达 30%，由此可见应该设定成形成性模型时，研究者却设定成反映性模型的模型设定错误经常会发生，研究者需要多加注意。

在一般的研究中，反映性模型和形成性模型的模型设定错误（Model Misspecification）常常会发生，研究者唯有多了解反映性模型和形成性模型的差异，才能正确地制定出反映性和形成性的模型，进而使用统计工具计算出正确的结果，挖掘出实务价值与理论价值。

19.3　反映性和形成性模型的判断

在一般研究中，研究者在不是很了解和熟悉反映性和形成性模型的情况下，要判断反映性和形成性模型是有些困难，反映性模型的题项呈现构面，题项改变不会造成构面的改变，构面改变会造成题项改变，题项具有可换性的，题项有相同或类似的内容，也反映了同一个主题，删除题项不会改变构面的概念。形成性模型的题项定义了构面的特征，如果题项改变，构面也会跟着改变，题项不需要有互换性，题项没有相同或是类似的内容，删除题项有可能会改变构面的概念。

我们整理了确认反映性和形成性模型的决策准则，如表 19-4 所示。

表 19-4　反映性和形成性模型的决策准则

决 策 准 则	反映性模型	形成性模型
1）通过概念上的定义构面来衡量因果关系方向的隐含意思	因果关系的方向是从构面→题项	因果关系的方向是从题项→构面
1a. 题项能定义特性或呈现构面？	题项呈现构面	题项定义构面的特征
1b. 题项的改变是否会导致构面的改变？	题项的改变不会造成构面改变	题项的改变会造成构面改变
1c. 构面的改变是否会导致题项的改变？	构面的改变会造成题项改变	构面的改变不会造成题项改变
2） 题项的互换性	题项应该有可换性	题项不需要互换性
2a. 题项应该有相同或相似的内容吗？分享同一主题吗？	题项应该有相同或相似的内容，也要分享同一主题	题项不需要相同或相似的内容，也不需分享同一主题
2b. 删除某一题项会改变构面的概念吗？	删除题项不应该改变构面的概念	删除题项可能会改变构面的概念

续表

决策准则	反映性模型	形成性模型
3）题项之间的共变 3a. 改变其一题项也会改变另一题项吗？	题项之间有共变 会	题项不需要和其他题项有共变 不会
4）构面题项的构面关系网（Nomological Net），（有人翻译成理论网络或理则网），题项都需要相同的因果吗？	题项需要同样的因果	题项不需要同样的因果

19.4　反映性和形成性模型的范例

我们对由资深学者史黛西·彼得（Stacie Petter）， 德特马·斯特劳布（Detmar Straub）与阿伦·拉伊（Arun Rai）所实证检验过的正确的反映性和形成性的模型和测量题项进行整理，并翻译成中文供读者参考。

读者可以参考反映性和形成性判断法则，学习了解反映性和形成性模型（如图 19-5 所示）和测量题项（如表 19-5 所示）的关系，范例如下。

范例一　在线市场中心理契约违背的研究

资料来源：Pavlou，P.A.，and Gefen，D.（2005）"Psychological Contract Violation in Online Marketplaces：Antecedents，Consequences，and Moderating Role，" *Information Systems Research*，16（4），pp. 372-399.

形成性模型：

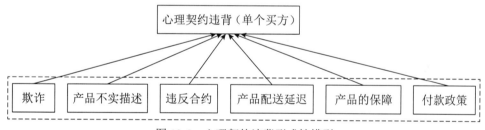

图 19-5　心理契约违背形成性模型

构面：心理契约违背（Psychological Contract Violation）

形成性模型的特点：题项形成构面、题项改变会造成构面的改变、题项是不可换性的、题项没有相同或类似的内容，也没有反映在同一个主题、删除题项会改变构面的概念。

表 19-5　心理契约违背形成性模型题项

构面：心理契约违背	形成性
英文题项	中文题项
1.（Fraud）： "Have you ever experienced a fraudulent attempt （e.g.，collecting money and not delivering the product，product quality deception，selling counterfeit products） by any specific seller in Amazon's/eBay's auctions?"（Yes/No）	1.（欺诈）： "在亚马逊的 / eBay 的拍卖中，你是否经历过任何特定卖家的欺诈（例如，收钱后不提供产品，产品质量不符，销售伪劣产品）？"（是 / 否）

构面：心理契约违背	形成性
英文题项	中文题项
2.（Product Misrepresentation）："Have you ever received a product that significantly differed（e.g., cheaper, lower quality, damaged, used product）from a seller's posted description in Amazon's/eBay's auctions?"（Yes/No）	2.（产品不实陈述）："你收到的产品中，是否有过与卖方从亚马逊/eBay 所发布的说明中有显著差异的情况（例如，更便宜，质量更低，损坏，产品使用过）？"（是/否）
3.（Contract Default）："Have you ever experienced contract default（e.g., refuse to receive payment and deliver product）by any seller in Amazon's/eBay's auctions?"（Yes/No）	3.（违反合约）："在亚马逊/eBay 拍卖上，你是否有过任何的卖家违反合约（例如，拒绝接受付款或交付产品）的经历？"（是/否）
4.（Delay）："Have you ever experienced a significant product delivery delay in Amazon's/eBay's auctions?"（Yes/No）.	4.（延迟）："在亚马逊/eBay 拍卖中，你是否有过产品交付显著延迟的经历？"（是/否）
5.（Product Guarantees）："Have you ever had any seller in Amazon's/eBay's actions fail to acknowledge product guarantees（e.g., product refund, return, warrantees）?"（Yes/No）	5.（产品的保障）："在亚马逊/eBay 的拍卖中，你是否遇到过任何卖方不承认产品的保障（例如，产品的退款、退货、维修）的情况？"（是/否）
6.（Payment Policy）："Has any seller in Amazon's/eBay's actions refuse to acknowledge its payment policy（refuse certain forms of payment）?"（Yes/No）	6.（付款政策）："在亚马逊/eBay 拍卖中，你是否遇到过卖家拒绝承认他自己提供的付款政策（拒绝特定形式的付款方式）的情况？"（是/否）

构面：信任倾向（习性）（Trust Propensity）

反映性模型

题项呈现构面、题项改变不会造成构面的改变、构面改变会造成题项改变、题项是可换性的、题项有相同或类似的内容，反映同一个主题、删除题项不会改变构面的概念（如表 19-6 所示）。

表 19-6　信任倾向反映性模型题项

构面：信任倾向	反映性
英文题项	中文题项
1. I usually trust sellers unless they give me a reason not to trust them.	1. 如果没有理由，我通常相信卖家
2. I generally give sellers the benefit of the doubt.	2. 一般情况下，我是姑且相信卖家的
3. My typical approach is to trust sellers until they prove I should not trust them.	3. 我典型的处理方式是信任卖家，直到他们证实我不该信任他们

范例二　扩展科技接受模型：感知使用者资源的影响

提供两种感知使用者资源的模型：反映性感知使用者资源模型和形成性感知使用者资源模型。

资料来源：Mathieson，K.，Peacock，E.，and Chin，W.W.（2001）."Extending the technology acceptance model：the influence of perceived user resources，" *ACM SIGMIS Database*，32（3），pp. 86-112.

第一种构面：感知使用者资源（Perceived User Resources）

反映性模型：题项呈现构面、题项改变不会造成构面的改变、构面改变会造成题项改变、题项是可换性的、题项有相同或类似的内容，也反映同一个主题、删除某个题项不会改变构面的概念。如表 19-7 所示。

表 19-7　感知使用者资源反映性模型题项

构面：感知使用者资源	反映性
英文题项	中文题项
1. I have the resources, opportunities and knowledge I would need to use a database package in my job.	在工作上，我有足够的资源、机会和知识使用数据库
2. There are no barriers to my using a database package in my job.	在工作上，对我来说，使用数据库没有障碍
3. I would be able to use a database package in my job if I wanted to.	在工作上，如果我想要，我可以使用数据库
4. I have access to the resources I would need to use a database package in my job.	在工作上，我有足够的数据库资源使用权限

感知使用者资源是形成性模型：

第二种构面：感知使用者资源

形成性模型：题项形成构面、题项改变会造成构面的改变、题项是不可换性的、题项没有相同或类似的内容，也没有反映同一个主题、删除某个题项会改变构面的概念。如表 19-8 所示。

表 19-8　感知使用者资源形成性模型题项

特定题项	
构面：感知使用者资源	形成性
英文题项	中文题项
1. I have access to the hardware and software I would need to use a database package in my job.	在工作上，我拥有使用数据库所需求的硬件和软件
2. I have the knowledge I would need to use a database package in my job.	在工作上，我拥有使用数据库所需求的知识
3. I would be able to find the time I would need to use a database package in my job.	在工作上，我能找出使用数据库所需要的时间
4. Financial resources (e.g., to pay for computer time) are not a barrier for me in using a database package in my job.	在工作上，财务资源（例如：根据在计算机上的时间进行付费）不会是我使用数据库的障碍
5. If I needed someone's help in using a database package in my job, I could get it easily.	在工作上，假如有人帮助我使用数据库，我能更轻易地取得数据
6. I have the documentation (manuals, books etc.) I would need to use a database package in my job.	在工作上，我有使用数据库所需要的文件（手册、书籍等）
7. I have access to the data (on customers, products, etc.) I would need to use a database package in my job.	在工作上，我可以获得使用数据库所需要的数据（客户、产品等）

范例三　ERP 实施后会发生什么？相互依赖和差异对工厂层面（Plant-Level）上结果的影响

资料来源：Gattiker, T. F., and Goodhue, D. L. (2005). "What Happens after ERP Implementation: Understanding the Impact of Interdependence and Differentiation on Plant-Level Outcomes," *MIS Quarterly* (29: 3), pp. 559-585.

构面：作业效率（Task Efficiency）

反映性模型：题项呈现构面、题项改变不会造成构面的改变、构面改变会造成题项改变、题项是可换性的、题项有相同或类似的内容，反映同一个主题、删除某个题项不会改变构面的概念。如表19-8所示。

表19-9　作业效率反映性模型题项

构面：作业效率	反映性
英文题项	中文题项
1. Since we implemented ERP, plant employees such as buyers, planners and production supervisors need less time to do their jobs	自从实施了ERP，工厂的员工如采购员、规划师和生产主管等，可以花更少的时间来完成他们的工作
2. ERP saves time in jobs like production, material planning and production management	ERP在生产、物料规划及生产管理等工作上节省了许多时间
3. Now that we have ERP it is more time-consuming to do work like purchasing, planning and production management	现在有了ERP系统，在采购、规划及生产管理等工作上更耗时了
4. ERP helps plant employees like buyers, planners, and production supervisors to be more productive	ERP帮助工厂的员工（如采购、规划者、生产主管等）更有生产力

范例四　为什么我应该分享？在电子网络实践上，检验社会资本和知识的贡献。

该研究是讨论电子网络实践上，个人动机和社会资本影响知识的贡献。

资料来源：McLure Wasko, M., and Faraj, S. （2005）. "WHY SHOULD I SHARE? EXAMINING SOCIAL CAPITAL AND KNOWLEDGE CONTRIBUTION IN ELECTRONIC NETWORKS OF PRACTICE," *MIS Quarterly*, 29 （1）, pp. 35-57.

构面：声誉（Reputation）

反映性模型：题项呈现构面、题项改变不会造成构面的改变、构面改变会造成题项改变、题项是可换性的、题项有相同或类似的内容，反映同一个主题、删除题项不会改变构面的概念。如表19-10所示。

表19-10　声誉反映性模型题项

构面：声誉	反映性
英文题项	中文题项
I earn respect from others by participating in the Message Boards.	我通过参与留言板获得了其他人的尊敬
I feel that participation improves my status in the profession.	我感觉参与合作，会提高我的专业地位
I participate in the Message Boards to improve my reputation in the profession.	我参与留言板可以提高我的专业声誉

范例五　实证调查数据仓储成功的因素

资料来源：Wixom, B.H., and Watson, H.J. （2001）. "An empirical investigation of the factors affecting data warehousing success," *Mis Quarterly*, 25 （1）, pp. 17-41.

构面：推动者（Champion）

形成性模型：（题项形成构面、题项改变会造成构面的改变、题项是不可换性的、题项没有相同或类似的内容，也没有反映同一个主题、删除题项会改变构面的概念，如表19-11所示。

表 19-11 推动者形成性模型题项

构面：推动者	形成性
英文题项	中文题项
A high-level champion（s）for DW came from IS.	来自信息系统部门的一个高阶的推动者
A high-level champion（s）for DW came from a functional area（s）.	来自一个功能领域（数据仓储）的高阶推动者

范例六 实证调查数据仓储成功的因素

资料来源：Wixom, B.H., and Watson, H.J.（2001）. "An empirical investigation of the factors affecting data warehousing success," *Mis Quarterly*, 25（1），pp. 17-41.

构面：使用者参与（User Participation）

形成性模型：题项形成构面、题项改变会造成构面的改变、题项是不可换性的、题项没有相同或类似的内容，也没有反映同一个主题、删除题项会改变构面的概念，如表 19-12 所示。

表 19-12 推动者形成性模型题项

构面：使用者参与	形成性
英文题项	中文题项
IS and users worked together as a team on the DW project.	信息系统和使用者在数据仓储项目中是一个团队一起工作
Users were assigned full-time to parts of the DW project.	使用者被分配去全职地完成数据仓储项目的部分
Users performed hands-on activities（e.g., data modeling）during the DW project.	使用者在数据仓储项目执行期间亲自操作过，例如数据建模

范例七 实证调查数据仓储成功的因素

资料来源：Wixom, B.H., and Watson, H.J.（2001）. "An empirical investigation of the factors affecting data warehousing success," *Mis Quarterly*, 25（1），pp. 17-41.

构面：团队技能（Team Skills）

形成性模型：题项形成构面、题项改变会造成构面的改变、题项是不可换性的、题项没有相同或类似的内容，也没有反映同一个主题、删除某个题项会改变构面的概念，如表 19-13 所示。

表 19-13 团队技能形成性模型题项

构面：团队技能	形成性
英文题项	中文题项
Members of the DW team（including consultants）had the right technical skills for DW.	数据仓储团队的成员（包括顾问）有适当的数据仓储技能
Members of the DW team had good interpersonal skills.	数据仓储团队的成员有良好的人际关系

范例八 发展和验证一个可观察的计算机软件训练和技能获取的学习模型

资料来源：Yi, M. Y., and Davis, F. D.（2003）"Developing and Validating an Observational Learning Model of Computer Software Training and Skill Acquisition," *Information Systems Research*, 14（2），pp. 146-169.

构面：作业绩效测试（Task Performance Test）

形成性模型：题项形成构面、题项改变会造成构面的改变、题项是不可换性的、题项没有相同或类似的内容，也没有反映同一个主题、删除某个题项会改变构面的概念。

表 19-14　作业绩效测试形成性模型题项

构面：作业绩效测试	形成性
英文题项	中文题项
（1）Enter a formula to compute profits （=sales-expenses） for each season in cells B8：E8.	输入一个公式来计算在单元格 B8：E8 中每一季的利润（销售额－销售费用）
（2）Using an appropriate function，compute the total amounts of sales，expenses，and profits of year 2000.The computed amounts should be located in cells F6：F8.	使用适当的公式来计算 2000 年度销售、销售费用和利润的总额，计算出的总额需要位于单元格 F6：F8 中
（3）Using an appropriate function，compute the average amounts of sales，expenses，and profits of year 2000.The computed amounts should be located in cells G6：G8.	使用适当的公式来计算 2000 年度的销售、销售费用和利润的平均金额，计算的平均总额需要位于单元格 G6：G8 中
（4）Compute YTD （year-to-date） profits. The computed amounts should be located in cells B9：E9.	计算年初至今（year-to-date）的利润，计算的数额需要位于单元格 B9：E9 中
（5）Calculate % change of sales from the previous season. The computed amounts should be located in cells C11：E11.	计算前一季销售的百分比变动，计算的数额需要位于单元格 C11：E11 中

19.5　方差形式结构方程模型研究（论文）需要呈现的内容

反映性和形成性测量（Measurement）/ 外（Outer）模型需要呈现的内容有很大的不同，我们整理了由 Gefen，Rigdon，and Straub （2011）和 Ringle，Sarstedt，and Straub （2012）所提供的关于方差形式结构方程模型（Variance-based SEM： PLS-SEM）的基本内容，以方便研究者与阅读者有一套清单和准则来了解结构方程模型研究需要的内容，如表 19-15 所示。

资料来源：

1. Gefen，D.，Rigdon，E. E.，and Straub，D. （2011）.An Update and Extension to SEM Guidelines for Administrative and Social Science Research，*MIS Quarterly* ，35（2），pp. iii-A7.

2. Ringle，C.M.，Sarstedt，M.，and Straub，D. W. （2012）.Editor's comments：a critical look at the use of PLS-SEM in MIS quarterly. *MIS Quarterly*, 36（1），pp. iii-xiv.

表 19-15　方差形式结构方程模型研究论文须具备的内容

■ 研究论文中的内容：
1. 为何本研究要使用偏最小二乘法
2. 解释题项被删除的原因
3. 比较饱和模型（Saturated Model）
• 表格或附件必须呈现的内容：
平均数、标准差、相关系数、组合信度、平均方差萃取、效度、解释力、*T*-value
• 建议补充内容
1. 共同方法偏差分析（Common Method Bias Analysis）
2. 无回应偏差（Non-response Bias Analysis）
3. 选用一阶或二阶构面的原因
4. 交互效果的验证
5. 共线性

反映性和形成性测量 / 外模型需要呈现的内容如下：

（1）反映性测量（Measurement ）/ 外（Outer）模型呈现的内容

①指标载荷量（Indicator loading）

②内部一致性（Internal Consistency）： 组成信度（Composite Reliability ）和 / 或 克隆巴赫 α（Cronbach's Alpha）

③收敛效度（Convergent validity）： 平均方差萃取（AVE）

④区别效度（Discriminant Validity）： Fornell-Larcker Criterion and/or Cross-loading and/or HTMT

（2）形成性测量 / 外模型需要呈现的内容

①指标权重（Indicator weights）

②权重的显著性（Significance of Weight）（包含显著水平 t 值 / P 值）

③共线性（XMulticollinearity）： VIF/Tolerance （建议）

④区别效度（Discriminant Validity）： Fornell-Larcker Criterion and/or Cross-loading and/or HTMT

（3）结构模型（Structural Model）/ 内模型（Inner Model）需要呈现的内容如下：

①路径系数（Path Coefficients）

②路径系数的显著性（Significance of Path Coefficients）： 包含显著水平 t 值 / P 值

③总效果（Total effects）： 直接效果 + 间接效果

④可决系数（Coefficient of determination）： R^2 解释力

19.6　形成性构面测量模型的评估标准

形成性构面测量模型的评估标准如下：

（1）评估收敛效度（Assess Convergent Validity）

（2）共线性检验（Collinearity Test）

（3）形成性题项的显著性与相关（Significance and Relevance of Formative Indicator）

19.6.1　评估收敛效度

形成性构面的收敛效度需要使用重复分析 （冗余分析） （Redundancy Analysis）。重复分析是使用一组自变量来萃取和总和（解释）因变量的变异的分析方法。在形成性构面的收敛效度中，重复分析顾名思义就是对同一个构面作重复分析，有两种做法：

1. 有形成性和反映性

题项包含形成性和反映性，如图 19-6 所示。

其中，Y_F 是指形成性；Y_R 是指形成性。

标准是至少 $\beta \geqslant 0.7$，最好是 $\beta \geqslant 0.8$

2. 一个整体的题项

设计一个整体（Global）的题项，例如 Y_G，如图 19-7 所示。

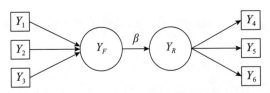

图 19-6　题项包含形成性和反映性

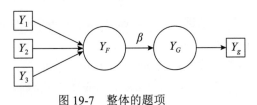

图 19-7　整体的题项

其中，Y_F 是指形成性；Y_G 是指整体构面。

标准是至少 $\beta \geqslant 0.7$，最好是 $\beta \geqslant 0.8$。

19.6.2　共线性检验

形成性模型的题项，根据定义，不会有高度相关的情况，也就是不应该有共线性的问题，一旦发现有共线性的问题，就需要加以排除。共线性的评估可以使用容忍度（Tolerance，TOL）或方差膨胀系数（Variance Inflation Factor，VIF），方差膨胀系数等于容忍度的倒数（VIF = 1/TOL），在偏最小二乘结构方程模型中，容忍度 <0.2 或方差膨胀系数 >5，代表可能存在共线性问题，目前，SmartPLS 3.X 版本运行后的结果会提供方差膨胀系数值，不需要另外使用 SPSS 软件单独计算。

形成性测量模型检验共线性（Collinearity）评估如图 19-8 所示。

处理共线性问题有 3 种方式，分别

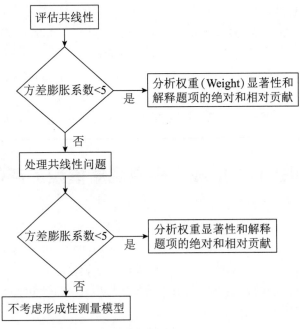

图 19-8　形成性测量模型检验共线性评估

介绍如下：

①移除不佳的题项，并确保剩余的题项在理论观点下，仍然可以形成构面的意义。

②线性组合成一个新的合成（Tomposite）题项，例如平均数、权重平均数或因子分数（Factor Score）。

③形成形成性 - 形成性（Formative-Formative）二阶模型，以解决共线性问题。

19.6.3　形成性题项的显著性与相关性

形成性题项的好坏，会影响研究的信效度，更会影响研究的结果。因此形成性题项的保留与否，就显得非常重要。我们评估形成题项的处理流程如图 19-9 所示。

评估形成性题项（Formative Indicator）时，应先考虑权重显著性（Weight Significance）。若是题项的权重达显著，则保留题项。若是不显著，则需要检查因子载荷量（Outer Loading），若是因子载荷量大于 0.5，则是绝对重要的题项，应保留题项。若是因子载荷量小于等于 0.5，则需要检查是否在理论上强有力的支撑（Theoretical Support），若是理论上有强有力的支撑，并且因子载荷量的值没有过低，则是相对重要题项，应保留题项。若是没有理论上强有力的支撑，或因子载荷量太低，则删除形成性题项。

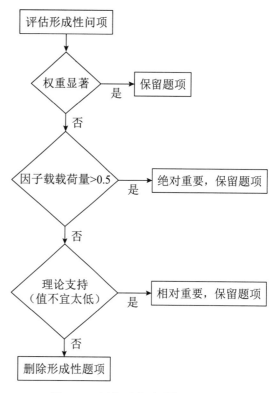

图 19-9 评估形成题项的处理流程

19.7 结构方程模型之形成性模型实例

本研究的目的是讨论高阶主管支持、团队合作、ERP 系统质量与使用者满意度的关联性以及各因素间的因果关系。通过相关文献进行理论探讨，建立原始研究模型，再经过实证分析与研究，获得了本研究最后整体模型的关系路径图。结构方程模型是一种统计的方法学，早期的发展与心理计量学和经济计量学息息相关，之后，逐渐受到社会学的重视，是多用途的多变量分析技术。在使用结构方程模型时，需要有测量的工具——量表，量表对于社会科学研究中从事量化研究的人员而言，是相当重要的工具，少了量表，我们就无法得到量化的效果。从事社会科学研究的人员在进行问卷调查设计时，常常发现自行发展量表并不是一件容易的事，必须经过严谨的处理，才能发展出一份适当的、稳定的量表，因此，我们可以借用发展成熟的量表，来进行测量，问卷发展的步骤如图 19-10 所示。

问卷结构分为六个部分，李克特量表（Likert Scale）将程度分为 5 级。根据答卷者勾选的程度强弱由 1~5 进行编码，例如非常不同意编码为 1，而非常同意则编码为 5。综上所述，本研究的题项问卷结构以及操作化参考来源如表 19-16 所示。

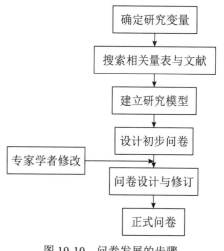

图 19-10 问卷发展的步骤

表 19-16　本研究问卷结构以及参考来源

构面	题项参考来源	问卷对应选项
高阶主管支持	麦克唐纳（McDonald）和 伊斯特拉克（Eastlack，1971）	ERP 项目团队的运作 -A 部分
团队合作	李（Lee）和妍（Choi，2003）	ERP 项目团队的运作 -B 部分
系统质量	威克瑟姆（Wixom），沃森（Waston，2001）	大型 ERP 系统的开发 / 使用 -A 部分
信息质量	拉伊（Rai）等（2002）	大型 ERP 系统的开发 / 使用 -B 部分
服务质量	皮特（Pitt）等（1995）	大型 ERP 系统的开发 / 使用 -C 部分
使用者满意度	贝利（Bailey）和皮尔逊（Pearson，1983）	大型 ERP 系统的开发 / 使用 -D 部分

我们发展的问卷内容如表 19-17 所示。

表 19-17　问卷内容

【ERP 项目团队的运作】					
A. 他们 （她们） 在参与项目时，您觉得：	非常不同意	有些不同意	普通	比较同意	非常同意
1. 对 ERP 系统开发给予明确的规范	☐	☐	☐	☐	☐
2. 参与 ERP 系统开发与实施团队人选的指派	☐	☐	☐	☐	☐
3. 制定新 ERP 系统做与不做的标准	☐	☐	☐	☐	☐
B. 团队合作方面，项目小组的成员					
4. 对于合作的程度是满意的	☐	☐	☐	☐	☐
5. 对项目是支持的	☐	☐	☐	☐	☐
6. 对跨部门的合作很有意愿	☐	☐	☐	☐	☐
【大型 ERP 系统的开发 / 使用】					
C. 对于系统的质量，您觉得	非常不同意	有些不同意	普通	比较同意	非常同意
7. ERP 系统可以有效地整合来自不同部门系统的数据	☐	☐	☐	☐	☐
8. ERP 系统的数据在很多方面是适用的	☐	☐	☐	☐	☐
9. ERP 系统可以有效地整合组织内各种形态的数据	☐	☐	☐	☐	☐
D. 对于信息的质量，您觉得					
10. 提供精确的信息	☐	☐	☐	☐	☐
11. 提供作业上足够的信息	☐	☐	☐	☐	☐
E. 对于信息部门的服务，您觉得					
12. 会在所承诺的时间内提供服务	☐	☐	☐	☐	☐
13. 坚持做到无缺点服务	☐	☐	☐	☐	☐

续表

E. 对于信息部门的服务，您觉得	非常 不同意	有些 不同意	普通	比较 同意	非常 同意
14. 员工将会给使用者实时的服务	☐	☐	☐	☐	☐
15. 总是愿意协助使用者	☐	☐	☐	☐	☐
16. 整体而言，信息部门的服务良好	☐	☐	☐	☐	☐
F. 就使用者满意度而言，您觉得					
17. 满意 ERP 系统输出信息内容的完整性	☐	☐	☐	☐	☐
18. ERP 系统是容易使用的	☐	☐	☐	☐	☐
19. ERP 系统的文件是有用的	☐	☐	☐	☐	☐

本研究问卷共发出 957 份，回收 372 份，扣除填答不全与胡乱填答的无效问卷 22 份，有效问卷 350 份，有效回收率为 36.57%。

我们的研究模型是"高阶主管支持"与强化 ERP 项目团队的"团队合作"有正向关系，"团队合作"对"系统质量"、"信息质量"和"服务质量"有正向的直接影响，"系统质量"、"信息质量"和服务质量对"使用者满意度"有正向的直接影响，研究模型除了服务质量（SV）构面是形成性，其他构面全部是反映性，如图 19-11 所示。

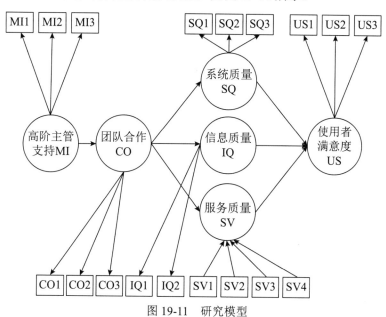

图 19-11 研究模型

请先将范例档 Ch19\SEM 复制到 C：\SEM，实务操作步骤如下。

1. 单击【New Project】来建立新的项目，如图 19-12 所示。

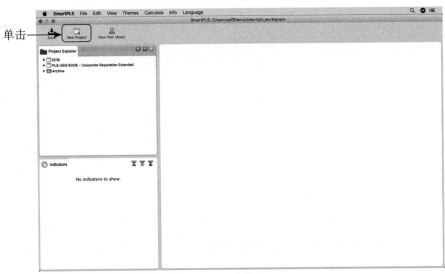

图 19-12　建立新的项目

2. 输入项目名称（以 PLSFSEM 为例），输入完单击【OK】，如图 19-13 所示。

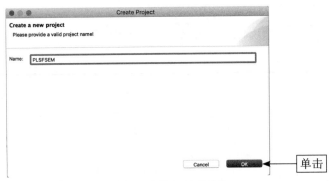

图 19-13　输入项目名称

3. 用鼠标左键双击图中的选项来汇入数据，如图 19-14 所示。

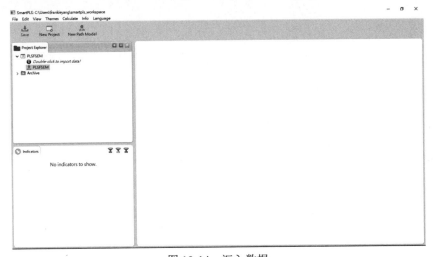

图 19-14　汇入数据

4. 找到范例档后，如图 19-15 所示。

图 19-15　选取数据

5. 出现输入数据文件画面，如图 19-16 所示。

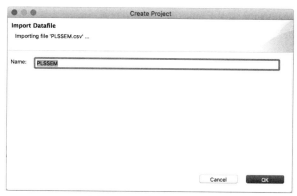

图 19-16　输入数据名称

6. 用鼠标左键双击 Path Model 选项，右半部视窗会出现编辑 Path Model 视窗，如图 19-17 所示。

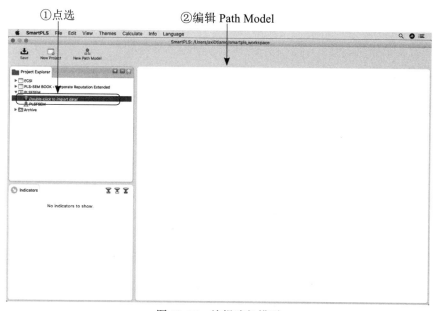

图 19-17　编辑路径模型

7. 建立 MI、CO、SQ、IQ、SV、US 构面，并选入其值，如图 19-18 所示。

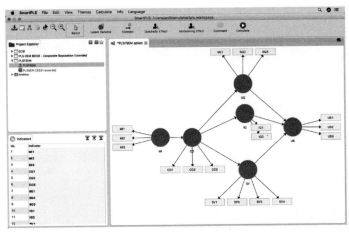

图 19-18　建立构面

8. 将构面改为形成性时，需先对其构面 SV 按右键，再选择【Switch Between Formative/Reflective】，出现图 19-19。

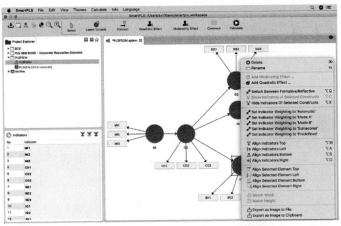

图 19-19　切换形成性和反映性模型

9. 出现结果，如图 19-20 所示。

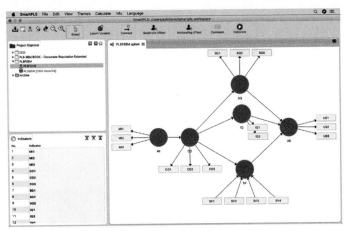

图 19-20　转换模型结果

其中，服务质量（SV）构面是形成性，其他构面全部是反映性。

10. 点击【Calculate】，我们需要路径系数，解释力 R^2，选择【PLS Algorithm】，如图 19-21 所示。

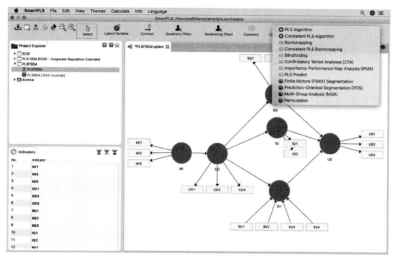

图 19-21　偏最小二乘算法

11. 点击【Start Calculation】，如图 19-22 所示。

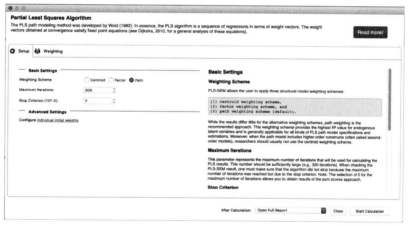

图 19-22　开始运算

■　基本设定

●　加权机制（Weighting Scheme）

PLS-SEM 提供三种结构模型的加权机制：

（1）重心加权机制（Centroid Weighting Scheme）

（2）因子加权机制（Factor Weighting Scheme）

（3）路径加权机制（Path Weighting Scheme）（Default）

不同的加权机制会使结果有些许不同，建议使用路径加权机制（默认），因为路径加权机制可以得到最高的解释力 R^2，也适用在各种 PLS 路径模型的指定与估计，若是有二阶（Second-order）模型（含以上），不可以使用重心加权机制。

●　最大迭代（Maximum Iterations）

PLS 计算时可以使用最大的迭代次数，基本上需要设定到足够大的迭代次数，例如：300

（默认）或1 000次，若是迭代次数设为0，则执行加总分数（Sum Score）估计，研究者使用时，需要注意PLS计算终止时，是因为达到停止标准（Stop Criterion），而不是达到最大迭代次数。

● 停止标准

PLS演算停止是计算前后两次外生权重（Outer Weight）的改变小于设定的停止标准，因此，研究者需要设定到足够小的值，例如：10^{-5} 或 10^{-7}（默认）。

■ **进阶设定**

初始权重（Initial weight）：也就是初始外生权重，系统默认+1，系统提供下列2项可以使用的设定：

– Lohmoller 设定：Lohmoller 建议使用所有初始外生权重为+1，除了最后一个为-1，以加速收敛。

– 各自设定：研究者可以根据需要为每个题项定义初始外生权重。

12. 计算完成后画面如图 19-23 所示。

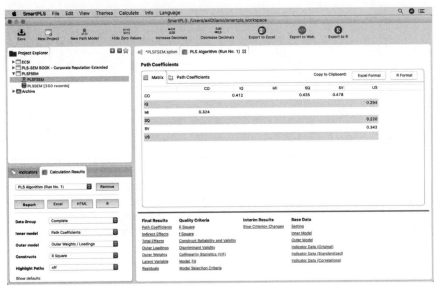

图 19-23　计算结果

请点击模型适配度，可以找到模型适配度值，如表 19-18 所示。

表 19-18　模型适配

Fit Summary	Saturated Model	Estimated Model
SRMR	0.045	0.128
d_ULS	0.342	2.797
d_G	0.350	0.473

标准化残差均方根适配度指标（Standardized Root Mean Square Residual，SRMR） index <0.08才符合适配度指标 [亨斯勒（Henseler，J.），胡伯纳（Hubona，G.），和拉伊（Rai，A.，2016）]

检验模型适配度指标（估计模型）

SRMR <95% bootstrap quantile （HI95 of SRMR）；

dUL <95% bootstrap quantile （HI95 of dULS）；

dG <95% bootstrap quantile（HI95 of dG）。

符合适配度指标 [亨斯勒，胡伯纳和拉伊（2016）]

近似模型适配度（Approximate Model Fit）（估计模型）） $SRMR > 0.08$

不符合适配度指标 [亨斯勒，胡伯纳和拉伊（2016）]

近似模型适配度 （饱和模型） $SRMR < 0.08$

符合适配度指标 [亨斯勒，胡伯纳和拉伊（2016）]

请点击"Outer Loadings"，可以找到因子载荷量，如表 19-19 所示。

表 19-19　外因子载荷量

	Original Sample（ O ）	Sample Mean（ M ）	Standard Deviation（ $STDEV$ ）	T Statistics（ |O/STDEV| ）	P Values
CO1 <- CO	0.895	0.895	0.015	59.977	0.000
CO2 <- CO	0.929	0.928	0.009	107.448	0.000
CO3 <- CO	0.909	0.908	0.013	71.076	0.000
IQ1 <- IQ	0.938	0.937	0.009	101.420	0.000
IQ2 <- IQ	0.923	0.923	0.011	80.566	0.000
MI1 <- MI	0.913	0.915	0.014	63.931	0.000
MI2 <- MI	0.887	0.884	0.021	42.545	0.000
MI3 <- MI	0.887	0.883	0.023	39.060	0.000
SQ1 <- SQ	0.923	0.923	0.013	73.352	0.000
SQ2 <- SQ	0.924	0.924	0.011	83.941	0.000
SQ3 <- SQ	0.904	0.904	0.021	43.718	0.000
SV1 -> SV	0.873	0.869	0.038	22.696	0.000
SV2 -> SV	0.865	0.855	0.041	21.258	0.000
SV3 -> SV	0.770	0.766	0.049	15.741	0.000
SV4 -> SV	0.781	0.774	0.058	13.476	0.000
US1 <- US	0.845	0.844	0.020	43.165	0.000
US2 <- US	0.814	0.813	0.027	29.640	0.000
US3 <- US	0.844	0.844	0.020	42.470	0.000

※ 注意：SV 为形成性，则需要呈现因子载荷量的值。

请点击"Outer Weights"，可以找到权重值，如表 19-20 所示。

表 19-20　外因子载荷量

	CO	IQ	MI	SQ	SV	US
CO1	0.366					
CO2	0.376					
CO3	0.355					
IQ1		0.564				
IQ2		0.510				
MI1			0.458			

续表

	CO	IQ	MI	SQ	SV	US
MI2			0.322			
MI3			0.334			
SQ1				0.370		
SQ2				0.381		
SQ3				0.339		
SV1					0.351	
SV2					0.432	
SV3					0.176	
SV4					0.236	
US1						0.423
US2						0.381
US3						0.393

请点击"Discriminant Validity"区别效度，可以找到 Fornell-Larcker 区别效度，如表 19-21 所示。

表 19-21　Fornell-Larcker 区别效度

	CO	IQ	MI		SQ	SV	US
CO	0.911						
IQ	0.412	0.931					
MI	0.324	0.218	0.896				
SQ	0.435	0.661	0.231		0.917		
SV	0.478	0.438	0.280		0.438	--	
US	0.517	0.589	0.241		0.564	0.567	0.834

（注意：SV 为形成性，没有 AVE 值）

请点击"Discriminant Validity"区别效度，可以找到 Heterotrait-Monotrait Ratio（HTMT）区别效度，如表 19-22 所示。

表 19-22　Heterotrait-Monotrait Ratio 区别效度

	CO	IQ	MI	SQ	US
CO					
IQ	0.474				
MI	0.355	0.252			
SQ	0.481	0.753	0.257		
US	0.619	0.718	0.285	0.669	

请点击"Composite Reliability（CR）""Average Variance Extracted（AVE）""Cronbachs Alpha"，可以找到需要的值，我们汇整后如表 19-23 所示。

表 19-23　构面信效度

	Cronbach's Alpha	rho_A	Composite Reliability	Average Variance Extracted （AVE）
CO	0.898	0.899	0.936	0.830
IQ	0.846	0.852	0.928	0.866
MI	0.879	0.915	0.924	0.802
SQ	0.906	0.909	0.941	0.841
SV	--	1.000	--	--
US	0.782	0.784	0.873	0.696

（注意：SV 为形成性，没有值）

13. 点选 Path Model 视窗标签，画面如图 19-24 所示。

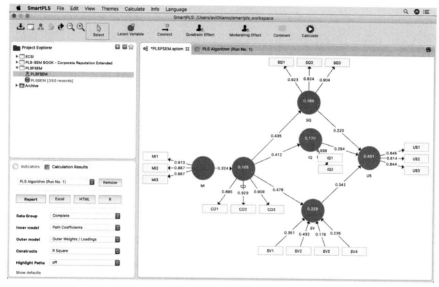

图 19-24　路径模型

我们整理需要的路径系数和解释力 R^2，如图 19-25 所示。

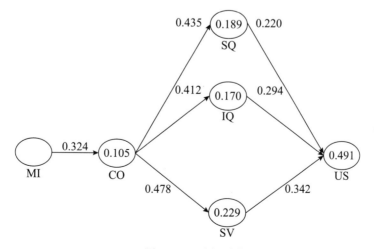

图 19-25　路径系数

14. 点击【Calculate】，我们需要统计检验值，如：t 值、P value，选择【Bootstrapping】，如图 19-26 所示。

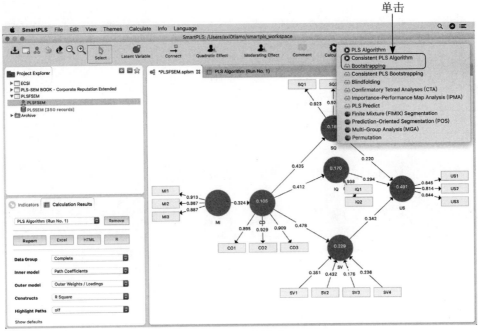

图 19-26　拔靴法

15. 记得将 Amount of Results 改成 Basic Bootstrapping，再点击【Start Calculation】，如图 19-27 所示。

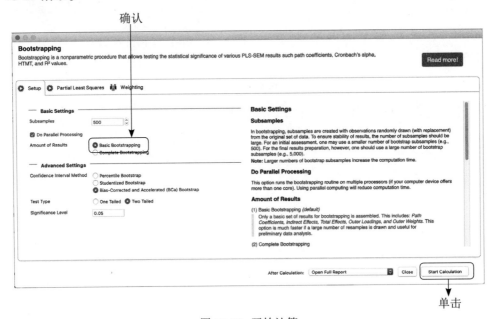

图 19-27　开始计算

➢ **自助法**

子样本（Subsamples）：在原始数据集中，随机取样以计算结果，较多次的子样本，可以确保结果的稳定，也会使用较多的运算时间，研究者初始估计时，建议可以使用 500 次随机子样本估计，以节省时间，但是最终估计建议设定 5 000 次随机子样本。

执行平行处理（Do Parallel Processing）：若是计算机提供双核心以上的处理器，执行平行处理时，可以使每个子样本同时在不同的处理器运算处理运行，达到节省时间的效果。

符号的改变（Sign Changes）：在自助法的重复估计时，可以选择符号改变时的处理方法，下面详细介绍。

－ 没有符号改变（默认）（No Sign Change）（Default）

子样本计算结果的符号改变时，会被忽略，并且继续估计，这是最保守的估计方法，缺点是标准差较大时，会有较低的 t 值。

－ 构面层级改变（Construct Level Changes）

子样本一组系数的符号（例如：构面，即潜在变量的所有外生负荷量）与原始 PLS 路径模型估计值比较。若是大部分的符号需要反向才能符合原始样本估计值，则所有的符号在自助法执行时都反向处理。若是大部分的符号不需要反向就能符合原始样本估计值，则都不改变符号。

－ 单独改变（Individual Changes）

每次自助法取样估计与原始样本比较，若是符号不同，则改变符号，以确保每次自助法取样的测量模型和结构模型的结果与原始样本符号一致。

特别注意：测试时，子样本用 500 次，取用正式结果时，建议设成 5 000 次。

16. 计算完成后，画面如图 19-28 所示。

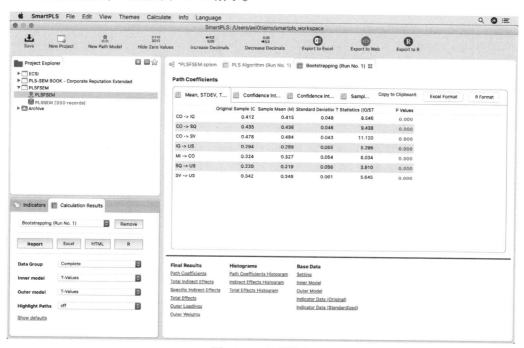

图 19-28　计算结果

17. 点击 Path Model 视窗标签，画面如图 19-29 所示。

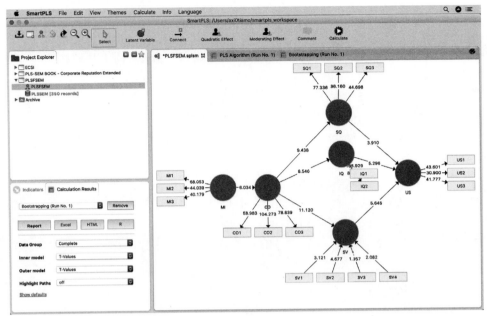

图 19-29　路径模型

18. 我们整理 t 值、P 值、路径系数和解释力 R^2，如图 19-30 所示。

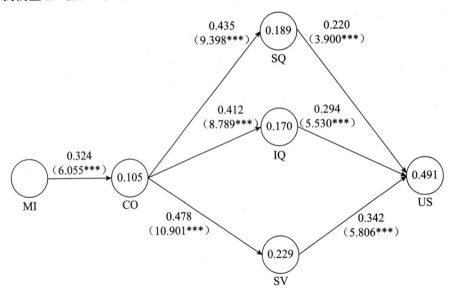

图 19-30　路径系数

报表整理结果如下。

形成性构面测量模型的评估标准

SV 为形成性构面，形成性构面测量模型的评估标准如下：

（1）评估收敛效度（Assess Convergent Validity）

（2）共线性检验（Collinearity Test）

（3）形成性题项的显著性与相关性（Significance and Relevance of Formative Indicator）

评估收敛效度

形成性构面的收敛效度需要使用重复分析（冗余分析），本研究设计了一个整体SV（Global）的题项，例如 Y_G，如图19-31所示。

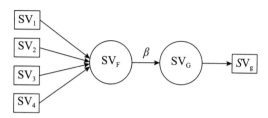

图19-31　评估收敛效度

研究结果 β >=0.7，SV 形成性构面具有良好的收敛效度。

共线性检验

本研究 SV 形成性构面的 VIF<5，代表共线性问题不严重。

形成性题项的显著性与相关性

SV 形成性构面题项的权重都达显著，显示都是重要的题项。

本研究有高阶主管支持、团队合作、系统质量、信息质量、服务质量和使用者满意度等 6 个潜在变量，我们整理输出报表结果，如表 19-24 所示。

表 19-24　测量模型的标度特性

构面	题项	因子载荷量 / 权重值	t-value	CR	AVE	Cronbachs Alpha	rho_A
MI	MI1	0.913	63.931	0.924	0.802	0.879	0.915
	MI2	0.887	42.545				
	MI3	0.887	39.060				
CO	CO1	0.895	59.977	0.936	0.830	0.898	0.899
	CO2	0.929	107.448				
	CO3	0.909	71.076				
SQ	SQ1	0.923	73.352	0.941	0.841	0.906	0.909
	SQ2	0.924	83.941				
	SQ3	0.904	43.718				
IQ	IQ1	0.938	101.420	0.928	0.866	0.846	0.852
	IQ2	0.923	80.566				
SV	SV1	0.351	3.045	—	—	—	1
	SV2	0.432	4.711				
	SV3	0.176	1.963				
	SV4	0.236	1.991				
US	US1	0.845	43.165	0.873	0.696	0.782	0.784
	US2	0.814	29.640				
	US3	0.844	42.470				

其中，SV 为形成性，需要呈现权重值，一为没有值。

※注意：SV 权重值的 t 值需要研究模型执行拔靴法后，找到权重值的 t 统计量。

信效度分析

内容效度（Content Validity）指测量工具内容的适切性，若测量内容涵盖本研究所要讨论的架构及内容，就可以说是具有优良的内容效度 [芭比（Babbie），1992]。然而，内容效度的检验相当主观，假若题项内容能以理论为基础，并参考学者类似研究所使用的问卷加以修订，并且与实务从业人员或学术专家讨论，即可认定具有相当的内容效度。本研究的问卷参考来源全部引用国外学者曾使用过的测量题项并根据本研究需求加以修改，并与专家讨论，经由学者对其内容审慎检验。因此，根据前述准则，本研究使用的衡量工具应符合内容效度的要求。

本研究针对各测量模型的参数进行估计。检验各个变量与构念的信度及效度。在收敛效度方面，海尔（Hair）等（1998）提出必须考量个别题项的信度、潜在变量组成信度与潜在变量的平均方差萃取等三项指标，若此三项指标均符合，方能表示本研究具收敛效度。

（1）个别题项的信度（Individual Item Reliability）：考虑每个题项的信度，即每个显性变量能被潜在变量所解释的程度，海尔等（1992）建议因子载荷量都在 0.5 以上，本研究所有观察变量的因子载荷量都大于 0.5，这表示本研究的测量指标具有良好信度。

（2）潜在变量组成信度（Composite Reliability，CR）：指构面内部变量的一致性，若潜在变量的组成信度越高，则表明其测量变量相关性越高，即表示它们都在测量相同的潜在变量，也就越能测量出该潜在变量。一般而言，其值须大于 0.7（海尔等，1998），本研究中的潜在变量的组成信度值都大于 0.8，rho_A 都大于 0.7（亨斯勒，胡伯纳和拉伊，2016），表明本研究的构面具有良好的内部一致性。

（3）平均方差萃取：测量模型分析是基于检验模型中两种重要的建构效度："收敛效度"及"区别效度"。平均方差萃取代表观测变量能测得多少百分比潜在变量的值，不仅可用以评判信度，同时亦代表收敛效度，福内尔（Fornell）和拉克尔（Larcker，1981）建议以 0.5 为临界标准，表明具有"收敛效度"，由表 19-24 的平均方差萃取值可看出，本研究的平均方差萃取介于 0.6988 和 0.866 之间，六个构面的平均方差萃取都大于 0.5，表明具有"收敛效度"。

区别效度：

Fornell-Larcker 区别效度如表 19-25 所示。

表 19-25　Fornell-Larcker 区别效度

	CO	IQ	MI	SQ	SV	US
CO	0.911					
IQ	0.412	0.931				
MI	0.324	0.218	0.896			
SQ	0.435	0.661	0.231	0.917		
SV	0.478	0.438	0.280	0.438		
US	0.517	0.589	0.241	0.564	0.567	0.834

（注意：SV 为形成性，没有 AVE 值）

*说明：对角线是 AVE 的开根号值，非对角线为各构面间的相关系数。此值若大于水平栏或垂直列的相关系数值，则表示具备区别效度。

由表 19-25 可看出各构面 AVE 值都大于构面间协方差值，表示本研究构面潜在变量的平均方差萃取量的平方根值大于相关系数值，故各构面应为不同的构面，具有"区别效度"。

Heterotrait-Monotrait Ratio （HTMT） 区别效度如表 19-26 所示。

表 19-26　Heterotrait-Monotrait Ratio 区别效度

	CO	IQ	MI	SQ	US
CO					
IQ	0.474				
MI	0.355	0.252			
SQ	0.481	0.753	0.257		
US	0.619	0.718	0.285	0.669	

由表 19-26 可看出 HTMT 值都小于 0.85，具有良好的区别效度（亨斯勒，胡伯纳和拉伊，2016）。

我们将总效果、路径系数和解释力整理如表 19-27 所示。

表 19-27　总效果

	CO	IQ	MI	SQ	SV	US
CO		0.412		0.435	0.478	0.380
IQ						0.294
MI	0.324	0.134		0.141	0.155	0.123
SQ						0.220
SV						0.342

路径系数和解释力的因果关系如图 19-32 所示。

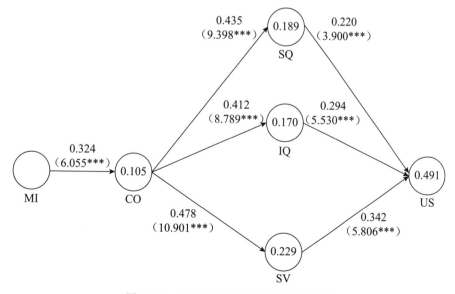

图 19-32　路径系数和解释力的因果关系

其中，* 是指 P<0.05；** 是指 P<0.01；*** 是指 P<0.001。（*t=1.96，**t=2.58，***t=3.29）

在偏最小二乘结构方程模型中，当 t 值＞1.96，表示已达到 α 值为 0.05 的显著水平，以 * 表示；当 t 值＞2.58 以 ** 表示，表示已达到 α 值为 0.01 的显著水平；当 t 值＞3.29，则表示已达到 α 值为 0.001 的显著水平，以 *** 表示。

由研究模型的因果关系图可知，高阶主管支持影响 ERP 项目团队团队合作，显著水平为 0.001 以上，而其估计值为 0.324；团队合作影响 ERP 系统、信息和服务质量，显著水平为 0.001 以上，而其估计值分别为 0.435、0.412 和 0.478，团队合作与系统质量、信息质量和服务质量这三者间的关系则呈正相关；影响使用者满意度的因素为系统、信息和服务质量，显著水平都为 0.001 以上，而其估计值为 0.22、0.29 和 0.34，其中影响使用者满意度最主要的因素为信息质量。

由研究模型的因果关系图可知，高阶主管支持对团队合作潜力的解释能力为 10.5%，团队合作对系统质量的解释能力为 18.9%，团队合作对信息质量的解释能力为 17%，团队合作对服务质量的解释能力为 22.9%，系统质量、信息质量和服务质量三个潜在变量对使用者满意度潜在变量的整体解释能力为 49.1%，说明模型解释潜在变量程度良好。

我们比较以服务质量 SV 为反映性模型（第 18 章）和以服务质量 SV（本章）为形成性模型的结果后发现，这两个模型的结果相近，这是因为数据分布近似正态以及只有一个构面的不同（反映性模型或形成性模型），许多研究会有多个反映性构面或形成性构面，这时候反映性模型或形成性模型的结果就会有差距。另外，比较严重的问题是"模型设定错误"，模型设定错误的意思是应该设定成反映性模型时，研究者却设定成形成性模型，或是应该设定成形成性模型时，研究者却设定成反映性模型。在一般的研究中应该设定成反映性模型还是形成性模型？研究者需要多了解反映性模型和形成性模型的差异，并且可从理论视角来判断和决定 [巴戈齐（Bagozzi），1984]。当反映性和形成性的模型设定错误（Model Misspecification）时，常常会影响研究的结果。

19.8　阶层式潜在变量模型

阶层式潜在变量模型（Hierarchical Latent Variable Model）是二阶（包含）以上（Second or Higher Order Analysis）的潜在变量模型，例如：有三阶的潜在变量模型、四阶的潜在变量模型、五阶的潜在变量模型。阶层式潜在变量模型的反映性与形成性模型相当复杂，其中，最基本的是二阶（Second Order）的反映性与形成性模型，我们介绍如下。二阶的反映性与形成性模型是属于阶层式潜在变量模型中最简单的模型，二阶的反映性与形成性模型与一阶的反映性与形成性模型结合会形成四种模型，分别是模型一（反映性-反映性），模型二（反映性-形成性），模型三（形成性-反映性），模型四（形成性-形成性），如图 19-33 至图 19-37 所示。

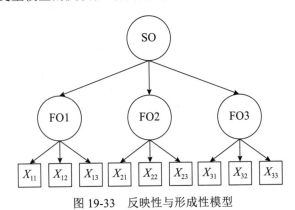

图 19-33　反映性与形成性模型

模型一　反映性 - 反映性：一阶的反映性与二阶的反映性模型的结合

其中，FO 是指一阶；SO 是指二阶。

反映性 - 反映性分析方法：重复的指标方法（Repeated Indicator Approach）

[资料来源：Martin Wetzels，Gaby Odekerken-Schrder，& Claudia van Oppen.（2009）.

"Using PLS path modeling for assessing hierarchical construct models：

guidelines and empirical illustration." *MIS Quarterly*，33（1）：177-195.]

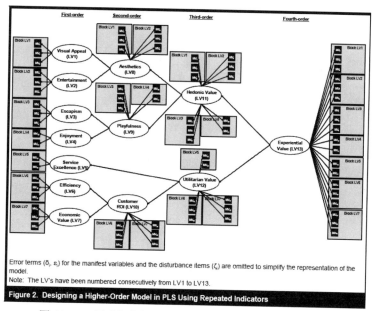

图 19-34　用重复指标在偏最小二乘中设计一个高阶模型

模型二　反映性 - 形成性：一阶的反映性与二阶的形成性模型的结合

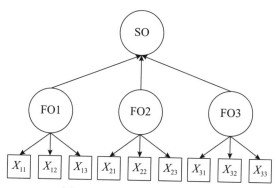

图 19-35　反映性与形成性模型

其中，FO 是指一阶；SO 是指二阶。

方法一：　重复的指标方法（Repeated Indicator Approach）

方法二：　两阶段法（Two-stage Approach）

方法一：　重复的指标方法和方法二：　两阶段法都有学者使用，不同状况下，使用不同的方法，在一般情况下请使用方法二：　两阶段法。

资料来源：Becker，J.-M.，Klein，K.，& Wetzels，M.（2012）. Hierarchical Latent Variable Models in PLS-SEM：Guidelines for Using Reflective-Formative Type Models. Long Range Planning，45（5-6），359-394.

模型三　形成性 - 反映性：一阶的形成性与二阶的反映性模型的结合

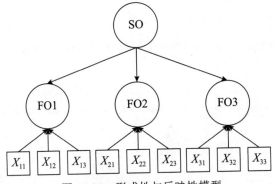

图 19-36　形成性与反映性模型

其中，FO 是指一阶；SO 是指二阶。

形成性 - 反映性如表 19-28 所示。

表 19-28　形成性 - 反映性

可信赖 – 形成性 [塞尔瓦（Serva） 等，2005]	完整性（反映性）	真实 诚实 信守承诺 诚心和真诚
	仁慈（反映性）	以我最大的利益行事 尽量帮助我 关心我的幸福
	能力（反映性）	胜任和有效率 很好的执行角色 有能力的和精通的 知识渊博的

资料来源：Serva, M.A., Benamati, J.S., and Fuller, M.A.（2005）. "Trustworthiness in B2C e-Commerce: An Examination of Alternative Models，" *The DATA BASE for Advances in Information Systems*, 36（3），89-108.

模型四　使用重复的指标方法

资料来源：Christian M. Ringle，Marko Sarstedt & Detmar，W. Straub. Editor's comments： a critical look at the use of PLS-SEM in MIS quarterly. *MIS Quarterly*, 36（1），iii-xiv.

模型五　形成性 - 形成性：一阶的形成性与二阶的形成性模型的结合

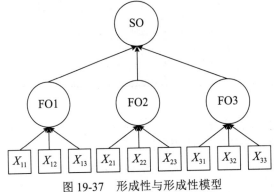

图 19-37　形成性与形成性模型

其中，FO 是指一阶；SO 是指二阶。

形成性 - 形成性如表 19-29 所示。

表 19-29 形成性 - 形成性

	运作管理水平（形成性）	产品交付周期 售后服务的及时性 改善生产力
公司绩效 – 形成性（拉伊等，2006）	客户关系（形成性）	与客户保持紧密的联系 了解客户的购买模式
	收入增长（形成性）	增加现有产品的销售 寻找新的收入来源

资料来源：Rai，A.，Patnayakuni，R.，and Seth，N.（2006）. "Firm Performance Impacts of Digitally Enabled Supply Chain Integration Capabilities，" *MIS Quarterly*，30（2），225-246.

模型六　使用两阶段分析模型（Two-Stage Approach for the second order analysis）

资料来源：Christian M. Ringle，Marko Sarstedt & Detmar，W. Straub. Editor's comments：a critical look at the use of PLS-SEM in MIS quarterly. *MIS Quarterly*，36（1），iii-xiv.

形成性 - 形成性类型的第一阶段，如图 19-38 所示。

其中，FO 是指一阶；SO 是指二阶。

形成性 - 形成性类型的第二阶段，如图 19-39 所示。

其中，FO 是指一阶；SO 是指二阶。

偏最小二乘书籍：Vinzi，V.，Chin，W.W.，Henseler，J. et al.，eds.（2010）. Handbook of Partial Least Squares. ISBN 978-3-540-32825-4.

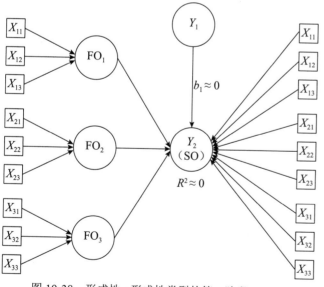

图 19-38 形成性 - 形成性类型的第一阶段

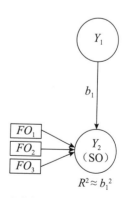

图 19-39 形成性 - 形成性类型的第二阶段

第20章 交互作用、中介和调节（干扰）

交互作用、中介和调节（干扰）的影响常在社会科学的研究中出现，研究人员（老师、学生、研究员等）面对交互作用、中介和调节（干扰）的问题时常常觉得不好处理。本章节特别介绍交互作用、中介和调节（干扰）效果的验证，我们引用 Reuben M. Baron and David A. Kenny 于 1986 年的经典文章如下：

"Reuben M. Baron and David A. Kenny（1986）. The Moderator-Mediator Variable Distinction in Social Psychological Research：Conceptual, Strategic, and Statistical Considerations. *Journal of Personality and Social Psychology*, Vol. 51, No. 6, 1173-1182."

Reuben M. Baron and David A. Kenny 于 1986 年的经典文章介绍了调节（干扰）和中介效果的概念、策略和统计考虑，在实操部分，我们参考重要数据如下：

1. Chin, W. W., Marcolin, B. L., & Newsted, P. R.（2003）. A partial least squares latent variable modeling approach for measuring interaction effects: Results from a Monte Carlo simulation study and an electronic-mail emotion/adoption study. *Information Systems Research*, 14, 189-217.

2. Ringle, C., Wende, S.,andWill, A.（2005）.SmartPLS2.0http://www.smartpls.de, SmartPLS, Hamburg, Germany.

3. Henseler, J., and Chin, W.W.（2010）.A comparison of approaches for the analysis of interaction effects between latent variables using partial least square s path modeling. *Structural Equation Modeling*, 17（1）, 82-109

本章我们使用 SPSS 和 SmartPLS 3（PLS-SEM）来实际操作题。

20.1 交互作用

交互作用（Interaction）顾名思义就是双方会互相影响。我们研究社会现象时，若是有两个自变量，则称为双因素方差分析，若是有三个自变量，则称为三因素方差分析。以两个自变量 A 和 B 影响一个因变量 Y 为例，除 A 和 B 分别会影响因变量 Y 外，也会有 $A \times B$ 交互作用影响着 Y，如图 20-1 所示。

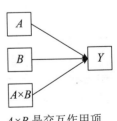

$A \times B$ 是交互作用项

图 20-1 A、B、交互作用项对 Y 的影响

我们再以三个自变量 A、B 和 C 影响一个因变量 Y 为例，除 A、B 和 C 分别影响因变量 Y 外，还会有 $A \times B$、$A \times C$、$B \times C$ 和 $A \times B \times C$ 等四个交互项影响因变量 Y。

我们整理了两个和三个自变量产生的交互作用项，如表 20-1 所示。

表 20-1　两个和三个自变量产生的交互作用项

自变量	交互作用项	
	Two-Way（两项）	Three-Way（三项）
A、B	$A \times B$	
A、B、C	$A \times B$ $A \times C$ $B \times C$	$A \times B \times C$

交互作用时常出现在社会现象中，举例如下。

范例一　工作单位与性别对组织文化的交互作用

A：工作单位（例如：财务、工务、业务等）

B：性别（例如：男、女）

Y：组织文化（例如：成果取向、人员取向、团队取向）

交互作用项 = 工作单位 × 性别

范例二　计算机自我效能与目标取向在学习方法的交互作用

A：计算机自我效能

B：目标取向

Y：学习方法

交互作用项 = 计算机自我效能 × 目标取向

范例三　品牌组成策略与品牌扩张类型对品牌评价的交互作用

A：品牌组成策略

B：品牌扩张类型

Y：品牌评价

交互作用项 = 品牌组成策略 × 品牌扩张类型

实际操作范例：在一个混合式的组织中（同时存在机械式和有机式），我们想了解组织的形态与领导特质对组织绩效的交互作用。

A：组织的形态 – 机械式和有机式

B：领导特质 – 交易型领导和转换型领导

Y：组织绩效 – 组织表现的好坏程度

交互作用项 = 组织的形态 × 领导特质

将光盘 MMA 目录复制到 C:\ MMA 后，操作步骤如下。

打开 SPSS 文件 interaction，将下方滑块向右拉，看到 OS：组织的形态有机械式（1）和有机式（2），LS：领导特质有交易型领导（1）和转换型领导（2），Performance：组织绩效（Linkert scale 1-5），如图 20-2 所示。

■ 交互作用

1. 打开 interaction.sav，单击【分析】-【一般线性模型】-【单变量】，如图 20-2 所示。

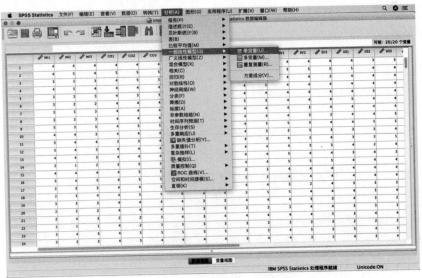

图 20-2　打开文件并单击"单变量"

2. 选取"Performance"至【因变量】栏，如图 20-3 所示。

3. 选取"OS""LS"至【固定因子】栏，如图 20-4 所示。

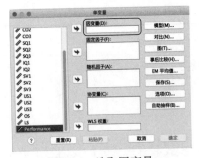

图 20-3　选取因变量

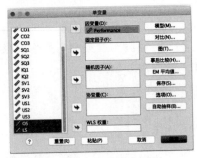

图 20-4　选取固定因子

4. 单击【图】，如图 20-5 所示。

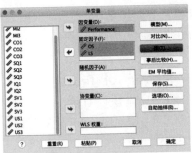

图 20-5　单击"图"

5. 选取"OS"至【水平轴】栏，选取"LS"至【单独的线条】栏，单击【添加】，如图 20-6 所示。

6. 产生"OS*LS"，单击【继续】，如图 20-7 所示。

图 20-6　单变量：轮廓图

图 20-7　单击"继续"

图形的 OS*LS 就是要画出交互作用的变量

7. 单击【确定】，如图 20-8 所示。

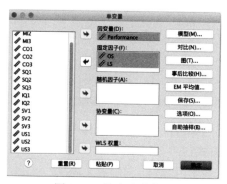

图 20-8　单击"确定"

8. 结果如图 20-9 所示。

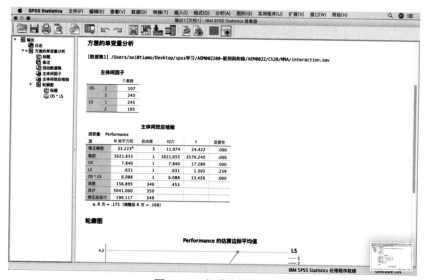

图 20-9　查看分析结果

我们查看交互作用项 OS 组织形态 * LS 领导形态，F 值 =13.426，P=0.000，达显著，显示有交互作用影响。

OS 组织形态与 LS 领导形态同时对于组织绩效的结果，如图 20-10 所示。

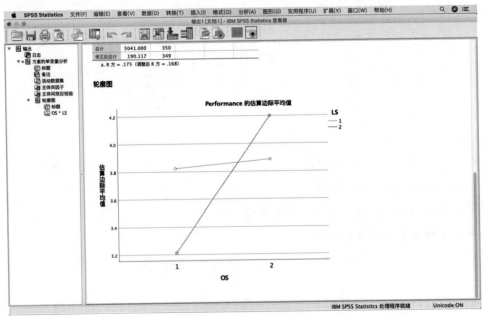

图 20-10   查看分析结果

OS：组织的形态机械式（1）和有机式（2），LS：领导特质 交易型领导（1）和转换型领导（2），Performance：组织绩效（ Linkert scale 1-5）。

- **交互作用的简易判定方式：**

图中有交叉线，代表有交互作用影响。

图中无交叉线，代表无交互作用影响。

我们将结果图放入报告中，如图 20-11 所示。

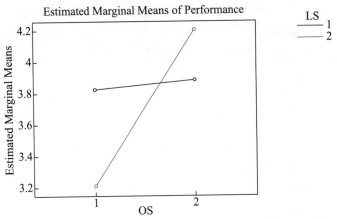

批注：OS：组织的形态机械式（1）和有机式（2），LS：领导特质交易型领导（1）和转换型领导（2），Performance：组织绩效。

图 20-11   领导形态与组织形态对组织绩效的交互作用影响

　　从图中的交叉线来看，我们可以确定领导形态与组织形态同时对于组织绩效有交互作用影响。转换型的领导形态在机械式的组织中绩效较差，在有机式的组织中绩效较好，而交易型的领导在机械式和有机式组织的绩效差异不大，我们也可以将结果整理成表 20-2。

表 20-2　领导形态与组织绩效对组织绩效的交互作用影响

组织形态 领导形态	机械式	有机式
交易型	绩效适中	绩效适中
转换型	绩效最差	绩效最好

　　我们已经完成交互作用的实际操作了。

20.2　中介效果的验证

　　在社会科学的研究中，自变量与调节（干扰）变量会通过中介变量来影响因变量。中介变量可以定义为影响因变量的理论性因素，其对因变量的影响必须从观察现象的自变量中进行推论。中介效果是指自变量通过中介变量来影响因变量的效果，一般常画的中介效果的验证图，如图 20-12 所示。

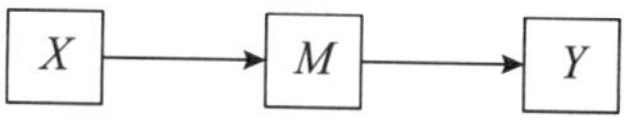

　　早期中介效果的检测，都是通过 Sobel 于 1982 年提出的 Sobel 检验 Sobel Z- test 来检验中介效果。

图 20-12　中介效果验证

中介效果路径系数 $= a \times b$

标准差 $= \sqrt{b^2 S_a^2 + a^2 S_b^2 + S_a^2 S_b^2}$

由于 $S_a^2 S_b^2$ 很小，可以忽略，

因此 $Z = \dfrac{a \times b}{\sqrt{b^2 S_a^2 - a^2 S_b^2}}$

　　Sobel, M. E. （1982）. "Asymptotic confidence intervals for indirect effectsin structural equations models," in S. Leinhart （Ed.）, *Sociological methodology* 1982（pp. 290-312）. San Francisco: Jossey-Bass.

　　Baron and Kenny（1986）也建议使用 Sobel Z- test 来检验中介效果。谈到中介，大家都会对 Baran and Kenny（1986）所提出的中介效果检验肃然起敬，因为大家都使用了这项中介检验程序。Baron and Kenny 于 1986 年的经典文章中特别介绍了调节（干扰）和中介效果的概念、策略和统计考虑 [Baron and Kenny（1986）]。我们特别引用 Reuben M. Baron and David A. Kenny 于 1986 的经典文章如下：

　　"Reuben M. Baron and David A. Kenny（1986）. The Moderator-Mediator Variable Distinction in Social Psychological Research：Conceptual, Strategic, and Statistical Considerations. Journal of Personality and Social Psychology, Vol. 51, No. 6, 1173-1182."

　　简单中介效果如图 20-13 所示。

　　Baran and Kenny （1986）中介效果的验证三步骤：

一、以 X 预测 Y

二、以 X 预测 M

三、以 X 和 M 同时预测 Y

我们解释如下：

第一步骤：以 X 预测 Y

以图形和回归方程表示，如图 20-14 所示。

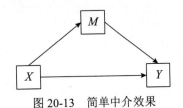

图 20-13　简单中介效果

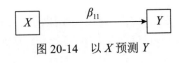

图 20-14　以 X 预测 Y

$$Y = \beta_{10} + \beta_{11}\chi$$

其中，β_{10} 为常数；

　　　β_{11} 为回归系数。

检验：β_{11} 要达显著，执行第二步骤，否则中止中介效果分析。

第二步骤：以 X 预测 M

以图形和回归方程表示，如图 20-15 所示。

$$M = \beta_{20} + \beta_{21}\chi$$

其中，β_{20} 为常数；

　　　β_{21} 为回归系数。

检验：β_{21} 要达显著，执行第三步骤，否则中止中介效果分析。

第三步骤：以 X 和 M 同时预测 Y

以图形和回归方程表示，如图 20-16 所示。

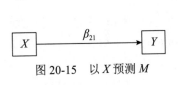

图 20-15　以 X 预测 M

图 20-16　以 X 和 M 同时预测 Y

$$Y = \beta_{30} + \beta_{31}\chi + \beta_{32}M$$

其中，β_{30} 为常数；

　　　β_{31} 为 X 的回归系数；

　　　β_{32} 为 M 的回归系数。

检验：若 β_{31} 不显著且接近于 0 →结果为完全中介

　　　β_{31} 若为显著，且系数小于第一步骤的 β_{11} →结果为部分中介

Baran and Kenny（1986）中介效果验证流程如图 20-17 所示。

　　在过去的 20 年间，不断有学者建议，修正和重新考虑中介效果的检验。例如，Bollen（1989）指出检测中介时未注意测量误差（Measurement Error）问题，Baron and Kenny（1986）说明 X 和 M 的测量误差会导致路径系数估计的偏差，使用回归检测中介效果时，时常忽略测量误

差所带来的影响。因此建议使用可信赖的测量，并且测量的构面可以使用多个题项，分析时使用结构方程模型（SEM），可以较正确估计测量误差和所带来的影响（Bollen, 1989）。

Kenny, Kashy and Bolger（1998）指出检测直接效果为中介效果的一个情况。$Y=bM+C'+e$ 中，检测 C' 在 Baron and Kenny（1986）方法中是必要的，但是在 Kenny et al.（1998）的修正中，已经说明检测 C' 不是必要的。我们想确认中介效果是否存在，只需要检验间接效果是否得到支持就可以了。

Shrout and Bolger（2002）主张 Baran and Kenny（1986）中介效果检验的第一项条件 "X 显著影响 Y"，并不是中介效果存在的必要条件。Zhao et al.（2010）也持相同的看法，并且清楚地做了解释。

MacKinnon, Lockwood, & Willians（2004）指出先前中介效果检验未注意间

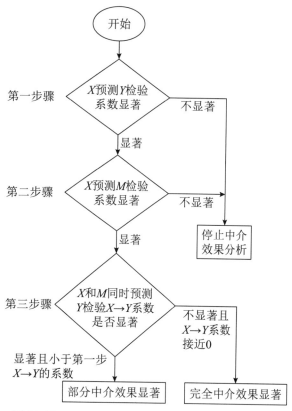

图 20-17 Baran and Kenny(1986) 中介效果验证流程

接效果（Indirect Effect）的大小和显著性问题，虽然 Baronn and Kenny（1986）提到要计算间接效果 $a×b$，但未提供计算方式。因此，许多研究者会根据 Sobel（1982）提出的间接效果的检验，然而 Sobel（1982）的间接效果的计算是假设间接效果 $a×b$ 是正态分布，这个假设是不适当的，所以不建议使用 Sobel Test。目前建议研究者使用自助法（Bootstrap）来估计间接效果的大小和显著性（MacKinnon, Lockwood, & Willians，2004）。

Preacher and Hayers（2004，2008）指出中介效果的 $a×b$ 不是正态分布，Sobel Test 要求正态分布，所以 Sobel Test 并不适用。

Lacobucci et al.（2007）and Hair et al.（2010）说明 CB-SEM 的中介效果检验也适用自助法（Bootstrap）来估计间接效果的大小和显著性。

LeBreton et al.（2008）和 Aguinis et al.（2016）都指出在中介效果检验步骤中存在检测直接效果而忽略概念上的评断的问题。一般研究者检测中介效果时，习惯遵循 Baron and Kenny（1986）步骤，将直接效果 C' 包含进来检测，而不管中介效果被假设成完全中介或部分中介。当理论上指出是完全中介时，研究者应该使用完全中介为基础模式，检测 $a×b$，而忽略直接效果 $C'=0$。

Kenny（2008）指出中介效果的检验需要考虑时间因素，所以建议使用纵贯性数据。一般研究者收集的是横截面数据，检测中介效果时就直接使用了。然而，中介模式所包含的因果路径常涉及时间的过往（LeBreton et al.，2008），使用横截面数据在检测中介时，可能产生估计上的偏误，建议使用纵贯性数据（Kenny，2008）。

Hair et al.（2014）提出 VAF（Variance Account For）变异解释百分比。

在检测中介效果时，一般我们常用 Sobel（1982）检验，Sobel 检验是计算中介效果的 T 值，以检测是否显著，由于 Sobel Test 要求正态分布，而中介效果（例如：$P_{12}*P_{23}$）并不能支持为正态分布，所以并不适用于 PLS 方法（无正态分布要求）。加上样本较小的时候，Sobel Test 缺乏统计检验力（Hair et al.，2014，p.225），因此 Hair et al.（2014）使用 PLS 检测中介效果时，不建议搭配使用 Sobel Test。

VAF（variance account for）变异解释是指间接效果对于总效果的百分比，如图 20-18 所示。

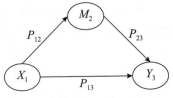

图 20-18　VAF 变异解释

$$VAF = （P_{12}*P_{23}）/（P_{12}*P_{23} + P_{13}）*100\%$$

1）VAF<20%　　没有中介效果

2）20%≤VAF≤80%　　部分中介

3）VAF>80%　　完全中介

Zhao et al.（2010）提出中介因子的 5 种形态和中介效果检验流程，Hair et al.（2017）也支持相同的做法。中介因子的 5 种形态有：

1）互补的中介（有中介）[Complementary（Mediation）]

2）竞争的中介（有中介）[Competitive（Mediation）]

3）完全中介（有中介）[Indirect-only（Mediation）]

4）只有直接影响（无中介）[Direct-only（Non Mediation）]

5）没有影响（无中介）[No-effect（Non Mediation）]

最近几年中介效果的检验中，以 Zhao et al.（2010）整体的说明最为重要，Zhao et al.（2010）也支持中介效果检验的第一项条件 X 显著影响 Y，并不是中介效果存在的必要条件，并且进行了清楚的解释，Baran and Kenny（1986）的第一项条件"X 显著影响 Y"，其必要存在的条件是直接效果 c 和间接效果 $a \times b$ 有相同的效果方向，也就是说 c 和 $a \times b$ 同时是正向或负向值，从而形成互补型中介。当 c 和 $a \times b$ 不同方向，而形成竞争型中介时，Baron and Kenny（1986）中介效果检验的第一条件"X 显著影响 Y"，就不是必要的条件，原因是即使中介效果 $a \times b$ 存在，直接效果 c 也可能不显著，因此，会误导中介效果的判定，严重影响研究结果。

Baron and Kenny（1986）建议使用 Sobel Z- test 来检验中介效果。

中介效果路径系数 $=a \times b$

标准差 $= \sqrt{b^2 S_a^2 + a^2 S_b^2 + S_a^2 S_b^2}$

由于 $S_a^2 S_b^2$ 很小，可以忽略，

因此 $Z = \dfrac{a \times b}{\sqrt{b^2 S_a^2 - a^2 S_b^2}}$

Sobel Z-test 存在问题：

Sobel Z-test 的中介效果检验要求 $a \times b$ 乘积项为正态分布，Preacher and Hayes（2004，2008）都指出使用 Sobel Z-test 检验中介效果并不适当，因为 Sobel Z-test 使用的是参数估计，特别需要变量的数据，但是，中介效果 $a \times b$ 经常不是正态分布，这时应该如何处理呢？研究者可以使用自助法来检验中介效果。自助法（Bootstrap）是非参数估计方法，没有正态分布的要求，自助法是从原始数据中随机抽出设定的（e.g. 5 000 次）的样本，来进行估计 $a \times b$ 的中介效果大小和标准差，再使用 t 检验来检验 $a \times b$ 是否达到显著结果，也就是置信区间估计是否包含零，若不包含零，则达到显著要求。

Zhao et al.（2010）也对于 Baron and Kenny（1986）提出 3 项争议：

1）Baron and Kenny 提出，当没有直接效果，而有间接效果时，中介效果是最强的。事实上，中介效果的强弱，并不在于有无直接效果，而是需要计算间接效果（i.g. $a \times b$）的大小。

2）检测中介效果只有一个要求，那就是计算间接效果（i.g. $a \times b$）是否显著，Baron and Kenny 的其他检测可以用来区分中介因子的形态。

3）Sobel test 的统计检验力比自助法低（Preacher and Hayes 2004），另外，间接效果 $a \times b$ 并不一定是正值（Positive），也有可能是负值，同时显著（Significant and Negative）。

Zhao et al.（2010）文章中提出中介因子的 5 种形态和中介效果检验流程如下。

中介因子的 5 种形态：

1）互补的中介（有中介）[Complementary（Mediation）]

2）竞争的中介（有中介）[Competitive（Mediation）]

3）完全中介（有中介）[Indirect-only（Mediation）]

4）只有直接影响（无中介）[Direct-only（Non Mediation）]

5）没有影响（无中介）[No-effect（Non Mediation）]

中介效果检验流程，如图 20-19 所示。

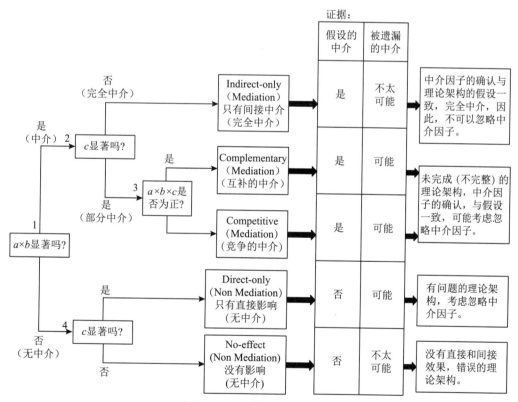

图 20-19　中介效果检验流程

Zhao et al.（2010）中介效果检验流程说明如下：

1）先查看中介效果 $a \times b$ 是否显著？若是，代表有中介效果。若否，代表没有中介效果。

2）查看直接效果 c 是否显著？若否，代表只有间接中介，也就是完全中介效果。中介因子的确认与理论架构的假设一致，完全中介，因此，不可以忽略中介因子。

3）在直接效果 c 是显著结果下，查看 $a \times b \times c$ 是否为正值？若是，代表是互补的中介。若否，代表竞争的中介。说明是未完成（不完整）的理论架构，中介因子的确认与假设一致，考虑可能忽略了某些中介因子。

4）在中介效果 $a \times b$ 不是显著结果下，查看直接效果 c 是否显著？若是，代表只有直接影响（无中介），是有问题的理论架构，考虑可能忽略了某些中介因子。若否，代表没有影响（无中介），没有直接和间接效果，是错误的理论架构。

我们整理了 Baron and Kenny（1986）和 Zhao et al.（2010）中介因子形态的对应关系，如表 20-3 所示。

表 20-3　Baron and Kenny（1986）和 Zhao et al.（2010）中介因子形态的对应关系

Baron and Kenny（1986）中介类型	Zhao et al.（2010）中介类型
部分中介（Partial Mediation）	互补的中介（Complementary Mediation）
部分中介（Partial Mediation）	竞争的中介（Competitive Mediation）
完全中介（Full Mediation）	只有间接中介（Indirect-only Mediation）
无中介（No Mediation）	只有直接影响（无中介） （Direct-only（Non Mediation））
无中介（No Mediation）	没有影响（无中介） （No-effect（Non Mediation））

Baron and Kenny（1986）对照 Zhao et al.（2010）中介因子形态：

Baron and Kenny（1986）的部分中介，Zhao et al.（2010）分成互补的中介和竞争的中介。

Baron and Kenny（1986）的完全中介对应 Zhao et al.（2010）的只有间接中介。

Baron and Kenny（1986）的无中介，Zhao et al.（2010）分成只有直接影响（无中介）和没有影响（无中介）。

参考文献

- Aguinis, H., Edwards, J. R., and Bradley, K. J. 2016. "Improving Our Understanding of Moderation and Mediation in Strategic Management Research," *Organizational Research Methods*.
- Baron, R. M. and Kenny, D. A.（1986），"The Moderator-Mediator Variable Distinction in Social Psychological Research: Conce ptual, Strategic and Statistical Considerations", *Journal of Personality and Social Psychology*, Vol. 51 No. 6, pp. 1173-1182.
- Bollen, K. A. 1989. *Structural equations with latent variables*. New York, NY: Wiley.
- Hair, J. F., Black, W. C., Babin, B. J. and Anderson, R. E.（2010），Multivariate Data Analysis, Prentice Hall, Englewood C liffs.
- Hair, J. F., Hult, G. T. M., Ringle, C. M., & Sarstedt, M.（2014）. A Primer on Partial Least Squares Structural Equation Modeling. Thousand Oaks: Sage.
- Hair, J. F., Hult, G. T. M., Ringle, C. M., & Sarstedt, M.（2017）. A Primer on Partial Least Squares Structural Equation Modeling（PLS-SEM）. 2nd Edition. Thousand Oaks: Sage
- Iacobucci, D. , Saldanha, N. and Deng, X.（2007），"A Mediation on Mediation: Evidence That Structural Equation Models Perform Better Than Regression", *Journal of Consumer Psychology*, Vol. 17 No. 2, pp. 140-154.
- Kenny, D. A. 2008. "Reflections on mediation," *Organizational Research Methods*（11）, pp. 353-358.
- Kenny, D. A., Kashy, D. A., and Bolger, N. 1998. "Data analysis in social psychology," *The Handbook of Social Psychology*（1）, pp. 233-265.
- LeBreton, J. M., Wu, J., and Bing, M. N. 2008. The truth（s）on testing for mediation in the social and organizational sciences. In C. E. Lance & R. J. Vandenberg（Eds.）, *Statistical and methodological myths and urban legends: Received doctrine, verity, and fable in the organizational and social sciences.*（pp. 107-141）.

New York, NY: Routledge.

- MacKinnon, D. P., Lockwood, C. M., and Williams, J. 2004. "Confidence limits for the indirect effect: Distribution of the product and resampling methods," *Multivariate Behavioral Research* （39）, pp. 99-128.
- Preacher, K. J. and Hayes, A. F. （2004）, "SPSS and SAS Procedures for Estimating Indirect Effects in Simple Mediation Mode ls", *Behavior Research Methods Instruments, and Computers*, Vol. 36 No. 4, pp. 717-731.
- Preacher, K. J. and Hayes, A. F. （2008）, "Asymptotic and Resampling Strategies for Assessing and Comparing Indirect Effects in Multiple Mediator Models", *Behavior Research Methods*, Vol. 40 No. 3, pp. 879-891.
- Shrout, P. E. and Bolger, N. （2002）, "Mediation in Experimental and Nonexperimental Studies: New Procedures and Recommendations", *Psychological Methods*, Vol. 7 No. 4, pp. 422- 445.
- Sobel, M. E. （1982）, "Asymptotic Confidence Intervals for Indirect Effects in Structural Equation Models", *Sociological Methodology*, Vol. 13, pp. 290-312.
- Zhao, X., Lynch, J. G. and Chen, Q. （2010）, "Reconsidering Baron and Kenny: Myths and Truths about Mediation Analysis", *Journal of Consumer Research*, Vol. 37 No. 3, pp. 197-206.

范例：

我们想要验证"高阶主管的参与"对于"信息质量"的影响中，"团队合作"是否有中介效果？如图 20-20 所示。

其中，MI 为高阶主管的参与；

　　　 CO 为团队合作；

　　　 IQ 为信息质量。

第一步骤：以 MI 预测 IQ

以图形和回归方程表示，如图 20-21 所示。

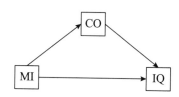

图 20-20　团队合作对高阶主管的参与对于信息质量的影响的中介作用

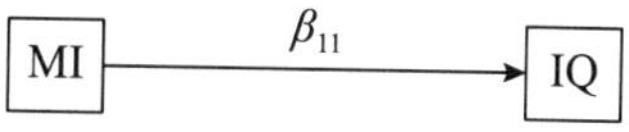

图 20-21　以 MI 预测 IQ

将光盘 MMA 目录复制到 C:\ MMA 后，操作步骤如下。

1. 打开 SPSS 文件 MMA，单击【分析】-【回归】-【线性】，如图 20-22 所示。

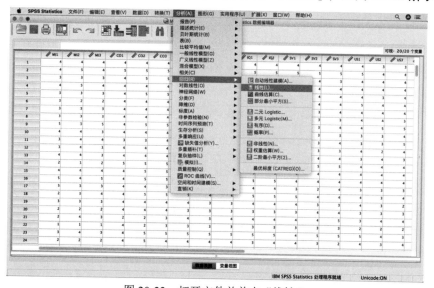

图 20-22　打开文件并单击"线性"

2. 选取 "IQ" 至【因变量】栏，如图 20-23 所示。

3. 选取 "MI" 至【自变量】栏，如图 20-24 所示。

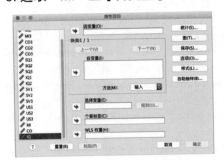
图 20-23　选取因变量

图 20-24　选取自变量

4. 单击【确定】，如图 20-25 所示。

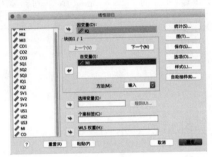
图 20-25　单击 "确定"

5. 结果如图 20-26 所示。

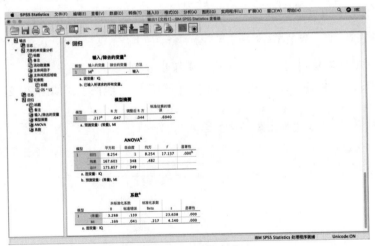
图 20-26　查看分析结果

整理结果如表 20-4 所示。

表 20-4　以 MI 预测 IQ 结果

	IQ 信息质量
	M_1
自变量	

续表

	IQ 信息质量
MI：高阶主管的参与	0.217***
CO：团队合作	
R^2	0.047
调整 R^2	0.044
F 值	17.137***

*$P<0.05$　　**$P<0.01$　　***$P<0.001$

检验：β_{11} 为回归系数，β_{11} 要达显著，执行第二步骤，否则中止中介效果分析。

$\beta_{11}=0.217$，$P=0.000$ 达显著，执行第二步骤。

第二步骤：以 MI 预测 CO

以图形表示，如图 20-27 所示。

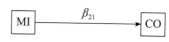

图 20-27　以 MI 预测 CO

6. 单击【呼叫最近的对话】-【线性回归】，如图 20-28 所示。

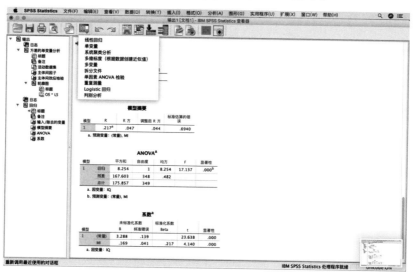

图 20-28　单击"线性回归"

7. "IQ"取出，选取"CO"至【因变量】栏，请确认因变量 CO，自变量 MI，单击【确定】，如图 20-29 所示。

图 20-29　选取因变量和自变量

8. 结果如图 20-30 所示。

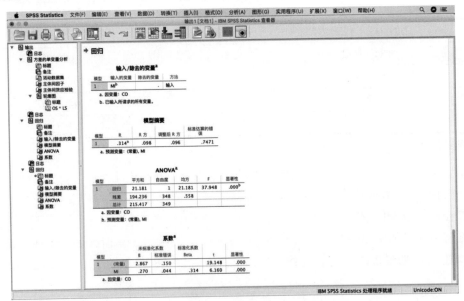

图 20-30　查看分析结果

整理结果如表 20-5 所示。

表 20-5　以 MI 预测 CO 结果

	CO: 团队合作
自变量	
MI：高阶主管的参与	0.314***
CO：团队合作	
R^2	0.098
调整 R^2	0.096
F 值	37.948***

*$P<0.05$　**$P<0.01$　***$P<0.001$

β_{21} 为回归系数

检验：β_{21} 要达显著，才执行第三步骤，否则中止中介效果分析。

$\beta_{11}=0.314$，$P=0.000$ 达显著，执行第三步骤。

第三步骤：以 MI 和 CO 同时预测 IQ

以图形和回归方程表示，如图 20-31 所示。

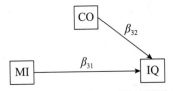

图 20-31　以 MI 和 CO 同时预测 IQ

9. 单击【呼叫最近的对话】-【线性回归】，如图 20-32 所示。

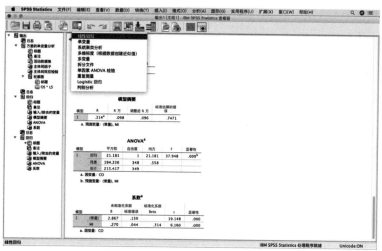

图 20-32　单击"线性回归"

10. 取出"CO"，选取"IQ"至【因变量】栏，选取"CO"至【自变量】栏，请确认因变量 IQ，自变量 MI 和 CO，单击【确定】，如图 20-33 所示。

图 20-33　选取因变量和自变量

11. 结果如图 20-34 所示。

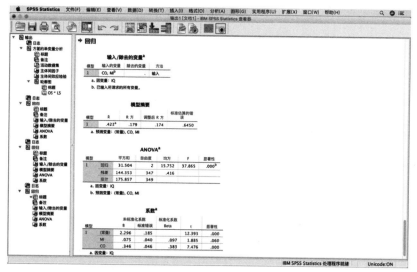

图 20-34　查看分析结果

整理结果如表 20-6 所示。

表 20-6　以 MI 和 CO 同时预测 IQ 结果

	IQ 信息质量
	M_2
自变量	
MI：高阶主管的参与	0.097
CO：团队合作	0.383***
R^2	0.179
调整 R^2	0.174
F 值	37.865***

注：*$P<0.05$　**$P<0.01$　***$P<0.001$

β_{31} 为 X 的回归系数，β_{32} 为 M 的回归系数

检验：β_{31} 若为不显著，且接近于 0 → 结果为完全中介

β_{31} 若为显著，且系数小于第一步骤的 β_{11} → 结果为部分中介

$\beta_{31}=0.097$，$P=0.06$ 未达显著且接近于 0

$\beta_{32}=0.383$，$P=0.00$ 达显著

结果为完全中介。

中介效果的整理

我们将中介的效果整理如表 20-7 所示。

表 20-7　CO 对 MI 对于 IQ 的影响的中介效果

	CO：团队合作	IQ 信息质量	
		M_1	M_2
自变量			
MI：高阶主管的参与	0.314***	0.217***	0.097
CO：团队合作			0.383***
R^2	0.098	0.047	0.179
调整 R^2	0.096	0.044	0.174
F 值	37.948***	17.137***	37.865***

注：*$P<0.05$　**$P<0.01$　***$P<0.001$

$\beta_{31}=0.097$，$P=0.06$ 未达显著且接近于 0。

$\beta_{32}=0.383$，$P=0.00$ 达显著。

结果为完全中介。

PLS-SEM（SmartPLS）中介效果的验证

在检测中介效果时，一般我们常用 Sobel（1982）检验，Sobel 检验是计算中介效果的 t 值，

以检测是否显著。由于 Sobel Test 要求符合正态分布，而中介效果（例如：$P_{12}*P_{23}$）并无法支持为正态分布，所以并不适用于 PLS 方法（无正态分布要求），加上样本较小的时候，Sobel Test 缺乏统计检验力（Hair et al.，2014, p.225）。因此，使用 PLS 检测中介效果时，不建议搭配使用 Sobel Test，而应使用 Zhao et al.（2010）文章中提出中介因子的 5 种形态和中介效果检验流程。

PLS 中介模式如图 20-35 所示。

中介效果的验证，同时以 X_1 预测 Y_3（P_{13}），以 X_1 预测 M_2（P_{12}）和以 M_2 预测 Y_3（P_{23}）。

范例：

我们想要验证"高阶主管的参与"对于"信息质量"的影响中，"团队合作"是否有中介效果？如图 20-36 所示。

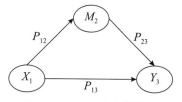

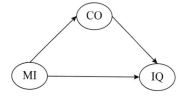

图 20-35　PLS 中介模式　　　　图 20-36　团队合作对高级主管的参与对于信息质量的影响的中介效果

其中，MI 是指高阶主管的参与；

CO 是指团队合作；

IQ 是指信息质量。

执行中介效果的验证，同时以 X_1 预测 Y_3（P_{13}），以 X_1 预测 M_2（P_{12}）和以 M_2 预测 Y_3（P_{23}），操作步骤如下。

1. 打开新项目 mediation，单击【File】-【Create New Project】，如图 20-37 所示。

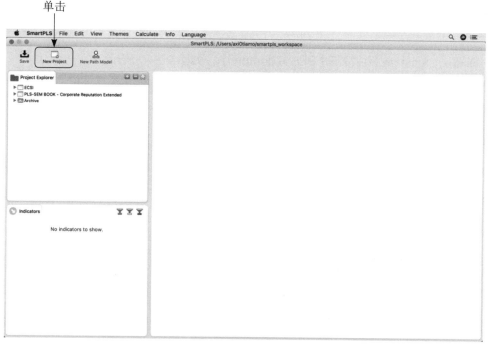

图 20-37　建立新项目

2. 输入项目名称 mediation，单击【OK】，如图 20-38 所示。

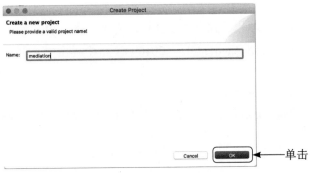

图 20-38　输入项目名称

3. 导入 PLSSEM.csv 文件，建立其三个构面，如图 20-39 所示。

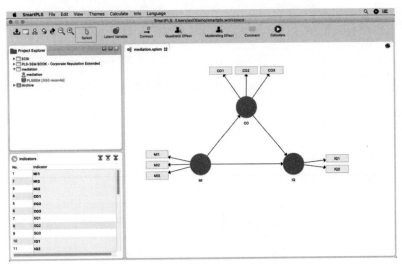

图 20-39　导入文件并建立构面

4. 单击【Calculate】，按下【PLS Algorithm】，如图 20-40 所示。

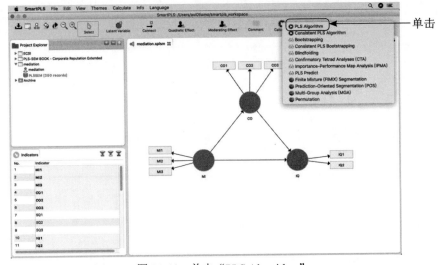

图 20-40　单击 "PLS Algorithm"

5. 再单击【Start Calculation】，如图 20-41 所示。

图 20-41　开始

6. 出现结果，如图 20-42 所示。

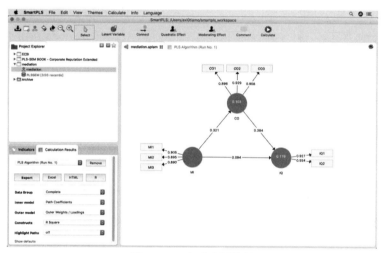

图 20-42　查看分析结果

7. 单击【Calculate】，按下【Bootstrapping】，如图 20-43 所示。

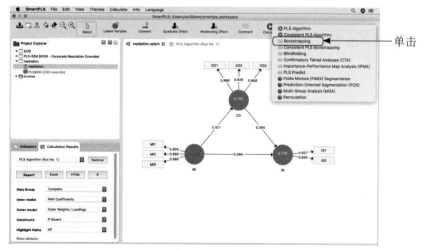

图 20-43　自助法

8. 再单击【Start Calculation】，如图 20-44 所示。

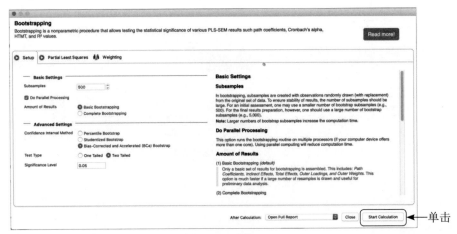

图 20-44　开始

9. 出现结果，如图 20-45 所示。

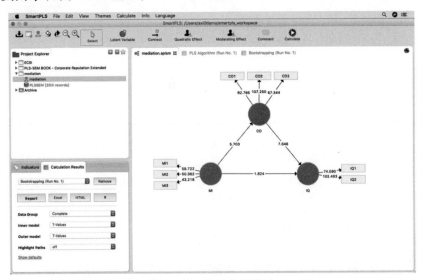

图 20-45　查看分析结果

10. 报告分析整理结果，如图 20-46 所示。

T 值：

MI → CO：5.713 显著

CO → IQ：7.157 显著

MI → IQ：1.815 不显著

MI 高阶主管的参与对于 IQ 信息质量的间接影

响：（0.321×0.384）=0.123

（t 值 =4.885）显著的

检验：

MI 高阶主管的参与对 IQ 信息质量的直接影响是不显著的。

MI 高阶主管的参与对 CO 团队合作的直接影响是显著的。

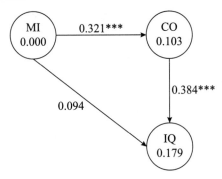

图 20-46　分析数据整理结果

CO 团队合作对 IQ 信息质量的直接影响是显著的。

Zhao et al.（2010）文章中提出中介因子的 5 种形态和中介效果检验流程，如图 20-47 所示。

中介因子的 5 种形态：

1）Complementary （Mediation）互补的中介

2）Competitive （Mediation）竞争的中介

3）Indirect-only （Mediation）完全中介

4）Direct-only （Non Mediation）只有直接影响 （无中介）

5）No-effect （Non Mediation）没有影响 （无中介）

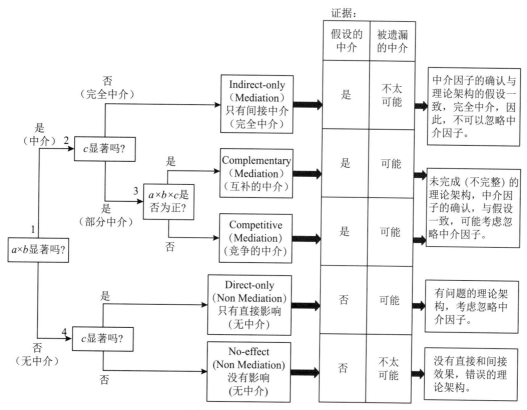

图 20-47　中介效果检验流程

中介效果检验流程说明如下：

1）先查看中介效果 $a \times b$ 是否显著。若是，代表有中介效果。若否，代表没有中介效果。

2）查看直接效果 c 是否显著。若否，代表只有间接中介，也就是完全中介效果。中介因子的确认与理论架构的假设一致，完全中介，因此，不可以忽略中介因子。

3）在直接效果 c 是显著结果下，查看方向 $a \times b \times c$ 是否为正值。若是，代表是互补的中介。若否，代表竞争的中介。说明是未完成（不完整）的理论架构，中介因子的确认，与假设一致，考虑可能忽略了某些中介因子。

4）在中介效果 $a \times b$ 不是显著结果下，查看直接效果 c 是否显著。 若是，代表只有直接影响（无中介），说明是有问题的理论架构，考虑可能忽略了某些中介因子。若否，代表没有影响（无中介），没有直接和间接效果，说明是错误的理论架构。

中介效果检验结果：

中介效果 MI 高阶主管的参与对于 IQ 信息质量的间接效果（0.321×0.384）=0.123（t 值 =4.885）达显著，代表有中介效果。

查看直接效果，MI 高阶主管的参与对于 IQ 信息质量的直接效果 0.094（t 值 =1.815）未达显著，也就是完全中介效果。

结果说明，"高阶主管的参与"对"信息质量"的影响中，"团队合作"有完全中介效果。

20.3 调节（干扰）效果的验证

调节（干扰）效果是用来探讨对自变量和因变量之间关系的强弱和方向（正或负的）一个变量影响，也就是一个变量调节（干扰）自变量和因变量之间的相关的形式或强度。在一般的因果关系研究中，因变量 Y 受到自变量 X 的影响，如图 20-48 所示。

若 X 和 Y 的关系受到第三个变量 M 的影响，包含方向（正和负）和强弱（大、小），我们认为 M 有调节（干扰）效果，如图 20-49 所示。

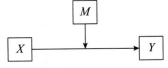

图 20-48 因变量 Y 受到自变量 X 的影响

图 20-49 M 的调节（干扰）效果

调节变量 M 可以是分类或连续的数据形态。在社会科学的研究中，进行调节（干扰）效果的研究相当普遍，举例如下。

● 渠道形态对产品感知质量与客户满意度的调节（干扰）效果研究

调节变量 M 是渠道形态（例如：电视购物和网络购物），自变量 X 是产品感知质量，因变量 Y 是客户满意度，整体关系如图 20-50 所示。

● 科技任务适配（ITF）对组织知识与组织效能的调节（干扰）效果研究

调节变量 M 是科技任务适配（例如：Task 作业和 Technology 技术），自变量 X 是组织知识，因变量 Y 是组织效能，整体关系如图 20-51 所示。

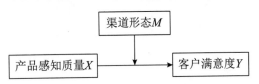

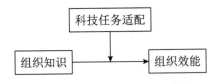

图 20-50 渠道形态对于产品感知质量与客户满意度的调节（干扰）效果

图 20-51 科技任务适配 (ITF) 对组织知识与组织效能的调节（干扰）效果

● 领导形态对观光旅馆等级与服务质量的调节（干扰）效果研究

调节变量 M 是领导形态（例如：魅力型、转换型、交易型），自变量 X 是观光旅馆等级，因变量 Y 是服务质量，整体关系如图 20-52 所示。

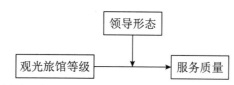

图 20-52 领导形态对观光旅馆等级与服务质量的调节（干扰）效果

● 无线网络系统的熟悉度、易用性、有用性与使用行为意愿的研究 – 感知提价的干扰效果

调节变量 M 是感知提价，自变量 X 有熟悉度、易用性、有用性，因变量 Y 为使用行为意愿，整体关系如图 20-53 所示。

● 品牌对消费者评价的影响：广告的干扰效果

调节变量 M 是广告（电视广告、网络广告），自变量 X 是品牌（国外品牌、国内品牌），因变量 Y 是消费者评价，整体关系如图 20-54 所示。

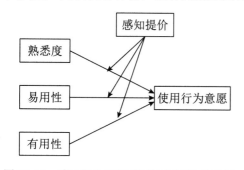

图 20-53 感知提价对无线网络系统的熟悉度、
易用性、有用性与使用行为意愿的干扰效果

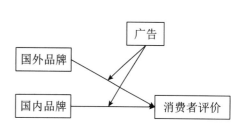

图 20-54 品牌对消费者评价的影响：
广告的干扰效果

■ 调节效应分析的方法

调节效应分析的变量，因变量 Y，自变量 X 和调节变量 M，可以是观测变量（Observable Variable）或潜在变量（Latent Variable），想要进行调节效应的分析就必须知道因变量 Y、自变量 X 和调节变量 M 的数据形态，整理如下。

因变量 Y 的数据形态：连续的变量

自变量 X 的数据形态：分类或连续的变量

调节变量 M 的数据形态：分类或连续的变量

由于因变量 Y 是由自变量 X 和调节变量 M 共同测量的，而且自变量 X 和调节变量 M 都是有两种数据形态（分类或连续），从而形成四种组合来预测因变量 Y（连续），如表 20-8 所示。

表 20-8 自变量与调节变量共同预测因变量的四种组合

情况＼变量	自变量 X	调节变量 M	因变量 Y
情况 1	分类	分类	连续
情况 2	连续	分类	连续
情况 3	分类	连续	连续
情况 4	连续	连续	连续

当我们使用 SPSS 和 SmartPLS 统计工具时，可以处理的情况如表 20-9 所示。

表 20-9 使用统计工具测量自变量与调节变量共同预测因变量的四种组合

情况 \ 变量	X	M	Y	SPSS	SmartPLS（潜在变量）
情况 1	分类	分类	连续	V	x
情况 2	连续	分类	连续	V	V
情况 3	分类	连续	连续	V	X
情况 4	连续	连续	连续	V	V

我们就这四种情况，分别解释如下。

情况 1: 自变量 X 为分类，调节变量 M 为分类

当自变量 X 为分类变量，二分变量（Dichotomous Variable），例如: 性别男女、成绩高低，调节变量 M 为分类变量，二分变量，例如: 性别男女、成绩高低，因变量 Y 为连续变量时，适用 2×2 单变量方差分析，交互作用的效用就是调节的效果，可以直接检验自变量 X 和调节变量 M 是否有交互作用。我们下列范例说明。

范例: 探讨员工满意度对组织绩效的影响

领导形态的调节（干扰）效果研究调节变量 M 是领导形态（例如: 魅力型、交易型），自变量 X 是员工满意度（例如: 高和低），因变量 Y 是组织绩效，整体关系如图 20-55 所示。

将光盘 MMA 目录复制到 C:\ MMA 后，操作步骤如下。

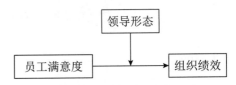

图 20-55 员工满意度对组织绩效的影响: 领导形态的调节（干扰）效果

1. 打开 SPSS 文件 moderator case 1，底部滑块向右，看到 Satisfaction: 员工满意度有低（1）和高（2），LS: 领导特质有交易型领导（1）和魅力型领导（2），Performance: 组织绩效（Linkert scale 1-5），按【分析】-【一般线性模型】-【单变量】，如图 20-56 所示。

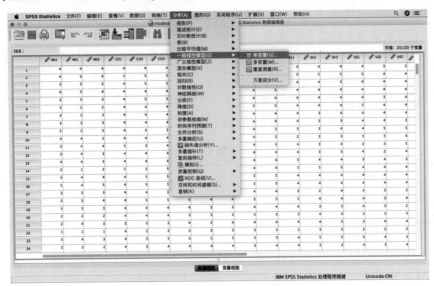

图 20-56 单击"单变量"

2. 选取 "Performance" 至【因变量】栏，如图 20-57 所示。

3. 选取 "Satisfaction" "LS" 至【固定因子】栏，如图 20-58 所示。

4. 单击【图】，如图 20-59 所示。

  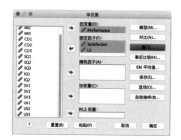

图 20-57　选取因变量　　　　图 20-58　选取固定因子　　　图 20-59　单击 "图"

5. 选取 "Satisfaction" 至【水平轴】栏，选取 "LS" 至【单独的线条】栏，单击【添加】，如图 20-60 所示。

6. 产生 "Satisfaction*LS"，单击【继续】，如图 20-61 所示。

图 20-60　单变量：轮廓图

图 20-61　单击 "继续"

图形的 Satisfaction*LS 就是要画出交互作用的变量

7. 单击【确定】，如图 20-62 所示。

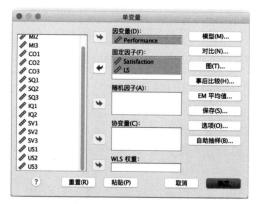

图 20-62　单击 "确定"

8. 结果如图 20-63 所示。

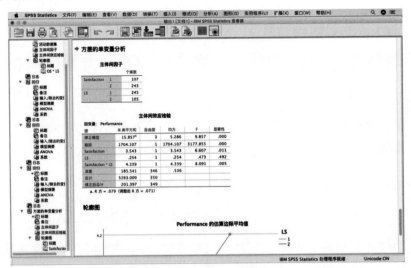

图 20-63　查看分析结果

我们看交互作用项 Satisfaction 员工满意度 * LS 领导形态的 F 值 =8.091，P=0.005 达显著，显示有交互作用影响。

Satisfaction * LS	4.339	1	4.339	8.091	0.005

Satisfaction：员工满意度与 LS 领导形态同时对于组织绩效的结果，如图 20-64 所示。

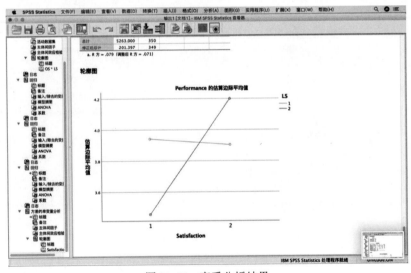

图 20-64　查看分析结果

Satisfaction：员工满意度有低（1）和高（2），LS：领导特质有交易型领导（1）和魅力型领导（2），Performance：组织绩效。

调节（干扰）效果的简易判定方式：

图中有交叉线，代表有调节（干扰）效果。

图中无交叉线，代表无调节（干扰）效果。

从图中的交叉线可以了解，员工满意度对组织绩效的影响中，领导特质有调节（干扰）效果。交易型的领导在满意度较高时绩效较差，而魅力型领导在满意度较高时绩效较好。我们已经完成在员工满意度对组织绩效的影响中领导特质是否有调节（干扰）作用的实际操作了。

调节（干扰）效果和交互作用的比较：

- 相同点：两者的检验方法（步骤）是一样的。
- 不同点：统计上的意义是不一样的，在调节的模式中，隐含着因果关系自变量 X 和调节变量 M 是不可以互换的。而在交互作用中，两个自变量是可以交换的，也就是两个变量中的任何一个，都可以是对方的调节（干扰）变量。

情况 2：自变量 X 为连续，调节变量 M 为分类

当自变量 X 为连续，调节变量 M 为分类，二分变量，例如性别男女、成绩高低，因变量 Y 为连续变量时，适用分组比较分析。

以 SPSS 为例，分别执行回归分析，再检验 R^2 解释力是否有显著差异，有显著差异就代表有调节（干扰）效果。

范例： 探讨高阶主管的参与对项目成功的影响

高阶主管的领导特质有【转换型领导（TF）】与【交易型领导（TS）】两大类型。转换型领导是指领导者的行为转化或改变被领导者的行为，交易型领导是指领导者与被领导者之间是以交换利益为基础的行为。领导特质的干扰效果对于高阶主管的参与和团队合作（CO）对项目成功的影响整体关系，如图 20-65 所示。

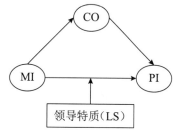

高阶主管的参与 (MI)、团队合作 (CO)、项目导入成功 (PI)、领导特质 (LS)

图 20-65　领导特质的干扰效果

高阶主管的领导特质有【转换型领导（TF）】与【交易型领导（TS）】两大类型，我们已经根据领导特质将文件分成【转换型领导（TF M）】与【交易型领导（TSM）】两个文件，分别做回归分析，将光盘 MMA 目录复制到 C:\ MMA 后，操作步骤如下。

1. 打开 SPSS 文件 TFM case 2.sav（转换型领导），底部滑块向右，看到高阶主管的参与（MI）、团队合作（CO）、项目导入成功（PI）的平均值，单击【分析】-【回归】-【线性】，如图 20-66 所示。

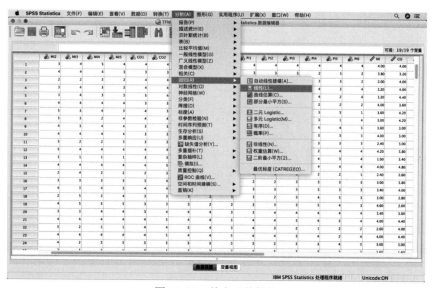

图 20-66　单击"线性"

2. 选取"CO"至【因变量】栏，如图 20-67 所示。

3. 选取"MI"至【自变量】栏，如图 20-68 所示。

4. 单击【确定】，如图 20-69 所示。

图 20-67　选取因变量　　　　　图 20-68　选取自变量　　　　　图 20-69　单击"确定"

5. 结果如图 20-70 所示。

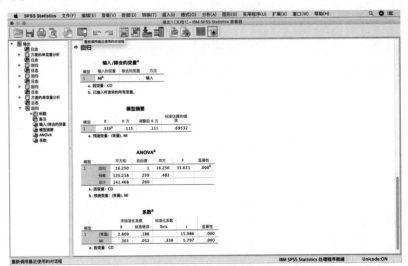

图 20-70　查看分析结果

6. 单击【呼叫最近的对话】-【线性回归】，如图 20-71 所示。

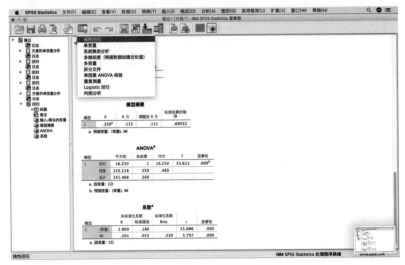

图 20-71　单击"线性回归"

7. 取出"CO"，选取"PI"至【因变量】栏，选取"CO"至【自变量】栏，请确认因变量 PI，自变量 MI 和 CO，单击【确定】，如图 20-72 所示。

图 20-72　选取因变量和自变量

8. 结果如图 20-73 所示。

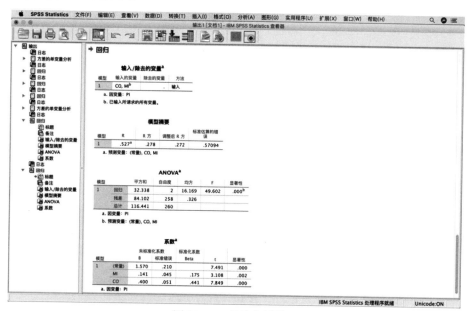

图 20-73　查看分析结果

我们整理了结果，如图 20-74 所示。

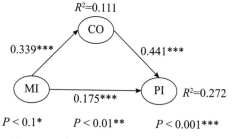

图 20-74　解释力、路径系数、P 值整理

打开 SPSS 文件 TSM case 2.sav（交易型领导），底部滑块向右，看到高阶主管的参与（MI）、团队合作（CO）、项目导入成功（PI）的平均值。

9. 单击【分析】-【回归】-【线性】，如图 20-75 所示。

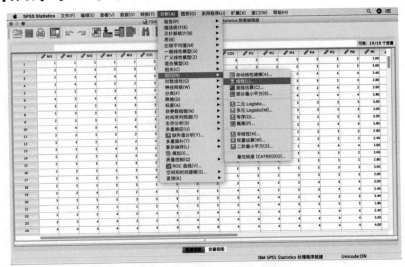

图 20-75　单击"线性"

10. 选取"CO"至【因变量】栏，如图 20-76 所示。

11. 选取"MI"至【自变量】栏，单击【确定】，如图 20-77 所示。

图 20-76　选取因变量

图 20-77　选取自变量

12. 结果如图 20-78 所示。

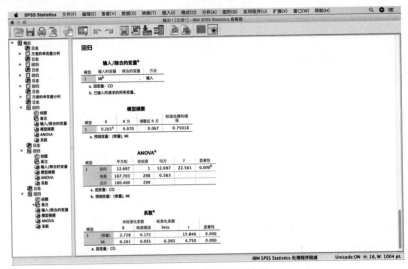

图 20-78　查看分析结果

13. 单击【呼叫最近的对话】-【线性回归】，如图 20-79 所示。

图 20-79　单击"线性回归"

14. 取出"CO"，选取"PI"至【因变量】，如图 20-80 所示。

15. 选取"MI"和"CO"至【自变量】栏，单击【确定】，如图 20-81 所示。

图 20-80　选取因变量

图 20-81　选取自变量

16. 结果如图 20-82 所示。

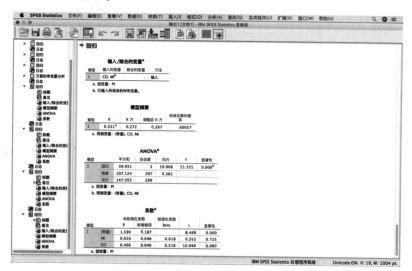

图 20-82　查看分析结果

我们整理了结果，如图 20-83 所示。

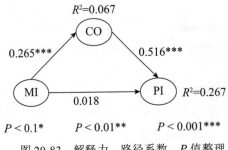

图 20-83 解释力、路径系数、P 值整理

高阶主管的领导特质有【转换型领导（TF）】与【交易型领导（TS）】两大类型，为了计算费雪 z 转换（Fisher'z transformation），我们再次整理转换型领导和交易型领导的阶层回归模式如下：

转换型领导阶层回归模式，如图 20-84 所示。

交易型领导的阶层回归模式，如图 20-85 所示。

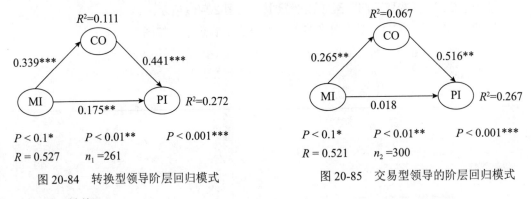

图 20-84 转换型领导阶层回归模式   图 20-85 交易型领导的阶层回归模式

费雪 z 转换

$r(y,1) = 0.527$ $n_1 = 261$ $r(y,2) = 0.521$ $n_2 = 300$

计算结果

Z trans 1 = 0.58   Z trans 2 = 0.578   Z test = 0.097

显著判定值

$Z = 1.96$ $P < 0.05$ $Z = 2.58$ $P < 0.01$

Z test = 0.097，小于 1.96，所以是不显著，说明转换型领导（TF）与交易型领导（TS）没有显著的差别，也就是领导形态没有调节（干扰）效果。

■ **使用 SmartPLS 分析**

多组分析在社会科学中是相当重要的统计技术，例如个人分析中的性别（男、女）差异分析。本研究中高阶主管的领导特质有转换型领导（TF）与交易型领导（TS）两大类型。SmartPLS 提供处理的方式是：执行转换型领导（TF）与交易型领导（TS）两个 SEM 模型，再使用特别的 t 检验比较两个 SEM 模型的结果，也就是使用 PLS-MGA 多组分析（Multi Group analysis）功能。

在分析技术上，Chin, W. W.（2000）提供分组比较的参数估计如下：

两组的变异是相同的，其分布接近正态分析。

复杂型公式：

$$t = \frac{\text{Path}_{\text{sample\_1}} - \text{Path}_{\text{sample\_2}}}{\left[\sqrt{\dfrac{(m-1)^2}{(m+n-2)} * S.E._{\text{sample\_1}}^2 + \dfrac{(n-1)^2}{(m+n-2)} * S.E._{\text{sample\_2}}^2}\right] * \left[\sqrt{\dfrac{1}{m} + \dfrac{1}{n}}\right]}$$

自由度 = $m+n-2$

若是两组的变异是不同的，分组比较的参数估计如下：

简单型公式：

$$t = \frac{\text{Path}_{\text{sample\_1}} - \text{Path}_{\text{sample\_2}}}{\left[\sqrt{S.E._{\text{sample\_1}}^2 + S.E._{\text{sample\_2}}^2}\right]}$$

若 n 很大时，自由度才需要调整如下：

$$df = \text{round to nealist integer}\left[\frac{(S.E._{\text{sample\_1}}^2 + S.E._{\text{sample\_2}}^2)^2}{\left(\dfrac{S.E._{\text{sample\_1}}^2}{m+1} + \dfrac{S.E._{\text{sample\_2}}^2}{n+1}\right)} - 2\right]$$

其中，Sample_1 为第一组的样本数；

　　　　Sample_2 为第二组的样本数；

　　　　Path 为路径系数；

　　　　$S.E.$ 为标准误差；

　　　　m 为 sampl_1 的样本数；

　　　　n 为 sample_2 的样本数。

参考数据源：

■　Marko Sarstedt, Jörg Henseler, and Christian M. Ringle, （2011）. "Multigroup Analysis in Partial Least Squares （PLS） Path Modeling: Alternative Methods and Empirical Results", Marko Sarst edt, Manfred Schwaiger, Charles R. Taylor, in （ed.） Measurement and Research Methods in International Marketing （Advances in International Marketing, Volume 22）, Emerald Group Publishing Limited, pp. 195-218.

■　Chin, W. W. （2000）. Frequently Asked Questions-Partial Least Squares & PLS-Graph. Home Page. 【On-line】. Available: http://disc-nt.cba.uh.edu/chin/plsfaq.htm

情况 3：自变量 X 为连续，调节变量 M 为分类 （使用 SmartPLS 操作范例）

范例：

高阶主管的领导特质有转换型领导（TFM）与交易型领导（TSM）两类数据：TSM 和 TFM 数据，需要建立新的字段"Group"。将 TFM 编码设为 0，将 TSM 编码设为 1，再进行 PLS-MGA 分析。

领导特质调节的研究模式，如图 20-86 所示。

领导特质分为转换型领导（TF）与交易型领导（TS）

使用 SmartPLS 操作范例：汇总 TSM 和 TFM 数据，使用字段：CEO，将其 TSM 编码为 1，TFM 编码为 0。

图 20-86　领导特质调节的研究模式

1. 建立 Project: CH20，并从光盘中导入数据 PLSSEM.csv，如图 20-87 所示。

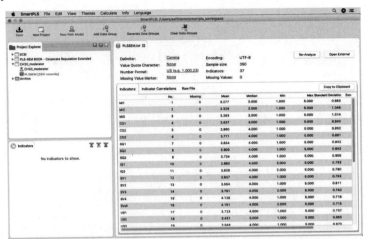

图 20-87　导入数据

2. 单击【Add Data Group】，如图 20-88 所示。

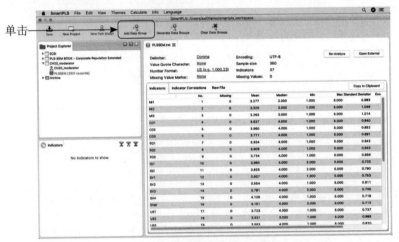

图 20-88　单击添加数据分组

3. 将【Group Name】名称命名为"Group_TFM"，将【CEO】条件设立为"0"，符合其编码原则，再单击【OK】，如图 20-89 所示。

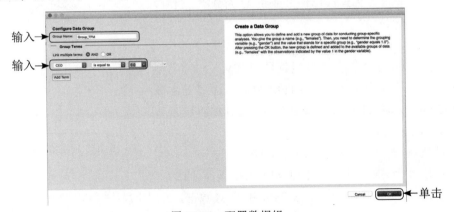

图 20-89　配置数据组

4. 再单击【Add Data Group】，如图 20-90 所示。

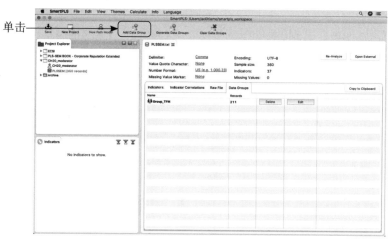

图 20-90　单击"添加数据分组"

5. 将 Group Name 名称命名为 Group_TSM，将 CEO 条件设立为 1，符合其编码原则，再按下【OK】，如图 20-91 所示。

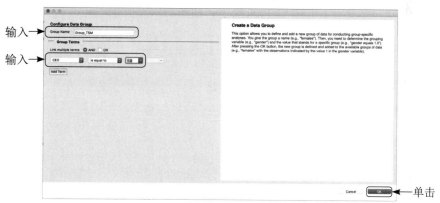

图 20-91　配置数据组

6. 显示其群组数据，如图 20-92 所示。

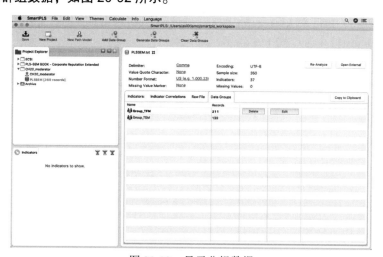

图 20-92　显示分组数据

Group_TFM 211

Group_TSM 139

7. 单击【Calculate】-【Multi-Group Analysis（MGA）】，如图 20-93 所示。

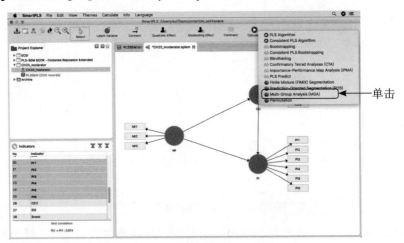

图 20-93　单击"多组分析（MGA）"

8. 勾选其分群，再按下【Start Calculate】，如图 20-94 所示。

图 20-94　勾选分组

　　※ 若是发生错误，请回到【Bootstrapping】，选择 Amount of Results 中的 Complete Bootstrapping，再按下【Start Calculate】，如图 20-95 所示。※

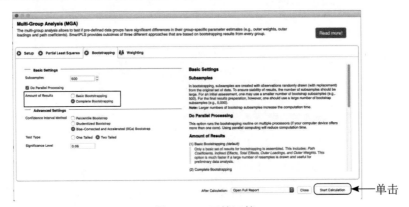

图 20-95　开始运算

9. 显示其结果，如图 20-96 所示。

查看 PLS-MGA

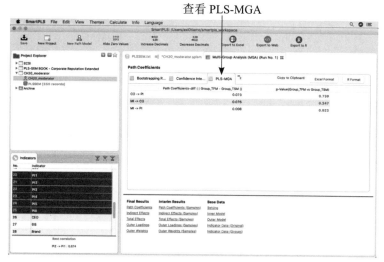

图 20-96　查看分析结果

PLS-MGA 结果

MI → PI　p-Value= 0.523>0.05

10. 查看路径系数，如图 20-97 所示。

查看路径系数　TFM group　TSM group

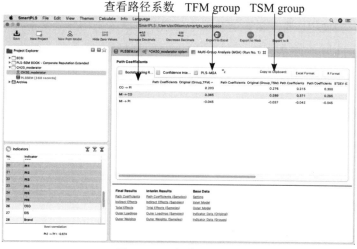

图 20-97　查看分析结果

整理结果如下：

领导特质调节的研究模型，如图 20-98 所示。

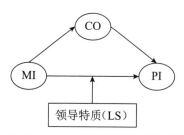

图 20-98　领导特质调节的研究模型

领导特质分为转换型领导（TF）与交易型领导（TS），结果分别如图 20-99、图 20-100 所示。

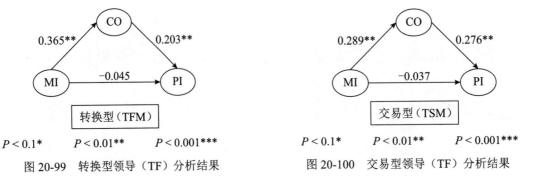

$P < 0.1*$ $\qquad$ $P < 0.01**$ $\qquad$ $P < 0.001***$ $\qquad\qquad$ $P < 0.1*$ $\qquad$ $P < 0.01**$ $\qquad$ $P < 0.001***$

图 20-99 转换型领导（TF）分析结果 $\qquad\qquad$ 图 20-100 交易型领导（TF）分析结果

PLS-MGA 结果

MI → PI $\quad$ P-Value= 0.523>0.05

未达显著，说明转换型领导（TFM）与交易型领导（TSM）没有显著的差别，也就是说领导形态没有调节（干扰）效果。

情况 4：自变量 X 为分类，调节变量 M 为连续

当自变量 X 为分类，调节变量 M 为连续，因变量 Y 为连续变量时，适合使用虚拟变量（Dummy Variable）做回归分析。

虚拟变量：

自变量 X 为分类，例如性别、年级，不适用于线性的回归分析，此时应该如何处理？在回归分析方法中，会使用虚拟变量来解决这个问题，也就是先将分类变量转换成连续性变量，再进行回归分析，我们以性别为例，如表 20-10、表 20-11 所示。

表 20-10 性别统计

问卷编号	性别
001	男
002	女
003	女
004	男

表 20-11 性别的虚拟变量

问卷编号	性别虚拟变量男	虚拟变量女
001	1	0
002	0	1
003	0	1
004	1	0

我们将性别（男、女）2 个变量转换成 2 个虚拟变量，但是在执行回归分析时，未经虚拟处理的参照组（例如：0 的样本）也是一个变量，所以会有 1 个虚拟变量（2-1=1），我们以男性为参照组，当成 0 的样本，范例如表 20-12、表 20-13 所示。

表 20-12　性别统计

问卷编号	性别
001	男
002	女
003	女
004	男

表 20-13　性别的虚拟变量

问卷编号	性别虚拟变量
001	0
002	1
003	1
004	0

我们再以年级为例，大学有 4 个年级，可以转换成 4 个虚拟变量，我们假设未经虚拟处理的参照组为大一（变成 0 的样本），所以会有 3 个虚拟变量，如表 20-14、表 20-15 所示。

表 20-14　年级统计

问卷编号	年级
001	1
002	2
003	3
004	4
005	1
006	2
007	3
008	4

表 20-15　性别的虚拟变量

问卷编号	年级　虚拟变量		
	二	三	四
001	0	0	0
002	1	0	0
003	0	1	0
004	0	0	1
005	0	0	0
006	1	0	0
007	0	1	0
008	0	0	1

情况 3 的调节（干扰）处理步骤

在情况 3 中，自变量 X 为二分变量（性别、成绩高低等），调节变量和因变量都是连续变量，调节（干扰）效果的处理步骤如表 20-16 所示。

表 20-16　调节变量和因变量为连续变量时调节（干扰）效果的处理步骤

步骤一	将自变量转换成虚拟变量
步骤二	执行 $Y=C+\beta_{11}X$ 得到解释力 R_1^2
步骤三	执行 $Y=C+\beta_{11}\chi+\beta_{12}M$ 得到解释力 R_2^2
步骤四	执行 $Y=C+\beta_{21}X+\beta_{22}M+\beta_{31}XM$ 得到解释力 R_3^2 注意：X 和 M 当控制变量，XM 是 X 和 M 的乘积
步骤五	判定是否有调解效果有两种方式： 方式一：XM 显著，代表有调节效应 方式二：解释力 R_3^2 显著高于 R_2^2，代表 M 有调节效应

使用交互项 XM 的回归分析（以 SPSS 为例）

范例：系统质量（SQ）对用户满意度（US）的影响：以团队合作（CO）为调节（干扰）变量

系统质量（SQ）有高与低两个类型。用户满意度（US）和团队合作（CO）程度都是连续变量。团队合作（CO）的干扰效果对系统质量（SQ）和团队合作（CO）对用户满意度（US）的影响整体关系，如图 20-101、图 20-102 所示。

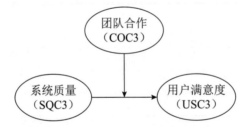

图 20-101　团队合作的干扰效果对系统质量和团队合作对用户满意度的影响

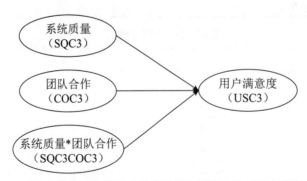

图 20-102　团队合作的干扰效果对系统质量和团队合作对用户满意度的影响

系统质量（SQ）有高与低两个类型，我们已经根据系统质量（SQ）高低转换成虚拟变量（1 和 0），做阶层回归分析，将范例 MMA 目录复制到 C:\ MMA 后，操作步骤如下。

1. 打开 SPSS 文件 moderator case 3，底部滑块向右，看到系统质量（SQC3）、团队合作（COC3）、用户满意度（USC3），单击【分析】-【回归】-【线性】，如图 20-103 所示。

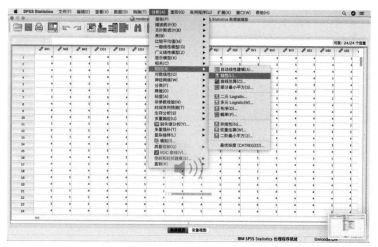

图 20-103　单击"线性"

注：C3 是情况 3。SQC3 是系统质量情况 3。

注意：SQC3 和 COC3 当控制变量，SQC3COC3 是 SQC3 和 COC3 的乘积。

2. 选取"SQC3"和"COC3"至【自变量】栏，如图 20-104 所示。

3. 选取"USC3"至【因变量】栏，如图 20-105 所示。

图 20-104　选取自变量

图 20-105　选取因变量

注：将 SQC3 和 COC3 放入 Independent（s） 当成控制变量（Control Variable）。

4. 单击【下一个】，如图 20-106 所示。

5. 选取"SQC3COC3"至【自变量】栏，如图 20-107 所示。

图 20-106　单击"下一个"

图 20-107　选取自变量

6. 单击【统计】，如图 20-108 所示。

7. 勾选【估算值】、【模型拟合】、【R方变化量】和【描述】，单击【继续】，如图 20-109 所示。

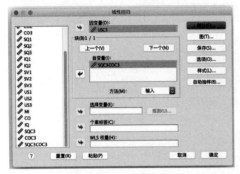

图 20-108　单击"统计"

图 20-109　线性回归：统计

8. 单击【确定】，如图 20-110 所示。

图 20-110　单击"确定"

9. 结果如图 20-111、图 20-112、图 20-113 所示。

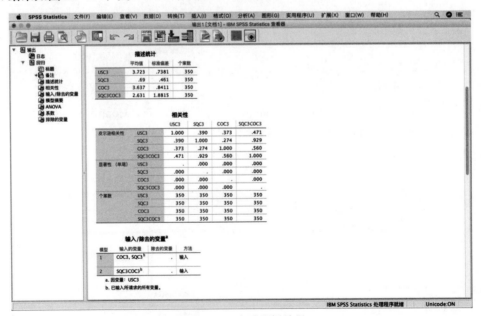

图 20-111　查看分析结果

图 20-112　查看分析结果

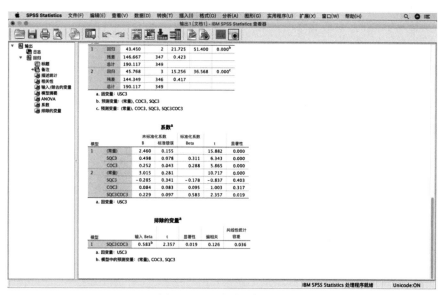

图 20-113　查看分析结果

系统质量（SQ）对用户满意度（US）的影响：

系统质量（SQ）有高与低两个类型。用户满意度（US）和团队合作（CO）程度都是连续变量。团队合作（CO）的干扰效果对于系统质量（SQ）和团队合作（CO）对用户满意度（US）的影响效果，其阶层回归分析结果，如表 20-17 所示。

表 20-17　系统质量对用户满意度的影响阶层回归分析结果

	系统质量（SQ）对用户满意度（US）的影响	
	Model 1	Model 2
Independent variables 自变量		
系统质量（SQ）	0.311***	−0.178

续表

	系统质量（SQ）对用户满意度（US）的影响	
	Model 1	Model 2
Moderators 调节变量		
团队合作（CO）	0.288***	−0.095
Interaction terms 交互作用项		
SQ×CO		0.583**
Model F	51.4	5.555
R^2	0.229***	0.241***
$\triangle R^2$		0.012**

注：*$P<0.10$ **$P<0.05$ ***$P<0.01$

判定是否有调解效果有两种方式。

方式一：SQC3COC3 显著，代表有调节效应。

SQC3COC3 的标准化系数为 0.583

$t=2.357 >1.96$ 达显著，代表有调节效应。

或 F 变化量的 $p =0.019 <0.05$ 达显著，代表有调节效应。

方式二：解释力 R_3^2 显著高于 R_2^2，代表有调节效应。
解释力的变化为 0.012 。

F 变化量的 $p=0.019 <0.05$ 达显著，代表有调节效应。

情况 5：自变量 X 为连续，调节变量 M 为连续

当自变量 X，调节变量 M 和因变量 Y 都是连续变量时，可以使用交互项 XM 的回归分析。

> **注意：若是 $X \rightarrow Y$ 关系为二分类关系，则需要使用调节变量分成两类，再参考本节情况 2 的方式处理。**

在情况 4 中，自变量 X，调节变量 M 和因变量 Y 都是连续变量，调节（干扰）效果的处理步骤如表 20-18 所示。

表 20-18　自变量、调节变量和因变量为连续变量时调节（干扰）效果的处理步骤

步骤一	执行 $Y=C+\beta_{11}X$ 得到解释力 R_1^2
步骤二	执行 $Y=C+\beta_{11}\chi + \beta_{12}M$ 得到解释力 R_2^2
步骤三	执行 $Y=C+ \beta_{21}X + \beta_{22}M + \beta_{31}XM$ 得到解释力 R_3^2 注意：XM 是 X 和 M 的乘积
步骤四	判定是否有调解效果：XM 显著，代表有调节效应

使用交互项 XM 的回归分析（以 SPSS 为例）

范例： 系统质量（SQ）对用户满意度（US）的影响：以团队合作（CO）为调节（干扰）效果

系统质量（SQ）、用户满意度（US）和团队合作（CO）程度都是连续变量。团队合作（CO）

的干扰效果对于系统质量（SQ）和团队合作（CO）对用户满意度（US）的影响整体关系图如图 20-114、图 20-115 所示。

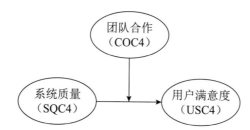

图 20-114　系统质量对用户满意度的影响：以团队合作为调节（干扰）效果

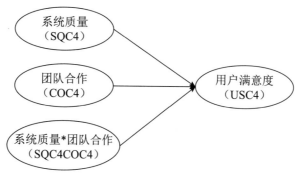

系统质量（SQC4）　、团队合作（COC4）　、用户满意度（USC4）

图 20-115　系统质量对用户满意度的影响：以团队合作为调节（干扰）变量

系统质量（SQ）、用户满意度（US）和团队合作（CO）程度都是连续变量，我们做阶层回归分析，将范例 MMA 目录复制到 C:\ MMA 后，操作步骤如下。

1. 打开 SPSS 文件 moderator case4，底部滑块向右，看到系统质量（SQC4）、团队合作（COC4）、用户满意度（USC4），单击【分析】-【回归】-【线性】，如图 20-116 所示。

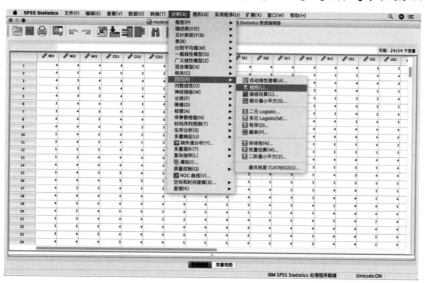

图 20-116　单击"线性"

注：C4 是情况 4。SQC4 是系统质量情况 4。

注意：SQC4 和 COC4 为控制变量，SQC4COC4 是 SQC4 和 COC4 的乘积。

2. 选取"USC4"至【因变量】，如图 20-117 所示。

3. 将 SQC4 和 COC4 放入自变量作为控制变量，如图 20-118 所示。

图 20-117　选取因变量

图 20-118　选取控制变量

4. 单击【下一个】，如图 20-119 所示。

5. 选取"SQC4COC4"至【自变量】栏，如图 20-120 所示。

图 20-119　单击"下一个"

图 20-120　选取自变量

6. 单击【统计】，如图 20-121 所示。

7. 勾选【估算值】、【模型拟合】、【R 方变化量】和【描述】，单击【继续】，如图 20-122 所示。

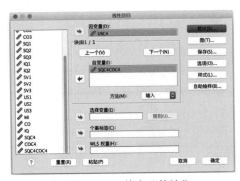

图 20-121　单击"统计"

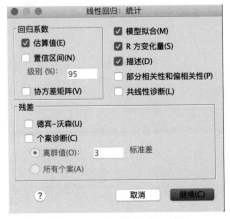

图 20-122　线性回归：统计

8. 单击【确定】，如图 20-123 所示。

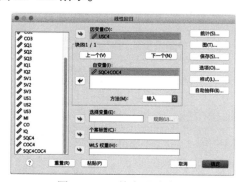

图 20-123　单击"确定"

9. 结果如图 20-124、图 20-125 所示。

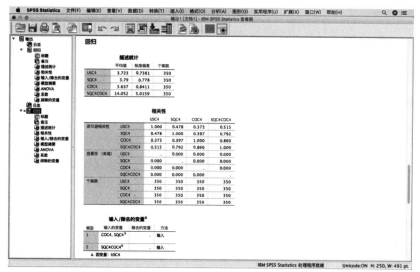

图 20-124　查看分析结果

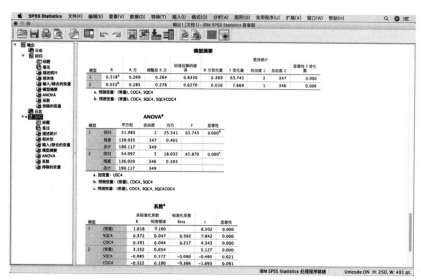

图 20-125　查看分析结果

系统质量（SQ）对用户满意度（US）的影响：以团队合作（CO）为调节（干扰）变量，我们整理阶层回归分析结果（参考报告）如表 20-19 所示。

表 20-19　系统质量对用户满意度的影响：以团队合作为调节效应分析结果

	系统质量（SQ）对用户满意度（US）的影响	
	Model 1	Model 2
Independent Variables 自变量		
系统质量（SQ）	0.392***	−0.090
Moderators 调节变量		
团队合作（CO）	0.217***	−0.366*
Interaction Terms 交互作用项		
SQ×CO		0.901**
Model F	63.745	7.669
R^2	0.269***	0.285***
ΔR^2		0.016***

注：*$P<0.10$　**$P<0.05$　***$P<0.01$

判定是否有调解效果：SQC4COC4 显著，代表有调节效应。

SQC4COC4 的标准系数为 0.901。

$t=2.769>1.96$ 达显著，代表有调节效应。

或 F 变化量的 $P=0.006<0.05$ 达显著，代表有调节效应。

SmartPLS 使用交互项 *XM*

执行 SEM

$Y=C+\beta_{21}X+\beta_{22}M+\beta_{31}XM$

XM 显著，代表有调节效应，*XM* 是 *X* 和 *M* 的乘积

范例： 系统质量（SQ）对用户满意度（US）的影响：以团队合作（CO）为调节（干扰）变量

系统质量（SQ）、用户满意度（US）和团队合作（CO）程度都是连续变量。团队合作（CO）的干扰效果对于系统质量（SQ）和团队合作（CO）对用户满意度（US）的影响整体关系图如图 20-126 所示。

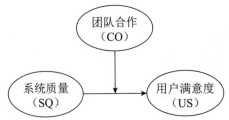

图 20-126　系统质量对用户满意度的影响：以团队合作为调节（干扰）效果

我们也可以用另一种图表示团队合作（CO）的干扰效果对于系统质量（SQ）和团队合作（CO）对用户满意度（US）的影响，如图 20-127 所示。

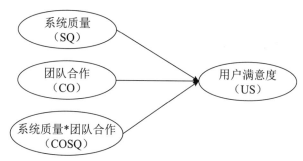

图 20-127　系统质量对用户满意度的影响：以团队合作为调节（干扰）变量

系统质量（SQ）、团队合作（CO）、用户满意度（US）、系统质量＊团队合作（COSQ）是交互作用项。

交叉乘项的产生

使用变量来产生交叉乘项有 3 种选项，如下：

- 非标准化（Unstandardized）

非标准化也就是使用原始数据进行交叉相乘，容易产生共线性问题。

- 平均值中心化（Mean Centered）

平均值中心化是将变量取平均值后，每个数值减去平均值而形成一个新数值，用来避免共线性问题。

- 标准化（Standardized）是默认选项

标准化是将变量中的每一个值进行标准化，也就是平均值设为 0，标准差为 1 的新数值，可避免共线性问题。

加权模式（Weighing Mode）：

加权模式是用来指定构面的计算方式，总共有 5 种，例如自动（Automatic）、模式 A（Mode A）、模式 B（Mode B）、总分（Sumscores）和预定义（Pre Defined），分别介绍如下：

- 自动：系统默认为自动，这个选项会使用模式 A 给反映性构面，使用模式 B 给形成性构面。
- 模式 A：将题项间的协方差和潜在变量，作为决定潜在变量分数的权重。
- 模式 B：将潜在变量与题项间的多重回归系数，作为决定潜在变量分数的权重。
- 总分：使用相同权重（默认为 1）计算，加总形成潜在变量分数。
- 预定义：用户可以自行预定义计算潜在变量分数的权重。

计算交互作用项

在 PLS 的路径模式中，包含一个连续形态的调节（干扰）变量后，就需要产生交互作用项，用来估计调节效应。SmartPLS 3.X 提供 3 种计算交互作用项的方式，分别是：

（1）乘积指标法（The Product Indicator Approach）

（2）正交法（The Orthogonalizing Approach）

（3）二阶法（The Two-stage Approach）

分别解释如下：

（1）乘积指标法。在回归分析中，使用乘积指标法计算交互作用项是一种标准的处理方法，也延用在 PLS-SEM 中，但是目前已经不是那么通用，因为有其他适用的情况和方法。

乘积指标法，顾名思义就是将题项都交叉相乘，作为交互作用项的新题项，如图 20-128 所示。（调节变量 CO，自变量 SQ，因变量 US）

调节变量：CO 有 3 个题项 CO_1、CO_2 和 CO_3。

自变量：SQ 有 3 个题项 SQ_1、SQ_2 和 SQ_3。

因变量：US 有 3 个题项 US_1、US_2 和 US_3。

计算交互作用项 $COSQ$ 时，应将 CO 的 3 个题项分别和 SQ 的 3 个题项乘起来，形成 9 个新的交互作用项的题项。

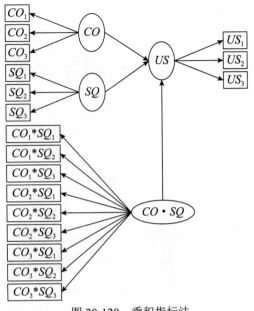

图 20-128　乘积指标法

使用乘积指标法需要注意的事项如下：

① 题项可以交叉相乘是基于自变量和调节变量的题项是来自确定构面的领域（Certain Construct Domain），题项是可变换（Inter Changeable）的。也就是说，适用于反映性构面，不适用于形成性构面，因为由形成性构面的题项交叉乘积后的题项会混淆交叉乘积的概念。

② 一般交叉乘项的题项是使用题项的平均值。若是使用原始值（Raw Data），则会夸大调节效应。

③ 若是交叉乘项有共线性（Collinearity）的疑虑，则会先将变量标准化（平均值为 0，标准差为 1）后，再交叉相乘。

（2）正交法。正交法源自乘积指标，是为解决共线性的问题而发展的，我们以图 20-129 为例，来解释正交法。

CO 为调节变量，SQ 为自变量，US 为因变量，$COSQ$ 为交互作用项

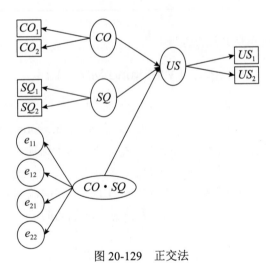

图 20-129　正交法

第一步是将 CO 调节变量和 SQ 自变量取平均值，产生 4 个交叉乘积项和回归式，如下：

$$SQ_1CO_1 = b_1SQ_1 + b_2SQ_2 + b_3CO_1 + b_4CO_2 + e_{11}$$

$$SQ_1CO_2 = b_5SQ_1 + b_6SQ_2 + b_7CO_1 + b_8CO_2 + e_{12}$$

$$SQ_2CO_1 = b_9SQ_1 + b_{10}SQ_2 + b_{11}CO_1 + b_{12}CO_2 + e_{21}$$

$$SQ_2CO_2 = b_{13}SQ_1 + b_{14}SQ_2 + b_{15}CO_1 + b_{16}CO_2 + e_{22}$$

每个回归式的因变量为交叉乘积（例如 SQ_1CO_1），自变量包含原始自变量（例如 SQ_1，SQ_2）和调节变量（例如：CO_1，CO_2），而我们想得到的是残差项 e（例如 e_{11}）。

第二步是将残差项（e_{11}、e_{12}、e_{21}、e_{22}），当成交叉乘项的变量，带入 PLS-SEM 中，估计

调节效应。

注意：正交法源自乘积指标，所以也只适用于反映性模式。

（3）二阶法。当自变量和（或）调节变量为形成性，就需要用到二阶法，二阶法需要用到潜在变量分数（Latent Variable Score），我们介绍二阶法如下：

第一阶：主要效果模型（Main Effects Model）

主要效果模型（不包含交互作用项），如图 20-130 所示，是用来估计潜在变量分数，将潜在变量分数存盘后，提供给第二阶使用。

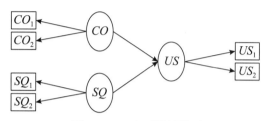

图 20-130　主要效果模型

CO 为调节变量，SQ 为自变量，US 为因变量

第二阶：估计调节效应

将第一阶主要效果模型估计得到的潜在变量分数，输入计算调节效应，如图 20-131 所示。

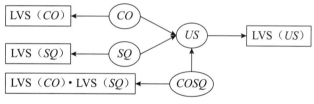

图 20-131　估计调节效应

LVS：Latent Variable Score 为潜在变量分数，CO 为调节变量，SQ 为自变量，US 为因变量，$COSQ$ 为交叉乘项。

自变量与调节变量的潜在变量都只剩单一题项（Single Item），交叉乘积项则是将自变量和调节变量的潜在变量分数交叉相乘，得到一个交叉作用项的题项，也就是我们要的调节效应。

产生交互作用项的建议流程图

Hair et al.（2017）书中提供产生交互作用项的指导方针，如图 20-132 所示。

我们整理了产生交互作用项的建议流程图，说明如下：

如果测量模型中的调节变量和（或）自变量是形成性，请使用二阶法，若都是反映性则考虑研究目的。

若目的是单纯呈现调节的显著性，请用二阶法。

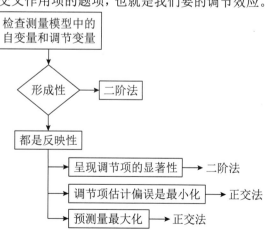

图 20-132　产生交互作用项的建议流程

若目的是调节项估计偏误最小化，请使用正交法。

若目的是预测最大化，请使用正交法。

模型的评估（评估调节效应）

在评估调节效应时，看整体模型 R^2 是不精确的，要看调节项（交互作用项）的效用值 Effect Size（f^2），f^2 的计算公式如下：

$$f^2 = \frac{R^2_{\text{included}} - R^2_{\text{excluded}}}{1 - R_{\text{included}}}$$

其中，*Included* 为将调节项包含在研究模型中；

Excluded 为将调节项排除在研究模型外。

Cohen（1988）提出的调节效应 f^2 的评估标准为 0.02（小），0.15（中）和 0.35（大），这样的标准较严苛，Aguinis et al.（2005）的研究显示平均调节效用值为 0.009，因此，Kenny（2016）提出较可行的标准 0.005（小），0.01（中）和 0.025（大）。

参考文献：

- Aguinis, H., Beaty, J. C., Boik, R. J., & Pierce, C. A.（2005）. Effect size and power in assessing moderation effects of categorical variables using multiple regression: A 30-year review. *Journal of Applied Psychology,* 90, 94-107.
- Kenny, D. A.（2016）. Moderation. Retrieved form http://davidakenny.net/cm/moderation.htm

使用交互项 *XM* 的 PLS-SEM（以 SmartPLS 为例）

系统质量（SQ）、用户满意度（US）和团队合作（CO）程度都是连续变量，我们做 SEM 分析，将光盘 CH21\SEM 目录复制到 C:\ SEM 后，执行结构方程模型（SEM）调节效应的步骤如下。

1. 建立 Project：CH20，并导入其数据，如图 20-133 所示。

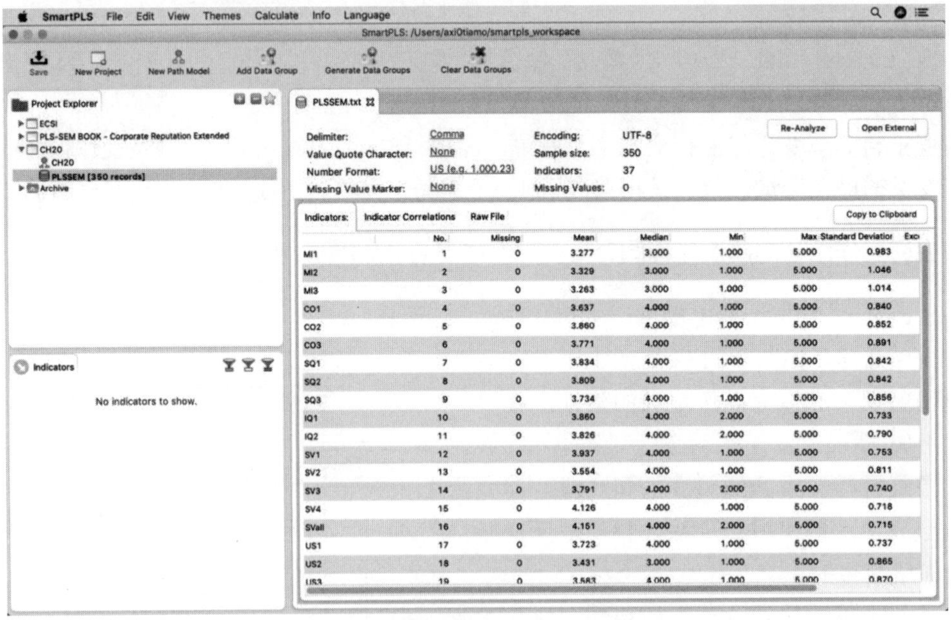

图 20-133　新建项目并导入数据

2. 建立三个构面，如图 20-134 所示。

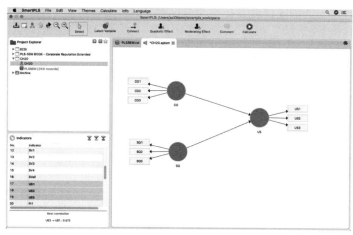

图 20-134　建立构面

3. 在 US 构面上单击右键，选择【Add Moderating Effect】，如图 20-135 所示。

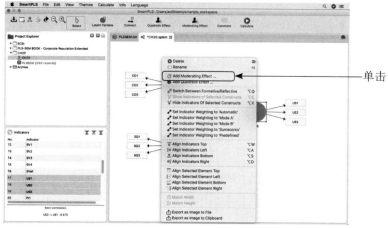

图 20-135　单击添加调节效应

4. 在【Moderator Variable】选择"CO"变量，在【Independent Variable】选择"SQ"变量，在【Calculation Method】选择第一个"Product Indicator"，在【Product Term Generation】选择第一个"Unstandardized"，再按下【OK】，如图 20-136 所示。

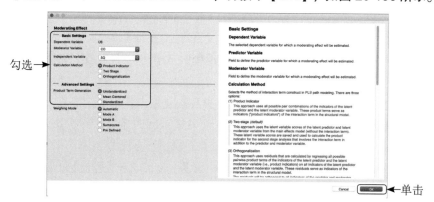

图 20-136　调节效应设置

计算方式（Caculation Method）

在 SmartPLS 3.X 中提供 3 种计算交互作用项的方式，分别是：

（1）乘积指标法

（2）正交法

（3）二阶法

我们分别解释如下：

（1）乘积指标法

在回归分析中，使用乘积指标法计算交互作用项是一种标准的处理方法，也延用在 PLS-SEM 中，但是目前已经不是那么通用，因为有其他适用的情况和方法。

（2）正交法

正交法源自乘积指标，是为解决共线性（Collinearity）的问题而发展的。

（3）二阶法

当自变量和（或）调节变量为形成性，就需要用到二阶法。

（4）如果测量模型中的调节变量和（或）自变量是形成性，请使用二阶法，若是都是反映性则考虑研究目的。

若目的是单纯呈现调节的显著性，请使用二阶法。

若目的是调节项估计偏误最小化，请使用正交法。

若目的是预测最大化，请使用正交法。

使用变量来产生交叉乘项有 3 种选项如下：

● 非标准化

非标准化也就是使用原始数据进行交叉相乘，容易产生共线性问题。

● 平均值中心化

平均值中心化是将变量取平均值后，每个数值减去平均值而形成一个新数值，用来避免共线性问题。

● 标准化（默认选项）

标准化是将变量中的每一个值进行标准化，变为平均值是 0，标准差是 1 的标准化数据，可避免共线性问题。

加权模式：

加权模式是用来指定构面的计算方式共有 5 种，包括自动（Automatic）、模式 A（Mode A）、模式 B（Mode B）、总分（Sumscores）和预定义（Pre Defined），我们分别介绍如下：

● 自动：系统默认为自动，这个选项会使用模式 A 给反映性构面，使用模式 B 给形成性构面。

● 模式 A：模式 A 会使用题项间的协方差和潜在变量，作为决定潜在变量分数的权重。

● 模式 B：模式 B 会使用潜在变量与题项间的多重回归系数，作为决定潜在变量分数的权重。

● 总分：总分是使用相同权重（默认为 1）计算，加总形成潜在变量分数。

● 预定义：用户可以自行预定义计算潜在变量分数的权重。

5. 会出现其调节构面，将其更名为 COSQ，如图 20-137 所示。

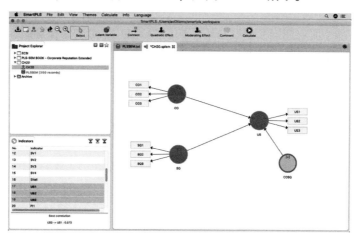

图 20-137 重命名调节构面

6. 在构面上单击右键，选择【 Show Indicators of Selected Constructs 】，如图 20-138 所示。

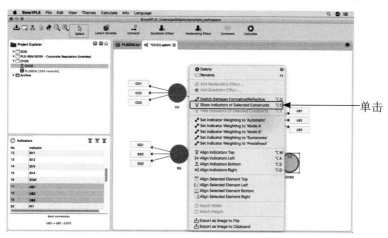

图 20-138 单击显示全部结构的指标

7. 会出现其调节变量，如图 20-139 所示。

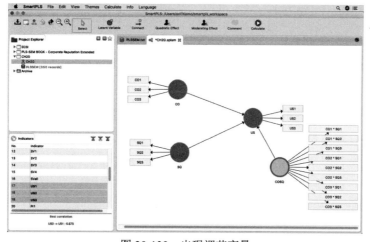

图 20-139 出现调节变量

8. 单击【Calculate】，我们需要路径系数，解释力 R^2，选择【PLS Algorithm】，如图 20-140 所示。

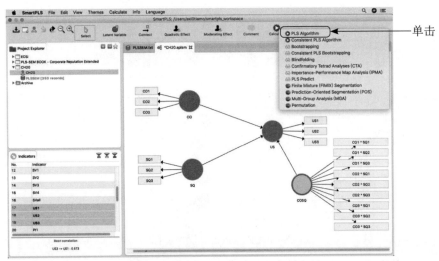

图 20-140　单击"PLS Algorithm"

9. 单击【Start Calculation】，如图 20-141 所示。

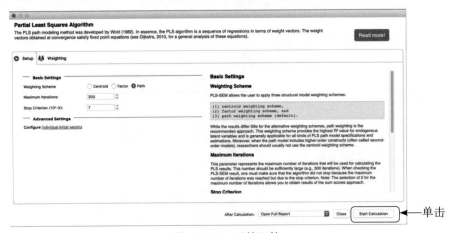

图 20-141　开始运算

■ **基本设定（Basic Settings）**

加权机制

PLS-SEM 提供三种结构模型的加权机制

（1）重心加权机制（Centroid Weighting Scheme）

（2）因子加权机制（Factor Weighting Scheme）

（3）路径加权机制（Path Weighting Scheme）（Default）

不同的加权机制会使结果有些许不同，建议使用路径加权机制（默认），因为路径加权机制可以得到最高的解释力 R^2，也适用于各种 PLS 路径模式的指定与估计，若是有 2 阶（Second-order）模式（含以上），不可以使用重心加权机制。

最大迭代（Maximum Iterations）

PLS 计算时可以使用最大的迭代次数，基本上需要设定到足够大的迭代次数，例如：300（默认）或 1 000 次，若是迭代次数设为 0，则执行总分（Sum Score）估计。研究者使用时，需要注意 PLS 计算终止时，是因为达到结束准则（Stop Criterion），而不是达到最大迭代次数。

结束准则

PLS 演算停止是计算前后两次外生权重（Outer Weight）的改变小于设定的结束准则，因此，研究者需要设定到足够小的值，例如：10^{-5} 或 10^{-7}（默认）。

■　**进阶设定（Advanced Settings）**

初始权重（Initial Weight）：也就是初始外生权重，系统默认 +1，系统提供下列 2 项可以使用的设定：

－　Lohmoller 设定：Lohmoller 建议使用所有初始外生权重为 +1，最后一个为 -1，以加速收敛。

－　单独设定：研究者可以按需要为每个题项定义初始外生权重。

10. 计算完成后画面如图 20-142 所示。

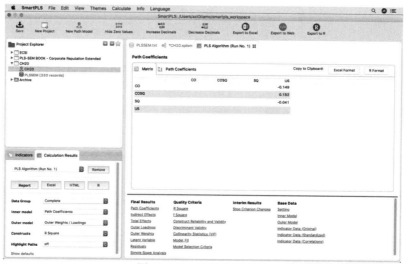

图 20-142　查看分析结果

11. 单击 Path Model 窗口标签，画面如图 20-143 所示。

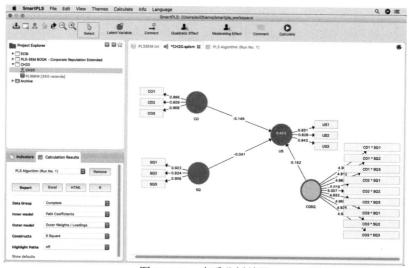

图 20-143　查看分析结果

12. 单击【Calculate】，我们需要统计检验值，如：t 值、P 值，选择【Bootstrapping】，如图 20-144 所示。

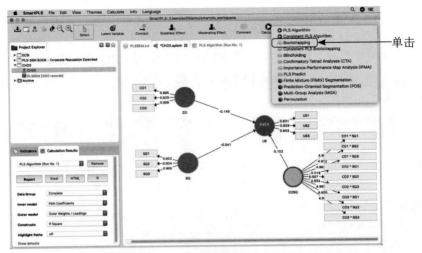

图 20-144　单击"Bootstrapping"

13. 记得将【Amount of Results】改成【Basic Bootstrapping】，再单击【Start Calculation】，如图 20-145 所示。

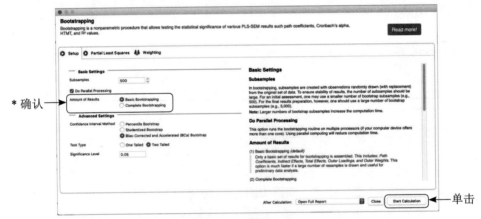

图 20-145　开始运算

自助法（拔靴法）（Bootstrapping）

子样本（Subsamples）

在原始数据集中，随机取样以计算结果，较多次的子样本可以确保结果的稳定，但会花费较多的运算时间。研究者初始估计时，建议使用 500 次随机子样本估计，以节省时间，但是最终估计建议设定 5 000 次随机子样本。

执行并行处理（Do Parallel Processing）

若是计算机提供双核心以上的处理器，可以选用执行并行处理，这样每个子样本可以各自处理，同时在不同的处理器运算处理，以节省时间。

符号的改变（Sign Changes）

在自助法的重复估计时，可以选择符号改变时的处理方法，如下：

－ 没有符号改变（默认）（No Sign Change）（default）

子样本计算结果的符号改变会被忽略，并且继续估计，这是最保守的估计方法，缺点是标准差较大时，会有较低的 t 值。

– 构面层级改变（Construct Level Changes）

子样本一组系数的符号（例如：构面，特定潜在变量的所有外部载荷量）与原始 PLS 路径模式估计值比较。若是大部分的符号需要反向才能符合原始样本估计值，那么所有的符号在自助法执行时都反向处理。若是大部分的符号不需要反向就能符合原始样本估计值，则都不改变符号。

– 单独改变（Individual Changes）

每次自助法取样估计与原始样本比较，若是符号不同，则改变符号，以确保每次自助法取样的测量模型和结构模型的结果与原始样本符号一致。

特别注意：测试时，子样本用 500，取用正式结果时，建议设成 5 000 次。

14. 计算完成后，画面如图 20-146 所示。

图 20-146　查看分析结果

15. 单击 Path Model 窗口卷标，画面如图 20-147 所示。

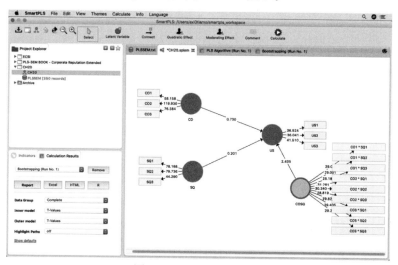

图 20-147　查看分析结果

本调节使用的方法是非标准化（Unstandardized）＋乘积指标（Product Indicator）报告分析整理结果如图 20-148 所示。

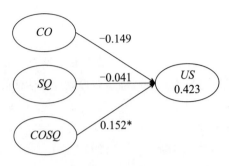

注：*P< 0.05 ， **P < 0.01，***P < 0.001（*t >= 1.96，**t >= 2.58，***t >= 3.29）

图 20-148　调节效应结果

判定是否有调节效应：COSQ 显著，代表有调节效应。

COSQ 的标准化系数为 0.152，

$t = 2.323>1.96$ 达显著，代表有调节效应。

在评估调节效应时，看整体模式 R^2 是不精确的，而是要看调节项（交互作用项）的效用值 Effect Size（f^2），f^2 的计算公式如下：

$$f^2 = \frac{R^2_{included} - R^2_{excluded}}{1 - R_{included}}$$

其中，Included 为将调节项包含在研究模型中；

Excluded 为将调节项排除在研究模型外。

Cohen（1988）提出的调节效应 f^2 的评估标准为 0.02（小），0.15（中）和 0.35（大），这样的标准较严苛，Aguinis et al.（2005）的研究显示平均调节效用值为 0.009，因此，Kenny（2016）提出较可行的标准 0.005（小），0.01（中）和 0.025（大）。

判定 *COSQ* 调节项的效用值

COSQ 的 f^2=0.021 达（中）效果（Kenny，2016）。

注意：调节项的估计

计算方式

在 SmartPLS 3.X 中提供 3 种计算方式来处理交互作用项，分别是：

（1）乘积指标法

（2）二阶法（默认选项）

（3）正交法

使用变量来产生交叉乘项有 3 种选项如下：

（1）非标准化

（2）平均值中心化

（3）标准化（默认选项）

产生交叉乘项有 3 种 ×3 种计算方式 =9 种组合

（1）非标准化 + 乘积指标

（2）非标准化 + 二阶法

（3）非标准化 + 正交法

（4）平均值中心化＋乘积指标

（5）平均值中心化＋二阶法

（6）平均值中心化＋正交法

（7）标准化＋乘积指标

（8）标准化＋二阶法 （默认选项）

（9）标准化＋正交法

我们计算 9 种调节效应如下：

非标准化＋乘积指标 = 0.152×（t = 2.323）f^2 =0.021

非标准化＋二阶法 =0.102×（t = 2.505）f^2 = 0.022

非标准化＋正交法 = 0.160×（t = 2.975）f^2 =0.026

平均值中心化＋乘积指标 = 0.215（t = 1.826）f^2 =0.047

平均值中心化＋二阶法 = 0.102×（t = 2.421）f^2 =0.022

平均值中心化＋正交法 = 0.160×（t = 2.930）f^2 =0.026

标准化＋乘积指标 = 0.152（t =1.706）f^2 =0.046

标准化＋二阶法 = 0.102×（t =2.467）f^2 =0.022 （默认选项）

标准化＋正交法 = 0.117×（t =2.356）f^2 =0.027

特别注意：

1. 使用变量来产生交叉乘项时，建议少用非标准化，非标准化也就是使用原始数据进行交叉相乘，容易产生共线性问题。

2. 产生交互作用项的计算方式建议说明如下：

如果测量模型中的调节变量和（或）自变量是形成性，请使用二阶法，若是都是反映性则考虑研究目的。

若目的是单纯呈现调节的显著性，请使用二阶法。

若目的是调节项估计偏误最小化，请使用正交法。

若目的是预测最大化，请使用正交法。

调节（干扰）效果方法的整理

当因变量 Y 都是连续变量，如表 20-20 所示。

表 20-20 因变量 Y 都是连续变量

调节（干扰）变量（M）	自变量（X）	
	类别	连续
类别	情况 1： SPSS：使用交互作用的方差分析（ANOVA），交互作用即调节（干扰）效果	情况 2： 分组执行回归分析。 SPSS：分组执行回归分析，用费雪 Z 转换检验 R^2 解释力是否有显著差异，有显著差异就代表有调节（干扰）效果。 SmartPLS：使用分组执行 SEM 模型，再使用特别的 t 检验比较两个 SEM 模型的结果，运行 PLS-MGA 功能

续表

调节（干扰）变量（M）	自变量（X）	
	类别	连续
连续	情况 3： SPSS： 1. 将自变量转换成虚拟变量 2. 执行 $Y=C+\beta_{11}X$ 得到解释力 R_1^2 3. 执行 $Y=C+\beta_{11}X+\beta_{12}M$ 得到解释力 R_2^2 4. 执行 $Y=C+\beta_{21}X+\beta_{22}M+\beta_{31}XM$ 得到解释力 R_3^2 注意：X 和 M 当控制变量，XM 是 X 和 M 的乘积。 5. 判定是否有调解效果有 2 种方式： 方式一：XM 显著，代表有调节效应 方式二：解释力 R_3^2，显著高于 R_2^2，代表 M 有调节效应	情况 4： SPSS：执行层级回归分析 $Y=C+\beta_{21}X+\beta_{22}M+\beta_{31}XM$ XM 显著，代表有调节效应 注意：X 和 M 当控制变量，XM 是 X 和 M 的乘积。 SmartPLS：执行 SEM $Y=C+\beta_{21}X+\beta_{22}M+\beta_{31}XM$ XM 显著，代表有调节效应，XM 是 X 和 M 的乘积。

20.4 写作参考范例

在验证调节效应后，初学研究者都会遇到的问题就是该如何整理结果至专题、论文或期刊上，因此，我们特别整理四篇期刊文章如下。

期刊文章一：Tsai, W.C., Chen, C.C., and Chiu, S.F. （2005）. Exploring boundaries of the effects of applicant impression management tactics in job interviews. *Journal of Management*, 31（1），108-125.

Tsai, W. C. et al （2005）探讨应用印象管理技巧于工作访谈的边际效应，Tsai, W. C. et al.（2005）提出自我焦点印象管理（SF: Self-focus Impression Management）和非言语印象管理（NV：Nonverbal Impression Management） 对于访谈评价（Interview Evaluation）的影响：以访谈结构（IS: Interview Structure）、客户接触需求（CR）和访谈长度（Interview Length）为调节因子，研究模型如图 20-149 所示。

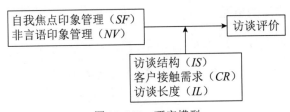

图 20-149 研究模型

我们整理的文章主要使用阶层回归，因变量为访谈评价，被预测变量分 4 个阶层，运行回归顺序如下：

步骤一 . 模式 1：控制变量对因变量的影响。

步骤二 . 模式 2：控制变量和自变量（SF 与 NV）对因变量的影响。

步骤三 . 模式 3：控制变量和自变量（SF 与 NV）和调节变量（IS、CR、IL）对因变量的影响。

步骤四 . 模式 4：控制变量、自变量（SF 与 NV）、调节变量（IS、CR、IL）和交互作用项（SF×IS，NV×IS，SF×CR，NV×CR，SF×IL，NV×IL）对因变量的影响。

结果如图 20-150 所示。

116　Journal of Management / February 2005

Table 2
Prediction of Interviewer Evaluation From Applicant Impression Management (IM) Tactics

Variable	Interviewer Evaluation			
	Model 1	Model 2	Model 3	Model 4
Control variables				
Manufacturing industry	−.05	−.03	−.02	.04
Financial industry	.01	−.01	.00	−.04
Preinterview impression	.33**	.30**	.31**	.29**
Applicant physical attractiveness	.43**	.43**	.45**	.45**
Interviewer experience	.02	−.04	−.02	−.08
Interviewer training	.11	.14†	.17*	.22**
Interviewer sex	.06	−.09	−.04	.00
Applicant sex	.07	.07	.11	.12
Independent variables				
Self-focused IM (SF)		.28**	.28**	.22**
Nonverbal IM (NV)		−.08	−.08	−.07
Moderators				
Interview structure (IS)			.03	−.05
Customer-contact requirement (CR)			−.02	−.07
Interview length (IL)			.18**	.23**
Interaction terms				
SF × IS				.08
NV × IS				−.17*
SF × CR				.18*
NV × CR				−.06
SF × IL				−.14*
NV × IL				.03
Model F	9.60**	10.33**	8.77**	7.29**
R^2	.35**	.43**	.45**	.51**
ΔR^2		.08**	.02†	.06*

Note: The entries in the table are standardized betas.
†$p < .10$
*$p < .05$
**$p < .01$

图 20-150　分析结果

判定方式：

交互作用（*SF×IS*，*NV×IS*，*SF×CR*，*NV×CR*，*SF×IL*，*NV×IL*）各自是否达显著，达显著项则有调节结果。

期刊文章二：Bontis N and Serenko A.（2007）. The moderating role of human capital management practices on employee capabilities. Journal of Knowledge Management（11:3），pp.31-51.

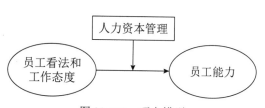

图 20-151　研究模型

Bontis N and Serenko A.（2007）探讨人力资本管理（Human Capital Management）在员工能力上的调节效应，研究模型如图 20-151、图 20-152 所示。

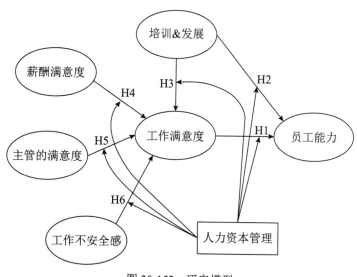

图 20-152　研究模型

我们整理文章的主要处理顺序如图 20-153 所示。

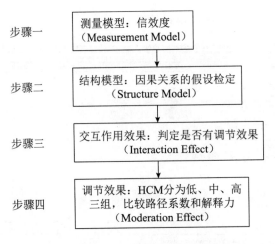

步骤一　测量模型：信效度（Measurement Model）

步骤二　结构模型：因果关系的假设检定（Structure Model）

步骤三　交互作用效果：判定是否有调节效果（Interaction Effect）

步骤四　调节效果：HCM分为低、中、高三组，比较路径系数和解释力（Moderation Effect）

图 20-153　文章的主要处理顺序

说明：

主要步骤一：测量模型用来交待量表的信度和效度。

主要步骤二：结构模型用来交待因果关系的假设检验，包含路径系数和解释力。

主要步骤三：判定是否有调节效应。

本篇文章使用的是交互作用项 JS×HCM 对 EC，如图 20-154 所示。

转换如下（见图 20-155）：

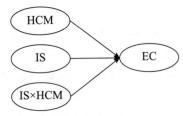

HCM：人力资本管理
IS：工作满意度
EC：员工能力

图 20-155　分析模型

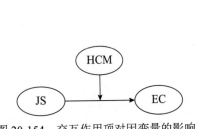

图 20-154　交互作用项对因变量的影响

本篇文章分别测试了 JS×HCM-EC，T&D×HCM-EC，T&D×HCM-JS，PS×HCM-JS，SS×HCM-JS 和 JL×HCM-JS

主要步骤四：调节效应——交待研究模型的调节效应。

本篇文章将 HCM 分成低中高三组，分别使用偏最小二乘法（PLS：Partial Least Square）和多元回归模型（MMR：Model Multiple Regression）方式运行 SEM 和分层回归（Hierarchical Regression），以比较 HCM 低中高三组的路径系数和解释力（调节效应）。

备注：一般我们只要使用 PLS 的 SEM 或 MMR 其中一种方式交待结果即可，本篇文章因为 PLS 和 MMR 各有优缺点，所以以两种方式呈现结果。

期刊文章三：Jack Shih-Chieh Hsu, Chien-Lung Chan, Julie Yu-Chih Liu, and Houn-Gee Chen（2008）.The impacts of user review on software responsiveness: Moderating requirements uncertainty. *Information & Management*（45:4），pp. 203-210.

Hsu et al.（2008）探讨需求的不确定（Requirements Uncertainty）对软件响应（Software Responsiveness）的关系：

用户评论（User Review）的调节影响研究摸型如图 20-156 所示。

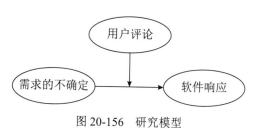

图 20-156　研究模型

我们整理了文章主要的处理顺序，如图 20-157 所示。

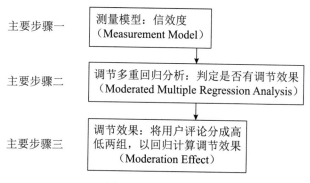

图 20-157　研究模型

主要步骤一：测量模型；用来交待信效度。

主要步骤二：调节回归分析；判定是否有调节效应。

在主要步骤二中，作者执行如图 20-158、图 20-159 所示。

模式 1：

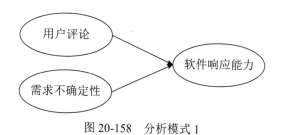

图 20-158　分析模式 1

模式 2：

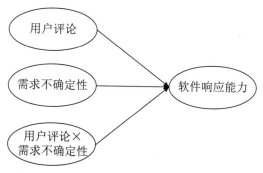

图 20-159　分析模式 2

调节回归分析如表 20-21 所示。

表 20-21　调节回归分析

Table Interaction effect				
Independent variable	Direct effect	Moderation effect		
	Model 0	Model 1		Model 2	
Completing on time	0.19	0.17		0.19	*
Staying within the budget	0.07	0.05		0.03	
Requirement uncertainty （RU）	−0.20*	−0.15	*	−0.17	*
User review （UR）		0.20	*	0.13	*
UR*RU				0.27	*
R^2	$R_0^2 = 0.134$	$R_1^2 = 0.170$		$R_2^2 = 0.232$	
R^2 difference	0.134*	0.036*		0.062*	

Dependent variable：software responsiveness; moderator: user review.

*$P<0.05$. the f-value of R^2 difference is estimated by $[（R_2^2 - R_1^2）/（df_2-df_1）]/[（1-R_2^2）/（n-df_2-1）]$.

判定方式：model 2 的 R_2^2 -model 1 的 R_1^2 是否达显著（F 值）。

> 注意：作者有先执行直接效果 model 0 的测试。

主要步骤三：调节效应。

作者将用户评论分成高低两组，分别作回归分析，以回归分析的 β 系数和截距项计算调节效应。

期刊文章四：Garcia, R.and Kandemir, D.（2006）.Illustration of moderating effects in multi-national studies? *International Marketing Review*，23（4），pp. 371-389。

Garcia and Kandemir （2006）探讨跨国比较下，调节变量的使用 Garcia and Kandemir 提出一个跨澳洲、新西兰和美国的消费者研究，探讨跨国比较下，调节变量的模型应用，研究模型如图 20-160 所示。

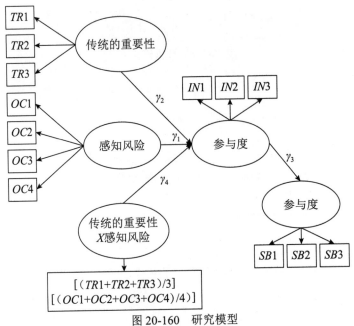

图 20-160　研究模型

交互作用项说明：本篇文章使用的是潜在变量，加总平均值的乘积项

我们整理了文章的主要处理顺序，如图 20-161 所示。

说明：

主要步骤一：测量模型：用来交待信效度。

主要步骤二：测量恒等性。

在进行跨国（文化）比较时，SEM 中较严谨的做法是在步骤二中交待测量恒等性，因为在跨国（文化）CFA 的测量恒等性若是显示有显著差异，则无法进行结构模型的比较，跨国（文化）测量恒等性的做法如下：

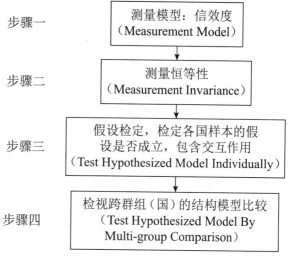

步骤一
步骤二
步骤三
步骤四

图 20-161　文章的主要处理顺序

模式 1：恒等基本模型（Multi-group-unconstrained）：未限制模型，用来测试相同因素结构（Factor Structure）。

模式 2：限制相关恒等（Multi-group- ϕ constrained）：测试 Nomological Validity 也就是测试因素协方差（Factor Covariance），使用命令 *PH = IN*。

模式 3：限制因素负荷恒等（Multi-group-λ constrained）：建立测量恒等，也就是检测所有题项相等，使用命令 *LX = IN*。

模式 4：限制相关和因素负荷恒等（Multi-group–ϕ、λ constrained）：检视跨国（文化）构面的结合性。

测量恒等性结果如表 20-22 所示。

表 20-22　测量恒等性结果

模　　式	χ^2	df	P-value	CFI	RMSEA
模式 1：恒等基本模型	567.783	177	0.00	0.963	0.034
模式 2：限制相关恒等	578.966	189	0.00	0.963	0.033
模式 3：限制因素负荷恒等	614.668	203	0.00	0.961	0.033
模式 4：限制相关和因素负荷恒等	626.749	215	0.00	0.961	0.032

判定方式：使用卡方检验，在比较自由度 df 和卡方（χ^2）的差异后，查卡方检验表，判定是否有显著差异。

模式 1：所有指针符合，代表三个国家有相同因素结构。

模式 2：测试因素协方差是否相等，使用卡方检验方式，将模式 2 减去模式 1 之后的卡方与自由度为 $\Delta\chi^2=11.183$，$\Delta df = 12$，查卡方分布表，未达显著，代表因素协方差相同。

模式 3：建立测量恒等，将模式 3 减去模式 1 之后，卡方与自由度为 46。$\Delta\chi^2=885$，$\Delta df = 26$，查卡方分布表，达显著，有测量上的差异，作者再测试后有 4/13 因素负荷是有差异的。

模式 4：测试跨国构面的结合性，将模式 4 减去模式 3 之后，卡方与自由度为 $\Delta\chi^2=12.081$，$\Delta df =12$，查卡方分布表，未达显著，代表三个国家构面相同。

结果：这三个国家样本的测量具有恒等性。

主要步骤三：检验各国样本的假设，包含交互作用项。使用三个国家的样本运行 SEM，呈现因果模型的路径系数，包含交互作用的路径系数。交互作用路径系数达显著，代表有调节效应。

主要步骤四：跨群组（国）的结构模型比较，用来显示调节效应的强度。将跨群组（三个国家）的一个路径（例如 r_1）设定成一样，再释放估计这个路径，来进行在那两个国家限制相同路径下，与另一个国家的路径的比较（大小）。

各步骤的详细结果整理，请参阅原期刊论文。

参考数据：

- Baron, R. M., and Kenny, D. A. （1986）. The Moderator-Mediator Variable Distinction in Social Psychological Research：Conceptual, Strategic, and Statistical Consi derations. *Journal of Personality and Social Psychology*, （51:6）, pp. 1173-1182.

- Bentler, P.M., and Bonnet, D.G. （1980） Significance Tests and Goodness-of-Fit.

- Bontis N and Serenko A. （2007）. The moderating role of human capital management practices on employee capabilities. *Journal of Knowledge Management* （11:3）, pp. 31-51.

- Commitment: Reexamination of the Affective and Continuance Commitment in the Analysis of Covariance Structure," *Psychological Bulletin*, 88（3）, 588-606.

- Hsu, J. S.-C., Chan C.-L., Liu, J. Y.-C., and Chen, H.-G. （2008） The impacts of user review on software responsiveness: Moderating requirements uncertainty. *Information & Management* （45:4）, pp. 203-210.

- Mitchell, M.S., and Ambrose, M.L. （2007）. Abusive supervision and workplace deviance and the moderating effects of negative reciprocity beliefs. *Journal of Applied Psychology*, 92（4）, pp. 1159-1168.

- Pearson, T.S. Raghunathan （2008）. A cross-cultural analysis of the end-user computing satisfaction instrument: A multi-group invariance analysis. *Information & Management* （45:4）, pp. 211-220.

- Tsai, W.C., Chen, C.C., Chiu, S.F. （2005）. Exploring boundaries of the effects of applicant impression management tactics in job interviews. *Journal of Management*, 31（1）, 108-125.

第21章 SmartPLS 3 进阶应用介绍

21.1 一致性的偏最小二乘法

偏最小二乘结构方程模型已经广泛地应用在企管、营销、信管、作业管理、管理科学、教育等领域，偏最小二乘估计方法已被公认是分析结构方程模型的好方法之一。然而，偏最小二乘法一直被认为存在估计不一致的问题，特别是因子载荷量、权重和路径，只有在大样本下，估计会有一致性（Wold，1982）；因此，迪杰斯特拉（Dijkstra）和亨斯勒（Henseler，2012）发展了一致性的偏最小二乘方法来进行估计，一致性的偏最小二乘法是用 PLS$_C$ 符号为代表，PLS$_C$ 估计的方式是使用渐进式正态估计（Asymptotically Normal Estimators，CAN-estimators）来达到一致性，PLS$_C$ 核心的计算方式为两阶段最小二乘法（Two Stage Least Square，2SLS），两阶段最小二乘法可以各自估计每个方程式，是一种使用有限信息的技术，也是最简单估计方式。分别有：一致性的偏最小二乘算法（Consistent PLS Algorithm）和一致性的偏最小二乘自助法（Consistent PLS Bootstrapping）。

另一个被认为的缺点是缺乏模型适配度（Model Fit）。SmartPLS 提供了一个新的模型拟合度，标准化均方根残差（Standardized Root Mean Square Residual，SRMR）、原本均方根残差（Root Mean Aquare Eesidual，RMSR）是测量共变残差的平均绝对值；标准化均方根残差则定义为观察相关和预测相关的差异，用来评估模型的适配度，小于 0.1 或 0.08（保守估计）时，就具有良好的适配度。SmartPLS 提供两种计算结果，组合模型（Composite Model）和公共因子模型（Common Factor Model），当使用偏最小二乘算法时，请选用组合模型标准化均方根残差（Composite Model SRMR），若是测量模型都是反映性，而使用 PLS$_C$ 算法时，则适用公共因子模型标准化均方根残差（Common Factor Model SRMR）。

一致性的偏最小二乘算法（Consistent PLS Algorithm），PLS$_C$ 可以设定是否连接模型中所有的潜在构面进行初始计算，PLS$_C$ 与偏最小二乘法一样提供质量标准的值和最后结果的值。质量标准的值 – 有 R 方、f 方、平均方差萃取、组成信度、克隆巴赫 α、区别效度、共线性统计（方差膨胀因子）和标准化均方根残差。最后结果的值有路径系数（Path Coefficients）、间接效果（Indirect Effects）、总效果（Total Effects）、外部权重（Outer Weights）、外部载荷（Outer Loading）、潜变量（Latent Variable）。一致性的偏最小二乘自助法，可以设定是否连接模型中所有的潜在构面进行初始计算，一致性的偏最小二乘自助法与偏最小二乘自助法一样提供平均值、标准差、t 值、D 值。

实际操作：

我们的研究模型是高阶主管支持与强化 ERP 项目团队的团队合作有正向关系，团队合作对系统质量、信息质量和服务质量有正向的直接影响，系统质量、信息质量和服务质量对使用者满意度有正向的直接影响，研究的模型如图21-1所示。

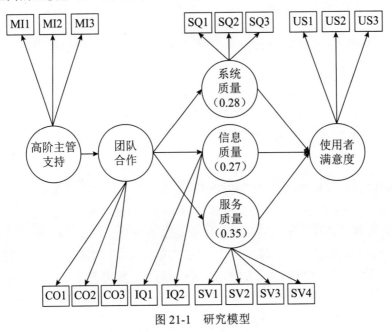

图 21-1　研究模型

先将范例档 Ch21\SEM 复制到 C：\SEM，反映性范例，实际操作步骤如下。

1. 单击【New Project】来建立新的项目，如图 21-2 所示。

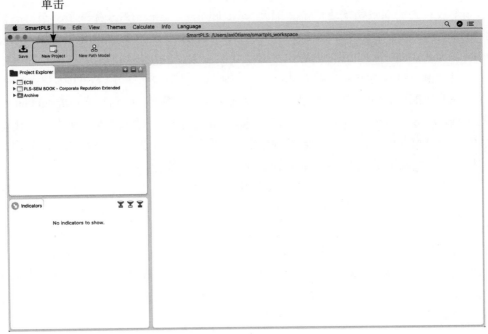

图 21-2　建立新项目

2. 输入项目名称（以 PLS$_C$ 为例），输入完按下【OK】，如图 21-3 所示。

①输入

②单击

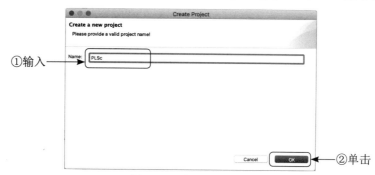

图 21-3　输入项目名称

3. 汇入数据，点选 PLS$_C$，建立 MI、CO、SQ、IQ、SV、US 构面，并选入其题项，如图 21-4 所示。

双击鼠标左键

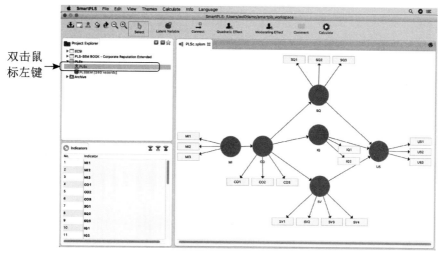

图 21-4　汇入数据

4. 点选【Calculate】，我们需要路径系数、解释力 R^2，选择【Consistent PLS Algorithm】，如图 21-5 所示。

单击

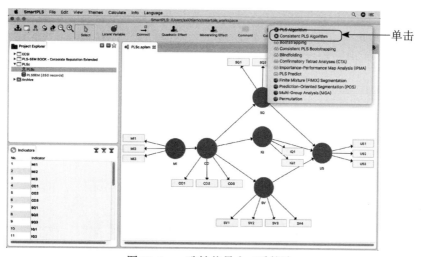

图 21-5　一致性偏最小二乘算法

5. 点选【Start Calculation】，如图 21-6 所示。

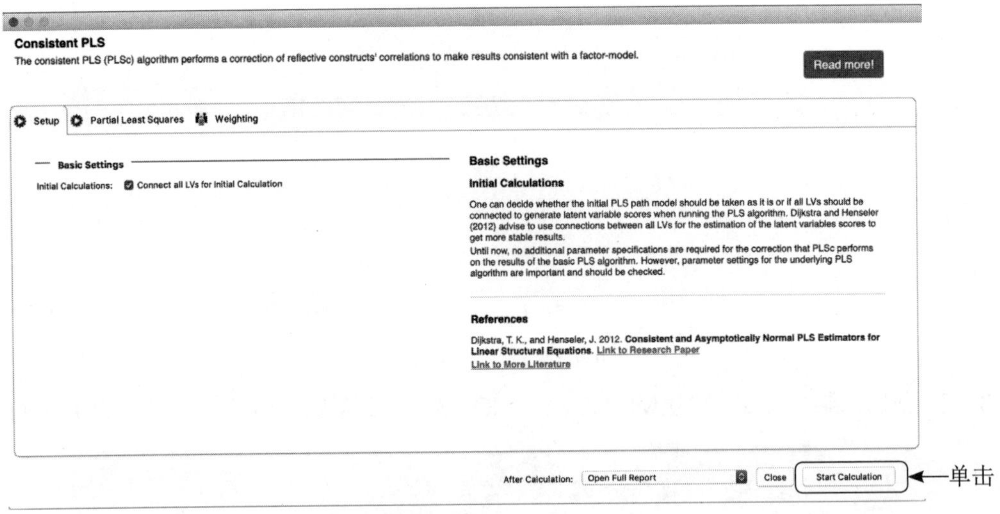

图 21-6　开始运算

勾选图 21-6 中的【initial calculation：Connect all LVs for initial Calculation】
（当发生因子载荷量 ≥ 1 时）

■　**基本设定**

●　加权机制（Weighting Scheme）

PLS-SEM 提供三种结构模型的加权机制：

（1）重心加权机制（Centroid Weighting Scheme）

（2）因子加权机制（Factor Weighting Scheme）

（3）路径加权机制（Path Weighting Scheme）（Default）

不同的加权机制会使结果有些许不同，建议使用路径加权机制（默认），因为路径加权机制可以得到最高的解释力 R^2，也适用在各种 PLS 路径模型的指定与估计，若是有 2 阶（Second-order）模型（含以上），不可以使用重心加权机制。

●　最大迭代（Maximum Iterations）

PLS 计算时可以使用最大的迭代次数，基本上需要设定到足够大的迭代次数，例如：300（默认）或 1 000 次，若是迭代次数设为 0，则执行加总分数（Sum Score）估计，研究者使用时，需要注意 PLS 计算终止时，是因为达到停止标准（Stop Criterion），而不是达到最大迭代次数。

●　停止标准

PLS 演算停止是计算前后两次外生权重（Outer Weight）的改变小于设定的停止标准，因此，研究者需要设定到足够小的值，例如：10^{-5} 或 10^{-7}（默认）。

■　**进阶设定**

初始权重（Initial Weight）：也就是初始外生权重（Outer Weight），系统默认 +1，系统提供下列 2 项可以使用的设定：

－ Lohmoller 设定：Lohmoller 建议使用所有初始外生权重为 +1，除了最后一个为 -1，以加速收敛。

－ 单独设定：研究者可以根据需要为每个题项定义初始外生权重。

6. 计算完成后，点选【Path Model】视窗标签，画面如图 21-7 所示。

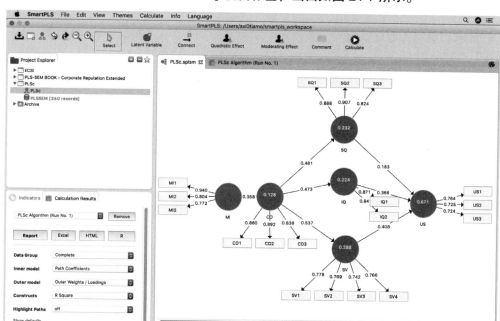

图 21-7　路径模型

我们整理了需要的路径系数和解释力 R^2，如图 21-8 所示。

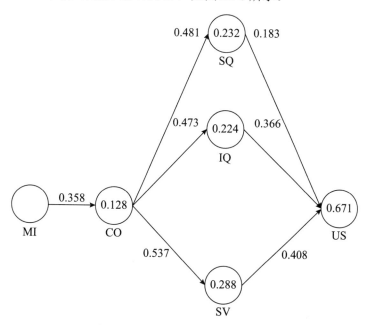

图 21-8　路径系数和解释力的因果关系

7. 点选【Calculate】，我们需要统计检验值，如 t 值、P 值，选择【Consistent PLS Bootstrapping】，如图 21-9 所示。

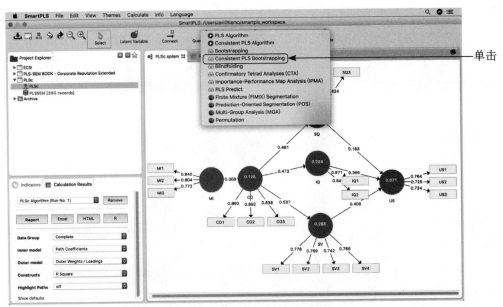

图 21-9 　一致性偏最小二乘拔靴法

8. 单击【Start Calculation】，如图 21-10 所示。

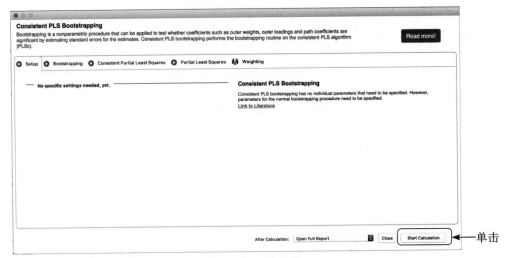

图 21-10 　开始计算

> **自助法**

子样本（Subsamples）： 在原始数据集中，随机取样以计算结果，较多次的子样本，可以确保结果的稳定，也会使用较多的运算时间，研究者初始估计时，建议使用 500 次随机子样本估计，以节省时间，但是最终估计建议设定 5 000 次随机子样本。

执行平行处理（Do Parallel Processing）： 若是计算机具备双核心以上的处理器，可以选用执行平行处理，这样每个子样本可以各自处理，同时在不同的处理器运算处理，以节省时间。

符号的改变（Sign Changes）： 在自助法的重复估计时，可以选择符号改变时的处理方法，下面详细介绍。

– 没有符号改变（默认）（No Sign Change）（Default）

子样本计算结果的符号改变时，会被忽略，并且继续估计，这是最保守的估计方法，缺点是标准差较大时，会有较低的 t 值。

　－　构面层级改变（Construct Level Changes）

子样本一组系数的符号（例如：构面的所有外生负荷量）与原始 PLS 路径模型估计值比较。若是大部分的符号需要反向，才能符合原始样本估计值，则所有的符号在自助法执行时都反向处理。若是大部分的符号不需要反向，就能符合原始样本估计值，则都不改变符号。

　－　单独改变（Individual Changes）

每次自助法取样估计与原始样本比较，若是符号不同，则改变符号，以确保每次自助法取样的测量模型和结构模型的结果与原始样本符号一致。

特别注意：测试时，子样本用 500，取用正式结果时，建议设成 5 000 次。

9. 计算完成后，单击【Path Model】视窗标签，画面如图 21-11 所示。

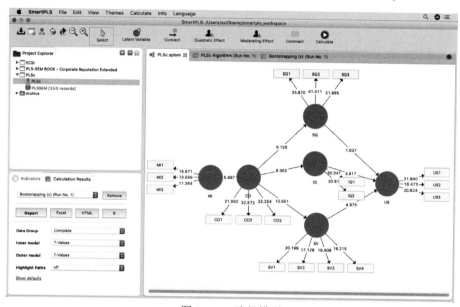

图 21-11　路径模型

我们整理了 t 值、P 值、路径系数和解释力 R^2，如图 21-12 所示。

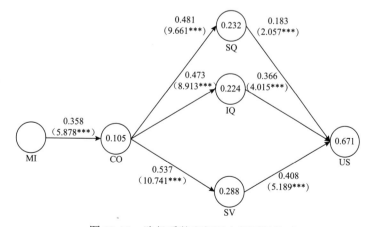

图 21-12　路径系数和解释力的因果关系

说明：*** 表示 $P<0.001$

报表整理结果如下：

本研究有高阶主管支持、团队合作、系统质量、信息质量、服务质量和使用者满意度等六个潜在变量，我们整理了输出报表结果，如表21-1所示。

表 21-1　输出报告结果

构面	题项	因子载荷量	t 值	组成信度	平均方差萃取	克隆巴赫 α	rho_A
MI	MI1	0.940	15.930	0.879	0.709	0.879	0.888
	MI2	0.804	12.733				
	MI3	0.772	10.777				
CO	CO1	0.860	22.458	0.898	0.746	0.898	0.899
	CO2	0.892	33.794				
	CO3	0.838	21.872				
SQ	SQ1	0.888	32.179	0.906	0.763	0.906	0.908
	SQ2	0.907	40.051				
	SQ3	0.824	19.695				
IQ	IQ1	0.871	30.323	0.846	0.733	0.846	0.846
	IQ2	0.841	32.959				
SV	SV1	0.778	19.690	0.849	0.583	0.848	0.849
	SV2	0.769	17.258				
	SV3	0.742	18.995				
	SV4	0.766	16.470				
US	US1	0.764	20.560	0.782	0.545	0.782	0.783
	US2	0.725	17.625				
	US3	0.724	19.374				

信效度分析

内容效度（Content Validity）是指测量工具内容的适切性，若测量内容涵盖本研究所要探讨的架构及内容，就可说是具有优良的内容效度（Babbie 1992）。然而，内容效度的检测相当主观，假若题项内容能以理论为基础，并参考学者类似研究所使用的问卷加以修订，并且与实际从业人员或学术专家讨论，即可认定具有相当的内容效度。本研究的问卷参考来源全部引用国外学者使用过的测量题项并根据本研究需求加以修改，并与专家讨论，经过学者对其内容审慎检视。因此，根据前述准则，本研究使用的衡量工具应符合内容效度的要求。

本研究针对各测量模型的参数进行估计。检验各个变量与构念的信度及效度。在收敛效度方面，海尔等（1998）提出必须考量个别项目的信度、潜在变量组成信度与潜在变量的平均方差萃取等三项指标，此三项指标均符合，方能表示本研究具收敛效度。

（1）个别题项的信度（Individual Item Reliability）：考虑每个题项的信度，即每个显性变量能被潜在变量所解释的程度，海尔等（1992）建议因子载荷量应该都在 0.5 以上，本研究所有观察变量的因子载荷量都大于 0.5，表示本研究的测量指标具有良好信度。

（2）潜在变量组成信度（Composite Reliability，CR）：指构面内部变量的一致性，若潜在变量的组成信度高，表示测量变量之间是高度相关的，即测量变量都是在衡量相同的潜在变量，那么这组测量变量更能测出该潜在变量。一般而言，其值须大于 0.7（海尔等，1998），本研究中的潜在变量的组成信度值都大于 0.8，rho_A 都大于 0.7（亨斯勒，胡伯纳和拉伊，2016），表示本研究的构面具有良好的内部一致性。

（3）平均方差萃取：测量模型分析是基于检验模型中两种重要的建构效度：收敛效度及区别效度。平均方差萃取代表观测变量能够测量出潜在变量方差值的百分比，不仅可用以评判信度，同时也代表收敛效度，福内尔（Fornell）和拉克尔（Larcker，1981）建议 0.5 为临界标准，表示具有收敛效度，由表 21-1 的平均方差萃取值可看出，本研究的平均方差萃取介于 0.545 和 0.763 之间，每个构面的平均方差萃取都大于 0.5，表示具有收敛效度。

区别效度（Discriminant Validity）：

Fornell-Larcker Criterion 区别效度如表 21-2 所示。

表 21-2　Fornell-Larcker Criterion 区别效度

	CO	IQ	MI	SQ	SV	US
CO	0.864					
IQ	0.473	0.856				
MI	0.358	0.251	0.842			
SQ	0.481	0.753	0.256	0.874		
SV	0.537	0.530	0.316	0.514	0.764	
US	0.618	0.720	0.287	0.669	0.696	0.738

* 说明：对角线是平均方差萃取的开根号值，非对角线为各构面间的相关系数。此值所在的行或列的相关系数值，则代表具备区别效度。

由表 21-2 可知各构面平均方差萃取值都大于构面之间的协方差值，表示本研究构面潜在变量的平均方差萃取量的平方根值大于相关系数值，表明各个构面的含义不重叠，具有区别效度。

Heterotrait-Monotrait Ratio （HTMT） 区别效度如表 21-3 所示。

表 21-3　Heterotrait-Monotrait Ratio 区别效度

	CO	IQ	MI	SQ	SV	US
CO						
IQ	0.474					
MI	0.355	0.252				
SQ	0.481	0.753	0.257			
SV	0.537	0.530	0.318	0.514		
US	0.619	0.718	0.285	0.669	0.696	

由表 21-3 可知 HTMT 值皆小于 0.85，具有良好的“区别效度”（亨斯勒，胡伯纳和拉伊，2016）。我们将总效果、路径系数和解释力进行整理，如表 21-4 所示。

表 21-4　总效果

	CO	IQ	MI	SQ	SV	US
CO		0.473		0.481	0.537	0.481
IQ						0.366
MI	0.358	0.169		0.172	0.192	0.172

续表

	CO	IQ	MI	SQ	SV	US
SQ						0.183
SV						0.408

路径系数和解释力的因果关系如图 21-13 所示。

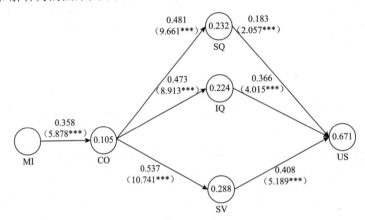

图 21-13　路径系数和解释力的因果关系

说明：*** 表示 P<0.001

在偏最小二乘结构方程模型中，当 t 值＞ 1.96，表示已达到 α 值为 0.05 的显著水平，以 * 表示；当 t 值＞ 2.58，以 ** 表示，表示已达到 α 值为 0.01 的显著水平；当 t 值＞ 3.29，则表示已达到 α 值为 0.001 的显著水平，以 *** 表示。

由研究模型的因果关系可知，高阶主管支持影响 ERP 项目团队合作，显著水平为 0.001 以上，而其估计值为 0.358；团队合作影响 ERP 系统、信息和服务质量，显著水平在 0.001 以上，而其估计值分别为 0.481、0.473 和 0.537，团队合作与系统质量、信息质量和服务质量这三者间的关系则呈正相关；影响使用者满意的因素为系统、信息和服务质量，显著水平都在 0.001 以上，而其估计值为 0.183、0.366 和 0.408，其中影响使用者满意度最主要的因素为信息质量。

由研究模型的因果关系图可知，高阶主管支持对团队合作潜在的解释能力为 10.5%，团队合作对系统质量的解释能力为 23.2%，团队合作对信息质量的解释能力为 22.4%，团队合作对服务质量的解释能力为 28.8%，系统质量、信息质量和服务质量三个潜在变量对使用者满意度潜在变量的整体解释能力为 67.1%，说明模型解释潜在变量程度良好。

21.2　重要性与绩效的矩阵分析（Importance-performance Matrix Analysis，IPMA）

在一般的结构方程模型分析中，我们常常用构面对于其他构面的影响来解释构面的重要性，然而，对构面（现象）的绩效并未加以考虑。重要性与绩效的矩阵分析在传统结构方程模型分析的基础上，增加了绩效分析指标，给研究者提供了二维矩阵分析，并给管理者提供了相对的重要性和绩效。

偏最小二乘结构方程模型可以估计潜在变量的分数，因此在路径分析时，可以计算出潜在变量的平均值，当我们指定某因变量（构面）为目标分析构面进行分析时，重要性与绩效的矩阵分析可以计算出重要性（总效果）和绩效，我们需要关注的是"是否有重要性很高的构面，却是绩效相对较低的情况"，管理者需要多注意这些现象（构面），通过改善这些现象，可以大幅改善目标构面（现象）。

重要性与绩效的矩阵分析的绩效如何计算？

重要性与绩效的矩阵分析的重要性是计算路径总效果 = 直接效果 + 间接效果。那重要性与绩效的矩阵分析的绩效是如何计算呢？我们需要重新计算潜在变量的量尺，将所有题项重新计算完后，再以偏最小二乘路径模型分析得到潜在变量的指标值（Index Value），也就是绩效。重新计算量尺的公式如下：

$$X_i^{重置} = \frac{(X_i - 最小值[x])}{(最大值[x] - 最小值[x])} \times 100$$

式中，

例如量尺是李克特七级量表 1-7，最小是 1，代表不满意，最大是 7，代表满意，第 10 个 Sat10 的答案是 5。

$$Sat10 = \frac{5-1}{7-1} \times 100 = 0.67$$

假设我们的构面 $Y = X_1 + X_2 + X_3$，目标构面是 Y，计算得到重要性与绩效的矩阵分析，如表 21-5 所示。

表 21-5　重要性与绩效的矩阵

	重要性	绩效
X_1	0.8 （80%）	0.4
X_2	0.4 （40%）	0.6
X_3	0.6 （60%）	0.8

画出重要性与绩效的矩阵分析图，如图 21-14 所示。

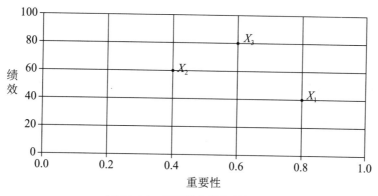

图 21-14　重要性与绩效的矩阵分析

我们需要特别注意重要性高 0.8 且绩效差 0.4 的 X_1，因为改善 X_1 可以大幅提高绩效，使用重要性与绩效的矩阵分析注意事项：

（1）所有题项需要相同方向，不然量尺无法代表真实意义，若有反向题，请自行重新编码。

（2）因子载荷量和权重必须为正向估计值，不然重测（Rescale）可能得到的不是 0 ～ 100，而是 -10 ～ 90。

21.3 多组分析

多组分析（Multigroup Analysis，MGA）在社会科学中是相当重要的统计技术，从群体、组织、产业到国家层级，都会用到多组分析，例如：个人分析中的性别（男，女）差异分析，群体中的团队气氛的比较（高度合作，低度合作），组织层级的行动化（Mobile）与非行动化（Immobile）的比较，国家层级的文化（自由，非自由）市场比较，我们想了解或比较两组（含）以上的差异分析，就会用到多群组比较分析。

在一般偏最小二乘法的应用中，常常假设收集到的数据是单一总体也就是相同性质（Homogeneity）的数据，在实际中却不尽然，因为收集到个人的知觉和评估常常是异质性（Heterogeneous）的数据，这些异质性的数据若不可观察（Unobserved），则可以使用区段化方式来预测。例如： 有限混合偏最小二乘法 （FIMIX-PLS）或偏最小二乘预测导向区段化方法（PLS-POS），研究者预测无法观察异质性数据的目的是为了：（1）确认研究结果不会受到无法观察异质性数据的扭曲；（2）确认忽略的变量是可以叙述显示出来的数据区段。

无论使用有限混合偏最小二乘法还是偏最小二乘预测导向区段化方法，都有相同的分析步骤，即比较被确认的潜在区段（Segment）的偏最小二乘参数估计，因此，无论是可观察的异质性数据（例如：性别的男，女）还是无法观察的异质性数据，都需要多组分析。

参数和非参数置信组估计方式（Parametric and Nonparametric Confidence Set Approach）

偏最小二乘法的多组分析有两大方法，分别是参数估计和非参数置信组方式。

参数估计最早是由凯尔（Keil）等（2000）提出，所使用的方式是两个独立样本 t 检验，此估计方法在正态分布 [例如：柯尔莫哥洛夫 - 斯米诺夫检验（Kolmogorov- Smirnov）] 情况下，统计检验才有意义。研究者先各自对每一组运行偏"最小二乘路径模型演算"和"自助法"，以取得各组的参数估计和标准差。

若列文方差齐性检验（Levene's test）参数估计的标准差是一样的，则使用以下的估计方式：

$$t = \frac{Path_1 - Path_2}{\left[\sqrt{\frac{(m-1)^2}{(m+n-2)} \cdot S.E._{\cdot1}^2 + \frac{(n-1)}{(m+n-2)} \cdot S.E._{\cdot2}^2}\right] \cdot \left[\sqrt{\frac{1}{m} + \frac{1}{n}}\right]}$$

其中，$Path_1$ 是第一组样本的路径系数；$S.E._{\cdot1}$ 是指第一组样本的标准差；$Path_2$ 是第二组样本的路径系数；$S.E._{\cdot2}$ 是指第二组样本的标准差；m 是指第一组样本的样本数；n 是指第二组样本的样本数。

若列文方差齐性检验参数估计的标准差是不一样的，则使用以下的估计方式：

$$t = \frac{Path_1 - Path_2}{\left[\sqrt{\frac{m-1}{m} \cdot S.E._{\cdot1}^2 + \frac{n-1}{n} \cdot S.E._{\cdot2}^2}\right]}$$

其中，$Path_1$ 是第一组样本的路径系数；$S.E._{\cdot1}$ 是指第一组样本的标准差；$Path_2$ 是第二组样本的路径系数；$S.E._{\cdot2}$ 是指第二组样本的标准差；m 是指第一组样本的样本数；n 是指第二组样本的样本数。

自由度的估计方式如下：

$$df = \| \frac{\frac{m-1}{m} \cdot S.E._{\cdot 1}^2 + \frac{n-1}{n} \cdot S.E._{\cdot 2}^2}{\frac{m-1}{m^2} \cdot S.E._{\cdot 1}^4 + \frac{n-1}{n^2} \cdot S.E._{\cdot 2}^4} \|$$

其中，$S.E._{\cdot 1}$ 是指第一组样本的标准差；$S.E._{\cdot 2}$ 是指第二组样本的标准差；m 是指第一组样本的样本数；n 是指第二组样本的样本数。[钦（Chin，2000）] 提供分组比较的参数估计如下：

两组的方差是相同的，分布接近正态分布。

复杂型公式：

$$t = \frac{Path_1 - Path_2}{\left[\sqrt{\frac{(m-1)^2}{(m+n-2)} \cdot S.E._{\cdot 1}^2 + \frac{(n-1)}{(m+n-2)} \cdot S.E._{\cdot 2}^2} \right] \cdot \left[\sqrt{\frac{1}{m} + \frac{1}{n}} \right]}$$

自由度 $=m+n-2$

若两组的方差是不同的，分组比较的参数估计如下：

简单型公式：

$$t = \frac{Path_1 - Path_2}{\left[\sqrt{S.E._{\cdot 1}^2 + S.E._{\cdot 2}^2} \right]}$$

若 n 很大时，自由度才需要调整如下。

$$df = round \left[\frac{(S.E._{\cdot 1}^2 + S.E._{\cdot 2}^2)^2}{\left(\frac{S.E._{\cdot 1}^2}{m+1} + \frac{S.E._{\cdot 2}^2}{n+1} \right)} - 2 \right]$$

其中，round 是指把计算结果取整数，$S.E._{\cdot 1}$ 是指第一组样本的标准差；$S.E._{\cdot 2}$ 是指第二组样本的标准差；m 是指第一组样本的样本数；n 是指第二组样本的样本数。

特别说明：在样本数够大时，这两种 t 值算出来应该是接近的。

Marko Sarstedt，Jörg Henseler，and Christian M. Ringle （2011），"Multigroup Analysis in Partial Least Squares （PLS） Path Modeling: Alternative Methods and Empirical Results", Marko Sarstedt, Manfred Schwaiger, Charles R. Taylor，in （ed.） Measurement and Research Methods in International Marketing （Advances in International Marketing，Volume 22），Emerald Group Publishing Limited，pp. 195 - 218

Chin，W. W. （2000）. Frequently Asked Questions-Partial Least Squares & PLS-Graph. Home Page. 【On-line】. Available：http：//disc-nt.cba.uh.edu/chin/plsfaq.htm

范例： 资料来源于扎尔施泰特 （Sarstedt）、亨斯勒（Henseler）和林格尔（ Ringle，2011）

Sarstedt，M.，Henseler，J.，and Ringle，C.M. （2011）. "Multigroup analysis in partial least squares （PLS） path modeling: Alternative methods and empirical results，" in: *Advances in International Marketing* （*AIM*），Vol. 22，pp. 195-218.

扎尔施泰特、亨斯勒和林格尔（2011）提供了"满意度对忠诚度的影响"的参数估计方式例子，有一间工业公司调查其分布在德国、英国和英国的客户，包括其客户对于服务满意度对忠诚度的影响，其客户对于产品满意度对忠诚度的影响，其客户对于价格满意度对忠诚度的影响。在多群组比较参数估计之下，其路径系数比较有三种方法：参数方法（Parametric Approach），置换检验（The Permutation Test）和亨斯勒（2007）的方法（结果如表 21-6 所示）。

表 21-6　多群组比较检验结果

关系	对比	|差|	$t_{参数法}$	$t_{置换}$	$P_{亨斯勒}$
服务→忠诚度	德国 对比 英国	0.198	1.930*	1.632	0.095
	德国 对比 法国	0.155	1.530	1.351	0.130
	英国 对比 法国	0.043	0.410	0.441	0.363
产品→忠诚度	德国 对比 英国	0.539	4.285***	3.285***	0.005
	德国 对比 法国	0.270	2.662***	2.614***	0.013
	英国 对比 法国	0.159	1.503	1.367	0.107
价格→忠诚度	德国 对比 英国	0.338	2.156**	2.052**	0.021
	德国 对比 法国	0.235	1.967**	1.802*	0.063
	英国 对比 法国	0.102	0.930	0.959	0.193

其中，* 是指显著水平为 0.10；** 是指显著水平为 0.05；*** 是指显著水平为 0.01。
亨斯勒（2007）的结果符合当侧检验。

判定法则：

研究者可以根据情境，选择适当的估计方式，参数方法的方式最宽松，置换检验是适中的，亨斯勒（2007）的方法是最保守的。

非参数置信组

非参数置信组（Nonparametric Confidence Set Approach）是为了改善参数估计的缺点，在使用参数估计方法时，会受限于抽样必须是正态分布的要求，这违反了偏最小二乘法不受正态分布影响的估计。因此，扎尔施泰特、亨斯勒和林格尔（2011）发展了非参数置信组方法，通过修正凯尔等（2000）的参数估计方式，也就是通过自助法得到研究者可指定组别的自助法置信区间来修改两个独立样本 t 检验的标准差。简单地说，就是不管分布是否为正态分布，都可以使用置信区间的方式进行群组的比较分析。

非参数置信组的处理方式如下：

（1）分别为各群组运行 PLS Algorithm。

（2）建立修正偏误（Bias_corrected）α% 自助法的置信区间，（$\alpha=5$，95% 置信区间）。

（3）比较参数估计，若是第 1 组的路径系数落在第二组的置信区间，或第 2 组的路径系数落在第 1 组的置信区间，则表示两组没有显著差异。只有两组的路径系数都不落在对方的置信区间时，才表示两组的路径系数有显著的差异。

范例资料来源：

Sarstedt，M.，Henseler，J.，and Ringle，C. M.（2011）. Multigroup analysis in partial least squares（PLS）path modeling：Alternative methods and empirical results，in：*Advances in International Marketing*（*AIM*），Vol. 22，pp. 195-218.

扎尔施泰特、亨斯勒和林格尔（2011）提供了满意对忠诚度非参数置信组估计方式的例子，一个工业公司调查其分布在德国、英国和法国的客户，以研究其客户的服务满意度对其忠诚度的影响，其客户的产品满意度对其忠诚度的影响，其客户的价格满意度对忠诚度的影响。作者们进行多群组比较非参数置信组估计：先计算各自的路径系数的结果，再计算多群组的置信区间结果，最后进行判定。判定法则是：比较参数估计，若是第 1 组的路径系数落在第 2 组的置信区间，或第 2 组的路径系数落在第 1 组的置信区间，则表示两组没有显著差异。只有两组的路径系数都不落在对方的置信区间时，才表示两组的路径系数有显著的差异。

计算各自的路径系数的结果如表 21-7 所示。

表 21-7　路径系数的结果

	德国	英国	法国
样本数 n	65	115	170
路径关系			
对服务满意度→忠诚度	0.040	0.238***	0.195***
对产品满意度→忠诚度	0.669***	0.130*	0.289***
对价格满意度→忠诚度	0.163*	0.500***	0.398***
R^2	0.690	0.600	0.609

其中，* 是指显著水平为 0.10；** 是指显著水平为 0.05；*** 是指显著水平为 0.01。

计算多群组的置信区间结果，如表 21-8 所示。

表 21-8　多群组比较结果和 95% 的置信区间

关系	置信区间			对比	显著性
	德国	英国	法国		
服务→忠诚度	【-0.206，0.250】	【0.035，0.380】	【0.065，0.325】	德国 对比 英国	不显著
				德国 对比 法国	不显著
				英国 对比 法国	不显著
产品→忠诚度	【0.329，0.991】	【-0.021，0.275】	【0.115，0.469】	德国 对比 英国	显著
				德国 对比 法国	显著
				英国 对比 法国	不显著
价格→忠诚度	【-0.158，0.447】	【0.303，0.658】	【0.239，0.551】	德国 对比 英国	显著
				德国 对比 法国	不显著
				英国 对比 法国	不显著

其中，显著是指差异的显著水平是 0.05；不显著是指差异的不显著水平是 0.05。

判定法则：

比较参数估计，若是第 1 组的路径系数落在第 2 组的置信区间，或第 2 组的路径系数落在第 1 组的置信区间，则表示两组没有显著差异。只有两组的路径系数都不落在对方的置信区间时，才表示两组的路径系数有显著的差异。

表 21-9　偏误修正后的 95% 置信区间和多群组化比较结果

关系	置信区间			对比	显著性
	德国	英国	法国		
服务→忠诚度	【-0.206, 0.250】	【0.035, 0.380】	【0.065, 0.325】	德国 对比 英国	不显著
路径系数	0.04	0.238	0.195	德国 对比 法国	不显著
				英国 对比 法国	不显著
产品→忠诚度	【0.329, 0.991】	【-0.021, 0.275】	【0.115, 0.469】	德国 对比 英国	显著
路径系数	0.669	0.130	0.289	德国 对比 法国	显著
				英国 对比 法国	不显著
价格→忠诚度	【-0.158, 0.447】	【0.303, 0.658】	【0.239, 0.551】	德国 对比 英国	显著
路径系数	0.163	0.5	0.398	德国 对比 法国	不显著
				英国 对比 法国	不显著

其中，显著是指差异的显著水平是 0.05；不显著是指差异的不显著水平是 0.05。

只有两组的路径系数都不落在对方的置信区间时，才表示两组的路径系数有显著的差异。也就是两个都"否"，才有显著。

判定范例 1 否

服务→忠诚度　德国　对比　英国

0.04 不在【0.035，0.380】→否

0.238 在【-0.206，0.250】→是

两组比较，没有显著不同

判定范例 2

产品→忠诚度　德国　对比　英国

0.669 不在【-0.021，0.275】→否

0.130 不在【0.329，0.991】→否

两组比较，有显著不同

判定范例 3

价格→忠诚度　德国　对比　英国

0.163 不在【0.303，0.658】→否

0.5 不在【-0.158，0.447】→否

两组比较，有显著不同

偏最小二乘结构方程模型多组分析

偏最小二乘结构方程模型多组分析演进如下：

E.1 单纯分组比较结果：分成多群组，各自运行结构模型后，比较结果。

E.2 分组统计检验：先运行多群组的结果，再进行统计检验。

E.3 先运行测量恒等性，接着进行单纯分组比较，最后分组统计检验。

大部分多组分析还停留在 E.1 单纯分组比较结果阶段，因为简单，容易比较结果。问题是

遇到分组的结果都达显著时，两群是否有显著差异？于是演进至 E.2 分组统计检验，分组统计检验是先运行 E.1 单纯分组比较结果后，再进行统计检验。问题是不同组群如何比较？会不会拿着橘子比苹果？因此，演进至 E.3 先运行测量恒等性，再进行单纯分组比较，最后运行分组统计检验。

测量恒等性

测量不变性（Measurement Invariance ）又称为测量恒等性（Measurement Equivalence），我们通常使用测量恒等性来确认群组间的差异来自不同群组潜在变量的内含或意义，换句话说，无法确立测量恒等性时，群组间的差异可能是来自测量误差，这会使得比较群组的结果失效。当测量恒等性未呈现时，会降低统计检验力，影响估计的精确，甚至可能会误导结果。总而言之，进行多组分析时，若是未能建立测量恒等性，则所有的结果都可能是有问题的。因此，测量恒等性在多组分析中，是必要的检测，也是必须通过的测试。

偏最小二乘结构方程模型使用的是复合模型的测量恒等性（Measurement Invariance of Composite Models，MICOM）程序来评估测量恒等性，有三个步骤：设定恒等性（Configural Invariance）、组成恒等性（Compositional Invariance）与平均值和方差恒等性（Equal Mean Values and Variances），如图 21-15 所示。

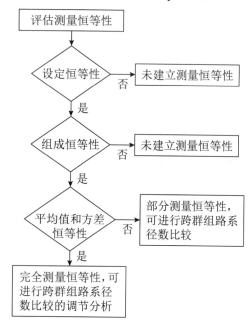

图 21-15　评估测量恒等性有三个步骤

设定恒等性

设定恒等性是为了让组成的成份一样，也就是需要确保（1）每个测量构面的题项相同，（2）数据的处理相同，（3）演算的设定也一样，以避免不同组别的设定不同，造成比较上的问题。因此，设定恒等性也是组成恒等性的前置条件。

组成恒等性

组成恒等性是分析跨群组比较时，组成分数是否有不同，MICOM 程序提供组成分数的统计检验，我们需要的是不显著，以确保跨群组的组成没有显著差异。

平均值和方差等性

平均值和方差等性是检测跨群组的平均值和方差是否恒等，MICOM 程序提供跨群组平均值和方差等性的统计检验，若是所有的平均值和方差的检验未达显著，就是完全测量恒等性，若是有部分平均值和方差检验呈现显著，则是部分测量恒等性。无论是完全测量恒等性还是部分恒等性，都可以运行跨群组路径系数的比较，差别是完全测量恒等性才可以进行调节分析。

SmartPLS 操作方法：

E.1：SmartPLS 2.0，数据分成 2 组或多组，各自运行结果，进行比较。

E.2：SmartPLS 3.1X，数据分成 2 组或多组，运行 PLS-MGA。分组比较结果，PLS-MGA 提供各组的结果，并且比较两组的路径系数的统计检验结果是否达显著。

E.3：SmartPLS 3.2X，数据分成 2 组或多组，运行 Permutation+PLS-MGA。Permutation（排列），运行结果，提供 Mincom 程序，检测跨群组的平均值和方差是否恒等。PLS-MGA 提供各组的结果，并且比较两组的路径系数的统计检验结果是否达显著。

范例：

Li-Chun Huang and Wen-Lung Shiau（2017）"Factors affecting creativity in information system development：Insights from a decomposition and PLS–MGA，"*Industrial Management & Data Systems*，Vol. 117 Iss：3，pp. 442 - 458.

设定恒等性

学生和从业人员两群组的①每个测量构面的题项相同，②数据的处理相同，③演算的设定也一样，如图 21-16 所示。因此具有设定恒等性。

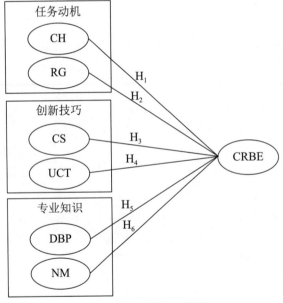

图 21-16　分解研究模型

注：其中，CH 是指挑战；RG 是指认可；CS 是指认知类型；UCT 是指创新技术的使用；DBP 是指数据库编程；NM 是指网络管理；CRBE 是指创新行为。

检测组成恒等性、平均值恒等性和方差恒等性。

运行排列

排列，运行结果，提供 Mincom 程序，检测组成恒等性、平均值恒等性和方差恒等性。

如表 21-10 所示，学生和从业人员两群组的结果显示具有组成恒等性和平均值和方差恒等性。

表 21-10　排列运行结果

组成	c 值（=1）	95%置信区间	组成恒等？
CH	0.998	[0.996; 1.000]	是
CRBE	1	[1.000; 1.000]	是
CS	0.998	[0.996; 1.000]	是
DBP	0.997	[0.995; 1.000]	是
NM	0.999	[0.998; 1.000]	是
RG	0.998	[0.977; 1.000]	是
UCT	0.928	[0.904; 1.000]	是

组成	组成平均值的差异（=0）	95%置信区间	平均值相等？
CRBE	−0.116	[−0.203; 0.212]	是
CS	−0.198	[−0.192; 0.201]	是
DBP	−0.179	[−0.195; 0.201]	是
NM	0.859	[−0.193; 0.199]	是
RG	0.3	[−0.192; 0.185]	是
UCT	−0.136	[−0.197; 0.192]	是

组成	组成方差的差异	95%置信区间	方差相等？
CH	−0.234	[−0.295; 0.305]	是
CRBE	−0.086	[−0.311; 0.298]	是
CS	−0.039	[−0.256; 0.245]	是
DBP	−0.484	[−0.26; 0.247]	是
NM	−0.646	[−0.237; 0.251]	是
RG	−0.105	[−0.3; 0.315]	是
UCT	−0.214	[−0.312; 0.306]	是

其中，CH 是指挑战；RG 是指认可；CS 是指认知类型；UCT 是指创新技术的使用；DBP 是指数据库编程；NM 是指网络管理。

运行 PLS-MGA。

PLS-MGA 提供各组的结果，如表 21-11 所示，学生和从业人员两组的路径系数的结果不同。

并且比较两组的路径系数的统计检验结果是否达显著。学生和从业人员两群组的结果显示 RG->CB 具有显著的差异。

表 21-11　偏最小二乘结构方程模型多组分析结果

假设	因果关系	学生路径系数	从业人员路径系数	路径系数差（|学生-从业人员|）	P 值（学生对比从业人员）
H1	CH→CB	−0.015	0.026	0.041	0.674
H2	RG→CB	0.141***	0.026	0.115	0.080*
H3	CS→CB	0.166**	0.158	0.008	0.480
H4	UCT→CB	0.460***	0.552***	0.092	0.721
H5	DBP→CB	0.105	0.060	0.045	0.327
H6	NM→CB	0.048	0.050	0.002	0.508
H7	TM→CB	0.147**	0.064	0.084	0.213
H8	CS→CB	0.505***	0.661***	0.156	0.898
H9	EP→CB	0.107	0.089	0.018	0.435

其中，CH 是指挑战；RG 是指认可；CS 是指认知类型；UCT 是指创新技术的使用；DBP 是指数据库编程；NM 是指网络管理； CB 是指创新行为；TM 是指任务动机；CS 是指创新技术；EP 是指专业技能；* 是指显著水平为 0.10；** 是指显著水平为 0.05；*** 是指显著水平为 0.01。

我们已经完成偏最小二乘结构方程模型多组分析。

协方差形式结构方程模型的多组分析和偏最小二乘结构方程模型的多组分析的完整的基本处理程序

协方差形式结构方程模型和偏最小二乘结构方程模型处理多组分析的概念是相同的，但是分析方法和步骤是不同的，我们整理了提供协方差形式结构方程模型的多组分析和偏最小二乘结构方程模型的多组分析完整的基本处理程序如下。

协方差形式结构方程模型的多组分析完整的处理程序如下：

测量模型需要包含三步骤，分别以 a、b 和 c 说明：

a. 整体测量模型需要符合模型适配度和信效度。

b. 设定恒等性需要相同的测量模型，一样多的构面、题项和结构，分 2 组运行无约束模型的自由估计（Free Estimate of Unconstrained Model），2 组各自模型适配度。

c. 需符合标准。

d. 量尺恒等性（Metric Invariance）也是分 2 组，需要设定 2 组所有因子载荷量恒等（Constrained All Factor Loading），运行结果。

我们比较 b，c 结果，运行卡方检验，p 值不要显著，也就是不要显著差异，就能完成测量恒等性，包含设定恒等性和量尺恒等性，代表两组的测量因素和结构恒等。

结构模型限制两组单一路径（相等），比较 χ^2 与 3.84 的大小，在一个自由度下，$\chi^2 \geq 3.84$，两组就达显著差异（研究人员希望看到的结果）。

AMOS 有 2 种做法：

1. 使用软件中 MGA 建立所有分组的恒等性，只保留"结构权重（Structure Weight）""限制单一路径相等"两个选项，运行后，查看【multigroup comparison】，p 值要达显著，表明分组之间有显著差异。

2. 勾选【Bootstrap】，选择"输出自行建立所有的路径代号""使用 VB 语法限制单一路径相等"，运行后，查看【estimates scalars user-defined estimates】和【Estimates/Bootstrap Bias_corrected percentile method】，估计值和 p 值要达显著，表明分组之间有显著差异。

偏最小二乘结构方程模型的多组分析完整的处理程序如下：

偏最小二乘结构方程模型使用的是复合模型的测量恒等性（MICOM）程序来评估测量恒等性，其有三种：

- 设定恒等性
- 组成恒等性
- 平均值和方差恒等性。

设定恒等性是为了让组成的成份一样，也就是需要确保①每个测量构面的题项相同，②数据的处理相同，③演算的设定也一样。

检测组成恒等性、平均值恒等性和方差恒等性需要使用使用 SmartPLS 3.2X 软件。

SmartPLS 3.2X 的处理程序是将数据分成 2 组或多组，运行 Permutation+PLS-MGA。

Permutation（排列），运行结果，提供 Mincom 程序，检测组成恒等性、平均值恒等性和方差恒等性。PLS-MGA 提供各组的结果，并且比较两组的路径系数的统计检验结果是否达显著。

21.4　异质性

如果理论支撑样本数据可以分成多个组别，我们就可以运行偏最小二乘多群组比较或者是调节分析；如果没有理论或者是已知的信息区分数据，有限混合偏最小二乘法或偏最小二乘预测导向区段化方法可以用来评估不可观察异质性的存在。

社会科学的现象十分复杂，异质性（Heterogeneity）的数据常常存在于我们所收集的样本中，危害到研究结果的准确性。异质性数据可以分为两大类，可观察的异质性（Observed Heterogeneity）和不可观察的异质性（Unobserved Heterogeneity）。

可观察的异质性：

在群组间参数估计有差异在于可预期的先验（Apriori）现象，也可以被现有的理论解释，常用于调节因子，例如：性别、教育程度、收入高低、公司大小、作业形态、个人的创新。

不可观察的异质性：

　　不可观察的异质性会发生于①理论无法说明它的存在，②理论显示有异质性，但是指定的群组变量无法捕抓到总体的异质性。因此，研究者需要将样本区段化，以发现异质性数据，从而建立同质性的群组。

　　当不可观察的异质性差异存在于区段化后的群组，可以用事后的情境变量（信任）或人口统计变量（性别，年龄）群组测试，将不可观察的异质性转换成可观察的异质性。若是异质性的差异无法被已知情境变量解释，研究者需要为现象考虑补充（互补）理论上的解释。

异质性在结构方程模型中的影响

　　异质性会影响结构方程模型的测量模型和结构模型，不可观察的异质性会影响路径系数，因为参数估计来自整体的样本，也因此研究的偏误有下列几点：

　　（1）路径系数估计的偏误。

　　（2）分组和整体样本的显著不同。

　　（3）跨组的正负影响不同，也与整体样本的显著不同。

　　（4）低估模型的预测或解释能力（R^2）。

无法观察的异质性在测量模型的影响

　　测量模型有两种，分别是反映性测量和形成性测量，在反映性测量中评估的是因子载荷量，在形成性测量中评估的是权重。在跨群组时，无法观察的异质性会导致不同群组的因子载荷量不同和权重不同，这些差异来自不同群组的填答者（样本）理解和回应问的不同，或者是来自不同程度的正确信息。

　　当跨群组的测量不同时，所谓的测量等值不变性就不存在，这时候对于研究的影响可大了，我们所使用的构面在不同群组内没有测量到相同的理论意义，这导致无法比较该构面在跨群之间关系是否有差异。这意味着，群组测量到参数只能诠释该群组，数据不可跨群组汇集，也就是不可以合并计算，若是合并计算，在整体样本下，会得到不正确的结论。

无法观察的异质性对于模型效度的影响

　　效度指的是正确性，模型效度谈的是结构方程模型的正确，换句话说，这里谈的是无法观察的异质性对于结构方程模型正确性的影响。

　　这些影响包含：

　　（1）内部效度（Internal Validity）。无法观察的异质性会影响到内部效度是因为群组变量或情境变量影响的结果被忽略了，因此形成了不完整的模型。

　　（2）工具效度（Instrumental Validity），包含内容效度、构面效度、效标效度（Criterion Validity）和信度。

　　a. 内容效度

　　内容效度指的是问卷的题项是否正确反映出理论上的意义，跨群组的题项的不显著有变化时，代表没有正确反映出现象。若是有不显著的题项，在理论上支撑下应该要保留下来，不应删除。

　　b. 构面效度

　　构面效度指的是构面的操作化定义是否正确，我们所选用的测量题项是否真的代表构面的现象。如果符合构面效度，那么跨群组的测量等值 / 不变性（ME/I）就能建立起来了。

　　c. 效标效度

　　效标效度指的是从构面到相关行为准则的参考是否正确，在跨群组中，知觉构面的差异会导致构面分数的差异，进而影响与其他构面关系的估计异差，也就是整体样本的测量不能代表指定群组的测量，这时候，跨群组中的测量等值不变性（ME/I）建立不起来。

d. 信度

信度指的是内部一致性，当群组间显示测量的相关和误差变异不一样的时候，无法观察的异质性就会影响信度。

（3）统计结论的效度（Statistical Conclusion Validity）。我们使用统计分析整体样本而未考虑"无法观察的异质性"会增加标准误差（Standard Errors）和降低效用值，因而产生估计偏误。处理的方法有：（a）正确的抽样程序；（b）可置信的测量题项。

（4）外部效度（External Validity）。外部效度指的是研究结果能否推广到研究情景之外的其他总体。我们通过研究诠释整体样本时，可能会受到特定情景中特异性因素的影响，导致结果无法一般化到其他总体，而只能适用于特定的状况。

结构方程模型中解决无法观察异质性的方法

无法观察的异质性，为结构方程模型带来了信效度的威胁（问题），如何检测数据是否有无法观察异质性的问题，就显得非常重要。结构方程模型的方法有两类，分别是协方差分析的协方差形式的结构方程模型和主成分分析（最小二乘法）的偏最小二乘结构方程模型，这两种结构方程模型都提供了处理无法观察的异质性的方法，如图21-17所示。

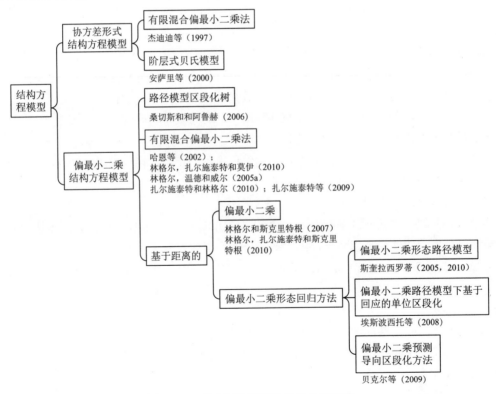

图 21-17　处理无法观察的异质性的方法

有限混合模型

有限混合模型（Finite Mixture Model）是由杰迪迪（Jedidi）等（1997）提出来的，有两个特点：

（1）基本假设是次总体（群组）数据从总体中取得是混合的。

（2）将"多群组结构方程模型"推广至群组成员关系未知的情形，并假设结构化参数和因素平均值在不同的区段可以是不同的。

有限混合模型是将观察的变量使用模糊（概率）聚类方式 [Fuzzy（Probabilistic）Clustering]，分布到先指定的群组，同时估计指定组别的参数。换句话说，有限混合模型通过概率的群组化观察变量和同时估计指定组参数方式来避免分开估计指定组别参数所导致的偏误。

阶层式贝氏模型

在协方差形式结构方程模型中，阶层式贝氏模型（Hierarchical Bayesian Model）是由安萨里（Ansari）（2000）提出的，是在个人层级使用随机系数模型来估计无法观察的异质性，阶层式贝氏模型可以找出因素平均值（Factor Means）的异质性，具体地说，除了考虑测量截距和因素平均值的异质性，也考虑了结构参数、测量误差和因素协方差的异质性，以泛化多层次结构方程模型的应用范围，但是只能限制在个人层级上。

路径模型区段化树

路径模型区段化树（Path Modeling Segmentation Tree，PATHMOX）这个算法特别设计成可以将外部信息考虑在内，例如人口统计变量，可以把外部信息进行辨识和分别区段化。路径模型区段化树利用人口统计变量对于每一个已定义的次群组进行双向分离和偏最小二乘估计建模，以找出群组间模式估计的最大差异，因此路径模型区段化树的最大特点是需要外部数据和样本具有异质性（此异质性来源于外部变量值的最大差异）。

有限混合型偏最小二乘法

有限混合偏最小二乘法（Finite Mixture Partial Least Square）结合了偏最小二乘法的优点，用最大概似法估计和使用有限混合法区段化数据，基本上此方法假设内部潜在变量（Endogenous Latent Variable）在有限混合模型下的分布为正态分布，因此，找出异质性是Ⓐ的概率，接着Ⓐ最大化区段指定解释的变异（例如 R^2）。

有限混合偏最小二乘法适用于反映性模型，但是无法解释测量结果，因为内部潜在变量为正态的基本假设与非参数估计的偏最小二乘法的要求并不一致。

偏最小二乘基因演算区段

偏最小二乘基因演算区段（Partial Least Square Genetic Algorithm Segmentation，PLS-GAS）最早是由林格尔（Ringle）和斯克里特根（Schlittgen，2007）提出的，是使用基因算法将数据区段化后，再进行估计，也可以说当估计测量和结构模型时，是使用基因演算来解释异质性。

形态路径模型

偏最小二乘形态路径模型（PLS typological Path Modeling，PLS-TPM）最早由斯奎拉西罗蒂（Squillacciotti，2005）提出，此方法设计预测导向路径模型区段化（Prediction-oriental Path Model Segmentation）用来处理变量的分布问题。估计的方式是刚开始会对所有观察变量估计一个全域模型（Global Model），基于余数来聚集（Cluster）观察变量。研究者会从聚集的余数选择几个段（Class）式次群组（Subgroup），对于每个段会估计个别模型，每次的估计情况（Case）会分布到不同的段，以求得全体距离（Distance）估计的最小化。距离的测量需要指定单一目的的因变量构面（Single Target-dependent Construct），但问题是如何选单一目的构面并不是很清楚。

偏最小二乘路径模型下基于回应的单位区段化

偏最小二乘路径模型下基于回应的单位区段化（Response-Based Unite Segmentation in PLS Path Model，REBUS-PLS）最早由埃斯波西托（Esposito）等（2008）提出，用来克服偏最小二乘形态路径模型方法上的问题，使用的方式是将内部和外部潜在变量的内模型和外模型的异质性都考虑进来估计。距离的测量是使用平均共同性（Average Communality）的函数，观察变量和潜在变量的相关系数以及平均结构的 R^2。

偏最小二乘预测导向区段化方法

最小二乘预测导向区段化方法（Prediction-oriented Segmentation Method for PLS）最早由贝克尔（Becker）等（2009）提出，就像偏最小二乘基因演算区段，偏最小二乘预测导向区段化方法设计是为了克服存在偏最小二乘区段化所遇到的问题和受到的限制。偏最小二乘预测导向区段化方法有 3 大创新：（1）使用客观准测（Objective Criteria）来形成同质化群组，以最大化解释力（R^2）；（2）包含最新距离的测量，可用于形成性测量（Formative Measure）；（3）当重新分布观察值可以改善客观准则时，会重新分布观察值。

在异质性的处理中，SmartPLS 提供有限混合型偏最小二乘法和偏最小二乘预测导向区段化方法，我们整理了这两种方法的差异，如表 21-12 所示。

表 21-12　两种异质性处理方法的差异

异质性检查区段化方法	处理非正态数据	检查反映性测量的异质性	检查形成性测量的异质性	检查结构模型异质性	最大化指定组别的解释力 R^2
有限混合偏最小二乘法	X	X	X	V	V
偏最小二乘预测导向区段化方法	V	X	V	V	V

由比较表可以看出有限混合偏最小二乘法和偏最小二乘预测导向区段化方法的优劣势，在反映性测量的情形下，我们建议使用有限混合偏最小二乘法，在非正态数据或形成性测量的情况下，我们建议使用偏最小二乘预测导向区段化方法来处理检查异质性数据的问题。

有限混合偏最小二乘法分析

有限混合偏最小二乘法分析的步骤，如表 21-13 所示。

表 21-13　有限混合偏最小二乘法分析的步骤

步骤 1	运行标准偏最小二乘路径模型于集合数据层级（Aggregate-Level Data）
步骤 2.1	在内模型中取得潜在变量的分数，当成有限混合偏最小二乘法的输入数据
	↓　　↓　　↓ 运行 FIMX-PLS　$K=2$，$K=3$，…，$K=n$
	评估 $K=2$，…，$K=n$ 的结果，确认适当的区段数

步骤 2.2	运行事后分析和选择可解释的变量
步骤 2.3	先验的区段数据和运行指定区段的偏最小二乘路径分析
步骤 2.4	评估和诠释指定区段的偏最小二乘结果

建议研究者使用多重指标来决定区段数

1）阿克爱科信息标准（Akaiko Information Criterion，AIC）；

2）贝叶斯信息标准（Bayesian Information Criterion，BIC）；

3）一致性阿克爱科信息标准（Consistent AIC，CAIC）；

4）用因素 3 修正后的阿克爱科信息标准（Modified AIC with Factor 3，AIC3）；

5）赋范熵统计量（Normed Entropy Statistic，EN）。

阿克爱科信息标准在计算时，会明显趋向高估区段的正确数量，因此，得到的区段的偏最小二乘结果的数值较小。

贝叶斯信息标准在计算时，会明显趋向低估区段的正确数量，因此，得到的区段的偏最小二乘结果的数值较大。

在大多数情况下，综合考虑一致性阿克爱科信息标准与因素 3 修正后的阿克爱科信息标准是有价值的，因为这些标准有 85% 的概率指出正确区段数量，区段数会相同。

赋范熵统计量代表分离区段数的质量，值从 0 到 1，数值越高越好，至少大于 0.5。

范例资料来源： Edward E. Rigdon，Christian M. Ringle and Marko Sarstedt （2010），"Structural modeling of heterogeneous data with partial least squares，"Naresh K. Malhotra，in（ed.）7（*Review of Marketing Research*，Volume 7），*Emerald Group Publishing Limited, pp.* 255 - 296.

实证例子

下面通过实证分析企业层面营销活动对企业声誉、顾客满意度和顾客忠诚度的影响，验证了有限混合偏最小二乘法模型的适用性，如图 21-18、表 21-14 ～表 21-17 所示。

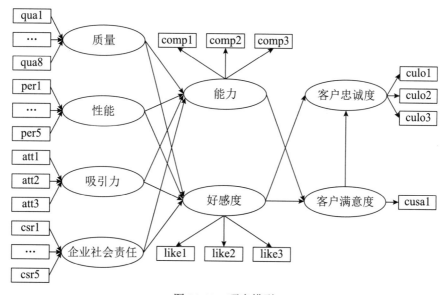

图 21-18　研究模型

表 21-14　总水平数据分析结果

	偏最小二乘路径系数
质量→能力	0.383** (7.502†)
性能→能力	0.375** (7.680†)
吸引力→能力	0.003 (0.218†)
企业社会责任→能力	0.113** (3.031)
质量→好感度	0.397** (7.843†)
性能→好感度	0.085* (1.836†)
吸引力→好感度	0.184** (3.718†)
企业社会责任→好感度	0.202** (4.290)
能力→客户满意度	0.155** (2.721†)
好感度→客户满意度	0.454** (8.761†)
客户满意度→客户忠诚度	0.522** (14.960†)
好感度→客户忠诚度	0.348** (9.800†)
P_k	1.0
R^2（能力）	0.641
R^2（好感度）	0.585
R^2（客户满意度）	0.316
R^2（客户忠诚度）	0.593

其中，* 是指在 $P<0.10$ 水平显著；** 是指在 $P<0.05$ 水平显著；† 是指拔靴 t 值。

表 21-15　运行有限混合偏最小二乘法

	$k=2$	$k=3$	$k=4$	$k=5$	$k=6$
AIC	1 557.822	1 580.439	1 631.934	1 590.232	1 616.995
BIC	1 663.189	1 740.087	1 845.862	1 858.440	1 939.483
CAIC	1 696.189	1 790.087	1 912.862	1 942.440	2 040.483
AIC_3	1 590.822	1 630.439	1 698.934	1 674.232	1 717.995
EN	0.610	0.658	0.649	0.748	0.731

表 21-16　模型选择

	$k=1$ (%)	$k=2$ (%)	$k=3$ (%)	$k=4$ (%)	$k=5$ (%)	$k=6$ (%)	Sum (%)
$K=2$	38.9	61.1					100
$K=3$	40.5	43.9	15.6				100
$K=4$	45.0	11.6	16.7	26.7			100
$K=5$	33.9	23.9	12.8	7.2	22.2		100
$K=6$	24.4	23.9	36.1	5.0	5.0	5.6	100

使用多重指标来决定区段数 =2

表 21-17　确定适当区段数

数据分析策略	有限混合偏最小二乘法		
	$k=1$	$k=2$	Diff
质量→能力	0.682** (27.754[†])	0.232** (4.160[†])	0.450**
性能→能力	0.521** (17.773[†])	0.297** (5.229[†])	0.224**
吸引力→能力	−0.041* (2.374[†])	0.060 (1.499[†])	0.101**
企业社会责任→能力	0.231** (11.332[†])	0.247** (5.922[†])	0.016**
质量→好感度	0.516** (11.458[†])	0.343** (7.184[†])	0.173*
性能→好感度	0.107** (2.674[†])	0.092** (2.042[†])	0.015
吸引力→好感度	0.246** (7.361[†])	0.178** (3.633[†])	0.068
企业社会责任→好感度	0.142** (3.390[†])	0.193** (4.329[†])	0.051
能力→客户满意度	0.834** (43.310[†])	−0.134** (2.538[†])	0.968**
好感度→客户满意度	0.114** (5.281[†])	0.461** (10.330[†])	0.347**
客户满意度→客户忠诚度	0.748** (25.086[†])	0.480** (16.335[†])	0.268**
好感度→客户忠诚度	0.187** (6.142[†])	0.370** (12.998[†])	0.183**
P_k	0.389	0.611	
R^2（能力）	0.649		
R^2（好感度）	0.601		
R^2（客户满意度）	0.440		
R^2（客户忠诚度）	0.627		

$k=1$ 和 $k=2$ 大部分的路径系数是有显著差异，证明具有异质性数据的问题。

偏最小二乘预测导向区段化方法和偏最小二乘预测导向区段分析

分析的步骤

发现无法观察异质性程序（Unobserved Heterogeneity Discovery，UHD），如图21-19所示。

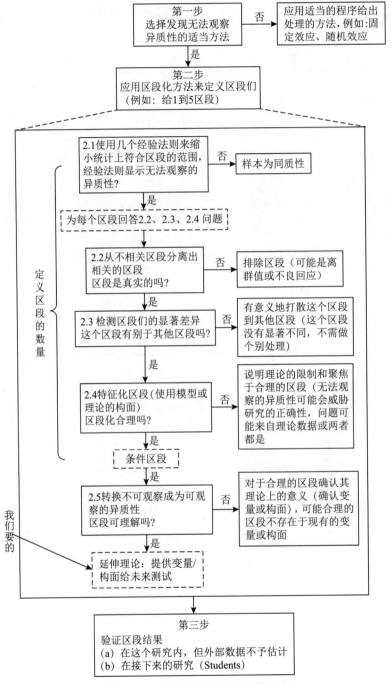

图21-19 发现无法观察异质性程序

参考文献

■ Ansari，A.，Jedidi，K. and Jagpal，S.，2000. "A Hierarchical Bayesian Methodology for Treating Heterogeneity in Structural Equation Models，" *Marketing Science*，19（4），pp. 328-347.

- Becker，J.-M，Ringle，C.M.，and Völckner，F.（2009）. Prediction-oriented segmentation：A new methodology to uncover unobserved heterogeneity in PLS path models. In：F. Nantes（Ed.），*Proceedings of the 38th annual conference of the European Marketing Academy*（EMAC）. Nantes，France.

- Esposito Vinzi，V.，Squillacciotti，S.，Trinchera，L.，and Tenenhaus，M.（2008）. A response-based procedure for detecting unit segments in PLS path modeling. *Applied Stochastic Models in Business and Industry*，24（5），pp: 439-458.

- Hahn，C.H.，Johnson，M.D.，Herrmann，A.，and Huber，F.（2002）. Capturing customer heterogeneity using a finite mixture PLS approach. *Schmalenbach Business Review*（54：3），pp. 243-269.

- Jedidi，K，Jagpal，H.S.，and DeSarbo，W.S. 1997. "Finite-Mixture Structural Equation Models for Response-Based Segmentation and Unobserved Heterogeneity，" *Marketing Science*（16：1），pp: 39-59.

- Ringle，C.M. and Schlittgen，R. 2007. A Genetic Algorithm Segmentation Approach for Uncovering and Separating Groups of Data in PLS Path Modeling. In：H. Martens，T. Nas & M. Martens（Eds），PLS and related methods — Proceedings of the PLS'07 international symposium（pp.75-78）. As，Norway：Matforsk.

- Ringle，C.M.，Sarstedt，M. and Schlittgen，R. 2010. Finite Mixture and Genetic Algorithm Segmentation in Partial Least Squares Path Modeling：Identification of Multiple Segments in Complex Path Models. In：A. Fink，B. Lausen，W. Seidel & A. Ultsch（Eds.），Advances in Data Analysis，*Data Handling and Business Intelligence*（pp. 167-176）. Berlin，Germany：Springer-Verlag.

- Ringle，C.M.，Sarstedt，M.，and Mooi，E.A. 2010. "Response-Based Segmentation Using Finite Mixture Partial Least Squares：Theoretical Foundations and an Application to American Customer Satisfaction Index Data，" *Annals of Information Systems*（8），pp. 19-49.

- Ringle，C.M.，Wende，S.，and Will，A. 2005a. Customer segmentation with FIMIX-PLS. In：T. Aluja，J. Casanovas，V. Esposito Vinzi，A. Morrineau & M. Tenenhaus（Eds.），*PLS and related methods — Proceedings of the PLS'05 international symposium*（pp. 507-514）. Paris，France：Decisia.

- Sánchez，G.，and Aluja，T. 2006. PATHMOX：A PLS-PM Segmentation Algorithm，In *Proceedings of the IASC Symposium on Knowledge Extraction by Modelling*，International Association for Statistical Computing Island of Capri，Italy.

- Sarstedt，M. and Ringle，C.M. 2010. "Treating unobserved heterogeneity in PLS path modeling：a comparison of FIMIX-PLS with different data analysis strategies，" *Journal of Applied Statistics*，37（8），pp. 1299-1318.

- Sarstedt，M.，Schwaiger，M. and Ringle，C.M. 2009. "Do we fully understand the critical success factors of customer satisfaction with industrial goods?—Extending Festge and Schwaiger's model to account for unobserved heterogeneity，" *Journal of Business Market Management*，3（3），pp. 185-206.

- Squillacciotti，S. 2005. Prediction-oriented classification in PLS path modeling. In：T. Aluja，J. Casanovas，V. Esposito Vinzi，A. Morrineau & M. Tenenhaus（Eds.），*PLS and related methods — Proceedings of the PLS'05 international symposium*（pp: 499-506）. Paris，France：Decisia.

- Squillacciotti，S. 2010. Prediction-oriented classification in PLS path modeling. In：V. Esposito Vinzi，W.W. Chin，J. Henseler & H. Wang（Eds.），*Handbook of partial least squares: Concepts, methods and applications in marketing and related fields*（pp. 219-233）. Berlin，Germany：Springer-Verlag.

有限混合偏最小二乘区段 2

（1）质量标准

拟合指数如表 21-18 所示。

表 21-18　拟合指数

阿克爱科信息标准 - AIC	4 379.835
贝叶斯信息标准 - BIC	4 476.283
一致性阿克爱科信息标准 - CAIC	4 501.283
用因素 3 修正后的阿克爱科信息标准 - AIC_（3）	4 404.835
最小描述长度（因素 2）- MDL_（2）	4 622.732

最小描述长度（因素 5）- MDL_（5）	5 062.077
汉南区奎因标准 - HQ	4 418.225
赋范熵统计量 - EN	0.453
分类似然准则 - CLC	4 595.473
积分完全 似然函数贝叶斯信息标准 - ICL-BIC	4 741.922
LnL	−2 164.918
E	132.819
PC	0.756
PE	0.379
NPE	0.382
NFI	0.511
C	4 595.473
LnL_C	−2 297.737
AWE	4 888.370
LP	72.669

区段大小如表 21-19 所示。

表 21-19　区段大小

	区段 1	区段 2
%	0.497	0.503

有限混合偏最小二乘区段 3

拟合指数如表 21-20 所示。

表 21-20　拟合指数

阿克爱科信息标准 - AIC	4 213.829
贝叶斯信息标准 - BIC	4 360.430
一致性阿克爱科信息标准 - CAIC	4 398.430
用因素 3 修正后的阿克爱科信息标准 - AIC_（3）	4 251.829
最小描述长度（因素 2）- MDL_（2）	4 583.032
最小描述长度（因素 5）- MDL_（5）	5 250.836
汉南区奎因标准 - HQ	4 272.182
赋范熵统计量 - EN	0.703
分类似然准则 - CLC	4 366.178
积分完全 似然函数贝叶斯信息标准 - ICL-BIC	4 588.779
LnL	−2 068.915

续表

E	114.175
PC	0.803
PE	0.326
NPE	0.329
NFI	0.704
C	4 366.178
LnL_C	−2 183.089
AWE	4 811.381
LP	57.424

区段大小如表 21-21 所示。

表 21-21　区段大小

	区段 1	区段 2	区段 3
%	0.611	0.189	0.200

有限混合偏最小二乘区段 4

拟合指数如表 21-22 所示。

表 21-22　拟合指数

指标名称	数值
阿克爱科信息标准 - AIC	4 173.002
贝叶斯信息标准 - BIC	4 369.757
一致性阿克爱科信息标准 - CAIC	4 420.757
用因素 3 修正后的阿克爱科信息标准 - AIC_（3）	4 224.002
最小描述长度（因素 2）- MDL_（2）	4 668.511
最小描述长度（因素 5）- MDL_（5）	5 564.775
汉南区奎因标准 - HQ	4 251.317
赋范熵统计量 - EN	0.631
分类似然准则 - CLC	4 429.245
积分完全 似然函数贝叶斯信息标准 - ICL-BIC	4 728.000
LnL	−2 035.501
E	179.122
PC	0.698
PE	0.512
NPE	0.518
NFI	0.597

续表

指标名称	数值
C	4 429.245
LnL_C	−2 214.622
AWE	5 026.754
LP	95.264

区段大小如表 21-23 所示。

表 21-23　区段大小

	区段 1	区段 2	区段 3	区段 4
%	0.376	0.282	0.169	0.172

有限混合偏最小二乘区段 5

拟合指数如表 21-24 所示。

表 21-24　拟合指数

指标名称	数值
阿克爱科信息标准 - AIC	4 155.959
贝叶斯信息标准 - BIC	4 402.866
一致性阿克爱科信息标准 - CAIC	4 466.866
用因素 3 修正后的阿克爱科信息标准 - AIC_（3）	4 219.959
最小描述长度（因素 2）- MDL_（2）	4 777.774
最小描述长度（因素 5）- MDL_（5）	5 902.497
汉南区奎因标准 - HQ	4 254.237
赋范熵统计量 - EN	0.685
分类似然准则 - CLC	4 382.780
积分完全 似然函数贝叶斯信息标准 - ICL-BIC	4 757.688
LnL	−2 013.979
E	177.411
PC	0.703
PE	0.507
NPE	0.514
NFI	0.629
C	4 382.780
LnL_C	−2 191.390
AWE	5 132.596
LP	94.350

区段大小如表 21-25 所示。

表 21-25　区段大小

	区段 1	区段 2	区段 3	区段 4	区段 5
%	0.256	0.381	0.022	0.172	0.169

有限混合偏最小二乘区段 6

拟合指数如表 21-26 所示。

表 21-26　拟合指数

指标名称	数值
阿克爱科信息标准 - AIC	4 116.582
贝叶斯信息标准 - BIC	4 413.643
一致性阿克爱科信息标准 - CAIC	4 490.643
用因素 3 修正后的阿克爱科信息标准 - AIC_（3）	4 193.582
最小描述长度（因素 2）- MDL_（2）	4 864.704
最小描述长度（因素 5）- MDL_（5）	6 217.886
汉南区奎因标准 - HQ	4 234.823
赋范熵统计量 - EN	0.699
分类似然准则 - CLC	4 340.528
积分完全 似然函数贝叶斯信息标准 - ICL-BIC	4 791.589
LnL	−1 981.291
E	188.973
PC	0.699
PE	0.540
NPE	0.549
NFI	0.638
C	4 340.528
LnL_C	−2 170.264
AWE	5 242.650
LP	99.726

区段大小如表 21-27 所示。

表 21-27　区段大小

	区段 1	区段 2	区段 3	区段 4	区段 5	区段 6
%	0.333	0.108	0.235	0.132	0.171	0.022

模式选择如表 21-28 所示。

表 21-28　模式选择

	$k = 2$	$k = 3$	$k = 4$	$k = 5$	$k = 6$
AIC	4 379.835	4 213.829	4 173.002	4 155.959	4 116.582
BIC	4 476.283	4 360.430	4 369.757	4 402.866	4 413.643
CAIC	4 501.283	4 398.430	4 420.757	4 466.866	4 490.643
AIC3	4 404.835	4 251.829	4 224.002	4 219.959	4 193.582
EN	0.453	0.703	0.631	0.685	0.699

不同区段数量的相对区段大小如表 21-29 所示。

表 21-29　不同区段数量的相对区段大小

	$k=1$（%）	$k=2$（%）	$k=3$（%）	$k=4$（%）	$k=5$（%）	$k=6$（%）	Sum（%）
$k=2$	0.497	0.503					100
$k=3$	0.611	0.189	0.200				100
$k=4$	0.376	0.282	0.169	0.172			100
$k=5$	0.256	0.381	0.022	0.172	0.169		100
$k=6$	0.333	0.108	0.235	0.132	0.171	0.022	100

21.5　偏最小二乘验证性四元体分析

偏最小二乘验证性四元体分析（Confirmatory Tetrad Analysis in PLS Path Modeling，CTA-PLS）中的四六体（Tetrad）是 4 个 1 组的意思，它最早由古德根（Gudergan）等于 2008 年提出，是使用自助程序法来完成检验四元体分析的统计检验，此方法可以从反映性指标（Reflective Indicator）中，区分出形成性指标（Formative Indicator）。

偏最小二乘验证性四元体分析采用线性条件的预期自变量和因变量之间关系，并计算内模型（Inner Model）和外模型（Outer Model）这两类线性模型。使用消失的四元体测试方式是根据博伦（Bollen）和丁（Ting，2000）验证方式；测试模型中模型隐含的消失四元体（Model-implied Vanishing Tetrads）用来区分在偏最小二乘线性模型中的反映性和形成性测量模型。

偏最小二乘验证性四元体分析建立统计测试

（1）先对每一个单一模型隐含的消失四元体，以克服分布上的假设限制（例如：正态分布），使用的是自助法；得到自助分布，进而计算四元体测试的统计 t 值，以得到自助概率（Bootstrap Probability）的（P 值）。

（2）偏最小二乘验证性四元体分析使用每个单一模型隐含的消失四元体分析的结果用来判定反映性模型是否符合实证的数据，若是拒绝反映性模型，则提供支持形成性模型的指定。

偏最小二乘验证性四元体分析的测试方式如下（古德根等，2008）：

（1）形成和计算测量模型中潜在变量所有消失的四元体分析

（2）辨识模型隐含的消失的四元体

（3）删除多余的模型隐含的消失的四元体（如表 21-30 所示）

（4）对于每一个消失的四元体做统计的显著测试

（5）通过考虑多重测量问题，评估每个测量模型隐含的非冗余消失四元体。

如何形成测量模型中潜在变量所有消失的四元体（如表 21-31 所示）？我们以古德根等（2008）介绍的范例为例。

范例 1：潜在变量 ξ_1，一个测量模型拥有 4 个变量，如图 21-20 所示。

反映性模型隐含的消失的四元体 τ_{1234}，τ_{1342}，τ_{1423}，形成性，没有 τ。

范例 2：潜在变量 ξ_1 有 3 个变量，潜在变量 ξ_2 有 1 个变量，在测量模型中有一个路径关系，如图 21-21 所示。

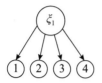

图 21-20　范例 1

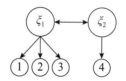

图 21-21　范例 2

表 21-30　模型隐含的消失四元体

ξ_1	ξ_2	模型隐含的消失四元体
反映性	反映性	τ_{1234}，τ_{1342}，τ_{1423}
反映性	形成性	没有 τ
形成性	反映性	没有 τ
形成性	形成性	没有 τ

范例 3：潜在变量 ξ_1 地和 ξ_2 各有 2 个变量，在测量模型中有一个路径关系，如图 21-22 所示。

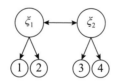

图 21-22　范例 3

表 21-31　潜在变量

ξ_1	ξ_2	模型隐含的消失四元体
反映性	反映性	τ_{1342}
反映性	形成性	τ_{1342}
形成性	反映性	τ_{1342}
形成性	形成性	没有 τ

其中，τ 是每个四元体值；$S.E.$ 是标准误差；t 值 $= \tau/S.E.$。

虚无假设 $H_0 : \tau = 0$，t（双尾）在大于或小于临界值时，会拒绝 H_0，换句话说，也就是在 $1-\alpha$ 置信区间，不包含 $\tau=0$，则会拒绝 H_0，接受 H_1。

　　偏最小二乘验证性四元体分析在检验时，会建立反映性模型，利用验证性四元体分析中的每一个模型隐含的消失四元体作统计检测，若是置信区间值不含 0，会拒绝 $H_0 : \tau = 0$ 反映性模型，研究者需要加以检视，重要的模拟和实证范例可以参考古德根等（2008）期刊文章。

> **注意：** 偏最小二乘验证性四元体分析，提供的是检测方式，用来协助研究者分析是否有模型指定错误（Model Missecification）的情形，当研究者将反映性模型改变为形成性模型时，仍然需要参考贾维斯（Javis）等（2003）质化的决策法则。

第22章

被中介的调节（中介式调节）和被调节的中介（调节式中介）分析

被中介的调节（又称中介式调节）Moderation is mediated = mediated moderation

被调节的中介（又称调节式中介）Mediation is moderated = moderated mediation

中介与调节一直以来是研究者用来了解社会科学现象的重要变量，但是在探讨现象时，常常将中介与调节效应分别探讨，即使在整体模型中，也常常是单独计算，再合并回整体模型中，这种呈现方式比较简单，容易理解。然而，对于整体现象（模型）而言，这种将中介与调节效应分别呈现的方式，无法正确解释整体现象（模型）的影响。因此，许多学者，例如 Baron & Kenny（1986）；Druley & Townsend（1998）；Tepper, Eisenbach, Kirby & Potter, P. W.（1998）；Muller, Judd & Yzerbyt（2005）；Morgan-Lopez & MacKinnon（2006）；Edwards, & Lambert,（2007）；Preacher, Rucker & Hayes（2007）；Fairchild & MacKinnon（2009）；Antheunis, Valkenberg, & Peter（2010）; Parade, Leerkes, & Blankson,（2010）; Van Dijke & de Cremer（2010）; Zhao et al.（2010）；Hayes & Preacher（2013）;Hayes（2013）；Hayes（2015）；Hair, Hult, Ringle, & Sarstedt（2017）针对结合中介和调节，也就是被中介的调节（中介式调节）和被调节的中介分析，做了深入的探讨。接下来，我们就从著名的中介和调节的期刊文章 Baron and Kenny（1986）谈起，整理被中介的调节和被调节的中介分析（Mediated Moderation and Moderated Mediation Analysis），最新的演变，如图 22-1 所示。

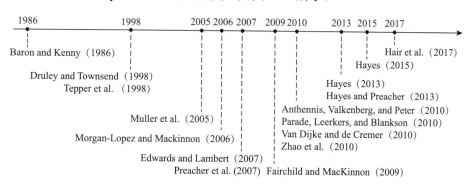

图 22-1　被中介的调节和被调节的中介分析的演变

Baron and Kenny（1986）发表了著名的中介和调节的分析文章，对被中介的调节（中介式调节）（Mediated Moderation）和被调节的中介（调节式中介）（Moderated Mediation）加以解释（Baron and Kenny，1986；p. 1179）。文章中 Baron and Kenny（1986）以图 22-2、图 22-3 为例，解释了结合在一起出现的中介和调节效应。

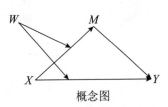

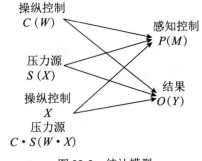

图 22-2　中介式调节概念图

图 22-3　统计模型

括号为我们常用的中介和调节代号

C：操纵控制　（W）：调节变量

P：感知控制　（M）：中介变量

S：压力源　（X）：自变量

O：结果　（Y）：因变量

CS：操纵控制 x 压力源　（$W \cdot X$）：调节变量 x 自变量

整体分析有三个步骤：

步骤 1：对 O 有影响的变量做分析

步骤 2：对 P 有影响和被 P 影响的变量作分析

步骤 3：对被 PS 影响的变量做分析

中介式调节分析：

步骤 1：CS 影响 O 显著（有调节效应）

步骤 2：回归式 $C + S + P + CS = O$

步骤 2 中 CS 对 O 的影响要小于步骤 1 中 CS 对 O 的影响，就称为调节式中介

调节式中介分析：

我们根据 Baron and Kenny（1986, p. 1179）的延伸模型画出概念图，如图 22-4、图 22-5 所示。

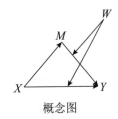

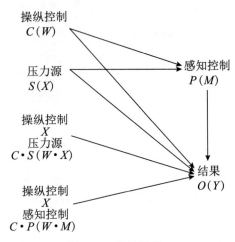

图 22-4　调节式中介概念图

图 22-5　统计模型

括号为我们常用的中介和调节代号

C：操纵控制　（W）：调节变量

P：感知控制 （M）：中介变量

S：压力源（X）：自变量

O：结果 （Y）：因变量

$C.S$：操纵控制 x 压力源 （$W \cdot X$）：调节变量 x 自变量

$C.P$：操纵控制 x 感知压力 （$W \cdot M$）：调节变量 x 中介变量

回归式 $C + S + P + CS + CP = O$

　　检验 CP 的效果和中介效果（P 中介 S 到 O 的关系），也就是中介效果（$S \rightarrow P \rightarrow O$）根据调节变量 C 而定，我们称为调节式中介。

　　Druley & Townsend（1998）和 Tepper, Eisenbach, Kirby & Potter （1998） 这两篇文章提供了非全面（片段）的方法来评估被中介的调节和被调节的中介。例如 Druley & Townsend（1998）研究自尊（Self-esteem）是配偶支持（Spousal Support）和抑郁症（Depressive Symptom）的关系的中介因子，以比较健康的和患有关节炎（Arthristis）的个人为例，他们检验自尊在正负向婚姻关系对抑郁症的影响中是否有中介效果，作者们使用 SEM 分组比较，结果显示：对于有关节炎组的人，自尊在负向婚姻互动和抑郁症的关系中有中介效果，对于健康组的人，自尊在负向婚姻互动和抑郁症之间，没有中介效果。

Muller, Judd & Yzerbyt （2005）

　　Muller, Judd & Yzerbyt （2005）发表了 When Moderation is Mediated and Mediation is Moderated。

　　被中介的调节（中介式调节）Moderation is mediated = mediated moderation

　　被调节的中介（调节式中介）Mediation is moderated = moderated mediation

　　Muller et al.（2005）用数学证明被中介的调节（中介式调节）和被调节的中介（调节式中介）在一个模型下的回归式是一样的，差别在于聚焦的重点不一样，假设检验不同，检验的步骤略有不同，检验结果的系数也不同，呈现的也就是完全不一样的文章。

　　Muller et al.（2005）首先展现中介和调节效应经典文章 Baron and Kenny（1986）的三项回归式。

$$Y = \beta_{10} + \beta_{11}X + \varepsilon_1 \tag{1}$$

$$M = \beta_{20} + \beta_{21}X + \varepsilon_2 \tag{2}$$

$$Y = \beta_{30} + \beta_{31}X + \beta_{32}M + \varepsilon_3 \tag{3}$$

　　对于分析被中介的调节（中介式调节）和被调节的中介（调节式中介），Muller et al.（2015）提出了下列概念如图 22-6 和回归式（4）～（7）所示。

总体效果

直接和间接效果

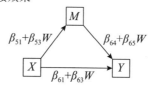

图 22-6　说明调节式中介和中介式调节的模型

$$Y = \beta_{40} + \beta_{41}X + \beta_{42}W + \beta_{43}XW + \varepsilon_4 \tag{4 总体效果}$$

$$M = \beta_{50} + \beta_{51}X + \beta_{52}W + \beta_{53}XW + \varepsilon_5 \tag{5 直接和间接效果}$$

$$Y = \beta_{60} + \beta_{61}X + \beta_{62}W + \beta_{63}XW + \beta_{64}M + \beta_{65}MW + \varepsilon_6 \tag{6}$$

$$\beta_{43} - \beta_{63} = \beta_{64}\beta_{53} + \beta_{65}\beta_{51} \tag{7}$$

针对回归式的斜率，Muller et al.(2005) 的解释如表22-1所示。

表22-1 方程4、5、6中斜率参数的解释

斜率参数	斜率参数的解释
β_{41}	在 W 的平均水平上对 Y 的总体影响
β_{42}	在两个处理水平上，调节因子对 Y 的平均影响
β_{43}	随着 W 的增加，对 Y 的总体影响的变化
β_{51}	在 W 平均水平上对 M 的影响
β_{52}	在两个处理水平上，对 M 的调节效应
β_{53}	随着 W 的增加，对 M 的影响的变化
β_{61}	在 W 的平均水平上，残差对 Y 的直接影响
β_{62}	在两个处理水平均值上和 M 的平均水平上，对 Y 的调节效应
β_{63}	随着 W 的增加，残差对 Y 的直接影响的变化
β_{64}	在两个处理水平上和 W 的平均水平上，对 Y 的调节效应
β_{65}	随着 W 的增加，对 Y 的调节效应的变化

在中介式调节分析中，我们预期如下：

回归式（4）中的 b_{43} 显著

回归式（5）和（6）中的系数：

b_{53} 和 b_{64} 同时显著

或（和）

b_{51} 和 b_{65} 同时显著

因此，调节的效果 b_{63} 会下降，若下降到不显著，则称为完全的被中介的调节（中介式调节），如图22-7、图22-8所示。

总体效果

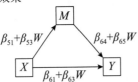

直接和间接效果

图22-7 调节式中介和中介式调节的模型说明

总体效果

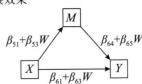

直接和间接效果

图22-8 调节式中介和中介式调节的模型说明

在调节式中介分析中，我们预期如下：

回归式（4）中的 b_{41} 显著，b_{43} 为不显著

回归式（5）和（6）中的系数：

b_{53} 和 b_{64} 同时显著

或（和）

b_{51} 和 b_{65} 同时显著

显示结果有调节效应，也就是 b_{63} 可能是显著，但是对于调节式中介而言，不是必要的条件（Muller et al. 2005, p. 856）。

Muller et al.（2005）示范了两个范例

范例： 中介式调节范例（p. 858），如图 22-9、表 22-2 所示。

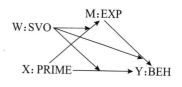

图 22-9　中介式调节范例模型

表 22-2　中介式调节范例的最小二乘回归结果

预测	方程 4 （标准 BEH）		方程 5 （标准 EXP）		方程 6 （标准 BEH）	
	b	t	b	t	b	t
X:PRIME	4.580 (b_{41})	3.40**	2.692 (b_{51})	3.57**	2.169 (b_{61})	2.03*
W:SVO	−2.042 (b_{42})	2.09*	−0.085 (b_{52})	−0.16	2.569 (b_{62})	3.54
XW:PRIMESVO	2.574 (b_{43})	2.64**	0.089 (b_{53})	0.16	0.041 (b_{63})	0.05
M:EXP	①		②		0.840 (b_{64})	6.05**
MW:EXPSVO				③	0.765 (b_{65})	7.91**

其中，BEH 为行为；EXP 为对伙伴行为的期望；W 为调节变量；SVO 为社会价值取向；M 为中介变量。*$P<0.05$. **$P<0.01$.

范例： 调节式中介范例（p. 859），如图 22-10、表 22-3 所示。

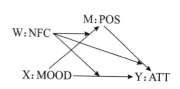

图 22-10　调节式中介范例模型

表 22-3　调节式中介范例的最小二乘回归结果

预测	方程 4 （标准 ATT）		方程 5 （标准 POS）		方程 6 （标准 ATT）	
	b	t	b	t	b	t
X:MOOD	6.813 (b_{41})	4.415**	4.336 (b_{51})	6.219**	1.480 (b_{61})	0.957
W:NFC	1.268 (b_{42})	1.117	0.767 (b_{52})	1.496	0.356 (b_{62})	0.366
XW:MOODNFC	−0.691 (b_{43})	−0.609	1.256 (b_{53})	2.450*	−2.169 (b_{63})	−2.112*
M:POS	①		②		1.248 (b_{64})	6.613**
MW:POSNFC				③	−0.036 (b_{65})	−0.279

其中，ATT 为态度变化；POS 为积极效价的想法；W 为调节变量；NFC 为认知需要；M 为中介变量。*$P<0.05$. **$P<0.01$.

　　Morgan-Lopez & MacKinnon（2006）对于如何适当地建立被中介的调节（中介式调节）和被调节的中介（调节式中介）的模型，提供了建议和范例。Edwards & Lambert（2007）对调节的路径进行分析，不仅提出分析的框架，而且提供了推导公式和分析工具，用来量化和检验所提出的假设。Preacher, Rucker & Hayes（2007）提出条件下的间接效果（Conditional Indirect Effect），也就是一个变量在另一个变量的间接效果是通过第三方（可以是由一个或两个调节变量所形成函数的表达式）来影响的，还提供了推导公式和分析工具，用来量化和检验所提出的假设。Fairchild & MacKinnon （2009） 对于如何适当地建立被中介的调节（中介式调节）和被调节的中介（调节式中介）的模型，提供了范例和建议。

　　Antheunis, Valkenberg, & Peter （2010）；Parade, Leerkes, & Blankson,（2010）和 Van Dijke & de Cremer （2010）都同时估计了中介和调节效应，以说明中介和调节对整体现象（模型）的影响（如图 21-11 所示）。

　　Zhao, Xinshu, John G. Lynch, and Qimei Chen （2010）. "Reconsidering Baron and Kenny: Myths and truths about mediation analysis." *Journal of Consumer Research*（37:2）, pp. 197-206.

结构方程模型 5 种中介形态：

1. 互补的中介（有中介）
2. 竞争的中介（有中介）
3. 完全中介（有中介）
4. 只有直接影响 （无中介）
5. 没有影响 （无中介）

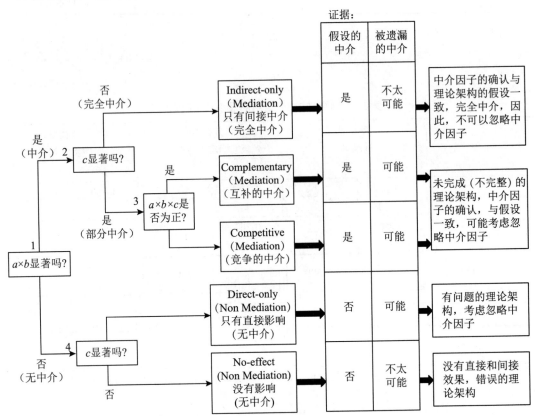

图 22-11　建立中介和分类类型

Hayes & Preacher（2013）的文章中有 2 大重点，分别是：

a. 如何分析条件下的处理模型（Conditional Process Modeling）

b. 使用 SEM 检验（Conditional Process Modeling）

a. 条件下的处理模型的条件源自调节分析中的交互作用项，X 影响 Y 是依赖第 3 变量 W，也就是说，X 对 Y 的影响会被调节或该影响是基于条件 W 的，换句话说，X 和 W 的交互作用项影响 Y，交互作用效果就是调节效应，其用来估计条件下的效果（Conditional Effect），也称为简单斜率（simple slopes）或简单效果（Simple Rffects）。简单斜率或简单效果是用来将不同 W 条件下 X 对 Y 的影响量化出来，这样的估计将有理论上和实务上的意义。

处理模型（Process Modeling）说的是指定的因果链（Specify The Causal Chain），也就是大家所熟知的中介分析，当 X 影响 Y 是通过第 3 变量 M，我们要估计间接效果。

条件下的处理模型是条件和处理模型的结合，有两种情况，第一种情况是中介效果可能被调节（调节式中介），第二个是调节效应可能被中介，那如何分析条件下的处理模型？

Hayes & Preacher（2013）提出 6 大步骤后，再进行模型估计，如下：

模型估计采用推导和参考条件下的直接和间接效果的方式，分成下列 3 个步骤：

（1）推导直接和间接效果作为函数；

（2）条件下的直接和间接效果的量化和可视化；

（3）统计推断：探讨调节因子水平上的直接和间接效果。

b. 使用 SEM 检验（Conditional Process Model）。

当测量的现象为非观测变量（Unoberved Variable）时，就必须使用 SEM。

而使用 SEM 检验条件下的处理模型时，需要有潜在构面。例如，我们有一个中介的 SEM 模型，其中，W 调节 M 到 Y 的关系，其概念图如图 22-12 所示。

我们转换到统计模型图，如图 22-13 所示。

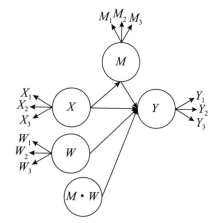

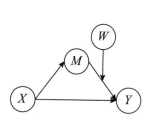

图 22-12　概念模型

图 22-13　统计模型

$M \cdot W$ 的交互作用项，就是调节效应。

Hayes（2013）出版了中介和调节分析的著作 *Introduction to mediation, moderation, and conditional process analysis*，这是使用 Process 软件分析中介和调节的重要书籍，其中第 10 章介绍被调节的中介（调节式中介）分析，第 11 章介绍被中介的调节（中介式调节）分析。

对于被调节的中介（调节式中介）分析，Hayes（2013）强调其重要性，也就是估计中介的效果和中介效果如何随着调节因子的函数变动。

对于被中介的调节（中介式调节）分析，Hayes（2013）则是用辩论说明中介式调节不是一个有趣的概念或现象，Hayes（2013）在书中第 387 ～ 389 页说明了此观点，被中介的调节（中介式调节）讨论的是 X 和调节因子 M 交互作用项的运作机制，聚焦于估计交互作用项的中介效果，Hayes（2013）认为 $X \cdot M$ 交互作用项是没有意义的，因为 $X \cdot M$ 交互作用项源自假设 X 影响 Y 是调节因子 M 的线性函数，也就是 $X \cdot M$ 交互作用项在模型中是没有功能的，除非 X 影响 Y 是根据调节因子 M 而定的。分别看 X 和 M，各自有各自要测量的构面（意义），但是，$X \cdot M$ 交互作用项并没有测量任何事物，没有实质解释的意义，因此，$X \cdot M$ 交互作用的中介效果也是没有意义的。

Hayes（2015）整理了一系列线性的被调节的中介（调节式中介）分析，称之为检测线性被调节的中介（调节式中介）索引，使用的是区间估计方式。这一系列整合中介和调节分析的模型主要来自下列三项：

（1）Edwards, J. R., & Lambert, L. S.（2007）. Methods for integrating moderation and mediation: A general analytical framework using moderated path analysis. *Psychological Methods*, 12, 1-22.

（2）Preacher, K. J., Rucker, D. D., & Hayes, A. F.（2007）. Assessing moderated mediation hypotheses: Theory, methods, and prescriptions. *Multivariate Behavioral Research*, 42, 185-227.

（3）延伸的模型。延伸的模型主要有平行和序列的多个中介（Multiple Mediator），处理调节式中介的主要步骤是将概念模型转变成统计模型，我们整理了 Hayes（2015）所提供的检测线性被调节的中介（调节式中介）模型索引，如图 22-14 ～图 22-23 所示。

模型一：

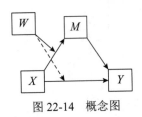

图 22-14　概念图

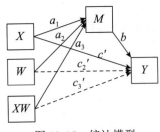

图 22-15　统计模型

模型二：

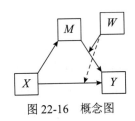

图 22-16　概念图

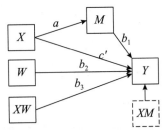

图 22-17　统计模型

模型三：

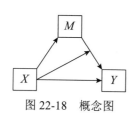

图 22-18　概念图

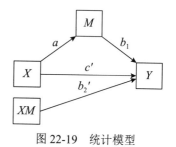

图 22-19　统计模型

模型四：

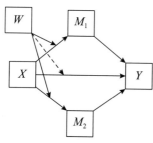

图 22-20　概念图

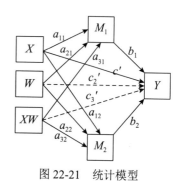

图 22-21　统计模型

模型五：

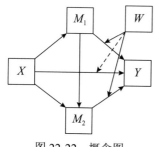

图 22-22　概念图

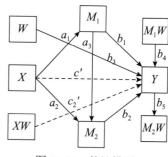

图 22-23　统计模型

Hayes（2015）更提供了 3 个范例分析的结果，如图 22-24 ～图 22-32、表 22-4 ～表 22-6 所示。

范例一：

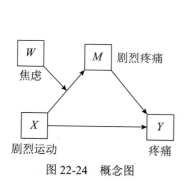

图 22-24　概念图

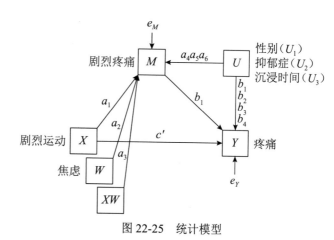

图 22-25　统计模型

表 22-4　数据分析整理

用置信区间（括号中的标准误）估计疼痛的严重程度和疼痛体验的非标准化最小二乘回归系数。剧烈运动和焦虑为中心平均值。

		剧烈疼痛 （M）			疼痛体验 （Y）	
		系数	95% 置信区间		系数	95% 置信区间
体育活动 （X）	$a_1 \rightarrow$	−6.392（4.481）	−15.324, 2.540	c'	−3.294（2.158）	−7.594, 1.007
剧烈疼痛 （M）				$b_1 \rightarrow$	0.328*（0.055）	0.219, 0.437
焦虑 （W）	$a_2 \rightarrow$	0.328（0.212）	−0.095, 0.751			
X. W	$a_3 \rightarrow$	−1.089+（0.605）	−2.295, 0.116			
性别 （U₃）	$a_4 \rightarrow$	−3.901（2.646）	−9.176, 1.375	$b_2 \rightarrow$	−2.733*（1.272）	−5.268, −0.198
抑郁症状 （U₂）	$a_5 \rightarrow$	0.112（0.298）	−0.481, 0.706	$b_3 \rightarrow$	−0.010（0.129）	−0.267, 0.247
沉浸时间 （U₃）	$a_6 \rightarrow$	−0.030+（0.017）	−0.065, 0.005	$b_4 \rightarrow$	−0.008（0.008）	−0.024, 0.009
常数	$i_M \rightarrow$	24.880***（0.358）	17.766, 31.993	$i_Y \rightarrow$	13.209***（2.145）	8.935, 17.483
		$R^2 = 0.224$			$R^2 = 0.487$	
		$F(6,72) = 3.454, P = 0.005$			$F(5,73) = 13.883, P < 0.001$	

注： $^+P<0.10, ^*P<0.05, ^{**}P<0.01, ^{***}P<0.001$.

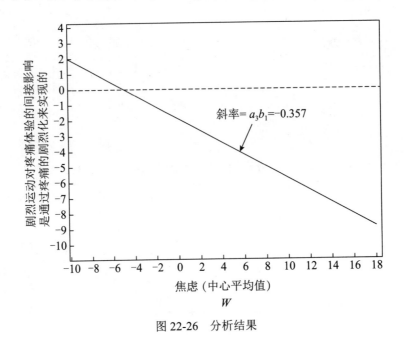

图 22-26　分析结果

范例二：

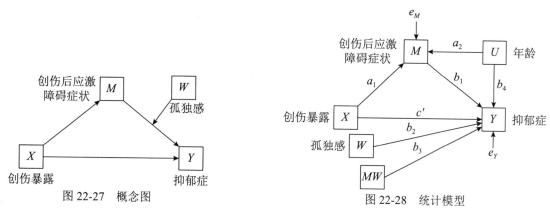

图 22-27　概念图

图 22-28　统计模型

表 22-5　数据分析整理

用置信区间（括号中的标准误）估计创伤后应激障碍症状和抑郁症的非标准化最小二乘回归系数。创伤后应激障碍症状和孤独感为中心平均值。

		创伤后应激障碍症状（M）		抑郁症（Y）	
		系数	95% 置信区间	系数	95% 置信区间
创伤暴露（X）	$a_1 \rightarrow$	0.590* （0.288）	0.019, 1.162	c'　-0.246（0.154）	-0.551, 0.059
创伤后应激障碍症状（M）				$b_1 \rightarrow$　0.050 （0.050）	-0.049, 0.148
孤独感 （W）				$b_2 \rightarrow$　2.816***（0.624）	1.580, 4.053
$M.W$				$b_3 \rightarrow$　0.130*（0.049）	0.033, 0.228
年龄 （U_1）	$a_2 \rightarrow$	-4.523*** （1.020）	-6.543, -2.502	$b_4 \rightarrow$　1.065$^+$（0.580）	-0.084, 2.214
常数	$i_M \rightarrow$	47.829***（11.793）	24.459, 71.199	$i_Y \rightarrow$　-0.025（6.615）	-13.139, 13.088
		$R^2 = 0.166$		$R^2 = 0.209$	
		$F(2, 110) = 10.956, P < 0.001$		$F(5, 107) = 5.539, P < 0.001$	

$^+P < 0.10$, $^*P < 0.05$, $^{**}P < 0.01$, $^{***}P < 0.001$

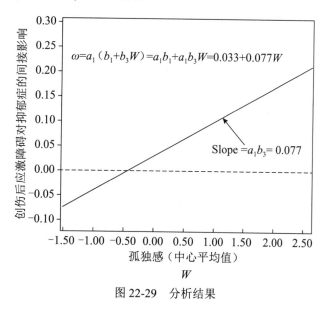

图 22-29　分析结果

范例三：

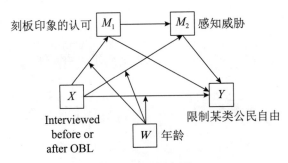

图 22-30　概念图

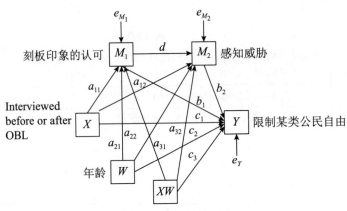

图 22-31　统计模型

表 22-6　数据分析整理

估计刻板印象认可、感知某种威胁和限制某类美国公民自由的置信区间（括号中的标准误）的非标准化最小二乘回归系数。某公民死前 / 死后和年龄（以 10 年为单位）为中央平均值。

		刻板印象认可（M_1）		感知威胁（M_2）		限制某类公民自由（Y）	
		系数	95% 置信区间	系数	95% 置信区间	系数	95% 置信区间
死亡前期/后期（X）	$a_{11} \rightarrow$	0.136* （0.064）	0.011, 0.261	$a_{12} \rightarrow$ 0.038 （0.062）	−0.083, 0.160	$c'_1 \rightarrow$ −0.031 （0.061）	−0.151, 0.089
刻板印象认可（M_1）				$d \rightarrow$ 0.700*** （0.038）	0.625, 0.774	$b_1 \rightarrow$ 0.105* （0.046）	0.014, 0.195
感知威胁（M_2）						$b_2 \rightarrow$ 0.547*** （0.039）	0.471, 0.623
年龄（W）	$a_{21} \rightarrow$	0.049* （0.019）	0.011, 0.087	$a_{22} \rightarrow$ 0.044** （0.019）	0.008, 0.081	$c'_2 \rightarrow$ −0.011 （0.019）	−0.047, 0.026
$X.W$	$a_{31} \rightarrow$	−0.083* （0.039）	−0.159, −0.008	$a_{32} \rightarrow$ −0.062 （0.038）	−0.136, 0.012	$c'_3 \rightarrow$ −0.030 （0.037）	−0.103, 0.043
性别（U_1）	$a_{41} \rightarrow$	0.039 （0.063）	−0.086, 0.163	$a_{42} \rightarrow$ 0.128* （0.061）	0.008, 0.248	$b_3 \rightarrow$ −0.100⁺ （0.061）	−0.219, 0.019

续表

		刻板印象认可（M_1）			感知威胁（M_2）			限制某类公民自由（Y）	
		系数	95% 置信区间		系数	95% 置信区间		系数	95% 置信区间
意识形态（U_2）	$a_{51} \rightarrow$	0.130***（0.014）	0.102, 0.158	$a_{52} \rightarrow$	0.091***（0.015）	0.062, 0.120	$b_4 \rightarrow$	0.055***（0.015）	0.026, 0.084
常数	$i_{M1} \rightarrow$	2.201***（0.089）	2.026, 2.376	$i_{M2} \rightarrow$	−0.012（0.120）	−0.248, 0.224	$i_Y \rightarrow$	0.658***（0.118）	0.426, 0.890
		$R^2 = 0.133$			$R^2 = 0.460$			$R^2 = 0.453$	
		$F_{(5, 655)} = 20.045, P < 0.001$			$F_{(6, 654)} = 92.765, P < 0.001$			$F_{(7, 653)} = 77.289, P < 0.001$	

注：$^+P < 0.10$, $*P < 0.05$, $**P < 0.01$, $***P < 0.001$

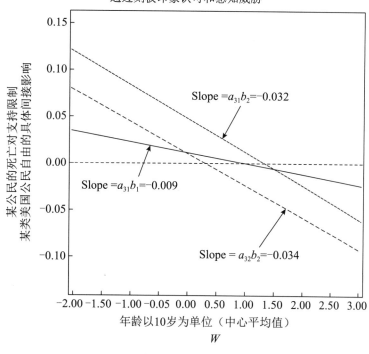

图 22-32　分析结果

Hair，Hult，Ringle，& Sarstedt（2017）介绍了被中介的调节（中介式调节）分析和被调节的中介（调节式中介）分析（pp. 259-271），并且提供被调节的中介（调节式中介）分析实际范例。但是对于被中介的调节（中介式调节）分析，Hair et al. 同意 Hayes（2013）的建议，检验被中介的调节（中介式调节）分析无法针对路径模型效果增加任何解释，也就是说，交互作用项在被中介的调节（中介式调节）分析模型中，是没有任何根据的测量，交互作用项必须存在于 X 影响 Y，且是依赖第三个变量 M。当交互作用项没有测量（量化）任何事，也就没有实际意义，所以也就没有交互作用的中介效果，因此，Hair et al.（2017）不继续探讨被中介的调节（中介式调节）分析，而是聚焦在被调节的中介（调节式中介）分析。

Hair et al.（2017）提出了调节分析和被调节的中介（调节式中介）分析的指导方针，如下：

1. 调节分析

- 选择产生交互作用项的方式如下：

步骤1：确认调节构面和自变量构面

若调节构面和自变量构面至少一个是形成性模型，请使用二阶法，若是调节构面和自变量构面都是反映性模型，则进入步骤2。

步骤2：确认分析的目的

若目的是显示调节效应的显著性，请使用二阶法。

若目的是最小化调节效应估计的偏差，请使用正交法。

若目的是最大化预测效果，请使用正交法。

- 调节因子必须经过反应性或形成性测量的信效度评估，而交互作用预测不需要。

- 当执行调节分析时，请标准化数据。

- 解析和测试假设检验时，区分出直接效果（主要效果）和简单效果。

直接效果：未包含调节因子的两个构面关系的效果

简单效果：两个构面的关系被第三个变量所调整

注意：实际操作时，需要执行直接效果（主要效果）和简单效果两个SEM模型，而且在简单效果中交待简单斜率的结果或展现简单斜率图。

2. 被调节的中介（调节式中介）分析

被调节的中介（调节式中介）分析请使用Hayes's（2015）index of moderated mediation 分析准则。

3. 不要使用被中介的调节（中介式调节）分析

我们从著名的中介和调节的期刊文章 Baron and Kenny（1986）谈起，整理了被中介的调节和被调节的中介分析，了解到最新进展了。

参考文献

■ Antheunis, M. L., Valkenberg, P. M., & Peter, J.（2010）. Getting acquainted through social network sites: Testing a model of online uncertainty reduction and social attraction. *Computers in Human Behavior*, 26, 100-109.

■ Baron, R. M., & Kenny, D. A.（1986）. The moderator-mediator variable distinction in social psychological research: Conceptual, strategic, and statistical considerations. *Journal of Personality and Social Psychology*, 51, 1173-1182.

■ Druley, J. A., & Townsend, A. L.（1998）. Self-esteem as a mediator between spousal support and depressive symptoms: A comparison of healthy individuals and individuals coping with arthritis. *Health Psychology*, 17, 255-261.

■ Edwards, J. R., & Lambert, L. S.（2007）. Methods for integrating moderation and mediation: A general analytical framework using moderated path analysis. *Psycho logical Methods*, 12, 1-22.

■ Fairchild, A. J., & MacKinnon, D. P.（2009）. A general model for testing mediation and moderation effects. *Prevention Science*, 10, 87-99.

■ Hair, J. F., Hult, G. T. M., Ringle, C. M., & Sarstedt, M.（2017）. A Primer on Partial Least Squares Structural Equation Modeling. 2nd Edition. Thousand Oaks: Sage.

■ Hayes, A. F.（2013）. Introduction to mediation, moderation, and conditional process analysis. New York, NY: The Guilford Press.

- Hayes, A. F. (2015). An index and test of linear moderated mediation. *Multivariate Behavioral Research*, 50, 1-22.
- Hayes, A. F., & Preacher, K. J. （2013）. Conditional process modeling: Using structural equation modeling to examine contingent causal processes.In G. R. Hancock and R. O. Mueller （Eds.） *Structural equation modeling: A second course*（2nd Ed）. Charlotte, NC: Information Age Publishing
- Morgan-Lopez, A., & MacKinnon, D. P. （2006）. Demonstration and evaluation of a method for assessing mediated moderation. *Behavior Research Methods*, 38, 77-89.
- Muller, D., Judd, C. M., & Yzerbyt, V. Y. （2005）. When mediation is moderated and moderation is mediated. *Journal of Personality and Social Psychology*, 89, 852- 863.
- Parade, S. H., Leerkes, E. M., & Blankson, A. （2010）. Attachment to parents, social anxiety, and close relationships of female students over the transition to college. *Journal of Youth and Adolescence*, 39, 127-137.
- Preacher, K. J., Rucker, D. D., & Hayes, A. F. （2007）. Assessing moderated mediation hypotheses: Theory, methods, and prescriptions. *Multivariate Behavioral Research*, 42, 185-227.
- Tepper, B. J., & Eisenbach, R. J., Kirby, S. L., & Potter, P. W. （1998）. Test of a justicebased model of subordinates' resistance to downward influence attempts. *Group and Organization Management*, 23, 144-160.
- Van Dijke, M., & de Cremer, D. （2010）. Procedural fairness and endorsement of prototypical leaders: Leader benevolence or follower control? *Journal of Experimental Social Psychology*, 46, 85-96.
- Zhao, X., Lynch,J.G.&Chen,Q.（2010）. Reconsidering Baron and Kenny: Myths and truths about mediation analysis.*Journal of Consumer Research*（37:2）,197-206.

第23章 研究流程、论文结构与在期刊上发表的建议

23.1 研究流程

一般的研究流程：确立研究动机→拟定研究目的→探讨相关文献→建立研究模型与假设→决定研究分法→数据搜集、分析与讨论→研究结论与建议，如图23-1所示。

在产生研究动机后，拟定研究目的，接着根据研究动机与目的来进行文献探讨，从文献探讨中建立观念性的研究架构，根据此架构决定所应使用的研究方法，包括问卷设计、数据分析工具的选择及分析方法的使用。在问卷回收期满后开始进行数据分析，最后得出研究结论及建议。

23.2 论文结构

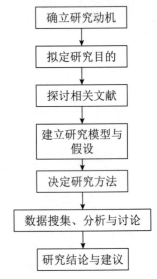

图 23-1 一般研究流程

一般硕士、博士论文的结构如下：

论文投稿结构

　　一般在写硕士论文前后或博士论文前，都会被要求写成文章投稿至会议论文或期刊中，中英文论文投稿的结构如下：

- 英文论文投稿结构

英文论文投稿的结构可以依研究内容调整章节，常用英文论文投稿结构如下：

Abstract

Key words

1. Introduction

2. Literature Reivew

3. The Research Model and Hypotheses

4. Research Method

5. Results

6. Discussion

7. Implications

8. Conclusion and Limitation

References

● 中文论文投稿结构

中文论文投稿结构和英文论文投稿结构相同，论文的结构可以依研究内容调整章节，常用的中文论文投稿结构如下：

第一章　绪论

第二章　文献回顾

第三章　研究模型与假设

第四章　研究方法

第五章　研究结果与分析

第六章　讨论

第七章　建议

第八章　结论和研究限制

参考文献

各章的内容简述如下：

第一章　绪论

　　说明研究动机、研究目的与研究问题与文章架构等。

第二章　文献回顾

　　说明与本研究相关的文献，并进行文献整理与探讨。

第三章　研究模型与假设

　　说明本研究的研究架构、研究命题、变量操作、研究假说。

第四章　研究方法

　　说明问卷设计、取样、数据搜集及数据分析方法等。

第五章　研究结果与分析

　　说明本研究的研究结果。

第六章　讨论

　　说明本研究的理论模型的解释与因果关系的解释。

第七章　建议

　　说明本研究的管理实务的建议或意涵（Implication）。

第八章　结论和研究限制

说明本研究的结论和研究限制。

23.3　研究在期刊上发表的建议

顶级期刊信息和管理（I&M）主编帕特里克·Y.K.·周（Patrick Y.K. Chau）和 E.H·西布利（E.H. Sibley）演讲时，提出想要在高质量社会科学领域期刊上发表研究论文的建议如下：

标题（Title）

标题不要太绚丽或太浮夸
尽可能在 10 个字以内
正确反映文章的内容

摘要（Abstract）

提供让主编、资深编辑、副主编、审稿人乐于阅读的信息
确认字数限制
建议参考想要投稿期刊的最新一期文章的摘要

引言（Introduction）（3 到 4 页）

研究的背景，研究问题的重要性，先前的一些研究，研究的利基
包含一些文献，文献回顾则是另外章节
限制理论呈现的长度，较完整地呈现在理论章节
延后讨论方法的议题，留到方法的章节
提供研究目的和可能的研究贡献

理论（Theory）（4 到 6 页）

说明使用的理论，为什么使用这些理论，而不是其他理论
本篇文章的理论贡献
试着延伸或修整现有的理论
试着比较和对比不同的理论
试着整合不同理论观点来探讨一个特定的现象
试着在一个新架构中，探讨已经文件化的现象
建议列表（整理文献）

方法（Method）（2 到 3 页）

数据收集策略和目标对象
测量模型 / 使用的实验
数据如何来的（问卷和样本）

说明自变量、因变量、中介和调节变量、控制变量

详细列在附录

数据分析和结果（Data Analysis and Results）（3 到 5 页）

数据分析的策略和工具

样本的描述性统计

测量模型的特性

每个假设的结果（例如：因果关系的结构模型）

适当的图表来呈现结果

质化研究特别需要交待是谁编码（Coding）和编码是如何完成的

讨论（Discussion）（4 到 6 页）

重点是呈现出那些我们现在知道以前所不知道的内容

简要地总结研究结果

讨论每个发现

特别说明（解释）未预期或非显著的结果

总结（Conclusions）（2 到 3 页）

说明本篇的研究和主要的发现

讨论研究的限制，特别是影响研究的信效度

建议未来研究的方向

理论学术上的意涵以及管理上的意涵

其他（Miscellaneous）

所有追踪编修都得去除

参考文献是完整的

参考文献需足够，但是不过量，确认最近期的文章

专业编修

小心可能发生（非意图的）剽窃

不要一稿多投

建议延伸阅读文献如下：

- Feldman, D. C. "Being a Developmental Reviewer：Easier Said Than Done", *Journal of Management,* Volume 30, Issue 2, 2004, 161-164.
- Feldman, D. C. "The Devil is in the Details：Converting Good Research into Publishable Articles", *Journal of Management*, Volume 30, Issue 1, 2004, 1-6.
- Lee. A.S. "Submitting a Manuscript for Publication：Some Advice and an Insider's View", MISQ, Volume 24, Issue 2, 2000, iii-vii.
- Lee, A.S. "Crafting a Paper for Publication", *Communications of AIS*, Volume 20, 2007: 33-40.
- Lee, A.S. "Reviewing a Manuscript for Publication", *Journal of Operations Management*, Volume 13, Issue 1, 1995: 87-92.
- Lee-Partridge, J.E. "Preparing Doctoral Students for Scholar Communities", *Communications of AIS*, Volume 20, 2007: 41-45.